黄剑华

四川省文物考古研究院名家学术文集

黄剑华 著

巴蜀书社

图书在版编目（CIP）数据

四川省文物考古研究院名家学术文集.黄剑华卷 /
黄剑华著. -- 成都 : 巴蜀书社，2023.11
ISBN 978-7-5531-1966-3

Ⅰ.①四… Ⅱ.①黄… Ⅲ.①文物—考古—中国—文
集 Ⅳ.①K870.4-53

中国国家版本馆CIP数据核字〔2023〕第058145号

SICHUANSHENG WENWU KAOGU YANJIUYUAN MINGJIA XUESHU WENJI·HUANGJIANHUA JUAN

四川省文物考古研究院名家学术文集·黄剑华卷

黄剑华　著

策　　划	周　颖　吴焕姣
责任编辑	童际鹏
封面设计	冀帅吉
内文设计	四川胜翔数码印务设计有限公司
出　　版	巴蜀书社
	四川省成都市锦江区三色路238号新华之星A座36楼
	邮编：610023　总编室电话：（028）86361843
网　　址	www.bsbook.com
发　　行	巴蜀书社
	发行科电话：（028）86361852
经　　销	新华书店
印　　刷	成都东江印务有限公司
版　　次	2023年11月第1版
印　　次	2023年11月第1次印刷
成品尺寸	170mm×240mm
插　　页	4页
印　　张	35.25
字　　数	550千
书　　号	ISBN 978-7-5531-1966-3
定　　价	138.00元

总序

四川省文物考古研究院前身为四川省文物管理委员会（办公室），成立于1953年5月1日。在党和政府的领导、关怀下，我院从不足30人的团队起步，逐渐成长为一个拥有185人编制，兼具考古、文物修复、文化遗产保护、《四川文物》编辑出版四大职能的综合性考古机构。

七十年来，全院职工勠力同心，探索历史未知、揭示历史本源，各项事业蓬勃发展，取得了长足进步：共获得全国十大考古新发现11项、中国考古新发现4项、百年百大考古发现2项、新时代百项考古新发现5项、田野考古奖3项，为"建设具有中国特色、中国风格、中国气派的考古学"贡献了四川力量。

饮水思源，回顾我院发展的每一个阶段，无一不浸透着我院一代代文物考古工作者拼搏奋斗的艰辛。在我省文物考古事业的发展进程中，他们始终恪守初心，身体力行地积极投身于四川文化遗产保护体系的缔造，甘之如饴地用心守护着巴蜀大地的文化遗产。在他们的努力下，四川先秦考古学的文化序列日渐完整，巴蜀文明起源和发展的历史脉络逐渐明朗，西南地区的历史轴线不断延伸，古代四川的文化面貌愈发清晰。他们为中国考古事业做出了卓越的贡献，为四川考古争得了荣誉，更为我院今天的厚积薄发奠定了坚实的基础。

《四川省文物考古研究院名家学术文集》是为四川省文物考古研究

院七十周年华诞而发起的一套纪念性文集，共九卷，分别收录了四川省文物考古研究院学术名家秦学圣先生、沈仲常先生、李复华先生、王家祐先生、曾中懋先生、赵殿增先生、黄剑华先生、张肖马先生、陈显丹先生的代表性学术论文。

这些老前辈中，有的是四川省文物管理委员会（办公室）初创成员，有的是新中国培养的第一批文物考古工作者，有的是新中国成立以来四川文物考古事业从蹒跚起步到步入"黄金时代"的亲历者、见证者。从旧石器时代考古到明清时期考古，从青藏高原的遗址发掘到长江三峡的文物抢救，前辈们筚路蓝缕，风餐露宿，心怀使命与赤诚，在巴蜀大地上写就了锦绣文章。他们将四川考古提升到了一个全新的高度，在中国考古史上留下了光辉的印记。在本职工作之外，前辈们对待后学更是关怀备至，倾囊相授，无私扶掖，令我们感念不已。

本套文集所收均为前辈们的心血之作，有着很高的学术价值：材料运用充分详尽，理论与实践紧密结合；视野开阔，旁征博引，富于创新精神；论述严密，分析鞭辟入里，给人以深刻启发；多学科手段交叉运用，研究路径多元。这些文字饱含着前辈们的科学精神与人文情怀，充分展现了他们求真务实的工作作风和严谨的治学态度。嘉惠学林、泽被后学，本套文集既是我院七十年学术发展历程的缩影，也是我院后学接续前辈们的学术脉络，踔厉奋发、继往开来的新起点。

"雄关漫道真如铁，而今迈步从头越"，衷心期望我院全体干部职工以前辈们为榜样，传承前辈们的优良学统，勇于担当，努力成长。按照习近平总书记提出的"在新的历史起点上继续推动文化繁荣、建设文化强国、建设中华民族现代文明这一新的文化使命"，在更广的领域、更深的层面开展文物考古研究和探索实践，笃行不怠，奉献出更多、更新、更好的学术成果，进一步积淀我院的学术底蕴，为我院创建世界一流考古机构注入崭新力量。

唐飞

2023年10月

作者简介

黄剑华　四川省文物考古研究院研究馆员，中国作家协会会员，四川省人民政府文史研究馆特约馆员，成都文学院签约作家，四川省第九届、第十届政协委员，天府十大藏书家之一。文史两栖，勤于笔耕。兴趣爱好较为广泛，研究领域涉猎较宽。出版著述《石达开》《古老的清玩——金石碑刻》《天门》《古蜀的辉煌》《三星堆——震惊天下的东方文明》《丝路上的文明古国》《三星堆》（韩文版）《古蜀金沙》《金沙遗址》《金沙考古——太阳神鸟再现》《文宗在蜀》《华阳国志故事新解》《西域丝路文明》《从三星堆到金沙》《探寻古蜀国》《常璩传》《古蜀神话研究》等多部。发表学术论文百余篇，并发表评论与文史类文章数百篇。有些著述同时在香港、台湾出版发行，或翻译成外文在海外出版。学术论文亦被收入多种论文集出版。在文学创作方面，出版长篇小说《琴恋》《商吻》《浪漫诱惑》《佳丽如云》《悲欢》、"古蜀传奇"三部曲《梦回古蜀》《金沙传奇》《五丁悲歌》等十多部。发表中篇小说三十余部（篇）。共计已正式出版、发表各类著述作品文章八百多万字。小传被收入《世界名人录》《中国当代历史学学者辞典》《中国作家大辞典》等。著述作品，文笔雄健，自成风格。近年力作不断问世，广受各界好评。

目　录

前　言

古蜀国和古蜀文明，神秘而又灿烂，自古以来就有很多未解之谜，是一个绚丽多彩而又引人入胜的话题，也是一个比较独特的研究领域。

关于古蜀历史，传世文献记载比较少，能够查阅的也就是《蜀王本纪》和《华阳国志》等古籍了。譬如扬雄《蜀王本纪》说："蜀之先称王者，有蚕丛、柏濩、鱼凫、〔蒲泽〕、开明。是时人萌椎髻左衽，不晓文字，未有礼乐。从开明已上至蚕丛，积三万四千岁。"常璩《华阳国志·蜀志》说："蜀之为国，肇于人皇，与巴同囿。至黄帝，为其子昌意娶蜀山氏之女，生子高阳，是为帝（喾）〔颛顼〕；封其支庶于蜀，世为侯伯。历夏、商、周，武王伐纣，蜀与焉。"又说："有周之世，限以秦、巴，虽奉王职，不得与春秋盟会，君长莫同书轨。周失纲纪，蜀先称王。有蜀侯蚕丛，其目纵，始称王。死，作石棺石椁，国人从之，故俗以石棺椁为纵目人冢也。次王曰柏濩。次王曰鱼凫。鱼凫王田于湔山，忽得仙道，蜀人思之，为立祠。"这些记载，传说的色彩很浓。由于文献记载的语焉不详，后人对古蜀的了解常常云遮雾绕，特别是对蚕丛、柏濩、鱼凫时代充满了猜测。后来杜宇取代鱼凫自立为蜀王，号称望帝。接着鳖灵又取代杜宇，建立开明王朝，其后又有五丁力士与金牛蜀道的传说，以及末代蜀王的败亡，发生的各种曲折故事，都非常传奇，使人浮想联翩。

千百年来，神秘的古蜀历史曾激发了文人墨客的丰富想象，并引起了后世学者们的浓厚兴趣。唐代大诗人李白在著名的《蜀道难》中写道："蚕丛及鱼凫，开国何茫然。尔来四万八千岁，不与秦塞通人烟。西当太白有鸟道，可以横绝峨眉巅。地崩山摧壮士死，然后天梯石栈相钩连……"当我们读到这些瑰丽的诗句，感受到的不仅仅是古人对"蜀道之难，难于上青天"的惊叹，更会油然联想到许许多多的古蜀历史文化之谜。

要揭开古蜀历史之谜，考古资料就成了我们很重要的研究依据。近代以来在成都平原和四川境内相继出现了三星堆、金沙遗址等重大考古发现，终于印证了古蜀王国的真实存在。特别是20世纪80年代有了三星堆一号坑、二号坑惊人的考古发现，出土的青铜雕像群和大量精美文物，充分揭示了古蜀文明的灿烂辉煌，可见传说中的古蜀王国并非子虚乌有。接着在成都平原上发现了新津宝墩古城遗址群，揭示了早在4000多年前的蜀地就已出现了早期城市文明的曙光。然后发现了金沙遗址、成都商业街船棺葬遗址等，出土了数量众多的珍贵文物，进一步撩开了古蜀神秘的面纱，展露出了璀璨的面容。我们由此可知，传说中的古蜀王国是确实存在的，王国不仅有大型的中心聚落，而且有占地面积非常宽广的王城。在传说的蚕丛、柏灌、鱼凫、杜宇、鳖灵时代，成都平原上古蜀王国的社会生活已经比较繁荣，已经有了初期的社会制度，有了昌盛的祭祀活动，有了相当高超的青铜铸造技术，同周边区域和远方的其他邦国也有了较多的交流往来。这些考古发现充分说明，位于长江上游的岷江流域也是中华文明的重要发源地之一，拥有同中原和黄河流域一样悠久而发达的历史文化，在满天星斗多源一统的中华文明起源和发展进程中写下了神奇的篇章。

三星堆与金沙遗址等重大考古发现，曾在海内外引起轰动，获得了世人热切的关注，也吸引了众多学者对古蜀历史与相关的考古发现进行了多方面的研究。近年来在这个研究领域，已经取得了相当丰硕的成果。随着很多考古材料的整理出版，对古蜀的研究还在继续深入发展，学界对古蜀的认识，已经更加翔实和透彻了。相关研究文章的不断发表和一些相关著述的出版，也为广大读者提供了阅读的方便。还有三星堆和金沙遗址等专题博物馆的创建，更是提供了观赏出土文物的便利，使得广大民众对古蜀的了解，也更加直观和清晰了。总之，关于成都平原上的这些重要考古发现，一直是人们津津乐道的话题。要了解四川，要读懂成都，都绕不开这些话题。在今后的城市建设与未来的社会发展中，这些考古发现所展现出的丰富内涵和穿越时空的魅力，仍将焕发出灿烂的光彩，发挥着巨大而重要的作用。

秦并巴蜀之后，巴蜀进入了新的发展历程。辉煌的古蜀文明，酝酿和滋生了更加绚丽多彩的天府文化。李冰治水，修建了天人合一的都江堰，使成都平原成了名副其实的天府之国。汉代重视教育，文翁在成都创办了石室讲堂，促使了人才的涌现，为蜀地带来了灿烂的文化，蜀地由此而成为文运勃兴之地。成都是天府文化最重要的汇聚之处，也是最能彰显天府文化亮点的一座历史文化名城。古蜀文明与天府文化，经历了漫长的发展岁月，既有悠久的传承发展，又有不断的演化创新。四川历史上有许多著名人物，留下了很多脍炙人口的故事。这些都是很有趣味也是很有魅力的话题，为学术研究提供了丰富的资料和探讨空间。

我对研究古蜀文明以及秦汉以来四川的历史人文，始终怀有浓厚的兴趣，三十多年来投入了很多精力与时间，做了许多力所能及而又颇为独到的探讨。坦率地说，我在学术研究方面，只有真正的兴趣爱好，而没有什么功利性，也不愿有研究范围的局限，而这正是推动我几十年坚持不懈、乐此不疲的精神动力。我以平常心搞学术研究，阅读与写作使我自得其乐，日积月累获得了很多自己的思考与心得体会，脚踏实地潜心笔耕，相继撰写出版了多部学术著述，发表了百余篇学术论文，可谓小有收获。这次出版的论文集，就是从已经发表的论文中挑选出来的。我的学术研究涉及的领域较为宽泛，有对三星堆与金沙遗址考古发现的研究，有对古蜀文明与周边区域的关系和传播影响的探讨，也有对秦汉鬼神文化、汉代画像题材、佛教的传播影响、四川历史人物的论述。在研究方法上，我采用了多学科结合的方式，不喜欢人云亦云而坚持实事求是实话实说，在行文叙述上深入浅出力求畅达易懂，保持了自己的风格特点。这些拙作，表达的都是自己的学术见解，谈论的都是个人浅见。所谓愚者千虑，或有一得，也算是一家之言吧。

写作是纯粹个人的事，特此自叙，是为前言。

略论巴与蜀的文化关系

一、巴、蜀的缘起与部族关系

先秦时期的西南地区，自古以来就小邦林立、部族众多。文献记载大大小小的部落至少有百数个，是东方世界典型的多民族地区。史料中称这些部落首领为"戎伯"，或称为"诸侯""邑君"。《尚书·牧誓》记述协助周武王伐纣的有"庸、蜀、羌、髳、微、卢、彭、濮人"，[①]这些都是比较大的部族，才有实力出兵参与伐纣。其中的蜀当然是势力最强的，《战国策·秦策一》就说："夫蜀，西僻之国，而戎狄之长也。"[②]巴与蜀相邻，也是相当强大的部族。《华阳国志》说，巴也和蜀一起参加了周武王伐纣的军事行动。

从文献记载看，巴、蜀的崛起与兴盛，成为西南地区两个强大的宗主国，都具有天时、地理、人和的原因。其中一个很重要的原因，便

---

① 《尚书正义·周书·牧誓》，[清]阮元校刻《十三经注疏》上册，中华书局影印出版，1980年9月第1版，第183页。参见王世舜《尚书译注》，四川人民出版社1982年7月第1版，第112页。又参见江灏、钱宗武译注《今古文尚书全译》，贵州人民出版社1990年2月第1版，第218页。
② 缪文远《战国策新校注》（修订本），巴蜀书社1998年9月第3版，第91页。

是部族与氏族之间的相互联姻，或者结成联盟，从而形成了联盟式的政权。汉代司马迁对西南地区部族众多的情形曾做了真实的记述："西南夷君长以什数"，其西其北又以什数。汉代班固在《汉书》中也对此做了同样的记载。[①]这是汉代的情况，上溯至商周时期，西南地区大大小小的部族数目可能更多。这种情形与西南地区独特的人文地理环境有着很大的关系。据学者们研究，在秦灭巴蜀之前，巴、蜀境内至少有百数十个小部落，这些部落首领也就是小诸侯，或称为"戎伯"。

蒙文通先生曾精辟地指出："蜀就是这些戎伯之雄长。古时的巴蜀，应该只是一种联盟，巴、蜀不过是两个霸君，是这些诸侯中的雄长。""可见巴蜀发展到强大的时候，也不过是两个联盟的盟主"[②]。这种多部族联盟的形式，正是古蜀王国与中原和其他地区在社会结构方面的不同之处。蜀国部族多，结构比较松散，内部常发生矛盾，影响了政权的稳定和巩固。秦惠王准备伐蜀的时候，司马错就分析了蜀国的情形，将蜀国的众多部族比喻为群羊，说："以秦攻之，譬如使豺狼逐群羊也。取其地，足以广国也；得其财，足以富民；缮兵不伤众，而彼已服矣。"[③]认为蜀国具有地广财多、容易攻取的特点。常璩《华阳国志》对此亦有记述。[④]

蜀国与巴国都是先秦时期西南地区的部族联盟，但缘起并不相同，部族关系也各有特点。蜀国的历史，见诸文献记载的，有蚕丛、柏灌、鱼凫、杜宇、开明等朝代。譬如扬雄《蜀王本纪》就说："蜀

① [汉]司马迁撰《史记》卷一百一十六"西南夷列传"，中华书局校点本第9册，1959年9月第1版，第2991页。参见[东汉]班固撰《汉书》卷九十五"西南夷两粤朝鲜传"，中华书局校点本11册，1962年6月第1版，第3837页。

② 蒙文通著《巴蜀古史论述》，四川人民出版社1981年8月第1版，第30页、第31页。又见《蒙文通文集》第二卷《古族甄微》，巴蜀书社1993年4月第1版，第199～200页。

③ 《战国策·秦策一》，参见王守谦等《战国策全译》，贵州人民出版社1992年9月第1版，第84页。

④ [晋]常璩撰，刘琳校注《华阳国志校注》，巴蜀书社1984年7月第1版，第191～192页。

之先称王者，有蚕丛、柏濩、鱼凫、（蒲泽）、开明。是时人萌椎髻左衽，不晓文字，未有礼乐。从开明已上至蚕丛，积三万四千岁。"后来唐朝大诗人李白《蜀道难》中说："蚕丛与鱼凫，开国何茫然，尔来四万八千岁，不与秦塞通人烟。"如果说三万四千岁是一种传说，那么四万八千岁更是一种文学的夸张了。《蜀王本纪》又说："蜀王之先名蚕丛，后代名曰柏濩，后者名鱼凫，此三代各数百岁，皆神化不死。其民亦颇随王化去。鱼凫田于湔山得仙。今庙祀之于湔。时蜀民稀少。后有一男子，名曰杜宇，从天坠止。朱提有一女子名利，从江源井中出，为杜宇妻。乃自立为蜀王，号曰望帝。"后来有鳖灵，由荆入蜀，因治水有功而取代杜宇，"如尧之禅舜，鳖灵即位，号曰开明帝。"[1]这些记述充满了浓郁的神话传说色彩，古蜀早期历史也因此而蒙上了神秘的面纱。

常璩《华阳国志》中对古蜀早期历史的记述也比较简略，他对史料的选用大都剔除了传说中过分的夸张与荒诞，而更侧重于客观的叙述，以及将巴、蜀地方史同中原历史的衔接。例如《华阳国志·蜀志》中说："蜀之为国，肇于人皇，与巴同囿。至黄帝，为其子昌意娶蜀山氏之女，生子高阳，是为帝喾[颛顼]；封其支庶于蜀，世为侯伯。历夏、商、周，武王伐纣，蜀与焉。"这同《史记·五帝本纪》《尚书·牧誓》等记载都是一致的。《华阳国志·蜀志》又说："有周之世，限以秦、巴，虽奉王职，不得与春秋盟会，君长莫同书轨。周失纪纲，蜀先称王。有蜀侯蚕丛，其目纵，始称王。死，作石棺石椁，国人从之，故俗以石棺椁为纵目人冢也。次王曰柏灌。次王曰鱼凫。"[2]这里说的蚕丛、柏灌、鱼凫三代，都极其简略，可见史料确实太少了，常

---

① 《全汉文》卷五十三，[清]严可均校辑《全上古三代秦汉三国六朝文》第1册，中华书局影印出版，1958年12月第1版，第414页。

② [晋]常璩撰，刘琳校注《华阳国志校注》，巴蜀书社1984年7月第1版，第175页、第181页。又见[晋]常璩撰，刘琳校注《华阳国志校注》（修订版），成都时代出版社2007年6月第1版，第89页、第91页。

璩了解也很有限，所以只能概述。

古史中关于蜀的记载虽然语焉不详，给人以太多的传说与推测之感，但也并非虚构，后来的考古发现便给予了充分的印证。譬如众所周知的四川广汉三星堆遗址、成都金沙遗址、成都宝墩古城遗址群等重大考古发现，就揭示了古蜀文明的悠久与灿烂辉煌。因为有大遗址的考古发现，并出土了数量众多的珍贵文物，从而使我们对古蜀国的历史与文明都有了真切而深入的认识。这些年来，在古蜀文明的研究方面，也有了许多突破性的进展，取得了很多丰硕的成果。归纳起来，主要有几点重要认识：一是古蜀起源，古蜀先民可能最早栖居于岷江河谷，到蚕丛开国时期逐渐迁徙进入了成都平原，筑城而居，成都平原出现了早期城市文明曙光。二是古蜀文明发展到商周时期，出现了灿烂的青铜文化，以三星堆、金沙遗址为代表的古蜀国成了长江上游的文明中心，在中华文明的发展进程中发挥了非常重要的作用。三是古蜀国虽然地处内陆，但很早就与中原以及周边区域有了频繁的文化交流和经济往来，既保留了自己鲜明的地域文化特色，又汲取了许多外来的文化因素，同时也对周边产生了广泛的影响。四是古蜀文明的辉煌，与同时期的中原文明遥相呼应，证明了长江流域和黄河流域都是中华文明的摇篮，从而在中华文明多源一统、多元一体的起源和发展史上共同谱写了重要的篇章。

关于巴国的缘起，古代文献记载也不多，同样也有较浓的传说色彩。根据《后汉书》卷八六记述："巴郡南郡蛮，本有五姓：巴氏、樊氏、曋氏、相氏、郑氏。皆出于武落钟离山。其山有赤黑二穴，巴氏之子生于赤穴，四姓之子皆生黑穴。未有君长，俱事鬼神，乃共掷剑于石穴，约能中者，奉以为君。巴氏子务相乃独中之，众皆叹。又令各乘土船，约能浮者，当以为君。余姓皆沈，唯务相独浮。因共立之，是为廪君。乃乘土船，从夷水至盐阳。"接着，廪君射杀了神女盐神，"廪君于是君乎夷城，四姓皆臣之"。后来，"廪君死，魂魄世为白虎。巴氏以虎饮人血，遂以人祠焉"。①在《世本》《水经·夷水注》中，也有类似记述。这段记述中的关键情节，颇有疑问，例如廪君的土船怎么能入水不沉呢？泥土做的船不沉，还能乘坐载人，确实有些不可思议。如果加以推测，也许廪君堆放柴火，将土船烧制成了陶质的船？类似于低温烧制而成的陶器，当然可以在水中不沉，而且可以载人了。这说明了廪君的聪明，但也只是一种推测而已。

廪君崛起的时代，文献记载没有细说。巴氏与其他部族的关系，应该属于联盟与臣属形式。至于巴氏的传承关系，史籍中也是语焉不详。还有就是巴族的起源，也有些含糊不清。例如《华阳国志·巴志》说："巴国远世，则黄、炎之支"，《山海经·海内经》说，巴人乃太皞之后，"西南有巴国，大皞生咸鸟，咸鸟生乘厘，乘厘生后照，后照是始为巴人"②。这些记述，均有较浓的传说色彩。但也说明了廪君蛮可能是巴人的主体族群之一，此外还有其他一些氏族与部落，共同组成了巴国。常璩《华阳国志·巴志》说巴国"其属有濮、賨、苴、共、奴、獽、夷、蜑之蛮"。由此可知，除了廪君蛮，还有濮人与賨人等，都是巴国的重要部族。据文献记载，秦汉时期嘉陵江流域有善于射虎的板楯蛮，板楯蛮有罗、朴、昝、鄂、度、夕、龚七姓，③也是巴国的重要族群之一。巴国因为是由多个族群构成的国家，所以既有崇拜白虎的氏族，也有畏惧白虎和射杀白虎的部族。

自20世纪以来，在古代巴国的区域内，也有了很多重要考古发现，对先秦时期巴人的社会生活情形、崇尚习俗、文化特色，给予了大量的揭示和印证。譬如这些地区出土的青铜器和青铜印章，大量使用巴

① [南朝·宋]范晔撰《后汉书》卷八十六"南蛮西南夷列传"，中华书局校点本第10册，1965年5月第1版，第2840页。参见《太平御览》卷七六九引《世本》记述。参见[北魏]郦道元撰，王国维校《水经注校》，上海人民出版社1984年5月第1版，第1161页。

② 袁珂《山海经校注》，巴蜀书社1993年4月第1版，第514页。

③ [南朝·宋]范晔撰《后汉书》卷八十六"南蛮西南夷列传"，中华书局校点本第10册，1965年5月第1版，第2842页。参见[晋]常璩撰，刘琳校注《华阳国志校注》，巴蜀书社1984年7月第1版，第37页。

蜀符号,就属于典型的巴人器物。出土的青铜錞于,也是典型的巴人重器。例如重庆涪陵小田溪巴人墓葬出土的虎纽錞于、铜钲、编钟等,就是巴国王室的遗存。湖北枝江、宜昌等地出土的巴式青铜器,以及长江巫峡和鄂西巴东等地出土的大批巴国青铜兵器,也充分印证了巴人在这些地区的栖居与活动。考古出土的巴人青铜錞于多以虎为纽,就表达了使用者是以白虎为图腾的廪君后裔。这些考古发现的巴人兵器,以及出土的青铜錞于等,也显示了与蜀文化的差别。应该指出的是,蜀文化有三星堆、金沙等大遗址,巴文化迄今尚未有大遗址的考古发现,这对全面深入透彻地了解巴文化是一种局限,难免有考古资料不足之憾。考古发现常常有较大的偶然性,相信以后随着考古工作的进展,在巴国范围内很可能还会有更多重要的发现,希望能为我们了解和研究巴文化提供更多的材料。

学者们对巴人的起源和部族形成,历年来做过很多研究,提出过一些不同的看法。有认为清江地区,或认为陕南汉江流域,还有认为嘉陵江流域、长江三峡地区等,都是巴人的早期发祥栖居之地。学者们这方面的文章与著述颇多,是大家都比较熟悉的,恕不一一举例。总之,学者们的这些看法都各有依据,见仁见智,应该都有道理。我认为,如果从西南地区部族众多的情形来看,巴人的发祥之地可能有多处,经过长时期的联盟与联姻,才逐渐形成了巴国。到了文献记载中的廪君时代,巴国的历史终于明朗起来,开始建立政权,并有了早期的都城。《华阳国志》卷一、《水经注》卷三十三都说"及七国称王,巴亦称王",那已是战国时期了。在巴国建立政权的过程中,不仅有部族之间的联盟,也有征战。例如《后汉书》中说廪君射杀神女盐神,便是一个象征性的例证。

正如蒙文通先生所说,古时的巴、蜀作为"诸侯中的雄长"与"两个联盟的盟主",各自都曾合并了一些诸侯来扩大境土与势力,到秦灭巴蜀之前才发展成两个比较大的国家。蒙先生的看法是很有道理的,这确实是当时的一种实际状况。这也说明巴、蜀的社会结构与政权模式，与中原王朝显然有着很大的不同，正如有的学者认为应是一种酋邦式的形态。[①]古代的巴、蜀社会正是由于长期小邦林立，因而在文明早期阶段经历了由部落联盟到酋邦社会的演进，从而形成了共主政治局面的出现。

二、巴、蜀的文化异同与影响

巴与蜀是古代西南地区的两大部族，由于地域相近，文化习俗相同，古人常将巴蜀连称，可见二者关系非同一般。常璩《华阳国志》从地方志的角度，分别撰写有巴志与蜀志，但在追述历史上的一些重大事迹时，亦常常将巴、蜀并提。例如《华阳国志·巴志》记述，大禹治水、划分九州的时候，就"命州巴、蜀，以属梁州"，后来大禹"会诸侯于会稽，执玉帛者万国，巴、蜀往焉"。又说"周武王伐纣，实得巴、蜀之师"。这些记载说明，巴蜀在先秦时期关系是比较密切的，属于同一战线的同盟国关系，所以常常一起参加很多重要的政治军事行动。

从地理环境看，地处长江上游的古蜀王国，不仅历史悠久，疆域也颇为辽阔。常璩《华阳国志·蜀志》对此就有记述："其地东接于巴，南接于越，北与秦分，西奄峨嶓。"到了杜宇时代，因大力发展农业而日益强盛，"乃以褒斜为前门，熊耳、灵关为后户，玉垒、峨眉为城郭，江、潜、绵、洛为池泽，以汶山为畜牧，南中为园苑"。开明王朝的时候，曾向北扩展，"蜀王有褒、汉之地"，其范围包括汉中、南郑等地；后来"蜀王别封弟葭萌于汉中"，以加强对该地的统辖。由这些记载可知，在杜宇、开明时代，蜀国的势力范围囊括了四川盆地、陕南地区，并达到了云南、贵州一带。古代巴国的疆域也相当宽广，常璩

① 彭邦本《古城、酋邦与古蜀共主政治的起源——以川西平原古城群为例》，《四川文物》2003年第2期，第18~22页。

《华阳国志·巴志》说巴国"其地东至鱼复，西至僰道，北接汉中，南极黔、涪"；"其属有濮、賨、苴、共、奴、獽、夷、蜑之蛮"；[①]同蜀国"雄长僚僰"一样，也是势力比较强大的。巴的地域范围，大致为北起汉中，南达黔中，西起川中，东至鄂西。其主要的活动区域，则分布在四川盆地东部与鄂西等地区。尤其是嘉陵江流域和渠江流域，是巴人的主要栖居地。汉水上游陕东南地区与大巴山之间，以及长江三峡地区，也都是巴人活动的重要范围。

蜀国和巴国皆为联盟之国，相比较而言，蜀国更为强盛，在政治、文化、经济等方面的地位也更为重要。郑樵《通志·氏族略》引盛弘之《荆州记》说："昔蜀王栾君王巴蜀，王见廪君兵强，结好饮宴，以税氏五十人遗廪君。"[②]可见这种同盟友好关系由来已久。

巴、蜀曾长期和平相处，由于地域相邻的关系，在文化与经济上的往来一直比较密切。如《华阳国志·蜀志》说杜宇教民务农，发展了蜀国的农业，使经济变得非常繁荣，当时的巴国也受到了很大的影响，"巴亦化其教而力务农，迄今巴蜀民农时先祀杜主君"，就是这种密切关系的一个最好例证。

在民俗民风上，巴、蜀由于地缘相近，具有很多相同点，但又各具特色。《华阳国志·巴志》说巴国"其民质直好义，土风敦厚……而其失在于重迟鲁钝"，又说"巴师勇锐"，"郡与楚接，人多劲勇，少文学，有将帅才"。《华阳国志·蜀志》说蜀国因为地域的辽阔，所以既有"君子精敏，小人鬼黠"，又有"与秦同分，故多悍勇"，并且"多斑彩文章"，在音乐方面"有夏声"，烹调方面"尚滋味"，商贸方面很善于致富。常璩的记述，便真实地反映了巴、蜀民风的差异。古代巴、蜀的这些民风特点，今天仍可见其余韵，可谓传承悠久。

---

① ［晋］常璩撰，刘琳校注《华阳国志校注》卷三与卷一，巴蜀书社1984年7月第1版，第175~191页，第25~28页。

② ［宋］郑樵撰《通志二十略》上册，中华书局校点本，1995年11月第1版，第197页。参见蒙文通《巴蜀古史论述》，四川人民出版社1981年8月第1版，第29页。

崇虎是巴人习俗中的一大特点，巴人喜欢双结头饰，因而被称为"弰头虎子"。巴人使用的青铜剑、青铜矛上，常雕铸有双结的人像。①巴国的族群中还有以蛇为族徽或图腾的，文献中常见有"巴蛇"之称。为什么将巴与蛇联系在一起？学者们对此历来有不同的解释，很可能是因为古代巴地蛇多，常见有蟒蛇出没的缘故。在称呼方面，巴人也有自己的特点。因为巴国曾被周王朝封为子爵，所以西周春秋时期巴国君主一直称"巴子"，其国也称为"巴子国"。《华阳国志·巴志》称"周武王伐纣，实得巴、蜀之师，著乎《尚书》。巴师勇锐，歌舞以凌殷人，前徒倒戈，故世称之曰'武王伐纣，前歌后舞'也。武王既克殷，以其宗姬封于巴，爵之以子"，记述的就是这段史实。

值得提到的是，巴人自古就有尚勇之风。常璩《华阳国志·巴志》所说，巴、蜀曾一起参加了周武王伐纣的军事行动，"巴师勇锐，歌舞以凌殷人"，这种尚勇之风在汉代仍有突出表现。"阆中有渝水，賨民所居水左右，天性劲勇，初为汉前锋，陷阵，锐气喜舞。帝善之，曰：'此武王伐纣之歌也。'乃令乐人学之，今所谓'巴渝舞'也。"②《后汉书》卷八十六对此也有相同记述。在川东地区发现的汉代画像上，就描绘和刻画了巴人动作劲勇、刚健有力的舞蹈情景，例如綦江二蹬岩崖墓刻画的巴人舞、四川璧山出土汉代石棺上刻画的巴人舞等，③就是很好的例证。四川宣汉县罗家坝遗址出土有较多的青铜兵器，器形有青铜钺、青铜剑、青铜矛、青铜镞等，其时代为战国中晚期，就反映了当时巴人的尚武之风与战备情形。

巴、蜀在崇尚与观念方面，也是相互渗透，相互影响。比如古蜀

---

①　邓少琴著《巴蜀史迹探索》，四川人民出版社1983年6月第1版，第48页。

②　[晋]常璩撰，刘琳校注《华阳国志校注》，巴蜀书社1984年7月第1版，第21页，第37页。参见[南朝·宋]范晔撰《后汉书》卷八十六"南蛮西南夷列传"，中华书局校点本第10册，1965年5月第1版，第2842页。

③　《中国美术分类全集·中国画像石全集》第7册《四川汉画像石》图三七，图一六四，山东美术出版社、河南美术出版社2000年6月第1版。

四川璧山出土汉代石棺上刻画的巴人舞

时期的"魂归天门"观念，对巴人和楚人就产生过重要影响。从考古发现看，四川广汉三星堆出土玉璋图案中刻画有两座神山之间的天门符号，成都金沙遗址出土的玉兽面纹斧形器上也刻画有天门图案，四川简阳鬼头山崖墓出土3号石棺上有"天门"画像，四川合江县张家沟出土的四号石棺左侧刻画有"车临天门"图。巫山东汉墓葬中出土有7件鎏金铜牌饰，上面也刻画了"天门"榜题文字。还有湖南长沙马王堆西汉墓葬1号墓出土的彩绘帛画，也生动地描绘了天上人间地下的景象，同样表达了迎送墓主人升入天门的主题观念。这说明了古代蜀人天门观念在巴蜀地区的广泛流传，并揭示了由成都平原向川东和长江中游地区的流行范围，而且有向中原地区传播的趋势。譬如在河南新郑出土的一件画像砖上，也发现有"天门"二字。我对此曾撰写有专文论述。①

巴蜀出土的虎纽錞于

巴、蜀地区出土的虎纽錞于、三星堆出土的金虎、金沙遗址出土的石虎，则说明了巴人崇敬白虎的习俗已渗透到了蜀地。这种对虎的崇尚，在巴、蜀地区出土的青铜兵器上也有充

---

① 黄剑华《汉代画像中"魂归天门"观念探讨》，刊于《上海文博论丛》2009年第三辑，第63~69页。参见黄剑华《汉代画像中"魂归天门"观念探讨》，刊于《长江·三峡古文化学术研讨会暨中国先秦史学会第九届年会论文集》，重庆出版集团·重庆出版社2011年5月第1版，第421~427页。

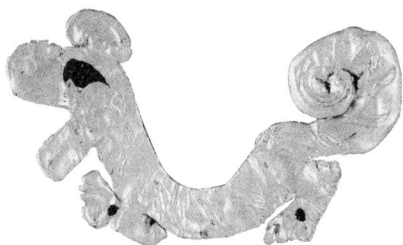

三星堆出土的金虎　　　　　　　　金沙遗址出土的石虎

分的反映。这些都说明了巴、蜀在文化上的密切关系，可谓你中有我，我中有你，相互的渗透与影响由来已久，在很多方面已浑然交融，在一定意义上也可以说已经很难截然分开了。巴、蜀和楚，地域相邻，《文选》刊载的宋玉《对楚王问》说："客有歌于郢中者，其始曰下里巴人，国中属而和者数千人。"下里巴人是巴、蜀地区的通俗歌曲，在楚地得到了广泛流传，其他文化形式和观念习俗上的传播影响也一样，自古以来相互间的交流和影响可谓源远流长。

此外在经济方面，巴、蜀也相互依赖，互相促进，同样具有十分密切的关系。例如早期的盐业开发，在蜀地与巴地都很兴旺。在水陆交通与贸易上，水陆两途都是巴、蜀双方所充分利用的。长江上游与中下游的舟船往来、秦陇与巴蜀之间的栈道通商、南丝路上的远程贸易，都是古代巴、蜀共享和互利的行为方式。这对促进巴、蜀文化与经济的兴旺，对加强巴、蜀之间的密切关系，也起到了不可忽视的重要作用。

三、巴、蜀的矛盾征伐与兴亡

巴国与蜀国、楚国是友邻，关系密切，但也常闹矛盾，有时候还要发生战争。

首先看一下巴国与楚国的关系，常璩《华阳国志·巴志》中对巴与楚的关系就有较多的记述。从春秋时期开始，巴与楚虽是长江中上游地区相邻的两个大国，而在中原各诸侯国的眼中，仍被视为蛮夷之国，所以巴与楚常常结成同盟，以维持各自的地位和利益。譬如楚与巴曾联合讨伐位于河南南阳一带的申国，在鲁文公十六年又联手灭掉了位于鄂西（今湖北竹山一带）的庸国。联盟带来的好处，是使双方都获得了壮大。

巴国曾和楚国结成联盟，主要是为了兼并江汉流域的小国，但巴与楚也经常发生矛盾，后来又反目为仇，甚至相互打仗。譬如双方出兵伐申时，楚文王使巴军惊骇，而导致了巴与楚关系的破裂。《左传》与《华阳国志》都记载了此事，究竟是什么原因则没有详说，总之巴人非常生气，转而出兵伐楚，在津地（今湖北江陵一带）将楚军打得大败，楚文王也因此而病死了。这是鲁庄公十八年（公元前676）发生的事件，到了鲁哀公十八年（公元前477），巴人又再次伐楚，包围了楚国的鄾邑（今湖北襄阳附近），这次巴人就没有那么幸运了，楚国派出了三位能干的将领，击败了巴军。这是巴、楚之间两次比较大的战役，其他各种小型摩擦可能就更多了，《华阳国志·巴志》说"巴、楚数相攻伐，故置扞关、阳关及沔关"，《水经·江水注》也有"昔巴、楚数相攻伐，藉险置关，以相防捍"的记载，[1] 就如实地反映了这种状况。《华阳国志·巴志》又说"巴子时虽都江州，或治垫江，或治平都，后治阆中"，巴国多次迁徙都城并建立了陪都，很可能也与巴、楚战争而引起的形势强弱变化有关。由此可知，春秋战国时期，巴国因为受到楚国的威胁侵逼，在四川盆地东部曾五易其都，先后在江州（今重庆）、垫江（今合川）、平都（今丰都）、阆中（今四川阆中）、枳（今涪陵）建立都城。由于楚国的进攻，巴王只有迁避都城，退保阆中，而由巴王子据守枳城（涪陵）。

打仗要消耗国力，对双方都没有什么好处，所以最明智的做法仍是和为贵。战国时期巴与楚曾采用联姻的方式，来改善两国的关系。

---

① ［北魏]郦道元撰，王国维校《水经注校》，上海人民出版社1984年5月第1版，第1064页。

《史记·楚世家》与《左传》昭公十三年，均说楚共王有巴姬，并有巴姬埋璧立嗣的记述，巴姬就是巴国嫁于楚国的宗室女。[①]据《华阳国志·巴志》记载"战国时，尝与楚婚"，说明巴国与楚国的这种联姻通婚关系，从东周春秋一直延续到了战国时期。《华阳国志·巴志》又说"周之季世，巴国有乱，将军有蔓子请师于楚，许以三城。楚王救巴"。当时巴国可能遭到了蜀国的攻伐，巴国的国内可能也发生了动乱，巴国将军巴蔓子不得已才向楚国求救。因为两国王室通婚，加上有获得三城的巨大诱惑，所以楚王立即派兵援助，很快就平息了巴国的动乱。接下来楚王便要求巴蔓子兑现诺言，割让三城。巴蔓子是巴国的忠勇之臣，当然不会将巴国的领土拱手送给楚王，于是自刎以谢楚使，被称为是巴国历史上典型的千古忠烈人物。[②]巴蔓子的故事在后世曾广为流传，有关方志说施州（今湖北恩施）迄今仍有巴蔓子庙，忠州附近有蔓子冢，传说重庆通远门内亦有巴蔓子墓。这些都已成为古代巴、楚关系的佐证。

其次就是巴国与蜀国的关系了。巴、蜀虽然友好，但也常闹矛盾，甚至发生过战争。我们知道，蛇是巴人的族徽，象是蜀人崇尚的动物。《山海经·海内南经》有"巴蛇食象"之说，就隐约地透露了巴、蜀之间复杂的关系，曾发生过争战。从文献记载看，在开明王朝向东拓展疆域的时候，曾越过嘉陵江，征服了巴人的许多地方。蜀王鳖灵曾率军征服了嘉陵江以东的大片地区，并占领了阆中。例如《太平寰宇记》卷八六记载阆中有仙穴山，《周地图记》载"昔蜀王鳖灵帝登此，因名灵山"。《舆地纪胜》卷一八五也载"灵山一名仙穴，在阆中之东十余

① ［汉］司马迁撰《史记》卷四十"楚世家"，中华书局校点本第5册，1959年9月第1版，第1709页。参见王守谦等译注《左传全译》下册，贵州人民出版社1990年11月第1版，第1233页。
② 《左传》庄公八年、十八年、十九年。参见［晋］常璩撰，刘琳校注《华阳国志校注》，巴蜀书社1984年7月第1版，第31页，第32页，第101页。关于巴蔓子的故事，又见《宋本方舆胜览》卷六一、《大明一统志》卷六九、《蜀中名胜志》卷十九等记述。

里宋江上，有古丛帝开明氏鳖灵庙存焉"。在征服的过程中，双方发生了多次战争，《华阳国志·巴志》就有"巴、蜀世战争"的记载。《蜀王本纪》等文献中还有"蜀王据有巴、蜀之地"的记述，[1]指的就是开明王朝东扩的结果。可见蜀国比较强势，巴国处于弱势地位，难以抵挡蜀国的进攻，被蜀国攻取了不少地方。蜀王占领的应该是巴国的部分地区，而并非巴国全部领土。据《史记·楚世家》与《六国年表·楚表》记载，开明王朝还曾出兵伐楚，攻取了楚的兹方（今湖北松滋县），势力到达了鄂西的清江流域。《方舆胜览》与《太平寰宇记》中也有相关记述，徐中舒先生认为有些史料"虽出自传说，但清江原为蜀地，则为不可否认的事实"。[2]蜀国通过征战占领的有些地方，后来又被巴国夺了回去。譬如巴国夺回曾被蜀国占领的阆中，重新占据嘉陵江以东地区，并在阆中建立了都城，就是例证。史籍中还有"昔巴、蜀争界，久而不决"的记述。[3]说明巴、蜀之间在疆域方面的相互争夺由来已久，成为两国矛盾的主要根源。

在巴、蜀的北方，秦国经过变法改革，日渐强盛起来，对巴、蜀虎视眈眈，早就有了攻取之心。在蜀国与巴国关系友好的时候，可以联手抵御强敌，抗击秦军的侵犯，秦国是无隙可乘的。一旦蜀国与巴国的友好关系发生了重大裂痕，麻烦也就来了。但蜀国与巴国对此都掉以轻心，缺乏清醒而长远的认识。到开明王朝十二世的时候，巴、蜀的关系依然紧张，矛盾已有扩大与加剧的趋势，双方已处于敌对状态。《华阳国志·蜀志》说开明王朝后期"巴与蜀仇"，记录的便正是这种情形。后来，"蜀王别封弟葭萌于汉中，号苴侯，命其邑曰葭萌焉。苴侯与巴

① [宋]李昉等撰《太平御览》卷八八八引《蜀王本纪》，第4册，中华书局影印出版，1960年2月第1版，第3945页。
② 徐中舒《论巴蜀文化》，四川人民出版社1982年4月第1版，第99页。
③ [宋]乐史撰《太平寰宇记》卷一三六引李膺《益州记》，王文楚等点校，中华书局2007年11月第1版，第2657页。参见蒙文通《巴蜀古史论述》，四川人民出版社1981年8月第1版，第24页。

王为好，巴与蜀仇，故蜀王怒，伐苴侯。苴侯奔巴，求救于秦"。蜀王的弟弟苴侯因为私下与巴王为好，蜀王对此大为恼怒，所以派兵讨伐。蜀王出兵攻巴是个错误，苴侯和巴王向秦国求援也是错误，双方都犯了大错。

当时秦国正在谋划攻取巴、蜀，认为蜀国的内部矛盾引发了对巴国的征伐，犹如历史上的"桀、纣之乱"，[①]是一个可以充分利用的机会。秦国君臣分析了形势，做出了决策，于是迅速派出了大军，开始向蜀国与巴国进兵。如果巴蜀友好，结成同盟，秦国就要调整战略了。遗憾的是，正是由于巴、蜀相互仇恨，互相攻击，给了秦国可乘之机，从而各个击破，终于将巴、蜀纳入了秦国的版图。

四、巴、蜀被秦朝统一后的情形

秦并巴、蜀后，蜀国和巴国都被纳入到了秦朝统一的版图。秦朝为了加强对巴、蜀的统治，曾采取了很多重要措施。在对待巴、蜀的方式上，还是有区别的，秦朝的重点主要放在对蜀地的经营上。在政治措施上，秦朝采取了分封制与郡县制并用的统治方式。秦相继分封的三位蜀侯（王子通国、公子恽、公子绾）虽然在不到三十年内皆死于非命，而秦初置的巴、蜀、汉中三郡三十一县则不断添置达四十一县。为了加强对巴、蜀的控制，秦人采取的另一个重大措施是仿照咸阳的模式修筑了成都城、郫城与临邛城。此外，据其他文献记载还修筑了江州（今重庆）城和阆中城。这些城市都夯筑有高大的城墙，上建观楼、射阑，下建粮仓，城内有街道府舍市肆与居民住宅区，为秦人提供了驻守和控扼巴、蜀地方政权的便利，同时也促使了盐铁业和农业经济的发展。

---

① [晋]常璩撰，刘琳校注《华阳国志校注》，巴蜀书社1984年7月第1版，第191页。参见缪文远著《战国策新校注》（修订本），巴蜀书社1998年9月第3版。第91页。

秦朝觉得尽管任命了官吏，派驻了军队，但对蜀地的控制仍不放心，于是又实施了从秦国本土往蜀地移民的措施。常璩《华阳国志·蜀志》载秦人认为"戎伯尚强，乃移秦民万家实之"，就真实地记述了这一状况。按一家最少三口人计算，迁移入蜀的秦民至少有数万人之多，从当时的人口数量来看，这绝非小数字，足见秦朝用心良苦，是下了决心要彻底将蜀与秦融为一体了。开明王朝败亡后，蜀王子孙及其部族流散于西南各地，蜀国的一位王子安阳王则率领所部兵将与家属三万人辗转南迁，在交趾之地建立了安阳王国。加上战争中的死伤者，这些都造成了蜀地人口的锐减。秦朝可能也是有鉴于此，才大量移民入蜀。从考古发现看，20世纪中叶以来在四川各地考古发掘的战国秦汉墓中，就发现有大量的移民墓，也印证了当时秦朝的移民之举。

秦灭六国之后，仍继续实行这种移民措施，将六国的富豪大户大量迁往蜀地。这种做法，既扩充了蜀地人口，又削弱了六国势力，对秦朝的统一大业来说可谓一举两得。这些移民中有善于铸造与经商者，将中原地区的铁器铸造技术与农耕方法带到了蜀地，不仅对蜀地的经济发展起到了积极的作用，同时在客观上也加速了区域文化之间的融合。譬如《史记》与《汉书》记述的临邛卓氏，便是秦汉之际从北方迁到蜀地的移民中的代表。《史记·货殖列传》说："蜀卓氏之先，赵人也，用铁冶富。秦破赵，迁卓氏……致之临邛，大喜，即铁山鼓铸，运筹策，倾滇蜀之民，富至僮千人。田池射猎之乐，拟于人君。"又说："程郑，山东迁虏也，亦冶铸，贾椎髻之民，富埒卓氏，俱居临邛。"[1]卓氏与程郑都是利用临邛附近丰富的铁矿资源，开采冶炼，铸造生产各种铁器，远销各地，获得了丰厚的利润，成了蜀中的大富户。常璩《华阳国志·蜀志》还记述了这些移民致富后的奢侈之风："秦惠文、始皇克定六国，辄徙其豪侠于蜀，资我丰土。家有盐铜之利，户专山川之材，

---

[1] [汉]司马迁撰《史记》卷一百二十九"货殖列传"，中华书局校点本第10册，1959年9月第1版，第3277~3278页。

居给人足，以富相尚。故工商致结驷连骑，豪族服王侯美衣，娶嫁设太牢之厨膳，归女有百两之车，送葬必高坟瓦椁，祭奠而羊豕夕牲，赠襚兼加，赗赙过礼，此其所失。原其由来，染秦化故也。"正是由于"地沃土丰，奢侈不期而至"，①所以对后世的民俗民风都产生了深远影响。

　　秦朝对巴人主要采取了联姻与怀柔的策略，以加强对巴地的控制。《后汉书》说："及秦惠王并巴中，以巴氏为蛮夷君长，世尚秦女，其民爵比不更，有罪得以爵除。"②便真实地记载了这一情形。秦朝对待巴人的经商致富者，也很有策略。比如巴寡妇清就是一个比较典型的例证，《史记》记述："巴（蜀）寡妇清，其先得丹穴，而擅其利数世，家亦不訾。清，寡妇也，能守其业，用财自卫，不见侵犯。秦始皇以为贞妇而客之，为筑女怀清台。"③还有秦朝对待板楯蛮的态度也很友好，据《后汉书·南蛮西南夷列传》和《华阳国志·巴志》记述，秦昭襄王时白虎为患，在秦、蜀、巴、汉境内伤害千余人，秦王乃重募能射虎者，"时有巴郡阆中夷人，能作白竹之弩，乃登楼射杀白虎"。秦王原来悬赏，能杀虎者赏邑万家、金白镒，却又因为射杀白虎者是夷人，不欲加封，乃刻石盟要，给予了减轻租赋等许多优惠政策，"夷人安之"。秦朝的这些做法，微妙而又讲究，既笼络了人心，又强化了对巴人的控制，手段可谓高明。这说明秦朝对治理巴、蜀有着清醒的认识，采用了一系列有效的策略，并取得了较好的效果。

　　秦朝统一巴、蜀后，将北方和中原的很多东西输入了巴、蜀地区，促使并加快了巴蜀区域文明与华夏文明的融合。秦朝一方面十分强势地改变了巴蜀地区的治理模式与社会结构，另一方面也表达了对巴蜀

---

①　[晋]常璩撰，刘琳校注《华阳国志校注》，巴蜀书社1984年7月第1版，第225页。

②　[南朝·宋]范晔撰《后汉书》卷八十六"南蛮西南夷列传"，中华书局校点本第10册，1965年5月第1版，第2841页。

③　[汉]司马迁撰《史记》卷一百二十九"货殖列传"，中华书局校点本第10册，1959年9月第1版，第3260页。

文化习俗的宽容。譬如古代蜀人有浓郁的"尚五"观念，蜀有五丁力士，宗庙有五色帝，大石称五块石，地名则有五妇山、五丁冢等。中华各民族自古以来就有崇尚祥瑞的传统，中原王朝的皇帝要使用九鼎等礼器来象征地位与身份，古蜀王朝则认为"五"是吉祥与尊贵的象征，二者在文化内涵的本质上都是一样的，后来古人常说"九五之尊"，可能就是融合了二者才形成的一种说法。秦人在伐蜀之前就深知蜀人的这种传统习俗，因而雕凿了五头巨大的石牛送给蜀王，诱使蜀王派五丁力士开凿了石牛道，后来又设计将五位秦国美女嫁给蜀王，因山崩而将五丁力士与五位秦女一起压死在梓潼山中。秦人的石牛计与美女计都借用了蜀人的"尚五"习俗，使阴谋获得了成功。秦始皇统一中国后，颁布了很多统一的规定，《史记·秦始皇本纪》说要求"数以六为纪，符、法冠皆六寸，而舆六尺，六尺为步，乘六马"。但在蜀境内开凿的道路仍称为"五尺道"。《史记·西南夷列传》说"秦时常頞略通五尺道"，[①]就对此作了如实的记录。还有秦朝派遣的蜀郡太守李冰，在治水过程中"作石犀五头以厌水精"，[②]也说明了李冰对蜀人习俗的尊重，从而调动了蜀民的积极性，使治水获得了大成功。总之，巴、蜀在被秦朝统一后，依然保留了很多自己的文化特色。这种文化特色，经过历代传承，吸纳和融入了许多新的因素，迄今仍充满活力，显示出鲜明而浓郁的地域文化魅力。

秦并巴蜀之后，巴、蜀地区由于物产丰富，从而为秦朝进一步统一天下提供了充裕的人力资源与物质基础。后来汉高祖刘邦也是充分利用了巴蜀地区人力物力，在与项羽逐鹿天下时，才取得了最终的胜利。在历史上，被称为天府之国的成都平原，以及巴蜀之地，一直是中国的大后方，在很多重要历史关键时刻都发挥了巨大的作用。秦朝依靠巴蜀的富饶而统一了全国，刘邦利用巴蜀的人力物力战胜了项羽，开创了辉

---

① 　[汉]司马迁撰《史记》卷六"秦始皇本纪"，卷一百一十六"西南夷列传"，中华书局校点本，1959年9月第1版，第1册第237~238页，第9册第2993页。

② 　[晋]常璩撰，刘琳校注《华阳国志校注》，巴蜀书社1984年7月第1版，第202页。

四川省文物考古研究院名家学术文集

煌的汉朝大业。在汉代之后的两千年内，巴蜀地域仍然不止一次发挥过这样的重要作用。

——此文发表于江西科技师范大学《地方文化研究》2014年第2期（总第8期）第13~21页。收录于《巴人巴国巴文化》论文集第364~377页，文物出版社2013年12月第1版。

古蜀青铜文化对滇文化的影响

一、古蜀青铜文化的考古发现与主要特点

在中国考古史上和世界考古史上，三星堆都称得上是前所未有、令人耳目一新的考古发现。过去我们对古蜀历史文化知之甚少，古蜀族和古蜀王国以前一直云遮雾绕地被浓郁的神话传说色彩所笼罩。自从有了三星堆考古发现，终于揭开了千百年来笼罩在古蜀历史上的神秘面纱，使我们看到了古蜀文化灿烂的真实面貌。但三星堆辉煌文明的突然湮没以及湮没后的去向仍是一个很大的谜。金沙遗址考古发现则使我们对此有了新的认识，以丰富的出土资料进一步拓宽了我们的视野，使我们看到了商周时期古蜀族在成都地区的繁荣发展。

可以说，三星堆遗址和金沙遗址都从考古学文化方面揭示了灿烂的古蜀文明，是殷商至西周时期长江上游内陆农业文明的重要遗存。它们在文化形态上有着极其密切的关系，不仅地域相近，在时间上也有相互衔接和延伸的关系，既有共同的文化面貌又有各自的绚丽特色。也可以说古蜀文明是以古蜀族为主体、联盟了西南各部族共同创建的一种地域文明，有着与众不同自成体系的鲜明特色，并同周边和其他地区有着源远流长的交流和往来，吸纳和接受了不少外来文化的影响，同时也向

周边区域传播着自身的影响。三星堆和金沙遗址考古发现还雄辩地告诉我们，古蜀先民们创造的青铜文明在商周时期发展到了非常辉煌的程度，展现出绚丽多彩的繁荣情形，完全可以和中原文明以及世界上的古埃及文明、古希腊文明、古罗马文明相媲美。三星堆和金沙遗址考古发现，不仅为世界考古史增添了最为亮丽的光彩，更重要的是对中华文明起源呈现出多元一体、多源一统的发展格局提供了重要佐证，以独树一帜的青铜文化在中华文明起源和发展进程中写下了神奇的一页，也在人类文明发展史和世界美术史上谱写了新的重要篇章。

　　三星堆出土文物的精美程度、数量的庞大、种类的繁多、文化内涵的无比丰富，以及其展示的鲜明而自成体系的地域文化特色，都是罕见的，是20世纪以来考古史上一个巨大的收获。在三星堆青铜文化中，最具代表性的是出土了数量众多的青铜造像群。这些青铜造像群，表现了古代蜀人丰富多彩的意识观念和传统习俗，具有强烈而浓郁的象征意义，展现了与众不同的极富特色的文化内涵。我们知道，黄河流域夏商周时代的帝王贵族们是用青铜礼器特别是九鼎来象征统治权力和等级制度的。传世文献对此多有记载，考古发现在这方面也为我们提供了丰富的资料。在商、周王朝，青铜礼器不仅是王公贵族们和各种礼仪场合（如宴飨之类）中的重要用器，更在频繁举行的祭祀活动中发挥着特殊作用。与中原殷商时代大致相同的三星堆古蜀王国，祭祀活动同样盛行，祭祀鬼神与祭祀祖先同样是社会生活中最重要的主题内容，但在祭祀方式以及神权与王权的象征表现方面又有着极大的不同。三星堆也出土有青铜器物，如铜尊和铜罍，但数量很小，这说明古蜀国显然不是依赖和利用青铜礼器来维护等级制度和统治秩序的。古代蜀人精心铸造了大量代表大巫（蜀王）和群巫（各部族首领）以及神灵偶像的青铜造像，并赋予这些生动逼真的造像以丰富的象征含义，供奉于宗庙或神庙之中，或陈设于祭台之上，进行规模宏大的祭祀活动。显而易见，古蜀国统治阶层所控制的神权与王权正是通过这些青铜人物造像而强烈地展现出来，而这也正是古蜀国维护等级制度和有效统治各部族的奥妙所在。

三星堆青铜造像群以丰富多彩的内涵，显示了长江上游的蜀文化的独特性，既不同于黄河流域的中原文化，也不同于长江中游的楚文化，在社会礼俗与民族心理方面均有自己鲜明的特色。青铜人物造像群在三星堆古蜀文化中占据着突出而重要的主导地位，这不仅说明了古代蜀人对人物造像的偏爱，显示了他们特别擅长形象思维，具有极其丰富的想象力和高超的青铜铸造技术，更重要的是展现了古代蜀人对凡俗世界和精神世界的理解，表达了他们清晰明确而又绚丽多彩的崇拜信仰观念。在古代蜀人对天地万物的认识中，人是万物之灵，而神是天地之灵，人主宰生活，而神主宰着自然和宇宙，人应该祈福于神灵以获得风调雨顺、国泰民安、兴旺繁荣，所以便形成了人神交往的观念以及对人神交往途径的各种想象，青铜造像群便是古蜀人神交往观念的生动体现。

审美是人类从愚昧走向文明的发展过程中最为复杂的精神活动之一，它在不同的族群与区域文明之间往往呈现出一种多元的绚丽情景。过去通常认为古希腊文明是崇尚立体雕塑和致力于形体之美的代表，古老的中华文明则以变形的线条艺术和抽象的韵味取胜。三星堆和金沙遗址的考古发现修正了这一看法，说明商周时期古代蜀人在人物立体雕塑方面也有着非同凡响的创造，同时在抽象变形的图像纹饰方面亦展示了非常杰出的造诣。在人物造型方面的高超技艺，正是古蜀青铜文化最为显著的特点之一。

另一个非常值得注意的是，古蜀国的农业起源颇早，扬雄《蜀王本纪》中有"鱼凫田于湔山，得仙，今庙祀之于湔，时蜀民稀少"的说法。[1]可知在鱼凫王朝时期，古蜀国已经有了早期农业。到杜宇取代鱼凫成为蜀王的时候，古蜀国的农业已有了较大的发展。商周时期成都平原的稻作农业虽已发展到了一定的规模，但开垦种植的农田面积恐怕仍

---

① 见《全汉文》卷五十三，[清]严可均校辑《全上古三代秦汉三国六朝文》，第1册，中华书局影印出版，1958年12月第1版，第414页。

是有限的，并未遍及全境。境内许多地区可能生长着大片茂密的林木，由于河流众多和排洪的不畅，境内可能还有大片的沼泽和湿地。这种地理条件和生态环境，自然就成了各种鸟兽栖息繁衍的乐园，也为古代蜀人的渔猎活动提供了极大的便利。在三星堆和金沙遗址出土器物中，有很多鸟兽动物的造型，便与古代蜀人的生活环境有关，这也是古蜀青铜文化的一个重要特点。

二、上古以来蜀与滇的地缘关系

蜀与滇地缘相邻，上古以来就有着较为密切的联系。文献记载，古蜀国第四代蜀王杜宇，就与来自云南朱提（今昭通）的梁氏女利联姻，壮大了力量，从而称雄于西南地区。扬雄《蜀王本纪》说："后有一男子，名曰杜宇，从天坠止，朱提有一女子名利，从江源井中出，为杜宇妻。乃自立为蜀王，号曰望帝。"常璩《华阳国志·蜀志》说："后有王曰杜宇，教民务农，一号杜主。时朱提有梁氏女利游江源，宇悦之，纳以为妃。移治郫邑，或治瞿上。七国称王，杜宇称帝，号曰望帝，更名蒲卑。自以功德高诸王，乃以褒斜为前门，熊耳、灵关为后户，玉垒、峨眉为城郭，江、潜、绵、洛为池泽，以汶山为畜牧，南中为园苑。"[①]扬雄与常璩都记述了杜宇和朱利的联姻，可知这是古蜀历史上一件很重要的大事。常璩说的南中就是云南，可见望帝杜宇的蜀国疆域是包括了云南很多地方在内的，说明古蜀国的统治与影响已经由朱提而扩大到了南中地区。

据《三星堆祭祀坑》介绍，三星堆一号坑出土海贝62枚，二号坑出土海贝4600枚，其中有货贝、虎斑纹贝、环纹贝等。[②]在河南安阳殷墟妇好墓中出土有海贝6880多枚，在安阳大司空村商代墓葬和车马坑中

---

① [晋]常璩撰，刘琳校注《华阳国志校注》，巴蜀书社1984年7月第1版，第182页。
② 四川省文物考古研究所编《三星堆祭祀坑》，文物出版社1999年4月第1版，第150页，第419页。

也出土有数量不等的海贝，在山东益都县苏埠屯商代晚期墓中也出土有殉贝3990多枚。这些海贝在当时可能已具有原始货币的职能，从数量来看是一笔不小的财富。中原和古蜀都不产贝，这些海贝显然都是由太平洋和印度洋沿岸地区辗转而来的舶来品，反映了当时的商贸活动区域是相当广阔的。郭沫若先生曾指出，贝朋最早为先民们的颈饰，后来才成为货币，其使用"必始于滨海民族，以其所用之玛瑙贝本系海产。殷周民族之疆域均距海颇远，贝朋之入手当出于实物交易与掳掠。以其为数甚少而不易得，继之以玉，而骨玉均效见形。继进则铸之以铜"。[①]有学者认为，从三星堆祭祀坑中出土的象牙、海贝来看，显然是来自异邦。还有学者指出，在三星堆一、二号坑中出土有大量海贝和数十支象牙，"它们的来源一方面固然有可能来自与中原殷王朝的交往，同时，也不排除通过蜀身毒道从印度泊来这种可能性，因为这两类物品的大宗产地，还是在西南亚及印度洋沿岸"。[②]云南出土的大量海贝，也是一个很好的印证。

方国瑜先生指出，西南地区各部族居民，各成区域地分布着，至社会、经济、文化发展到一定阶段，相互联系，越后越紧密，开通了道路，成为祖国对外交往孔道。"中印两国文化发达甚早，已在远古声闻相通为意中事，最早中、印往还经过西南夷的交通线，各家所说是一致的，至于取道南海及西域，则为汉武帝以后之事"。"故很早时期，楚、蜀商贾在西南地区活动，不乏远走身毒之徒"，从而开通了中、印之间的经济文化交流。[③]日本学者藤田丰八在《中国南海古代交通丛考》一书中，通过对《诗经》《楚辞》《庄子》等先秦文献若干名词与楚文化若干问题的研究，认为中印交通的开辟应始于公元前11世纪的周

---

① 郭沫若《甲骨文字研究·释朋》，《郭沫若全集·考古编》，第1卷，科学出版社1982年9月第1版，第110页。

② 霍巍《广汉三星堆青铜文化与古代西亚文明》，《四川文物》1989年"广汉三星堆遗址研究专辑"第43页。

③ 方国瑜著《中国西南历史地理考释》上册，中华书局1987年10月第1版，第7~8页。

初。曾经对西南丝路做过深入考察的邓廷良先生认为，三星堆祭祀坑中大量齿贝的出现，为藤田的推断提供了有力的实证。三星堆出土的这些齿贝，"据生物学家考证，那类齿贝仅产于印、缅温暖的海域。可见，至少在3000年前的殷周之际，印度与蜀之间已可辗转相通，有间接的贸易交换"。[1]西南丝路究竟始于何时，我们从古代文献资料中很难找到明确的记载。我们通过《史记》和《汉书》中的叙述，可以知道早在通往西域的沙漠丝路开通之前，古商道就已经存在了。显而易见，这条由蜀地通往滇缅的古老商道，在秦汉乃至春秋战国之前，就已经形成了，后来的西南丝路便是由此而来的。考古发现对此也给予了充分的揭示，除了三星堆遗址出土的大量海贝，在横断山脉东部边缘地区和滇西的青铜文化墓葬中，也发现了数量众多的海贝，制作精美的滇国贮贝器就是专门用来存放海贝的，据统计，在呈贡天子庙、晋宁石寨山和江川李家山墓地出土的贮贝器就有62件，[2]可见数量是相当可观的。这些产于印度洋沿岸地区或中国南海热带海域中的海贝，曾长久被视为贵重物品并作为货币使用，显然都是通过贸易交换而进入古蜀和西南丝路沿线地区的。这些出土的海贝，不仅说明了西南丝路的历史悠久，而且揭示了丝路贸易的兴旺。

我国西南地区的横断山脉是著名的半月牙型文化传播带，通常称为西南民族走廊。其形成，除了地理环境的原因，与古蜀和氐羌的迁徙活动也大有关系。古蜀和古代氐羌的关系非常密切，都曾栖居于岷江上游，都有石棺葬之俗。章樵注《蜀都赋》引《蜀王本纪》云："蚕丛始居岷山石室中。"《华阳国志·蜀志》说："有蜀侯蚕丛，其目纵，始称王，死，作石棺石椁，国人从之，故俗以石棺椁为纵目人冢也。"[3]20世纪以来，考古工作者在岷江上游发现了大量的新石器时代晚期文化遗存，即与古代氐羌和蚕丛氏蜀人有关。石棺葬与大石墓在安

① 邓廷良著《丝路文化·西南卷》，浙江人民出版社1995年12月第1版，第27~28页。
② 张增琪著《滇国与滇文化》，云南美术出版社1997年10第1版，第158页。
③ [晋]常璩撰、刘琳校注《华阳国志校注》，巴蜀书社1984年7月第1版，第181页。

宁河流域和云南的滇中与滇西北等地也有分布，这种葬俗很显然应来自古蜀和古代氐羌，是沿着民族走廊由北向南迁徙带来的。考古发现揭示，石棺葬与大石墓的年代跨度较长，大概从战国时代就出现了，延续至汉晋时代依然流行，这对我们了解古代民族走廊上的民族迁徙与栖居情形是很有帮助的。与古蜀文化关系密切的四川茂汶地区的早期石棺葬中，曾发现琉璃珠，经科学测定，这些琉璃珠大都不含钡，而我国战国时代自制的琉璃珠制品则属于铅钡玻璃，学者们认为不含钡的钠钙玻璃均是从中亚或西亚输入的。在云南江川李家山属于战国时代的22号墓中也出土有外来的琉璃珠，在李家山24号墓中则出土了来自西亚的蚀花肉红石髓珠。[1] 在时间稍晚的云南晋宁石寨山13号西汉墓中，也发现了类似的蚀花肉红石髓珠。根据英国学者培克的研究，蚀花肉红石髓珠在西亚地区有着悠久的历史，其流行时代大致可分三个不同时期，从公元前2000年左右直至中世纪。在伊拉克和印度河流域的文化遗存中，曾发现过早期蚀花珠。中期蚀花石髓珠，在埃及、印度、巴基斯坦，尤其是安息和贵霜时期的健陀罗遗址中多有出土。我国云南等地出土的这类蚀花石髓珠，显然是通过西南丝路带来的。在云南晋宁石寨山汉墓的考古发掘中，7号墓与13号墓还分别出土了有翼虎错金镶嵌银带扣、一件鎏金浮雕的狮身人面像铜牌饰，其艺术构思和形象特征可以明显地看出是西亚地区的传统风格，显然也是由西南丝路带来的舶来品。有意思的是这种雕镂新奇的银带饰，不一定用于革带，很可能是用于丝带上的。《艺文类聚》卷六十七有"梁刘孝仪谢晋安王赐银装丝带"的记录，[2] 便是一个绝好的说明。除了我国境内发现的这些由丝路贸易带来的舶来品，

---

① 张增祺著《滇国与滇文化》，云南美术出版社1997年10月第1版，第289~292页。参见江玉祥《古代中国西南"丝绸之路"简论》，《古代西南丝绸之路研究》，四川大学出版社1990年10月第1版，第37页。参见童恩正《古代中国南方与印度交通的考古学研究》，《考古》1990年第4期。

② [唐]欧阳询《艺文类聚》卷六十七，上海古籍出版社1982年1月新1版，第3册第1192页。

在域外也有许多非常重要的考古发现。1936年考古学家在阿富汗喀布尔以北60公里处对建于公元前4世纪的亚历山大城址进行发掘时，在一处城堡中发现了许多中国的丝绸。[①]童恩正先生认为，这些丝绸可能是由蜀地经滇缅先运到印巴次大陆，再到达中亚的。[②]这些都揭示了从三星堆时期至春秋战国时期古蜀国通过川滇古商道一直和南亚西亚保持着商贸联系，也由此说明了西南丝路历史的悠久。

三、古蜀青铜文化的南传与影响

根据《史记》《汉书》《后汉书》《华阳国志》等记述可知，滇国是因为当地有滇池而得名的，滇池区域也就是滇国的主要聚居区。滇国的东部为夜郎国，相比较而言，滇比夜郎还小。从文献记载来看，夜郎有竹王起源等传说，滇国的缘起与滇王的情况则比较模糊。滇国的北部有邛都国，西部有以洱海区域为中心的昆明国。滇和昆明都是云南古代的主要部落聚居之邦，历史虽久，势力范围则有限，对周边的影响不大，在西南夷地区长期处于默默无闻的地位，一直到了汉武帝的时候，才得到了中原王朝的注意。

范晔《后汉书·南蛮西南夷列传》记述东汉时期的西南夷，"在蜀郡徼外，有夜郎国，东接交趾，西有滇国，北有邛都国，各立君长。其人皆椎结左衽，邑聚而居，能耕田。其外又有嶲、昆明诸落，西极同师，东北至叶榆，地方数千里。无君长，辫发，随畜迁徙无常"。[③]总体来看，整个西南夷在文化、经济等方面的发展都相对比较滞后。同巴、蜀、楚相比，滇确实是一个弱小之邦，僻居一隅，地沃人稀，邑聚

① 王治来著《中亚史》第1卷，中国社会科学出版社1980年4月第1版，第69页。
② 童恩正《略谈秦汉时代成都地区的对外贸易》，《古代西南丝绸之路研究》，四川大学出版社1990年10月第1版，第5页。
③ [南朝·宋]范晔撰《后汉书》卷八十八"南蛮西南夷列传"，中华书局校点本第10册，1965年5月第1版，第2844页。

而耕，很容易遭到强邻的侵入。

　　从云南出土的青铜器来看，"根据近半个世纪的考古资料，云南青铜时代文化分为4种类型：滇池地区、洱海地区、滇西北地区和红河流域地区"，"根据现已掌握的考古资料，云南青铜时代文化分布在全省70多个市县，共200多个地点，出土的青铜器总数在万件以上"，云南的青铜时代起始于商代晚期，结束于西汉晚期，绵延千余年。[①]考古界大都认为剑川海门口遗址是云南的早期青铜时代遗址，其考古学年代大约在商代晚期或商周之际。剑川还发现有战国西汉墓葬，楚雄万家坝古墓群出土有春秋时期的早期铜鼓。出土青铜器最多的是在滇池区域，其时代大约从战国延续至汉代。海门口遗址自1957年发现以后，有几次考古发掘，考古工作者认为是跨越新石器时代晚期到青铜时代中期的长期被使用的滨水遗址群。该遗址第三次发掘出土的铜器和铸铜石范，具有明确的地层关系，证明这里是云贵高原最早的青铜时代遗址。滇西地区可能是云贵高原青铜文化和青铜冶铸技术的重要发源地之一。大理州境内除海门口外，在几个遗址中都出土了大量的铸造青铜器的模具石范、陶范等，而代表当地青铜文明辉煌时期的祥云大波那战国铜棺墓，也要早于滇池地区青铜文化鼎盛时期的西汉时代，这些都可以说是与大理地区作为古代青铜冶炼技术的起源地有关。

　　从考古发现揭示的时代顺序来看，剑川海门口遗址是最早的，滇西青铜文化的年代也略早，然后滇池区域的青铜文化发展达到了鼎盛，呈现出由北向南扩散传播的形态。而从中国整体青铜文化发展的格局状况来看，中原华夏地区殷商青铜文化、以三星堆为代表的古蜀青铜文化，在时间上明显要早于云南的青铜文化。如果结合民族走廊与文化传播来做深入探讨，可以很清楚地看到古蜀国青铜铸造技术的南传，可以看到三星堆青铜文化对滇国青铜文化产生了重要影响。在滇文化的出土物中，无论是青铜兵器或青铜容器与工具，也都显示出许多与古蜀文化

---

①　李昆声著《云南艺术史》，云南教育出版社2001年8月第1版，第51~61页。

相同或相似的特征，说明了古蜀文化对滇文化的影响。张增祺先生指出，三星堆二号坑发现有被定名为铜鸡和立鸟的圆雕装饰品，很可能是一种杖头铜饰，此类杖头铜饰在古滇国墓地出土较多，仅晋宁石寨山和江川李家山墓地就不下50件，它们因数量较多和所谓的"权杖"无关，而可能是一种扶老用杖。此外三星堆二号坑出土10件玉瑗，此类玉器在古滇国墓地出土较多，而三星堆二号坑与滇文化墓葬时代的差距竟有八九百年之多，进而对断代问题提出了疑问。[①] 如果从古蜀文化对滇文化的影响这个角度来分析探讨，是否正说明了这种影响的久远呢？此外，从出土文物看，西南夷之夜郎文化、邛都文化、冉駹文化等也都显示出古蜀文化的某些影响。

毫无疑问，古滇国青铜文化接受了诸多外来文化的影响，而影响最大的，就是以三星堆为代表的古蜀文化了。从考古资料看，楚文化的典型青铜器物是编钟之类，这在云南很少发现。云南各族最流行的音乐器物是铜鼓，云南、贵州、广西等地出土的铜鼓数量众多，与楚文化是没有多大关系的。由此可见楚文化对滇文化虽有影响却并不显著。中原文化的青铜器物在云南也很少发现，同样说明在汉代之前中原文化对滇文化的影响也不明显。而古蜀文化最典型的青铜器物就是青铜雕像和鸟兽动物形象了，这在殷商中期和晚期已达到极其娴熟与精美的程度了。云南出土的滇国青铜器中，最突出的也是人物雕像，许多器物上都雕铸或镌刻有神态各异、栩栩如生的人物图像，就其活动内容而言，有祭祀、战争、狩猎、纳贡、上仓、纺织、放牧、饲养、炊爨、演奏、舞蹈、媾合等场面，几乎涉及当时人们生活的各个方面。除了大量人物活动场面的雕铸，还有不少动物图案的装饰品，约略计之，不同的动物形象达三十八种之多。滇国青铜器注重人物雕像的青铜文化特色，与三星堆青铜雕像可谓一脉相承。从时代沿袭和传播路线来看，三星堆青铜文

---

① 张增祺《关于三星堆二号"祭祀坑"出土文物的定名、用途及时代问题》，《考古》1999年第4期。

化在殷商中期和晚期已极为昌盛，云南的青铜文化在商代晚期与商周之际才出现，云南剑川海门口是滇西青铜器最早的发源地之一，滇西与滇中地区的青铜文化到了战国与汉代才逐渐兴旺，很明显地呈现出了由北向南发展的态势。从出土的滇国青铜器来看，战国与秦汉时期，滇国的青铜文化最为发达，明显继承了古蜀青铜文化中崇尚人物雕像的传统与特色。

这些充分揭示了古蜀青铜文化进入云南后，开始向滇中和滇西的传播。这种传播很可能是渐进式的，延续了一个较长的时期，在传播的过程中和本地的少数民族文化相互融合，最终在滇池区域形成了富有特色的滇国青铜文化。在青铜器和人物雕像的铸造工艺方面，譬如泥范与失蜡法的采用，滇国青铜器也很明显沿袭了三星堆青铜雕像的铸造技术与工艺特色。[①]崇尚人物雕像，喜爱鸟兽动物的各种形象，在中国各地出土的青铜器物中，只有四川三星堆古蜀青铜文化和云南滇文化最为典型和突出。譬如四川三星堆出土有众多的铜鸟首、铜牛首、铜鸡、蟾蜍等，成都金沙遗址也出土有铜鸟首、金蛙等；这些出土器物与云南李家山、石寨山出土的鸟杖首、铜鼓上的牛、铜鼓上的蛙，在造型上对比，就有很多相似之处，我们也由此可以看出两者在文化上的影响与密切关系。在时间稍晚的滇文化出土器物中，还可以看到来自于游牧民族的斯基泰文化的影响，那应该是秦汉以后才由民族走廊传入云南的，并为滇文化所汲取。

用历史的眼光客观地看，通过西南民族走廊进行的迁徙活动和文化传播，主要是由北向南的迁徙和传播，相关的文献记载在这方面便透露了很多信息，大量的考古资料对此也给予了充分的揭示。殷商时期的古蜀青铜文化已经非常灿烂，对文化发展相对滞后的西南夷地区自然而然产生了巨大的影响，并形成了强势的传播与渗透，其实也是一种很正

---

① 参见黄剑华著《古蜀的辉煌——三星堆文化与古蜀文明的遐想》，巴蜀书社2002年2月第1版，第294~306页。参见李昆声著《云南艺术史》，云南教育出版社2001年8月第1版，第66~67页。

常的现象。当时北方的中原青铜文明也非常辉煌与强势，但由于地理上的原因，对遥远的南方地区产生的影响并不明显。古蜀国灿烂的青铜文化对整个西南地区的辐射与传播，因为地域相邻，又由于民族关系方面的亲缘因素，所以很自然受到了欢迎。这也正是滇文化接受了古蜀文化中青铜造像的强烈影响，也形成了喜爱人物造型青铜文化特色的重要原因。从殷商到汉代，在西南地区的文化传播过程中，滇文化一直处于比较弱势的状态，而古蜀文化则比较强势，这应该是一种比较真实的情形。正是在这种情形下，殷商时期的古蜀青铜文化畅通无阻地传入了滇中和滇西等地。

总而言之，我们从出土的滇国青铜器中，不仅看到了浓郁的本地民族特色的内容，也看到了周边文化与外来文化的影响，其中三星堆青铜文化对滇文化的影响最为明显。以后我们对此还可以做更为深入的探讨和研究，而以前对此显然是重视不足的。以上所述，都是个人浅见，敬请诸位方家和高明者指教。

——此文刊载于《藏羌彝走廊研究》第三辑第174~184页，社会科学文献出版社2019年。

三星堆服饰文化研究

一、古代蜀人的服饰记载与考古发现

在人类文明发展史上，绚丽多彩的服饰文化具有极其丰富的内涵，不仅和各民族的文明起源和发展状况密切相关，同时也是各民族文化模式和审美心理以及社会形态、生活习俗最为生动形象的展示。郭沫若先生说："工艺美术是测定民族文化水平的标准，在这里艺术和生活是密切结合着的。古代服饰是工艺美术的主要组成部分，资料甚多，大可集中研究。于此可以考见民族文化发展的轨迹和各兄弟民族间的相互影响。历代生产方式、阶级关系、风俗习惯、文物制度等，大可一目了然，是绝好的史料。"[①]可谓道出了服饰文化研究的妙谛。

过去我们对古代蜀人的服饰文化知之甚少，仅从《蜀王本纪》"椎髻左衽"之类的记述中去推测未免过于笼统，三星堆考古发现在这方面提供了翔实而丰富的资料，为我们打开了研究了解古代蜀人服饰文化的方便之门。而对古代蜀人服饰文化的研究，也是深入探讨三星堆文化内涵、揭示灿烂的古蜀文明的一个非常重要的组成部分。

---

① 沈从文著《中国古代服饰研究·序言》(增订本)，上海书店出版社1976年6月第1版。

从三星堆青铜造像群看，古代蜀人的服饰文化在形式和内涵上都显得极其丰富多彩，不仅有形式多样的冠帽和头饰，而且有华丽的衣裳和多种样式的服装，此外还有耳饰、手镯、足镯、项链之类的装饰品。这些采用丝帛麻布等材料制作而成的丰富多样的服装，充分反映了古蜀王国纺织行业的兴旺和缝纫技术的发达。由于蜀地湿润，丝质品和布制品都易朽难于久存，在数千年之后已很难发现其遗存了。但三星堆青铜造像群提供的服饰文化资料说明，纺织缝纫的手工作坊，同其他行业众多的手工作坊一样，是应该存在的。与之相应的则是蚕桑业的昌盛。1965年成都百花潭中学十号墓出土了一件战国时代的铜壶，上面嵌铸的多幅图像生动地展现了古代蜀人竞射、采桑、弋射、宴乐、攻战等社会生活内容。其中第一层右面为采桑图，共有十五人，显然是当时大规模种植桑田饲养家蚕的写照。①这种情形当然是由来已久的，对我们了解三星堆时期的蚕桑情形是有参考意义的。根据考古资料，成都平原许多遗址都出土有纺轮，三星堆遗址出土的纺轮数量多，种类亦多，既有石

成都百花潭中学出土的战国
宴乐攻战纹铜壶

成都百花潭中学出土的战国宴乐攻战纹铜壶
（壶身图像）

黄剑华卷

① 四川省博物馆《成都百花潭中学十号墓发掘记》，《文物》1976年第3期第40~46页。此壶现藏于四川省博物馆。

制的也有陶质的，制作都较为精细。①这是三星堆时期昌盛的蚕桑和发达的纺织加工很好的印证。

蚕桑与蜀族有着悠久的密切关系。黄帝元妃西陵氏女嫘祖被后世尊崇为先蚕，蚕女马头娘的传说也起源于蜀地，而后才在各地广为流传。据学者们考证，古代蜀人饲养家蚕从蚕丛时代就开始了，故教人养蚕的蚕丛被后人祭祀为青衣神。到鱼凫、杜宇时代，蜀地的蚕桑纺织自然更为兴旺。三星堆青铜造像群就展现了这种情形，高大的青铜立人像所穿的龙纹长衣，无论从细腻的质地或精美的图案花纹来看，都应是华丽的高级丝织品。

民间传说中的蚕母娘娘

民间传说中的马头娘

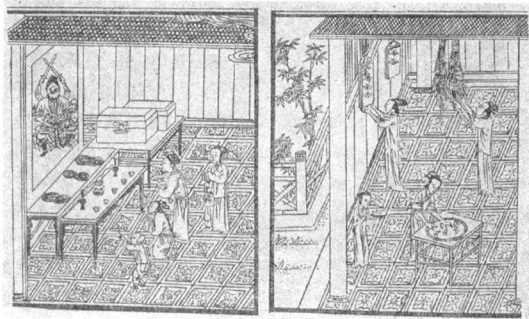
民间传说中的青衣神以及古代蜀地的祭祀习俗

如果从全国范围的考古发现来看，1926年在山西夏县西阴村仰韶文化遗址发掘出土有一个半割的蚕茧，并发现有原始的纺丝工具纺轮。②但也有学者对仰韶文化的养蚕业持怀疑态度。不过"在与'半个蚕茧'同时代或是差不多的遗址中，几乎都有石制或陶制纺轮及陶纺坠

① 四川文物管理委员会、四川省博物馆、广汉县文化馆《广汉三星堆遗址》，《考古学报》1987年第2期。
② 赵翰生著《中国古代纺织与印染》，商务印书馆1997年4月第1版，第4页。

等，也有尖长有孔的骨针"。①这些则显示了早期纺织和缝纫的发展。1958年在浙江吴兴县钱山漾良渚文化遗址出土了装在竹筐中的一些丝织品，经鉴定为家蚕丝，采用先缫后织的方法织成。沈从文先生认为："纺织品实物，多为天然有机材料所制成，本身易于朽腐毁灭，在漫长的历史岁月中极难保存下来。所以原始社会的皮、毛、麻、葛、丝绸遗物极为罕见。"钱山漾遗址出土的丝织品"距今四千七百年左右，其保存程度之好是难以置信的……因此也使人蓄疑，却又难于作出解释。考古发掘偶尔也会出现万一奇迹的"。②如果抛开这些疑问，对我国缫丝织绸的悠久历史应是一个有力的印证，而且说明了古代长江流域蚕桑丝织技术的发达。正是由于纺织技术的进步，又必然促进丝绸服饰的发展。从考古材料看，"商代人民已经能织极薄的精细绸子和几种提花织物，在铜玉器上留下显明痕迹"。③相当于殷商时期的三星堆遗址出土的青铜立人像，那华贵精美的丝绸服饰，对此也是一个很好的佐证。在陕西宝鸡附近弓鱼国墓地发现有大量的丝织品和刺绣制品遗痕，经鉴定，"原物可能是衾被之类，其地帛为平纹丝绢"，"是现知我国最早的刺绣文物"。④有学者认为：西周初期在渭水上游建立了一个独立方国的弓鱼氏族类，其以浓郁的早期蜀文化特征告诉我们，他们很可能是古代蜀人北迁的一个部族。段渝先生就认为："从各种文化现象分析，弓鱼氏文化是古蜀人沿嘉陵江向北发展的一支，是古蜀国在渭水上游的一个拓殖点。"在弓鱼氏墓葬内发现的"这些丝织品其实就是巴蜀丝绸的蜀绣"⑤。这对古蜀蚕桑丝绸的发展、影响和传播，无疑是一个很好的说明。

---

① 华梅著《人类服饰文化学》，天津人民出版社1995年12月第1版，第21页。

② 沈从文编著《中国古代服饰研究》(增订本)，上海书店出版社1997年6月第1版，第21页，第24页。

③ 沈从文编著《中国古代服饰研究》(增订本)，上海书店出版社1997年6月第1版，第27页。

④ 卢连成、胡智生著《宝鸡弓鱼国墓地》上册，文物出版社1988年10月第1版，第656页。

⑤ 段渝《嫘祖文化研究》(之四)，《成都文物》1998年第2期第52页。参见《三星堆文化》四川人民出版社1993年12月第1版，第601页。

古蜀王国除了丝绸，还有蜀布。汉武帝时，张骞通西域，"在大夏时，见邛杖、蜀布"。①左思《蜀都赋》中有"黄润比筒"之说。司马相如《凡将篇》中说："黄润纤美，宜制裈。"《华阳国志·蜀志》亦说："安汉上下，朱邑出好麻，黄润细布，有羌筒盛。"刘琳先生认为："黄润细布"就是"蜀中特产的一种细麻布，亦称'蜀布'，著名全国，并远销国外。张骞在大夏见有身毒（今印度）商人贩去的'蜀布'，即此。"②任乃强先生认为："所言'蜀布'，确是蜀地当时特产的苎麻布。它是古代行销印缅等地数量最大的商品，与丝绸之路的丝绸，同样是导致打开中西交通的动力。"③参照《华阳国志》引《禹贡》说巴地贡品有"织皮"，蜀地则有锦、绣、麻、纻之饶，《礼记·礼运》说，后圣有作，"治其丝麻，以为布帛"，可知"蜀布"在先秦时期已是仅次于丝绸的重要纺织品。从三星堆青铜造像群的穿着服装来看，其中有不少当由蜀布制作，说明蜀布在三星堆时期的服饰文化中有着重要的作用。

三星堆时期，古代蜀人的服饰特色，大概可以划分为以下几大类。

二、三星堆考古发现的服饰类型与特点

身体部分所穿的衣裳服装，是最丰富多样的，有内衣、外衣、中衣、长衣、短衣、对襟衣、絮服、上衣下裳、长衣下裤、甲衣、法带和腰带等。

王服外衣，这是三星堆青铜立人像所穿外衣，是古蜀王国中最为华丽高贵的服装。二号坑发掘简报中称为"鸡心领左衽长襟衣，后摆呈

① [汉]司马迁撰《史记·大宛列传》，又见《史记·西南夷列传》，中华书局校点本，1959年9月第1版，第10册第3166页，第9册第2995页。
② [晋]常璩撰，刘琳校注《华阳国志校注》，巴蜀书社1984年7月第1版，第243页。
③ 任乃强《中西陆上古商道——蜀布之路》，《古代西南丝绸之路研究》，四川大学出版社1990年10月第1版，第102页。

燕尾形，衣上右侧和背部主要饰阴刻龙纹"，"左侧主要饰回字形纹和异兽纹"。①发掘整理者其后又称为"身作长襟'燕尾'服，其上饰以凤鸟、兽面纹等"。②有些文章亦称之为"着左衽长袍，前裾过膝，后裾及地，长袍上饰云雷纹"。③或从"长襟'燕尾'服上所饰的有起有伏的各种纹饰来看，蜀人至迟在三千多年前已较为熟练地掌握了刺绣和织锦方面的技艺，并为西周以后的蜀锦生产打下了良好的基础"。④关于王服外衣的质地为织锦刺绣的看法是很有见地的，但关于"长襟衣"的看法则不够准确。有学者通过观察认为"它不是上衣下裳相连一体制式的深衣；也不是上下通裁的'左衽长襟衣'；亦非秦汉式拼幅裙裳，而是衣、裳分开的形制"。其上面的"外衣为单袖齐膝长衣，这是服装史上首次发现的例证。所谓单袖，主要指外衣左侧无肩无袖，即只有右侧带有半臂式连肩袖。袖缘略宽，稍见丰厚（可能是表示夹层结构），

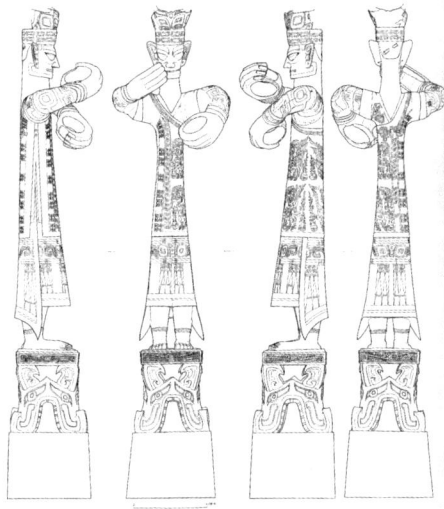

三星堆青铜立人像所穿王服外衣（线描图）

①　四川省文管会等《广汉三星堆遗址二号祭祀坑发掘简报》，《文物》1989年第5期，第5页。
②　陈显丹《广汉三星堆青铜器研究》，《四川文物》1990年第6期，第27页。
③　沈仲常《三星堆二号祭祀坑青铜立人像初记》，《文物》1987年第10期，第16页。
④　陈显丹《论蜀锦蜀绣的起源》，《四川文物》1992年第3期，第27页。

表面素不饰纹。开领自右肩斜下绕过左腋回到右肩相接，形制特殊，我们姑且把它叫作‘单袖腋领衣’”。下衣部分应称为下裳“分做前后两片，前面的下沿平齐而身量略短，后面的下沿中平而两侧作燕尾形，身量较前为长……为什么前幅短、后幅长？可能与商代礼俗与实用功能有关……若前幅与后幅同长，弯腰又会拖地，不便于事，故前后不一。后片两侧作燕尾形，亦不尽为装饰而设，还有加重后片使之不易翻扬功能”。[①]这些看法分析都是很有道理的。总的来说，无论是制作形式、材料质地、图案纹饰，都显示出这是古蜀王国中一种规格很高的礼仪服装，充分衬托出了青铜立人像雍容华贵、威严非凡的王者气概，所以我们称之为具有鲜明古蜀特色的王服外衣。

中衣，《释名·释衣服》说：“中衣，言在小衣之外，大衣之中也。”也就是在外衣与内衣之间的上衣。青铜立人像所着中衣为双袖右衽鸡心领，领口较大，正面与背面都呈鸡心形，而袖较窄。有认为双袖为半臂式，亦有认为双袖长至腕端。从侧面看，中衣比外衣略短，开禊都在右侧高至腋下。从半露的右袖和全露的左袖看，衣面有较大的花纹，给人的感觉“也应是刺绣（或画缋）作成”，同外衣上的龙纹图案一样，“与中原的风格略不相同，应是具地域特色的巴蜀式‘黼黻文章’绘绣工艺的体现”。[②]也有根据《汉书·江充传》有“充衣纱縠禅衣，曲裾后垂交输”之说，按颜师古、如淳注释：“禅衣，制若今之朝服中禅也”，“交输，割正幅，使一头狭若燕尾，垂之两旁，见于后，是《礼·深衣》‘续衽钩边’，贾逵谓之‘衣圭’”。所以认为青铜立人像所穿的中衣正是这种裁剪法，而非上衣下裳，其“下缘为宽缘边，后摆成左右交输，形似燕尾，此衣下角厚实，显系有填充物，从蜀地历

① 王孖、王亚蓉《广汉出土青铜立人像服饰管见》，《文物》1993年第9期，第60页、第63页。

② 王孖、王亚蓉《广汉出土青铜立人像服饰管见》，《文物》1993年第9期，第61页、第60页。

来盛产丝绸看，此衣可能填充有丝棉之类物，当为絮服"。①这表达了对青铜立人像所穿中衣的不同看法。若从古蜀地气候和服饰文化的发达来看，絮服的提法也是很有道理。

内衣，古人亦称为亵衣、衷衣。《说文》曰："亵，私服"，"衷，里亵衣"。《荀子·礼论》有"设亵衣"之说，唐代杨倞注："亵衣，亲身之衣也"。②青铜立人像衣服为三重，内衣，亦为窄长袖，鸡心领，两袖长至腕部，身长可能略短于中衣，从侧面看为中衣所掩。有认为其肘间显露出有绘绣类花纹。但其整体式样以及是否全部绘绣有花纹图案，因系内衣而不得其详。

对襟衣，这是三星堆青铜造像群中穿着较多的一种衣服式样。例如二号坑出土的青铜跪坐人像，所着即对襟长袖服，窄袖长至腕部，无领亦无扣，两襟相交露出颈部在前面成V字形，腰间系带两周。正跪姿势的一尊可清楚看出衣襟长至大腿中部，侧跪姿势的一尊衣襟似乎略短。它们所着对襟服为素面，剪裁得体，给人以光滑厚实之感，与青铜

三星堆二号坑出土跪坐青铜人像穿着的对襟衣　　三星堆兽首冠青铜人像穿着的对襟衣

① 蔡革《从广汉三星堆祭祀坑出土文物看当时蜀人的服饰特征》，《四川文物》1995年第2期，第20页。
② 《二十二子》，上海古籍出版社1986年3月第1版，第336页。

立人像所着丝绸精美礼仪服装有着明显的区别，可能为蜀布缝制，是古代蜀人穿用的常服。二号坑出土青铜兽冠人像（或称象冠人像），双手呈握物状的造型同青铜立人像一样，所穿也为对襟衣服，窄袖长过双肘，腰间系带两周，衣服上有明显凸出的纹饰，上身前后为云雷纹，两肘部为变形的夔龙纹。这种对襟服上的纹饰图案，可能与其身份有关，说明这是类似于青铜立人像的一种非同凡俗的人物造型。这件对襟衣服的长度由于青铜人像下半身残断而难以猜测。

短衣，一号坑出土的青铜跪坐人像，上身穿的即为交领右衽窄长袖短衣，腰间系带两周以束衣。衣服素面纹饰。其造型姿势与其他青铜人像风格不同，显示出一定的外来特征。所着服装也显示出其身份低微，尤其是其"下身着犊鼻裤，一端系于腰前，另一端系于背后腰带上"。[1]也有认为"跪坐人像穿短裤极短，仅能兜裆蔽羞，此裤式与后世所称犊鼻裤略有出入，但应此类"。[2]而《史记·司马相如》中所说犊鼻裤乃仆役之类作粗活时的穿着，据此可知这件应是外族俘虏或仆役之类的造型。

甲衣，二号坑出土有一尊小站立人像，有学者认为外面所穿即为甲衣。上面为胸甲，装饰有兽面图案，下面为成组长条形甲片连缀而成。推测甲衣的制作材料可能有皮革、铜片、丝麻缣帛等，给人以美观而又实用之感。此外，有学者认为青铜小神树底部跪坐人像所穿，也是甲衣，但也有学者认为是有华丽纹饰的上衣下裳。

下衣，《释名·释衣服》说："下曰裳，下衣为裳。"所以下衣通常又称为下裳。其形式有点像裙，比较宽大。二号坑出土玉璋图案中人物所穿下衣便都是裳的形式，系于腰部，下面较宽略呈喇叭状，并有边饰，其上衣由于线条简略而衣式不明。二号坑出土青铜喇叭座跪坐

①　《三星堆传奇——华夏古文明的探索》，台湾太平洋文化基金会，1999年3月，第92页。

②　蔡革《从广汉三星堆祭祀坑出土文物看当时蜀人的服饰特征》，《四川文物》1995年第2期，第21页。

顶尊人像，上身赤裸露出双乳，下身着裳，腰间系带，可与玉璋图案中下衣样式互为参照。但也有些图册文章中认为顶尊人像下身穿的是裙。青铜立人像下面穿的也是裳，可知下裳在古蜀时代也并非千篇一律，而是有几种剪裁样式的。

裙，二号坑出土青铜鸟爪人像，残存的人像下身所穿为包裙，其长度刚到膝部，裙的前后中间有合缝，裙上有几何形云雷纹，给人以绘绣之感，裙的下面为竖条形纹裙边，比较宽厚。整个来看，这是一条异常华丽极富特色的紧身短裙。由于其古怪的双脚站在二鸟头之上，造型奇特，而充满了浓郁的神秘色彩。

三星堆一号坑出土青铜跪坐人像穿着的犊鼻裤

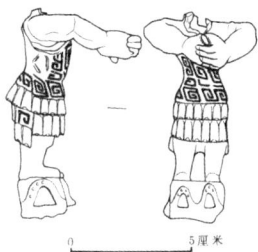

三星堆二号坑出土小型青铜站立人像穿着的甲衣

三星堆二号坑出土青铜顶尊跪坐人像

三星堆二号坑出土青铜鸟爪人像

裤，三星堆青铜造像群中下身着裤是较多的一种下装形式。如二号坑出土小站立人像下身所穿是一种裤式较为宽大的有裆裤，腰部有布带加以束扎，腰腹部为甲衣所罩，腿部有点类似于古人所说军服中的行滕、裹腿，便于行走作战和保护腿部。二号坑出土青铜侧跪人像下身所穿也像是裤。青铜小神树底座跪坐人像腿部有纹饰显示下身也穿有裤。又如一号坑出土青铜跪坐人像下身所穿为犊鼻裤，等等。

鞋袜，青铜立人像是赤足立于祭台之上，而其他青铜人像则显示出穿有袜和鞋的特征。如一号坑出土的青铜跪坐人像，图册说其"脚上套袜"。二号坑出土青铜跪坐人像脚上所穿，则好似一种足尖上翘的鞋。玉璋图案中人物更清楚地显示出，脚上所穿也是这种足尖上翘的鞋。这很可能这就是古蜀流行的样式。

三、三星堆人物造像的发式与头饰

发式和头饰，也有着丰富多样的表现形式。辫发有多种梳理编结方式，而头饰则有冠、帽、巾、盔等类别，为三星堆青铜造像群尤其是众多的青铜人头像增添了无穷的魅力。

辫发，从一号坑、二号坑出土的众多青铜人头像来看，古代蜀人留发梳辫是比较盛行的一种习俗，但辫发形式不一。最具代表性的是头发梳向脑后束扎，然后交错编结成辫垂至颈部，发辫不仅粗而且比较长，如同现在的独辫式。例如二号坑出土的A型青铜人头像，发辫束扎的上端似有插笄的痕迹，可以看出耳旁留有鬓发，下颌似有一圈短胡。

三星堆二号坑出土青铜人
头像的辫发

三星堆二号坑出土青铜
人头像的盘发

平顶未戴冠帽，可能是平时的打扮。

盘发，头发向后梳理分辫编结，然后盘结于头顶，以筓穿插固定。例如二号坑出土的D型青铜人头像，即为发辫盘于头上的形态，可以看出发际线齐至耳根，发辫粗壮，留有短鬓。在有的图册中，也有解释为"头顶较圆，头戴辫索状帽箍"，认为其造型特征"很具地方土著风格"。①若从发际线与鬓发的形态看，应为辫发盘于头顶的造型可能性比较大，可称为盘发式或盘辫式。

高髻，这是一号坑出土的青铜跪坐人像展示出的一种发式。其头发从前向后梳理成多个细辫状，再上翘向前卷，《发掘简报》中称这种发式为扁高髻。有学者认为这可能就是后世文献中所说的"椎髻"。查古籍中关于"椎髻"的记述较多，如《史记·货殖列传》说："程郑，山东迁虏也，亦冶铸，贾椎髻之民，富埒卓氏，俱居临邛。"唐代司马贞《索隐》说：椎髻之民的意思，也就是"魋结之人，上音椎髻，谓通贾南越也"。②《汉书·李陵传》说："两人皆胡服椎髻。"颜师古注释为："结读曰髻，一撮之髻，其形如椎。"③汉代刘向《说苑·善说》说："西戎左衽而椎结。"④由此可知古人所谓椎结，亦即椎髻，是头发扎成一撮朝天、形状如椎的一种发式，通常流行于边远少数民族地区。根据这些记述，来推测这尊青铜跪坐人像的外来特征倒是一个很好的说明，但仔细观察其发式，与"椎髻"或"扁高髻"又有一些不同。从造型神态看，似乎有惊恐不安怒发冲冠的意味，是文献记载和考古材料中都很少见的奇异发式，可谓是古蜀能工巧匠在造型艺术上的一种独创，在未有更确切的名称之前暂以高髻称之。

巾，或称头巾，可能大都为丝织物，用来束住散发或缠绕于头

①　《三星堆传奇——华夏古文明的探索》，台湾太平洋文化基金会，1999年3月，第64页。
②　[汉]司马迁撰《史记》，中华书局校点本第10册，1959年9月第1版，第3278页。
③　[东汉]班固撰《汉书》，中华书局校点本第8册，1962年6月第1版，第2458页。
④　《百子全书》上册，浙江古籍出版社1998年8月第1版，第194页。

上。例如一号坑出土的C型青铜人头像，便显示出头上环绕缠结头巾的形态，也有认为好似戴的是平顶帽。但与其他戴平顶帽者参照，帽上有纹饰，而这个素面光洁，为缠绕头巾的可能性较大。又如二号坑出土的C型青铜人头像，头发向后梳理，用头巾绕额缠结于脑后，将散发束住，其交结打成了一个夸张的蝴蝶形。《发掘简报》称之为"饰蝴蝶形花笄"，并不确切。关于笄，《说文解字注》曰："首笄也，俗作簪。"《仪礼·士冠礼》说："皮弁笄，爵弁笄。"注文说："笄，今之簪。"意思都是一样的，可知古代的笄也就是簪子，是用以插定发髻或弁冕的一种发饰用具。C型青铜人头像脑后的蝴蝶形饰物，显然不能称为笄，而是头巾交结。

三星堆二号坑出土青铜人头像的头巾交结

冠，这是古代比较讲究的一种首服。比帽小而高，通常戴于发髻上用插笄固定，其形式多样，后成为冕服制度中的重要组成部分。三星堆青铜立人像头上所戴，发掘者即称之为"花状高冠"。通常认为冠的上部造型好似开放的花瓣状，两侧像竖起的宽大叶片；冠的下部为平顶帽形状，饰有两行对称的回字纹图案。脑后冠下发际有两个斜长方形孔，似为插笄之孔，用以横贯发髻固定头发。仔细观察，这件冠帽合二为一的高冠，其上部正中有一个非常显眼的圆日图案，其顶部起伏的W形似含有山峦起伏或云蒸霞蔚的意味；两侧好像是一双矫健飞翔的翅膀，上面绘绣有夔龙纹和鹰眼图案，极可能象征着太阳神鸟的双翅，透露出浓郁的太阳神崇拜含义。有学者认为青铜立人像"头戴'冕冠'，或可称为凫冠，似莲花似太阳，头戴凫冠犹如头顶太阳，以示神圣和尊贵"，[①]这是很有见地的。这件内涵丰富、样式神奇的冠帽，亦可谓是古蜀的独创，为考古发现史增添了新的内容。还应特别提到的是二号坑出土的一尊残断的青铜人像，头戴兽首冠（或称象冠），冠顶两侧耸立着形态飞扬的两只兽耳，中间昂起一个好似象鼻卷曲状的装饰物；冠的上部像一个平放的扁形容器，前面为硕大的长方圆形开口；两侧有夔龙纹和圆日纹装饰图案；冠的前面有几处穿孔，似为安装其他装饰物所用。整个看来，称得上是冠中最为诡异奇特的样式了。据《周礼·春官·司服》所述："王之吉服，祀昊天上帝则服大裘而冕，祀五帝亦如之，享先王则衮冕，享先公飨射则鷩冕，祀四望山川则毳冕，祭社稷五祀则希冕，祭群小祀则玄冕。"可知不同的冠冕是和各种祭祀活动联系在一起的。三星堆考古发现的这两种冠，显然也与古蜀王国的祭祀活动密切相关，具有不同的祭祀礼仪含义。特别是兽首冠（象冠），似乎还有着比较浓郁的巫术色彩，并显示出比较复杂的象征含义。

帽，在三星堆青铜造像群和玉璋图案中也展示出多种样式，可能系用丝麻等不同材料制作而成，是古代蜀人戴用较多的头饰。最具代表性的是平顶帽，例如二号坑出土的B型青铜人头像，头上戴的即为平顶帽，帽筒四周绘绣有两排对称的回字纹图案。这种帽式可以将散发和辫发笼罩于帽内，无须用插笄固定，便于脱戴，所以头像脑后没有笄孔也不见发辫，而略有外凸的后脑勺则显示出头发上梳笼于帽内的特征。二号坑出土的玉璋图案中，位于两组图案上部的人像（射端部一组三

①　蔡革《从广汉三星堆祭祀坑出土文物看当时蜀人的服饰特征》，《四川文物》1995年第2期，第19页。

人，柄部一组二人）所戴也是平顶帽，帽沿上有许多点，代表的应是纹饰图案。平顶帽这种式样在商代墓葬出土的玉石雕人像头上也有不少发现，沈从文先生指出："白石雕和玉雕人像头上，一再出现近似汉代'平巾帻'式的平顶帽或帽箍，也是个重要问题，可证实这种帽式源远流长，最晚在商代即已出现。春秋战国在某一地区某一种人头上还经常应用。并非汉代史志所说，西汉末年王莽因头秃无发才起始应用，其实比他早一千多年即已上头。"[①]在三星堆玉璋图案中，位于两组图案下部的人像（两组各为三人）所戴的则是一种比较奇特的

三星堆二号坑出土青铜
人头像的戴帽

帽式，有称为山形帽、穹窿顶帽或穹窿形帽，或称为"拿破仑式"帽子，生动地展现了古代蜀人冠帽风格的多样化。这些不同的帽式，显然也与祭祀内容和人物身份有关。陈德安先生认为："这三个戴穹窿帽的人，可能是代表主持祭祀神山山神的巫祝之类的人物"；至于玉璋图案中戴平顶冠的人物，可联系到"在二号祭祀坑出土的大量人头像中，平顶冠是出土的人头像的主要装饰。由此可以推测，上面图案中的这三个人的身份和'边璋'同坑出土的人立像、人头像的身份相似，都是属于神灵偶像之类的人物，可将这些人物释作山神山鬼之类的神灵"[②]。这个看法有许多值得商榷之处，但对我们探讨古蜀服饰文化中的冠帽内涵，仍是值得重视的一家之言。另有学者认为：玉璋图案中的穹窿形帽可能就是古代的皮弁，"帽上有成组刺点，可能为皮之纹路"，并引用

---

① 沈从文编著《中国古代服饰研究》(增订本)，上海书店出版社1997年6月第1版，第27页。

② 陈德安《浅释三星堆二号祭祀坑出土的"边璋"图案》，《南方民族考古》第三辑，四川科技出版社1991年12月第1版，第87页、88页。

四川省文物考古研究院名家学术文集

周锡保先生对皮弁的解释作为印证。[1]周锡保说："弁的形制上锐小，下广大，一若人之两手作相合状"，"皮弁的形制如两手相合状，是用白鹿皮为之，皮上有浅毛，所以白色中带些浅黄色。制法是用鹿皮分片，尖狭端在上，广的一端在下面缝合之。"[2]再参照所登载之图，三星堆玉璋图案中的穹窿形帽与皮弁有很大的不同，显然并非同一回事儿，而是古代蜀人独创的一种帽式。

盔，或称头盔，是古代军事性质的一种头饰，打仗作战时戴之起保护头部的作用，为圆帽形，是用皮革之类比较厚硬的材料做成。古代又称为胄，或称为兜鍪，《说文解字》说："胄，兜鍪也"，注文说："兜鍪，首铠也，按古谓之胄，汉谓之兜鍪，今谓之盔。"[3]一号坑出土B型青铜人头像，头上戴的便是一种兜鍪，其两侧上翘好似双角形，下延部分则将后颈遮蔽，露出的后脑勺上有插发笄的凹痕，《发掘简报》称之为"双角形头盔"。从头像威严的神态造型看，应为古蜀王国中的部落军事首领形态。

三星堆二号坑出土青铜人头像的戴盔

有学者认为，头盔的两角上翘，或为模仿兽角，作为装饰以示威武；从头盔平整光滑的表面推测，当为皮质或铜质，因其形制较为独特而姑且称为"蜀式盔"。[4]

① 蔡革《从广汉三星堆祭祀坑出土文物看当时蜀人的服饰特征》，《四川文物》1995年第2期，第19页。
② 周锡保著《中国古代服饰史》，中国戏剧出版社，1984年9月第1版，第47页，参见第54页图。
③ [汉]许慎撰，[清]段玉裁注《说文解字注》，上海古籍出版社，1988年2月第2版，第354页。
④ 蔡革《从广汉三星堆祭祀坑出土文物看当时蜀人的服饰特征》，《四川文物》1995年第2期，第20页。

三星堆二号坑出土小型跪坐人像、青铜人面鸟身像的皮冠

　　皮冠，在三星堆青铜造像群中，有一种样式比较独特的冠帽，例如二号坑出土的跪坐青铜小人像、青铜神树底座上的跪坐人像，戴的便是这种冠帽。其样式同平顶帽颇为相似，但两侧靠后有竖起的顶端为弯钩状的双角，《发掘简报》称为"平顶双角冠"。在后来出版的有些图录和著述中，又将其称之为头上戴"頍"。初看到这个带引号的頍（kuī）字，颇有新奇之感。《说文》："頍，举头也"，段玉裁注："此頍之本义也……惟举头曰頍，故载弁亦曰頍。"①《诗·小雅·頍弁》："有頍者弁，实维在首。"《后汉书·舆服志下》："古者有冠无帻，其戴也，加首有頍，所以安物。故《诗》曰'有頍者弁'，此之谓也。"②《辞源》解释为"古代发饰。用以固冠"。《汉语大字典》解释为"①抬头。②古代用以束发固冠的发饰"。据此可知"頍"并非冠帽，用来称三星堆二号坑出土青铜小人像的冠帽是不妥的。安阳殷墟

---

① ［汉］许慎撰，［清］段玉裁注《说文解字注》，上海古籍出版社1988年2月第2版，第418页。

② ［南朝·宋］范晔撰《后汉书》，中华书局校点本第12册，1965年5月第1版，第3670页。

出土跪坐玉人，有称之为"头戴卷箍形頍"[1]，可以看出其固发的頍在头的前额，与三星堆青铜小人像"平顶双角冠"明显不同。从青铜小人像所戴"平顶双角冠"的样式和平整光滑的表面来看，又类似于头盔的质地，可能系皮革制作，双角才会如此挺拔竖立。对这种介于盔、帽之间的样式，暂且称为皮冠。而在商周时代，"皮冠为田猎之冠"。[2]戴这种皮冠的青铜小人像，为正跪或侧跪造型，可能象征的正是与渔猎有关的含义吧。值得注意的是二号坑出土的青铜人首鸟身像，头上所戴也是这种皮冠样式，但两角更为夸张，竖起的顶端由弯钩状变化成了奇异的羽冠状，并在额际安装有饰件，惜已脱落，推测是某种神奇的装饰物，是由青铜小人像所戴的皮冠样式加以想象夸张发挥而来的，被赋予了更为丰富神奇的象征含义。

在三星堆青铜人头像中，还有一些头顶为子母口形，口内敛并在子口沿上有小穿孔，显然是套接冠饰用的，这种冠饰是什么式样因未见遗物而不得其详。例如一号坑出土的A型青铜人头像，其中一件形态

三星堆一号坑出土的青铜人头像Aa型

三星堆一号坑出土青铜人头像Ab型

---

① 黄能馥、陈娟娟著《中国服装史》，中国旅游出版社1995年5月第1版，第36页。
② 周锡保著《中国古代服饰史》，中国戏剧出版社1984年9月第1版，第48页。

圆润柔美，具有鲜明的写实风格，好似一位年轻巾帼英豪。另一件则展现出成年男性的英俊威武形态，若装上冠饰将会显得更加出色。从造型的写实风格分析，推测其冠饰与其他人头像的样式可能会有所不同。一号坑出土的金杖图案中圆脸人像也是写实风格的，头上戴一种奇异的冠式，既像花叶冠，又像具有外来文化因素的王冠。可知三星堆时期古代蜀人的冠饰是相当丰富多彩的。

四、三星堆人物雕像佩戴的装饰品

和穿戴配合使用的装饰品，包括耳饰、发笄、项链、手镯、足镯、挂件、发带、束带、玉佩等，此外还应包括双眉描黛口唇涂朱，以及文身等等，显示出极其丰富的样式和内容。

耳饰，三星堆出土的青铜立人像、青铜小人像、青铜人头像、青铜人面具，双耳上几乎都有穿孔，说明佩戴耳饰是古蜀王国十分盛行的一种习俗。从群巫之长蜀王，到各部族首领。以及各个阶层，都无一例外。甚至连青铜人首鸟身像的耳垂上都有穿孔，可见古代蜀人对这种耳饰习俗的重视程度。青铜人头像大都是在双耳的耳垂上穿孔，但也有在两耳上各穿三个孔的。如二号坑出土的D型盘辫式青铜人头像，其双耳

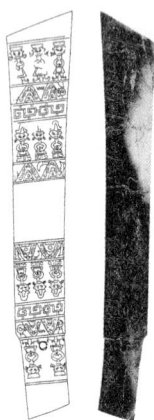

三星堆二号坑出土的玉璋与图案　　　　三星堆一号坑出土的金杖与图案

较圆，铸饰有云纹，从耳廓上部至耳垂对称
地各穿三个小圆孔，上边的穿孔比下面两个
穿孔要略小一点。这些穿孔都是为佩戴耳饰
所用，而且显示出佩戴的可能是多种耳饰。
二号坑出土的玉璋图案中几组人物，为我们
提供了耳饰的几种特征。上面一组头戴平顶
帽的人物，双耳佩戴的是铃形挂饰。下面一
组头戴穹窿形帽的人物，双耳佩戴的是连环
状圆形耳环。一号坑出土金杖图案中的人
物，双耳佩戴的则是由多个不规则圆形组成
的耳坠。一号坑出土有玉佩，为扁平状烟荷
包形，上端有穿孔中部刻有线纹，有学者认
为"此类玉佩应为耳饰"。[1]但其长达12.5
厘米，宽6.7厘米，厚1.65厘米，作为耳饰未
免过于大和重了一些，除非作为高大的青铜
立人像和庞大的青铜纵目人面像的耳饰，若
用真人作耳饰则不适合。也可能是作为项前
或腰间之佩饰使用的。有的图册中称其为
"玉戚形佩"，认为"戚是古代王者掌握的

三星堆一号坑出土的玉戚
形佩

三星堆一号坑出土的琥珀
坠饰

兵器，将玉戚作为佩饰，应是祭祀礼仪中所用或为王者佩戴"。[2]这种
解释似有一定的道理。从形制看，确实是一种异常精美的佩饰，具有显
示华贵身份的象征含义。

　　项饰，二号坑出土有数量可观的玉珠，有中孔可供穿系，有软玉
质和碧玉质等类别。软玉质的玉珠，多数为鼓形，少数为算珠形，大小

① 蔡革《从广汉三星堆祭祀坑出土文物看当时蜀人的服饰特征》，《四川文物》1995
年第2期，第21页。
② 《三星堆传奇——华夏古文明的探索》，台湾太平洋文化基金会，1999年3月，第
153页。

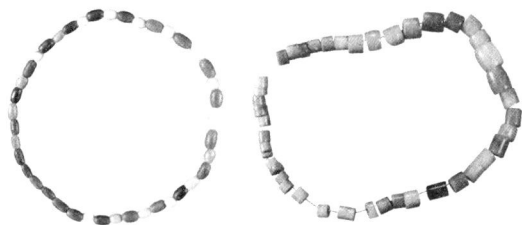
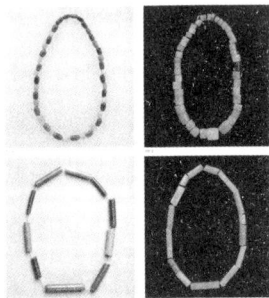

星堆出土的玉珠　　　　　　　　　三星堆出土的玉管

不等，颜色有翠绿、碧绿、淡绿、牙黄、羊脂白、灰白、深灰、墨绿等多种。碧玉质的玉珠，多数呈短圆柱状，少数为鼓形，颜色主要有绿色、黄绿色、粟黄色三种。玉珠的内孔直径为0.4厘米左右。这些可供穿系的玉珠，很可能是串起来作项饰用的，犹如后世的项圈或项链。二号坑出土的铜罍内还发现有一些玉管，为碧玉质，长短不一，皆有内孔可供穿系。其中一串有十只玉管，颜色主要为淡黄绿、粟黄色两种；另一串有十五只玉管，颜色主要有绿、浅绿、黄绿三种。这些玉管显然也是作项饰用的，或者是分段琢制成玉珠然后作项饰使用。从工艺上看，很可能是先琢制成玉管，再琢制成玉珠，然后穿系作为项饰。

　　手镯和脚镯，一号坑出土青铜跪坐人像双手腕间各戴有两个手镯，为窄条圆环状。二号坑出土的青铜立人像双手腕部也各戴有三个手镯，为扁条形圆环状，也有认为是长袖袖口边沿。若从凸起的形态以及同脚镯的对应关系来看，很显然是手镯的可能性较大。青铜立人像双脚踝部各戴一只脚镯，从微凸的方格纹看与通常的玉镯似有一些不同，亦可称为脚饰。玉璋图案中上面一组人物双脚踝部刻画的平行线条，显然表示也是脚镯或脚饰。

　　腰饰，用带或索束系于腰部是三星堆青铜造像群展示的一大特征。如一号坑出土的青铜跪坐人像和二号坑出土的青铜小人像，以及青铜兽首冠（象冠）人像和青铜神树底座的跪坐人像，皆腰间系带两周。二号坑出土的青铜喇叭座顶尊人像，上身赤裸露出双乳，下身着裳，腰间则系带一周。无论是穿对襟衣、长衣、交领短衣、上衣下裳，或只穿下裳和裙，都要在腰间系带以束扎固定之，所以腰带具有重要的实用性，同时也有装饰作用，可以看作是古蜀服饰中的一个重要组成部分。值得注意的是系带两端在腰前的系结方式，青铜喇叭座顶尊人像腰间系带一周，两端结纽于腰前，纽中插物。青铜兽首冠（象冠）人像系带两周亦在腰前打结，结中插物。纽结中所插何物，显然并非带钩，好像是某种饰件。虽然在浙江余杭瑶山良渚文化遗址已出土有玉带钩，[1]但带钩的大量出现和使用则是从春秋战国时期开始的。在中原地区商周遗址中，也发现有束腰带子上系插（或挂）有装饰品的人物造型。沈从文先生指出："衣带多明确用丝织物编成，作蝴蝶结式，不用带钩。可知这种服式，是我国古代阶级形成初期，统治阶层人物尚未完全脱离劳动，为便于行动的衣式。由商到东周末春秋战国，沿用已约一千年，社会中下阶层始终还穿用到。"[2]在束腰的带上位于腰下腹前大都系挂有装饰品。这些装饰品通常和腰带配合使用，亦可称之为腰饰。三星堆青铜人像腰间系带纽结中所插物，即应为腰饰之类。

佩饰，三星堆出土的玉石器中，有数量众多制作精巧的璧、瑗、环之类，其性质用途，显然都是古代蜀人的佩饰。《尔雅·释器》说："肉倍好谓之璧，好倍肉谓之瑗，肉好若一谓之环。"古人文中的"肉"是指玉质部分，

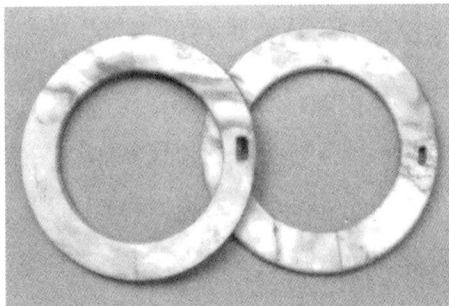

三星堆出土的玉环

"好"是指孔部。意思就是边宽孔小为璧，孔大于边为瑗，边与孔径相等为环（这与现代细边为环的概念不同）。根据《周礼》，璧到东周时

---

① 黄能馥、陈娟娟著《中国服装史》，中国旅游出版社，1995年5月第1版，第18页，第22页，图第1—61。

② 沈从文编著《中国古代服饰研究》(增订本)，上海书店出版社1997年6月第1版，第40页。

期才成为祭天的礼器。甲骨文中的瑗字，"上面是人眼睛，下面是衣字中间有一个圆瑗器饰"，具有明显的佩饰含义。[1]这些佩饰，主要是用绳子穿系挂于身上作为装饰品。有位于胸前和套于手臂之上的，前者为佩饰，后者亦可称为臂饰。这种佩饰习俗，从新石器时代就开始盛行了，在许多文化遗址都有发现。

法带，二号坑出土的青铜立人像还显示出，在王服外衣外面还有一根华丽的佩带。有学者称为"肩上有一背带，从右肩斜绕左腋下，最后两端在背后结绊"。[2]陈显丹先生则解释为："左肩右斜饰以方格形'法带'，双臂上举，小手腕上各带三个'手镯'，双手作'掐指一算状'……整个人物造型均显示出作法的形状。"[3]在整个三星堆青铜造像群中，只有象征群巫之长蜀王的青铜立人像佩此"法带"，足见其有着不寻常的含义。也有学者称其为"方格绦带纹"。[4]在背后打结花式中间有方形小孔，可能还安插有某种增加美感的饰件，可惜出土时已失去。从造型艺术看，主要是起装饰作用，衬托雍容华贵身份的一种佩带，系用精美的丝织品制成，亦是古代蜀人的一种独创，具有浓郁的古蜀特色。

化妆，三星堆青铜造像群中有眉眼描黛、口唇涂朱的痕迹，说明古蜀王国流行化妆的习俗。例如二号坑出土的A型、C型青铜人头像，口缝中涂朱；C型和D型青铜人面具，有的口唇涂朱、眉眼描黛，有的双眉与眼眶眼球都经黑色颜料描绘过。还有二号坑出土的青铜小人像，双眉与眼眶眼球上涂描的黛色，在数千年之后仍清晰发亮，充分突出了人物神态栩栩如生的效果。这也透露出了，古代蜀人在三星堆时期，已

---

[1]　黄能馥、陈娟娟著《中国服装史》，中国旅游出版社1995年5月第1版，第17页。

[2]　陈德安、魏学峰、李纬纲《三星堆——长江上游文明中心探索》，四川人民出版社1998年10月第1版，第25页。

[3]　陈显丹《三星堆一、二号坑几个问题的研究》，《四川文物》1989年"广汉三星堆遗址研究专辑"，第17页。

[4]　王孖、王亚蓉《广汉出土青铜立人像服饰管见》，《文物》1993年第9期，第60页。

经比较熟练地掌握了制造和使用化妆品的诀窍。

文身，二号坑出土的青铜鸟爪人像，下身穿紧身包裙，露出膝部和健壮的小腿，裸露部分阴刻有图案花纹并填以黑彩，可能是文身的特征。青铜神树底座跪坐人像的双腿部，同样有这种文身图案特征。有学者认为："那尊最华丽的青铜人形立像和兽首冠半身像手臂都有文饰，有人视为衣服的一部分，但比对树座跪坐人像的双腿，有可能是人体的刺青。先秦记载，或说南方民族文身……总之蜀人穿裙子，起居跪坐，戴冠覆帽，皆与华夏无异，但他们编发而非束发，以及穿耳和文身，则有强烈的西南属性，不与华同。"[1]从古籍记述看，文身主要是商周中原以外边远地区的一种习俗，如《礼记·王制》中说："东方曰夷，被发文身"，"南方曰蛮，雕题交趾"，孔颖达疏曰："文身者谓以丹青文饰其身……雕题交趾者，雕谓刻也，题谓额也，谓以丹青雕刻其额非惟雕额亦文身也。"[2]《史记·周本纪》和《汉书·地理志》，以及《说苑·善说》和《韩诗外传》卷八等，也提到荆蛮和越俗有文身之说。曾有学者指出，文身习俗与古人的图腾观念和装饰意识有关："例如未开化的民族，最初都有文身的习惯，有人说文身是一种图腾的标记；有人说文身是纯为装饰……文身之法，或在身体各部涂上颜色，或先用针刺然后用色。"[3]三星堆时期的古蜀王国已进入灿烂辉煌的青铜文明时代，文身可能是更早时期的一种遗俗，也可能是与楚越等地仍保留文身习俗部族之间文化交流而受到影响的一种反映。从文身图案看，图腾含义并不鲜明，而装饰意味则极其浓郁。由此推测，也可能古蜀王国的能工巧匠在塑造青铜鸟爪人像等造型时，为了更加突出和追求装饰效果，而特意为之的吧？

---

①　杜正胜《人间神国——三星堆古蜀文明巡礼》，台湾太平洋文化基金会，1999年3月，第18页。

②　[清]阮元校刻《十三经注疏》上册，中华书局1980年9月第1版，第1338页。

③　蔡元培《民族学上之进化观》，见罗竹风主编《汉语大词典》第6册，汉语大词典出版社1990年12月第1版，第1519页词条。

五、三星堆服饰内容的归纳与几点认识

通过上面分类所述，三星堆青铜造像群向我们展现了极其丰富的服饰文化内容，说明当时的植桑养蚕丝绸纺织和蜀布制作都是相当发达的，同时也说明了农业生产的兴旺和社会经济的繁荣，从而为古蜀服饰文化的发展创造了丰厚的基础。这些丰富多彩的服饰内容，也为我们了解古蜀王国的祭祀礼仪、当时的社会生活、各阶层上下尊卑的等级区分、与周边区域的文化交流、古蜀各部族习俗、装饰物的制作工艺，以及古代蜀人的崇拜信仰、宗教观念、审美追求和艺术情趣等等，提供了丰富翔实的资料。更为重要的是，为我们研究中国古代服饰文化展示了极其珍贵而富有特色的实物例证，谱写了新的篇章。

三星堆丰富多彩的服饰内容，告诉我们的并不仅仅是这些，还可以归纳概括为以下几点认识：

（一）三星堆时期古蜀国已经大致形成了一套服饰制度。已经有了规格很高的祭祀活动中使用的礼仪服装和冠帽及装饰物，又有各个阶层穿用的衣裳饰物，还有行军作战使用的甲衣、头盔之类的戎装。形态各异的衣服冠帽和装饰物，已显示出当时的阶层分化和明显的等级之分。例如青铜立人像穿戴王衣高冠，象征身份的神圣和尊贵，而穿犊鼻裤的青铜跪坐人像则可能是卑微的佣保仆役之类。

（二）三星堆青铜造像群展示的服饰内容，形式多样，自成体系，具有浓郁的古蜀特色。丰富多样的衣、裳、裤、裙、冠帽、发饰、头饰、佩饰，可谓洋洋大观，式样特征虽非一致，却融汇在一个配套齐全的体系之内，显示出鲜明的族群意识。三星堆许多服饰都是其他区域少见或没有的，展现了古代蜀人在服饰文化方面的独创性。

（三）三星堆服饰文化虽有许多与众不同，但也吸收了其他区域文化的一些影响。例如上衣领口衣襟既有左衽，又有右衽，还有交领对襟等。又如腰带系带，佩用玉饰等。其样式或使用方式，在殷商遗址亦可见到类似的例证。而编发文身，则很可能接受了其他部族的影响。这反映了古蜀王国同殷商王朝和周边其他地区都有着比较密切的长期文化交流。正是由于这种相互间长期的文化渗透和影响，从而促使和形成了古蜀复合文化的特征。

（四）三星堆丰富多彩的服饰内容，是和当时古蜀王国的经济发展、社会生活状况密切联系在一起的，是反映古代蜀人整个社会风貌和精神状态的一面最为绚丽生动的镜子。它纠正了古籍中一些不确切的说法，形象地展示了三星堆时期古蜀王国的繁荣景象，展示了当时工艺美术的灿烂和青铜文明的辉煌。

总而言之，通过三星堆古蜀王国服饰文化的探讨，对我们深入认识三星堆文化的丰富内涵，无疑有着非常重要的意义。

——此文发表于《四川文物》2001年第2期。收录于《殷商文明暨纪念三星堆遗址发现七十周年国际学术研讨会论文集》，社会科学文献出版社2003年8月出版。刊用于《三星堆图志》，四川人民出版社2005年10月出版。《三星堆图志》获得四川省第十二次哲学社会科学优秀成果奖一等奖，2004-2005年度，见《四川日报》2007年3月27日公布。

三星堆文明与中原文明的关系

一、从三星堆出土器物看古蜀与夏商的交流

轰动世界的三星堆考古发现，为我们揭示了古蜀文化的灿烂辉煌。三星堆古蜀文明具有自身的鲜明特色，学术界对此已作了许多深入的探讨。而三星堆古蜀文明与中原文明以及周边其他区域文明的关系，也是一个非常值得研究的课题。

我们知道，关于中华文明的起源问题，由于古代"内诸夏而外夷狄"文化观念的影响，自上古以来即盛行中原诸夏王朝为正统，很长时期都将中原视作唯一的文明中心。随着考古新发现提供的丰富资料日益增多，中华文明起源呈现为满天星斗多元一体的格局已为学术界所公认。正如有的学者所指出的："中国文明的起源，恰似满天星斗。虽然，各地、各民族跨入文明门槛的步伐有先有后，同步或不同步，但都以自己特有的文明组成，丰富了中华文明，都是中华文明的缔造者。"[1]三星堆考古发现便为中华文明起源多元论提供了重要佐证，揭

---

[1] 童明康《进一步探讨中国文明的起源——苏秉琦关于辽西考古新发现的谈话》，《史学情报》1987年第1期。

示了古蜀国就是长江上游的一个重要文明中心。三星堆遗址内发现的三四千年前的一大堆令人叹为观止的具有强烈地方色彩的以青铜雕像群为代表的古蜀文物以及古城墙、古祭祀礼仪中心残迹等，诚如陕瀛涛先生所说："亦证明了三四千年前的川西平原已具有了可以同殷商中原文明媲美的高度发达的奴隶制文明形态，并进而使人们再一次地确认了中华文明起源的多元化特点。三星堆文明无疑是辉煌的，举世瞩目的，是古蜀先民的一大杰作，是中华文明的一大骄傲。"[①]苏秉琦先生也曾精辟地指出："四川盆地是一个相对独立的文化区"，广汉等地出土的陶片"说明在成都和广汉各有着不少于五千年的文化根基。三星堆两个大祭祀坑以及后来1986年在成都十二桥所发现的三千多年前的跨度12米的四根地梁所显现的规模宏大的建筑遗存，都使我们确认，四川盆地不仅有着源远流长的自成一系的古文化，而且在三四千年前，这里已有了既同中原夏商文化有明显联系，又独具特征、高度发达的青铜文化，并毫无疑问已处于方国时代。"苏秉琦先生同时提出了"按照考古学文化渊源、特征与发展道路的差异，把中国分为面向欧亚大陆的三区和面向太平洋的三区"，以建立中国考古文化发展的体系结构，"即在六大文化区系范围内可以涵盖为大致平衡又不平衡的多源一体的格局"的观点，概括为"超百万年的文化根系，上万年的文明起步，五千年的古国，两千年的中华一统实体"，并强调认为："中国国家的多源一统的格局、中华民族多元一体的格局是经过超百万年，特别是近万年以来多区系文化的交汇、撞击、相互影响、相互作用的结果，是中华民族祖先各族群无数次组合与重组、团聚的结果，是文化逐渐认同、经济逐渐融合的结果。"[②]这些论述与看法，对我们深入认识和正确评价古蜀文明在中华文明多源一体大格局中的地位，以及古蜀文明与其他区系文明相互之间

[①] 陕瀛涛《一项填补空白的工作——〈三星堆文化〉序》，屈小强、李殿元、段渝主编《三星堆文化》，四川人民出版社1993年12月第1版，第1页。

[②] 苏秉琦《迎接中国考古学的新世纪》，《华人·龙的传人·中国人——考古寻根记》，辽宁大学出版社1994年9月第1版，第244页，第245页，第249页。

的交流影响，是有重要启发意义的。

三星堆考古发现告诉我们，古蜀文明具有自成一系的鲜明特色，与中原文明在许多方面都有所不同。这种不同，不仅表现在礼仪制度、观念习俗、宗族或部族构成、社会生活、艺术情趣等诸方面，而且也表现在农业生产方式上。中原是旱地农业起源的核心地区，中国南方长江流域是稻作农业起源地之一。应该说，正是由于史前时期就形成了南北两大农业经济文化区和两种农业体系，从而促使形成了南北文化体系发展的各具特色。古蜀文明作为南方文化系统长江上游的一个重要文明中心，虽然与中原文明有着许多明显的不同，但又有着比较密切的关系。无论是从文献记载还是从考古资料看，古蜀文明与中原文明的密切关系，相互之间的文化交流和影响，都是源远流长的。上古时期已有黄帝和蜀山氏联姻的记述，夏禹治水曾多次往返于岷江流域和黄河流域，《尚书·禹贡》对此有较多的记载，有学者提出了夏禹文化西兴东渐的见解。考古资料也揭示了三星堆遗址第二期所出器物与中原二里头文化之间的关系："两者均出陶盉、觚、器盖、豆、罐类器物，都是以小平底为主。尤其是陶盉，二者极为相似……联系到陶盉起源于山东向中原传播的事实，以及二里头文化早期略早于三星堆二期的情况，不难确定三星堆遗址第二期受到了二里头文化的影响，因此在文化上呈现了一些相同的因素。但若据此便认为前者渊源于后者，则嫌证据不足。"①邹衡先生也指出：三星堆遗址出土的陶盉同二里头的盉，"除了陶质和大小以外，几乎没有太大的区别，所以它肯定是从二里头文化传来的，因为别的地方没有。""又如陶豆，基本上也同二里头文化的一样。现在所见到的三星堆陶豆，其形制相当于二里头文化的早期……不过三星堆的陶豆较大，要比二里头的陶豆大三倍到四倍。但是从它的特征来看，应该也是从二里头文化传来的。""第三件最重要的陶器是'将军

---

① 范勇《试论早蜀文化的渊源及族属》，《三星堆与巴蜀文化》，巴蜀书社1993年11月第1版，第18~19页。

盉'，即熔铜的坩埚。它是与铜器有关系的。在三星堆看到的'将军盉'，从它的样子来看同殷墟第一期的非常相似，但也有区别。"还有"三星堆铜罍同湖北宜都发现的同类铜罍稍有区别，而同陕西城固的铜罍几乎没有区别，连花纹的作风都一样。但是它同殷墟的铜罍多少有些不同，当然其时代同'将军盉'的时代还应该是一致的。"①这些都说明了古蜀文明与中原文明源远流长特别是夏商时期的密切关系。

河南偃师二里头文化遗址出土的陶盉

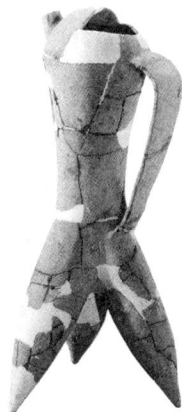

三星堆遗址出土的陶盉

河南郑州商城出土的青铜牛首尊

三星堆二号坑出土的青铜尊

① 邹衡《三星堆文化与夏商文化的关系》，《四川考古论文集》，文物出版社1996年12月第1版，第57页。

三星堆出土器物中，如果说陶盉、陶豆是接受了二里头文化的影响，那么铜尊铜罍则受到了殷商青铜礼器的影响。这起码说明两点：一是古蜀与中原的文化传播与交流在夏代甚至更早就开始了，二是这种文化传播和交流在殷商时期变得更加密切了。正如俞伟超先生所说："从总体看，三星堆的遗存，主要是相当于商时期的。其中的两个祭祀坑，则是相当于殷墟阶段的。这时期的蜀文化，已接受了大量商文化的影响。在青铜工艺方面，最突出的是有大量商式戈与商式的罍和尊。"这展现了在造型艺术和青铜铸造工艺方面具有高超水平的古代蜀人对商文化中青铜礼器的模仿，而这种模仿主要是仿造罍和尊，其他礼器极难见到，说明这是有所保留和有选择的模仿，是不失主体的一种文化交流。俞伟超先生进而指出："早期蜀文化和早期巴文化是分别位于成都平原至川东及三峡一带的两支青铜文化，但其文化面貌有很多相似之处，因而又共同构成了一个独特的大文化圈（区），自夏时期起，这个文化圈内开始渗入了一些二里头文化的因素，而至商时期，则又大量接受了二里冈和殷墟文化的影响。这就是早期蜀文化和早期巴文化在我国考古学文化总谱系中的位置。"[①]可谓是很有见地的看法。

二、从甲骨文中的"蜀"字看古蜀与中原的关系

古蜀与中原的关系，特别是古蜀王国与夏商周三代的关系，历来是学术界讨论的一个热门话题。古籍中关于这方面的记载是比较少的，自从甲骨文大量出土之后，这方面可供研究的资料才多起来。晋代常璩《华阳国志》卷十二说："孔子'述而不作，信而好古，窃比我老彭'。则彭祖本生蜀，为殷太史。"孔子所述，见《论语·述而篇》。关于老彭，《世本》中有"在商为藏史"之说，《大戴礼记》卷九亦有

---

① 俞伟超《三星堆文化在我国文化总谱系中的位置、地望及其土地崇拜》，《四川考古论文集》，文物出版社1996年12月第1版，第61页，第62页。

"商老彭"之称。顾颉刚先生指出："老彭是蜀人而仕于商，可以推想蜀人在商朝做官的一定不止他一个。古代的史官是知识的总汇，不论自然科学和社会科学他应当都懂。蜀人而作王朝的史官，可见蜀中文化的高超。古书里提到蜀和商发生关系的，似乎只有《华阳国志》这一句话。可是近来就不然了。自从甲骨文出土，人们见到了商代的最正确的史料，在这里边不但发现了'蜀'字，而且发见了商和蜀的关系。"顾颉刚先生还提到了综合各种记载，"可知古代的巴蜀和中原的王朝关系何等密切。"[1]当然，记载中有不少是传说，也有附会。但甲骨文提供的则是翔实而可信的资料。

关于甲骨文中的蜀，学者们也有争论，其分歧主要是蜀的地理位置究竟在哪里。陈梦家先生认为："见于卜辞者有蜀、羌、微、濮四国，皆殷之敌国。当时地望已无可考，大约皆在殷之西北、西南，决不若今日之远处边陲也。"[2]后又释蜀为旬，认为在晋西南"古城在今（山西）新绛西"。[3]胡厚宣先生认为：蜀在鲁"自今之（山东）泰安南至汶上皆蜀疆土"。[4]董作宾先生认为：蜀"约当今之陕南或四川境"。[5]日本学者岛邦男认为：蜀"在河曲西南"，约在今陕西东南商县、洛南附近。[6]郭沫若先生认为：蜀"乃殷西北方之敌"。[7]邓少琴先生认为："殷墟卜辞蜀有人方之称。"而卜辞中的"伐羌蜀"（铁1053）"挞缶于（与）蜀"（后上·9·7），可知"羌为羌方，在殷之西，蜀在羌之南，缶应即褒，缶之南是为蜀国，殷之出征，先羌而后

① 顾颉刚著《论巴蜀与中原的关系》，四川人民出版社1981年5月第1版，第19页，第31页。

② 陈梦家《殷代地理小记》，《禹贡》第7卷第六、七期合刊，北平禹贡学会1937年6月出版。

③ 陈梦家著《殷墟卜辞综述》，中华书局1988年1月第1版，第295页。

④ 胡厚宣《卜辞中所见之殷代农业》，《甲骨学商史论丛》第2集（1944年）。

⑤ 董作宾《殷代的羌与蜀》，《说文月刊》第3卷第七期（1942年）。

⑥ [日]岛邦男《殷墟卜辞研究》，台北鼎文书局1975年出版，第374~383页。

⑦ 郭沫若著《卜辞通纂》，《郭沫若全集·考古编》第2卷，科学出版社1983年6月第1版，第453页。

蜀，先缶以及于蜀，应无疑义。"①段渝先生也认为："确实殷卜辞中蜀的地望，关键在于确定卜辞中与蜀相关的一系列方国的地望。与蜀同在一辞的，有羌、缶等方国。羌为西羌，古今无异词。""缶，应即文献中的褒。古无轻唇音，读褒为缶。褒即夏代褒姒之国，地在汉中盆地故褒城。卜辞记'伐缶与蜀'（《粹》1175），又记'缶罘蜀受年'（《乙》6423），显然两国地相毗邻。缶既在陕南，则蜀亦当在此，殆无疑义。但陕南之蜀并非独立方国，它是成都平原蜀国的北疆重镇，故亦称蜀。"②

除了殷墟卜辞中有许多关于蜀的记述，在陕西岐山凤雏村西周遗址中出土的大量甲骨卜辞中也有蜀字，学者们对此也有不同看法。李伯谦先生认为：蜀"在汉水上游，只是到西周时期，才转移到成都平原"。③李学勤先生认为：周原卜辞中的蜀也在鲁地，④这同胡厚宣先生的观点是一致的。林向先生指出：关于蜀在鲁地的说法，"清人朱右曾《逸周书集校释》即倡此说。《左传》宣公十八年杜预注'蜀，鲁地，泰山博县西北有蜀亭'，《嘉庆一统志》：'蜀亭在泰安县西'，说明今之山东确有地名蜀亭者。至于说'南至汶上，皆蜀之疆土'，主要根据《嘉庆一统志》说'汶上县西南四十里有蜀山，其下即蜀山湖'。其实不然，汶上有蜀山是因蜀有'一''独'之古训而得名，与蜀人之国无涉。"林向先生认为："蜀非自称，也非一族，只是商周王室及其卜人集团对这一大片'华阳之地'的称呼。近年来，成都平原发现的一系列商代遗存，其中以广汉三星堆遗址最重要，为我们进一步标定蜀的地理位置，提供了新的证据。现在可以这样说：殷墟卜辞中的'蜀'的中心地区在成都平原，蜀文化圈的范围大体上和后来《汉书·地理志》所

---

① 邓少琴著《巴蜀史迹探索》，四川人民出版社1983年6月第1版，第130页，第156页。

② 段渝著《四川通史》第1册，四川大学出版社1993年10月第1版，第44~45页。

③ 李伯谦《城固铜器群与早期蜀文化》，《考古与文物》1983年第2期。

④ 李学勤《西周甲骨的几点研究》，《文物》1981年第9期。

载与'巴蜀同俗'的地域相当，它在江汉地区与南传的二里头文化（夏文化）相遇，在陕南与商文化相遇，在渭滨与周文化相遇，蜀应该是殷商的西土外服方国"，之后"蜀作为西土诸侯参加周的灭殷联盟，取得了成功，是周初西南方国中的强者"，成为周初西南强国。[①]

　　上述的这些争论，显示了百家争鸣的学术风气，对深入探讨古蜀文明与中原文明的关系是大有益处的。随着考古新发现，提供的丰富资料日益增多，有些长期悬而未决的问题已经迎刃而解，许多历史疑问都逐渐获得了破译，学术探讨也不断深化，有了许多新的收获。虽然对殷墟卜辞和周原卜辞中的蜀仍有不同解释，但三星堆考古发现揭示的古蜀文明，以其鲜明的特色和丰富的内涵，为学术界提供了新的认识。

　　殷商时期的古蜀王国，不仅在三星堆建立了雄伟的都城，而且有着同中原一样灿烂而又独具特色的青铜文化，在长江上游成都平原形成了一个自成一系的辉煌的文明中心。作为这样一个文明中心，古蜀与中原一直有着比较密切的关系，有着文化上的交流和经济上的往来。但古蜀与中原这种关系究竟属于什么性质？是相互隶属还是相对独立？前面提到林向先生认为古蜀应是殷商的西土外服方国，还有学者曾认为蜀文化是受商文化传播影响发展起来的，这代表了以前学术界比较流行的一种看法。但也有另一种认识，段渝先生就认为："从卜辞看，蜀与殷王朝和战不定，是国际关系，而不是方国与共主的关系""卜辞对蜀绝不称方。而卜辞所见之蜀，均在蜀之北疆重镇陕南地，不是蜀的中央王朝。可见蜀王不是殷代外服方伯，蜀国并未成为殷王朝的外服方国。考古资料可以得出同样结论……按照商王朝的内、外服制度和匠人营国之制，王都必定大于方国之都，故卜辞屡称商都为'大邑商'……但蜀都却大于早商都城，又与中商都城不相上下。如将蜀国纳入商代外服体制，显然是严重逾制，在当时根本无法想象。只能表明蜀国都制与商

---

① 林向著《巴蜀文化新论》，成都出版社1995年10月第1版，第85~86页、第57~58页、第69页。

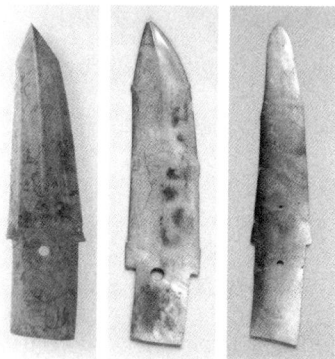

三星堆一号坑出土的玉戈

三星堆二号坑出土的青铜人面像

王朝都制分属于两个不同的政权体系，二者之间不存在权力大小的区别。"① 这些分析是比较有说服力的，是很有见地的一种观点。三星堆青铜造像群所展现的浓郁的古蜀特色，在王权与神权方面自成体系的象征含义，对此也是一个很好的印证。

　　同时我们也应看到，三星堆出土的青铜尊、青铜罍等形制，玉石器中的璋、戈等形制，都显示出对商文化的模仿，反映了商文化对蜀文化的影响，说明了这是古蜀与中原经济文化交往的结果。值得强调的是，古蜀与中原的文化交流是不丧失主体的交流。三星堆出土器物告诉我们，在接受商文化影响的时候，以高超的青铜雕像造型艺术为代表的古蜀文化特色始终占据着主导地位。这应是我们客观认识和正确评价古蜀文明和殷商文明相互交流影响的关键所在。

三、古蜀与中原的往来途径

　　三星堆古蜀文明与中原殷商文明之间的交往，可能有水陆两途，而顺长江上下则是一条主要途径。徐中舒先生曾指出："古代四川的交通有栈道和索桥，并不如想象的困难，而且长江由三峡顺流东下，更不

---

① 段渝著《四川通史》第1册，四川大学出版社1993年10月第1版，第46~47页。

能限制习惯于水居民族的来往。"考古资料显示："至迟在殷商的末期，四川与中原地区就已经有紧密的联系了。""从黑陶遗物陶鬶、陶豆出土地址的分布，可以清楚地看出古代四川与中原地区的联系，其主要道路应是沿江上下的。"①

长江三峡曾是古蜀与华夏往来的主要
途径

蜀地通往秦陇的古栈道

　　李学勤先生通过对出土青铜器物的比较研究，也认为"以中原为中心的商文化向南推进，经淮至江，越过洞庭湖，又溯江穿入蜀地。这很可能是商文化通往成都平原的一条主要途径"。②他指出："蜀是一个发端于上古的民族。这一民族有自己的悠久文化，并长期保持着文化的特色。"可推知蜀人原居于四川西部山区，其后，才发展到成

----

①　徐中舒著《论巴蜀文化》，四川人民出版社1982年4月第1版，第3~5页。
②　李学勤《商文化怎样传入四川》，《中国文物报》1989年7月21日。

都平原一带。很多人以为蜀地僻远，交通封闭，长期不通中原，甚至怀疑随武王伐纣的蜀的地理方位。现代考古学的发现已足以纠正这种误解，有充分证据表明，在商代及其以前，蜀地已与中原有文化上的沟通。广汉三星堆的发掘，更以大量材料印证了这一点。"从三星堆器物坑的发现看，商代的蜀不仅有自己的礼乐，而且受到中原礼乐的强烈影响。""至于商代的荆楚，即今湖北、湖南间的地区，更与蜀地有较密切的文化关系。三星堆不少青铜器和两湖所出类同，是很好的证据。"①他还说，三星堆"一号坑相当商文化的殷墟早期，二号坑相当殷墟晚期，是互相一致的。这说明当地的文化（蜀文化）发展是与商文化的发展平行的，彼此的影响传播是畅通的"。三星堆两座器物坑中与中原所出近似的青铜礼器，是当地文化接受中原影响的证据。不过，这种影响不是直接传入当地的，其媒介应该是今湖北、湖南地区当时的文化。三星堆礼器的饕餮纹，最接近湖北、湖南所发现，指示我们这种媒介作用的存在。有的纹饰则反映出有可能是接受由东而来的影响，又加以本地的创造。同出的别的器物上，还有纯属地方特色的纹饰。"这样中原与地方特点骈列杂陈的状态，反映着蜀与中原王朝的沟通。总的说来，蜀文化是有自身的渊源、自身的演变的。在接受了长时期的中原和其他地区的文化影响之后，才逐渐融会到全国的文化进程中去。"②这些精辟的见解，已经把问题说得相当透彻了，对我们深入探讨古蜀文明与中原文明的关系是大有益处的。

古蜀文明与中原文明的交流，北经汉中之地或通过陇蜀之间也是一个不可忽视的途径。西周初武王伐纣，联合西土八国会师牧野，古蜀国人马就是由这条途径参与征伐行动的。在开明王朝开凿石牛道之前，古蜀国北面的交通显然早就存在了，文献记载和考古出土资料都为此提

---

① 李学勤《〈帝系〉传说与蜀文化》，《四川文物》1992年"三星堆古蜀文化研究专辑"，第16~17页。

② 李学勤《三星堆饕餮纹的分析》，《三星堆与巴蜀文化》，巴蜀书社1993年11月第1版，第79页。

供了印证，古代蜀人使用栈道的历史可能远比见诸文字记载的要久远。扬雄《蜀王本纪》中有"蜀王从万余人东猎褒谷"的记述，[1]这种大规模的行动也是对这种交通情形的一个说明。《华阳国志·蜀志》中说，杜宇时期"以褒斜为前门"，开明三世卢帝"攻秦至雍"。褒斜即褒谷与斜谷，在汉中之北的秦岭山脉，雍城则在秦岭之北的宝鸡，[2]或说在今陕西凤翔县南，[3]都说明了古蜀国北面的交通状况。

褒斜道早在商代即已开通，在商周之际开通的可能还有故道，因其沿嘉陵江东源故道水河谷行进而得名。《散氏盘》铭文中有"周道"，据王国维先生考证："周道即周道谷，大沽者，即漾水注之故道。"[4]邓少琴先生指出："是则蜀当夏殷周之世均与中原有其交通之迹也。"据《史记·货殖列传》所记："是时雍蜀之间已有商业之发展。下至石牛道之开凿，以蜀绕资用，南御滇僰，西近邛笮，栈道千里，无所不通。"[5]从考古发现看，陕南城固出土的铜器物群中，既有属于殷商文化的器物，如鼎、尊、罍、瓿、簋、戈、钺等；又有属于早蜀文化的器物，如青铜面具、铺首形器，以及陶器中的尖底罐等。"由于三星堆文化同类器都早于或等于城固铜器群的年代"，"说明陕南乃是商与蜀接壤，两种文化交错共存的边缘地区。就蜀而言陕南乃其北境，就商而言陕南则为其西土也"。[6]前面提到邹衡先生指出三星堆出土的铜罍与城固出土的铜罍在器形和纹饰上都相似，显然便是两种文化交流的结果。

古蜀文明通过陕南接受了殷商文明的传播，仿造了中原礼器中的

① 《全汉文》卷五十三，[清]严可均校辑《全上古三代秦汉三国六朝文》第1册，中华书局影印出版，1958年12月第1版，第414页。
② 任乃强著《四川上古史新探》，四川人民出版社1986年6月第1版，第96页。
③ [晋]常璩撰，刘琳校注《华阳国志校注》，巴蜀书社1984年7月第1版，第186页注文。
④ 王国维著《观堂集林》卷十八，第3册，中华书局1959年6月第1版，第887页。
⑤ 邓少琴著《巴蜀史迹探原》，四川人民出版社1983年6月第1版，第156页。
⑥ 林向著《巴蜀文化新论》，成都出版社1995年10月第1版，第67页。

铜尊与铜罍，同时也使古蜀文明在与殷商文明接壤的地方产生了影响，留下了富有古蜀文明特色的遗存。在陕西宝鸡地区茹家庄、竹园沟、纸坊头等处发掘出土的一批西周时期弜国墓地，呈现出一种复合的文化面貌，学者们认为有三种文化因素并存："居址和墓地的出土遗物从各个不同的侧面揭示出商周时期传统的周文化同西南地区早期蜀文化、西北地区寺洼文化（主要是安国文化类型）的有机联系，展现出一幅五彩缤纷的历史画面。毫无疑问，这对于研究当时的民族关系、文化交流与融合都具有重要意义。"[①]

值得注意的是茹家庄一、二号墓出土的青铜人，那夸张的握成环形的巨大双手，完全继承了三星堆青铜立人像双手造型的风格。这对商周时期蜀文化的影响应是一个绝好的说明。林向先

三星堆出土的大型青铜立人像

宝鸡茹家庄弜国墓地出土的小型青铜人像

---

① 卢连成、胡智生著《宝鸡弜国墓地》上册，文物出版社1988年10月第1版，第6页，参见下册彩版二三。

生认为："殹国文化中明显占优势的早蜀文化因素是不能单用外部传播来解释的，必然是与蜀人势力直接抵达渭滨，蜀文化圈在此与周文化圈相重叠有关。"[1]段渝先生认为："从各种文化现象分析，殹氏文化是古蜀人沿嘉陵江向北发展的一支，是古蜀国在渭水上游的一个拓殖点。"[2]展示了"古蜀文化具有强烈的扩张性和辐射性"[3]。

四、古蜀文明的鲜明特点与外来文化影响

从考古学的角度来看中原与个区系文化的关系和影响，苏秉琦先生曾指出："在历史上，黄河流域确曾起到重要的作用，特别是在文明时期，它常常居于主导的地位。但是，在同一时期内，其他地区的古代文化也以各自的特点和途径在发展着。各地发现的考古资料越来越多地证明了这一点。同时，影响总是相互的，中原给各地以影响，各地也给中原以影响。在经历了几千年的发展之后，目前全国还有五十六个民族，在史前时期，部落和部族的数目一定更多。他们在各自活动的地域内，在同大自然的斗争中创造出丰富多彩的物质文化是可以理解的。"[4]三星堆考古发现等大量材料揭示的辉煌的古蜀文明，以及古蜀文明和中原文明的交流与影响，便是很好的例证。从三星堆出土遗物总体来看，以青铜造像群为代表的文化主题始终占据着主导地位，展现出自成一系的浓郁的本土特色，同时又显示出接受了许多外来文化因素，但外来文化影响只居于次要地位，而且大都在模仿过程中给予了新的发挥。这应该是古代蜀人既善于学习外来文化的长处，又对本土文化的优

---

① 林向著《巴蜀考古新论》，成都出版社1995年10月第1版，第71页。

② 段渝《嫘祖文化研究（之四）》，《成都文物》1998年第2期，第52页。

③ 屈小强、李殿元、段渝主编《三星堆文化》，四川人民出版社1993年12月第1版，第601页。

④ 苏秉琦《关于考古学文化的区系类型问题》（原载《文物》1981年第5期），《苏秉琦考古学论述选集》，文物出版社1984年6月第1版，第226页。

越充满自信的表现。

这里还应该提到的是，三星堆一号坑出土的模仿商文化的礼器，数量较少，只有龙虎尊、羊首牺尊、铜瓿、铜盘等。二号坑出土的礼器种类和数量都大为增多，《发掘报告》介绍的就有圆尊8件、圆尊残片3件、方尊残片1件、圆罍5件、圆罍残片2件、方罍1件等。据一些学者研究，一号坑与二号坑的时代相差一百年左右。一号坑相当殷墟早期，二号坑相当殷墟晚期。这是否说明，随着历史的发展，古蜀文化与殷商文化的交流也比以前增多了。如果我们再结合彭县竹瓦街出土的青铜器物来看，中原商周文化的影响，随着时间的推移而变得强烈了。这显示的正是中华文明多元一统发展的历史趋势。蜀文化正是在这个历史发展趋势中间，而逐渐融合到了全国统一的文明进程中去。但在三星堆时期，古蜀王国灿烂的青铜文明始终保持着自己的鲜明特色，显示出其国势足以与中原殷商王朝相抗衡，是相对独立，同时又有着较为密切的文化与经济方面的交流往来，是分属于南北两个文化系统的文明中心。

在古蜀王国和殷商王朝的关系方面，还应提到青铜文化的比较研究。我们知道，纹饰是青铜器物的一种语言，通常表达着器物的文化性质和特点。很多学者都注意到了三星堆出土青铜容器在形制、纹饰、工艺等方面与长江中游和陕南等地出土青铜器的相似之处。例如三星堆一号坑出土的龙虎尊，与安徽阜南朱砦润河出土的一件龙虎尊在造型和花纹上几乎一模一样。二号坑出土的四羊罍在纹饰上接近于殷墟三期的一例，在形制上与湖南岳阳鲂鱼山、湖北沙市东岳山出土的两件类似。还有二号坑出土的四牛尊、三羊尊与湖南华容、湖北枣阳新店村、陕西城固苏村等处出土的几件相似，等等。[①]通过这些比较研究，可以看出三星堆青铜容器罍、尊之类在器形和纹饰上与殷商青铜器风格的许多一致之处，同时也有不少差异。有学者认为：三星堆"铜罍的肩、腹、圈足

---

① 李学勤《三星堆饕餮纹的分析》，《三星堆与巴蜀文化》，巴蜀书社1993年11月第1版，第76~79页。

部都装饰有凸弦纹、饕餮纹和云雷纹。尊的腹部饰有羽状云雷纹,圈足上饰有云缧纹组成的饕餮纹,并开十字形镂孔,这些都是殷商青铜器的常见特征。尽管它们与典型的殷商青铜器还存在着一些细微的区别(如圆尊的圈足改外侈为内收、纹饰的排列方式不完全一致等等),但很可能是在蜀地产生的一种以继承殷商传统为主体的地方变体"[1]。随着这方面比较研究的深入,将会有更加透彻的了解。

三星堆一号坑出土的青铜
龙虎尊

安徽阜南出土的铜尊

三星堆二号坑出土的铜罍与湖南岳阳出土的铜罍比较

---

① 霍巍《广汉三星堆青铜文化与古代西亚文明》,《四川文物》1989年"广汉三星堆遗址研究专辑"第38页。

　　总之，古蜀王国与殷商王朝的关系和文化交流，应该给予客观的恰如其分的认识。古蜀文化接受商文化的影响，主要来自湖北、湖南、江西等长江中游以及陕南地区。正如有的学者所述：古蜀与殷商的文化或民族的往来，"到三星堆文化的晚期，也就是两个祭祀坑的时代，交流只有一定的限度，文化主体还是本土的，外来占极次要的地位，而且受长江中游的影响远比黄河流域深"。①殷商崇尚礼容器，发展出一套繁复的系统，在全世界青铜文明中也是绝无仅有的。古蜀王国也同样重视青铜，同样有礼容器，可是礼容器在整个资源运用系统的角色中只扮演次要的角色而已。宏观地看，古蜀所赋予青铜的意义与商王朝及其军政或文化势力所及的长江中下游地区则相当不同，这里出土的青铜器，最主要的是大量的人形像和面具，这是蜀国青铜最具自己特色，也是与殷商最大不同的地方。

　　三星堆出土器物与殷商青铜器的比较研究，给我们的启示是多方面的。可以说，正是三星堆文化与殷商文化各自所具有的鲜明特色，展现了长江流域和黄河流域南北两个文化系统的绚丽多彩，随着相互间的交流融合，从而在中华文明发展史上谱写了青铜时代杰出而又辉煌的篇章。

　　——此文刊载于《中原文物》2001年第4期。人大报刊复印资料中心《先秦秦汉史》2001年第6期全文转载。

---

①　杜正胜《人间神国——三星堆古蜀文明巡礼》，台湾太平洋文化基金会，1999年3月，第37~38页。

三星堆文明的地位和意义

　　三星堆考古发现向我们揭示了三千多年前古蜀王国绚丽多彩的社会生活情形，展现了一个湮没的内陆农业文明的辉煌。三星堆考古发现揭示的古蜀文明，具有极其丰富的文化内涵。无论是从考古学、历史学、民族学、人类学，或是从宗教观念、造型艺术、青铜铸造工艺、文化交流、文明进程、地域特色等多种角度来看，三星堆考古都提供了翔实而珍贵的资料，展现了一幅百科全书式的画卷。在中国考古史上和世界考古史上，三星堆都称得上是前所未有、令人耳目一新的考古发现。三星堆考古发现提供的并不仅仅是珍贵的资料，更重要的是将使学术界重新审视东方文明，世界发展史上将因之而谱写新的灿烂篇章。三星堆考古发现揭示的也不仅仅是一个湮没的文明，更展示出一种穿越时空的无与伦比的永恒魅力，所以它轰动了世界，在许多国家展出时都倾倒了数以万计的观众，激起了强烈的反响。三星堆考古发现对今后的学术研究，特别是对四川历史文化和旅游业的发展，也将发挥巨大的作用。

　　三星堆考古发现揭示了辉煌的古蜀文明，具有多方面的重要意义。归纳起来，大致有以下几个方面：

一、揭开了古蜀王国神秘面纱

在三星堆一号坑、二号坑发掘之前，我们对古蜀历史的了解是相当有限的。古文献记载中的古蜀历史，从蜀山氏、蚕丛氏、柏灌氏、鱼凫氏，到杜宇、鳖灵，都显示出比较浓郁的神话传说色彩，特别是古蜀的起源和古蜀三代的历史，更是笼罩在一片神秘的迷雾之中。我们从扬雄《蜀王本纪》和常璩《华阳国志》中看到的有关古蜀三代历史的记述，只是一些简单而朦胧的轮廓。古代蜀族是什么时候在成都平原建都立国的？来自何方？与中原和四邻关系如何？古蜀王国的兴衰更替与文明发展进程又如何？其历史编年情况又怎样判断确定？这一切都云遮雾绕而难解其详。李白《蜀道难》中说："蚕丛及鱼凫，开国何茫然。尔来四万八千岁，不与秦塞通人烟。"四万八千岁当然是一种文学的夸张，但也透露了古蜀历史的邈茫和久远。随着这一著名诗篇的广为传播，更加深了人们对古蜀历史神异诡谲不可捉摸的印象。

三星堆惊人的考古发现，特别是1986年夏秋之际一号坑、二号坑的相继发掘，终于揭开了千百年来笼罩在古蜀历史上的神秘面纱，使我们看到了湮没达数千年之久的古蜀王国的真实面目。无论是对考古工作者还是对整个学术界来说，三星堆考古发现犹如一道划破迷雾的耀眼的闪光，给了大家一个前所未有的惊喜。三星堆出土文物的精美程度、数量的庞大、种类的繁多、文化内涵的无比丰富，以及其展示的鲜明而自成体系的地域文明特色，都是罕见的，称得上是20世纪以来考古史上一个巨大的收获。

三星堆二号坑发掘出土器物时的情形

在三星堆一号坑、二号坑发掘之前，成都平原已有许多重要考古发现。例如成都北郊羊子山土台建筑遗址的发现、成都十二桥商周遗址的发现、彭县竹瓦街商周青铜器窖藏的发现、广汉月亮湾玉石器的出土，等等。三星堆一号坑、二号坑大量文物的出土，将这些零星的考古发现材料提升到了一个新的高度，为学术界从整体上来审视探讨古蜀文明提供了极大的便利。在此之后，成都平原上又有了宝墩文化六座早期古城遗址的发现，从而使学术界对古蜀历史文化的发展脉络有了更加清晰的认识。通过这些考古发现，使我们真实地看到了夏商周时期成都平原的确存在着一个以古蜀族为主体的古文化、古城和古国，使我们触摸到了古蜀文明的壮丽和辉煌。

三星堆二号坑出土金面罩青
铜人头像

三星堆二号坑出土青铜纵目人
面像

三星堆青铜文化中最具代表性的，是出土了数量众多的青铜造像群。先民们铸造这些青铜造像群，显然不是简单的游戏之作，而是表达了古代蜀人丰富多彩的意识观念和传统习俗，具有强烈而浓郁的象征意义，展现了与众不同的极富特色的文化内涵。我们知道，黄河流域夏商周时代的帝王贵族们是用青铜礼器特别是九鼎来象征统治权力和等级制度的。传世文献对此多有记载，如《左传·宣公三年》《墨子·耕柱

篇》《史记·孝武本纪》等都记述了九鼎的传说。"禹收九牧之金，铸
九鼎，皆尝鬺烹上帝鬼神，遭圣则兴，迁于夏商。"说明了鼎彝礼器在
先秦时代的重要地位。考古发现在这方面也为我们提供了丰富的资料。
历年来出土的众多青铜器告诉我们，商周时代为王室和诸侯们所占有的
青铜铸造业，除了铸造工具和兵器以外，大量铸造的则是青铜礼器。这
些青铜礼器，不仅是祭祀活动和各种礼仪场合（如宴飨之类）中的重要
用器，更是维护和体现等级制度、强化统治秩序的一种必要手段。至迟
在西周已形成明确的列鼎制度，规定天子用九鼎，诸侯用七鼎，卿大夫
用五鼎，士用三鼎。①各级王公贵族必须按照规定范围使用和他们地位
相当的青铜礼器，不能超越，否则就是非礼，要受到追究。若消灭一个
王朝或诸侯国，往往要"毁其宗庙，迁其重器"。②文献中所说的"重
器即主要是指王室或公室宗庙中的青铜礼器，足见此种重器与宗庙并为
国、族存在之象征"。③青铜礼器在器铭中通常称为彝、尊，据《说文
解字》解释，大都为常设于宗庙中的祭器。在中国奴隶制时代，祭祀是
极其重要的事情。商周王朝祭祀上帝和鬼神，更是贵族们社会生活中的
一件大事，而与祭祀鬼神相联系的是祭祀祖先，"商代贵族们对于祖宗
的祭祀带有狂热性质"。④安阳殷墟考古发现商王为祭祀先王先公而不
惜大批屠杀奴隶，竟有两千具之多，商王的妃嫔妇好墓中出土的成套青
铜祭器就多达两百件。这些都表明了青铜礼器在商周祭祀活动中的特殊
地位和重要作用，已成为统治阶层显示其等级和权力的象征。

　　与中原殷商时间大致相同的三星堆古蜀王国，祭祀活动同样盛
行，是社会生活中最重要的主题内容，而且同样祭祀鬼神，祭祀祖先。

---

① 《春秋公羊传·桓公二年》何休解诂："礼祭，天子九鼎，诸侯七、卿大夫五、
元士三也。"见[清]阮元校刻《十三经注疏》下册，中华书局影印出版，1980年9月第1
版，第2214页。
② 《孟子·梁惠王下》。见《四书全译》（刘俊田、林松、禹克坤译注），贵州人民
出版社1988年2月第1版，第381页。
③ 朱凤瀚著《古代中国青铜器》，南开大学出版社1995年6月第1版，第18页。
④ 马承源著《中国古代青铜器》，上海人民出版社1982年2月第1版，第19页。

但在祭祀方式以及神权与王权的象征表现方面又有着极大的不同。三星堆也出土有青铜器物，如铜尊和铜罍，但数量很小，占据主导地位的则是铸造精美、数量众多的青铜人像。古蜀王国显然不是依赖和利用青铜礼器来维护等级制度和统治秩序的，而是精心铸造了大量代表大巫（蜀王）和群巫（各部族首领）以及神灵偶像的青铜造像，并赋予这些生动逼真的造像以丰富的象征含义，供奉于宗庙或神庙之中，或陈设于祭台之上，进行规模宏大的祭祀活动。古蜀王国统治阶层所控制的神权与王权便正是通过这些青铜人物造像群而强烈地显示出来，而这显然也正是古蜀王国维护等级制度和有效统治各部族的奥妙所在。总之，古蜀王国无论是祭祀活动或是宴飨等礼仪场合，都无须青铜礼器，因而被称之为"椎髻左衽，不晓文字，未有礼乐"。[①]实际上古蜀青铜文明在殷商时期已发展到相当辉煌成熟的程度，古蜀王国行使的是以青铜造像群为主的另一套"礼乐"。显而易见，在中华文明的发展大格局中，三星堆青铜造像群以丰富多彩的内涵，显示了长江上游的蜀文化的独特性。既不同于黄河流域的中原文化，也不同于长江中游的楚文化，在社会礼俗与民族心理方面均有自己鲜明的特色。

　　三星堆古蜀王国用青铜造像群作为祭祀活动和日常供奉的主体，中原殷商王朝用青铜彝器作为等级象征与祭祀供奉的宗庙常器，这应是古蜀文化和商文化最大的区别。这种区别，不仅表现在祭祀形式上，而且也反映在祭祀内容上，以及祭祀活动进行的过程中。例如三星堆古蜀王国用青铜纵目人面像作为蚕丛祖先神祇的象征，成为各部族明确的共同敬奉崇拜对象，商文化对先王先公的祭祀则没有这种足以产生震撼效果使人恐怖和肃然起敬的神主象征。三星堆青铜立人像和众多的青铜人头像铸成戴面具的造型，显示了古代蜀人对面具功能极其象征含义的独特理解和充分发挥使用。它们在祭祀场景中的象征身份和形成浓郁的巫

---

① 　扬雄《蜀王本纪》，《全汉文》卷五十三，见[清]严可均校辑《全上古三代秦汉三国六朝文》第1册，中华书局影印出版，1958年12月第1版，第414页。

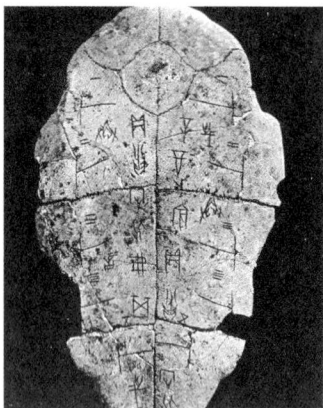

殷墟出土刻有文字的商代龟甲   商代牛骨刻辞

术神秘氛围是相当清楚的，所要达到的祭祀效果也是显而易见的。商文化浓郁的巫术行为则主要表现在卜筮方面，出土的大量甲骨文在这方面提供了丰富的资料。这说明同样是浓郁的巫术行为，古蜀文化与商文化却有着不同的内涵和表现形式。殷商王朝为了祭祀先王先公而不惜大量屠杀奴隶，将人作为祭祀与陪葬的牺牲，古蜀王国却没有这么残酷，三星堆一号坑、二号坑除了有焚烧过的大量动物骨渣，尚未发现有将人作为祭祀的牺牲。从表面上看，这种祭祀过程中的重大差异，显示了殷商王朝祭祀活动的血腥奢侈、古蜀王国祭祀活动的温和壮观。若从深层分析，这也充分展现了殷商王朝与古蜀王国在国家体制、统治形式、政权性质、社会结构等诸方面的差异。学者们曾指出："殷代的社会形态也是属于这种所谓'亚细亚的'类型的奴隶制度。"[1]也就是一种初期国家的奴隶制度。或者说在国家初始成立的时候是纯粹的一种奴隶制，"奴隶制社会是氏族社会的延续，多量地含有血族成分"，"直接生产者在奴隶制下可以公开地大量屠杀"。[2]从三星堆考古发现提供的大量资料来看，古蜀王国也已形成明显的阶级分化。权力和财富都为统治阶

---

① 吕振羽著《殷周时代的中国社会》，三联书店1962年6月第1版，第14页。

② 郭沫若《中国古代社会研究》，《郭沫若全集·历史编》第1卷，人民出版社1982年9月第1版，16~17页。

层所控制，但其社会形态与制度则与殷商王朝有所不同，很可能正像一些学者所提出的，实施的是"共主制"或"酋邦制"。这方面尚须作深入的研究，目前还是比较笼统的推测。

三星堆出土的金杖，也充分显示了古蜀文化与商文化在内涵方面的差异。殷商王朝日常的巫术活动主要是占卜，"商王与神交接的法器就是龟和骨。用龟或牛的肩胛骨进行占卜，神的指令就从龟或骨的裂纹走向上显示出来"。从发现的十多万片甲骨文的内容看，商王"占卜所涉及的范围十分广泛，商王凡做任何事，都要经过占卜，以取得上天神的应允和指示"。[1]从文献记载看，殷商王朝已设有掌占卜之官，如《周礼·春官·宗伯》下就记载了掌占卜的官有五职。甲骨文中最常见的掌占卜的官是贞人，从武丁到帝辛（纣王）时，据统计有120个左右，其中以武丁时最多，有70余位，祖庚祖甲时22位，康丁时18位，武乙时1位，帝乙帝辛时6位。[2]殷商王朝也有巫的神职官员，但其作用似乎远不如占卜那样突出。古蜀王国就不一样了，考古发现很少有占卜的材料，而象征大巫和群巫主持的祭祀活动则占据着主导地位。如果我们充分注意到两者的不同，那么我们在引用传世文献论述我们对三星堆考古发现的各种看法与见解时，决不可忽略了古蜀文化与殷商王朝的差异。也就是说，我们绝不能用文献中关于商文化的解释与例证，来生硬粗浅地套用于古蜀文化。如果我们承认文化差异这一客观存在，那么三星堆出土的大量玉石器，其使用方式和象征含义，也有着古蜀王国自己的浓郁特色，与殷商王朝的礼制有着明显的不同。比如三星堆出土的大量玉琮和牙璋之类，在祭祀活动中的作用，显然是和青铜人物造像群密切联系在一起的。青铜人物造像群在祭祀活动中占据着绝对的主导地位，而玉石器则是从属性的器物。金杖也一样，它可能是权力的象征，

---

① 李学勤主编《中国古代文明与国家形成研究》，云南人民出版社1997年12月第1版，第408~409页。

② 李学勤主编《中国古代文明与国家形成研究》，云南人民出版社1997年12月第1版，第429页。

也可能是祭祀用的法器，如同有些学者们所解释的，但它也是从属于青铜人物造像群的器物。金杖上的人头像，二号坑出土一件边璋上的人物图案，都展现了人物造像这一主题。边璋上的几组人物图案，更是生动地表现了巫师祭祀的场景，画面上的土堆图案，像神山也像祭台，洋溢着浓郁的古蜀文化特色。

青铜人物造像群在三星堆古蜀文化中占据着突出而重要的主导地位，这不尽说明了古代蜀人对人物造像的偏爱，显示了他们特别擅长于形象思维，具有极其丰富的想象力和高超的青铜铸造技术，更重要的是展现了古代蜀人对凡俗世界和精神世界的理解，表达了他们清晰明确而又绚丽多彩的崇拜信仰观念。在古代蜀人对天地万物的认识中，人是万物之灵而神是天地之灵，人主宰生活而神主宰着自然和宇宙，人应该祈福于神灵而获得风调雨顺、国泰民安、兴旺繁荣，所以便形成了人神交往的观念以及对人神交往途径的各种想象。青铜造像群便是古蜀人神交往观念的生动体现。在中华文明满天星斗的发展大格局中，人神交往也是其他区域文明的一个主题观念，但在表现形式上却有着各自不同的特色。三星堆青铜造像群着力表现的古蜀人神交往观念，直截了当，形象而又精彩，既有神奇的魅力，更有震撼的效果，而且深刻地体现了神权与王权的象征含义。在中华文明发展史上也具有无可替代的重要意义。

三星堆青铜人物造像群，还为我们研究古代蜀人的来源与族属问题提供了重要资料。关于古代蜀国统治者——蜀王以及蜀国主体民族——蜀族的来源，史籍记载不详，而且往往将神话与史实杂糅。如扬雄《蜀王本纪》说："蜀王之先名蚕丛，后代名曰柏濩，后者名鱼凫，此三代各数百岁，皆神化不死，其民亦颇随王化去。"又说杜宇是"从天坠止，朱提有一女子名利，从江源井中出，为杜宇妻。乃自立为蜀王，号曰望帝"。[1]便具有较浓的神话色彩。其中透露了蜀族历史的久

---

① 　《全汉文》卷五十三，[清]严可均校辑《全上古三代秦汉三国六朝文》第1册，中华书局影印出版，1958年12月第1版，第414页。又见[宋]李昉等撰《太平御览》卷一六六，卷八八八，中华书局影印出版，1960年2月第1版，第1册第808页、第4册第3944页。

远和初期的迁徙，但三代蜀王是否具有传承关系则尚不可知。从其他史籍记载看，则有蜀族源于黄帝的说法，如《世本》就说："蜀之先，肇于人皇之际，无姓，相承云，黄帝后。"《史记·五帝本纪》说："黄帝居轩辕之丘，而娶于西陵之女，是为嫘祖。嫘祖为黄帝正妃，升二子，其后皆有天下：其一曰玄嚣，是为青阳，青阳降居江水；其二曰昌意，降居若水。昌意娶蜀山氏女，曰昌仆，生高阳。"《华阳国志·蜀志》则说得更为清楚："蜀之为国，肇于人皇，与巴同囿。至黄帝，为其子昌意娶蜀山氏之女，生子高阳，是为帝喾[颛顼]；封其支庶于蜀，世为侯伯。历夏、商、周，武王伐纣，蜀与焉。"由这些记述可知，黄帝的时候，蜀山氏已成为和黄帝氏族世代通婚的部族，黄帝之子昌意娶蜀山氏之女而繁衍出新的蜀族支系。蜀山氏以及昌意的后人，很可能就是蜀国的主体民族，先栖居于岷江上游一带，然后迁入成都平原。这与传说中蜀王蚕丛的事迹多在岷江一带也是吻合的。疆域广阔的蜀国除了蜀族，还有其他民族，《华阳国志·蜀志》说其属有"滇、僚、賨、僰僮仆六百之富"。邓少琴先生认为仆为濮人，僮为邛，系六个民族。[①]李绍明先生认为："此处仍解释为滇、僚、賨、僰四族的僮仆为当。"而蜀境民族实不止此。"根据秦汉时川西民族分布的情况上溯，先秦蜀国境内还包括邛、筰、冉、駹、民族在内。目前学术界一般认为邛属濮越系民族，而筰、冉、駹、均属氐羌系民族"[②]。三星堆考古发现所揭示的辉煌的青铜文明，以及宝墩等早期城址的发现，说明古蜀族夏商时期已在成都平原建立了蜀国，发展了灿烂的文化。而古蜀族最初迁入成都平原的时间，当还在夏商之前。三星堆青铜人物造像群则告诉我们，在古蜀国最具代表性的这些人物造型中，不仅有居于统治地位的蜀族，还有与蜀族结盟或被统治的族属。这对古文献中的有关记述，无疑是很好的印证。

---

① 邓少琴编著《巴蜀史稿》，重庆地方史资料丛刊1986年10月印，第114页。
② 李绍明《古蜀人的来源与族属问题》，《三星堆与巴蜀文化》，巴蜀书社1993年11月第1版，第12页，第15~16页。

让我们看一下几位学者在这方面的探讨。徐学书先生将三星堆两个坑所出青铜人头像按照冠不同分为A、B、C三种类型，其区别是A型为蒜头鼻、颧部平和，B、C二型为尖高直鼻、颧部做成一条弧形凸线，表明在同一文化中可能存在着两种不同来源的种族。他认为尖高直鼻的B、C二型青铜人头像所代表的人种当为源出西北的蚕丛氏蜀人。而A型青铜人头像所代表的人种则应系鱼凫氏蜀人。但从面部特征，特别是眼内角的蒙古折来看，表明A型属蒙古利亚人种，B、C二型青铜人头像及与之面部体质特征相同的青铜立人像、大青铜人面神像亦皆属蒙古利亚人种。更确切一点说："A型的面部特征同蒙古人种南亚类型的华南人较接近，B、C型则与蒙古人种东亚类型华北人较接近。"[1]李绍明先生对三星堆青铜人像的体质特征与面部形态也作了深入的研究，认为三星堆青铜人像（含人头像）的面部特征，反映他们在种族上是属于蒙古利亚种族（黄色人种）的，尤其在眼裂方向、眉弓、鼻宽、面突出度、颌形、唇厚度等方面，三星堆的青铜人像显示出较明显的蒙古利亚种族的特点。其次，三星堆青铜人头像反映出北南西支蒙古利亚小种族的特征。通过对青铜人像所象征巫师身份的判断，可知"三星堆出土的B型（包括C型）青铜人头像，是古蜀国的统治民族蜀族的形象，而A型青铜人头像，可能是与蜀族结盟的民族抑或被统治民族的形象"。总之，"结合古史传说及三星堆出土文物来看，蜀国境内居于统治地位的民族——蜀族应属现今藏缅语族的先民氐羌系的民族，其体质具有北蒙古利亚小种族的特征。蜀国境内与蜀族结盟的民族抑或被统治的民族，既有属于氐羌系的民族，也有属于现今壮傣语族的先民濮越系的民族，而后者的体质则具有南蒙古利亚小种族的特征"。[2]宋治民先生也注意到了三星堆青铜人像的造型和面部特征，具有浓厚的地方特色。根据

① 徐学书《关于三星堆出土青铜人面神像之探讨》，《四川文物》1989年"广汉三星堆遗址研究专辑"，第51页。

② 李绍明《古蜀人的来源与族属问题》，《三星堆与巴蜀文化》，巴蜀书社1993年11月第1版，第12页，第15~16页。

发掘简报，一号坑出土人头像分为A、B、C三型，二号坑出土人头像分为A、B、C、D四型，两坑共七型。由于未铸身体看不到它们的衣服形态，但是它们的发型和冠的形状都是不同的，所以"它们应是代表不同的民族或部族。以蜀人为主建立的蜀国之内，还有许多较小的民族。在蜀国举行大型祭祀的时候，他们派代表来参加是理所当然的。既然代表主祭的大立铜人像在仪式结束后埋入坑中，作为参加祭祀的各族代表的人头像，埋入坑中是很自然的。正像唐代参加葬礼的当时各王国代表的石像立在乾陵前一样。至于二号坑的A型头像数目特别多，或许它是代表主要的民族——蜀族的缘故。这些青铜人头像都无身躯，可能是安装在木头躯体之上。在两坑中还出土小型青铜人像，不但形体小且都呈跪状或单腿跪状，这些小像可能代表奴隶或战俘"。①综合以上学者们的看法，三星堆青铜人物造像群表现的是以蜀族为主体的多部族形象，应是毋庸置疑的。蜀族是古代蜀国的主体民族，而在蜀国的范围内还应包括和蜀族结盟的其他兄弟民族。蜀王是蜀国的最高统治者，而在蜀国的统治阶层中，自然也包括其他结盟部族的首领。所以古代蜀国在举行大型祭祀活动的时候，既有华贵显赫群巫之长（蜀王），又有威武轩昂的群巫（各部族首领），还有蜀族和各部族共同崇拜信仰的神灵象征。三星堆青铜人物造像群所表现的便是这样一个生动精彩的场景。

三星堆青铜人物造像群给我们的启示是多方面的。不仅揭示了古蜀王国是由蜀族和其他结盟部族构成的共同体，在信仰观念和祭祀方式上都与众不同、独具特色，而且展现出古蜀文化是以早期蜀文化为主体并吸收了一些外来文化因素的一种复合文化。有的学者曾指出，早期蜀文化是外来民族与本地土著结合的一种复合文化。值得注意的是，这种复合文化并不是不同的人们共同体（部族、民族）简单合并的结果，而是由于所处的自然条件和地理环境相似，因之他们的经济生

①　宋治民《广汉三星堆一号、二号祭祀坑几个问题的探讨》，《南方民族考古》第三辑，四川科技出版社1991年12月第1版，第78页、第81页。

活也相同或近似，经过长期的融合，他们的习俗、意识、观念逐渐趋向统一而形成了共同的特征。一般来说多以一种文化为主体而吸收对方的文化因素，这样就构成了一个新的具有特色的文化。三星堆考古发现在这方面便显示出了显著的特色。"早期蜀文化作为考古学文化有其自身的特点，虽然包含了一些外来的文化因素，但这种因素已构成了早期蜀文化的重要组成部分，它应是一个人们共同体（一个特定的社会集团）的遗存"①。这里所说的共同体也就是我们前面提到的以蜀族为主体加上蜀国境内其他结盟部族而构成的共同体。也有学者认为：三星堆文化显示出与二里头文化和山东龙山文化都有一定的联系，很可能有一支东夷部落由黄河流域进入成都平原，与先在此地的氐人部落接触。两个不同文化群的人们通过冲突、婚姻等形式发生联系，使这支以鸟为祖神崇拜的东夷部落与以鱼为祖神崇拜的氐人部落结成了部落联盟，"并由此而导致复合文化特征的产生及具有王权象征意义的权（金）杖和社神、社树、大量礼器等等的出现"。②或认为这种部落联盟最后征服并统一了广大的蜀地，"三星堆居民的族属基本为氐和濮，后又与东夷等相融合，这种配合必然会孕育出复合型文化来"。③

　　尽管对三星堆文化中的复合型文化特点有不同的理解和诠释，有的看法还存在不少疑问，学者们尚有争议。但三星堆文化与商文化以及周边其他区域文明有着相互间的交往和影响，则是可以肯定的。不过这是不失主体的文化交流，不论是在精神文明方面还是在物质文明方面，三星堆文化都显示出了独特的内涵。

　　以青铜人物造像群为主体的三星堆灿烂文化，反映出当时的古蜀

① 宋治民《四川先秦时期考古研究的问题》，《四川考古论文集》，文物出版社1996年12月第1版，第150页。

② 胡昌钰、蔡革《鱼凫考——也谈三星堆遗址》，《四川文物》1992年"三星堆古蜀文化研究专辑"，第28~29页。

③ 陈德安、魏学峰、李伟刚著《三星堆——长江上游文明中心探索》，四川人民出版社1998年10月第1版，第19页。

王国已拥有高超复杂的制造技术和繁荣强大的生产能力，具有明确的社会分工和明显的阶层分化。三星堆古城已成为古蜀国王权统治和宗教祭祀活动中心，而这正是产生三星堆灿烂文化的雄厚基础。而且，三星堆古蜀文化具有与众不同的浓郁的特色，但又绝不是一个封闭落后的文化，古蜀文化与商文化以及周边其他区域文明都有相互间的交流和影响。这种区域文明之间的交流，既有文化上的，也有经济商贸上的。可以说，三星堆古蜀文化展示出的是一种开放的格局，同时又显示出了很强的凝聚力，保持了相对稳定和独立的传承关系。三星堆古蜀文化的这些鲜明特点，不仅与古蜀王国是由蜀族为主体并联合团聚了其他结盟兄弟民族而形成的"共主制"或"酋邦制"这种政治体制、社会结构和统治形式有关，而且也与其所处长江上游的四川盆地里的成都平原以及岷江流域等自然条件和地理环境有着密切的关系。从环境考古的角度看，正是这种相对独立优越的自然地理背景，孕育出了具有鲜明特色的、灿烂辉煌的三星堆古蜀文化。从历史的角度看，三星堆古蜀文化是中国青铜文明时代发展到了相当高度的地域性较强的文化，与黄河流域中原地区的殷商文化、长江中游的楚文化、长江下游的吴越文化等，以不同的发展特点和绚丽多彩的区域特色，共同构成了中华文明满天星斗的发展大格局。三星堆古蜀文化并不是殷商时期在成都平原上突然冒出来的文化，考古发现已经揭示了相当于中原龙山文化至二里头文化前期的宝墩文化与它的衔接关系，三星堆文化便是在宝墩文化的基础上脱胎发展而来的。而它的源头还在文献记述和传说中的蜀山氏、蚕丛氏以及黄帝嫘祖时代，所以三星堆古蜀文化当之无愧也是一种源远流长的文化。

　　总而言之，三星堆青铜文化具有浓郁的地域文化特色，是以古代蜀族为主体联盟了西南其他部族或部落共同创造的一种地域文化，在一定意义上也是一种土著文化。它与中原殷商文化以及其他区域文化，均显示出许多的不同之处，展现出自成体系的鲜明特点。同时它又吸纳和融汇了其他区域文明的一些文化因素，并加以自己的创造发挥和利用。最显著的便是对中原殷商青铜文化的吸纳，以及对南亚西亚一些文化因素的接受利用。这充分说明了古蜀文明的开放性与兼容性，说明了古代蜀人并不封闭，与外界有着密切的联系，他们不但善于学习以发展自己，而且有着强烈的开拓精神。古蜀王国是相对独立的一个政权，是繁荣发展的一个内陆农业文明中心，同时与中原殷商王朝和周边区域又有着广泛的经济往来和文化交流。这种与外界的商贸往来与不失主体的文化交流，对古蜀文明的兴旺发展，无疑有着不可低估的积极作用。另一方面，繁荣而辉煌的古蜀文明，对楚文化、滇文化、西南夷文化，对周边区域乃至东南亚地区，都产生了广泛而深远的影响。显而易见，三星堆时期古蜀文明的重要地位，是应该给予充分肯定的。

灿烂的三星堆青铜文化，由于古蜀王国的朝代兴亡更替与政权变化，或由于其他变故和某种我们尚不清楚的原因，而突然湮没了。从传世文献记载透露的信息来看，鱼凫王朝为杜宇王朝取代，杜宇王朝被开明王朝更替，都发生过政权体制上的震荡和统治阶层关系上的深刻变化。精美璀璨的青铜造像群以及众多的珍贵器物，大概就是因此而湮没于地下的吧。但这种湮没，并不意味着古蜀文明发展进程的中断。三星堆一号坑、二号坑出土的大量遗物，几乎包括了古蜀王国一个朝代的宗庙社稷重器，所以可以看作是一个朝代的结束与另一个朝代的开始。三星堆时期的文化内涵，在后来的古蜀历史文化发展过程中，依然有着很好的继承和体现。这不仅表现在社会生活方面，更表现在精神观念方面。比如富有古蜀特色的神权与王权的统治、浓厚的崇巫习俗、对整个南方文化系统都产生深远影响的天门观念、古蜀神话传说、神仙思想，以及体现在造型艺术方面的丰富的想象力，发散型的思维方式，在文化交流吸纳方面的兼容性和开放性，以农业为主手工业为辅的内陆农业文明生产模式，发达的铸造纺织技术工艺等等。这些在三星堆之后古蜀历史文化发展过程中都有很好的体现，展示了古蜀文明发展的连续性。说明三星堆文化对后来的古蜀历史与文明进程，有着重要深远的影响，这也是应该给予充分肯定的。

辉煌的三星堆文明，在湮没了数千年之后，再次闪烁出耀眼的光芒，以绚丽多彩的身姿呈现在世人的面前，为后人了解数千年前灿烂的古蜀文化提供了举世瞩目的惊喜。这是古蜀历史文化发展进程中的自豪，也是中华文明发展史上的地域文化的骄傲。对于今天的四川和发展中的大西南地区来说，三星堆文明更是一笔无比珍贵的历史文化遗产。相信随着研究的深入，我们对古蜀文明将会有更加客观真实的了解，许多长期使人感到迷惑难解的古蜀历史文化之谜都将被破译，找到合理的答案。换个角度看，深入地研究三星堆文明，很好地继承这笔历史文化遗产，不仅是一个重要的学术课题，而且对今后的物质文明建设和精神文明建设，都将发挥积极的作用，对我们大家来说也将是一个意义深远的任务。

二、中华文明多元一统的例证

三星堆考古发现告诉我们，相当于中原殷商时期的古蜀王国，是长江上游的一个重要文明中心，这已成为学术界的一个共识。成都平原上宝墩文化等古城遗址的发现，充分说明了古蜀文明的久远。这对中华文明起源呈现出多元一体、多元一统的发展格局提供了重要佐证。

过去对中华文明起源问题的认识，学术界曾有一些不同的看法。重视中原文明的作用和影响，而忽略区域文明的地位，曾在较长时期内左右着学者们对文明起源的看法。随着许多考古新发现提供的大量材料，这一传统观念已逐渐为更加客观全面的认识所取代。学者们根据这些考古材料，对中华文明起源问题作了新的审视和探讨，提出了很多精辟的见解，对满天星斗多元一统的中华文明起源发展格局有了越来越清晰的认识。正如有的学者所说："中国文明的起源，恰似满天星斗。虽然，各地、各民族跨入文明门槛的步伐有先有后，同步或不同步，但都以自己特有的文明组成，丰富了中华文明，都是中华文明的缔造者"。①苏秉琦先生根据考古学文化渊源与特征，将中华文明起源发展分为六大区系，精辟地指出："中国国家的多源一统的格局、中华民族多元一体的格局是经过超百万年，特别是近万年以来多区系文化的交汇、撞击、相互影响、相互作用的结果，是中华民族祖先各族群无数次组合与重组、团聚的结果，是文化逐渐认同、经济逐渐融合的结果。"②

三星堆考古发现告诉我们，相当于殷商时期的古蜀王国，就是长江上游的一个重要文明中心。三星堆遗址内发现的大量令人叹为观止、具有强烈地方色彩的以青铜造像群为代表的古蜀文物，以及三星堆古城墙与古祭祀礼仪中心遗迹等，便有力地"证明了三四千年前的川西平原已具有了可以同殷商中原文明媲美的高度发达的奴隶制文明形态，并进而使人们再一次地确认了中华文明起源的多元化的特点"。③辉煌的举世瞩目的三星堆文明，可以说是古蜀先民们的一大杰作，更是中华文明的一大骄傲。正如苏秉琦先生所说，四川盆地是一个相对独立的文化区，广汉等地出土的陶片说明在成都和广汉各有着不少于五千年的文化根基，三星堆两个器物坑以及在成都十二桥发现的大型建筑遗存，都使我们确认，"四川盆地不仅有着源远流长的自成一系的古文化，而且在三四千年前，这里已有了既同中原夏商文化有明显联系，又独具特征、高度发达的青铜文化，并毫无疑问已处于方国时代"。④这些论述，对我们深入认识和正确评价三星堆古蜀文明在中华文明多元一体大格局中的地位，以及古蜀文明与其他区系文明之间的交流影响，是有重要启发

---

① 童明康《进一步探讨中国文明的起源——苏秉琦关于辽西考古新发现的谈话》，《史学情报》1987年第1期。

② 苏秉琦《迎接中国考古学的新世纪》，《华人·龙的传人·中国人——考古寻根记》，辽宁大学出版社1994年9月第1版，第249页、第244页。

③ 陈瀛涛《一项填补空白的工作——<三星堆文化>序》，《三星堆文化》，四川人民出版社1993年12月第1版，第1页。

④ 参见苏秉琦《迎接中国考古学的新世纪》，《华人·龙的传人·中国人——考古寻根记》，辽宁大学出版社1994年9月第1版，第249页、第244页。

作用的。

　　三星堆考古发现揭示的古蜀文明，作为中国古代南方文化系统长江上游的一个重要文明中心，与黄河流域的中原文明有许多明显的不同，同时又有着比较密切的关系，相互之间有着源远流长的文化交流和影响。从传世文献透露的信息看，上古时期已有黄帝和蜀山氏联姻的记述，大禹治水亦多次往返于岷江流域和黄河流域。考古资料也证实了古蜀文化和中原夏商文化的关系，如三星堆遗址第二期与二里头文化中均有形态相似的陶盉、陶豆等，除了陶质和大小以外，几乎没有太大的区别。还有三星堆遗址出土的铜尊铜罍等，也显示出接受了殷商青铜礼器的影响。说明在造型艺术和青铜铸造工艺方面具有高超水平的古代蜀人，对商文化中青铜礼器作了有选择的模仿。大量的考古资料告诉我们，古蜀与中原的文化传播与交流在夏代甚至更早就开始了，这种文化传播和交流在殷商时期则变得更加密切了。在殷墟出土的甲骨卜辞中，有许多蜀的记述，亦是一个很好的例证。学术界对此已作了较多的争鸣和比较深入的探讨。有学者通过对城址规模与卜辞记述并参照传世文献进行比较研究后指出，古蜀王国与殷商王朝是"分属于两个不同的政权体系，二者之间不存在权力大小的区别"。[①]这是一种很有见地的观点。三星堆遗址出土的青铜造像群所展现的浓郁的古蜀特色，在王权与神权方面自成体系的象征含义，对此也是一个很好的印证。

　　古蜀王国与殷商王朝的关系和文化交流，对古蜀文化产生了比较重要的影响。但到三星堆文化的晚期，也就是两个祭祀坑的时代，古蜀文化主体还是本土的，外来文化因素只占次要的地位。古蜀文化接受商文化的影响，主要来自湖北、湖南、江西等长江中游以及陕南地区，而古蜀文化对这些地区也同样产生了一定的影响。殷商王朝崇尚青铜礼容器，发展出了一套繁复的系统，古蜀王国也同样有着发达的青铜文化，可是礼容器在整个资源运用系统中只扮演着次要的角色。古蜀王国赋予

① 段渝著《四川通史》第1册，四川大学出版社1993年10月第1版，第47页。

青铜的意义，与殷商王朝及其军政文化势力所及地区有着很大的不同，以青铜人物造像群和青铜面具显示出浓郁的地域文化特色。我们在前面的篇章中，对此已经作了比较深入的探讨。可以说，正是三星堆文化与殷商文化各自具有的鲜明特色，展现了长江流域和黄河流域南北两个文化系统的绚丽多彩。随着相互间的商贸往来、文化交流、民族融合，从而在中华文明发展史上谱写了青铜时代杰出而又辉煌的篇章。

概括起来说，作为长江上游的一个重要文明中心，三星堆考古发现揭示的古蜀文明有几个显著特点：一是源远流长，高度发达；二是自成体系，具有鲜明的地域特色；三是在南方文化系统中有着重要的作用和强大的影响；四是和中原文明保持着密切的关系，在不失主体的文化交流中吸纳融汇了许多外来文化因素；五是展现出百科全书式的丰厚文化内涵，特别是独树一帜的青铜文化，在满天星斗、多源一统的中华文明起源和发展进程中写下了神奇的一页。

古蜀文明的这些特点，展现出了与其他区域文明不同的个性色彩，充满活力，富有魅力，是古蜀先民们的辉煌杰作。在中华文明起源发展过程中的六大文化区系中，辉煌的三星堆古蜀文明高度发达，完全可以同中原殷商文明媲美。充分说明了中原以外的周边区域并非都是蛮夷落后之区，在中华文明多源一统和中华民族多元一体的格局中，都有着各自的重要地位，都发挥了重要作用。正由于近万年以来这些区系文化的交汇、撞击、相互影响、相互作用、文化逐渐认同、经济逐渐融合，才有了中华民族根深叶茂的坚实的历史基础，形成了中华文明浑厚的兼容性和强劲的凝聚力。可以说，三星堆古蜀文明并不单纯是一个辉煌的区域文明，更是中华文明的一个重要组成部分，是中华文明的一大骄傲。

三、东方文明的新篇章

三星堆文明，无论是其高度发达的青铜文化，还是其丰富的文化内涵和独特的造型艺术魅力，都堪称是世界东方文明的一颗明珠。

三星堆考古发现，已经产生了举世瞩目的影响，引起了世界学术界的广泛关注和重视。世界东方文明由于有了三星堆考古发现而增添了许多新的内容。学术界过去通常将繁复的纹饰作为中国青铜文化的主要特征。三星堆千姿百态的青铜造像群则打破了这种看法，展示了与中原殷商文明并不完全相同的一种特色和魅力，给人以耳目一新之感。三星堆考古发现不仅显示了中华文明丰富多彩的格局，同时也显示了在世界东方与中亚西亚南亚各区域文明之间的文化交流，以及相互间的吸纳和影响。这对审视和深入认识世界东方文明的发展，显然有着十分积极的意义。人类文明史的发展，并不是封闭的，而是相互交流影响和促进的结果，三星堆考古发现对此也是一个很好的印证。

特别值得重视的是，三星堆古蜀遗址出土的青铜造像群和大量精美文物，不仅是中国古代艺术发展史上的辉煌杰作，也在世界美术史上谱写了新的篇章。

三星堆青铜造像群反映了古代蜀人独特的审美心理和丰富的想象力，展现了古代蜀人造型艺术方面非同凡响的创作才华，以及高超的装饰艺术手法和先进的工艺水平。我们知道，中国古代雕塑艺术起源甚早。同世界上其他古老文明一样，早在原始社会，勤劳智慧而富于创造力的中华先民们就在生产劳动和制作各种工具、器物、房舍建筑的过程中有了雕塑艺术。正如梁思成先生所述，"艺术之始，雕塑为先"，"故雕塑之术，实始于石器时代，艺术之最古者也"[1]。最初的原始雕塑艺术，也许只是出于对生活和自然的模仿和想象表现。后来便有了习

---

① 梁思成著《中国雕塑史》，百花文艺出版社1997年12月第1版，第1页。

俗和宗教的含义，制作表现手法也日渐丰富，从而开启了雕塑艺术发展的先河。从传说看，上古时代就有了雕刻人像，"黄帝既崩，其臣左彻削木为黄帝像，率诸侯朝祭之。然此乃后世道家之言，不足凭也"。[①]真实可信的则是考古发现提供的实物资料。在黄河流域出土的属于仰韶文化时期的彩陶制品中，"曾发现半身人形的陶器盖状物，人脑后有发辫呈蛇形。从造型的富于幻想神话的风格可知有宗教意义，具体内容尚不可知"。[②]在陕西和甘肃、青海等地，都出土这类彩陶人物雕塑，如甘肃省玉门市烧沟出土的人形罐、甘肃省广河县半山出土的人头形器盖，青海省乐都县柳湾出土的人头形器口壶和人形浮雕壶等等，而且彩绘有纹饰，"甘青地区的仰韶文化和马家窑文化中，有以圆雕人头为器口的彩陶瓶和壶"，"半山类型的人头型彩陶器盖上，以黑、红两色彩绘的类似虎豹的斑纹满布于脸上……应是当时文面、文身习俗在彩陶上的反映"。[③]在陕西扶风姜西村出土的一件瓮口沿下堆塑人面像，塑造了一个倒八字眼、直鼻梁、嘴角上翘的男性人面，呈现出喜剧般的苦笑表情，极其生动传神。甘肃天水蔡家坪出土的一件人面陶塑，作双目凝神张口歌唱状，两耳垂有穿孔，应是女性形象。最为生动的是甘肃秦安大地湾出土的一件人头型器口彩陶瓶，器口塑成一个少女头像，清秀的五官，披着整齐的短发，双耳有穿系饰物的小孔，彩绘纹饰的瓶身犹如少女穿着花袄的身体，堪称是一件原始社会杰出的雕塑艺术作品。瓶身上的彩绘纹饰"可能是摹绘衣服上的纹饰，但也可能是文身习俗的反映。这种在人身上装饰动物纹样的作法，也许含有由图腾崇拜向人格神的祖先崇拜过渡的意义"。[④]

---

① 梁思成著《中国雕塑史》，百花文艺出版社1997年12月第1版，第3页。

② 王逊著《中国美术史》，上海人民美术出版社1989年6月第1版，第13页，第43页图12。

③ 张朋川著《中国彩陶谱》，文物出版社1990年10月第1版，第151页，参见图谱22、55、224、552、553、1051、1052、1053、1299、1300等。

④ 张朋川著《中国彩陶谱》，文物出版社1990年10月第1版，第49页，参见图谱55。

仰韶文化人头形陶壶　　　马家窑文化人像彩陶壶　　　辽宁红山文化泥塑女神头像

　　除了彩陶人物雕塑，1982年春在辽宁喀左东山嘴距今约五千年的红山文化遗址还出土了几尊女性裸体雕塑像。这些裸体立像，有的腹部凸起，好似孕妇，有的研究者认为是生育女神的形象。此外在河南密县裴李岗文化遗址，以及陕西临潼邓家庄等处，也出土有早期陶塑人头像或人像。"以人物作为器皿部件，或雕饰的形象，数量虽然不多，但在美术发展史上却占有重要地位。它们是中国原始先民对自身形态与力量的认识，同时还反映出用艺术表现人类的一定能力。有些人像可能具有某种宗教含义"。[①]这些原始陶塑，具有较强的写实倾向，同时也显示出了夸张变形和明显的装饰趣味。先民们的这些表现手法和审美情趣，虽然显得质朴而又稚嫩，尚处于雕塑艺术发展的初期阶段，但对后来的发展模式无疑形成了一定的影响。到了高度发达的青铜时期，中国古代雕塑的装饰性效果愈加突出，而写实性则相对淡化，从而与追求立体感为能事的西方写实性雕塑走上了不同的发展道路。三星堆青铜造像群则既有较强的写实性，又有不同凡响的装饰效果，可谓是中国古代雕塑艺术发展史上最使人叹为观止的神奇创造。

　　可以说，中国古代雕塑艺术从原始社会发展到殷商时期，已逐渐形成了华夏民族的传统艺术特色。中原地区以及长江中下游地区，主要

① 　朱伯雄主编《世界美术史》第一卷，山东美术出版社1987年第1版，第212页，参见图96、图112、图113、图114、图115、图116。

商代人面纹方鼎　　　　　　商代人面龙身盉　　　　　　商代虎食人卣

表现在各类青铜器物的装饰性雕塑方面。广汉三星堆出土的青铜造像群，则独树一帜，别具特色，可谓是继黄河流域仰韶文化彩陶人物雕塑和辽宁红山文化彩绘泥塑女神像之后最重要的考古发现，展现了殷商时期古蜀王国的能工巧匠们在硬质材料上的大型人物雕塑艺术方面的杰出成就，在中国艺术史上谱写了极其重要的篇章。作为真正具有独立雕塑意义的人物形象作品，三星堆青铜造像群在许多方面都显示出了无可替代的重要性，同湖南出土的一件人面方鼎、流入美国的一件人面蛇身盉、北方出土的怪兽食人卣以及虎衔人头等造型比较，三星堆青铜造像群表明古代蜀人已有塑制大型雕塑的丰富经验。在艺术风格上，明显地表现出一种地区性的特色。在圆雕与浮雕、线刻相结合的处理手法上，在一些金器、青铜器的纹饰上，又表现出与商代美术共性的东西。[①]三星堆青铜造像群虽然是古蜀时代区域性的雕塑艺术杰作，但从中国古代雕塑艺术发展的客观角度看，则其有承前启后的重大作用。它不仅将起源于中国原始社会的人物雕塑发展到了前所未有的高度，运用娴熟的技巧和丰富的想象力创造出了令人耳目一新的大量人物造像，而且开启了后世大型雕塑之风。我们能否说，正是因为中国古代就有着源远流长的雕塑艺术和以三星堆青铜造像群为代表的大型雕塑传统，有着华夏各族

---

① 参见朱伯雄主编《世界美术史》第四卷，山东美术出版社1990年4月第1版，第23~24页。

先民们世代积累的丰富创作经验，商周之后，才有了史籍记载的秦代铸造"重各千石"的十二金（铜）人，[①]才有了陕西临潼秦始皇陵出土的蔚然壮观的陶兵马俑群，并对汉代以后南北各地兴起的宗教雕塑产生了积极的影响。

从世界雕塑史的角度看，古埃及、古希腊、古印度、两河流域美索不达米亚地区等人类文明发源地，在雕塑艺术方面都有悠久而又辉煌的历史。在泥塑，特别是在石雕方面，留下了数量众多的佳作和杰作，形成了琳琅满目的艺术景观。在艺术风格上，西方雕塑艺术以写实为主，采用圆雕、浮雕和线刻等手法，着重表现逼真的人物形象，显示了与东方雕塑艺术不同的发展模式。从事美术考古研究的学者们评论说：在希腊，雕塑造型追求曲折和均衡，在印度追求动态，在埃及追求直角，在中国则追求浑圆。在埃及雕刻遂成为一个充满智慧民族的宗教表达方式，埃及雕像的头部总是取人的正面形象，这种造型风格沿袭成风。雕像的身躯部分凝聚着建筑学特有的比例美，达到后人无法企及的高峰。[②]埃及雕刻家偏爱质地坚硬的材料，诸如花岗岩、玄武岩和斑岩等来制作雕像，在三千年的尼罗河流域文明中，雕像始终未摆脱正面式法则。头部总是安在胸部的轴上，双臂紧贴身侧，雕像完全作为建筑的附属物或组成部分。在古王国时代，雕像显露出有力的综合性造型和强烈的现实主义眼光，这给雕刻艺术的最伟大的杰作以灵感。[③]最值得注意的是，古希腊的艺术，特别是雕塑艺术，"在集理想化和写实化于一身的人体造型上，为欧洲确实树立了最好的典范"。如今发现的大量人

---

① 《史记·秦始皇本纪》曰"收天下兵，聚之咸阳，销以为钟鐻，金人十二，重各千石，置廷宫中"。张守节正义引《三辅旧事》云：秦始皇平定六国后"聚天下兵器，铸铜人十二，各重二十四万斤"。可见其雕铸的庞大。见[汉]司马迁撰《史记》第1册，中华书局校点本，1959年9月第1版，第239页、第240页。

② [法]艾黎·福尔著《世界艺术史》（张泽乾、张延风译）上册，长江文艺出版社1995年5月第1版，第239页。

③ [法]热尔曼·巴赞著《艺术史》（刘明毅译），上海人民美术出版社1989年4月第1版，第39页。

体雕塑杰作（包括罗马时期的仿制作品）正是当时这个民族纯真净化心灵的艺术体现。当然，希腊艺术的发达，还取决于其他因素，如希腊各地盛产大理石，且质地细腻，色泽光润，是雕刻和建筑的上好材料等。但最主要的条件还是它那特殊的地理环境以及由特殊生产方式所决定的特殊的政治制度。"这些条件是希腊人民得天独厚的天赐之物"。[①]法国著名学者丹纳从种族、环境、时代、制度等方面论述说，生活在爱琴海岛屿和沿岸的优秀聪明的古希腊人既不像印度人埃及人沉溺于伟大的宗教观念，也不像亚述人波斯人致力于庞大的社会组织，也不像腓尼基人迦太基人经营大规模的工商业。这个种族不采取神权统治和等级制度，不采取君主政体和官吏制度，不设立经商与贸易的大机构，却发现了一种新的东西，叫做城邦。古希腊人叫制度隶属于人，而不是人隶属于制度，利用制度求自身的和谐与全面的发展，尤其重视完美强壮的体格，形成了特有的风气和特殊的观念，创造出了大量极尽美妙的雕像艺术杰作。在希腊成百上千的神庙中都有着无数的雕像，"后来罗马清理希腊遗物，广大的罗马城中雕像的数目竟和居民的数目差不多。便是今日，经过多少世纪的毁坏，罗马城内城外出土的雕像，估计总数还在六万以上。雕塑如此发达……时间如此长久，种类如此繁多，历史上从来不曾有过第二回"。[②]古埃及、古希腊遗留下来的大量雕塑艺术杰作，无疑是人类文明史上一笔最珍贵的文化遗产，也是世界艺术史上最华丽的篇章。也正是由于古希腊和古埃及在人物雕像艺术方面的辉煌景观，而使西方学者忽略了中国等世界东方国家在人物雕像方面的成就，甚至认为中国古代雕塑主要表现在器物装饰上，而没有真正的具有独立意义的人物雕塑。自从有了三星堆青铜人物造像群的考古发现，则有力地纠正了这一偏见，说明古老的中国同古希腊和古埃及一样，同样在人物雕像艺术方面有着悠久的历史，曾经铸造出了大量神奇精美的千古杰

①　朱伯雄主编《世界美术史》第三卷，山东美术出版社1989年1月第1版，第21页。
②　[法]丹纳著《艺术哲学》，《傅雷译文集》第十五卷，安徽文艺出版社1994年12月第3版，第78页、第294页、第85页。

作。

　　世界各地考古发现的青铜雕像，据有关记述，最古老的青铜雕像是印度摩亨佐达地区出土的一尊铸造于公元前3000年左右的"裸体舞女"小雕像，高11.3厘米，宽5厘米，被视为印度河文明已进入青铜时代的实证，现为新德里国立博物馆收藏。[1]其次是地处埃及文明与两河流域文明之间的腓尼基古国境内出土的制作于公元前2000年的一些金属小雕像，使用的材料有青铜，亦有金、银，其中一尊最有代表性的青铜小雕像是现藏于贝鲁特博物馆的"伯阿勒神像"，此外还有近似我国陶俑式的一批"还原者群像"，也很有特色，它们被装在陶器中埋在地下，可能与腓尼基人的特殊风俗有关，表示制作者对神灵的一种崇拜。[2]在叙利亚毕布勒神庙废墟上发掘出一些放在器皿上的小青铜像，大约制作于公元前1900年；在巴勒斯坦的加沙、美吉多和埃里哈一带神庙附近发现的男神伯阿勒、女神阿什塔尔铜像或银像，则制作于公元前2000年至公元前1800年左右，可能也是腓尼基人的遗存。[3]在两河流域公元前2000多年闪米特人统治的阿卡德王朝期间曾用青铜制作了许多帝王的肖像，最有代表性的是尼微发现的一尊青铜头像，造型威严，具有很强的写实主义倾向，显示了当时熟练的铸铜技术。[4]古代地中海地区也出土有一些早期青铜雕像，例如爱琴海克诺索斯出土的两件高10.5厘米的青铜小雕像，制作于公元前1500年左右；撒丁岛的梅拉基文化遗存出土的一批表现部落首领与司祭或女神以及传说英雄之类形象的青铜小

---

[1]　朱伯雄主编《世界美术史》第四卷，山东美术出版社1990年4月第1版，第420页，彩图15。

[2]　朱伯雄主编《世界美术史》第三卷，山东美术出版社1989年1月第1版，第99页，图61、图62。

[3]　朱伯雄主编《世界美术史》第二卷，山东美术出版社1988年5月第1版，第104页。

[4]　朱伯雄主编《世界美术史》第二卷，山东美术出版社1988年5月第1版，第46~47页，图21。

雕像（现收藏于撒丁岛卡利阿利博物馆）等等。①上述的这些青铜小雕像，形制都比较小，高仅10余厘米至30多厘米不等。世界上最早的像真人一般大的铜像是距今4300年左右的古埃及古王国时期第六王朝国王沛比一世和王子梅连拉的铜像。据有关资料介绍。沛比一世铜像高约1.75米，王子梅连拉铜像高70多厘米。其成分接近于纯铜，采用原始的分段打造方法制成后固定在木心上，1887年在埃及邦拉扎城出土。②它们还称不上是严格意义上铸造而成的青铜作品。作为完整的与真人相当的青铜人物雕像，是从希腊时代开始出现的，例如雷埃夫斯出土的青铜"阿波罗像"，高1.92米，约铸造于公元前520年，现为雅典国立考古博物馆收藏，人体比例极其准确，姿态生动传神，被称为古希腊古风时期男性青铜人体雕像中的代表作。③又如著名的宙斯或波赛东青铜像，铸造于公元前470至公元前450年之间，像高2.09米，表现了一个强壮健美的男性人体昂首阔步挥动双臂作投掷状的形态，1928年在优卑亚岛北端阿尔提美西昂海角附近的海域中发现，现收藏于雅典国立博物馆，被称为是"希腊的青铜原作幸存下来的最完美的一件"。④有的评论家认为这是一尊比正常人尺寸大得多的雕像，可能是宙斯在扔手中的雷电，也可能是波赛东在投射他的三叉戟（能用来确定身份的武器丢失了）。很清楚他是一个正在杀死敌人的神。这尊完整浇铸而成的大型人像，与当时脱蜡法的发明有关，同时也与那个世纪雕塑家都致力于将英雄精神和尊严与完美的躯体的自然运动结合起来的艺术风气有着密切的关系。⑤此

---

① 朱伯雄主编《世界美术史》第三卷，山东美术出版社1989年1月第1版，第52页，图25；第91页，图56，图57，图58。

② 白建钢《铜像之王——四川广汉县三千年前稀世文物目睹记之一》，《光明日报》1986年12月30日，《广汉三星堆遗址资料选编》（一），第38页。

③ 朱伯雄主编《世界美术史》第三卷，山东美术出版社1989年1月第1版，第147页，图92。

④ [英]吉塞拉·里克特著《希腊艺术手册》（李本正、范景中译），中国美术学院出版社1992年10月第1版，第48页，图69，图70。

⑤ [美]萨拉·柯耐尔著《西方美术风格演变史》（欧阳英、樊小明译），中国美术学院出版社1992年10月第1版，第12页，图录22。

古希腊波赛东（或宙斯？）青铜雕
像（约公元前460年，高2.04米）

古希腊德尔斐的驾车人青铜雕像（公元前470
年，像高1.80米）

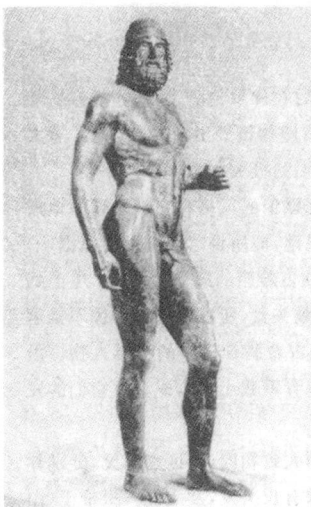

古希腊里亚切青铜雕像（公元前506年，一号像高2.1米，二号
像高1.98米）

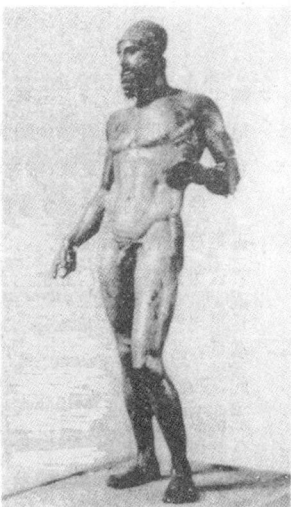

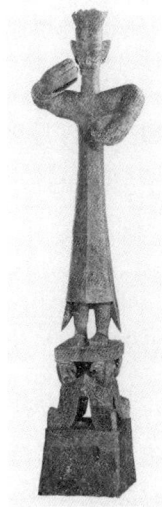

非同凡响的三星
堆青铜立人像

外还有1896年在希腊德尔斐阿波罗神庙废墟中出土的"驾车人"青铜雕
像或称"德尔斐御者铜像"。这尊与真人相等高1.8米的珍贵雕像，大
约铸造于公元前470年，表现了一个拉缰驾车充满生气的青年形象。从
铸痕看，这具空心铜像是由六部分铸模后拼接而成的，显示了很高的冶

铸技术。^①希腊这个时期的著名青铜雕像，还有1972年8月在意大利南部里亚切市海滨发现后打捞出来的两尊"青铜武士像"，又称为"里亚切青铜像"，其中一号像高2.1米，重250公斤，二号像高1.98米，比一号像略重。经鉴定铸作于公元前506年，采用精细的铸造工艺，表现了古希腊神话中的英雄人物形象，被西方学者称之为近五百年来最伟大的考古发现。^②

由于这些古希腊青铜雕像年代的久远和铸造的精美，西方学者和美术评论家们理所当然给予了很高的赞誉。但是，它们比起广汉三星堆青铜雕像群，在时间上要晚好几百年。也就是说，在古希腊人创作并使用脱蜡法铸造这些与真人一样形态逼真的青铜雕像之前，世界东方的古蜀国已经早于四五百年就使用娴熟的技术铸造了数量众多造型生动工艺精美的青铜雕像。三星堆青铜造像群，既有写实的风格，更有丰富的想象力和深厚的象征含义，不论是在东方或是整个世界雕塑艺术发展史上，都堪称是不朽的杰作。

还有黄金面罩，过去一些学者大都认为黄金面罩是中亚与西亚青铜时代文明之物，如公元前14世纪希腊迈锡尼国王墓中的黄金面罩，以及距今三千多年的埃及新王国时期图坦卡蒙国王陵墓中的黄金面罩等。三星堆伴随着青铜造像群一起出土的黄金面罩，无疑打破了以往的看法，说明世界东方也很早就有了黄金面罩。总之，三星堆青铜造像群以其绚丽多彩的文化内涵和穿越时空的艺术魅力，将使美术史家们重新审视和评价辉煌灿烂的中华青铜文明，世界美术史亦将因之而修订，写进新的内容。

从美术考古的角度看，三星堆青铜造像群采用写实与抽象相结合的艺术手法，运用娴熟而高超的青铜冶铸制作技巧，来表现神秘复杂的

① 朱伯雄主编《世界美术史》第三卷，山东美术出版社1989年1月第1版，第174页，图113。

② 朱伯雄主编《世界美术史》第三卷，山东美术出版社1989年1月第1版，第186~187页，图125、图126。

古希腊迈锡尼金面罩

古埃及图坦卡蒙墓中出
土的人形棺与黄金面罩

三星堆一号坑出土的黄金面罩

三星堆二号坑出土的平
顶金面青铜人头像

社会内容，展示独特的观念习俗、审美情趣以及对天地万物的丰富想象，达到了内容与形式的和谐统一。古代蜀人在创作和铸造这些青铜造像群时，所表现出的雕塑手法的灵活和技艺的高超，可以说已达到了相当成熟完美的境界。

张扬人物个性，突出华贵威武神奇庄严的象征特色，贯彻浓郁的族群意识，表现人神交往的宏大祭祀场面，是三星堆青铜造像群一个非常显著的特点。古蜀王国的能工巧匠们在创作和铸造这些青铜造像群的时候，显示了相当高超的审美意识。无论是人像或面具，都特别注重面部刻画，既做到形似，更注重神似，突出了人物的神态和气韵，达到了生动传神的效果。如果我们仔细观赏，众多的青铜造像虽然大致可以归纳为几种类型，却没有一尊是完全相同的。即使造型相似，也在容貌冠帽发式等方面有所区别，显示出不同的个性色彩。在人物五官的处理上，采用圆雕、半圆雕、高浮雕等艺术手法，突出了浓眉大眼高鼻阔嘴的特征，以及豪放肃穆的神态。并充分考虑到了透视方面的感觉，使每一尊造像都达到了栩栩如生的效果。青铜造像群中的许多人像与人头像铸成了戴面具的造型，其实这些面具的形态依然是古蜀王国族群形象的比较典型而又相对真实的艺术表现。它们或胖或瘦的脸型，或圆或方的耳轮，不同的发式，不同的冠帽，都展现出了不同的身份和个性特色。从雕塑风格上看，三星堆青铜造像群又具有简洁性、整体性、和谐性等特点。不同的个性色彩，愈加展现出了整体雕塑风格上的绚丽多彩。青铜造像群展示出的个性与共性，是如此的和谐统一，可谓相得益彰，从而形成了鲜明的主题和强烈的艺术魅力。当数十尊异彩纷呈、神奇精美的青铜铸像在古蜀王国盛大的祭祀场所，组成一个大型群像雕塑的格局，显示出的将是非同凡响的群体气势，并将由此而造成肃穆神秘的宗教氛围，使人神交往的祭祀活动达到无与伦比的完美境界。古蜀时代的艺术家们，怀着对神权和王权的虔诚与敬畏，运用丰富的想象和高超的艺术手法，创作和铸造出这么多富有象征内涵的青铜雕像，所力图表现和达到的便正是这种特殊的效果和神奇的境界吧。

采用夸张的艺术手法，追求特殊的艺术效果，表现复杂深刻的象征内涵，是三星堆青铜造像群的又一鲜明特色。最有代表性的便是青铜立人像那双巨大而又姿势奇特的手。同赤脚站立在双层高台上的修长身材相比较，双手夸张得使人惊讶，充分显示了这尊象征蜀王与群巫之长雕像的超凡神奇。虽然突兀，远远超出了常规的比例，但在艺术表现上却达到了意想不到的使人惊叹的和谐之感。正如有人描述的："仔细端详他，讶异吧，还是震慑！迎你而来的青铜人形立像，站在高高的底座上。面貌清癯，身材修长，最细部分高与宽有十倍以上的差距，让你感受一种不似人间的气息。竹竿般的长人靠着高抬的双肩，平举的两肘，强壮的臂膀和夸张的巨拳，把几乎飘走的立像如千钧重地压下去，带给人一种均衡的舒畅感。以突兀比率的构图而产生和谐的效果，三比四恐怕不是唯一的黄金律，令人不能不佩服艺匠的巧思，也可以想见那个社会美感修养的深刻"。①另一个显著的例子是纵目人面像，那凸出的双睛和尖长的兽耳，唇吻三重直达耳际的阔嘴，以及鼻梁上高竖的卷云纹装饰物，都夸张到了神奇诡异的地步，洋溢着强烈的象征意味，有咄咄逼人之感。纵目人面像作为古蜀王国各部族共同敬奉的祖先神祇象征，特意铸成这种具有人和动物复合特征的夸张神异的形象，同样达到了特殊的效果，极其生动地表现了深刻的内涵。这种夸张的艺术手法，还运用在其他许多方面，以富有特色的造型来表现人神交往，以及对天地万物的认识和想象。可以说，古代蜀人的宗教观念和审美意识，正是通过这种夸张艺术手法的娴熟运用，而获得了巧妙和成功的体现。通过这种透露着创造灵气的夸张，以达到震撼人心的效果，使盛大的祭祀活动永远充满一种神秘的吸引力，这正是古蜀艺术家们的高明之处。有的学者认为，青铜立人像夸张的双手和青铜纵目人面像凸出的双眼，表现的是古代蜀人"手的崇拜"和"眼睛崇拜"观念。②其实，艺术表现手法与崇拜观念是有很大的区别的。青铜立人像和青铜纵目人面像的身份象征，以及它们的文化内涵，学者们已有深入的探讨。与其说是"眼崇拜"与"手崇拜"，不如说是夸张的艺术表现手法更为妥当。古蜀时代的艺术家们，采用夸张的艺术表现手法，创作出夸张的大手和凸起的双目，显然是为了增强青铜立人像与青铜纵目人面像的神奇性，更有利于表现它们非同凡响的身份象征和显赫的气势，以引起祭祀者的震撼和共

---

① 杜正胜《人间神国——三星堆古蜀文明巡礼》，台湾太平洋文化基金会1999年3月出版，第5页。

② 赵殿增《从"眼睛"崇拜谈"蜀"字的本义与起源——三星堆文明精神世界探索之一》，《四川文物》1997年第3期；赵殿增：《从"手"的崇拜谈青铜雕像群表现的"英雄"崇拜——三星堆文明精神世界探索之二》，《四川文物》1997年第4期。

鸣。也就是说，三星堆青铜造像群表现的是规模宏大的祭祀场面，展示出鲜明的人神交往主题，而有意识地突出夸张的造型，则是围绕着这一鲜明主题而采取的一种艺术表现手法而已。

三星堆青铜造像群，在纹饰图案的装饰塑造方面，也极其精美，富有特色。最具代表性的是大型青铜立人像左衽长襟衣上的纹饰，由龙纹、异兽纹和云纹等组成，图案清晰，华丽精美，含义丰富。这些极富特色的纹饰，加强和突出了人物的雍容华贵，成为雕像身份象征的生动展示，具有很高的审美价值。此外如青铜造像群冠帽上的纹饰，青铜动植物和青铜器上的各种纹饰与装饰图案等等，都充分体现了古蜀特色的装饰效果。这些丰富多彩的纹饰，不仅是研究古蜀族群服饰文化和社会典章制度的重要实物资料，同时也是探讨古蜀王国与中原殷商王朝以及周边区域文化交流的重要依据。

总之，三星堆青铜造像群给人的启示是多方面的，既有丰富多彩的文化内涵，更展示出了异彩纷呈的艺术特色，可谓是中国古代雕塑艺术发展史上最使人叹为观止的神奇创造。其高超的创作技艺、形式多样的人物造型、鲜明而独具一格的艺术特色，完全可以与西方同时代的写实性雕塑相媲美。可以说，三星堆青铜造像群填补了古代东方文明造型艺术方面的空白，无论是在人类文明史和世界美术史上，都具有不可替代的重要价值，揭开了新的一页。三星堆遗址出土的金杖、黄金面罩等黄金制品，在世界美术史上也具有非常重要的意义。说明古老的中国同古埃及、古希腊一样，在制作使用黄金制品和创作人物雕像艺术方面都有着悠久的历史，都流传有各自魅力无穷的千古杰作。

举世瞩目的三星堆考古发现，所揭示的百科全书式的文化内涵和穿越时空的艺术魅力，在我们审视的视野和研究的领域里，将永远闪烁着辉煌而灿烂的光芒。

——此文刊载于《洛阳工学院学报（社会科学版）》2001年第3期。

太阳神鸟的绝唱

——金沙遗址出土太阳神鸟金箔饰探析

　　古代蜀人是世界上最早开采使用黄金的古老部族之一，三星堆考古发现对此作了充分的揭示，金沙遗址出土的金饰器物为之提供了更为丰富的例证。三星堆出土的金杖、金面罩、金虎、金鱼、金璋、金叶饰等黄金器物，展现了古代蜀人高超的黄金加工制作技艺，并以丰富的文化内涵和浓郁的古蜀特色，在中华文明史上谱写了灿烂的篇章。金沙遗址出土的金面具、金冠带、太阳神鸟金箔饰、金箔蛙形饰、金喇叭形器、金盒等数十件金饰器物，更以诡异的图案和奇特的风格给人以耳目一新之感，进一步印证了古蜀文明的神奇和瑰丽。三星堆与金沙遗址出土的黄金制品，同两地出土的青铜雕像青铜器物一样，也充分反映了文化内涵上的一致性，同时又显示了一些异彩纷呈的不同特

金沙遗址出土的太阳神鸟金箔饰

点。它们通过璀璨的器形和洋溢着丰富想象力的图案纹饰，向我们展示和述说的不仅仅是古代蜀人开采使用黄金的历史和加工制作技艺，还有古蜀族的崇尚观念、族属意识、社会习俗、审美情趣，以及许多使我们产生丰富联想的神秘故事。

在金沙遗址清理出土的金饰器物中，最令人惊叹的便是太阳神鸟金箔饰了。其神奇的图案和绝妙的表现手法，无论是在四川或是在全国，都是从未有过的考古发现。将太阳神鸟金箔饰称之为金沙遗址最具神奇色彩的典型器物，应该是不过分的。它虽然形制不大，显得小巧袖珍，展示的却是对太阳和宇宙的观察与想象，凝聚着极其丰富的象征含义。它以简练和生动的图像语言，向我们透露了古蜀太阳神话传说的大量信息，记述了商周时期古蜀国极为盛行的太阳崇拜习俗，为我们了解古代蜀人的精神观念和追溯古蜀时代一些重要祭祀活动的真实情形，提供了极大的便利。金沙遗址太阳神鸟金箔饰，在考古史上的重要意义远不止于此。作为成都出土的一件最使人赞叹的神奇之物，如今已成为成都南延线立交桥上光芒四射的城市标志，向现代生活中的人们张扬着一种巨大的古蜀魅力，为成都这座西南地区著名的历史文化名城增添了无穷的光彩。在它引起我们由衷赞叹之后，需要知道的是，它究竟告诉了我们些什么？现在就让我们对这件金沙遗址出土金器中的神奇瑰宝，作一些探讨。

金沙遗址出土的太阳神鸟金箔饰，形制为圆形，内有镂空图案，外径12.5厘米，内径5.29厘米，厚0.02厘米，用很薄的金箔制作而成，其匠心和创意显得是如此绝妙而又非同凡响，数千年之后仍璀璨耀目，精美异常。在制作工艺上，这件金箔饰采用了锤揲与切割技术，整件金饰厚薄均匀，纹饰边缘整齐平滑，工艺精湛，构思奇妙，充分显示了制作者的娴熟和高明。最为奇妙的是圆形金箔上面的纹饰，如同一幅均匀对称的剪纸图案，可能使用了相应的模具，精心切割而成。无论是纹饰的整体布局或图案的细微之处，都一丝不苟，在有限的空间内达到了极为神奇的效果。这件圆形金箔上采用镂空方式表现的奇妙图案，可分为内外两层。内层图案中心为一镂空的圆圈，周围有十二道等距离分布的象牙状的弧形旋转芒，这些外端尖锐好似象牙或细长獠牙状的芒呈顺时针旋转的齿状排列。外层图案是四只逆向飞行的神鸟，引颈伸腿，展翅飞翔，首足前后相接，围绕在内层图案周围，排列得均匀对称恰到好处。无论从哪个角度来观赏，整幅图案都充满了动感，好似一个神奇的漩涡，又好像是旋转的云气或是空中光芒四射的太阳，四只飞行的神鸟则给人以金乌驮日翱翔宇宙的丰富联想。考古工作者曾将这件奇妙的金饰放在红色的衬底上观看，发现其内层漩涡形图案如同一轮旋转的火球，周围飞鸟图案犹如红色的火鸟。[①]那火红的圆盘和耀眼的光芒，分明就是古代蜀人对太阳的一种表现形式，而且表现得是如此精妙而富有创意。还有那绕日飞行使人浮想联翩的神鸟，更是古蜀时代太阳神话的一种生动展现，而且将这个神话传说中的丰富含义发挥到了淋漓尽致的地步。

原始崇拜是人类由洪荒向文明迈进过程中的一个古老话题，在各种原始崇拜观念中，最盛行的就是太阳崇拜观念了。这主要是由于太阳和自然万物的密切关系，对人类的生存繁衍起着至关重要的作用，所以先民们自远古以来就对太阳怀着敬畏崇拜之情，并由此而产生了各种崇拜形式。同时由于先民们对太阳与宇宙的观察，以及由此而产生的丰富想象，因而在世界各民族中都出现了绚丽多彩的太阳神话。这些以太阳为母题的神话传说，在世界的西方和东方都以各自不同的方式而广为流传，对古代各民族的精神观念和行为方式乃至整个历史文化都产生了重要而深远的影响。阿波罗是古希腊神话中众所周知的太阳神，中国古代则广泛传播着具有浓郁东方特色的十日神话，这些都是我们熟知的最为显著的例证。据学者们考证，对太阳神阿波罗的崇拜起源于远古时代的小亚细亚，在迈锡尼时期传入希腊，后来传入罗马，古希腊人和古罗马

[①]　成都市文物考古研究所、北京大学考古文博院《金沙淘珍》，文物出版社2002年4月第1版，第29~31页。

人曾塑造了许多阿波罗雕像，并修建了富丽堂皇的阿波罗神庙。这些神话传说以及反映在神话传说中的精神观念和文化特色，对后来整个欧洲都有广泛的影响。与之相比较，中国远古时代的十日神话传说，不仅与西方太阳神话传说有异曲同工之妙，而且展示了东西方区域文明的不同特色。

根据《山海经》等古籍中的记述，中国远古太阳神话传说中的十日是帝俊与羲和的儿子，它们既有人与神的特征，又是金乌的化身，是长有三足的踆乌，会飞翔的太阳神鸟。《山海经·大荒南经》中说："羲和者，帝俊之妻，生十日。"《山海经·海外东经》说："汤谷上有扶桑，十日所浴，在黑齿北。居水中，有大木，九日居下枝，一日居上枝。"《山海经·大荒东经》也说："汤谷上有扶木，一日方至，一日方出，皆载于乌。"[①]这些便是对十日神话传说的记述。《淮南子·精神篇》中说："日中有踆乌"，郭璞注解说："中有三足乌"[②]，则对太阳为金乌化身作了说明和解释。远古神话传说中的十日，在汤谷中洗浴并栖息在扶桑树上，每日轮流从东极的太阳神树扶桑飞向西极的太阳神树若木。也就是说，每天早晨太阳从东方扶桑神树上升起，化为金乌或太阳神鸟在宇宙中由东向西飞翔，到了晚上太阳便落在西方若木神树上，这是一幅多么形象而又神奇的景观。其中不仅表达了融化于神话之中古代对日出日落现象的观察和感受，而且展示了先民们关于神树与神鸟的丰富想象。十日神话传说在殷商时期长江上游的古蜀王国中十分盛行，与古代蜀人的太阳崇拜观念交相辉映，呈现出一幅绚丽多彩的情景，三星堆考古发现对此便有充分的揭示。到了后世，十日神话流传的地域更为广泛，我们在各地出土的汉代画像石与画像砖

---

① 袁珂《山海经校注》（增补修订本），巴蜀书社1993年4月第1版，第438页、第306页、第408页。

② 《淮南子全译》（许匡一译注），贵州人民出版社1993年3月第1版，第368~369页。参见袁珂《山海经校注》（增补修订本），巴蜀书社1993年4月第1版，第310页、第409页。

上，可以看到许多日轮金乌图，在湖南长沙马王堆汉墓出土的帛画上亦有彩绘方式表现的一轮画有金乌的太阳，便是先秦太阳神话流传于后世的反映。在这些生动奇妙的图像中，最值得关注的便是神鸟和太阳的关系，这可能是先民们描述和展现太阳神话最为简洁也是最为有效的方法。在图像语言的发达远远超过文字发展的古蜀时代，采用雕塑和图案来表现十日神话与太阳崇拜观念，更是分外盛行，与当时昌盛的祭祀活动可谓相得益彰。古代蜀人将复杂的精神世界，反映在充满想象力的图像之中，可谓传统悠久，得天独厚。三星堆和金沙遗址出土器物向我们展示的，便是这样一幅蔚然大观的情形。

湖南长沙马王堆汉墓帛画上的日中金乌

汉代画像石上的三足乌
（河南唐河县出土）

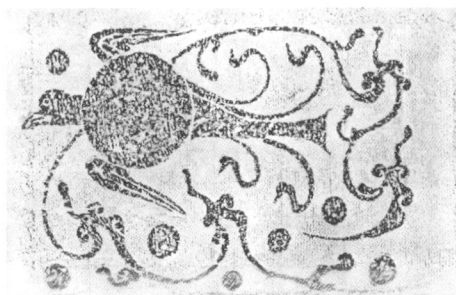

汉代画像石上的金乌负日飞翔图
（河南南阳出土）

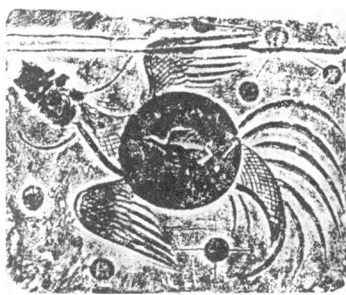

汉代画像砖上的日轮金乌图
（四川邛崃出土）

三星堆出土的青铜神树，就是古代蜀人心目中一棵具有复合特征的通天神树，既是十日神话传说中扶桑与若木的象征，又是天地之中建木的写照。青铜神树分为三层的树枝上共栖息着九只神鸟，分明就是"九日居下枝"的情景，在青铜神树的顶部，还有出土时已断裂尚未复原的部分，推测还应有象征"一日居上枝"的一只神鸟。与青铜神树同时出土的尚有立在花蕾上的铜鸟、人面鸟身像等，很可能其中的一件便是那只居于神树上枝的铜鸟。当我们观赏青铜神树的时候，会注意到栖息于青铜神树上的九只神鸟都长着鹰喙与杜鹃的身子，鹰是翱翔长空最为矫健的猛禽，杜鹃是深受蜀国先民喜爱的禽鸟，将它们的特征融合成这种具有复合特征的神鸟，大概就是古代蜀人想象中的太阳精魂日中金乌的形象吧。青铜神树和栖息于其上的神鸟，多么生动地向我们展现了古蜀国十日神话传说的绝妙情景。此外，三星堆还出土有大量反映古蜀太阳崇拜观念的器物与图像，如青铜太阳形器、圆日形状的青铜菱形眼形器、有圆日图像的青铜圆形挂饰、青铜神殿四面坡状屋盖上的圆日图像纹饰、人面鸟身像胸前的圆日图像、金杖上圆脸戴冠呈欢笑状的太阳神形象等等。这些古蜀时代留下的大量器物和图像遗存，真实地反映了殷商时期古蜀王国太阳崇拜祭祀活动的昌盛，说明对太阳的敬畏崇拜是古蜀时代十分突出的一个主题观念，在古代蜀人的精神世界和世俗生活中都占据着非常重要的位置。金沙遗址出土的器物与图像材料，对此亦同样给予了充分的反映。比如金沙遗址铜立人像头戴的旋转状的奇异冠饰，就有祭祀者头罩太阳光环的特殊寓意，应是古蜀族太阳崇拜观念在祭祀仪式中的生动展现。

特别值得注意的是，三星堆考古发现还揭示了古代蜀人有崇鸟的信仰，并以鸟为图腾，尤其是凤鸟与太阳神鸟在古代蜀人精神观念中占有特殊地位。而古蜀族的崇鸟观念与鸟图腾，又与太阳崇拜和太阳神话相互交融，两者通常有着极其密切的关系。金沙遗址出土的太阳神鸟金箔饰，那绝妙的图案所反映的丰富内容，对此又是一个极好的例证。我们知道，在中国远古时代流传下来的许多神话传说中，帝俊和黄帝都是世界东方的大神，具有类似于古希腊神话中最高神祇宙斯一样的显赫身份。如果说中原传世文献中记述的黄帝是黄河流域远古先民们心目中掌管天庭和人间的最高统治者，那么《山海经》等古籍中记载的帝俊就是中国南方文化系统中主宰宇宙和世界的天帝了。帝俊不仅与羲和生有十日，还和常羲生了十二月，同娥皇生三身之国，此外还有许多后裔，例如《大荒东经》说"帝俊生中容""帝俊生帝鸿""帝俊生黑齿"，《大荒南经》说"帝俊生季厘"，《大荒西经》说"帝俊生后稷"，《海内经》说"帝俊生禺号""帝俊生晏龙""帝俊有子七八人，是始为歌舞"等等。这些记述构成了一个具有浓郁南方地域特色的帝俊神话传说体系，其中帝俊的后裔都特别崇尚神鸟，大都有"使四鸟"的习俗。据袁珂先生考证，实际上帝俊也就是南方文化系统中玄鸟的化身，认为"帝俊即殷墟卜辞所称'高祖夋'者"，从字形看夋在甲骨文中是一鸟头人身的象形字，可知"帝俊之神，本为玄鸟"。[①]这同黄河流域"玄鸟生商"的传说，含义是一样的，表达的是殷商和古蜀等古代部族都有强烈的崇鸟的信仰观念。正因为帝俊是中国南方神话系统中玄鸟的化身，所以帝俊的子裔都和神奇的鸟儿结下了不解之缘。从出土资料看，这种崇尚神鸟的信仰观念，在古蜀族中表现得尤其突出。三星堆出土的众多铜鸟，便是很好的说明。金沙遗址出土的太阳神鸟金箔饰，上面刻画的绕日翱翔的四只飞鸟，显然就是《山海经》中所述帝俊之裔大都"使四鸟"的生动写照了。这种构思绝妙的神奇之物，不仅表达了古蜀族强烈的信仰观念，而且贯注了浓厚的情感。太阳神鸟金箔饰的制作者和使用者，可能正是以此来表明他们都是帝俊的后裔，同时也表明了他们和十日的亲缘关系以及对太阳神的崇奉之情。

　　显而易见，金沙遗址出土的太阳神鸟金箔饰，那奇妙的图像纹饰表达的象征含义是极其丰富的。以旋转的火轮作为宇宙中光芒四射的太

---

① 袁珂《山海经校注》（增补修订本），巴蜀书社1993年4月第1版，第396页、第410页。

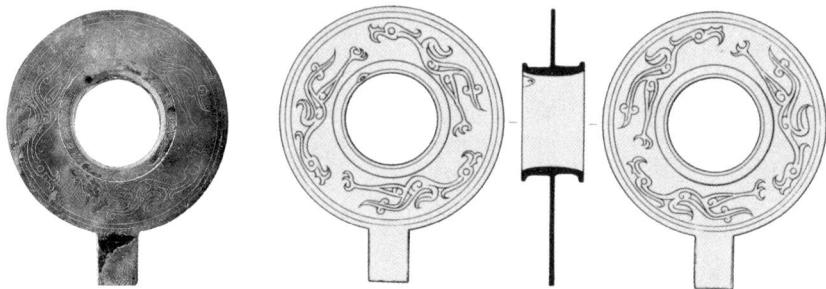

金沙遗址出土的青铜三鸟纹有领璧形器，与两面图案线描图

阳的象征，以飞翔的四鸟作为金乌和太阳神鸟的写照，通过金乌驮负着太阳在宇宙中翱翔运行情景的描绘，对古代蜀人的崇鸟观念和太阳崇拜信仰作了生动而绝妙的展现。金沙遗址出土的一件青铜三鸟纹有领璧形器，是与太阳神鸟金箔饰有着同样丰富内涵的珍贵器物。这件有短柄的青铜有领璧形器，整体为圆形，中央是圆孔，圆孔周围有凸起的高领，器上的扁平矩形短柄由于较短不能握手，可能起插件的作用，应是插在基座上或连接某件器物的榫头。该器的尺寸为：直径10.24~10.36厘米，孔径4.03~4.31厘米，领高2.9厘米，边轮宽2.67厘米，短柄长2.26厘米，厚0.2~0.33厘米，重量为280克。[1]最令人注目的是在该器宽平的边轮两面，均铸刻有相同的飞鸟图案。其图像纹饰以边轮外廓的两圈旋纹为边栏，围绕着璧形器的圆孔布列着三只首尾相接展翅飞翔的神鸟。采用阴线刻画的三只神鸟，手法简练，线条流畅，想象生动，栩栩如生。形态上，三只神鸟同样为鸟颈向前、鸟腿后伸，作腾空飞翔之状。同时还细致地刻画了飞鸟的钩喙圆眼、华丽的长冠和飘逸的羽毛，造型风格上显示出了浓郁的古蜀特点，而夸张的表现和丰富的想象更增添了这件器物图像给人的神奇之感。同太阳神鸟金箔饰相比，这件青铜三鸟纹有领璧形器不仅尺寸大小相近，而且在图像纹饰所表达的象征含义上有异曲同工之妙。那周围有凸起高领的圆孔，不就是圆日的象征吗？三只神鸟所

① 成都市文物考古研究所、北京大学考古文博院《金沙淘珍》，文物出版社2002年4月第1版，第60~62页。

金沙遗址太阳神鸟金箔饰线描图　　　金沙遗址青铜三鸟纹有领璧形器线描图

表现的不同样是驮负着太阳在宇宙中由东向西飞行的情景吗？很显然，这件器物同样是古蜀时代昌盛的太阳神话传说和太阳崇拜观念的产物，是古蜀族以太阳崇拜为母题的祭祀活动中的一件重要器物。

当我们将太阳神鸟金箔饰与青铜三鸟纹有领璧形器放在一起仔细观赏的时候，我们不能不为古代蜀人丰富的想象力和绝妙的图像语言而备加赞叹。特别是他们别出心裁的创意和表现手法，以及融化在器物图像中的自由奔放的情感和浪漫瑰丽的精神，真是叫人惊叹叫绝。同时我们也注意到了这两件器物图像中一些微妙的差异，比如驮负太阳展翅飞翔的神鸟，太阳神鸟金箔饰为四鸟，青铜有领璧形器为三鸟，在象征含义上是否也有某些微妙的不同呢？它们是否反映了远古神话传说中相同母题内的多种内容呢？这些都是值得我们去探析的地方和弄清的问题。

从古籍文献中的记载看，《山海经》中曾有多处关于帝俊之裔"使四鸟"的记述，如《大荒东经》中说："有蒍国，黍食，使四鸟：虎、豹、熊、罴"，"帝俊生中容，中容人食兽、木实，使四鸟：虎、豹、熊、罴"，"帝俊生晏龙……食黍，食兽，是使四鸟"，"帝俊生帝鸿，帝鸿生白民，白民销姓，黍食，使四鸟：虎、豹、熊、罴"，"帝俊生黑齿，姜姓，黍食，使四鸟。"《大荒南经》中说："帝俊妻娥皇，生此三身之国，姚姓，黍食，使四鸟"等等。据袁珂先生考证，使是役使之意。"使四鸟"或"使四鸟：虎、豹、熊、罴"，可能是说役使的既有四鸟，也有四兽。而只有帝俊的后裔，才有这种役使四鸟与四兽的能力。①在这些神话色彩很浓的传说中，除了十日神话与崇鸟观念外，似乎还反映了一种驱使和驾驭太阳神鸟的想象，透露了古代先民们战胜自然的气概与希望。太阳神鸟金箔饰上刻画的四只驮日飞翔的神鸟，与"使四鸟"的记述显然并非是简单的巧合，可能就包括了多重含义在里面。

《山海经》中又有关于三青鸟与五彩鸟的记述，同样是非常奇妙的神鸟。如《西山经》中说："三危之山，三青鸟居之。"《大荒西经》中说，大荒之中，西有王母之山，"有三青鸟，赤首黑目，一名曰大鵹，一名曰少鵹，一名曰青鸟"，又说"有五彩鸟三名，一曰皇鸟，一曰鸾鸟，一曰凤鸟。"《海内北经》说："西王母梯几而戴胜杖，其南有三青鸟，为西王母取食，在昆仑虚北。"这些记述中的三青鸟与五彩鸟都非同凡响，显然也是古代先民崇鸟观念的反映。《山海经》中虽未见"使三鸟"之说，但三青鸟为西王母取食，已含役使之意，而且三青鸟与五彩鸟皆是三只。袁珂先生认为，通过这些记述可知："三青鸟者，非宛转依人之小鸟，乃多力善飞之猛禽也。"②金沙遗址出土青铜有领璧形器上的三只神鸟，那华美的冠尾和矫健的飞翔之态，是否也与上述的神话传说有关呢？

值得提到的是，为西王母取食的三青鸟，在宋本中作"三足乌"。《史记》载司马相如《大人赋》中也说："亦幸有三足乌为之（西王母）使，必长生若此而不死兮。"还有《玉函山房辑佚书·河图括地象》中也说："有三足神鸟，为西王母取食。"所以郭璞认为：三青鸟即为三足乌。袁珂先生亦持相同看法，认为此说有理。我们知道，《淮南子·精神篇》中说的"日中有踆乌"，即为三足乌，又称为阳乌

---

① 袁珂《山海经校注》（增补修订本），巴蜀书社1993年4月第1版，第241~247页。

② 袁珂《山海经校注》（增补修订本），巴蜀书社1993年4月第1版，第359页。

或金乌，被认为是日之精魂。古籍《洞冥记》中则又说三足乌是羲和役使的日驭。由此可知，它们实际上都是太阳神鸟，属于十日神话与太阳崇拜观念母题范围内的不同传说。这里附带要提到西王母神话传说的起源传播，其中浓郁的巫术色彩、复杂的精神内涵（如魂归天门观念、升天成仙思想、龙虎座透露的图腾崇拜意识和信仰习俗，以及三足青鸟的特殊象征含义等等），都与古蜀文化有着千丝万缕的密切关系。①

关于三足乌，究竟是什么形态？因古籍中并无记述而不得其详。求诸出土资料，我们在汉代画像石画像砖上，可以看到许多关于三足乌的描绘，有的在圆日中刻画一只飞翔的金乌，有的将圆日刻画在阳乌的胸部作展翅翱翔状，还有的则将三足乌雕刻成有三条鸟腿的奇异模样立于日轮

战国铜镜上的三鸟环日图

之中。这些描绘丰富多样，并无统一的模式，大概都是后世对于远古神话的一种想象式的解释和表现。这些图像（特别是三足乌刻画成三条鸟腿的怪谲之态），曾遭到汉代学者的诘难，王充对此就大不以为然，《论衡·说日》中说："儒者曰：日中有三足乌，月中有兔、蟾蜍……审日不能见乌之形，通而能见其足有三乎？此已非实。"②实际上在商周以降的图像纹饰中还有另外一种表现方式，常常将三足乌描绘成绕日飞翔的三只神鸟。例如战国时期和秦代一些铜镜上的三鸟环日图，三鸟均为一足，有学者认为："可能为三足乌传说的演变"，还有汉代瓦当上绕日飞行的三鸟纹，表现的也是同一个主题，可知三足乌的数量应为

---

① 参见黄剑华著《天门》，四川人民出版社2001年8月第1版，第241~247页。

② [汉]王充著《论衡》，上海人民出版社1974年9月第1版，第174~175页。

三只，"也可以看作是以'三青鸟'形式表现的日精"①。

　　将这些图像资料作为参考，现在再来看金沙遗址出土的青铜有领璧形器，上面刻画的三只神鸟也是典型的长颈单足、羽尾华丽、展翅绕日飞翔之态，显而易见就是对太阳神话传说中三足乌的一种形象表现。从时代的承袭演变关系来看，正是古代蜀人这些含义丰富构思绝妙的图像，对后世的图案纹饰产生了积极而久远的影响。不仅战国与秦代的铜镜上有三鸟环日图，汉代瓦当上有绕日飞行的三鸟纹，而且在汉代画像石《羿射九日》图中刻画的栖息于扶桑神树上的也是三足金乌，②可知这在古人心目中皆是对三足乌最为生动的表现。

　　这里又要说到金沙遗址青铜三鸟纹有领璧形器上圆孔与凸起圆形高领所象征的日轮，以及太阳神鸟金箔饰上漩涡状的太阳图像，说明古蜀族对崇尚的太阳形态有多种表现方式，或作圆日之形，或刻画成光芒四射的旋转之状。其实，这种不拘一格丰富多样的表现手法，早在远古时期就有了，我们在仰韶文化以来的彩陶上和原始时期的岩画上都可以看到各种形式描绘的太阳图像，在青铜纹饰上更有大量的形式多样的表现，可谓由来已久源远流长。

　　在中原地区出土的史前彩陶上，据考古工作者整理研究："图案最具代表性的是与天体有关的日珥纹、太阳纹和飞鸟纹等，日珥纹围在光芒四射的太阳周边，太阳纹有的直接将太阳画作圆圈，周边绘出射线，有的还在中间加一圆点，有的将射线用阴纹表示。"③图案中有的

①　芮传明、余太山著《中西纹饰比较》，上海古籍出版社1995年11月第1版，第144~146页。类似的铜镜图像也有被称为"三龙纹"者，如周世荣《中华历代铜镜鉴定》彩版九第2图（紫禁城出版社1993年8月第1版），孔祥星、刘一曼《中国铜镜图典》83页图（文物出版社1992年1月第1版）。若仔细观赏这两图，它们的长颈、单足、华丽的羽尾，都是典型的鸟的特征，因而称为"三鸟环日图"确实更为恰当。

②　王建中、闪修山著《南阳两汉画像石》，文物出版社1990年6月第1版，第149图。

③　河南省文物考古研究所《河南史前彩陶》，河南美术出版社1996年11月第1版，第13页，参见第22页插图七彩陶太阳图案、第24页插图八日晕纹、第92页图案、彩版三图4太阳纹与图6日晕纹。

主体太阳纹还以红彩涂实，并在周边用深棕色绘出数道射线，以表示太阳的万丈光芒，显得生动逼真而又光彩夺目。在甘肃青海、宁夏等地区出土的大量彩陶上，也有多种圆日图案，特别是半山类型时期旋纹已成为彩陶上的主要花纹，将强烈的旋动感表现得十分突出。最具有代表性的是河南郑州大河村仰韶文化遗址出土的彩陶，太阳的形象成为彩陶图案纹饰中描绘的重要对象。尤其值得注意的是："大河村类型彩陶上的太阳纹有时和变体多足鸟纹画在一起，可能有一定的寓意"，"彩陶图案上的这种变体多足飞鸟纹，有着红色的头，展拓着长翼在空中飞翔，使画面充满了阳关般的热烈气氛"，使人油然联想到关于太阳神鸟的远古传说。张川先生认为："这种鸟纹与太阳纹相结合的图案，也许反映了以鸟为图腾的氏族是崇拜太阳的。"结合古代传说来看："在汉代的帛画、石刻等文物中这种寓鸟于日的图像屡见不鲜，而许多日中的金乌与庙底沟类型彩陶上的正面鸟纹都画成三足，如果这不是偶合的话，那末彩陶上的这种鸟和太阳结合的花纹可能是崇拜太阳的鸟为图腾的氏族的图腾纹样在彩陶上的反映。"[1]还有学者认为："仰韶文化彩陶中，有的鸟纹背上有太阳纹，像鸟背负着太阳而飞，同时还有以几何形变体花纹组合的许多形式。这说明古代太阳鸟的神话传说，早就存在于彩陶文化的时代。"此外"半坡类型彩陶有以人面纹为太阳形的象征……展示了太阳纹为人格化神灵的寓意象征和被崇拜的宗教意识"。而"以红彩为太阳形象征的寓意手段"以及采用红黑彩并置形式来表现"太阳光彩的照耀，使彩陶花纹具有绚丽灿烂的风格与强烈浓郁的风采，再现了对太阳神崇拜的炽热情怀"[2]。

在我国许多地区广泛分布的原始时期的岩画上，太阳同样是表现的主题，并有多种形式的描绘。如江苏连云港将军崖岩画就描绘了三个光华灿烂的太阳，画面中以太阳图案为中心还环绕着人、兽、农具、祭

---

① 张朋川《中国彩陶图谱》，文物出版社1990年10月第1版，第96页、第194页。

② 蒋书庆著《破译天书——远古彩陶花纹揭谜》，上海文化出版社2001年1月第1版，第4~5页、第7页。

祀坑与星辰符号等。[①]贵州的一些岩画也有类似的多个太阳图像，[②]如黔中开阳县画马崖岩画中的太阳纹图形就甚多，大都"表现出具有圆形光体和辐射光芒，有的与铜鼓鼓面的太阳纹饰很类似。"[③]在新疆和田境内发现的岩画上，也有凿刻的三个光芒四射的太阳，可见那时对太阳崇拜的炽热，说明"原先生活在阿尔泰山和伊犁一带的塞人也把太阳神作为他们的最高神祇崇拜。"[④]在内蒙古阴山岩画中，有一幅著名的拜日图，刻画了一人双手合十高举过头跪地向太阳虔诚祭拜的情景。[⑤]云南沧源岩画中刻画的太阳，有的为人头之形并散射着光芒，有的则将头戴羽饰作法祭祀的巫师形象与光芒闪耀的太阳刻画在一起。广西宁明花山岩画不仅刻画了许多光芒四射的太阳，还描绘了众多高举双手作呼唤祈祷状的人形，[⑥]表现的可能是远古先民们的大型祭日场景。此外，在浙江余姚河姆渡遗址出土的象牙片上，雕刻的太阳由多个同心圆构成，外圆上端刻有浓烈的火焰状，形似太阳的光芒，圆日左右还刻画了昂首相望振翅欲飞的双鸟，被称为双鸟太阳图（亦有名之为双鸟朝阳图的）。有学者认为，这种将鸟形或鸟纹与太阳的画面纹饰连在一起，应是先民将鸟信仰与太阳信仰糅合一体的独特展示。[⑦]

在三星堆出土的展现太阳崇拜观念的青铜器物上，雕铸的太阳图像大都为凸起的圆日形状，如大量的青铜菱形眼形器。有的为双圆形，中间还铸了象征性的发射状芒，如青铜太阳轮形器。有的太阳外圈亦呈

① 李洪甫著《太平洋岩画——人类最古老的民俗文化遗迹》，上海文化出版社1997年11月第1版，第131~133页。

② 王良范、罗晓明著《贵州岩画》，贵州人民出版社1997年10月第1版，第81页，参见134页图，139页图。

③ 盖山林著《中国岩画》，广东旅游出版社1996年8月第1版，第81页。

④ 苏北海著《新疆岩画》，新疆美术摄影出版社1994年11月第1版，第416页。

⑤ 谢宝耿著《原始宗教》，上海三联书店1995年10月第1版，第18页。

⑥ 蒋书庆著《破译天书——远古彩陶花纹揭谜》，上海文化出版社2001年1月第1版，第19~55页文与图。

⑦ 陈勤建著《中国鸟文化》，学林出版社1996年9月第1版，第41页，参见首页彩图一。

火焰状，如青铜人首鸟身像胸前的圆日纹饰，等等。同时也有其他表现形态，例如二号坑出土的一些圆形铜挂饰上就有多种圆日纹饰。其中一件，中间为圆日，围绕着圆日为漩涡状的炯纹，采用阴线雕刻的手法使图像凸凹分明显得简洁明快格外生动。[1]这与金沙遗址青铜立人像头上所戴旋转状奇异冠饰的寓意，以及金沙遗址太阳神鸟金箔饰的内层图案风格极其相似，都充满了强烈的动感，在象征手法与文化内涵上都有异曲同工之妙。而大量的圆形或双圆形表现的圆日图像，三星堆和金沙遗址出土器物在构思创意和审美情趣方面更显示出相互

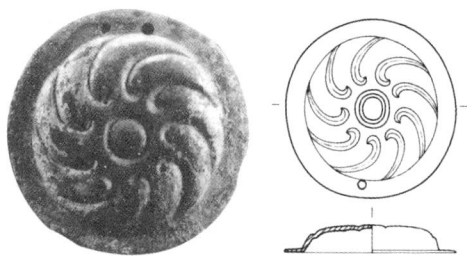

三星堆二号坑出土的圆日形铜挂饰与线描图

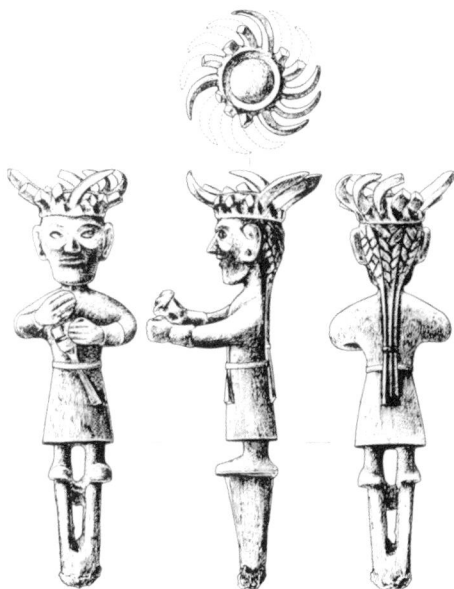

金沙遗址出土的青铜立人像线描图

媲美的一致性。这些告诉我们，金沙遗址的古蜀族和以三星堆为都邑的古蜀王国，太阳神话和祭日活动都极为昌盛，展现出绚丽多彩的情形。从其他各地考古发现揭示的图像资料来看，太阳神话和祭日活动在我国很多地区古代先民的遗存中都有生动形象的展示，充分说明了这一崇尚习俗的久远，对我国许多古老的部族的精神观念和社会生活都产生过深

———————

① 　四川省文物考古研究所编《三星堆祭祀坑》，文物出版社1999年4月第1版，第304页图版——图2，第300页图一六五线描图3。

远的影响。而从表现形式的角度来说，三星堆与金沙遗址更显示出了一种浓郁而鲜明的古蜀地域文化特色，这也正是三星堆和金沙遗址考古发现备受赞叹的巨大魅力之所在。

总的来说，金沙遗址太阳神鸟金箔饰和青铜三鸟纹有领璧形器上的图案纹饰，皆是古代蜀人崇鸟观念和太阳崇拜信仰的生动而绝妙的展现。需要指出的是，崇鸟和崇拜太阳，不仅是古代蜀人精神世界中的主题观念，而且是来古蜀各部族的共同信仰。古蜀历史上的柏灌、鱼凫、杜宇等王朝和当时古蜀族群中的各氏族部族都是崇鸟和崇拜太阳的，开明王朝也不例外，对鱼和鸟有着特别的崇奉。太阳神话在漫长的古蜀时代也有广泛的流传，显得昌盛而又灿烂。三星堆和金沙遗址的考古发现，对此便作了很好的揭示。

这里还要提到关于金沙遗址太阳神鸟金箔饰的用途，有学者认为可能是贴附于红色漆器上的装饰。[①]从质地和形态分析，因为这件金饰为极薄的圆片形，可能难以作为单独器物来使用，只能贴附于其他质地较厚或较硬的器物上作为装饰，这一点应该是没有多大疑问的。但是否为漆器上的装饰？是什么类型的漆器？因无出土实物印证，尚不得其详，看来目前还难下断语。不过有些关键性的认识则是比较清楚的，这件象征着古蜀时代各氏族和部族最高精神崇尚的太阳神鸟金箔饰，显然不会作为实用器物上的装饰品，应该是备受尊崇的供奉之物，或是重要的祭祀器饰或祭祀品，供古蜀族举行隆重的祭祀活动时使用。从其尺寸和精致的程度来看，这件神奇的金饰，以及形态奇妙的青铜三鸟纹有领璧形器，也很有可能是金沙遗址统治者宗庙或神庙中的供奉品或祭献物。青铜三鸟纹有领璧形器上的矩形短柄，表明是竖立插入某件基座供放置使用的，会不会就是古蜀族宗庙或神庙中的祭台或祭坛呢？只有竖立放置，才能充分展现其两面寓意丰富的图案纹饰，这对太阳神鸟金箔

---

① 孙华、谢涛《金四鸟绕日饰》，《金沙淘珍》，文物出版社2002年4月第1版，第30页。

饰的使用方式也是一种借鉴和启示。

通过以上探析，尽管我们还不能确定它们在古蜀族的祭祀仪式中究竟如何使用，但我们却可以肯定地说，太阳神鸟金箔饰和青铜三鸟纹有领璧形器都通过绝妙的图像纹饰，生动地展现了古蜀时代崇鸟和太阳崇拜的精神观念，堪称是太阳神鸟的千古绝唱，毫无疑义它们应是古代蜀人心目中的神圣象征。

——此文发表于《社会科学研究》2004年第1期。

金沙遗址出土金冠带图案探析

一、金冠带的精湛工艺与奇妙图案

在成都金沙遗址出土的金器中，制作精美并雕刻有图案纹饰的金冠带，是一件非常令人惊叹的器物，在考古史上有着十分重要的意义。

金沙遗址出土的金冠带

金沙遗址金冠带上奇妙的图案

这件圆圈形的金冠带，宽度较窄，其直径略呈上宽下窄，出土时断裂为长条形，经连接复原，保存完好。金冠带的圆圈直径为19.6~19.9厘米，带宽2.68~2.8厘米，厚0.02厘米，重44克。在制作工艺上与出土的其他金器一样，系锤揲成形，并采用錾刻等手法，在金冠带的表面刻画了构思奇妙、寓意丰富的图案纹饰。从金冠带的质地和形态功能以及尺寸大小来看，这件工艺精湛而又非常单薄的金带，围成金圈后直径只有20厘米左右，显然不大可能作为腰带使用。俞伟超先生认为应是戴在头上的金冠。孙华先生认为这种推测应当是合理的，并认为："由于该金带非常单薄，不大可能单独使用，如果它作为戴在头上的金冠，应当有其他质地的东西衬托。它应是当时高级贵族（也可能就是国王）冠下端的黄金饰件。"也就是说，该金带应当是戴在头上冠冕的下部，是金冠的组成部分。①换一种说法，这件精心制作、风格特殊的金冠带，也可能是镶嵌或缝缀在冠帽上的装饰品和象征物。能戴这种特殊冠帽的很显然应是古蜀族或古蜀王国中地位较高、身份显赫的权贵者或大巫师，或许就是金沙遗址统治者所戴用的华贵冠帽上的金带饰。当然我们也不能排除古蜀族首领与巫师之类重要人物在举行盛大祭祀活动时，将金冠带直接戴在头上使用的可能性。

这件金冠带最令人称奇和特别值得注意的是图案纹饰，采用精湛的錾刻工艺，刻画于金冠带的表面，连细微之处都表现得非常清晰，给人以线条流畅、生动逼真之感。在整体上由四组相同的图案构成，采用对称性布局，表现手法简洁明快，图像奇异，寓意丰富，显示出绝妙的创意构思和高超的刻画技巧。其中每组图案分别刻画有一鱼、一鸟、一箭和一圆圈。最显眼的是横贯图案的长杆羽箭，其箭杆较为粗长，后有羽尾，箭杆射向鸟、鱼，先横过鸟颈，然后射入鱼头，没有表现箭镞，说明已深插入鱼身之内。鸟的形态为粗颈钩喙，羽冠长尾，腿爪前伸，

---

① 孙华、谢涛《金四鸟绕日饰》，《金沙淘珍》，文物出版社2002年4月第1版，第30页。

黄剑华卷

129

双翅向上腾起，大眼炯炯有神，显得极其生动。鱼的体形较为肥硕，大头圆眼，嘴略下钩并有上翘的胡须，鱼身上的鳞片和背腹部的长短鱼鳍以及卷曲的鱼尾，都刻画得十分逼真。在表现手法上，鸟较为抽象夸张，而鱼则较为写实，相互映衬，更增添了图像的意趣。昂起的鸟头和鱼头朝向长杆羽箭伸来的方向，并被箭镞横贯射中，显然有着特殊的寓意。这种具有特殊象征含义的图像，更通过四组相同的对称排列的图案来加以强调彰显，其构思是如此奇妙。当我们仔细观赏这些夸张而又真实的图像时，在华贵灿烂的光泽中，我们会充分感受到画面中洋溢着的神奇内涵和豪情活力。

金冠带上每组图案之间，还刻画了构思奇妙的双圆圈纹。该圆圈纹直径约2厘米，外轮廓为两道旋纹，中间又有两个对称的由双旋纹构成的小圆圈，在每个小圆圈的上下又各有一个粗短的横纹，采用抽象的手法加以巧妙的组合，从而形成了好像圆日又类似于人面或兽面的图案纹饰。金冠带上共有四组图案，因而这样的双圆圈纹也刻画了四个。从造型风格上看，象征圆日与人面或兽面的双圆圈纹同样给人以奔放之感，在图案的组合中有着特殊的寓意。从整体图案布局来看，其中一个双圆圈纹即位于金冠带的正前方中央，以这个双圆圈纹为中心，在其两侧对称排列着羽箭横贯鸟颈射入鱼头的图案，鸟头和鱼头都朝向双圆圈纹。这似乎告诉我们，象征圆日与人面或兽面的双圆圈纹在整个画面中占据着主导的地位，强大有力的长杆羽箭就是从这里射向两侧的鱼鸟的，以此来表明主宰着鸟与鱼的命运。这是否说明，金冠带图案中寓意丰富的双圆圈纹，应是古蜀族崇拜太阳观念的反映，同时又是古蜀族统治者掌握着神权与王权的象征呢？被羽箭横贯射中的鸟和鱼，既可能是古蜀时代渔猎生活的真实写照，又会不会是古蜀族群中一些氏族或部落所崇奉信仰的鱼鸟图腾呢？总之，金冠带上的图案纹饰，有着极其丰富的含义。无论是刻画风格、制作工艺，或是寓意构思，都可谓独具匠心，令人赞叹。

作为古蜀族的珍贵遗存，金冠带上的图案纹饰不仅显示了制作者

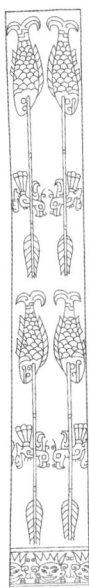

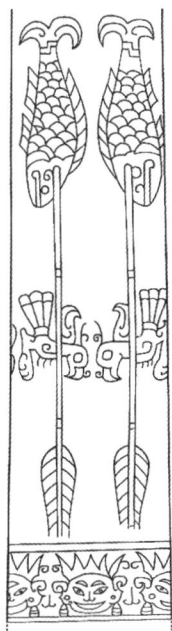

三星堆一号坑出土的金杖与图案　　　　　　　　图案局部

丰富的想象力，更向我们透露了古蜀时代的大量信息。在那些使人赏心悦目的图像背后，隐藏着许多古蜀之谜。也许，这些图案纹饰的含义，可能远比我们直观想象的更为神奇复杂。所以，对这些图像进行探析和解读，应是一件很有趣味的事情。我们想要弄清的，当然并不仅仅是图案含义的简单解释，而要通过这些图像的比较研究与探析解读，为我们了解古蜀历史文化提供资料和便利。现在就让我们来对出土实物作一些比较研究。

面对金沙遗址出土的金冠带，当我们观赏和赞叹它的时候，会油然联想到三星堆一号坑出土的金杖，上面的图案纹饰同样刻画了长杆羽箭横贯鸟颈射入鱼身的情景，图像的构思与表现手法是如此相似。当然也有一些不同之处，两者之间的差别主要是图案的排列方向不同，其次是三星堆金杖上的人面像与金沙遗址金冠带上的双圆圈纹也有明显的差异。先看图案上的排列形式，金冠带上的图案为横向排列，金杖上的图案则为纵向排列，这显然与两种器物不同的使用性质有着较为密切的关系。金冠带是作为冠帽金饰戴在头上的，因而刻画的图像采用横向排列的方式来表现。金杖则是执于手中竖直使用的，所以图案需要纵向排列来展示。金杖与金冠带上的主体图案虽然构成图像一样，都刻画了一箭一鸟一鱼，数目也相同，都由四组相同的图案组成，但在排列方式上也并不一致，亦有明显的差别。金冠带上的四组图案为单行对称排列，金杖上的四组图案则是双列同向排列。分析其原因，这也是由于两种金器不同的形状和使用形式所决定的。金冠带上图案的单向排列，可能是受到了金冠带宽度的限制，图案的对称则是为了装饰的需要更好地突出正面图像的寓意。金杖上图案的双行同向排列，可能是因为金皮展开锤揲加工成形时较宽，约7.2厘米，为金冠带宽度的2倍半多，[①]便于双行图案的刻画，而在包卷木芯制成金杖后杖身成为圆形，双行图案恰好布满圆形杖身，给人于连绵不断之感，图像都朝着同一个方向自然是由于金杖执握于手中竖直使用的缘故。这种不同的图案排列方式，都是因器制宜，采用灵活的表现方式来突出古代蜀人所崇尚的主题观念，以增强器物图像的象征效果，充分显示了制作者巧妙的构思和匠心。

其次让我们看一下三星堆金杖与金沙遗址金冠带两者图案上的另一个显著区别。在金杖上，位于主体图案下边，还雕刻了前后对称排列的两个人物头像，其形态为头戴锯齿纹或花瓣状王冠，耳垂上挂着三角形长串耳饰，弯眉大眼，兽耳阔口，圆脸和五官呈现出开怀欢笑状，在造型上具有较强的写实风格，人头像上下还刻画了双勾纹与主体图案相隔。金冠带上于每组图案之间则刻画了一个双圆圈纹，共刻画了四个相同的双圆圈纹与四组图案相配，从形态看，这种双圆圈纹既好像圆日，又似乎象征着人面或兽面，显得较为抽象。尽管有这些艺术表现方式上的差异和图案排列方面的不同，但它们的主体图案则完全相同，鸟头与鱼头都朝向人头像与双圆圈纹，长杆羽箭皆从人头像与双圆圈纹的方向

---

① 四川省文物考古研究所编《三星堆祭祀坑》，文物出版社2002年4月第1版，第60~61页文与图。

射出，横贯鸟颈射入鱼头。也就是说，金杖与金冠带上的图案纹饰，在文化内涵和象征含义上的一致性是显而易见的。有学者因而认为，金沙遗址金冠带上的双圆圈纹，应当就是三星堆金杖上的人头像图案。[1]虽然两者的艺术表现形式有别，一为抽象一为具象，但它们表现的同样都是人头像则是清楚的，它们所表达的寓意也是一样的。通过金杖与金冠带上的图案对比可知，这个看法应该是成立的。比较研究告诉我们，除了图像的异同，还有更丰富的东西。

二、金冠带的图像内容与象征含义

古蜀时代文字出现较晚，而图像甚为发达。运用生动形象的图像语言来表达绚丽多彩的精神观念，从中透露和反映出那个时代的社会生活情形，本是古蜀历史文化的一大特色。古代蜀人不仅崇尚巫术和祭祀活动，而且长于形象思维，极富想象力，擅长将丰富的内容融化在简洁的形式之中，这些在造型艺术和图案纹饰中都有绝妙而高明的体现。通过图像来表达心中的崇尚，诉说古蜀历史上发生过的故事，也是古代蜀人一个久远的传统。那么，三星堆金杖和金沙遗址金冠带上的图像，又告诉了我们些什么呢？

根据古代文献记载，在古蜀历史上先后有蚕丛、柏灌、鱼凫、杜宇、开明等氏族，由于他们的兴衰而形成了古蜀历代王朝的更替。半个多世纪以来，成都平原一系列重要考古发现揭示了大量的古蜀遗存，证明这些迷茫的古蜀传说并非子虚乌有。关于三星堆一号坑出土的金杖，有学者认为可能是鱼凫氏的遗存，如《三星堆发掘报告》中就说："相传蜀王中有名号'鱼凫'者，鱼凫为鱼鹰。这柄金杖可能与传说的鱼凫时代有一定关系。从图案内容来看，可能与巫术祈祷仪式有联系，推

---

① 孙华、谢涛《金射鱼纹带》，《金沙淘珍》，文物出版社2002年4月第1版，第30页。

测是一柄巫术用杖，或为'魔杖'。"①有的解释金杖图案描绘的是："在鱼的头部和鸟的颈部上压有一支箭，似表现鸟驮负着被箭射中的鱼飞翔而来的场面。"②也有学者认为："关于这幅鱼鸟图的解释，一般多指向蜀王鱼凫。"按照《蜀王本纪》等记述：鱼凫既是神话人物，也是部族之名，到望帝杜宇统治时，鱼凫这个部族已经衰微，那么金杖鱼凫图案中的长箭"射穿凫颈和鱼头，是不是在述说鱼凫族败亡的故事呢？"③还有学者认为，金"杖上线刻四组鱼鸟草叶纹图案，可能是部族的图腾"，并认为金杖"可能是国王的权杖"。④至于金杖的性质，有学者则认为应是古蜀王国最高统治者执掌的王权和神权的象征，或是大巫师使用的法器。⑤此外还有学者认为："金杖上那鱼被箭射杀，鸟又连箭杆带鱼地驮负着成队飞来的图案，是蜀人根据顺势或模拟巫术的原理雕刻出的一幅通过巫术而希冀捕鱼成功的渔猎祈祷图，当然其中也隐含着图腾崇拜的意味。"⑥

以上例举的一些看法，仁者见仁，智者见智，曾在学术界引起过较为热烈的争论。这些对金杖图案的推测看法，为我们对金沙遗址金冠带上的图像进行探析解读提供了重要的参考。换个角度来说，金沙遗址出土的金冠带上的图案纹饰，也为弄清三星堆金杖图像含义提供了参照，说明在代表权力与特殊身份象征的金质器物上雕刻这些图像绝非偶

① 四川省文物考古研究所编《三星堆祭祀坑》，文物出版社2002年4月第1版，第60页文与图。

② 《三星堆传奇——华夏古文明的探索》，台湾太平洋文化基金会1999年3月出版，第128页。

③ 杜正胜《人间神国——三星堆古蜀文明巡礼》，台湾太平洋文化基金会1999年3月出版，第33~34页。

④ 赵殿增《近年巴蜀文化考古综述》，《四川文物》1989年"广汉三星堆遗址研究专辑"第7页。

⑤ 屈小强、李殿元、段渝主编《三星堆文化》，四川人民出版社1993年12月第1版，第78页，第81页。

⑥ 陈德安、魏学峰、李伟纲著《三星堆——长江上游文明中心探索》，四川人民出版社1998年10月第1版，第49页，第50页。

然现象，在古代蜀人的心目中，这些图案纹饰确实有着非同寻常的深刻含义。

从第一层含义来说，三星堆金杖和金沙遗址金冠带上的图案纹饰，都反映了强烈的崇日意识，表明金杖的执掌者和金冠带的佩戴者都是帝俊的后裔，与太阳神有着密切的关系。这与金沙遗址太阳神鸟金箔饰以及三星堆太阳轮形器等所反映的太阳崇拜观念是一脉相承的，应是古代蜀人的一大传统，在古蜀时代的社会生活中占有非常突出的重要地位。金冠带上的双圆圈纹，便是很显著的圆日象征。三星堆二号坑出土的一些圆形挂饰，上面也铸刻有类似的双圆圈纹图案，其实并非简单的兽面，表达的也都是崇日观念。[①]关于太阳崇拜，从远古时期起便有多种表现形式，双圆圈纹则是最常见也是最具代表性的一种圆日形态。三星堆金杖图案中的人面像，应是采用拟人化手法表现的一种太阳神形象。有的学者认为："人面形太阳神形象是拟人化、抽象化的产物，是较高一级的太阳神形象。"[②]例如内蒙古贺兰山岩画中，就有许多人面形太阳神形象，"大多数的神像，头上光芒四射的灵光，颇似太阳光，有的简直像一个金光万道的太阳的形象，只是中心部分有人的五官，这种形象兼用了人和太阳的形象即太阳的人格化和人的太阳化，将两者巧妙地糅合在一起了"。[③]在遥远的美洲，印加人的太阳神形象亦为人面形，与内蒙古阴山岩画十分相似。以此作为参考来看三星堆金杖图案中的人面形象，那圆日形的脸与光芒状的头冠，不就是人面形太阳神的生动写照吗？在先民们崇拜太阳的观念中，太阳不仅是农牧业丰产之日神，也是一些民族和王权的保护神，此外还是光明正大、明察秋毫之神。三星堆金杖图案中呈开怀欢笑状的人面形太阳神，似乎也正显示出了这多层含意。也可以说，太阳崇拜是古代蜀人精神世界中的一种主

---

① 四川省文物考古研究所编《三星堆祭祀坑》，文物出版社2002年4月第1版，第300页，图一六五圆形铜挂饰线描图5、图4，第304页图版一一一图2、图3。

② 何星亮著《中国自然神与自然崇拜》，三联书店上海分店1992年5月第1版，第163页。

③ 盖山林《内蒙古贺兰山北部的人面形岩画》，《中央民院学报》1982年第2期。

题观念，金沙遗址金冠带和三星堆金杖上象征圆日与人面形太阳神的图像，便对这种主题观念作了寓意丰富而又十分精彩的展示。

从第二层含义看，三星堆金杖和金沙遗址金冠带上的鱼鸟图像，还透露了古代蜀人的崇鸟观念与族属意识。远古时期许多地区的先民们都有崇鸟的习俗，或将鸟作为氏族或部落的图腾。例如良渚文化居民就有崇鸟的传统，黄河流域中原地区的殷人也奉鸟为祖神。南方文化系统中的最高神祇帝俊更是玄鸟的化身，神话传说中的十日和凡间诸多部族皆是帝俊的后裔，十日有金乌或太阳神鸟驮负着在宇宙中轮流飞行，帝俊后裔也大都有"使四鸟"的习惯。古代蜀人在崇鸟意识方面表现得尤为强烈，三星堆出土有大量的铜鸟造型，便是最好的例证。三星堆金杖与金沙遗址金冠带上刻画的鸟图像皆为四只，很可能也是对"使四鸟"传说的一种反映。这些鸟图像，与三星堆青铜神树上的铜鸟以及站立于花蕾上的铜鸟，都是圆眼钩喙，冠尾飞扬，在造型上极为相似，体现的显而易见都是崇鸟的观念与习俗。此外，金杖与金冠带图案中的鸟和鱼，也反映了当时古蜀王国中的图腾遗俗，透露了古蜀族群中有崇鸟与崇鱼的氏族，也可能有将鸟和鱼作为图腾的部族。传说记载中的鱼凫、杜宇、开明等古蜀王朝，很可能都是崇奉鱼鸟的。金杖和金冠带上的鱼鸟图案，很显然就寓含着这样一种族属意识，并用图像语言作了生动的

三星堆出土的凤冠铜鸟　　冠尾飞扬的三星堆铜鸟　　三星堆出土的青铜凤鸟

描述。

从第三层含义分析，三星堆金杖和金沙遗址金冠带上的图像画面中，还反映了一种执掌神权统辖各族的王者气势，洋溢着一种炽热豪放的英雄情怀。图像画面中横贯鸟颈射入鱼头的长杆羽箭，是如此强大锐利，充满力量，便是对王者气势和英雄情怀的一种绝妙体现。由金杖和金冠带图像画面中的羽箭，我们很容易联想到上古时代广为流传的射日神话。按照《庄子·齐物论》、东汉王充《论衡·感虚篇》、西汉刘安《淮南子·本经训》等古籍记述：尧之时十日并出，万物焦枯，于是尧上射十日，或说尧乃使羿射十日，中其九日，日中乌尽死，天下又恢复了正常，万民皆喜。由此可知尧与羿都是古代传说中射日的英雄。据袁珂先生考证："关于射日除害神话，初本有两种民间传说，一属之尧，一属之羿。属之羿者更占优势，后人乃于古本《淮南子》'尧乃'下增'使羿'二字，以为今本状态，于是尧射日之神话遂泯，羿射日之神话独昌焉。"[1]羿作为天下共仰的射日英雄，很可能是南方神话系统的产物，《山海经·海内经》就说："帝俊赐羿彤弓素矰，以扶下国，羿是始去恤下地之百艰。"《山海经·海外南经》也有"羿持弓矢"射杀凿齿的记述。唐代西华法师成玄英注疏《庄子·秋水篇》也提到，曾引用古本"《山海经》云，羿射九日，落为沃焦"。[2]正如蒙文通先生在深入研究《山海经》后曾指出的："我认为《海内经》这部分可能是出于古蜀国的作品。"[3]此外，《墨子·非儒》与《吕氏春秋·勿躬篇》也有"古者羿作弓"或"夷羿作弓"的说法，亦可作为羿是南方神话中射日英雄的印证。三星堆金杖与金沙遗址金冠带上羽箭穿过鸟颈的图像，很可能就有射日神话的寓意。那四支贯穿鱼鸟的羽箭，宣扬的正是这种大无畏气概，同时也显示了古蜀族统治者英雄豪放的精神面貌。

---

① 袁珂《山海经校注》（增补修订本），巴蜀书社1993年4月第1版，第310页。
② 郭庆藩辑《庄子集释》第三册，中华书局1961年7月第1版，第565页。
③ 蒙文通著《巴蜀古史论述》，四川人民出版社1981年8月第1版，第168页。又见《蒙文通文集》第一卷《古学甄微》，巴蜀书社1987年7月第1版，第53页。

如果我们从美术考古的角度看，三星堆金杖和金沙遗址金冠带上的图案纹饰，都起着重要的装饰作用。无论是其巧妙的构思，或是生动的图像和流畅的线条，皆堪称是古蜀族在雕刻艺术上的杰作。制作者精心刻画的这些图案纹饰不仅显示了浓郁的古蜀特色，而且有着很深的用意。总的来说，这些图案纹饰所表现的内涵，应是当时古蜀先民们的社会生活以及宗教信仰和审美观念的综合反映。羽箭横贯鸟颈射入鱼身的画面，以及圆日照耀与呈欢笑状的人面像，说明古代蜀人已能熟练制造使用羽箭，似与当时的渔猎活动有着十分密切的关系。虽然画面上有较多的神话传说的意蕴，还有一定的巫术色彩，但张扬的仍是人的精神，折射的则是当时古蜀王国传统崇尚与民俗民风的一些真实情形。在雕刻工艺上也很值得称道，制作者采用写实与夸张相结合的艺术表现手法，充分发挥丰富的想象力和独创性，展示了极其娴熟而高超的水平。三星堆金杖和金沙遗址金冠带，正是通过这些画面，将古蜀时代绚丽多彩的精神文化内涵，向我们作了精妙而生动的展现。

三、金沙遗址出土的鸟首鱼纹金带

这里应该提到，金沙遗址还出土了两件鸟首鱼纹金带，也是非常值得注意的重要器物。其中一件长21.1~21.6厘米，宽2.01~2.03厘米，厚0.02厘米；另一件长21.1~21.85厘米，宽2.01~2.03.厘米，厚0.02厘米，共重11克。这两条金带尺寸较短，宽度相等，两端外倾，呈扁长的倒梯形。其形态与制作工艺都与金冠带十分相似，也是采用整块金片锤揲成形，并在上面錾刻了精致奇妙的图案纹饰。从使用功能看，它们也很可能是冠帽上的黄金饰物，或是供佩戴使用的装饰品。如果说金冠带是古蜀族统治者的专用物，那么这两件金带的使用者也许是地位稍次的古蜀族中重要人物。金带上面刻画的图案纹饰也透露了这方面的信息，相比较而言比金冠带上的图案要简单一些，没有刻画双圆圈形的圆日象征，也没有刻画长杆羽箭，只表现了一对鱼鸟合璧的奇特造型。金带图案显然缺少金冠带画面中的崇日观念和王者气概，主要展现的可能是奇妙的图腾崇尚与强烈的族属意识。

当我们观赏金带上的图像时，初看图案极其简明，两件金带的表面都刻画了一对鱼尾相对、鱼头向外的大鱼，按照单向对称排列，好像属于一种较为简单的图案纹饰。细看时就会发现，其实图像并非这么单纯，刻画的两条大鱼形态非常奇特，其身为鱼，前部却是鸟首和夸张的长喙，堪称是从未见过的怪鱼。首先是鱼身较长，好似棒槌，背腹部均有鱼鳍，鱼尾较宽，作"丫"字形向两侧展开，鱼身没有刻画鳞甲，却有几道水波纹以表明其快速游动之态。其次是前面夸张的长喙，形似鸟喙，却又与常见的鸟喙不同。其长喙前端上翘并略向后勾，长喙下缘作波浪形曲线，以显示其上面坚硬下面柔软，令人联想到鹈鹕之类的鸟嘴。其眼睛也很特别，呈橄榄状或梭状形，前后皆有尖细的眼角，与常见的鱼眼和鸟眼都不一样，而与人眼或兽眼却有几分类似。再者是鸟首，因未刻画冠羽而与鱼头颇为近似，接近鱼身处也刻作尖桃形的鱼鳃之状。

金沙遗址出土的两件金带

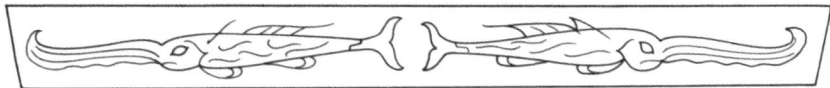

金带上奇特的鸟首鱼身图案线描图

黄剑华卷

139

总的来看，这种鸟首鱼身的造型，在自然界中绝无实例，显得极为奇异，前所未见，令人惊讶。古代蜀人通过丰富的想象，采用艺术手法表现的这种鱼鸟合璧的独特造型，当然不会是游戏之作，而可能赋予了特殊的象征含义。有学者认为，传说记载古蜀王朝谱系中的鱼凫，很可能是以鱼和凫为祖神标志的氏族，其中凫氏应为崇鸟的蒲卑族，鱼氏应当是渔猎古族中的一支，这两个氏族联合组成的王族便称为鱼凫族。[①] 又认为，鱼凫族可能是崇鸟而射鱼的古族，也可能"鱼凫"只是古代蜀人想象中的一种动物图案。[②]

传世文献记载中的古蜀历代王朝，由于浸染了较多的传说色彩而显得扑朔迷离，但谱系关系还是比较清楚的。对于探讨古蜀族群中的渊源变化和弄清一些重要氏族部落的来龙去脉，古籍记载与出土资料都是不可忽略的重要参照。从考古发现看，三星堆金杖和金沙遗址金冠带上刻画的鱼鸟图案，已向我们透露了古代蜀人强烈的族属意识，我们在前面已对此作了分析。金沙遗址出土的鸟首鱼身纹饰金带，则又为我们提供了许多新的信息。这件金带图案，采用巧妙的富于想象力的艺术手法，将鱼和鸟两个氏族标志融合为一体，它是否象征着两个氏族的联姻？并由此而形成了一个新的蜀族标志呢？进而分析，这种图腾意味很浓的鱼鸟合璧的奇特图案，是否为了更加简明清晰直截了当地表达古蜀族群中两个崇奉鱼鸟为祖神标志的氏族，相互之间亲密无间的团结呢？组合形成的图像显得比较凶猛，是否就暗喻着两个氏族联盟后的强大有力呢？鱼尾相对长喙向外的排列方式，是否也表达了两个氏族联盟后团结一致共同对外的含义呢？或许这种标新立异的鱼鸟连体图像，是否可能象征着鱼族向鸟族的蜕变转化呢？扬雄《蜀王本纪》说鱼凫田于湔山，神化不死，其民亦颇随王化去，到杜宇"自立为蜀王，号曰望帝，

[①] 孙华著《四川盆地的青铜时代》，第一八篇《蜀人渊源考》，科学出版社2000年8月第1版，第341~345页。

[②] 孙华《金鸟首鱼纹带》，《金沙淘珍》，文物出版社2002年4月第1版，第27~28页。

治汶山下邑曰郫，化民往往复出"，①似乎就透露了这方面的信息。总之，这种别出心裁的奇特图案，包含着许多寓意，带给了我们丰富的联想。尽管我们目前还不能确切无误地断定其复杂的内涵，所做的只是初步推测探析，但有一点则是肯定的，这种在自然界中并不存在的奇异动物，应是一种独特的古蜀"图语"。它是古代蜀人通过丰富想象而独特创出来的一种图案纹饰，与其他地域考古发现揭示的文化特色迥然有别，展示了古蜀时代浪漫诡异、与众不同的风格特征。

在彩陶上也曾发现有变体鸟纹，如西北地区马家窑文化彩陶上就"有一种变体的鸟纹与鱼纹共同组成的纹样，是以天上的飞鸟与水中的游鱼连用一头"。②这种彩陶纹样同样具有丰富的想象，但与金带上的鱼鸟合璧图像并不一样。此外彩陶上还有抽象化的变体鱼纹，如半坡遗址出土彩陶上的人面鱼纹图案等，主要是为了表现用多条鱼举行鱼祭的含义。③有学者指出：原始人在彩陶上描绘的变体纹样，并不是一种理性思考后采取的表现技巧与艺术手法问题，而是一种对世界的感知方式，一种情感的抒发和希望的表达，在于这些图像"经过组合变形而表达较为复杂的意蕴，是原始先民已经意识到的一种表达方式"。④相比较而言，商周时期古代蜀人雕造或刻画的图像已有了长足的进步，不仅寓含着复杂的意蕴和丰富的情感，而且体现了娴熟的艺术手法和高超的表现技巧。三星堆和金沙遗址出土器物所揭示的，就是超越了原始先民已经发展到相当成熟阶段的图像。三星堆出土的青铜雕像群中，已出现了青铜人首鸟身像、残断的青铜鸟爪人像等组合雕像，青铜面具

① 《全汉文》卷五十三，[清]严可均校辑《全上古三代秦汉三国六朝文》第1册，中华书局影印出版，1958年12月第1版，第414页。参见《太平御览》卷八八八，卷一六六曰"鱼尾"而不称"鱼凫"，中华书局1960年2月第1版，第4册第3944页，第1册808页。
② 张朋川《中国彩陶图谱》，文物出版社1990年10月第1版，第52页，参见图谱106。
③ 赵国华著《生殖崇拜文化论》，中国社会科学出版社1990年8月第1版，第101~125页。
④ 程金城著《远古神韵——中国彩陶艺术论纲》，上海文化出版社2001年1月第1版，第216~217页。

中的纵目人面像与兽面像更显示出糅合了人兽特征而加以组合变形的强烈意味，充分表明了古代蜀人在这方面的绝妙创意，说明这很可能是古蜀社会一个重要的传统习俗。《山海经·海内经》等古籍就有"青兽人面""虎首鸟足""人首蛇身"，以及"东方句芒，鸟首人面，乘两龙""南方祝融，兽身人面，乘两龙"、氐人国"人面而鱼身"、禺䝟"人面鸟身""陵鱼人面，手足，鱼身"等等记述。《海内经》本就是出自古蜀国的作品，这些记载也透露了古蜀先民喜爱用组合图像作为氏族或部族标识的情形。这种情形在古蜀时代可能甚为流行，应是古蜀族群中的一种共同习俗。金沙遗址出土金带上的鱼鸟合璧图像，可能就是当时古蜀族群中流行习俗的反映。这种奇妙的图案，不仅向我们展现了古代蜀人对鱼和鸟的大胆而奇妙的想象，而且意味深长地反映了古蜀历史传说记载中与鱼凫氏族有关的内容。无论是作为氏族或部族的标识，或是一种别出心裁的装饰，这件金带鱼鸟连体图案对研究古蜀历史文化都具有非常重要的价值。

综上所述，金沙遗址出土金冠带与金带上的图案纹饰，以及三星堆出土金杖上的图像，都堪称是古蜀"图语"中的绝唱。除了这些"图语"所展示的浓郁的族属意识，金杖与金冠带可能还蕴含有王权与神权的象征含义。如果说三星堆出土的金杖是蜀王和群巫之长的使用之物，那么金沙遗址出土的金冠带显然也只有古蜀族中身份显赫的权贵者才能使用，而另外两件金带使用者的地位则可能要稍低一些。显而易见，它们都是古蜀王国或古蜀族群中统治阶层的专用品，这些精心刻画的图案纹饰，很可能也具有专用的性质。通过这些精妙的图像和连贯的画面，除了前面分析的多层含义，似乎还隐约地向我们描述了洋溢着神秘色彩的古蜀王朝兴衰更替的历史故事。而这也正是这些古蜀"图语"非同凡响的魅力之所在。解读其中的奥秘，将永远是一件引人入胜的事情。

——此文发表于《文博》2004年第1期。

金沙遗址出土金蛙之寓意探析

一、金沙遗址出土的金箔蛙形饰与相关传说

金沙遗址考古发现告诉我们，古蜀文明不仅在青铜和石质人物造型方面成就卓著，而且在采用冶炼、雕刻等各种手法来表现鸟兽动物形态，也是古代蜀人的一大特长，在这方面也常常展现出绝妙的创意和非凡的水平。制作动物形态的黄金制品，更是商周时期古蜀文化的一大特色。譬如三星堆出土的金杖上的鱼鸟图像，以及金片制作的金虎、金鱼等。金沙遗址出土的太阳神鸟金箔饰、刻画有鱼鸟图案的金冠带，以及金箔制作的金蛙等。这些具有浓郁古蜀特色的金饰器物，无论是精美的形式，还是丰富的内涵，都令人叹为观止。

金沙遗址出土的金箔蛙形饰，经过清理，发现目前已公布的有两件，它们的形制特点、尺寸大小和制作工艺都基本相同，一件较为完整，一件头部略残。其中第一件长6.96厘米，宽6厘米，厚0.004~0.16厘米。另一件长6.94厘米，宽6.17厘米，厚0.012~0.1厘米。[①]从上述尺寸

---

① 成都市文物考古研究所、北京大学考古文博院《金沙淘珍》，文物出版社2002年4月第1版，第32~33页。

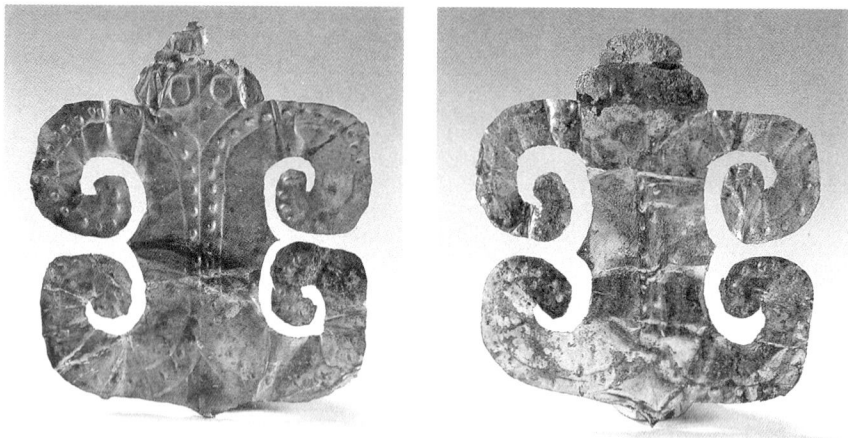

金沙遗址出土的金箔蛙形饰

可知，它们都是由很薄的金箔制成。从制作工艺看，它们均采用了锤揲、冲压、切割等技法，并可能使用了同样的模具，在细部纹饰表现上则采用了錾刻方式。考古工作者认为切割得比较粗糙，造成了边缘的凹凸不平，一些部位还可以看到切割时留下的小破口。这种情形与同时出土的太阳神鸟金箔饰图案展示的精致绝妙的切割效果有很大的差别。推测其原因，是否由于制作者使用的是不同的切割工具所致？或者是制作者有意为之以表达不同的寓意？虽然我们对上述疑问还不能作出确切的回答，但有一点则是肯定的，那就是制作者对金箔蛙形饰切割成形后，尚未作进一步的打磨加工，而对太阳神鸟金箔饰的加工则达到了尽善尽美的程度。这两种不同的器物所展示的不同的加工效果，其中缘故何在，是颇有些耐人寻味的。

金箔蛙形饰虽然形体外缘切割比较毛糙，但在形态表现与纹饰加工方面还是相当考究的。如蜷曲的四肢、葫芦形的头部、尖桃形的蛙嘴、呈并列凸起的一对圆眼、腹部两侧的突起、尖状的尾端，以及沿着背脊两侧向四肢延伸的弦纹和连珠状乳丁纹，形象地表现了青蛙或蟾蜍身上的斑点与疙瘩，增添了形态上的生动之感。而在肢体的处理上，也别出心裁，如修长的四肢作对称性弯曲（前肢弯曲向后，后肢弯曲向前）呈卷云状，整体形态好似一只剖开的动物，这些都显得非常奇特，甚至有些怪谲。而这也正是金箔蛙形饰最大的与众不同之处。

总的来说，金箔蛙形饰表现的是一种抽象变形的动物，从总体造型与细部特征判断，当然是青蛙或蟾蜍的可能性最大。也就是说，古代蜀人制作的这两件金箔蛙形饰，是采用了抽象变形的艺术手法，表现的则是自然界中青蛙或蟾蜍的形态。当然，这些经过艺术加工后的形态，已经融入了较多的想象成分，并赋予了某些特殊的象征含义。它们与自然界中的实物原形已相去甚远，而成了抽象变形的洋溢着神秘意味的艺术之蛙。这些具有特殊寓意的金箔蛙形饰，也可能是古代蜀人作为心目中的崇尚象征而特意创作的。它们很可能与古蜀时代流传的神话传说以及某种祭祀习俗有着密切的关系。它们所反映的，并不仅仅是一种制作工艺和艺术手法，也不单纯是一种崇尚心理和审美情趣，其实更多的则是一种精神观念，或者说是一种很有特色的地域文化现象。

在中国传世文献中，有不少关于蛙类或蟾蜍的记述，并常常将其同神话传说附会在一起。譬如《淮南子·精神训》中就有"日中有踆乌，而月中有蟾蜍，日月失其行，薄蚀无光"的记载。按照学者们的注释，踆乌即所谓三足乌，蟾蜍就是俗话说的癞蛤蟆。意思是说，日中有只三足乌，月中有只蟾蜍，日月如果不按常规运行，就会被咬蚀失去光辉。[①]《淮南子·说林训》中又有"月照天下，蚀于詹诸"之说，詹诸也就是蟾蜍，表达的是同一个意思，认为月蚀是由于月中有蟾蜍在咬蚀的缘故。由此可知，远古时代不仅有广为流传的太阳神话，而且有月亮神话。踆乌（即三足乌，又称金乌或阳乌）是驮日飞行的太阳神鸟，蟾蜍则是古人认为月中神灵的象征。关于太阳神话，《山海经·大荒东经》中已有我们熟知的"汤谷上有扶木，一日方至，一日方出，皆载于乌"的记述，可谓由来已久。关于月亮神话，《山海经·大荒西经》中有"有女子方浴月，帝俊妻常羲，生月十有二，此始浴之"的记载。

①　《淮南子全译》（许匡一译注）上册，贵州人民出版社1993年3月第1版，第368页~370页。

《吕氏春秋·勿躬篇》也有"羲和作占日，尚仪作占月"之说，毕沅等注释说尚仪即常仪，后世的嫦娥奔月神话即由此演变而来。[①]这也同样说明了月亮神话的久远。

在这些早期的月亮神话传说中，采用拟人化手法描述了常羲作为月母或月神的象征，虽然没有直接提到蟾蜍，但在屈原《楚辞·天问》中已有"日月安属？列星安陈？""夜光何德，死则又育？厥利维何，而顾菟在腹？"关于顾菟两字的解释，历来有两种意见。一种意见认为，顾菟即蓄养兔子（顾为照顾，引申为畜养之意，菟同兔），另一种说法认为，月中兔子其实也就是蟾蜍。[②]闻一多先生曾解释，顾菟即蟾蜍的古音，顾菟在腹就是月亮中有蟾蜍。[③]季羡林先生认为这是很独到的见解。[④]萧兵先生则认为："顾、菟两个字应该顿开来，菟是兔子毫无疑问，顾则是鼓、蛄的假借字，是蟾蜍异名'居诸'的合音。"[⑤]结合后世的古文献来看，这些解释均有一定的道理。如果说《楚辞·天问》中顾菟的含义还有点含混的话，《淮南子·精神训》中已有了"月中有蟾蜍"的明确说法，而到东汉王充《论衡·说日篇》中则出现了"儒者曰：日中有三足乌，月中有兔、蟾蜍"的记述。此外张衡《灵宪》中说"羿请不死之药于西王母，羿妻姮娥，窃以奔月，托身于月，是为蟾蜍"，则把月中蟾蜍说成是奔月姮娥（即嫦娥）的化身。还有《太平御览》卷四中的一些记述，一说"太阴之精上为月，月者天地之阴也"，或引《春秋演孔图》说"蟾蜍月精也"，又引《五经通义》说："月中

① 陈奇猷校释《吕氏春秋校释》第3册，学林出版社1984年4月第1版，第1077页，第1082页注。又参见袁珂《山海经校注》（增补修订本），巴蜀书社1993年4月第1版，第463页。

② 《楚辞全译》（黄寿祺、梅桐生译注），贵州人民出版社1984年2月第1版，第58页注。

③ 闻一多《古典新义·天问释天》，《闻一多全集》第2册，三联书店1982年出版，第328~33页。

④ 季羡林著《中印文化交流史》，新华出版社1991年12月第1版，第11页。

⑤ 萧兵著《楚辞与神话》，江苏古籍出版社1987年4月第1版，第124~125页。

有兔与蟾蜍何，月阴也，蟾蜍阳也，而与兔并，明阴系于阳也。"①上面援引的这些记述，有许多为后世附会或经过了文人的修润加工，但也说明了古代月亮神话传说的绚丽多彩。

关于月亮的神话传说起源相当古老，而且流传甚广，在古人心目中常羲（后演化为嫦娥）是人格化的月神，蟾蜍与玉兔则被视为月亮的象征。古代先民们观察天象时，常发挥想象，与动物联系起来，比如古人可能发现太阳有黑子现象，便认为日中有三足乌；看见月亮有阴影，便说月中有蟾蜍，后来又添上了月中兔子，这自然与上古人们对宇宙和世界认识的局限有关。这些神话传说在流传过程中，又接受了后世一些观念意识方面的影响，并对其起初的象征含义掺入了不同的解释说法，还出现了某些附会，譬如利用阴阳观念对蟾蜍与玉兔进行解释便是一个显著例子。

汉代画像石上的"常羲捧月"图
（河南南阳出土）

这里有一个非常有趣的问题，古人为什么要把月亮与蟾蜍联系起来？有学者认为可能有两种原因，一种是观察与联想所致，因为月亮晚上才能见到，蟾蜍也是夜间活动的动物，而且月中有黑影形似蟾蜍，所以很容易联系在一起而成了神话传说。另一种是崇尚的反映，上古时代蟾蜍很可能曾是某些氏族或部族崇拜的图腾象征，考古发现在这方面就有相当多的揭示，"种种迹象表明，古代以蛙或蟾蜍为图腾的氏族或部

① ［宋］李昉等撰《太平御览》，中华书局影印本，1960年2月第1版，第1册第20~22页，又见第4册第4211页。

落是比较多的。当他们发现月与蟾蜍或蛙活动规律相似，而月上的阴影又像蟾、蛙，便认为自己的图腾祖先——蟾蜍或蛙不是一般的动物，而是来自月亮的神蟾或神蛙，于是便把月与蟾、蛙相提并论了"。[①]至于后来古人又将兔子与月亮联系在一起，可能是因为洁白的月光与白兔的颜色相似，或者是认为月中的阴影与兔形相似的缘故。

值得指出的是，古代先民可能很早就有了崇拜月亮的习俗，常羲"浴月"便是具有浓郁神话传说色彩的原始社会祭祀月亮法术行为的一种反映。月中蟾蜍的神话传说，显然也是祭月习俗的产物。这在上古时代，很可能同太阳崇拜一样，也是一种非常盛行的自然崇拜现象。有的学者指出："月神在商周两朝祭典里，决不会末减于祭日的隆重。"[②]这与古代先民们将太阳神与月亮神崇奉为各自氏族或部落的祖神，也有很大的关系。"初民乃至某些时代的古人，认为自己的祖先都是双重性的：既是凡人的肉胎，又是神祇之后裔"。[③]常认为本氏族或本部落是太阳的子孙，或是太阳神和月亮神的后裔。由此而形成的日神与月神崇拜现象，以及派生出的绚丽多彩的神话传说，显然都与先民的思维模式密不可分。

二、考古发现的蛙纹图案由来已久

从考古发现提供的大量实物资料来看，早在仰韶文化时期的彩陶上，就已有蛙纹图案。如在马家窑类型的彩陶上，既有对蛙跳跃姿态的写实表现，又有抽象意味的描绘。在半坡类型早期彩陶上，也有采用简

---

① 何星亮著《中国自然神与自然崇拜》，上海三联书店1992年5月第1版，第188~189页。

② 丁山著《中国古代宗教与神话考》，《中国神话学文论选萃》下册，中国广播电视出版社1994年2月第1版，第83页。

③ 萧兵著《楚辞的文化破译》，湖北人民出版社1991年11月第1版，第77页。

练的手法刻画出蛙跳的生动姿态。①有学者经过深入研究后指出，蛙纹比鱼纹出现稍晚，但分布更为广泛，东起河南省渑池县著名的仰韶村、河南省陕县庙底沟，中经陕西省华阳县西关堡、临潼县姜寨，西至甘肃省马家窑、青海省乐都县柳湾，都有数量众多的蛙纹彩陶出土。这些彩陶图案中的蛙纹，既有象生的、写意的，也有抽象的，纹样之丰富多彩，色彩之绚丽和谐，实为世界所罕见。特别是青海省柳湾出土彩陶上的蛙纹，可以排出完整的序列，令人叹为观止。这些大量的图案资料说明，蛙纹（或蟾蜍纹）应是中国母系氏族社会文化遗存中的第二种基本纹样，与其笼统地说它们是古代所谓图腾的象征，不如说它们是原始先民生殖崇拜观念的反映更为确切。从表象上看，蛙的肚腹和孕妇的腹部形态相似，都有浑圆而庞大的特征；从内涵上说，蛙产子繁多，有很强的繁殖能力；所以蛙便被原始先民作为女性生殖的象征。如果说彩陶上的鱼纹展示的是对女阴的崇拜，蛙纹体现的则是对女性怀胎子宫的崇拜了，可以说这是人类生殖崇拜母题发展进程中的一个写照，也反映了原始社会先民对女性生育功能和繁殖过程认识的深化。姜寨出土的鱼蛙纹彩陶纹饰，还形象地反映了当时举行"鱼蛙祭"以祈求生殖繁盛的习俗。马家窑文化遗存彩陶上形式多样的大量蛙纹，也揭示了远古先民以蛙为象征实行生殖崇拜和举办蛙祭的情形，在蛙祭上并有男性舞蹈队献舞，例如青海大通县上孙家寨出土的马家窑类型舞蹈纹彩陶盆对此就有生动的描绘。这些大量存在的蛙纹都充分说明："蛙在母系氏族社会生活中是一种神圣的动物，据有特殊的地位，含有不容否认的象征意义。"进而来看，远古时期的月亮神话也可能与此有关。"在远古先民将蛙（蟾蜍）作为女性子宫（肚子）的象征之后，他们力图对月亮的盈亏圆缺作出解释。于是，他们想象月亮是一只或者月亮中有一只肚腹浑圆又可以膨大缩小的神蛙（蟾蜍），主司生殖。因之，初民又崇拜月

① 张朋川《中国彩陶图谱》，文物出版社1990年10月第1版，第54页、78页。

仰韶文化彩陶盆上的鱼蛙纹（陕西临潼姜寨遗址出土）

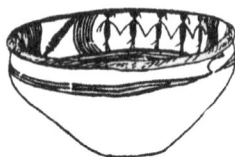

彩陶盆上的"鱼蛙祭"图像（青海大通县上孙家寨出土）

亮。这就是月亮神话的起源，这就是月中蟾蜍的来历。"①

又有学者认为，在中国古史的传说时代曾发生过特大洪水，经过了鲧、禹治水才进入了文明时代，彩陶上的蛙纹便与远古治水神话传说有关，例如"有的蛙纹四肢空隙处，加水珠纹或雨点纹，则又与鲧禹治水神话吻合"。②还有学者认为，蛙在远古时代是一大类水生物的通称，分布特别普遍，受到先民们崇奉主要有三大原因，其一是蛙与女性有密切的比喻联系，而成为生殖崇拜象征；其二是蛙可以预报天气的变化，如通过蛙鸣声音的变化可以预知雷雨是否即将来临，天气是否大旱等，这引发了初民的想象，认为蛙身上具有神秘属性，促使了蛙崇拜的形成；其三是蛙的叫声与婴儿的哭叫声相似，有些上古氏族因而将蛙奉为图腾。特别是刚刚进入农耕的原始先民，通过长期观察发现蛙类不仅

---

① 赵国华著《生殖崇拜文化谈》，中国社会科学出版社1990年8月第1版，第180~206页。

② 陆思贤著《神话考古》，文物出版社1995年12月第1版，第146页。

广西左江岩画描绘的祭祀场景

有强大的生殖繁育能力，而且还能对不同的天气变化作出迅速而又准确的反应，在心中产生了对不可知力量的敬畏感，"这样自然而然地就形成了对蛙类的崇拜观念。由于这种实用性的目的，因而导致了对蛙的崇拜，发展到后来，便演变成了一种取蛙祈雨的习俗。这种习俗，一直到汉代还有遗存"。①此外学者们还指出，不仅月亮神话与蛙崇拜有关，而且女娲的神话传说也与远古先民蛙类崇拜观念有着密切的关系，因为娲与蜗古义同字，而蜗类在远古先民心目中也是包括在蛙类之中的。认为女娲可能是以蛙为图腾的远古部落首领，后来才被神化为蛙神和创世神，②凡此等等，对远古时期蛙纹图案的各种分析看法可谓丰富多彩。这些认识阐述的道理与见解，对我们探析金沙遗址出土的金箔蛙形饰，都是很重要的参考。

通过上面列举的资料可知，远古时期的蛙纹图案确实有着极其丰富的内涵，对蛙或蟾蜍的崇奉习俗由来已久，可能是一种较为普遍的现象。不仅彩陶上有大量的蛙纹图案，原始岩画中也有对蛙的描绘。最具有代表性的便是广西左江岩画，描绘了众多舞蹈祭祀者的图像，有学者

①　林少雄著《人文晨曦——中国彩陶的文化读解》，上海文化出版社2001年1月第1版，第156~160页。

②　田兆元著《神话与中国社会》，上海人民出版社1998年11月第1版，第10~11页。

认为岩画上"一个个大大小小的人像，其动作姿势几乎千篇一律、大同小异地作两手上举、两脚叉开、跳跃前进的姿势，酷似青蛙站立起来跳跃的形象"，可知表现的主体应是蛙神。[1]有学者进而分析认为，左江岩画表现的应是壮族先民生殖崇拜、举行祭祀的情景，这祭祀便是"蛙祭"，岩画中的所谓"蛙神"，其实是壮族先民在祭祀上模拟青蛙姿态的舞蹈写照。此外，左江岩画上还绘有铜鼓，而铜鼓其实也是蛙腹的变形物，铜鼓也由此而成为南方民族祭祀的法器。[2]

在广西还流传有"蛙为鼓精"的故事。[3]历史上也有蛙为"铜鼓之精"的说法，如唐人刘恂《岭表录异》就有"疑其鸣蛤，即鼓精也"的记述。在广西、云南等地出土的一些铜鼓上，不仅有蛙纹作为装饰，有的还于鼓面上铸有蛙的造型。宋人周去非《岭外代答》卷七记载说："广西土中铜鼓，耕者屡得之。其制正圆，而平其面，曲其腰……面有五蟾蜍分据其上，蟾皆类蹲，一大一小相负也。"[4]萧兵先生认为"负子蛙"表现的其实是一只小雄蛙骑在雌蛙背上进行交配，"这显然是希望蛙类、蛙族蕃殖繁庶的象征"。[5]20世纪以来，出土的铜鼓数量甚多，据统计，现存各文物博物馆、高等院校、科研机构的铜鼓有1460余件，分散在民间主要是少数民族群众手中的铜鼓约800件，这些数字充分说明了我国南方和东南亚诸多民族对铜鼓的喜爱程度。这些铜鼓的装饰纹样极其丰富，最具代表性的是太阳纹等，蛙纹也是常见纹饰之一，有的铜鼓上还有蛙的立体青铜雕塑，如云南江川李家山出土的一件石寨

---

①　莫俊卿《左江崖壁画的主体探讨》，《民族研究》1986年第6期。

②　赵国华著《生殖崇拜文化谈》，中国社会科学出版社1990年8月第1版，第206~208页。

③　扬知勇《从青蛙骑手的诞生谈图腾艺术的演变》，《民间文学》1986年第6期。

④　《笔记小说大观》第七册，江苏广陵古籍刻印社出版1983年4月第1版，第336页。参见《太平御览》第四册，中华书局影印本1960年2月第1版，第4212页。

⑤　萧兵著《楚辞与神话》，江苏古籍出版社1987年4月第1版，第123~124页。

云南晋宁出土的蛙矛　　　　　云南江川出土的蛙鼓

山型铜鼓上就有一只立体青蛙雕铸在鼓面中央，[1]显得非常生动，这只蛙雕是否就是铜鼓之精的象征呢？总之有着特别的寓意，并给人以情趣隽永之感。在云南晋宁石寨山墓地、广西藤县等处出土的铜鼓鼓面周围则铸有四只立体青蛙，充分展示了铜鼓蛙雕形式的多样和寓意的丰富。

这里要特别提到祭蛙求雨，它很可能是盛行于远古时期的一种祭祀习俗。这与初期农耕阶段先民们的生活有着密切关系的祭祀习俗，在黄河流域、长江流域和南方广大地区都有广泛的流行，特别是在南方各个古老部族中间可能尤为盛行。如果说彩陶上的"蛙祭"图像与左江岩画上的"蛙神"画面表达的主要是生殖崇拜的内容，那么壮族等少数民族用铜鼓作法器求雨，则毫无疑问是祭蛙求雨的一种方式了。在壮族的古老宗教信仰对象中，蛙神是壮族崇奉的主要神灵之一，"传说青蛙是雷王的儿子，为雷王派到人间的使者。人间需要雨水，向青蛙说一声，青蛙便鼓噪，雷王便下雨。后来人们不留心用开水烫死了青蛙，从此天不下雨。人们去问始祖神布洛陀，布洛陀说，你们得罪了雷王，要对死去的青蛙祭奠"。从此便有了祭祀青蛙的民间习俗，并成为广西红水河上游壮族聚居区的一大传统节日，称为蛙婆节，俗称蚂蚜节。每年农历

---

① 李昆声著《云南艺术史》，云南教育出版社2001年8月第2版，第81页，第98~99页，彩图蛙鼓。

大年初一至正月三十（有的至正月十五）日举行敬奉蛙神祈年的活动，有"请蛙婆""唱蛙婆""孝蛙婆""祭蛙婆""葬蛙婆"等祭祀仪式，通过敲打铜鼓、跳蛙婆舞、唱山歌等内容，以赞颂蛙神给人间带来雨水保佑丰收，这一古老遗俗在后世已成为乐神娱人的歌舞盛会。①

其实，祭蛙求雨这种远古流传下来的祭祀方式，并非壮族所独有。有学者指出，早"在甲骨文中即见有祀虾蟆以求雨之记载"。②这一遗俗在汉代仍十分盛行，董仲舒《春秋繁露》卷十六就对此作了记述，说春旱求雨除了祷社稷和暴巫尪，还需"于闾外之沟取五虾蟆，错置社之中，池方八尺深一尺，置水虾蟆焉，具清酒膊脯祝斋三日，服苍衣拜跪陈祝"。夏旱求雨也要"取五虾蟆，错置里社之中，池方七尺深一尺，具酒脯祝斋，衣赤衣拜跪陈祝"。秋冬遇旱求雨，也同样采取"虾蟆池"的作法。③这种先秦时代祭蛙求雨的习俗，在汉代仍然盛行不衰，充分说明了其影响力的强大。如果它在远古以来不是一种重要的祭祀方式的话，那是不会产生如此广泛而深远的影响的。我们由此可以推测，祭蛙求雨在商周时期的古蜀国内，很可能也是一种相当重要的祭祀方式。

三、金沙遗址金箔蛙形饰的象征含义

我们再来看金沙遗址出土的金箔蛙形饰，通过比较研究和深入探析，现在已经比较容易弄清它们神秘而丰富的寓意了。在三星堆遗址，曾出土有石蟾蜍，形态为张口露齿，作爬行状，周身布满疙瘩，造型显

---

① 《中国各民族宗教与神话大词典》，学苑出版社1990年10月第1版，第761页，第774~775页。

② 刘敦励《古代中国人与马耶的祈雨与雨神崇拜》，台湾民族学研究所《集刊》1957年第4期，第105页。参见萧兵著《楚辞与神话》，江苏古籍出版社1987年4月第1版，第388页。

③ 《二十二子》，上海古籍出版社1986年3月第1版，第803~804页。

得生动而又逼真，与金沙遗址
出土的金箔蛙形饰有异曲同工
之妙，显然所体现的也是同样
的象征含义。这也说明，金沙
遗址出土的金箔蛙形饰并不是
一个孤立的现象，三星堆时期
已有了石蟾蜍，虽然两者质地
有别，表现手法和形态风格也

三星堆遗址出土的石蟾蜍

各具特色，但它们都展现了古代蜀人对青蛙或蟾蜍的崇奉，应是古蜀族
举行蛙祭仪式的遗存。现在我们就来分析一下古蜀制作者赋予它们的丰
富含义。

　　首先，金沙遗址出土的金箔蛙形饰与三星堆遗址出土的石蟾蜍，
制作的目的显而易见都是为了用于当时盛行的蛙祭仪式，所要表达的很
可能是祭蛙求雨的寓意。我们知道，在三星堆、金沙遗址、方池街遗址
都出土有石跪人像，它们是古代蜀人遇到旱灾举行"暴巫尪求雨"祭祀
活动后的遗存。这同三星堆和金沙遗址出土的石蟾蜍与金箔蛙形饰所表
达的寓意也是一致的，对汉代董仲舒《春秋繁露》中记述的上古旱灾祈
雨遗俗也是一个很好的印证。通过古文献记载透露的信息，根据环境考
古揭示的资料，再参照这些特色鲜明寓意丰富的出土实物，可知商周时
期古蜀国可能曾不止一次发生过旱灾，也可能有过类似于成汤时中原地
区那样的大旱，因之而举行"暴巫尪求雨"与"祭蛙求雨"的仪式，很
可能是当时一项非常重要的祭祀活动。在这种祭祀活动中，圆雕造型的
石蟾蜍和金箔蛙形饰可能都是祭祀的象征，也可能是祈雨的献祭品。相
比较而言，色泽灿烂的金箔蛙形饰似乎更能代表献祭者的虔诚，同时更
表达了祈雨心情的迫切。结合金沙遗址出土的众多石跪人像来看，说明
当时确实出现过连续发生的旱灾，由于旱情比较严重，所以金沙遗址的
统治者才不惜用珍贵的黄金来制作献祭的金蛙，以祈盼感动蛙神，尽快
解除旱情，以保佑农业的丰收。这种祭祀仪式，也有较为明显的巫术色

彩，正符合了古蜀时代巫风甚炽的情形。

其次，金沙遗址与三星堆出土的金箔蛙形饰和石蟾蜍，同远古时期广为流传的月亮神话传说也有一定的关系，其形态造型可能是古代蜀人心目中的月中蟾蜍或月中神蛙象征。特别是金箔蛙形饰，那种写意和抽象的造型风格，洋溢着浓郁的神秘意味，展示了制作者丰富的想象力，显然绝非自然界中常见的凡俗之蛙，而只能是月中蛙神的象征。它们是古蜀族按照崇奉的对象，经过巧妙的构思和丰富的联想，特意创作出来的一种神蛙形象。这也透露了古蜀社会不仅有强烈的太阳崇拜观念，同时也有月亮崇拜的习俗。虽然太阳崇拜在三星堆和金沙遗址都始终占据着主导地位，月亮崇拜并不突出，但在神话传说的瑰丽特色方面则是完全可以相互媲美的。正是由于这些神奇的传说与崇奉，才形成了古代蜀人精神世界绚丽多彩的特色。

再者，在金沙遗址金箔蛙形饰与三星堆石蟾蜍所展现的丰富寓意和多层象征含义中，我们也不能忽略和排除它们透露的生殖崇拜意识。商周时期的农业发展与人口繁衍，肯定是古蜀族群中各个氏族或部落最为重视的一件大事。希望五谷丰登、部族强盛，这种带有共性的强烈心愿，对各个古老部族来说都不会例外。而最能体现这种心愿和期盼的，便是生殖崇拜。青蛙或蟾蜍作为生殖崇拜意识的一种象征，本是远古以来最为常见的一种现象。古蜀先民很可能也有这种习俗，通过特殊形式的蛙祭，来表达生殖崇拜的内涵。古蜀族精心制作的金箔蛙形饰和石蟾蜍，便很可能寓含了这方面的内容。

此外，金箔蛙形饰与石蟾蜍也可能是古代蜀人喜爱和崇奉的吉祥物，甚至可能是古蜀族群中某个氏族或部族的具有图腾含义的标志。蜀地湿润，河流众多，是最早栽种水稻的地区之一，适宜青蛙与蟾蜍的大量繁育。在早期古蜀先民依靠渔猎和采集维持生存时，除了获取鱼类和鸟兽，蛙类也可能是食物来源之一。加上蛙类具有两栖的特性、旺盛的生殖能力、类似于婴儿啼哭的奇异的蛙鸣声、感知雨旱天气变化的神秘现象，以及繁育过程中的变化属性等等，这些都很容易引起古蜀先民的联想和敬崇。正是由于蛙类和古蜀先民社会生活的密切关系，由于对蛙类神秘属性的联想和敬崇，所以古蜀族群中既有崇奉鸟和鱼的氏族，也有某个部族将蛙作为吉祥物和图腾标志，应该是很正常的现象。这种远古遗俗，到了商周时期，在古蜀族群的社会生活中仍然有较好的延续，并融入了灿烂的青铜文化之中。这种情形，并非是由于古蜀的落后，而是同古蜀部族的众多、古蜀国独特的社会结构、古代蜀人包容性很强的崇尚意识、古蜀时代昌盛的巫风和频繁的祭祀活动，以及地处长江上游内陆盆地的特殊的地理环境，都有着密不可分的关系。正是这些多重因素，从而形成了鲜明而与众不同的古蜀文化特色。金沙遗址出土的金箔蛙形饰和三星堆出土的石蟾蜍，便是具有商周时期古蜀文化特色的远古崇尚遗俗的生动反映。

综上所述，金沙遗址出土的金箔蛙形饰具有丰富的多重内涵，应是不争的事实。

四、金沙遗址金箔蛙形饰的使用方式

关于金箔蛙形饰的使用方式，有学者认为由于"蛙形金饰很薄，单独使用的可能性很小，应当是附贴于其他质料器物上作为装饰。这种用金饰件装饰的器物最大的可能就是大型漆器，并且漆的颜色也很可能是红色。蛙形金饰件的数量原先应当不止2件，应至少有4件，也许可以多至12件"。又认为，"根据铜鼓鼓面的纹饰，我们可以对金沙村四鸟绕日金饰和蛙形金饰联系在一起进行推测复原，其构图应是圆形的四鸟绕日金饰位于漆器的中央，周围等距离呈放射状或旋转状排列四个或更多的蛙形金饰。这种用金饰件图案装点的红色漆器，其装饰效果有点类似于后来的平脱漆器，虽然在漆器工工艺上可能还不能与平脱漆器画等号，但它可能与当时采用蚌片装饰的漆器一样，都属于嵌贴漆器"。又说推测排列方式是"圆形的四鸟绕日金箔位于中央，周围排列着8只

（或更多）蛙形金箔，最外面还有一圈金箔作为边栏"①。

这个推测看法有几处明显的疑问值得商榷。第一个疑问是关于金箔蛙形饰的数目，原先是否确有4件或8件甚至12件之多？依据是什么，不得而详。因无出土实物佐证，看来目前尚难确定。第二个疑问是金箔蛙形饰与太阳神鸟金箔饰的关系和排列方式，两者体现的是不同的祭祀内容，在祭祀形式上也有明显的差异，制作工艺和艺术手法表现的主题也不相同，怎么会排列在一起作为同一件红色漆器的装饰图案呢？若从这些金饰件的尺寸看，按照这种排列图案装饰的将是一件很大的漆器，什么性质的漆器才会装饰这种组合图案呢？这与古代蜀人讲究简洁明快的审美观念似乎相去甚远。综合这些疑问，可知这种排列成组合图案的可能性不大。第三个疑问是关于金箔蛙形饰是否为漆器的嵌贴装饰，从金箔蛙形饰的工艺形态来看，头部有凸起的双眼，蛙身和四肢有圆而高凸的连珠状乳丁纹，与通常用于嵌贴装饰漆器的平整蚌片之类迥然有别，可知金箔蛙形饰决非是漆器的嵌贴装饰品。也就是说，关于金箔蛙形饰是漆器组合图案嵌贴装饰的推测是不确切的。当然，上述意见也是一家之言。作为学术探讨，有了争鸣才更有利于研究的深入，相信这是一件好事。

尽管有这些不同的看法，但学术上的一些共识还是比较清楚的。金箔蛙形饰在文化内涵上同太阳神鸟金箔饰一样，都是古蜀族心目中崇奉的象征，显而易见古代蜀人制作它们的目的都是为了用于重要的祭祀仪式，而且很可能同样都是金沙遗址统治者宗庙或神庙中的珍贵供奉物，或是重要的祭祀器饰或献祭品，而决不会只是将它们作为一般性实用器物上的装饰。

古代蜀人和南方诸族敬崇蛙类的习俗，在后世仍有广泛的流传。在湖南长沙马王堆一号汉墓出土的的帛画上，便于弯月上画了一只口吐

---

① 孙华、谢涛《金蛙形饰》，《金沙淘珍》，文物出版社2002年4月第1版，第32~34页。参见孙华、苏荣誉著《神秘的王国》，巴蜀书社2003年1月第1版，第298~301页。

云气的蟾蜍，同时在圆日中画了一只金乌，对"日中有踆乌，而月中有蟾蜍"的神话传说作了生动的描绘。在考古发现的一些汉代壁画和出土的画像石画像砖上，也有类似的画面。这说明在后世（特别是汉代以后），青蛙或蟾蜍已主要是作为带有神话传说色彩的月中神灵的象征了。而在南方一些少数民族地区仍保留着蛙祭的古老遗俗，如壮族的蛙婆节便是显著的例子，还有出土铜鼓上的蛙雕显然也是这一类遗俗的反映。甚至在蒲松龄《聊斋志异·青蛙神》中也记述了"江汉之间，俗事蛙神最虔"，并有"赛蛙神"的巫术活动。①

湖南长沙马王堆一号汉墓出土帛画上的弯月蟾蜍

汉代画像石上的日轮金乌与满月蟾蜍（河南南阳出土）

汉代画像石上的"嫦娥奔月"图，月亮内刻画有蟾蜍（河南南阳出土）

---

① 蒲松龄著《聊斋志异》（铸雪斋抄本），上海古籍出版社1979年4月第1版，第638页、640页。

　　前面所说的这些图像和实物资料，都具有非常重要的价值，是对远古时期月亮神话传说和蛙祭习俗流传演化情形的生动印证。从这个角度来看金箔蛙形饰，确实是古代蜀人的一个绝妙创造，它们所展示的丰富内涵，对我们了解商周时期古蜀社会绚丽多彩的神话传说和祭祀活动情形，不仅提供了新的材料，而且揭示了新的内容。它们对探析古蜀历史文化的重要性，以及在美术考古等学术研究领域所具有的重要意义，都是不言而喻的。

——此文发表于《东南文化》2004年第1期。

金沙遗址出土石雕人像探析

一、金沙遗址出土石跪人像的风格类型

在金沙遗址出土的大量珍贵文物中，石雕人像可谓是古代蜀人在人物造型艺术方面的又一杰作，也是成都平原商周时期石质遗物中最重要的考古发现。清理出土的石质人物雕像共有8件，加上后来发掘出土的已达十余件，其娴熟简朴的雕刻技艺和独特神秘的造型风格，大有令人耳目一新之感。

金沙遗址出土的这些石人独具特色的姿势，以及与众不同的形态神情，引起了学者们的种种猜测。比如有的考古工作者认为它们表现的是当时社会的下层，或认为它们应属于四川盆地内地位低下的族群，还有认为它们可能是来自异族的人物，是战争的俘虏或奴隶的形象等等。[1]关于它们的造型所代表的真实身份，可能并非如此简单。它们所蕴含的神秘内涵，更是费人猜思，可能与一般想象的解释并不完全一样。那么，古代蜀人花费大量的时间精力和心血去雕造的这些石人，究

---

[1] 成都市文物考古研究所、北京大学考古文博院《金沙淘珍》，文物出版社2002年4月第1版，第166页，第176页，第181页。参见孙华、苏荣誉著《神秘的王国》，巴蜀书社2003年1月第1版，第201页，第222页。

竟是出于什么动机，为了什么目的？在这些石质人物造型身上赋予了什么象征含义？在金沙遗址古蜀族举行的祭祀活动中，它们又扮演的是什么角色呢？这些都是引人思索非常有趣的问题，需要我们作一些深入的探讨来弄清它们。

金沙遗址的这些圆雕人物造像，均为跪坐姿势。它们的形态无一例外皆为裸体，跪姿一律都是双膝着地，臀部端坐于脚跟之上，赤足。这种一丝不挂的形体，显得大胆而又坦荡，在造型上展示出一种神秘的寓意和独特的风格，可以说是古蜀族能工巧匠富于创意和想象力的圆雕石质人像杰作。值得注意的是，它们的双手都交叉背于身后，腕部被绳索反缚，有的被绳索缠绕了两道或数道，手掌皆向下摊开手指并拢贴于臀后。这种姿势非常耐人寻味，很可能具有非同寻常的含义。这些石跪人像的发型也颇为奇特，它们头上好似顶着一片特制的瓦，由低凹的中间向两边翘起的形状又很像是一本打开的书。有学者认为这是一种中分的发式，准确地说它们的头发是从头顶向两侧分开并微微上翘，至前额和脑后又微微内束，总之发式非常奇异。它们的前额及双鬓皆不留头发，脑后则采用线刻的方式表现出拖垂的长辫，长辫为四索双股并列下垂，直至后腰，长辫的下端被反缚的双手遮住。长辫表现在人物雕像脑后是典型的古蜀传统，三星堆出土的众多青铜人头像与立人像都是如此，金沙遗址铜立人像也是这样，石跪人像也同样展示了这一鲜明的古蜀特色。不过也有例外，其中有两件石跪人像脑后就没有线刻的长辫，仔细观察可能并非有意如此，也许是因为将石人雕琢成形后尚未作进一步加工和刻画，或者是由于年代久远而刻画较浅已漫漶不现。这两件石跪人像有些部位雕琢较为粗糙，仅具轮廓，据此推测前一种可能性较大。

从美术考古的角度来看，这些石跪人像在造型艺术上展现出一种简洁朴实粗犷豪放的风格，与三星堆青铜雕像群相比，无论是形态或姿势以及华丽精美的装饰特色都有很多不同。在材料的选用和审美情趣方面，也各有差异，别具匠心。古蜀族在雕造这些石人时，采用了圆雕与线刻相结合的手法，在造型上达到了简练逼真的效果，在艺术风格方面既有写实又有夸张，给人以生动传神之感。在脸部形态上，它们大都颧骨高凸，鼻高额宽，眉弓突出，杏状大眼圆睁，眼珠与瞳仁刻画成向前方瞪视状，双耳较大，耳垂凿有穿孔，脸部下边则较为瘦削，脸颊略呈内凹，嘴巴或抿或张，有的嘴唇和耳朵上尚残留有涂抹的朱砂痕迹。特别值得注意的是这些石跪人像的表情神态，无一例外都是一副承受痛苦的样子，充满了悲壮的意味，同时又交织着静默、企盼、祈祷、等待或苦闷与惊讶等一些微妙的神情变化。这反映了雕造者对当时人物表情的细致观察与巧妙把握，而且具有娴熟的雕琢创作技巧，在造型艺术上达到了较高的水平。这些石雕人物的表情神态，同金沙遗址铜立人像的肃穆神秘状，可能都表达着某种寓意，有着很丰富的含义。石人嘴唇与耳朵等处涂抹的朱砂痕迹，可能是古蜀族举行祭祀活动时所为，涂抹朱砂是否有增强灵异或厌胜的作用，或许是古蜀族的一种特定的礼仪习俗？三星堆二号坑出土的青铜面具和青铜人头像也有口唇涂朱的现象，[①]说明这种做法可能都是为了同样的目的，应与古蜀族和古蜀王国的祭祀与巫术有关。

在金沙遗址发现之前，成都平原其他古遗址内也曾发掘出土有商周时期的石质人物造型像，但数量很少。根据公布的考古资料，首先是在三星堆遗址范围内，曾出土有两件石跪人像，可惜头部皆已损坏，形态表情不详，身躯的刻纹也已漫漶不清，但双手反缚的跪姿仍依稀可辨，有学者称之为石雕奴隶像，认为"遗址中发现的两个双手反缚的石雕奴隶像说明了在这个时期奴隶制的存在"。[②]还有学者称为"砍头的人牲石像"。[③]

①　四川省文物考古研究编《三星堆祭祀坑》，文物出版社1999年4月第1版，第188页，第190页，第174页，第178页。

②　陈显丹《广汉三星堆遗址发掘概况、初步分期——兼论"早蜀文化"的特征及其发展》，《南方民族考古》第二辑，四川科学技术出版社1990年2月第1版，第223页。

③　林向著《巴蜀文化新论》，成都出版社1995年10月第1版，第14页。

其次是1983年在成都方池街遗址出土了一件石跪人像，据介绍是"在遗址早期地层的上面，发现一个青石雕刻的人像，高约0.5米，双脚下跪，双手被缚"。^①后来又介绍说："这个石人高50厘米，头发向左右两披，双手反缚，头部较大，脸部雕刻粗犷有力，只刻出眼、鼻的大体轮廓。"^②有学者分析认为：方池街出土的"这件石雕像，面部粗犷，颧高额突，双耳直立，尖下巴，高鼻梁，瘦长的脸上横着一张大嘴，头发由中间分开向左右披下，由于身上无衣纹饰样，从其特征上看，可能为一青年男性"。"方池街石人，神态严肃悲怆，赤身裸体（没有衣纹饰样），双手于背后作捆缚状，双腿弯曲下跪于地，从它所表现的形象来看，不像是作为祭祀对象……是作为祭品——'人祭'的代用品，其表现的当是受人宰割的羌人奴隶形象"。并认为，"蜀与羌在当时都是较强大的部落，而且相互为邻，双方之间很难不发生关系，战争也是不可避免的。因此，古代蜀人将羌人形象的'石俑'代替人牲作为祭品是很可能的"^③。或认为古老的氐羌是蜀族的祖先，"这件石雕人像正是表现了蜀族先民的形象"^④。也有学者不同意这种推测看法，认为，"根据文献记载，羌人是披发覆面而不是辫发，将这类石人像的族属判定为羌人，其证据还不足"^⑤。

现在来看，当时三星堆遗址和成都方池街遗址出土的石人雕像，

成都方池街遗址出土
的石跪人像

① 徐鹏章《我市方池街发现古文化遗址》，《成都文物》1984年第2期，第91页。

② 王毅、徐鹏章《方池街古文化遗址的出土文物》，《成都文物》1999年第2期，第46页。

③ 吴怡《成都方池街出土石雕人像及相关问题》，《四川文物》1988年第6期，第19~21页。

④ 吴怡《成都方池街出土的石人初探》，《成都文物》1985年第1期，第49页。

⑤ 唐飞、孙华《石跪人像三》，《金沙淘珍》，文物出版社2002年4月第1版，第176页。

由于残损严重数量甚少，使学者们的研究分析受到了很大的局限，因而推测看法还停留在相对比较浅显的层面上。金沙遗址8件石跪人像的出土，对这方面的研究无疑提供了极其重要而丰富的实物资料，使我们可以对此作更深入的探讨。

这些商周时期的古蜀石质人物造像的出土，已引起学术界浓厚的兴趣和广泛的关注。将它们与先前出土的几件石人像联系起来看，可知都是同一文化类型遗存。在雕造使用年代上，它们都是商周时期。在形态特征与造型风格上，它们都非常相似。特别是方池街遗址出土的一件，无论是赤裸的形体、反缚的双手、双腿弯曲跪坐于地的姿势、由中间向两边分开的发式、颧高额突与大耳阔嘴以及瘦长的脸形，或是作严肃悲恸状的表情神态，都与金沙遗址石跪人像一脉相承高度一致。在四川之外其他地区多年来进行的大量考古发掘中，迄今尚未见有类似的发现。这说明这些石跪人像显然是具有典型的时代性和浓郁的地域文化特征的古蜀遗物。它们主要分布在成都平原上规模较大的一些商周时期的古遗址中，应是古蜀王国中一些较大的氏族或部族为了某种祭祀目的而特意雕制的。这些出土实物还透露出，采用石材雕造这类有着特殊寓意的石跪人像，可能是商周时期的古蜀族和古蜀王国的一种特殊祭祀方式，也可能反映了当时影响较大曾经盛行的一种社会习俗。可以肯定的是，古代蜀人雕造这些石质人物，绝非像现代人生产工艺品那样出于赏玩的目的。这些石人像特征风格已充分说明了雕造者虔诚的态度与耗费的心力，他们并不追求视觉上的愉悦，却刻意表现一种浓烈的悲剧性的力量。总之，给人以深刻印象的这些石质人物造像，提供给我们的并不是一些简单的信息，而有着极其丰富的含义。

考古工作者对金沙遗址石跪人像进行出土清理时，根据它们的造型特点，认为大致可分为A、B、C三种类型。其中A型的形体较为瘦小，上身微向前倾，五官雕刻得比较粗略，高约17厘米。B型的体形适中，上身亦微向前倾，高约21厘米。C型的体形较高，上身较直略显得有点扁平，肩部较宽，人体有的部位较为夸张，高21~27厘米。^①如果从雕刻技艺和造型风格来看，属于B型与C型的石跪人像雕刻较为细致精美，采用线刻表现的眼睛与发辫等处显得清晰流畅，做过耳垂钻孔和整体磨光加工，体表圆润，涂抹于嘴唇、眼眶、耳朵等处的朱砂痕迹仍明显可见，可谓是金沙遗址出土古蜀族石质人物造像中的精心之作。比较而言，属于A型的石跪人像则雕刻得较为粗糙，身体造型已大致成形，但脸部五官仅显出轮廓，神态朦胧表情模糊，因未雕出眼睛，眼眶与瞳孔采用朱、白两色颜料描绘而成，脑后的发辫也未刻出，体表也未打磨，给人的感觉好像姗姗而来只雕刻出了粗形，尚未做细致加工。根据这些明显的差异来推测分析，其中的A型石跪人像很可能是金沙遗址古蜀族早期的粗犷之作，B型与C型石跪人像则可能是古蜀族积累了丰富的雕刻经验之后的石雕人物作品。从雕琢工艺的角度看，除了技巧方面的原因，花费的时间功夫也明显不同，A型石跪人像雕刻时可能比较急迫和草率，B型和C型石跪人像雕刻时比较从容细致，从而形成了两种不同的艺术效果。这与古蜀族必须雕造这类石跪人像来举行某种祭祀活动的急需程度是否有关呢？这些尽管都是分析推测，但可以活跃思路，对我们的深入探讨应该是有好处的。

二、金沙遗址石跪人像的特征形态

现在让我们来看看已经公布的其中一些精美之作。

先看第一件，按照考古工作人员的编号为2001CQJC：716，在金沙遗址清理出土的十余件石雕人物造像中是雕刻细致和保存最为完整的一件。这件石跪人像通高21.72厘米重2117克。古蜀族的雕造者充分采用了雕琢、磨光、钻孔、线刻等手法，对石跪人像的形态造型从整体上到

---

① 王方、朱章义、张擎《金沙遗址出土石器》，《金沙淘珍》，文物出版社2002年4月第1版，第164页。

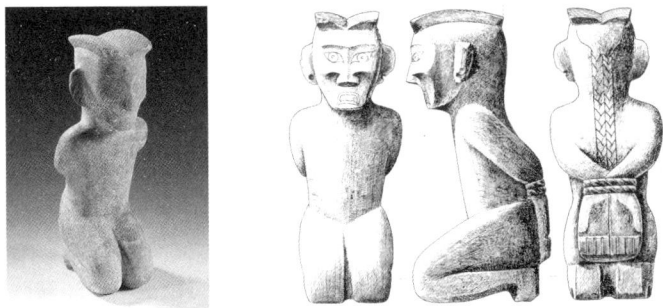

金沙遗址出土的石雕人像之一

细微处都作了生动逼真的表现，并在脸部的某些部位施加了彩绘，涂抹了朱砂。[1]有些部位较为夸张和简略，展示出一种别具匠心的粗犷风格。特别是其线刻的双眼、睁大的瞳仁、嘴角下垂唇部涂朱的方形大口、耸出的颧骨、内凹的脸颊、与高挺的鼻梁、竖起大圆耳朵和钻孔的耳垂、奇异的梳理整齐的双分发式、脑后下垂的大辫和反缚的双手，以及腰板挺直、平胸圆肩、微向前倾、双膝着地的跪坐姿势，都给人以栩栩如生之感。这件石雕人像选用的石材为蛇纹石化橄榄岩，由于该岩内含有大量分散的粉粒磁铁矿石及方解石的缘故，因而石像的表面有一些被侵蚀后形成的黄褐色斑痕。脸部人为的彩绘和涂抹的朱砂，和这些自然形成的斑痕互为衬托，更增添了这件石跪人像的古朴和神秘，在我们观察的时候能够油然体会到一种年代久远的情趣与韵味。从形态造型的风格特征来看，这件石跪人像应为男性裸体双手反缚跪坐姿势。其神态表情作严肃苦涩与惊讶状，双眼圆睁目视前方与嘴角下垂方口大张的样子，似乎又含有一种悲壮、愤慨、期盼和祈祷的复杂意味。身后被两道绳索捆绑住的双手显得分外夸张，可能是有意为之，以突出其双手反缚所表达的某种寓意。其双膝下面与跪坐于地的脚趾都作了磨平处理，可以平稳放置，说明古蜀族雕造这件石跪人像是供摆放使用的。很可能是用于专门的祭祀活动，或者是作为古蜀族宗庙与神庙中的供奉物，从视

---

① 唐飞、孙华《石跪人像三》，《金沙淘珍》，文物出版社2002年4月第1版，第176~178页文与图。

觉效果推测或许有木制的祭台或神坛供作摆放。此外，有人推测是否有作为殉葬品和陪葬品的可能性？目前还是一个谜。这件石跪人像奇特的姿势和微妙的神态，都给人以深刻的印象，雕造者赋予的象征含义是相当耐人寻味的。

第二件金沙遗址出土的石跪人像人像，编号为2001CQJC：717，高21.5厘米，重1951克，也是一件雕刻细致传神的精美之作。古蜀族精心雕造的这件石人像，同样采用了圆雕与线刻相结合的方法，展现了简练而娴熟的雕刻技艺，形象体态显得丰满稳重而又均衡对称，给人以生动逼真之感。无论是特征风格，或是表现技巧，都洋溢着鲜明的古蜀特色。这件石雕人像选用的石材也是蛇纹石化橄榄岩，因为石内含有大量分散的粉粒状磁铁矿石与方解石，故而使外表被侵蚀后呈现出有褐色状斑与黑色条纹和白色划纹，为石像增添了一种天然的韵味。此外，由于年代久远石质风化，使石像身上出现了细小裂缝。在形态造型方面，这件石像亦着重表现了奇异的发式和双手反缚跪坐于地的姿势，双眼圆睁直视前方，脸部棱角分明，颧骨凸起面颊深凹，鼻梁高直阔嘴紧抿，神态肃穆表情凝重，并同样意味深长地交织着悲壮、苦涩、期盼等微妙变化。特别值得注意的是，古蜀族的能工巧匠在雕造这件石跪人像时巧妙地运用了彩绘，来宣泄和增强对人物形态的表现，并突出其神态表情方面的效果。最显眼的便是紧抿的阔嘴上涂抹的朱砂，在经历了数千年的湮没之后，清理出土时仍鲜艳如新。在竖起的招风式的双耳上，也残存

金沙遗址出土的石雕人像之二

有朱砂。石人像的眼睛则采用彩绘形式描画而成，其外眼眶为黑色线条，充分利用了石材本身的肌理效果，而眼睑则涂以朱彩，眼仁描成白色，瞳仁也非常巧妙地利用了石质纹理，起到了层次分明生动传神的作用。在考古发现提供的出土实物资料中，这是非常值得重视的现象，充分说明了商周时期的古代蜀人对彩绘形式的熟练掌握和巧妙运用，可谓情有独钟造诣非凡，同时也反映了古代蜀人独特的审美意识，透露了当时祭祀活动与社会习俗中的一些真实情形。彩绘其实并不仅仅是一种美术手法，或是一种简单的艺术情趣，从一定意义上说也是原始神秘宗教观念的体现，其中寓含着相当丰富的内涵。另一个值得注意的是这件石跪人像反缚于身后的双手，其并列的双手夸张地各琢出了四个粗壮的手指，不见大拇指，掌心向内紧贴臀部。而前面介绍的第一件（编号为2001CQJC：716）石跪人像反缚的双手则掌心向外，并列贴于臀部，各刻出了拇指和蜷曲的四指。这种形态上的差别，也颇耐人寻味，说明雕造者并不固守一种模式，而有灵活的创意和丰富多样的表现形式。

第三件编号为2001CQJC：166的石跪人像，高17.4厘米，重1148克，是浅灰黑色的大理岩雕刻而成，石质中有较多的白色条状斑纹，出土时一些部分有残损，头部与身体已断开，经拼结复原。这件石跪人像在形态造型上，同样具有颧骨高耸、脸部瘦削、发式两分、身子前倾、目视前方、表情严肃、神态悲壮的特点。雕造者同样采用了圆雕、线刻、打磨、涂描等手法，但在这件石跪人像的细部表现方面特别是面部

金沙遗址出土的石雕人像之三

五官和反缚于身后的双手则较为粗糙。体态与其他石跪人像相比略小一些，手与脚也较细。这件石跪人像鼻梁以上部位未作细致雕琢，背后交叉的双手和捆绑在手上的绳索仅具轮廓，雕刻出的手指为七个，身后的不见刻画的发辫。这种制作粗糙、雕凿不细状况，与前面介绍的两件精美之作显示出较大的差异。可能是已经雕凿成形，但尚未作细致加工。推测其原因，也许是当时需用甚急，来不及精雕细刻；或者是早期的一种雕造风格，制作者在雕琢面部五官等细部经验不足，手法较为粗疏；其次也不排除制作者有意为之的可能，因为石跪人像身部已经过打磨，而五官与双手则较为模糊。值得注意的是这件石跪人像用阴线刻出的嘴上被填涂了朱砂，并用朱砂涂目，表明这件石跪人像已被用于古蜀族的某种祭祀活动之中，或已作为宗庙或神庙中的供奉。

第四件编号为2001CQJC：159的石跪人像，高17.8厘米，重1366克，采用蛇纹岩青石雕刻而成。这类质地的青石在成都平原西部的彭州境内较多，采集也较为方便，古代蜀人使用的石材有可能就采于此地。这件石跪人像的胸部和双腿处有大量的酱黄色沁斑，出土时已残断，经过拼接复原。在造型风格上同样具有脸部瘦削、颧骨突出、发式中分、目视前方、神情肃穆悲壮的特点。其形态与第三件相似，雕刻也较为粗糙，特别是鼻子部位未作细致雕刻，眼部稍凹，没有雕出眼睛，眼部上面有一道凸棱来表现粗壮的眉毛，嘴部至下巴呈现扁平状，亦未作细刻。身后反缚的双手雕刻得也很粗略，仅雕刻了五个手指。人像跪坐双腿的底部也不平整，左脚趾部略短，放置时稍向左侧倾斜。这件石跪人像同样使人觉得只雕出了粗形，尚未作进一步加工。耐人寻味的是，眉棱下虽未刻出双眼却残留有少量的朱砂和白色颜料，推测曾描绘过眼眶和瞳仁。嘴部位置也残留有朱砂，应是描绘和涂抹口部用的。在半椭圆形耳朵正面一侧，也涂有朱色。这些痕迹说明，这件石跪人像显然已在古蜀族的某种祭祀活动中被正式使用过。

以上是考古人员经过清理后已经公布的四件石跪人像。在造型上，它们与中原地区、长江中下游以及其他区域出土的同时期玉石类人

金沙遗址出土的石雕人像之四

物雕像有较大的不同，具有一种浓郁的地域文化特点，显示了古蜀族特有的石质人物雕像风格。从形态特征方面分析，可知古代蜀人为了某种特殊的目的与用途而选用石材制作这些石跪人像时，有的比较从容，精雕细刻，达到了生动逼真的效果；有的可能比较急迫，雕刻比较粗糙，未作细致加工。这是否与当时古蜀族制作使用这些石跪人像时的急需程度有关？也有可能是由于制作者的原因，比如创意构思上的成熟与粗浅、雕刻手艺的高低区别，以及石质人物雕像的经验积累等等。尽管有这些形态方面的差异，但并不影响古蜀族赋予它们的象征含义。这些石跪人像上残留的涂抹朱砂与彩绘痕迹，说明它们一经雕成，有的比较精美有的仅具粗形，便都派上了用场。换个角度来看，这也透露了古代蜀人在审美意识上的丰富和宽容，在造型艺术上既能做到精雕细刻也能保留粗犷，充分展示了表现手法方面的不拘一格和风格上的多样性。而在这些石质人物雕像面部等处施以彩绘涂抹朱砂，可能是为了增强这些石跪人像的神奇性，以达到和突出其栩栩如生的效果。这种具有古蜀特色的彩绘与涂朱，也很可能是古蜀族表现原始宗教观念的一种方法，或是当时流行的一种崇尚习俗，或者是将它们供奉于宗庙或使用于某种祭祀活动之中时进行的一种特殊仪式。客观上，这种表现手法确实起到了"画龙点睛"的作用，联系到三星堆青铜雕像群中的描彩涂朱现象，同样展示了古代蜀人非凡的创意，迄今仍使我们印象深刻，大为惊叹。

三、金沙遗址石跪人像的身份探析

金沙遗址出土的这些石跪人像，表现的是哪类人物，代表的是什么身份，究竟具有什么象征含义，是非常值得探讨和弄清的一个问题，也是古蜀先民们留给我们的一个非常有趣的谜。这个有待破解的问题和费人猜思的谜，已引起了众多学者的关注。有的学者认为金沙遗址出土的这些石像两腿下跪反缚双手，表现的应是当时社会的下层，可能是奴隶或俘虏与犯人的形象。有的甚至认为：这些象征着奴隶与犯人形象的石跪人像在金沙遗址大量出土，可能反映了当时古蜀族或古蜀王国中的等级与刑罚情形，透露出当时的古蜀王国"有可能它与商王朝一样有了较为完备的刑罚制度，执掌刑罚的就是掌握该遗址大量礼器和象征着王权金带等器物的统治阶层"。[1] 还有的认为，从"从方池街出土的人像旁凿和烧痕的人头盖骨，金沙村遗址出土人像上有涂朱的情况看，这种人像应是人祭的替代品，其目的是专用以祭祀活动。以石人替代过去的活人祭祀，无疑是一种社会进步的表现"。[2] 毋庸讳言，这些推测，大都是针对这些石跪人像两腿跪坐双手反缚的形态姿势得出的一种分析看法。若作深入探讨，可知这些看法并不确切。

我们知道，根据古代文献中有关记载透露的信息，早在远古时期中原地区的原始部落中已形成了某些强制性的行为准则，例如《尚书》中的《舜典》和《皋陶谟》就有"五礼""五典"的记载，如果部落中某些人违反了这些强制性的行为准则，就会处于象征性的"象刑"，或

① 张擎、周志清《石跪人像一》，《金沙淘珍》，文物出版社2002年4月第1版，第168页。

② 王方、刘骏《石跪人像四》，《金沙淘珍》，文物出版社2002年4月第1版，第181页。

者受到"鞭""扑""流"等刑的惩罚。①到夏朝由原始的氏族联盟建立了早期奴隶制国家之后，才有了较为正式的《禹刑》，《左传》中就有"夏有乱政，而作《禹刑》"的记载。②按照后世学者研究的说法，夏代的刑罚首先是注重天罚神判，其次是包括死刑共使用五种肉刑。据东汉学者郑玄在《周礼·秋官·司刑》中作注说：夏代五刑是"大辟二百，膑辟三百，宫辟五百，劓、墨各千"。大辟就是死刑，膑辟是凿去膝盖骨，宫辟是毁坏生殖器官，劓是割掉鼻子，墨是在脸上刺字涂以墨记。这些刑罚有着相当野蛮残酷的色彩，与当时对付征服的各部落臣民以及战争俘虏和奴隶实行强权统治有着密切的关系。到了殷商王朝，随着对外战争的频繁和势力范围的扩张，统治者进一步加强了对奴隶的镇压，不遗余力地维护奴隶主贵族集团的利益，制定了骇人听闻的更加残酷和苛细的刑罚。《史记·殷本纪》记述商汤时已有"汤法"，《竹书纪年》说于"祖甲二十四年重作《汤刑》"，③其详细内容早已佚失不存。从史籍中的零星记载来看，商朝仍沿用了五种肉刑，而把膑刑改成了刖刑（砍掉下肢），增加了砍手等刑罚，《韩非子·内储说上》就有"殷之法，弃灰于公道者断其手"的记述，④特别在死刑方面扩大了范围并增加了多种残虐的执行方法，此外还有了镣、铐、枷等械具。安

①　《尚书·舜典》中有"象以典刑，流宥五刑。鞭作官刑，扑作教刑，金作赎刑，眚灾肆赦，怙终贼刑"的记述。见[清]阮元校刻《十三经注疏》上册，中华书局1980年9月第1版，第128页。
②　《左传·昭公六年》，见《左传全译》（王守谦等译注），贵州人民出版社1990年11月第1版，第1162页。
③　《竹书纪年》卷六，《二十二子》，上海古籍出版社1986年3月第1版，第1067页。
④　陈奇猷校注《韩非子集释》上册，上海人民出版社1974年7月第1版，第541页，第519页。

阳殷墟出土的商朝陶俑，就有双手戴有械具的男囚俑与女囚俑造型。[①]甲骨卜辞里也已有"项枷""连手枷"等文字。到了西周时期中原王朝已经有了一整套完备的礼乐和法律，周穆王时大司寇吕侯制作了《吕刑》，刑罚方面仍沿用夏商时代的五种肉刑，对定罪量刑施罚都作了明确规定，其中亦有新的改变，比如有疑问的刑罚可以罚款代替肉刑等，还规定了罚金数额。

河南安阳殷墟出土的囚俑（上为女囚俑，下为男囚俑，正面与背面形状）

以上所述，都是黄河流域中原地区夏商周统治者施用的刑罚情形。作为长江上游地处内陆盆地的古蜀王国，并不属于中原王朝的统辖，这里有着众多的氏族和部落，大大小小的酋长甚多，可谓诸侯林立，在政治上施行的是共主制，在礼乐上也与中原有别自成体系，三星堆出土的青铜雕像群便对此作了很好的揭示。古蜀时代的刑罚情形如何，古文献中对此几乎没有什么记载，考古材料也缺少例证，目前我们还不得而知。因为古蜀王国与中原殷商王朝在政治体制与统治方式上都有很大的不同，古蜀王国是否也有自成特色的刑罚制度，现在还是一个谜。

关于人牲与殉葬，曾是中原殷商王朝统治者广为采用的作法，特别是商王朝后期殉葬之风尤为盛行。根据甲骨卜辞和古文献中的记载，

---

① 据参加安阳殷墟发掘的李济先生介绍说，这两件出土的陶人俑"穿着几乎完全遮住下肢的长袍"，认为"这两个陶人俑显然是囚犯，双手都戴着手铐，一人双手在前，另一人双手在背后。两人颈戴着枷锁，剃光了头"。见李济著《安阳》，河北教育出版社2000年12月第1版，第219~221页，第222页图。可知表现刑罚者无需裸体。该陶人俑图可参见史岩编《中国雕塑史图录》第1卷，上海人民美术出版社1983年5月第1版，第19页。

商代奴隶主贵族经常频繁举行祭祀上帝、鬼神、祖先等仪式以求保佑，每祭祀一次除宰杀牛羊还往往要杀人作为祭品。商王朝在营建宫殿和宗庙建筑时，也要埋葬狗、牛、羊三牲和车马奴隶人牲等。在殷墟的考古发掘中对此有大量的揭示，如安阳武官村北地殷王陵区发掘了191个商代祭祀坑共埋奴隶1178人，每次祭祀杀戮的人数少者几人多者几十人至几百人。商代人殉数量也很惊人，据统计，已发现的商代墓葬中的殉人数量在1000人上下。①西周时期人牲祭祀之风仍很流行，但数量甚少，人殉制度也开始衰落，至西周中晚期上层社会统治集团中的周人贵族已不再将奴隶殉葬作为一种礼制。商周时期古蜀王国在祭祀活动与丧葬习俗方面，也与中原王朝有很大的不同，三星堆遗址等许多重大考古发掘均未发现古蜀统治者有人牲或人殉的习俗，盛行的是具有浓郁古蜀特色的祭祀方式。

由此可知，金沙遗址出土的石跪人像，所代表的并非是人祭的替代品，透露的也不可能是古蜀王国中的刑罚情形。它们赤身裸体双手反缚的姿势形态，并不是为了简单地表现一种刑罚制度，而是赋予了特殊的象征含义，很显然与古蜀族一些特殊的祭祀活动仪式有着密切的关系，应是古代蜀人某种崇尚观念的形象体现。在三星堆出土的千姿百态的人物雕像群中，只有二号坑出土的一件青铜喇叭座顶尊跪献人像裸胸露乳，腰以下仍穿有短裙；还有一号坑出土的一件青铜跪坐人像，身体下部裸露，但腰间系带穿有遮裆的"犊鼻裤"，上身穿右衽交领长袖短衣。像金沙遗址石跪人像全身赤裸，确实是比较特殊的一种造型。特别是采用夸张手法雕刻的被绳索捆绑于身后的双手，加上额际两侧被修剪过的奇异发式，以及面部的彩绘和涂抹的朱砂，显而易见表现的是古代蜀人某种特殊的行为和特殊的场景，并具有浓郁的巫术色彩。

前面提到关于这类石跪人像的身份象征，已有学者提出了一些推

---

① 徐吉军著《中国丧葬史》，江西高校出版社1998年1月第1版，第81~87页。参见张之恒、周裕兴著《夏商周考古》，南京大学出版社1995年10月第1版，第108~133页。

测看法。比如有的认为它们的身份地位应当很低，可能属于四川盆地内地位低下的族群，等等。但这类石跪人像无一例外都采用了商周时期中原地区表现上层贵族人物的跪坐姿态，这使得上述的推测就显出了很大的疑问。首先说跪坐姿势，根据古代文献记载，古人两膝着地伸直腰股为跪，两膝着地臀部贴于脚跟上为坐，本是中国很古老的一种礼仪习俗。[①]在殷商时期，跪坐成为崇尚鬼神的商朝统治阶层的起居法，并演习成一种供奉祖先、祭祀神天，以及招待宾客的礼貌。当时只有一些滨海而居的土著采用蹲居，被称为"蹲居的蛮族"或"东夷"。[②]

河南安阳殷墟5号墓出土玉雕跪坐人像

河南安阳殷墟妇好墓出土玉雕跪坐人像

三星堆出土小青铜神树座上的跪姿青铜人像

从考古资料看，殷墟妇好墓出土的一些圆雕玉人与石人，便是这种典型的跪坐姿势。其中有一件雕刻精美纹饰细腻，是商代玉雕人像中的代表之作，有人根据其神态与所佩武器推测认为很可能是妇好本人的形象。在三星堆出土青铜雕像群中，也有不少跪坐姿势的雕像，如一号坑出土的青铜跪坐人像，二号坑出土的青铜喇叭座顶尊跪坐人像，以及青铜神树底座上的跪坐小人像等。可知跪坐姿势无论是在殷墟或是在三

① 杨泓《说坐、跽和跂坐》，《寻常的精致》，辽宁教育出版社1996年9月第1版，第4~5页。

② 李济《中国文明的开始》，《安阳》，河北教育出版社2000年12月第1版，第491页。

星堆出土的圆雕人物造型中，表现的绝非地位低下的族群，而是社会上层人物形象，它们可能是统治阶层世俗贵族，也可能是巫师集团执掌神权的象征。以此作为参照，来看金沙遗址出土的石跪人像，也是这种跪坐姿势，说明表现的也是象征社会上层人物的礼仪习俗。所以我们可以说，它们并不是社会地位很低的人物，而是统治阶层人物的象征。很有可能是古蜀部族首领兼巫师在某种特殊祭祀仪式中的造型。

四、金沙遗址石跪人像与祭祀求雨

如果作进一步比较分析探讨，金沙遗址出土的这些石跪人像，无论是奇异的发式与脸部涂抹的朱砂和彩绘，或是不着衣饰的裸体跪坐造型和肃穆悲壮的神态，表现的都是具有巫术色彩的祭祀行为，而在古蜀族的祭祀活动中也通常只有巫师之类特殊身份的人才具备这种资格。作为参照，我们可以仔细观赏一下三星堆二号坑出土的青铜顶尊跪坐人像，其上身裸露双乳突出的造型不仅展示了祭献的含义，而且表现了一种坦荡的风格。金沙遗址石跪人像双手反缚全身皆裸，在造型风格上也同样具有坦荡的特色，在人物象征内涵方面也与祭祀行为密切相关。可以说，它们都洋溢着浓郁的古蜀特色，反映了古代蜀人独特的审美意识和崇尚观念。

我们特别需要注意的是这些石跪人像被绳索反缚的双手，雕刻手法极其夸张，显然是有意为之。还有它们被修剪形成的奇异发式，显然也有明确的特殊含意。这使我们很容易联想到古代的有关文献记载。《吕氏春秋·顺民篇》记述说："昔者汤克夏而正天下，天大旱，五年不收，汤乃以身祷于桑林，说：余一人有罪，无及万夫，万夫有罪，在余一人，无以一人之不敏，使上帝鬼神伤民之命。于是剪其发，鄌其手，以身为牺牲，用祈福于上帝，民乃甚悦，雨乃大至。"在《墨子·兼爱下》《国语·周语上》《尸子·绰子》等对此亦有类似记述。文中说的"剪其发"就是将头发剪成奇异的发式。"鄌其手"，据毕沅、俞樾、陈奇猷等人的解释，是以木桎十指而缚之的意思。①《淮南子》佚文对此也有记述："汤时大旱七年，卜用人祀天。汤曰，我本卜祭为民，岂乎自当之。乃使人积薪，翦发及爪，自洁，居柴上，将自焚以祭天。火将然，即降大雨。"②内容略有出入，但所述的事情则是一致的，这是商王朝统治者在大旱之年举行的一种祭祀仪式，其目的是祭祀太阳和上帝鬼神，祈求风调雨顺国泰民安。

由于干旱不雨或霖雨成灾而举行祭祀活动，曾是商周时期的重要祭典。特别是大旱之年的祈雨活动，大都要举行大型的隆重的祭祀仪式。因为这与当时的农业生产、田猎渔牧，以及整个社会经济生活都有直接影响，关系重大，所以《周礼》将祈雨纳入国家级祀典，也就不难理解了。值得注意的是，商代的祈雨活动往往与巫术有关，出土的卜辞中对此有大量的记述。商朝求雨的方式主要有两种，一种是以舞求雨，另一种是焚巫尪求雨。求雨祭祀的对象大致有四方神、山川土地神、帝臣、气候神、先王先妣等，具有泛神的特点，反映了旱情的严重常引起社会广泛的焦虑，求雨之祭常成为大范围的社会动作。商朝的以舞求雨，实际上是一种奏乐舞蹈的求雨祭礼，有时要连续多天举行，有时甚至商王自任巫祝跳舞求雨，祈雨时不仅要奏乐跳舞还要大声呼叫下雨。《诗经·小雅·甫田》说"琴瑟击鼓，以御田祖，以祈甘雨"，记述的就是奏乐祭祀地神的祈雨情形。③卜辞中对此也记述甚多，如"唯万舞盂田，有雨"（合集28180），"王舞，唯雨"（续编4.24.12），"唯万呼舞，有大雨"（合集30028），"其舞，有雨"（乙编5112），"王其乎（呼）舞……大吉"（合集31031）等等。

商朝的焚巫尪求雨，则是旱情特别严重时举行的祭祀祈雨仪式。

① 　陈奇猷《吕氏春秋校释》第2册，学林出版社1984年4月初版，第479页，第482页。
② 　《文选》卷十五，张平子《思玄赋》注引，见《文选》（影印本）上册，中华书局1977年11月第1版，第218页。
③ 　《诗经全译》（袁愈荌译诗，唐莫尧注释），贵州人民出版社1991年7月第1版，第311~312页。

史籍中对此不乏记述，如《左传·僖公二十一年》说："夏大旱，公欲焚巫尪，"《春秋繁露·求雨》说："春旱求雨，令县邑以水日祷社稷山川……暴巫聚蛇八日……秋暴巫尪至九日。"文中所说巫尪，是指女巫；尪，意为仰面朝天的畸形人。[①]卜辞中大量记录了所焚巫尪之名与具体地点，由此可知当时曾经常发生旱灾和焚巫尪祈雨习俗的盛行。有的一片甲骨上同时记有好几个焚巫尪的祭地，说明受灾范围很宽。有的一片甲骨上记述前后五天在四个地方举行这种祭礼，至少焚了两个巫尪（例如《安明》2475），其隆重和酷烈的程度充分反映了当时旱情的严重和人们祈雨的焦虑状况。在这种严峻的情况下，"由于宗教上或习俗上的需要，地位较高者也可以成为牺牲品。则甲骨文的焚巫尪，所焚者身份未必很低"。[②]《吕氏春秋·顺民篇》与《淮南子》佚文记述的，其实就是古代焚巫尪求雨的习俗，汤自"剪其发，郦其手，以身为牺牲"，欲自焚以祭天求雨，正是一种亲自使用巫术的行为。这种"大旱而以人祷"的举动，应是殷商确实发生过的故事，也是上古社会里常见的现象。[③]这种情况在后世仍然存在，并由焚巫尪求雨逐渐演变为暴巫尪求雨。《山海经》中记述的"女丑之尸"或"黄姬之尸"，有学者认为可能都是古代久旱不雨时用作祈雨的牺牲品。[④]女丑即女巫，乃天旱求雨时的暴巫之象，或者是女丑饰为旱魃而暴也。[⑤]此外，赤身裸体也是古人采用模拟交感巫术求雨的行为，这种行为不仅盛行于我国古代，在世界上其他许多地方也同样流行，弗雷泽《金枝》中对此便有真实的记述。[⑥]

---

① 《左传全译》（王守谦等译注）上册，贵州人民出版社1990年11月第1版，第277~278页。参见《二十二子》，上海古籍出版社1986年3月第1版，第803~804页。

② 宋镇豪著《夏商社会生活史》，中国社会科学出版社1994年9月第1版，第495页。

③ 郑振铎《汤祷篇》，《中国神话学论文选萃》上册，中国广播电视出版社1994年2月第1版，第198~204页。

④ 王晖著《夏商文化比较研究》，人民出版社2000年5月第1版，第121页。

⑤ 袁珂《山海经校注》（增补修订本），巴蜀书社1993年4月第1版，第262~263页。

⑥ [英]詹·乔·弗雷泽著《金枝》（徐育新等译）上册，中国民间文艺出版社1987年6月第1版，第101页~108页。

以上所述，对我们探讨金沙遗址石跪人像的真实身份和象征含义，无疑有着重要的启示作用。根据文献记载和环境考古材料，商周时期不仅中原地区气候多变，成都平原四川盆地也灾害频繁，经常发生大旱和洪水泛滥。在这种时代背景下，古蜀族或古蜀王国的统治者很可能会像中原王朝一样经常举行求雨的祭祀仪式。金沙遗址出土的这些石跪人像，在形态造型上"剪其发""酈其手"，便具有"以身为牺牲，用祈福于上帝"的寓意，显然就是"暴巫尪求雨"的形象写照。殷人"焚巫尪求雨"烧的是活人，周人"暴巫尪求雨"在烈日下曝晒的也是活人，古蜀族用石质雕刻的跪坐人像来象征和取代巫尪应是具有浓郁古蜀特色的做法，其性质与三星堆青铜雕像群是一脉相承的，反映了古蜀社会共主政治秩序下祭祀活动不同于中原地区而独具特色的真实情形。当然古蜀与中原在祭祀的内容和形式方面，也有许多相同或相通之处，两地源远流长的文化交流与经济往来所产生的影响，理所当然要在社会生活中反映出来。金沙遗址石跪人像所象征的古蜀社会巫师形象，与商周时期中原地区"暴巫尪求雨"便有着相同的含义。值得注意的是金沙遗址石跪人像面部的彩绘和涂抹的朱砂，显示出了很强的巫术色彩，它们的赤身裸体也与古代模拟交感巫术有关。这些都表明它们是古蜀族或古蜀王国举行祈雨之类祭祀活动后的遗存。

金沙遗址出土的石跪人像，不仅有丰富的象征含义，而且透露了大量的信息，对我们了解商周时期古代蜀人的社会生活、祭祀活动、风俗习惯，以及审美意识和崇尚观念等方面，都提供了宝贵的资料。今后随着研究探析的深入，将会更加显示出它们的重要价值，使我们进一步获得更多新的认识。

——此文发表于《中华文化论坛》2004年第1期。全文被中国人民大学书报资料中心复印报刊J7《造型艺术》2004年第3期转载。

从成都平原考古发现说天府文化

一、古蜀文明与天府文化的关系

天府文化从性质上讲，应该是一种地域文化。其地域范围主要是以成都平原为主，并向四周延伸包括了四川盆地，经过较为漫长的历史发展，而逐渐形成了鲜明的文化特色。在人文内涵方面，融会古今，既有远古的深邃，又有后世的弘扬，更有当今的创新，可谓绚丽多彩，厚重而又丰富。

说到天府文化，如果寻本溯源，其源头应该是古蜀文明。任何地域文化，都有一个逐渐发展和形成的过程，天府文化也不例外。古蜀文明既是天府文化的根脉所在，也是源流关系。二者的关系，承前启后，继往开来，是非常密切的，成都平原的考古发现对此便给予了充分的揭示。

我们知道，长江上游的成都平原和四川盆地早在远古时期，就已经是古蜀先民的栖息之地了。后来传说蚕丛建国，柏灌继位，鱼凫兴邦，杜宇积极发展农耕，开明王朝治理水患拓展疆域，使古蜀国成了西南地区的一个富庶之国，并形成了相对独立而又特色鲜明的经济文化。先秦时期的西南地区，自古以来就小邦林立、部族众多，据《史记》

和《汉书》等史书中记载透露大大小小的部落至少有百数个，是世界东方典型的多民族地区。史料中称这些部落首领为"戎伯"，或称为"诸侯"与"邑君"。《尚书·牧誓》记述协助周武王伐纣的有"庸、蜀、羌、髳、微、卢、彭、濮人"，①这些都是比较大的部族，才有实力出兵参与伐纣。其中的蜀当然是势力最强的，《战国策·秦策一》就说："夫蜀，西僻之国，而戎狄之长也。"②蒙文通先生曾精辟地指出："蜀就是这些戎伯之雄长"，是"联盟的盟主"③。古蜀国的历史，见诸文献记载的，有蚕丛、柏灌、鱼凫、杜宇、开明等朝代。譬如扬雄《蜀王本纪》就说："蜀之先称王者，有蚕丛、柏濩、鱼凫、（蒲泽）、开明。是时人萌椎髻左衽，不晓文字，未有礼乐。从开明已上至蚕丛，积三万四千岁。"④这些记述充满了浓郁的神话传说色彩，古蜀早期历史也因此而蒙上了神秘的面纱。常璩《华阳国志》中对古蜀早期历史的记述也比较简略，例如《华阳国志·蜀志》中说："蜀之为国，肇于人皇，与巴同囿……周失纪纲，蜀先称王。有蜀侯蚕丛，其目纵，始称王。死，作石棺石椁，国人从之，故俗以石棺椁为纵目人冢也。次王曰柏灌。次王曰鱼凫。"这里说的蚕丛、柏灌、鱼凫三代，都极其简略，可见史料确实太少了。"巴、蜀厥初开国，载在书籍，或因文纬，或见史记，久远隐没，实多疏略。"⑤常璩了解也很有限，所以只能概

---

① 《尚书正义·周书·牧誓》，[清]阮元校刻《十三经注疏》上册，中华书局影印出版，1980年9月第1版，第183页。参见王世舜《尚书译注》，四川人民出版社1982年7月第1版，第112页。又参见江灏、钱宗武译注《今古文尚书全译》，贵州人民出版社1990年2月第1版，第218页。

② 缪文远《战国策新校注》（修订本），巴蜀书社1998年9月第3版，第91页。

③ 蒙文通著《巴蜀古史论述》，四川人民出版社1981年8月第1版，第30页，第31页。又见《蒙文通文集》第二卷《古族甄微》，巴蜀书社1993年4月第1版，第199~200页。

④ [汉]扬雄著《蜀王本纪》，《全汉文》卷五十三，[清]严可均校辑《全上古三代秦汉三国六朝文》第1册，中华书局影印出版，1958年12月第1版，第414页。

⑤ [晋]常璩撰，刘琳校注《华阳国志校注》，巴蜀书社1984年7月第1版，第175页，第181页，第891页。参见[晋]常璩撰，刘琳校注《华阳国志校注》（修订版），成都时代出版社2007年6月第1版，第89页，第91页，第504页。

述。后来唐朝大诗人李白《蜀道难》中说："蚕丛与鱼凫，开国何茫然，尔来四万八千岁，不与秦塞通人烟。"如果说三万四千岁是一种传说，那么四万八千岁更是一种文学的夸张了。

传世史籍中关于古蜀早期历史的记载虽然语焉不详，具有太多的传说与推测色彩，给人以扑朔迷离之感，但也并非虚构，后来的考古发现便给予了充分的印证。随着20世纪中叶以来考古发现的增多，使我们透过神话传说的迷雾，对古蜀国的神秘面貌终于有了越来越清晰的了解。特别是1986年三星堆一号坑与二号坑震惊天下的考古发现，使我们真实地看到了数千年前古蜀文明的灿烂辉煌。2001年以来金沙遗址的考古发掘则进一步揭示了商周时期古蜀国繁荣昌盛的历史文化，展现了成都地区早期城市文明演进发展的根脉。在此之前，成都羊子山遗址、十二桥商周遗址、宝墩文化多座早期古城遗址群的考古发现，以及成都商业街船棺葬遗址的相继发现等等，都为传说中的古蜀国历史提供了重要印证。这些密切相关的一系列重要考古发现，就充分说明了古蜀文明的悠久与灿烂辉煌，同时也告诉我们，岷江流域和成都平原作为中华文明的重要发源地之一，有着同中原地区和其他地域一样悠久而发达的历史文化。

正因为成都平原这些重大的考古发现，出土了数量众多的珍贵文物，从而使我们对古蜀国的历史与文明都有了真切而深入的认识。这些年来，在古蜀文明的研究方面，也有了许多突破性的进展，已取得了很多丰硕的成果。归纳起来，

成都商业街船棺葬遗址

主要有几点重要认识：一是古蜀起源，古蜀先民可能最早栖居于岷江河谷，到蚕丛开国时期逐渐迁徙进入了成都平原，筑城而居，成都平原出现了早期城市文明曙光。二是古蜀文明发展到商周时期，出现了灿烂的

青铜文化，以三星堆、金沙遗址为代表的古蜀国成了长江上游的文明中心，在中华文明的发展进程中发挥了非常重要的作用。三是古蜀国虽然地处内陆，但很早就与中原以及周边区域有了频繁的文化交流和经济往来，既保留了自己鲜明的地域文化特色，又汲取了许多外来的文化因素，同时也对周边产生了广泛的影响。四是古蜀文明的辉煌，与同时期的中原文明遥相呼应，证明了长江流域和黄河流域都是中华文明的摇篮，从而在中华文明多源一统、多元一体的起源和发展史上共同谱写了重要的篇章。

古蜀文明的主要特色，是繁荣兴旺的农耕文化，形成了内陆农业文明的辉煌。在蚕丛、柏灌、鱼凫王统治时期，古蜀国只是一个雏形，疆域还相对有限，活动范围主要是岷江流域、川西平原和一些丘陵地带，已开始有早期农业生产，扬雄《蜀王本纪》中就有"鱼凫田于湔山"的说法了，①当时蜀民还比较稀少，而渔猎与畜牧仍是重要的生存方式。到了杜宇时代，农业成了古蜀立国之本，工商畜牧相互促进，生产方式的转变形成了一个划时代进步，不仅促使了社会的兴盛，而且使古蜀国的疆域也大为拓展，社会生活等各个方面都产生了一个质的飞跃。常璩《华阳国志·蜀志》记载，蚕丛、柏灌、鱼凫王之"后有王曰杜宇，教民务农，一号杜主。"到"七国称王"的时候，"杜宇称帝，号曰望帝，更名蒲卑。自以功德高诸王，乃以褒斜为前门，熊耳、灵关为后户，玉垒、峨眉为城郭，江、潜、绵、洛为池泽，以汶山为畜牧，南中为园苑"。这是一片相当广阔的领域，除了成都平原和川西盆地的丘陵地带，还包括了汉中平原以及贵州、云南的大部分地区，古蜀国此时已成为名副其实的强盛之国。杜宇的作为对周边区域也产生了极大的影响，"巴亦化其教而力农务，迄今巴、蜀农时先祀杜主君"。②

三星堆与金沙遗址等一系列重大考古发现，就充分揭示了长江上

---

① 《全汉文》卷五十三，[清]严可均校辑《全上古三代秦汉三国六朝文》第1册，中华书局影印出版，1958年12月第1版，第414页。

② [晋]常璩撰，刘琳校注《华阳国志校注》，巴蜀书社1984年7月第1版，第182页。

游古蜀文明的辉煌，与当时农业的兴旺发展是分不开的。杜宇之后的开明王朝，延续的时间比较久长，"凡王蜀十二世"，进一步发展了蜀国的农业，并正式"徙治成都"，在成都建立了规模宏大的都城。当时蜀国的富饶，不仅农业发达盛产稻米，而且工商业也非常兴旺，布帛金银之多，更是天下闻名。秦惠王谋划攻蜀时，司马错等人就说："取其地，足以广国也；得其财，足以富民。"[①]又说："其国富饶，得其布帛金银，足给军用""得蜀则得楚，楚亡则天下并矣。"秦惠王派军攻取巴蜀之后，不久"司马错率巴、蜀众十万，大舶船万艘，米六百万斛，浮江伐楚"。[②]秦人能够在很短的时间就在蜀地征用了众多的兵员，筹集了大量的军粮与军需物资，足见蜀地农业的发达和人口的兴旺，而生产稻米的数量也是非常可观的。正如蒙文通先生所说："可知在李冰守蜀开二江灌溉之前，蜀已大量产米""在昭王二十七年蜀已能输六百万斛米出去，可见产量相当丰富。"[③]

秦并巴蜀之后，巴、蜀地区由于物产丰富，从而为秦朝进一步统一天下提供了充裕的人力资源与物质基础。后来汉高祖刘邦也是充分利用了巴蜀地区人力物力，在与项羽逐鹿天下时，才取得了最终的胜利。在历史上，被称为天府之国的成都平原，以及巴蜀之地，一直是中国的大后方，在很多重要历史关键时刻都发挥了巨大的作用。秦朝依靠巴蜀的富饶而统一了全国，刘邦利用巴蜀的人力物力战胜了项羽，开创了辉煌的汉朝大业。在汉代之后的两千年内，巴蜀地域仍然不止一次发挥过这样的重要作用。

---

① 《战国策·秦策一》，王守谦等《战国策全译》，贵州人民出版社1992年9月第1版，第84页。

② [晋]常璩撰，刘琳校注《华阳国志校注》，巴蜀书社1984年7月第1版，第191~194页。

③ 蒙文通著《巴蜀古史论述》，四川人民出版社1981年8月第1版，第64页。又见《蒙文通文集》第2卷《古族甄微》，巴蜀书社1993年4月第1版，第228页。

二、古蜀文明与天府文化的地域特色

古蜀文明作为天府文化的源头，自古以来就具有鲜明的地域特色。古蜀文明不同于黄河流域的华夏文明，也不同于周边其他区域文明，具有非常鲜明的个性特征，同时也汲取了来自其他区域的一些文化因素，有着较为丰富的复合型特征。这对后来逐渐发展而形成的天府文化，也产生了深远的影响。

古蜀文明的地域特色，首先是在社会结构方面。蒙文通先生曾指出，古时的巴、蜀作为"诸侯中的雄长"与"两个联盟的盟主"，各自都曾伙并了一些诸侯来扩大境土与势力，到秦灭巴蜀之前才发展成两个比较大的国家。蒙先生的看法是很有道理的，这确实是当时的一种实际状况。这也说明早期古蜀国的社会结构与政权模式，与中原王朝显然有着很大的不同，正如有的学者认为应是一种酋邦式的形态。[1]早期的古蜀社会正是由于长期小邦林立，因而在文明早期阶段经历了由部落联盟到酋邦社会的演进，从而形成了共主政治局面的出现。古蜀国由此在统治方式与典章制度，以及习俗方面都与中原王朝有所不同。考古发现揭示，殷商王朝的统治者去世后曾用大量奴隶殉葬，古蜀王朝在丧葬方面，就比较温和而没有殷商那么残酷，很少有殉葬的现象，这就很真实地说明了统治方式与礼仪习俗的差异。根据甲骨卜辞和古文献的记载，人牲与殉葬曾是中原殷商王朝统治者广为采用的做法，特别是商王朝后期殉葬之风尤为盛行。商代奴隶主贵族经常频繁举行祭祀上帝、鬼神、祖先等仪式以求得到保佑，每祭祀一次除宰杀牛羊外往往还要杀人作为祭品。商王朝在营建宫殿和宗庙建筑时也要埋葬狗、牛、羊三牲和车马奴隶人牲等。比如在殷墟的考古发掘中，安阳武官村北地殷王陵区发掘

---

[1] 彭邦本《古城，酋邦与古蜀共主政治的起源——以川西平原古城群为例》，《四川文物》2003年第2期，第18~22页。

了191个商代祭祀坑，共埋奴隶1178人，每次祭祀杀戮的人数少则几人多则几十人至几百人。商代人殉数量也很惊人，据统计，已发现的商代墓葬中的殉人数量在1000人上下。[①]商周时期古蜀国也频繁举行祭祀活动，而在祭祀过程与丧葬习俗方面与中原王朝有很大的不同，三星堆遗址等许多重大考古发掘均未发现古蜀统治者有人牲或人殉的情形。这说明古蜀社会显然没有人牲或人殉的习俗，盛行的是具有浓郁古蜀特色的祭祀方式。

其次是生产方式的不同与文化系统的差别，黄河流域和中原北方地区是旱作农业为主，长江流域和南方地区是稻作农业为主，由此形成了不同族群生活方式的差异，以及思想观念与崇尚习俗的差别，同时也形成了地域文化的不同特点。应该说，正是由于史前时期就形成了南北两种农业体系，从而促进和形成了南北文化体系发展的各自特色。对自然的认知，对祖先的传说，古蜀与中原都有各自的说法。譬如神话传说方面，中原黄河流域和北方地区崇尚的主神是黄帝，长江流域和南方地区崇尚的主神是帝俊。在中国的传世文献中，代表中原文化传统的一些古籍如《竹书纪年》《世本》，以及后来的《大戴礼记·五帝德》《史记·五帝本纪》《帝王世纪》等，都是以黄帝作为传说中心的。而代表南方文化传统的《山海经》中关于帝俊的记载，则构成了一个帝俊神话传说的体系。《山海经》中记述说，帝俊有多位妻子，最著名的三位妻子分别是羲和、常羲、娥皇。帝俊与羲和生十日，与常羲生十二月，同娥皇生三身之国；此外，帝俊还有许多后裔，例如《大荒东经》中就记述有"帝俊生中容""帝俊生帝鸿""帝俊生黑齿"，《大荒南经》记述有"帝俊生季厘"，《大荒西经》记述有"帝俊生后稷"，《海内经》记述有"帝俊生禺号""帝俊生晏龙""帝俊有子八人，是始为歌舞"等等。由此可见帝俊的身份如同希腊神话中的宙斯一样，妻室与后

---

① 徐吉军著《中国丧葬史》，江西高校出版社1998年1月第1版，第81～87页。参见张之恒、周裕兴著《夏商周考古》，南京大学出版社1995年10月第1版，第108～133页。

裔众多，堪称是世界东方的天帝。特别值得注意的是，《山海经·大荒西经》中说"帝俊生后稷，稷降以百谷"，[1]后稷是各族心目中播种五谷的农神，而帝俊是后稷之父，可见帝俊与稻作文化的起源是有着密切关系的。又比如在宗教崇尚方面，长江流域和南方地区的崇日意识特别强烈，广泛流传着十日神话传说，而帝俊是十日之父，崇日意识其实也是和稻作文化紧密相关的。根据《山海经》中的记载，可知十日神话传说在先秦时期就已出现，并在巴蜀与南方地区广为流传，后来才传播到了北方与其他地区，在整个世界东方都产生了广泛影响。三星堆出土的青铜神树，便使人很容易联想到《山海经》中关于太阳神鸟与扶桑神树的记述。三星堆出土的青铜太阳轮形器，与传说中金乌十分相似的铜鸟，数量众多的中间有圆球凸起的菱形装饰铜片，以及青铜神殿屋盖上的太阳形装饰图案等等，也与太阳神话有着密切的关系。这些古蜀时代留下的大量器物和图像遗存，真实地反映了殷商时期古蜀国太阳崇拜祭祀活动的昌盛，成都金沙遗址出土的器物与图像材料，对此亦同样给予了充分的反映。比如金沙遗址出土铜立人像头上戴的旋转状的奇异冠饰，就有祭祀者头罩太阳光环的特殊寓意，应是古蜀国太阳崇拜观念在祭祀仪式中的生动展现。又譬如金沙遗址出土的太阳神鸟金箔饰，对太阳和宇宙的观察与想象，也凝聚着极其丰富的象征含义。

再者是在观念崇尚方面，夏商周时期中原王朝以九为尊，以九鼎代表青铜文化中的最高王权，而古蜀时代以五为尊，以五色象征宗庙。中原王朝的皇帝要使用九鼎等礼器来象征地位与身份，古蜀王朝则认为"五"是吉祥与尊贵的象征。古人常说"九五之尊"，可能就是融合了二者才形成的一种说法。殷商时期黄河流域的青铜文化进入了鼎盛期，中原王朝铸造了大量的青铜礼器，而同时期的古蜀王国则铸造了众多的青铜雕像群，这也充分表现了崇尚的不同。中原王朝与古蜀王国都经常举行祭祀活动，但在形式与内涵方面却不一样，各具特色。虽然南北崇

---

① 袁珂《山海经校注》（增补修订本），巴蜀书社1993年4月第1版，第449页。

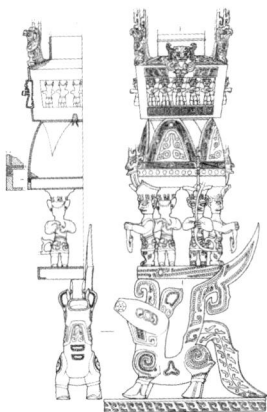

三星堆二号坑出土的青铜神坛线描图　河南固始东周墓出土的九鼎

尚不同，却也相互渗透，逐渐形成了不同地域文化之间的相互影响和融合。来自中原王朝的青铜文化，曾对南方地区进行了较为强势的传播，而古蜀的文化崇尚，也对周边区域产生了显著的影响。譬如古蜀时代的蚕丛、柏灌、鱼凫、杜宇王朝都崇尚神鸟，长江下游沿海地区的东夷族群也是崇尚神鸟的，从传世文献记载和考古出土资料来看，对神鸟的崇尚，起初主要流行于长江流域与南方广大地区，为古蜀诸多氏族与东夷族群所信仰。后来出现了"玄鸟生商"之说，[1]神鸟也成了殷人的崇奉。又譬如关于龙的传说和对龙的崇拜，也起源于长江流域和南方地区，曾盛行于古蜀，三星堆出土的青铜神树上就有龙的造型。后来随着稻作文化由南而北的传播，龙的崇拜也流传到了淮河流域与黄河流域，成为了中华民族的共同崇尚。

　　古蜀文明具有鲜明的地域特色，以三星堆、金沙遗址为代表的古蜀都城，早在商周时期就已成为长江上游的文明中心。成都平原考古发现出土的大量珍贵资料，就充分展现了古蜀文明独具一格的特点。在历史的发展进程中，随着南北文化交流的增多和经济往来的影响，古蜀文

---

① [汉]司马迁撰《史记》卷三"殷周本纪"，中华书局校点本第1册，1959年9月第1版，第91页。参见《毛诗正义·商颂·玄鸟》曰"天命玄鸟，降而生商"，[清]阮元校刻《十三经注疏》上册，中华书局影印出版，1980年9月第1版，第622页。

四川彭县濛阳镇竹瓦街出土
的铜罍

明也吸纳了很多外来文化因素，但其自身的地域特色，始终占据着主导地位。在三星堆出土的众多文物中，就有来自殷商的青铜尊与青铜罍等器物，但数量并不多，而占据主导的则是青铜造像群。在彭县濛阳镇竹瓦街出土的商周窖藏青铜器中，也显示了古代蜀人对来自中原青铜文化的吸纳和模仿，同时又给予了创新发挥。譬如其中有双耳为长鼻形立体象头的铜罍，其象头和长鼻以及突出的象牙，堪称是对真实大象栩栩如生的摹拟①。这很容易联想到三星堆二号坑出土的兽首冠青铜人像，那夸张而奇异的冠顶装饰物，就活脱是卷曲象鼻的写照。二号坑出土的青铜纵目人面像，鼻梁上方高竖的卷云纹装饰也使人油然联想到卷曲的象鼻，是一种充满了想象力的象征表现手法。②三星堆出土了67根象牙，金沙遗址也出土了大量的象牙，说明当时蜀地是产象的。这些象鼻与立体象头的造型，也都透露了古代蜀人对大象形态的熟悉，显示了艺术表现手法的一致性，而青铜罍的造型则是对中原青铜器物的模仿。这说明古蜀文明并不封闭，并不排斥和拒绝外来文化的积极影响。也正是这种对外来文化有选择的吸纳，为古蜀文明增添了活力，进一步丰富了其厚重的内涵，也更加张扬了绚丽和神秘的魅力。我们从三星堆遗址和一号坑、二号坑出土的众多精美文物中可以看出，大量的青铜雕像和青铜面具、高大的青铜立人像和巨大的青铜神树，无不显示出浓郁而又神奇的古蜀文化特色，而其中青铜

---

① 四川省博物馆编《巴蜀青铜器》，成都出版社、澳门紫云斋出版有限公司出版，第1页。参见范桂杰、胡昌钰《彭县竹瓦街再次发现西周窖藏铜器》，《考古》1981年第6期。

② 四川省文物考古研究所编《三星堆祭祀坑》，文物出版社1999年4月第1版，第164页、第167页图八四、第190页、第197页图一〇八。

礼器中的尊、罍以及玉石器中的璧、璋、戈等形制，则反映了商文化对蜀文化的影响和融合。

秦并巴蜀之后，对蜀地采取了很多加强统治的措施，加速了古蜀文明与中原文明的融合。在政治措施上，秦朝采取了分封制与郡县制并用的统治方式。而秦初置的巴、蜀、汉中三郡三十一县则不断添置达四十一县。为了加强对蜀地的控制，秦人采取的另一个重大措施是仿照咸阳的模式修筑了成都城、郫城与临邛城。这些城市都夯筑有高大的城墙，上建观楼、射阑，下建粮仓，城内有街道府舍市肆与居民住宅区，为秦人提供了驻守和控扼巴蜀地方政权的便利，同时也促使了盐铁业和农业经济的发展。此外还实施了从秦国本土往蜀地移民的措施，常璩《华阳国志·蜀志》说：秦人认为蜀地"戎伯尚强，乃移秦民万家实之"，就真实地记述了这一状况。按一家最少三口人计算，迁移入蜀的秦民至少有数万人之多。从考古发现看，20世纪中叶以来在四川各地考古发掘的战国秦汉墓中，就发现有大量的移民墓，也印证了当时秦朝的移民之举。秦灭六国之后，仍继续实行这种移民措施，将六国的富豪大户大量迁往蜀地。这种做法，既扩充了蜀地人口，又削弱了六国势力，对秦朝的统一大业来说可谓一举两得。这些移民中有善于铸造与经商者，将中原地区的铁器铸造技术与农耕方法带到了蜀地，不仅对蜀地的经济发展起到了积极的作用，同时在客观上也加速了区域文化之间的相互渗透与融合。譬如《史记》与《汉书》记述的临邛卓氏，便是秦汉之际从北方迁到蜀地的移民中的代表，此外还有从山东迁徙来的程郑等人，这些移民大户都用铁致富，成为临邛的大富豪。常璩《华阳国志·蜀志》还记述了这些移民致富后的奢侈之风："秦惠文、始皇克定六国，辄徙其豪侠于蜀，资我丰土。家有盐铜之利，户专山川之材，居给人足，以富相尚。故工商致结驷连骑，豪族服王侯美衣，娶嫁设太牢之厨膳，归女有百两之车，送葬必高坟瓦椁，祭奠而羊豕夕牲，赠襚兼加，赗赙过礼，此其所失。原其由来，染秦化故也。"正是由于"地沃土丰，奢侈不期而至"，^①所以对后世的民俗民风都产生了深远影响。

但蜀地自古以来就有其独特性，在政治一统和文化快速融合的进程中，依然保留了很多自己的文化特色。秦朝一方面十分强势地改变了巴蜀地区的治理模式与社会结构，另一方面也表达了对巴蜀文化习俗的宽容。譬如古代蜀人有浓郁的"尚五"观念，秦人在伐蜀之前就深知蜀人的这种传统习俗，因而雕造了五头巨大的石牛送给蜀王，诱使蜀王派五丁力士开凿了石牛道，后来又设计将五位秦国美女嫁给蜀王，因山崩而将五丁力士与五位秦女一起压死在梓潼山中。秦人的石牛计与美女计都借用了蜀人的"尚五"习俗，使阴谋获得了成功。在秦始皇统一中国后，曾颁布了很多统一的规定，《史记·秦始皇本纪》记载说，要求"数以六为纪，符、法冠皆六寸，而舆六尺，六尺为步，乘六马"。^②而在蜀境内开凿的道路仍称为"五尺道"，《史记·西南夷列传》记载说："秦时常頞略通五尺道"^③，就对此作了如实的记录。还有秦朝派遣的蜀郡太守李冰，在治水过程中"作石犀五头以厌水精"，^④也说明了李冰对蜀人习俗的尊重，从而调动了蜀民的积极性，使治水获得了大成功。总之，蜀地在被秦朝统一后，纳入了统一发展的大格局，同时也依然保留了很多自己的地域文化特色。

古蜀文明在秦并巴蜀之后，虽然结束了自成系统、独特发展的历史阶段，却并未中断，而是进入了新的发展历程，演化为更加绚丽多彩而又活力充沛的天府文化。秦代之后，历史上又曾多次往蜀地移民，带来了很多其他区域的文化因素，继续融入到天府文化之中。天府文化一如既往保持着鲜明而强烈的个性色彩，同时也具有很强的包容性，接受

---

① [晋]常璩撰，刘琳校注《华阳国志校注》，巴蜀书社1984年7月第1版，第194页，第225页。

② [汉]司马迁撰《史记》卷六"秦始皇本纪"，中华书局校点本第1册，1959年9月第1版，第237~238页。

③ [汉]司马迁撰《史记》卷一百一十六"西南夷列传"，中华书局校点本第9册，1959年9月第1版，第2993页。

④ [晋]常璩撰，刘琳校注《华阳国志校注》，巴蜀书社1984年7月第1版，第202页。

了很多外来文化的影响，兼容并蓄，吸纳和融入到了许多新的因素，从而更加滋润和丰富了自身的文化特色。天府文化的这种文化特色，经过历代传承，并在继承中不断创新，迄今仍充满活力，显示出鲜明而浓郁的地域文化魅力。

三、古蜀文明与天府文化同其他区域的广阔交流

古蜀文明不仅有着鲜明的地域特色，也与周边区域有着广阔的经济往来与文化交流。古蜀文明并不是孤立发展的，正是这种广阔而又活跃的交流，使古蜀文明生机勃勃，充满了活力，既丰富了自身，也辐射出灿烂的光辉，产生了重要的影响。这对后来发展形成的天府文化，也同样继承了这种充沛的活力和绚丽多彩的特点。

在古蜀国与周边区域的关系与交流中，首先值得关注的是蜀与巴的关系。蜀国与巴国都是先秦时期西南地区的部族联盟，但缘起并不相同，部族关系也各有特点。由于地域相近，文化习俗比较相同，古人常将巴蜀连称，可见二者关系非同一般。《华阳国志·巴志》记述：大禹治水、划分九州的时候，就"命州巴、蜀，以属梁州"，后来大禹"会诸侯于会稽，执玉帛者万国，巴、蜀往焉"。又说"周武王伐纣，实得巴、蜀之师"。[①]这些记载说明，巴蜀在先秦时期关系是比较密切的，属于同一战线的同盟国关系，所以常常一起参加很多重要的政治军事行动。巴、蜀曾长期和平相处，在文化与经济上的往来一直比较密切，《华阳国志·蜀志》说杜宇教民务农，巴国也深受影响，就是一个很好的例证。巴、蜀在崇尚与观念方面，也是相互渗透，相互影响。比如古蜀时期的"魂归天门"观念，对巴人和楚人就产生过重要影响。从考古发现看，四川广汉三星堆出土玉璋图案中刻画有两座神山之间的天门符号，成都金沙遗址出土的玉兽面纹斧形器上也刻画有天门图案，四川简

---

① [晋]常璩撰，刘琳校注《华阳国志校注》，巴蜀书社1984年7月第1版，第20~21页。

阳鬼头山崖墓出土3号石棺上有"天门"画像，四川合江县张家沟出土的四号石棺左侧刻画有"车临天门"图。巫山东汉墓葬中出土有7件鎏金铜牌饰，上面也刻画了"天门"榜题文字。还有湖南长沙马王堆西汉墓葬1号墓出土的彩绘帛画，也生动地描绘了天上人间地下的景象，同样表达了迎送墓主人升入天门的主题观念。这说明了古代蜀人天门观念在巴蜀地区的广泛流传，并揭示了由成都平原向川东和长江中游地区的流行范围，而且有向中原地区传播的趋势。譬如在河南新郑出土的一件画像砖上，也发现有"天门"二字。我对此曾撰写有专文论述。[①]巴、蜀地区出土的虎纽錞于，三星堆出土的金虎，金沙遗址出土的石虎，则说明了巴人崇敬白虎的习俗已渗透到了蜀地。这种对虎的崇尚，在巴、蜀地区出土的青铜兵器上也有充分的反映。

古蜀文明对楚地也有较大的影响，巴、蜀和楚，地域相邻，《文选》刊载的宋玉《对楚王问》说："客有歌于郢中者，其始曰下里巴人，国中属而和者数千人。"[②]下里巴人是巴、蜀地区的通俗歌曲，在楚地得到了广泛流传，其他文化形式和观念习俗上的传播影响也一样，自古以来相互间的交流和影响可谓源远流长。此外在经济方面，巴、蜀也相互依赖，互相促进，同样具有十分密切的关系。例如早期的盐业开发，在蜀地与巴地都很兴旺。在水陆交通与贸易上，水陆两途都是巴、蜀双方所充分利用的。长江上游与中下游的舟船往来，秦陇与巴蜀之间的栈道通商，南丝路上的远程贸易，都是古代巴、蜀共享和互利的行为方式。这对促进巴、蜀文化与经济的兴旺，对加强巴、蜀之间的密切关系，也起到了不可忽视的重要作用。

---

① 黄剑华《汉代画像中"魂归天门"观念探讨》，刊于《上海文博论丛》2009年第三辑，第63~69页。参见黄剑华《汉代画像中"魂归天门"观念探讨》，刊于《长江·三峡古文化学术研讨会暨中国先秦史学会第九届年会论文集》，重庆出版社2011年5月第1版，第421~427页。

② [南朝·梁]萧统编，[唐]李善注《文选》中册，中华书局影印出版，1977年11月第1版，第628页。

秦陇与巴蜀之间的古栈道

　　古蜀文明与中原文明的交流，也很早就开始了。上古时期已有黄帝和蜀山氏联姻的记述，《史记·五帝本纪》说："黄帝居轩辕之丘，而娶于西陵之女，是为嫘祖"，生二子，青阳居江水，昌意居若水，"昌意娶蜀山氏女"，后来昌意的儿子高阳继承帝位，"是为帝颛顼也"①。《华阳国志·蜀志》也说："黄帝，为其子昌意娶蜀山氏之女，生子高阳，是为帝喾，封其支庶于蜀，世为侯伯。"②夏禹治水曾多次往返于岷江流域和黄河流域，《尚书·禹贡》对此就有较多的记载，有学者提出了夏禹文化西兴东渐的见解。常璩《华阳国志》卷十二说："孔子'述而不作，信而好古，窃比我老彭'。则彭祖本生蜀，为殷太史。"③孔子所述，见《论语·述而篇》。关于老彭，《世本》中有"在商为藏史"之说，④《大戴礼记》卷九有"商老彭"之称。⑤顾颉刚先生指出："老彭是蜀人而仕于商，可以推想蜀人在商朝做官的一定

---

① [汉]司马迁撰《史记》卷一"五帝本纪"，中华书局校点本第1册，1959年9月第1版，第10页。
② [晋]常璩撰，刘琳校注《华阳国志校注》，巴蜀书社1984年7月第1版，第175页。
③ [晋]常璩撰，刘琳校注《华阳国志校注》，巴蜀书社1984年7月第1版，第897页。
④ 佚名撰，周渭卿点校《世本》，见《帝王世纪·世本·逸周书·古本竹书纪年》，齐鲁书社2010年1月第1版，第3页。
⑤ [清]王聘珍撰，王文锦点校《大戴礼记解诂》，中华书局校点本，1983年3月第1版，第178页。

不止他一个。古代的史官是知识的总汇,不论自然科学和社会科学他应当都懂。蜀人而作王朝的史官,可见蜀中文化的高超。古书里提到蜀和商发生关系的,似乎只有《华阳国志》这一句话。可是近来就不然了。自从甲骨文出土,人们见到了商代的最正确的史料,在这里边不但发现了'蜀'字,而且发现了商和蜀的关系。"顾颉刚先生还提到了综合各种记载,"可知古代的巴蜀和中原的王朝其关系何等密切"①。

从考古发现看,也揭示了古蜀与中原的文化交流与相互影响是源远流长的。譬如三星堆遗址和中原二里头文化之间的关系就较为密切,三星堆遗址出土的陶盉同二里头的陶盉,"除了陶质和大小以外,几乎没有太大的区别,所以它肯定是从二里头文化传来的,因为别的地方没有"。"又如陶豆,基本上也同二里头文化的一样。现在所见到的三星堆陶豆,其形制相当于二里头文化的早期……不过三星堆的陶豆较大,要比二里头的陶豆大三倍到四倍。但是从它的特征来看,应该也是从二里头文化传来的"。②三星堆出土器物中,如果说陶盉、陶豆是接受了二里头文化的影响,那么铜尊、铜罍则显示出受到了殷商青铜礼器的影响。这起码说明两点:一是古蜀与中原的文化传播与交流在夏代甚至更早就开始了,二是这种文化传播和交流在殷商时期变得更加密切了。苏秉琦先生曾说:"四川盆地是一个相对独立的文化区。"广汉等地出土的陶片"说明在成都和广汉各有着不少于五千年的文化根基。三星堆两个大祭祀坑以及后来1986年在成都十二桥所发现的三千多年前的跨度12米的四根地梁所显现的规模宏大的建筑遗存,都使我们确认,四川盆地不仅有着源远流长的自成一系的古文化,而且在三四千年前,这里已有了既同中原夏商文化有明显联系,又独具特征、高度发达的青铜文

---

① 顾颉刚著《论巴蜀与中原的关系》,四川人民出版社1981年5月第1版,第19页,第31页。

② 邹衡《三星堆文化与夏商文化的关系》,四川省文物考古研究所编《四川考古论文集》,文物出版社,1996年12月第1版,第57页。

化。"①李学勤先生通过对出土青铜器物的比较研究，也认为："以中原为中心的商文化向南推进，经淮至江，越过洞庭湖，又溯江穿人蜀地。这很可能是商文化通往成都平原的一条主要途径。"②

　　古蜀文明与中原文明的交流经由汉中之地，陇蜀之间也是一个不可忽视的途径。西周初武王伐纣，联合西土八国会师牧野，古蜀国人马就是由这条途径参与征伐行动的。在开明王朝开凿石牛道之前，古蜀国北面的交通显然早就存在了，文献记载和考古出土资料都为此提供了印证，古代蜀人使用栈道的历史可能远比见诸文字记载的要久远。扬雄《蜀王本纪》中有"蜀王从万余人东猎褒谷，卒见秦惠王"的记述，③这种大规模的行动也是对这种交通情形的一个说明。常璩《华阳国志·蜀志》中说杜宇时期"以褒斜为前门"，开明王朝二世"卢帝攻秦，至雍"。④褒斜即褒谷与斜谷，在汉中之北的秦岭山脉，雍城则在秦岭之北的宝鸡，或说在今陕西凤翔县南，这些都说明了古蜀国北面的交通状况。褒斜道早在商代即已开通，在商周之际开通的可能还有故道，因其沿嘉陵江东源故道水河谷行进而得名。《散氏盘》铭文中有"周道"。据王国维先生考证："周道即周道谷，大沽者，即漾水注之故道。"⑤邓少琴先生指出："是则蜀当夏殷周之世均与中原有其交通之迹也"，据《史记·货殖列传》所记"陇蜀之货物而多贾"，"是时雍蜀之间已有商业之发展。下至石牛道之开凿，以蜀饶资用，南御滇僰，西近邛笮，栈道千里，无所不通"⑥。从考古发现看，陕西城固出

①　苏秉琦著《华人·龙的传人·中国人——考古寻根记》，辽宁大学出版社，1994年9月第1版，第244页。

②　李学勤《商文化怎样传入四川》，《中国文物报》，1989年7月21日。

③　《全汉文》卷五十三，[清]严可均校辑《全上古三代秦汉三国六朝文》第1册，中华书局影印出版，1958年12月第1版，第414页。

④　[晋]常璩撰，刘琳校注《华阳国志校注》，巴蜀书社，1984年7月第1版，第182页，第185页。

⑤　王国维著《观堂集林》卷十八，第3册，中华书局，1959年6月第1版，第887页。

⑥　邓少琴著《巴蜀史迹探原》，四川人民出版社1983年6月第1版，第156页。

土的铜器物群中，既有属于殷商文化的器物，如鼎、尊、罍、瓶、簋、戈、钺等，又有属于早蜀文化的器物，如青铜面具、铺首形器，以及陶器中的尖底罐等。由此可知"城洋青铜器显出与川西地区青铜文化有较多联系"，同时"城洋青铜器与中原商文化在文化面貌上的相似性，较三星堆文化与中原商文化的联系更多，且距离较近。可以认为，中原商文化向川西地区的传播，汉水上游应为其重要的通道之一"。①这些考古发现，也充分说明了古蜀与中原的文化交流确实是源远流长的。

古蜀国是西南地区最早创建的一个联盟之国，或称为宗主国，对西南夷区域的众多部族都具有重要影响。春秋战国时期，古蜀国的东方有巴国与楚国，北方有秦，这些也都是势力比较强盛的列国。而在同时期的西南夷区域，夜郎与滇等，依然是小邦，或者是"邑聚"之类的部族。范晔《后汉书·南蛮西南夷列传》记述，东汉时期的西南夷，"在蜀郡徼外，有夜郎国，东接交阯，西有滇国，北有邛都国，各立君长。其人皆椎结左衽，邑聚而居，能耕田。其外又有巂、昆明诸落，西极同师，东北至叶榆，地方数千里。无君长，辫发，随畜迁徙无常。"②常璩《华阳国志·南中志》将汉晋时期的夷越之地称为南中，也记述当时仍是"编发左衽，随畜迁徙，莫能相雄长"，③应该是一种比较真实的情形。通常认为，汉代所谓的西南夷，主要指巴、蜀之外的西南少数民族，在族属上包括夷、越、蛮三大系统。例如将氐羌系称为"夷"，将百越系（包括濮或僚）称为"越"，将南蛮系苗瑶语族称为"蛮"。总体来看，整个西南夷在文化、经济等方面的发展都相对比较滞后。古蜀国通过商贾与周边少数民族进行贸易以获取资源，此类商贸活动既有短程也有远程，产自古蜀国的丝绸、青铜器、巴蜀的盐巴，以及其他很多物品，便通过商贸输入了滇国和西南夷地区，有些物品经过远程贸易还

---

① 赵丛苍主编《城洋青铜器》，科学出版社2006年8月第1版，第244~245页。

② [南朝·宋]范晔撰《后汉书》卷八十八"南蛮西南夷列传"，中华书局校点本第10册，1965年5月第1版，第2844页。

③ [晋]常璩撰，刘琳校注《华阳国志校注》，巴蜀书社1984年7月第1版，第335页。

辗转贩卖到了南亚和中亚。与此同时，古蜀国成熟而高超的青铜铸造技术，也在商周之后随着商贸传入了滇国和西南夷地区。

西南丝路石门道与清溪道会合处的普朋驿古建筑

古蜀国与滇的往来，因为地域相邻，自古以来就关系密切。文献记载杜宇是继蚕丛、柏灌、鱼凫之后的蜀王，就与来自云南朱提（今昭通）的梁氏女利联姻，壮大了力量，从而称雄于西南地区。后来杜宇由于好色"德薄"而失去了王位，鳖灵取代了杜宇而建立了开明王朝。有的学者通过对古蜀历史和彝族史的考证研究，认为杜宇失国后，带着追随他的族人流亡到了凉山和云南，现在的彝族便是杜宇的后人。《史记·三代世表》正义说："周衰，先称王者蚕丛，国破，子孙居姚、嶲等处。"[1]蚕丛创建蜀国应在夏商时期甚至更早，而杜宇的时代大约在西周晚期与春秋时期，这里说的国破应是杜宇失去王位之事。姚，即今云南姚安；嶲，即今四川西昌一带，正好是中国西南部的彝族地区。在《爨文丛刻》《且兰考》等史籍中，记载彝族远祖曾世居于蜀地，"周之叔世，杜宇称帝于蜀，蜀有洪水，隆穆避居南方，诸夷奉为君"。在云、贵、川三省彝族民间，从古迄今一直广泛流传着洪水泛滥和仲牟由避洪水的故事。仲牟由是涉及彝族起源的一个非常重要的人物，我们查阅史籍，《元史·地理志》《大明一统志》《蜀中广记》《天下郡国利病书》《读史方舆纪要》

---

① ［汉］司马迁撰《史记》卷十三"三代世表"，中华书局校点本第2册，1959年9月第1版，第507页。

等书，都说彝族是仲牟由之裔。①汉文献中的仲牟由，在贵州《西南彝志》中称为笃慕俄，地方志中则称祝明，或称隆穆，凉山民间传说称为居木，显然这是同一人名的不同译音和写法。通过彝族的口碑文献，使我们对杜宇的去向有了一个清晰的了解，知道了彝族和古蜀的亲缘关系。②童恩正先生也认为："实际上杜宇族的最终下落，可能是迁徙到了今四川南部和云南北部一带。"③我们也由此可知，古蜀国与云南少数民族（包括滇国）的密切关系，可谓由来已久。从考古发现看，云南青铜时代文化分为4种类型：滇池地区、洱海地区、滇西北地区和红河流域地区。从考古发现揭示的时代顺序来看，剑川海门口遗址是最早的，滇西青铜文化的年代也略早，然后滇池区域的青铜文化发展达到了鼎盛，呈现出由北向南扩散传播的形态。而从中国整体青铜文化发展的格局状况来看，中原华夏地区殷商青铜文化、以三星堆为代表的古蜀青铜文化，在时间上明显要早于云南的青铜文化。如果结合民族走廊与文化传播来做深入探讨，可以很清楚看到古蜀国青铜铸造技术的南传，可以看到三星堆青铜文化对滇国青铜文化产生了重要影响。古蜀文化最典型的青铜器物就是青铜雕像和鸟兽动物形象了，这在殷商中期和晚期已达到极其娴熟与精美的程度，云南出土的滇国青铜器中，最突出的也是人物雕像与动物形象，我们也由此可以看出两者在文化上的影响与密切关系。

　　我国西南地区的横断山脉是著名的半月牙型文化传播带，西南民族走廊的形成，除了地理环境的原因，与古蜀和氐羌的迁徙活动也大有关系。用历史的眼光客观地看，通过西南民族走廊进行的迁徙活动和文

---

① [明]宋濂等撰《元史》卷六十一"地理四"曰"乌蛮仲牟由之裔"，中华书局校点本第5册，1976年4月第1版，第1473页。参见[清]顾祖禹撰《读史方舆纪要》卷七十三"四川八"曰"乌蛮仲牟由之裔"，上海书店出版社影印出版，1998年1月第1版，第498页。

② 黄剑华著《天门》，四川人民出版社2001年8月第1版，第81~82页。

③ 童恩正著《古代的巴蜀》，四川人民出版社1979年4月第1版，第71页。

化传播，主要是由北向南的迁徙和传播，相关的文献记载在这方面便透露了很多信息，大量的考古资料对此也给予了充分的揭示。这种情形的形成，既是自然而然的趋势，也是必然的结果。譬如水总是由高向低处流淌，在平缓的地方会向四处漫衍。文化的传播也是这样，灿烂而先进的文化，总是会向周边产生较为强烈的辐射作用，有时这种辐射与传播会形成强势的渗透或侵入。特别值得注意的是，西南地区很早就有了古商道，由巴蜀通向滇越，并进而通向了南亚、中亚和西亚，很可能在先秦时期就已形成。通过这条古商道贸易的主要是产于蜀地的丝绸、蜀布、筇竹杖之类的物品，以及巴蜀的盐巴等。四川广汉三星堆出土有数量可观的海贝，有数千枚之多，据鉴定来自太平洋或印度洋温暖的海域，应是远程贸易带来的舶来品。而在云南江川、晋宁等地的春秋晚期至西汉末的墓葬中出土的贝数量更为庞大，据云南省博物馆统计核实，总数有25万枚左右，说明滇国是这些舶来品重要的中转站。公元前2世纪，汉武帝出于抗击匈奴的战略考虑，派遣张骞出使西域。张骞在历经艰难曲折回到长安后，向汉武帝详细报告了西域的情况，说他在大夏(今阿富汗北部一带)时，见到了邛竹杖与蜀布，这些货物是从蜀地运到身毒(印度)，然后再贩运到中亚的，由此猜测必定有一条通畅的古道。不言而喻，这条古道就是开辟已久的西南丝绸之路。雄才大略的汉武帝当即令张骞从蜀郡和犍为郡秘密派遣使者，"四道并出，出駹，出冉，出徙，出邛、僰，皆各行一二千里"，探索通往印度的商道。[1]汉武帝又拜司马相如为中郎将，建节出使巴蜀西南夷，"相如使略定西南夷，邛、筰、冉、駹、斯榆之君皆请为内臣。除边关，关益斥，西至沫、若水，南至牂柯为徼，通灵关道，桥孙水，以通邛都。还报天子，天子大说"。[2]汉武帝对西南地区的武力经营持续了很长时间，尽管取得了

① [汉]司马迁撰《史记》卷一百二十三"大宛列传"，中华书局校点本第10册，1959年9月第1版，第3166页。
② [汉]司马迁撰《史记》，中华书局校点本第9册，1959年9月第1版，第3047页。参见[东汉]班固撰《汉书》，中华书局校点本第8册，1962年6月第1版，第2580~2581页。

一系列成功，但由于民族关系和商贸利益等方面的复杂原因，只打通了川滇道，滇缅道却一直控制在商人和西南少数部族的手中，造成官方使者未能越过大理至保山一带。到了东汉明帝永平年间，哀牢人内附，东汉政府设置了永昌郡，西南丝绸之路这条国际商道才终于全线畅通了。由古商道发展为更加畅通的西南丝路，不仅活跃和繁荣了沿途地区的经济生活，在中外文化交流方面，也发挥了突出作用，早期佛教图像很可能就是由西南丝路传入中国的。到了蜀汉时期，诸葛亮南征也是蜀滇关系中一件非常重要的大事。《三国志·蜀书·后主传》说诸葛亮南征越嶲、益州、永昌、牂柯四郡，"丞相亮南征四郡，四郡皆平。改益州郡为建宁郡，分建宁、永昌郡为云南郡，又分建宁、牂柯为兴古郡"。[①]加上朱提郡、交州等，当时统称为南中。可见西南夷地区在三国时期已正式纳入到蜀汉政权的版图，蜀汉政权分郡而治，设官置守，使南中成了蜀汉名副其实的大后方。诸葛亮在南征过程中，对加强汉夷文化交流也做了很多事情。诸葛亮平定南中之后，还加强了对南中的开发，将很多先进的生产技术与文化输入到了南中地区，有效地促进了汉族和西南各族的团结与融合，其意义是非常深远的。

概而言之，先秦时期古蜀文明与周边区域已经有了广泛的交流。独具特色的古蜀文明在秦并巴蜀之后，已经演化为绚丽多彩的天府文化，在中国大一统的格局下进入了新的发展历程。秦汉以来，天府文化与周边区域的交流更为广泛和活跃，相互的影响与互动也更为丰富和密切了。通过对这种自古以来文化交流状况的梳理与分析，对我们更为深入地认识古蜀文明和解读天府文化是非常必要的。我们由此可知，古蜀文明植根于成都平原与四川盆地，却并不封闭，与周边区域一直保持着密切互动。天府文化继承了古蜀文明的绚丽个性与开放活跃的传统，因而也更加充满了活力。

---

① [晋]陈寿撰《三国志》卷三十三"蜀书·后主传"，中华书局校点本第4册，1959年12月第1版，第894页。

四、天府文化绚丽多彩的内涵构成解析

前面主要是从源流与根脉的角度，通过文献记载和考古资料，论述了古蜀文明与天府文化的关系，概略地分析了二者的地域特色和发展历程，以及与周边区域自古以来的文化交流和互动关系。现在继续深入探讨一下天府文化的构成特点，着重分析一下天府文化的丰富内涵，对天府文化的传承基础、组成因素、人文特色、发展动力、城市魅力等方面做些论述。关于天府文化绚丽多彩的内涵，大致可以从以下几个方面加以归纳。

（一）悠久的历史传承是天府文化的基础

站在宏观的角度，用历史的眼光来看，天府文化最重要的特色，是由内陆农业文明的辉煌走向了兴旺灿烂的城市文明。如果说古蜀文明展现了古蜀国农耕文化的兴旺繁荣，那么天府文化则显示了由内陆农业文明向城市文明的演化和发展，这个过程也是源远流长，而又绚丽多彩的。大致可以分为几个阶段：

1. 古蜀时期的缘起。成都平原很早就出现了城市文明的曙光，宝墩古城遗址群的考古发现，就充分揭示了古代蜀人筑城而居的历史。这些早期古城，有利于防御洪灾，也促进了农业与工商业的发展，为社会带来了兴旺。之后到了商周时期，大约兴起于鱼凫与杜宇时代的三星堆古城，已成为长江上游的文明中心。到了春秋战国时期，开明王朝迁都成都的时候，建筑了规模更为庞大的都城，更加促使了工商业的兴盛。随着人口的增长和城市规模的扩大，也显示了成都在城市聚合模式上的独具特色，不同于中原与北方的城市，也与其他区域的城市有着较为明显的区别。如果说宝墩、鱼凫等早期古城遗址所处的时期尚是古蜀文明的孕育时期的话，那么在宝墩、鱼凫文化基础上脱胎发展而来的规模宏大的三星堆古城和高度发达的青铜文化，则显示出古蜀国在这个时期已完全进入文明社会，形成了具有强烈地方色彩的可以同殷商中原文明和西亚文明以及世界上其他青铜文明媲美的文明形态。而成都这座大规模城市的形成和发展，则使古蜀文明进入了更加繁荣兴旺的时期，也为天府文化的继承发展奠定了深厚的基础。

2. 秦并巴蜀之后的作为。秦人仿照咸阳的模式修筑了新的成都城与临邛城、郫城等，并往蜀地大量移民。扬雄《蜀王本纪》说："秦惠王遣张仪司马错定蜀，因筑成都而县之。成都在赤里街，张若徙置少城内，始造府县寺舍，今与长安同制。"①干宝《搜神记》卷十三记述了秦人修筑成都城的经过："张仪筑成都城，屡颓"，后"依龟筑之便就，故名龟化城。"②实际上秦人修筑的成都城分为大城与少城，"张仪既筑大城，为军事政治中心，继筑少城，为经济中心"。③城市功能的完善，使成都成为了蜀地的行政中心和经济中心，并由此而形成了主流社会的聚合模式，有效地促使了工商业的快速发展，带来了经济与文化的繁荣，也为天府文化的发展带来了巨大的活力。

3. 汉武帝开发西南夷的积极意义。《史记》记载，汉武帝在武力经营西南夷的过程中，不仅派遣了军队，还调动了民众，使"唐蒙、司马相如开路西南夷，凿山通道千余里，以广巴蜀"。道路的开通为巴蜀地区带来了很多便利，"巴蜀民或窃出商贾，取其筰马、僰僮、髦牛，以此巴蜀殷富"。④汉武帝采取了许多强有力的措施，进一步完善了对西南地区的行政管理，加强了对西南少数民族的团结和统辖，也促使了蜀地城市的兴旺发展。成都的城市规模在汉代有了明显的扩展，已成为日益繁荣的西南名城。西汉末年公孙述在蜀地拥兵自重，曾利用成都的

① 《全汉文》卷五十三，[清]严可均校辑《全上古三代秦汉三国六朝文》第1册，中华书局影印出版，1958年12月第1版，第414页。
② [晋]干宝撰《搜神记》卷十三，《百子全书》下册，浙江古籍出版社1998年8月第1版，第1274页。
③ 四川省文史馆编《成都城坊古迹考》，四川人民出版社1987年1月第1版，第20页。
④ [汉]司马迁撰《史记》卷三十"平准书"，卷一百一十六"西南夷列传"，中华书局校点本，1959年9月第1版，第4册1421页，第9册，第2993页。

秦代修筑的成都城示意图　　　　　汉代成都城市发展图

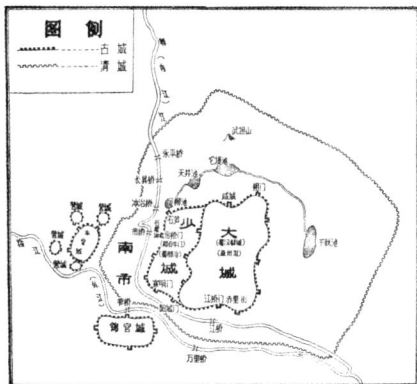

富庶与繁华，成为割据一方的土皇帝。后来光武帝刘秀派兵征伐，将成都与蜀地重新纳入到了东汉统一的版图。《后汉书》卷十三说公孙述"窃帝蜀汉"，败亡而终；王夫之《读通鉴论》认为汉末战乱之际，能够"于一隅之地，存礼乐于残缺"，"储文物以待光武"，[①]还是有贡献的。这也反映了成都这座城市在历史上的重要地位，以及天府文化每逢战乱之后，对恢复经济与文化繁荣发挥了重要的滋润作用。

4. 诸葛亮治蜀的影响。诸葛亮是三国时代智谋超群的杰出人才，后人常常将他比作智慧的化身。诸葛亮辅佐刘备创建了蜀汉政权，刘备白帝城托孤之后，诸葛亮辅佐后主刘禅，在治国安邦方面采取了许多积极有益的措施，在政治上军事上充分展示了他过人的才能。据陈寿《三国志·蜀书》与常璩《华阳国志》等记述，诸葛亮治理蜀汉有很多亮点，首先使人赞叹的是诸葛亮的忠诚与廉洁，诸葛亮曾上表后主刘禅说：他在"成都有桑八百株，薄田十五顷，子弟衣食，自有余饶"，此外别无赢财，这等于向群臣与百姓都公开了自己的家产，毫无隐晦与遮掩，史书说"及卒，如其所言"，[②]这种廉洁精神确实难能可贵。其次是团结人才和举贤任能，"亲贤臣、远小人"，对蜀汉政权的稳定发展

①　[明]王夫之著《读通鉴论》上册，中华书局1975年7第1版，第172页。

②　[晋]陈寿撰《三国志》卷三十五"诸葛亮传"，中华书局校点本第4册，1959年12月第1版，第927页。

起到了非常重要的作用。再者是平定南中，恩威并用，对孟获七擒七纵，正是这个"攻心为上"的用兵之道，终于使孟获心服口服，南中地区大小诸夷从此不复叛乱。诸葛亮平定南中之后，将南中的俊杰人才任以官职，加以重用，不仅团结了南中地区的大姓富豪，也笼络了西南各夷的民众人心，有效地加强了对南中各郡的管辖和治理。并"出其金、银、丹、漆、耕牛、战马给军国之用"，[①]充分利用南中的人力物力，补充和加强了蜀汉的力量。诸葛亮在南征过程中，对加强汉夷文化交流也做了很多事情，将汉文化传播到了诸夷各地，将织锦技艺也带到了南中。成都武侯祠有一副清代赵藩撰写的楹联说："能攻心则反侧自消，从古知兵非好战；不审时即宽严皆误，后来治蜀要深思。"便对诸葛亮治蜀的贡献与经验教训做了言简意赅的评述，常使观赏者驻足赞叹，带来有益的思考。如何治理蜀汉，"攻心"和"审势"确实是两个很有启发性的问题，既给人以警示，又令人深省，至今仍非常有借鉴意义，需要我们去仔细品味其中的精髓。诸葛亮在历史上的杰出作为与深远影响，也丰富了天府文化的内涵，对天府文化的发展与弘扬也起到了非常重要的作用。

5. 后来的社会变化与商贸发展。蜀地自古盛产丝绸，促使了商业与贸易的兴旺，也为天府文化带来了繁荣。汉代蜀地已是"女工之业，覆衣天下"。[②]据《隋书》卷二十九记载：南北朝之后蜀地随着经济与人口的增长形成了很多城市，成都更是"水陆所凑，货殖所萃，盖一都之会也"，"人多工巧，绫锦雕镂之妙，殆侔于上国"。[③]唐朝是我国历史上异常繁荣的一个时代，无论是社会经济或是思想文化，都达到了

---

① [晋]常璩撰，刘琳校注《华阳国志校注》（修订版），成都时代出版社2007年6月第1版，第185页，第186页。

② [南朝·宋]范晔撰《后汉书》卷十三"隗嚣公孙述列传"，中华书局校点本第2册，1965年5月第1版，第535页。

③ [唐]魏征、令狐德棻撰《隋书》卷二十九"地理上"，中华书局校点本第3册，1973年第1版，第830页。

成都武侯祠过厅

成都武侯祠诸葛亮塑像

鼎盛。这是古老的中国进入中世纪，迎来的一段空前辉煌的时期，开放的格局，商贸和文化交流的活跃，加上经济的快速增长，使整个社会充满了活力。成都的蚕桑丝绸业发展迅猛，这时已成为著名的蜀锦生产织造中心，并带动了蜀地很多州县成为绢帛产地。据《大唐六典》卷二十"太府寺"记载：四川的绢产地有28个州，约占当时全国87个产绢州的三分之一，[①] 由此可知四川是唐代最重要的绢产地。精美的蜀锦，代表着我国古代丝织技艺的最高水平，不仅是唐宋时期四川的骄傲，亦为中世纪的成都带来了极大的繁荣。农业的富饶与织造业的兴旺，使成都在唐代已发展成为一座全国最繁华的商业都会，当时能和成都相比的只有长江下游和大运河交汇处的扬州了。扬州由于隋朝大运河的开凿，成了南北水陆交通的枢纽，迅速发展成了商贸繁华之地。《元和郡县图志》说：扬州"与成都号为天下繁侈，故称扬、益。"[②] 唐朝诗人武元衡诗序中也评述说："时号扬、益，俱为重藩，左右皇都。"[③] 扬州在隋大业初称为江都，曾是隋炀帝的行都；唐玄宗天宝年间由于安史之乱离京

---

① [唐]李隆基撰，[唐]李林甫注，《大唐六典》，三秦出版社1991年6月第1版，第383页。

② [唐]李吉甫撰，贺次君点校《元和郡县图志》下册，中华书局1983年6月第1版，第1071页。

③ 《全唐诗》上册，上海古籍出版社1986年10月第1版，第787页。

入蜀，对成都的繁华有深刻的印象，成都曾号称为南都；这便是成都和扬州被唐人称为重藩与左右皇都的典故由来了。唐宣宗时有个叫卢求的文人，在《成都记序》中分析比较说："大凡今之推名镇为天下第一者曰扬、益。以扬为首，盖声势也。人物繁盛，悉皆土著，江山之秀，罗锦之丽，管弦歌舞之多，伎巧百工之富，其人勇且让，其地腴以善，熟较其要妙，扬不足以侔其半。"[①]卢求的看法显然是比较客观和中肯的，分析也很有道理。成都代表的是源远流长的繁华，新兴的扬州在这方面是过于稚嫩了。之后扬州遭遇了唐末五代时的连年战乱，"先是，扬州富庶甲天下，时人称扬一、益二，及经秦、毕、孙、杨兵火之余，江淮之间，东西千里扫地尽矣"。[②]只有成都依然保持着安定和繁荣，为战乱后的中国继续提供着大量的蜀锦和各种丝织品，在历史的转折关头再一次显示了天府之国的鲜明特色。宋代四川依然是全国最重要的蚕桑丝绸基地，南宋时期蜀锦是同少数民族交换战马的重要战略物资。明末四川遭受了兵燹之灾，成都锦坊尽毁；清代前期从湖广等地大量移民到四川，到了清朝乾隆年间，大兴农桑，百废俱兴，四川的丝绸织锦业又重新恢复了兴旺，成都也再次发展成为一座生机勃勃的都市。总之，蚕桑丝绸和商贸业的兴旺，给成都带来的富庶与繁华，称得上是天府文化发展史上一篇最灿烂的华章了。

（二）治水精神是天府文化的重要组成因素

蜀地自古以来就有悠久的治水传统，传说大禹治水，就是首先从治理岷江水患开始的。《禹贡》说大禹"岷山导江，东别为沱"，"岷

---

① 《全唐文》卷七百四十四，第四册，上海古籍出版社1990年12月第1版，第3413页。
② [宋]司马光编著，(元)胡三省音注《资治通鉴》卷二百五十九，第十八册，中华书局1956年6月第1版，第8430~8431页。

嶓既艺，沱潜既道"，^①就是明证。大禹治理岷江水患，采取了筑堤防洪与疏导河流相结合的办法，导山治水获得了成功，然后才推广到了全国。扬雄《蜀都赋》中说"蜀都之地，禹治其江"，这才"郁乎青葱，沃野千里"。从传世文献的记载中看，传说中的黄帝和尧舜禹汤时期，是自然灾害多发期，旱灾与洪水曾交替出现。王充《论衡·感虚篇》就说："儒者传书言，尧之时，十日并出，万物焦枯……洪水之时，流滥中国，为民大害。"^②成都平原上古蜀国早期城址群的营建，就与防备水患有着极其密切的关系。宝墩、鱼凫等古城遗址的分布地点以及独特的围堤形式的城垣，都显示出了这一鲜明特点。古蜀国杜宇时期，又发生了严重的水灾，扬雄《蜀王本纪》说："时玉山出水，若尧之洪水，望帝不能治，使鳖灵决玉山，民得安处。"^③《华阳国志·蜀志》对此也有记载：杜宇时期"会有水灾，其相开明决玉垒山以除水害，帝遂委以政事，法尧舜禅授之义，遂禅位于开明，帝升西山隐焉"。^④由于洪水成灾和治水的结果，而导致了古蜀两个王朝政权的更替，这也可以说是古代蜀人社会生活过程中的一个典型的缩影。

秦并巴蜀之后，在李冰担任蜀守期间，对蜀地的水患进行了更彻底的治理。史籍称李冰"能知天文地理"，是一位具有真才实学的奇才。李冰治蜀事迹甚多，涉及经济建设诸如水利、交通、盐业等许多领域，都有非凡的建树，特别是在水利建设方面，建造了都江堰，更是功绩卓著。都江堰不仅是古代科技与聪明才智的结晶，更是意志与人格力量的体现。传说，李冰修建都江堰时曾与江神进行了大无畏的搏斗。《水经注》卷三十三引《风俗通》对此有一段精彩的记述："李

① [清]胡渭著，邹逸麟整理《禹贡锥指》，上海古籍出版社1996年12月第1版，第557页，第272页，第273页。
② [汉]王充著《论衡·感虚篇》，《百子全书》下册，浙江古籍出版社1998年8月第1版，第972页。
③ [汉]扬雄著《蜀王本纪》，《全汉文》卷五十三，[清]严可均校辑《全上古三代秦汉三国六朝文》第1册，中华书局影印出版1958年12月第1版，第414页。
④ [晋]常璩撰，刘琳校注《华阳国志校注》，巴蜀书社1984年7月第1版，第182页。

冰为蜀守，开成都两江，溉田万顷。江神岁取童女二人为妇，冰以其女与神为婚，径至神祠，劝神酒，酒杯恒澹澹，冰厉声以责之，因忽不见。良久，有两牛斗于江岸傍，有间冰还，流汗谓官属曰：吾斗疲极，当相助也，南向腰中正白者，我绶也。主簿刺杀北面者，江神遂死。蜀人慕其气决，凡壮健者，因名冰儿也。"①

《华阳国志·蜀志》还记述：李冰率领军民凿平溷崖时，"水神怒，冰乃操刀入水中与神斗，迄今蒙福。"李冰大兴水利，

李冰石像（1972年都江堰人字堤出土，现保存于伏龙观）

为民除害，斗智斗勇，豪气冲天，终于大获全胜，所以人们夸张他的神勇，将他描绘成了一位智勇超群斩除江神的千古不朽的世纪英雄。"于是蜀沃野千里，号为'陆海'。旱则引水浸润，雨则杜塞水门，故记曰：水旱从人，不知饥馑，时无荒年，天下谓之'天府'也"。②成都平原从此成了风调雨顺、物产富庶、安居乐业之地。用历史的眼光看，水利在很大程度上也是一个时代的写照，并不单纯是一项工程，包括传统文化以及政治经济与科学技术等方面的诸多因素，都凝聚在里面。都江堰不仅是我国古代科技文化的结晶，更是天府文化的一个骄傲。都江堰两千多年来始终如一发挥着巨大的作用，最重要的秘诀就是，这是一项天人合一的科学的综合水利工程，它顺应了自然规律并将人的聪明才智发挥到了极致，从此旱涝无虞，开创天府，造福天下。

概而言之，从大禹治理岷江水患，到李冰建造都江堰，都显示了一种伟大的治水精神。这种治水精神，应该包括三个内核，一是战胜自

---

① [北魏]郦道元撰，王国维校《水经注校》，上海人民出版社1984年5月第1版，第1039~1040页。

② [晋]常璩撰，刘琳校注《华阳国志校注》，巴蜀书社1984年7月第1版，第207页，第202页。

然灾害的不屈不挠的抗争精神，二是顺应自然天人合一的科学精神，三是不断发展与时俱进的创新精神。这三个精神内核是互为表里，相互交融，密切结合在一起的。正是由于这种伟大的治水精神，才使成都平原成为了名副其实的天府之国。在一定意义上也可以说，这种治水精神也堪称是天府文化的精髓所在。都江堰作为治水精神的象征，流淌的不仅是奔腾的清洌江水，更流淌着一种壮丽的驯顺、一种充满生命活力的传统、一种造福千年的奉献、一种至圣至善的智慧、一个光辉而又独特的精神世界。

都江堰鸟瞰图

（三）人文的绚丽与厚重是天府文化的主要内涵

人文通常是指各种文化现象，而观念与习惯则是文化的核心和主要内容。天府文化的绚丽特色与厚重内涵，在人文观念方面也有着非常突出的展现，包括神话传说、精神崇尚、信仰观念、文化习惯、民俗传统等等，自古以来就富有特色。譬如太阳崇拜的神话传说，就肇始于古蜀时代，先在巴蜀与南方地区广为流传，后来才传播到了北方与其他地区，在整个世界东方都产生了广泛影响。在古代蜀人撰写的《山海经》篇章中，就对十日神话做了精彩的阐述，说十个太阳是帝俊与羲和的儿子，都是会飞翔的神鸟化身，每天轮流从东方的神树扶桑飞往西方的神树若木，①表现了独特的思维与丰富的想象。著名学者蒙文通先生曾指出："春秋战国时代，各国都有它所流传的代表它的传统文化的典籍……巴、蜀之地当也有它自己的作品，《山海经》就可能是巴、蜀地域所流传的代表巴蜀文化的典籍。"②三星堆古蜀遗址出土的大量遗物中，就有许多与太阳神话有着密切关系的珍贵文物，最为典型的就是青铜神树了，堪称是十日神话最为生动而又形象的体现。

值得注意的是，后来出现的射日神话，也肇始于古蜀时代。《楚辞·天问》有"帝降夷羿，革孽夏民"之说，《山海经·海内经》说："帝俊赐羿彤弓素矰，以扶下国，羿是始去恤下地之百艰。"③二者的说法如出一辙，可见"帝"就是南方神话系统中的太阳之父帝俊。唐代成玄英注疏《庄子·秋水篇》时曾引用古本"《山海经》云：羿射九日，落为沃焦"。④可知射日神话的由来，最早也是从《山海经》中的记述开始流传的。过去学界有人将"夷羿"说成是东夷之天神，显然是误解。其实关于"夷"，商周时代已形成"四夷"观念，东夷只是上古以来"四夷"之一，更多的则是指西南夷。譬如《史记》与《汉书》皆称西南地区的各民族为西南夷，而称沿海地区为吴、越，对于南方则称南蛮与滇越或骆越，可知"夷"主要是指长江流域上游地区。上古夷人就以制造弓矢出名，有学者认为"夷"字的写法，就表示一个背着弓箭的人。任乃强先生认为，"'夷'字，本取负弓引矢，狩猎民族之义。

---

① 袁珂《山海经校注》(增补修订本)，巴蜀书社1993年4月第1版，第438页，第308页，第408页。

② 蒙文通《略论〈山海经〉的写作时代及其产生地域》，《蒙文通文集》第一卷《古学甄微》，巴蜀书社1987年7月第1版，第65页。

③ 袁珂《山海经校注》(增补修订本)，巴蜀书社1993年4月第1版，第530页，第241页。

④ 袁珂《中国神话传说词典》，上海辞书出版社1985年5月第1版，第303页。参见袁珂《中国神话大词典》，四川辞书出版社1998年1月第1版，第434页。参见《庄子集释》（郭庆藩辑，王孝鱼整理），第3册，中华书局1961年7月第1版，第565页。

《西南夷》之夷字，用此义；非同《尔雅》'东方曰夷'之义"。[1]可见西南夷擅长狩猎，很早就以制作弓箭闻名于世了。三星堆出土金杖与金沙遗址出土金冠带上都刻画有长杆羽箭，便清楚地表明古蜀先民是善于制作和使用弓箭之人。毫无疑问，羿是南方神话系统中的射日英雄，他上射九日，救世除害，充分显示了豪迈无敌的英雄气概，这与前面所述的治水精神也是一脉相承的。鲁迅先生说："神话不特为宗教之萌芽，美术所由起，且实为文章之渊源。"[2]太阳崇拜与射日神话曾盛行于蜀地，现在南方有些民族地区迄今仍对此津津乐道，这已成为我国地域民俗文化中富有特色的一项重要内容。

又譬如天门观念，也是古蜀时代的一个悠久传统，显示了古代蜀人独特的崇尚与习俗。扬雄《蜀王本纪》记述：秦朝李冰为蜀守的时候，"谓汶山为天彭阙，号曰天彭门，云亡者悉过其中，鬼神精灵数见"。[3]《华阳国志·蜀志》对此也有记载，并记述了专门的祭祀："李冰为蜀守，冰能知天文地理，谓汶山为天彭门，乃至湔氐县，见两山对如阙，因号天彭阙。仿佛若见神，遂从水上立祀三所，祭用三牲，珪璧沈濆。汉兴，数使使者祭之。"[4]古蜀族是兴起于岷江上游的一个古老部族，后来在成都平原开创了古蜀国，在古代蜀人的心目中，蜀山（即岷山）是祖先起源的圣地，也就成了崇拜和祭祀的神山，同时也视为灵魂的归宿。三星堆出土玉璋的图案中，在两座神山之间就刻画有天门符号，金沙遗址出土的玉兽面纹斧形器上也刻画了天门图案，便反

① [晋]常璩撰，任乃强校注《华阳国志校补图注》，上海古籍出版社1987年10月第1版，第231页注释③。

② 鲁迅著《中国小说史略》第二篇"神话与传说"，《鲁迅全集》第9卷，人民文学出版社1981年第1版，第17页。

③ 《全汉文》卷五十三，[清]严可均校辑《全上古三代秦汉三国六朝文》第1册，中华书局影印出版，1958年12月第1版，第415页。参见[宋]乐史撰《太平寰宇记》卷七十三，王文楚等点校，中华书局2007年11月第1版，第1494页。参见林贞爱校注《扬雄集校注》，四川大学出版社2001年6月第1版，第318页。

④ [晋]常璩撰，刘琳校注《华阳国志校注》，巴蜀书社1984年7月第1版，第201页。

映了古蜀早期比较原始和质朴的魂归天门观念。之后在四川简阳鬼头山崖墓出土汉代3号石棺上有"天门"画像，在重庆巫山东汉墓葬中出土的7件鎏金铜牌饰有隶书"天门"榜题文字，说明了这个观念的传播。《三国志·乌丸传》汪引《魏书》有对东胡乌丸人死后送葬的记述：葬则歌舞相送，取亡者所乘马与衣物及生时服饰，皆烧以送之，"使护死者神灵归乎赤山，赤山在辽东西北数千里，如中国人以死之魂神归泰山也。"[①]蒙文通先生指出："古时中原说人死后魂魄归泰山，巴蜀说魂魄归天彭门，东北方面又说魂魄归赤山，这都是原始宗教巫师的说法，显然各为系统。从这一点来看，巴蜀神仙宗教说不妨是独立的，别自为系。"[②]天门观念并不单纯是一种丧葬习俗，也显示了古代蜀人独特的崇尚心理。而这种崇尚与习俗的独特性，也正是天府文化的一个显著特色。

又譬如昆仑仙话的起源，也与岷山之域有着密切关系。古蜀时代已有"神化不死"与"得仙"的传说，扬雄《蜀王本纪》就说："蜀王之先名蚕丛，后代名曰柏濩，后者名鱼凫，此三代各数百岁，皆神化不死。其民亦颇随王化去。鱼凫田于湔山，得仙。今庙祀于湔。"又说，杜宇升西山隐焉。[③]古代蜀人撰写的《山海经》篇章中，也有很多关于鬼神与仙话的记述。学界通常认为，中国上古时期神话大致分为华夏、东夷、苗蛮三大系统，战国与秦汉时期则主要有昆仑神话系统与蓬莱神话系统。这时出现的西王母仙话、黄帝仙话、蓬莱仙话，就是由此演化而成的。[④]仙话竭力宣扬长生不死与得道升仙观念，获得了秦始皇和汉

---

① [晋]陈寿撰《三国志》卷三十"乌丸鲜卑东夷传"，第3册第832页，中华书局校点本，1959年12月第1版。

② 蒙文通著《巴蜀古史论述》，四川人民出版社1981年8月第1版，第100页。参见《蒙文通文集》第二卷《古族甄微》，巴蜀书社1993年4月第1版，第258页。

③ 《全汉文》卷五十三，[清]严可均校辑《全上古三代秦汉三国六朝文》第1册，中华书局影印出版，1958年12月第1版，第414页。

④ 梅新林著《仙话——神人之间的魔幻世界》，三联书店上海分店出版，1992年6月第1版，第2页。

武帝的信奉，因而大为盛行。早期的仙话主要以入山成仙为主题，与昆仑仙话有着十分密切的渊源关系，传说中的昆仑仙境究竟在西北什么地方，历来说法不一，当时并无一个准确的位置。昆仑仙话中的西王母掌管着长生不死灵丹妙药，或说"玉山，是西王母所居也"，或说住在昆仑之丘。①有学者认为，关于传说中的昆仑山，"其实并非一个现实的自然地理现象，而是一个幻想的人文（神话）地理概念"。②而"玉山"是很容易使人联想到玉垒山与蜀山或岷山的，王充《论衡·异虚篇》说："河源出于昆仑，其流播于九河。"③而岷江曾在较为漫长的时期内被古人视为长江的源头，后来才为地理学家们更正。扬雄《蜀都赋》中说到湔山与彭门，"北属昆仑泰极"。后来的《玄中记》中说："蜀郡有青城山，有洞穴，分为三孔，西北通昆仑。"④这也透露了古人心目中蜀山与昆仑山的密切关系。据蒙文通先生考证，《山海经》中有多篇为蜀人撰写，当然要写最熟悉的蜀山了。《山海经》中关于西王母的记载，所居之处的昆仑与玉山，便都有蜀山的影子。从时间上看，古蜀时代很早就有了仙化的传说，鱼凫的仙去应在春秋战国之前，由此可知蜀山是仙话的发源地。后来的昆仑仙话，很可能就是肇始于蜀山，从古蜀的仙化传说演化出来的。昆仑仙话中有开明兽，与鳖灵建立的开明王朝称号非常巧合，任乃强先生认为："疑鳖令氏族以开明兽为图腾，自丛帝开始。是用昆仑神兽之义，以示威灵也。"⑤至于昆仑的说法后来发生了变化，主要是秦汉时期的方士们为了迎合最高统治者的兴趣和幻想，而编造了许多新的传说，其中有很多荒诞不经的成分，昆

① 袁珂《山海经校注》(增补修订本)，巴蜀书社1993年4月第1版，第59页，第466页。

② 吕微《"昆仑"语义释源》，马昌仪编《中国神话学文论选萃》下册，中国广播电视出版社1994年2月第1版，第506页。

③ [东汉]王充著《论衡》，上海人民出版社1974年9月第1版，第70页。

④ [宋]李昉等撰《太平御览》第1册，中华书局影印出版，1960年2月第1版，第263页。

⑤ [晋]常璩撰，任乃强校注《华阳国志校补图注》，上海古籍出版社1987年10月第1版，第124页。

仑的地理位置也因此呈现出了越说越远、越说越玄的情形。从考古发现看，四川出土的汉代画像石画像砖有大量关于西王母的描绘，从体裁内容到构图风格都别有特色，西王母坐在龙虎座上便和蜀地自古以来的崇尚有关，也充分反映了昆仑仙话在蜀地的传播与流行。

道教的发源地，也在岷山之域。东汉末张道陵（初名张陵）为了创建道教，曾考察了很多地方，从沿海之滨到了洛阳等地，在北邙山修炼三年，并到过长江中下游许多名胜之地，后来西行来到四川，终于选定了大邑鹤鸣山作为隐居修道之处，由此而创立了本土宗教道教。道教兴起于岷山之

汉代画像砖上的西王母图（四川新繁出土）

域，并非偶然现象。同全国其他地区相比，蜀地独特的地理环境和广泛的民间信仰基础，为道教的发祥提供了更为有利的条件。张道陵创建的道教（当时俗称"五斗米道"，后来又称为"正一盟威道"或"天师道"），是一种具有主神崇拜特征的多神教，以追求长生不死和成仙为最高目标，这与古代蜀人的崇拜观念是非常吻合的，所以极易为蜀人所接受和信奉。换一个角度看，这种如出一辙的情形，也可能是张道陵接受了古蜀信仰观念习俗的影响，而加以了巧妙的改建，亦可看作是古代蜀人精神世界在新的宗教形式中的一种张扬。张道陵创建的道教，还有运用道法驱鬼去邪、使用符咒为人治病的方式和内容，这与古蜀时代昌盛的巫术，也是一脉相承的。道教中关于龙、虎的观念，也与古代蜀人的原始崇拜有着非常密切的关系。仙人骑鹿也是秦汉时期蜀地广为流传的神仙话题，四川汉代墓葬中出土的画像石和画像砖上，仙人骑鹿和龙虎都是描绘得较多的画面。这些显然都对创立和传播于西蜀地区的道教产生过重要影响，并为道教所利用，给予了新的诠释和发挥，融入到了

后世所绘张道陵像　　　　汉代画像砖骑鹿升仙图（四川彭县出土）

新的宗教形式之中。概而言之，道教这一汉民族最大的本土宗教，兴起于岷山之域，最先传播于西蜀地区，汲取凝聚了古蜀文明与天府文化中的许多东西，所以我们也可称它是中国内陆农业文明的产物。鹤鸣山和青城山作为道教起源的祖庭和洞天福地，不仅是蜀中地域文化的自豪，也是为中国和世界共享的一笔自然文化的珍贵遗产。在以后的历史发展过程中，蜀中始终是道教的重要活动基地，在道教史上占有不可替代的地位。道教不仅对中国的历史文化产生了深远的影响，还通过西南丝路传播到了南亚地区，对印度的宗教文化产生过影响。[①]道教还传播到了朝鲜和日本等地，在中外文化交流史上谱写了重要的篇章。

　　从古蜀秦汉以来，古代蜀人在艺术创作方面也有很多独到的表现。譬如三星堆出土的青铜雕像群，对人物形态的刻画，有的极具夸张，有的生动逼真，其造型与工艺都堪称精妙。又譬如成都境内和四川各地出土的汉代画像也独具特色，洋溢着浓郁的艺术魅力。出土的汉代陶俑如说唱俑之类，也妙趣横生，令人赞叹称绝。还有四川各地的汉阙与石雕，也雄浑大气，显示了雕塑与建筑方面的独特风格，在构思与技艺上具有很高的造诣。古代蜀人特别擅长形象思维，对各种艺术表现形式都非常熟悉并能运用自如，充满了丰富的想象力。这种艺术方面的精

①　汶江《试论道教对印度的影响》，载伍加伦、江玉祥主编《古代西南丝绸之路研究》，四川大学出版社1990年10月第1版，第78~87页。

彩纷呈、独具一格的浪漫瑰丽、表现风格的神采飞扬，也充分显示了天府文化绚丽多彩的特色。四川考古发现的巴蜀图语，也是古代蜀人擅长形象思维的产物，有着非常奥妙的含义，虽然使人费解，却洋溢着匪夷所思的艺术魅力，展现了天府文化的独特与奇妙。

此外，天府文化在人文特色方面，从衣食住行到生活习俗，从传统观念到思想文化领域，包括服饰文化、饮食文化、建筑文化、交通文化、手工技能、节日庆典、语言交谈、崇尚习惯、文学与音乐、学术传承等方面，从物质文明到精神内涵，都有很多精妙而又独到的特点。限于篇幅，就不展开细说了。

（四）重视教育和文化发展是天府文化的重要动力

重视教育和文化发展，也是天府文化的一大特点，同时也是不断促使与推进天府文化创新发展的重要动力。从文献记载看，西汉初，四川的教育已经走在全国的前列。文翁在成都创办了石室讲堂，促使了蜀地教育事业的兴旺，同时也开创了全国各郡办学之风，对人才的培养和文学的繁荣产生了巨大的作用。据《汉书·循吏传》记载：文翁在汉景帝时为蜀郡守，仁爱好教化，见蜀地辟陋有蛮夷风，于是大力兴办学校，"繇是大化，蜀地学于京师者比齐鲁焉。至武帝时，乃令天下郡国皆立学校官，自文翁为之始云。文翁终于蜀，吏民为立祠堂，岁时祭祀不绝。至今巴蜀好文雅，文翁之化也"。[1]常璩《华阳国志·蜀志》也记述："孝文帝末年，以庐江文翁为蜀守，穿湔江口，溉灌繁田千七百顷。是时世平道治，民物阜康，承秦之后，学校陵夷，俗好文刻。翁乃立学，选吏子弟就学，遣隽士张叔等十八人东诣博士受七经，还以教授。学徒鳞萃，蜀学比于齐鲁。巴、汉亦立文学。孝景帝嘉之，令天下郡国皆立文学，因翁倡其教，蜀为之始也。"[2]值得提到的是，大文豪

---

① [东汉]班固撰《汉书》，中华书局校点本第11册，1962年6月第1版，第3625~3627页。

② [晋]常璩撰，刘琳校注《华阳国志校注》，巴蜀书社1984年7月第1版，第214页。

成都文翁石室故址　　　　　　　成都文翁石室内的文翁塑像

司马相如在赴京师游宦之前，曾执教于成都的石室讲堂。《蜀中名胜记》卷一引《寰宇记》就记载说："石室，司马相如教授于此，从者数千人。"又据秦宓引《地里志》说："文翁倡其教，相如为之师。"认为"汉家得士，盛于其世矣"。①《汉书·地理志》对此也有记载说："文翁为蜀守，教民读书法令，未能笃信道德，反而好文刺讥，贵慕权势。及司马相如游宦京师诸侯，以文辞显于世，乡党慕循其迹。后有王褒、严遵、扬雄之徒，文章冠天下。繇文翁倡其教，相如为之师。"②汉代蜀郡教育的兴旺，为蜀地带来了文化的灿烂，也促使了人才的大量涌现。正如常璩《华阳国志·蜀志》所说："故司马相如耀文上京，扬子云齐圣广渊，严君平经德秉哲，王子渊才高名隽……得意之徒恂恂焉。"③从汉代开始，蜀地由此而形成了一种浓厚的文化风气，对后世的传承与影响也是非常深远的。

文翁是继李冰之后在蜀地做出了巨大贡献的一位杰出郡守。天府之国由于拥有了李冰和文翁这两位客籍的杰出人物，而是多么的荣幸。用历史的眼光看，李冰和文翁治蜀期间的非凡作为，都具有划时代的意

---

① [明]曹学佺著《蜀中名胜记》，重庆出版社1984年10月第1版，第7页。参见[晋]陈寿撰《三国志·蜀书·秦宓传》，中华书局校点本第4册，1959年12月第1版，第973页。
② [东汉]班固撰《汉书》，中华书局校点本第6册，1962年6月第1版，第1645页。
③ [晋]常璩撰，刘琳校注《华阳国志校注》，巴蜀书社1984年7月第1版，第221页。

义。李冰为天府之国修筑了一条造福于历史的伟大工程——都江堰，文翁则大力兴办教育获得了极大成功，不仅功在当世，而且影响深远，由此而开创了一代新风，使蜀地成了一个文化勃兴和文运昌盛的地区。

成都市图书馆内的司马相如塑像　　　　　西汉扬雄画像

在后来的历史发展进程中，天府文化孕育了众多杰出的人物，不仅与人文积淀的熏陶与影响大有关系，同时也与重视教育和文化发展是分不开的。我们常说文宗在蜀，这种文化现象的根源，便与天府文化的孕育有关。除了蜀地诞生的许多杰出人物，还有很多外来的英杰之士，入蜀之后便都接受了天府文化的滋润。包容和谐的成都平原犹如巨大的聚宝盆，汇聚了来自各处的英才，很容易找到自己的落脚点。成都经常被人们称为是一座来了就不想离开的城市，这也是天府文化巨大的魅力所致，与天府文化给人的浸润作用和非同寻常的吸引力是分不开的。

（五）成都的城市生活充分展现了天府文化的浓郁魅力。

成都是天府文化最重要的汇聚之处，也是最能彰显天府文化亮点的一座历史文化名城。成都一直是天府之国核心区域的行政中心、文化中心、经济中心，从古蜀国开明王朝于此建都以来，经过了两千多年的漫长发展历程，有着极其深厚的传统文化积淀，饱经沧桑却并未衰落，依然朝气蓬勃充满活力光彩耀眼，如今已成为西南地区闻名遐迩的国际大都会。成都的昌盛不衰，其中最重要的奥秘，就是得益于天府文化的滋养，使之历久弥新，始终保持着自己的城市个性特色，同时也始终张扬着一种特殊的城市文化魅力。城市的个性，其实就是地域文化的特色；而城市的魅力，说得透彻一些，也就是地域文化的魅力。兼容并蓄、保持个性、知快守慢、与时俱进、面向未来，这是成都城市生活的主要特色，就充分展现了天府文化的浓郁魅力。

用现代的眼光来看，以成都为代表的城市生活，城市的休闲特色，城市的舒适感觉、汇聚与包容的城市风气，知快守慢的生活节奏，兼容并蓄的生活方式，以及与时俱进、面向未来的开放心态，这既是成都的个性特色，也是成都的魅力所在。成都富有特色的城市生活，与其独特的人文环境，也有着较为密切的关系。成都是一座宜居之城，也是一座创新之城，在成都不仅可以共享舒适的生活，也可以在事业上奋发努力大有作为。

众所周知，来自海内外的人们，只要到了成都，就能体会到天府文化的魅力。从名胜古迹到市井茶馆，从考古发现到川西古镇，从温润的气候到繁华的都市气息，从方言乡音到美食小吃，都闪耀着天府文化的个性光彩，给人以独特的感受。然后就会喜欢上成都，到了成都就不想离开，或者走了之后还想再来。天府文化的特色和吸引力，在成都可谓获得了最为充分的彰显。

五、天府文化的地位、意义与影响

综上所述，天府文化不仅是一个经历了漫长发展岁月的历史地域文化，同时也是在现代生活中依然发挥着巨大作用的传统地域文化。天府文化既有悠久的传承发展，又有不断的演化创新。如何准确认识和评价天府文化的地位、意义和影响，如何更好地倡导与弘扬天府文化的积极作用，也是一个值得思索和掂量的问题。我觉得，大致可以从三个方面略作概括和评述。

首先是天府文化在历史上的地位。众所周知，黄河与长江都是中华文明的重要源头和摇篮，在一定意义上，中华文明也可称之为两河文明。位于长江上游成都平原的古蜀文明，是中华文明的发祥地之一，也是中华文明的重要组成部分，早已是不争的事实，已成为学界的共识。我们知道，古蜀文明既是天府文化的源头，也是天府文化的根脉所在。天府文化从秦汉以来，已成为一种特色鲜明的地域文化，在中国历史上也占有非常重要的地位。成都平原和四川盆地是中国富饶的内陆，既是中国的大后方，也是中国的后花园，在历史的紧要关头曾不止一次展现出其战略地位的重要性。天府文化也不止一次滋润了历史的进程，发挥了不可替代的巨大作用，产生了深远的影响。中国是个地域辽阔的多民族大国，有着悠久而丰富多样的传统文化，在当今的地域文化中，天府文化依然占有非常重要的地位。无论是鲜明的个性与深厚的内涵，或是巨大的凝聚力和立足西南面向世界的辐射作用，都生机勃勃、光彩耀眼，正在继续谱写着绚丽多彩的篇章。总之，天府文化在历史上的地位是非常显著而又突出的，是中国最富有魅力的地域文化之一，也是迄今为止最值得称赞和继续发挥着重要作用的地域文化之一了。

其次是天府文化在当代社会的意义。当代快速发展的社会，在经济与文化诸多方面都发生了许多巨大的变化。成都这座历史文化名城，也发生了极大的转变，过去的传统街道已经被现代建筑所取代，城市规模已经成倍扩展，人们的日常生活包括衣食住行也都彻底改观。这种快速的城市发展，为人们带来了很多好处，但也失去了很多宝贵的东西，出现了很多令人思索和担忧的问题。比如天府之国自古以来的最大优势就是沃野千里物产富庶，现在城市无限膨胀已经高楼林立，还在不断增加房地产的过度开发，而沃野良田却在日益减少乃至消失殆尽，这就是非常令人忧虑的一件事情。成都在今后的发展战略思路与布局上，应该遏制盲目摊大饼式的浮夸膨胀势头，大力加强对良田与耕地的保护，已经刻不容缓了。常言说民以食为天，如果曾经的天府之国再也不产稻米和粮食了，居住在这里的众多人口要靠其他地区供给粮食才能生存，一旦遇到灾荒或意外变故怎么办？那时再多的楼房又有何用？那时将不是天府滋润全国而是要靠各处的粮食输入来维持生存的话，那将是一个多么荒谬而又令人忧虑的严重问题啊。虽然现在的物流非常发达，但潜在的隐患已经出现并在继续加剧，也是千真万确的。历史上常有盛衰变化，这是人类社会发展不可避免的规律，所以我们一定要居安思危，并非危言耸听，对此一定要有清醒的长远的思考，更要有理性的可持续性发展的谋划。另一件非常令人忧虑的事情，就是传统文化的日益边缘化，对此也不容漠视，更不能掉以轻心。如果人们都只追求经济的增长，都去片面追逐商业的泡沫，而忘记了文化的重要性，那会怎么样呢？这也确实是一个值得深思的问题。成都的建设发展，从古至今都离不开天府文化的浸润与滋养，在当代尤其需要优秀传统文化的滋润了。文化始终是城市的灵魂，一座城市无论表面如何繁华，若有深厚而绚丽的文化内涵就会充满魅力，如果只有浮夸而没有文化内涵那就是一座肤浅而空心的城市。我们现在强调中华民族的核心价值观，而最能精彩体现核心价值观的，就是优秀的传统文化了。弘扬优秀的传统文化，会使城市充满正气，精神焕发，也会促使人才济济更加兴旺，这应该是城市繁荣发展的正道。所以重振和弘扬天府文化，对当代成都的建设发展，具有非常重要的意义，是显而易见的，也是勿需争议的。

再者是如何弘扬天府文化的深远影响。在当代社会生活中如何使天府文化发挥更好的作用，这也是非常值得思考和讨论的一个话题。里面涉及的内容比较丰富，需要集思广益，多听听各方面专家学者们的高论和意见，必然大有好处，定会深受其益。我觉得，从大的方面来说，有几点值得特别关注。一是重视教育，充分发挥蜀地教育的引领优势，这是天府文化的精髓所在，也是弘扬天府文化最为关键的环节。二是重视人才，既要广招贤能之士，更要重视人才培养。只有人才济济，才会使各项事业都占据优势，带来更加兴旺繁荣的发展。三是重视文化创新，包括文学艺术领域鼓励多出精品佳作，使成都再次成为文运勃兴之地。四是城市建设要更加重视人文特色与环境保护，为人们提供更好的宜居环境，积极倡导更加健康绿色的良好生活方式，同时也要特别倡导和谐、友善、诚信、奉献的价值观，大力倡导不断创新发展的科学精神，进一步彰显成都的独特魅力。五是重视天府文化与其他区域文化之间的交流互动，形成良好的相互促进机制。它山之石可以攻玉，善于学习别人的长处，及时改进自己的不足，这是亘古不变的兴旺之道。只有开放与交流的文化，才会海纳百川，永远充满活力，始终朝气蓬勃，保持良好的发展势头。天府文化的优势，就在于既有深厚的古蜀传承，又善于汲取和融会其他区域文化的长处，面向未来，与时俱进，不断创新，从而为成都这座历史文化名城继续带来新的灿烂和辉煌。

总而言之，我们过去讲巴蜀文化，主要说的是先秦时期的地域文化。而天府文化主要是秦汉以来在全国大一统行政格局下的地域文化，具有更为具体而深厚的内容，既有历史地域文化的继承和弘扬，更有当今地域文化的创新和发展。以前所谓巴蜀文化，其自然地域范围比较宽泛而又笼统，是包括了巴、蜀两地，将成都和重庆等地都囊括在内的。重庆成为直辖市之后，在行政上与四川分而治之，于是提出了巴渝文化的概念，对重庆行政区域范围内的地域文化做了比较具体的界定和新的诠释。现在成都和四川提出天府文化的概念，以此作为成都平原和四川盆地的地域文化命名，与自然地理和行政区域的划分相互一致，也是实至名归，很有道理的。在一定意义上讲，以前说巴蜀文化，充分显示了长江上游古代文明的灿烂辉煌；现在说天府文化，更具有与时俱进创新发展的特色。在传统地域文化特色方面，天府文化的概念更为具体也更加准确，在文化内涵上更加生机勃勃充满活力，也更能彰显成都平原地域文化的魅力。我们倡导天府文化，并非仅仅是命名了一个新的地域文化概念，更重要的还在于对成都和四川的地域文化给予了更为深刻而又准确的认识。总之，天府文化的地位、意义、内涵特点，都是显而易见的，在现代社会生活中仍发挥着至关重要的作用，并将对未来产生深远的影响。

天府文化是一个较为广博而又宏大的话题，以上所述，都是个人浅见。所谓愚者千虑，或有一得，敬请诸位方家和高明者指教。

此文刊载于《天府文化研究·创新创造卷》第139~172页，巴蜀书社2018年2月第1版。发表于《地方文化研究》2018年第2期（总第32期）第1~20页。

汉代画像与天府成都的社会生活

一、秦汉以来蜀地的经济文化与天府成都的社会生活

天府文化是一个宏大而又充满魅力的话题，有着绚丽多彩的丰富内涵。秦汉以来天府成都的社会生活风貌，与蜀地的民俗民风，也是天府文化中非常重要的组成部分。我们知道，地域文化最为鲜明的特色，通常在社会生活风貌与民俗民风中都有精彩的体现；地域文化最为浓郁的魅力，也大都是通过民俗民风而生动地展示出来的。所以研究天府文化，也需要对其中的民俗民风进行一些深入的探讨。四川出土的汉代画像，就为我们了解当时的社会生活风貌与民俗民风，提供了很多真实的资料。

古代文献记载中的古蜀国，是一个颇为神秘的地方，扬雄《蜀王本纪》对古蜀先王的记载，就有着较为浓郁的传说色彩。常璩《华阳国志》对古蜀早期历史的记叙也相当简略，有点语焉不详。三星堆与金沙遗址等考古发现揭示，古蜀时代已形成了灿烂辉煌的青铜文明，由此可知传说中的古蜀王国并非子虚乌有。先秦时期的古蜀地区，虽然有着兴旺的农业畜牧和繁荣的经济文化，但在秦人的眼中，仍被视为是一个偏

僻之地，"夫蜀，西僻之国，而戎狄之长也"。①秦人同时也注意到了蜀地的富庶，"其国富饶，得其布帛金银，足给军用"，②"取其地，足以广国也；得其财，足以富民"。③秦惠王谋划攻蜀时，司马错等人的分析，就清晰地表达了对蜀地实际情况的了解与态度。秦并巴蜀之后，获得了蜀地充裕的人力物力，为后来秦始皇统一全国提供了坚实的基础。此后秦人大量移民至蜀，带来了北方中原地区的农耕与冶铁技术，建造了成都、郫城、临邛等城市，有效地促使了蜀地盐铁业和农业经济的发展，对蜀地的民俗民风也产生了显著的影响。李冰治蜀时，修建了都江堰，使成都平原成了名副其实的天府之国。到了西汉时期，蜀郡太守文翁大力兴办学校，积极倡导教育，促使了成都的文运勃兴。秦汉以来的天府文化，以及成都和蜀地的民俗民风，就是在这样的历史背景下，既继承和沿袭了古蜀文明的积淀，又吸纳与融合了其他区域文明的诸多因素，从而形成了绚丽多彩而又独具一格的特色。

天府文化作为西南地区的地域文化，具有鲜明的人文特色，社会风貌也因此而展现出许多与众不同的特点。传世的文献对此就有较多的记载，在出土的图像资料中对此也有生动的反映。譬如四川出土的汉代画像，就有大量的画面，描绘了秦汉以来成都与蜀地的生产情形与社会生活形态，并对当时的民俗民风做了形象的刻画。通过这些画面，可以了解到天府之国的经济繁荣、农业和手工业的兴旺，市民百姓大都过着安居乐业的日子，市肆繁华，商贸活跃，城市生活欣欣向荣，为天府成都的优雅时尚提供了充裕的保障，充分显示了这座城市的神韵与魅力。

首先是社会经济生产方面。汉朝由于实行了鼓励农耕、减免田租等一系列有力的措施，而使农业生产获得了空前的发展。汉代蜀地的农耕与稻作文化也日益兴旺，开始使用北方传入的铁制农具，如锸、锄、

---

① 缪文远《战国策新校注》（修订本），巴蜀书社1998年9月第3版，第91页。

② [晋]常璩撰，刘琳校注《华阳国志校注》，巴蜀书社1984年7月第1版，第191页。

③ 《战国策·秦策一》，王守谦等《战国策全译》，贵州人民出版社1992年9月第1版，第84页。

镢、镰、斧、刀之类，以及铲、镐、耙、铡刀等农具也已普遍使用。四川出土的汉代画像中对当时常用的铁制农具就有大量真实而生动的描绘，四川德阳出土的一件画像砖上，描绘了农田中两人播种、四人双手挥动钹镰芟草拨土的情景。四川新都出土的一件画像砖上，则描绘了两农夫在水田中持耙薅秧，另两人手执弯镰除草驱赶家畜鸟兽的场面。①四川新都出土的另一件农作画像砖上，也描绘了一人挥举长柄弯锄在田

德阳出土画像砖上的"播种"画面

新都出土画像砖上的"松土播种"画面

大邑出土画像砖"渔猎与收割"情景

什邡出土画像砖上的"薅秧除草"情景

---

① 高文编《四川汉代画像砖》，第一编，图一、图二，上海人民美术出版社1987年2月第1版。参见《中国画像砖全集·四川汉画像砖》，图一一二，图一一四，四川美术出版社2006年1月第1版，第84~86页。

间翻地松土，二人俯身施播种子的场景。① 还有四川大邑县安仁乡出土的一件画像砖上，描绘了六位农夫在田中收获，三人持弯镰俯身割取谷穗，两人挥舞钺镰芟除禾秆，一人肩挑禾担手提食具而返。②

这些画面，大都具有较强的写实性，从不同角度真实地反映了当时农耕生活的一些细节。在乐山崖墓出土的金属器中，"种类上有铁臿、铁铲、铁锛、铁镰、铁削等工具"；"金属器中值得一提的是农具铁镰，为汉代新出现的一种收割工具，在成都平原东汉晚期画像砖上，可见到农夫用铁镰割稻秆的图像。这种先进的铁农具在乐山崖墓中出土，表明乐山一带在农业生产技术的发展速度上，与成都平原当基本同步"。③ 巴蜀有些丘陵地区，百姓居住分散，每到薅秧时节，鸣击秧鼓可以召集众农一起劳作，有的还要唱薅秧歌。这种习俗源远流长，至今尚存，有些地区的薅秧鼓与薅秧歌已成为非物质文化遗产项目。1953年绵阳新皂乡东汉墓出土的一件陶田模型，右边是水田，左边田里站着五个男俑，四人短衣赤足，有的手持镰刀，有的提罐负水，其中一人则击薅秧鼓，生动而真实地表现了汉代巴蜀地区薅秧农作时的情景。四川新都出土的薅秧画像砖上，描绘了两个农夫在稻田里采用三齿耙进行薅秧除草的情景。④ 什邡出土的一件画像砖上也刻画了薅秧除草的情景。⑤ 通过这些画像中的描绘，可以清楚地了解汉代常用农具的形状与功能，

---

① 《中国画像砖全集·四川汉画像砖》，图一一二，图一一四，图一一三，四川美术出版社2006年1月第1版，第84~86页。参见中国农业博物馆编，夏亨廉、林正同主编《汉代农业画像砖石》，中国农业出版社1996年5月第1版，第29~32页，图A12、图A14，图A15（说此砖为彭县出土，新都文管所收藏）。

② 中国农业博物馆编，夏亨廉、林正同主编《汉代农业画像砖石》，中国农业出版社1996年5月第1版，第41页，图A22。

③ 唐长寿著《乐山崖墓和彭山崖墓》，电子科技大学出版社1993年8月第1版，第121页。

④ 中国农业博物馆编，夏亨廉、林正同主编《汉代农业画像砖石》，中国农业出版社1996年5月第1版，第5页，第31页图A14。参见四川省博物馆《四川新都发现的一批画像砖》，《文物》1980年第2期第56~57页。

⑤ 《中国画像砖全集·四川汉画像砖》，图一一七，四川美术出版社2006年1月第1版，第88页。

以及当时农业耕作中的各种情形。由于铁制农具的普遍使用，也促使了蜀地冶铁业手工业的兴起，加快了社会经济的增长和繁荣。而随着蜀地农业的兴旺发展，不仅扩大了耕地面积，提高了农业产量，也促使了人口的增长。

其次是蜀地蚕桑和纺织的发达。植桑养蚕在蜀地起源甚早，秦汉时期已经开始生产精美的蜀锦和刺绣。成都市郊曾家包汉墓出土的画像石上，就刻画有两部织锦机与女工坐在机前织锦的情景。[1]四川彭州市义和乡出土的汉代画像砖上有桑园图，[2]园内的桑树非常茂盛，一人持竿立于园内，旁边为农舍屋门，这也间接地反映了当时桑蚕业的兴旺。据史料记载，汉代蜀郡的丝绸生产位居全国第二，成都更是因盛产蜀锦而闻名于世，有"锦官城"美誉。扬雄《蜀都赋》中描述说："若挥锦布绣，望芒芒兮无幅，尔乃其人，自造奇锦。"[3]常璩《华阳国志·蜀志》对成都盛产蜀锦也有真实的记载："其道西城，故锦官也。锦工织锦濯其〔江〕中则鲜明，濯他江则不好，故命曰'锦里'也。"[4]《后汉书·公孙述传》有"女工之业，覆衣天下"之说。[5]东汉末，刘备建立蜀汉政权之后，厚赐关羽、张飞、诸葛亮等人的便是丝帛，在当时丝帛是很贵重的像流通货币一样的等价物。诸葛亮上书后主说："成都有桑八百株，薄田十五顷，子弟衣食，自有余饶"，也说明了种桑养蚕在蜀地一直是非常重要的副业。蜀汉时期的蚕桑业，不仅是百姓维持生计的手段，也是政府财政收入的重要来源。诸葛亮说："今民贫国虚，决

---

① 高文编《四川汉代画像石》，巴蜀书社1987年2月第1版，第94页，图1。

② 《中国画像砖全集·四川汉画像砖》，图一二一，四川美术出版社2006年1月第1版，第90页。

③ 《全汉文》卷五十一，[清]严可均校辑《全上古三代秦汉三国六朝文》第1册，中华书局1958年12月第1版，第402页。

④ [晋]常璩撰，刘琳校注《华阳国志校注》，巴蜀书社1984年7月第1版，第235页。

⑤ [南朝·宋]范晔撰《后汉书》，中华书局校点本第2册，1965年5月第1版，第535页。参见[东汉]刘珍等撰，吴树平校注《东观汉记校注》，中华书局2008年11月第1版，第910页。

敌之资，惟仰锦耳。"①蜀锦绚丽多彩的图案，获得了周边区域热烈的
欢迎。蜀人通过频繁的商贸活动，将精美的蜀锦和刺绣源源不断地销往
外地。近至长江中游楚国的王公贵族，远至中亚西亚以及希腊的富人阶
层，都竞相购进这种奢侈的消费品，以穿着和使用蜀锦刺绣作为华贵的
象征。

成都出土画像石上的"织
锦"情景

彭州出土画像砖上的"桑园"图

再者是蜀地的冶铁业与盐业也很发达。秦汉以来蜀地冶铁与农具
的制造，以及井盐的开采与销售，创造了巨大的财富，也促使了社会的
兴旺和富裕。冶铁在秦汉时期是一项新兴的朝阳产业，一些精明的商人
就是靠冶铁而迅速发家致富的，如秦灭巴蜀后由北方与山东迁徙到蜀地
临邛的卓王孙与程郑等人，都靠冶铁发了大财，就是最为显著的例子。
《汉书·货殖列传》说："蜀卓氏之先，赵人也，用铁冶富。秦破赵，
迁卓氏之蜀。……卓氏曰……吾闻岷山之下沃野，下有蹲鸱，至死不
饥。民工作布，易贾。乃求远迁，致之临邛，大喜。即铁山鼓铸。"②
蒙文通先生认为："这说明临邛早已发现铁矿，所以专搞冶铁的卓氏求
远迁临邛。"③除了冶铁业，蜀地的制盐活动也异常活跃，秦汉时期已

① 《诸葛亮集》，中华书局1975年10月第1版，第42页，第62页。
② [东汉]班固撰《汉书》，中华书局校点本第11册，1962年6月第1版，第3690页。
③ 蒙文通著《巴蜀古史论述》，四川人民出版社1981年8月第1版，第72页。

有了较大规模的盐业生产。常璩《华阳国志·蜀志》记载，李冰治蜀时曾"穿广都盐井、诸陂池，蜀于是盛有养生之饶焉"。开凿盐井，制盐销售，当时在全国应是首创。《华阳国志·蜀志》又说临邛县有火井，井有盐水，"取井火煮之，一斛水得五斗盐"。汉时临邛有盐铁官，临邛的火井是否秦时所穿，志无明文，但广都的井就是李冰凿的，也可能秦时临邛已有盐井。"宣帝时又穿临邛、蒲江盐井二十所，增置盐、铁官"。[①]冶铁业与盐业在西汉前期的经济上占有很重要的地位，从《汉书·地理志》看，有盐官的地方仅二十八郡，蜀郡的临邛、犍为的南安

郫县出土画像砖上的"制盐"场面

邛崃花牌坊出土的"盐井"画像砖

成都出土画像石上的"酿酒"情景

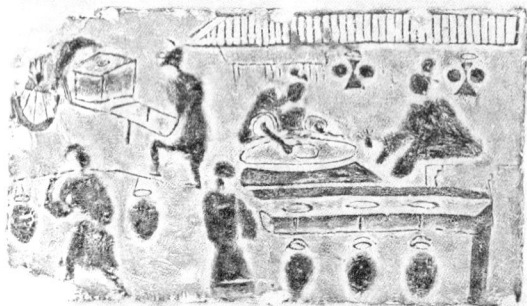

新都出土画像砖上的"酿酒"画面

---

① [晋]常璩撰，刘琳校注《华阳国志校注》，巴蜀书社1984年7月第1版，第210页，第244页，第218页。

（今乐山、夹江、洪雅、犍为、荣县）都有盐官。有铁官的地方是四十郡，但蜀郡的临邛，犍为的南安、武阳二县都有铁官。卓氏、程郑是用冶铁致富，后来"程、卓既衰，至成、哀间，成都罗裒訾至钜万"，他"往来巴蜀，数年间致千余万……擅盐井之利"，[①]这是以盐井致富的典型例子。蒙文通先生认为："从以上可以看出临邛、南安、武阳在长时期经济地位颇高。"[②]成都地区出土的汉代画像砖中，就有不少反映盐业生产的画面。四川郫县出土的画像砖上就刻画了制盐的场面，画面以山林为背景，画面的左下边山峦间有盐井，井上竖立高架，架分两层，每层立有二人。邛崃花牌坊出土的"盐井"画像砖，虽然尺寸略小，但画面上也清晰地表现了制盐的全过程。[③]

还有酿酒业、市肆买卖与商贸活动，在天府成都也很兴旺。汉代是喜欢享用美酒的时代，所以酿酒业在两汉时期也是非常昌盛的。四川出土的画像石与画像砖上，对此也有较多的刻画。例如成都曾家包汉墓出土画像石上刻画有"酿酒图"。[④]四川出土的画像砖上也有很多描绘酿酒的画面，还有酒肆沽酒与售酒的情景。[⑤]成都市郊出土的一件画像砖上，还刻画了一辆载甀大车，该车为有棚的直辕大车，车上乘坐二人，车后载有四个大甀，因为车上负载甚重，所以驾车的骏马奋力前行，马旁一人扶辕而行，车厢两侧还各有一人夹毂而行，画面上还有两棵行道树，大车正从两树之间经过。[⑥]车上的大甀，应为盛酒之器，描绘的很显然是载酒情形。从画面内容推测，应是权贵或富豪人家派人购

① [东汉]班固撰《汉书》，中华书局校点本第11册，1962年6月第1版，第3690页。

② 蒙文通著《巴蜀古史论述》，四川人民出版社1981年8月第1版，第73页。

③ 《中国画像砖全集·四川汉画像砖》，图一一○，图一一一，四川美术出版社2006年1月第1版。

④ 《中国画像石全集》，第7册，图四三，山东美术出版社、河南美术出版社2000年6月第1版。

⑤ 《中国画像砖全集·四川汉画像砖》，图一二六，图一二七，图一二八，四川出版集团·四川美术出版社2006年1月第1版。

⑥ 高文编《四川汉代画像砖》，图七七、图七八，上海人民美术出版社1987年2月第1版。

买佳酿，满载而归，或是专门经营酿酒者用大车送酒上门的情景。汉代人喜欢宴饮，官府应酬频繁，有钱阶层和大户人家经常宴请宾客，都离不开佳酿美酒，所以汉代的酿酒业是非常兴旺的。不仅官府和地主庄园有自己的酿酒作坊，专门从事酿酒和经营酒肆的也很可观。汉代画像上描绘的此类画面很多，便真实地反映了当时宴饮频繁和酒业兴旺的状况。

天府成都的教育与文化也很发达，形成了浓郁的社会风气。文翁是西汉文景时期的蜀郡守，是一位特别重视文化教育的地方大员，在蜀地曾大力兴办学校，促使了蜀地教育事业的兴旺，同时也开创了全国各郡办学之风，对人才的培养和文学的繁荣产生了巨大的作用。《汉书·循吏传》就记载了文翁在蜀地办学的经过。常璩《华阳国志·蜀志》中对此也有一段重要记述："孝文帝末年，以庐江文翁为蜀守，穿湔江口，溉灌繁田千七百顷。是时世平道治，民物阜康，承秦之后，学校陵夷，俗好文刻。翁乃立学，选吏子弟就学，遣隽士张叔等十八人东诣博士受七经，还以教授。学徒鳞萃，蜀学比于齐鲁。巴、汉亦立文学。孝景帝嘉之，令天下郡国皆立文学，因翁倡其教，蜀为之始也。"①《汉书·地理志》对此也有记载说："文翁为蜀守，教民读书法令，未能笃信道德，反而好文刺讥，贵慕权势。及司马相如游宦京师

彭州出土画像砖上的"酒肆"

成都市郊出土画像砖上的"载甀大车"

234 　　① [晋]常璩撰，刘琳校注《华阳国志校注》，巴蜀书社1984年7月第1版，第214页。

四川博物院藏画像砖上的"传经讲学"图

成都出土画像石上的"捧书卷阅读"画面

诸侯，以文辞显于世，乡党慕循其迹。后有王褒、严遵、扬雄之徒，文章冠天下。繇文翁倡其教，相如为之师。"[1]由此可知，文翁、司马相如、扬雄等人，都是对蜀地的教育事业和文化发展具有重要影响的杰出人物。文翁倡导教育的功劳堪比李冰建造都江堰，使天府成都成了文运勃兴之地。司马相如被称誉为汉代赋圣，扬雄被称为西道孔子，他们为蜀地的文化灿烂做出了积极的贡献。四川博物院藏的画像砖就描绘了西汉成都文翁石室授经讲学的情形。[2]成都市郊曾家包汉墓出土的墓门画像石上，刻画有一位年轻男子，头着帻，身穿广袖长服，跪捧书卷，做阅读状，[3]也真实地反映了当时的读书之风，在一定程度上也可以说是汉代天府成都教育与文化发达的生动缩影。

二、天府成都的建筑交通与神韵气质

秦汉以来，蜀地的经济文化日益发达，蜀人的衣食住行也发生了很大的变化。从城市建筑、车马交通，到民间的庭院居所，都很繁华，富有特色。还有歌舞音乐、杂技表演、各项娱乐活动，也是丰富多彩，

① [东汉]班固撰《汉书》，中华书局校点本第6册，1962年6月第1版，第1645页。
② 高文编《四川汉代画像砖》，图三三，上海人民美术出版社1987年2月第1版。
③ 高文编《四川汉代画像石》，巴蜀书社1987年2月第1版，第96页，图3。

充分展现了天府成都与蜀地的社会生活情景，充满活力，气象万千。在四川出土的汉代画像中，对此也有很多生动传神的描绘。

先说天府成都与蜀地的城市建筑。汉代农业兴旺发展的一个重要特点，是地主庄园经济比较发达。在这样的时代背景下，庄园式建筑也就随之出现了。其建筑功能，除了满足日常生活所需的居所，还有满足自给自足生活要求的生产建筑（如纺织作坊、谷仓、舂米房、养畜养禽圈），以及为安全生活所需的防御（坞堡、望楼、阙观）、专供娱乐的（音乐台、厅）等建筑。例如成都市郊出土的画像石上，刻画了一座双

成都市郊出土画像石上的
"房屋建筑"图

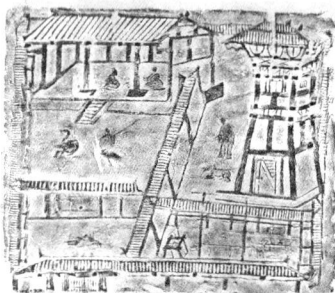

成都市郊出土画像砖上的"庭
院"图

层楼房、一座宏大的仓房、一座吊脚楼房，附件有水田与池塘，描绘了踩碓、捧送粮食、驾船捕鱼等情景，[1]就生动地反映了当时的经济生活与建筑风貌。四川成都市郊出土的画像砖上还刻画有庭院式建筑，画面描绘的是一幅形如田字的四合庭院俯视图。四面由围墙与长廊形的五脊平房连接，庭院内由以纵横隔墙分为几个小院落。画面左边前院有雄鸡相斗，后院有展翅双鹤，堂上二人相对而坐，旁置酒具，似为主宾饮酒晤谈。画面右边前院为厨房，房侧有井，井上有取水的辘轳；后院有一座多层的高楼，有楼梯上下，可登高远眺，楼侧有一人执帚扫地，旁有犬相随。这幅画像对当时的庭院结构与生活情景作了逼真的描绘，从中

---

① 高文编《四川汉代画像石》，巴蜀书社1987年2月第1版，第95页，图2。

可以看出蜀地与南方地区庭院结构的特点，与北方和中原地区的庭院建筑有很多相同的地方，但也有一些明显的差异。比如在建筑形式上，在用材上，在院落功能分布上，都有所不同。秦汉时期有很多从北方移居入蜀的官员或商人，他们带来了很多北方的东西，譬如筑城，自然也包括房屋的修建。巴蜀和南方地区上古以来流行干栏式建筑，庭院式建筑应是汲取了北方的建筑形式而出现并日渐流行的。随着全国的统一和行政管理的加强，汉代各地的文化习俗有了更加明显的趋同性。建筑形式也是如此，比如汉阙形式在南北各地的流行，庭院式建筑也不例外，成了各地富豪人家的标志性建筑。当然，由于地理环境与气候条件的不同，也由于建筑材料和生活习惯的差异，不同地区的建筑还是有一些较为明显的差别。如德阳黄许镇出土的甲第画像砖与河南郑州出土的甲第

德阳出土画像砖上的"甲第"建筑

郑州出土画像砖上的"楼阙、骑射、出行"图

楼阙画像砖就各具特色，前者以门廊园林为主体，后者则以楼阙车骑来渲染富贵气势。德阳黄许镇出土的长屋画像砖，还显示出保留了一些

四川合江出土石棺画像上的"庭院建筑"图

干栏式建筑的特点。①四川合江张家沟汉代墓葬出土六号石棺有一幅庭院建筑图，②此建筑右底层三柱四室，左侧一柱二室，上面左右都有楼阁，整座建筑为仿木结构与重檐庑殿式顶，底部为砖石台基，这样宏大华丽的建筑，显然也是富豪阶层的住宅。

成都这座城市里的桥梁也是比较多的，常璩《华阳国志·蜀志》说："州治太城，郡治少城。西南两江有七桥。"③四川新都出土的画像砖上就刻画了车马过桥的情景，画面上描绘的桥梁为有栏杆的券拱木桥，下面有两排桥柱，每排四根柱子，一辆单马驾驶之车正从桥上驰过。另一件画像砖上则刻画了一辆由二马驾驶的华丽轺车，从一座宽阔的木桥上疾驰而过的情形，桥面上有木板横竖交铺，桥边有栏杆，下边是整齐排列的桥柱，每排也是四根木柱，其结构简朴巧妙，应是当时蜀地比较流行的一种结实耐用的木桥形式。④我们知道，汉代马车的车轮大都比较高大，可以适应各种路况，也便于涉水。车马在汉代不仅是重要的交通工具，更是身份等级的象征。担任了级别很高的官员，才能乘

---

① 见《中国画像砖全集·四川汉画像砖》，第110~111页，图一四八，图一四九，图一五〇；《中国画像砖全集·河南画像砖》第31页，图二九；四川美术出版社2006年1月第1版。

② 《中国画像石全集》第7册图一八二，山东美术出版社、河南美术出版社2000年6月第1版。参见高文《四川汉代石棺画像集》图一四五，人民美术出版社1998年4月第1版，75页。

③ [晋]常璩撰，刘琳校注《华阳国志校注》，巴蜀书社1984年7月第1版，第227页。

④ 高文编《四川汉代画像砖》，图七九，图八〇，上海人民美术出版社1987年2月第1版。

驷马高车。如司马相如从成都赴长安时就满怀雄心壮志，相传他曾在城北十里的升仙桥送客观题写了"不乘赤车驷马，不过汝下也"的豪言壮语。①

　　四川出土的汉代画像中，描绘车骑出行的画面非常多，生动地反映了当时天府成都的车马交通状况，特别是对当时贵族与富豪阶层生活情形做了真实的描绘。例如成都市郊出土的一件画像砖上描绘的斧车，就非常生动，车上乘坐二人，中间竖立一斧，车厢两侧还斜放着两根长矛，一匹健壮的骏马驾车疾驰，车后两位步卒扛着旌旗随车奔跑。另一件画像砖上也对斧车作了传神的刻画，车上竖立的大斧、巨大的车轮、驾驭者的从容，以及骏马的矫健，都栩栩如生。②《后汉书·舆服志》有"县令以上加导斧车"的规定，③千石以上至二千石官吏出行时都使用导斧车，以显示威严，有点类似现代警车开道的意思。上述两件画像砖上描绘的正是这种情景。成都市郊出土的一件画像砖上，刻画了一辆骖驾轺车，车前驾三马，车上乘坐二人，有车盖与交络，车厢的木纹与车轮形状都刻画非常清晰。新都出土的一件画像砖上则刻画了一辆骖驾轩车，车的形状与轺车颇为相似，车上乘坐三人，车前驾三马奔驰。④雅安高颐阙上有车骑出行图，画面中有两辆有盖轺车正行驶于道，有骑卒与骑者相随，并刻画了行道树与行人，还有站在路边观看车骑行进的群众，⑤也对当时的车马交通情景作了生动传神的描述。

①　[晋]常璩撰，刘琳校注《华阳国志校注》，巴蜀书社1984年7月第1版，第227页。参见[宋]李昉等撰《太平御览》卷七十三记述："升仙桥在成都县北十里，即司马相如题桥柱曰'不乘驷马高车，不过此桥'"，第1册，中华书局影印出版，1960年2月第1版，第343页。
②　高文编《四川汉代画像砖》，图七五，图七六，上海人民美术出版社1987年2月第1版。
③　[南朝·宋]范晔撰《后汉书》，中华书局校点本第12册，1965年5月第1版，第3651页。
④　高文编《四川汉代画像砖》，图八二，图八一，上海人民美术出版社1987年2月第1版。
⑤　《中国画像石全集》第7册，图八三，山东美术出版社、河南美术出版社2000年6月第1版，第66~67页。

新都出土画像砖"车马过桥"图

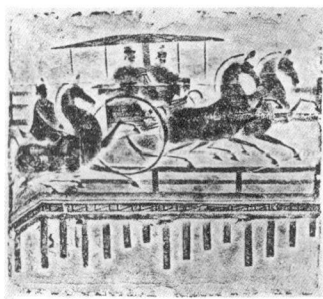

四川博物院藏画像砖上的"车
马过桥"图

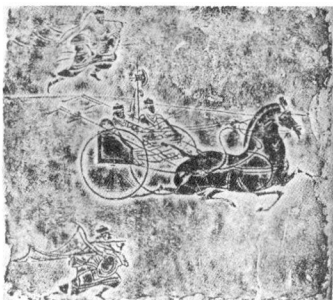

成都出土画像砖上的"斧车出
行"图

四川博物院藏画像砖上的"斧车出行"图

成都出土画像砖上的"轺车出行"图

新都出土画像砖上的"骖驾轩车"

值得注意的是，成都市郊出土的画像砖上还刻画了一辆辎车，车上乘坐二人，一为驭者，一为持杖女主人，由单马驾车而行，马旁有持矛护送的步卒，车旁有一位持物随行的女仆。①《汉书·张敞传》说："君母出门，则乘辎軿。"颜师古注曰："辎軿，衣车也。"②可知这是王室与贵族阶层女性乘坐之车，后来民间也开始流行了。《续汉书·舆服志》记载："公、列侯、中二千石、二千石夫人会朝若蚕，各乘其夫之安车，右骓，加交络帷裳，皆皂。非公会，不得乘朝车，得乘漆布辎軿车。"③《盐铁论·散不足篇》也有"今富者连车列骑，骖贰

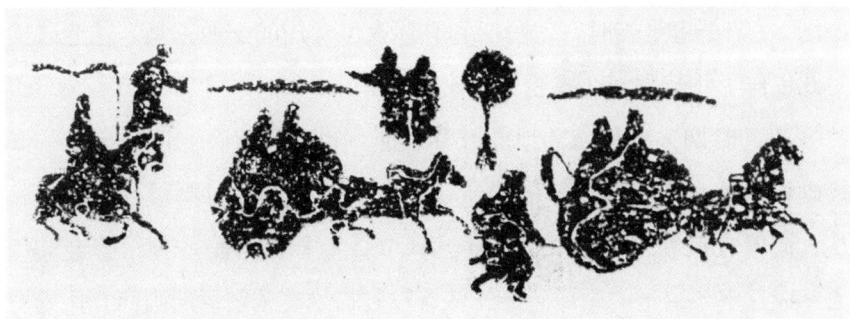

雅安高颐阙上刻画的"车骑出行图"

成都出土画像砖上的
"辎车"图

四川合江出土五号石棺上刻画的"轺车出行"图

①　高文编《四川汉代画像砖》，图八五，上海人民美术出版社1987年2月第1版。
②　[东汉]班固撰《汉书》，中华书局校点本第10册，1962年6月第1版，第3220页，第3221页。
③　[南朝·宋]范晔撰《后汉书》，中华书局校点本第12册，1965年5月第1版，第3648页。

辒辌"之说。①《三国志·吴书·士燮传》说:"燮兄弟皆为列郡,雄长一州,偏在万里,威尊无上。出入鸣钟磬,备具威仪,笳箫鼓吹,车骑满道,胡人夹毂焚烧香者常有数十。妻妾乘辒辌,子弟从兵骑,当时贵重,震服百蛮。"②可见辒辌大都为高官夫人或富有阶层女性所乘坐的马车,四川出土画像上描绘的这些车骑,就是这种情形的真实写照。四川合江张家沟出土的石棺上刻画有"出行图",其中五号石棺左侧刻画了一辆由一匹高大骏马驾驭而行的辌车,乘坐于车上的,前为御者,后为头有双髻的女性主人。马前有二人持棒开道,车后一人手拿便面,一人腰抱着乐器,紧随而行。六号石棺右侧画面也刻画了相似的车马出行图。③辌车也是当时官宦阶层和有钱人家常用的交通工具,这些画面对此也作了比较真实的描述。

两汉时期,成都与蜀地的歌舞表演,也非常流行。四川出土的汉代画像对此也有丰富多彩的描绘,充分表达了蜀人对舞蹈与音乐的喜欢,同时也反映了汉朝的社会生活风气,歌舞流行是一种很普遍的现象。成都市郊出土的画像砖上,就有较多描绘宴乐歌舞的画面,比如有一件画像砖上描绘了一人长袖起舞、一人击鼓助兴、一人操琴伴奏,男女主人端坐观赏的场景。另一件画像砖上则生动地描绘了一幅观赏舞蹈杂耍的场面。④画面上方是坐于席上观赏表演的男女主人,前面有六位表演者,其中有头梳高髻手持长巾翩翩而舞的女伎,有赤膊持剑抛瓶跳丸的两位男子,有两位坐地吹排箫伴奏的乐人,还有一位裸露上身张口执槌作滑稽表演的丑角。这位丑角的形态打扮,与四川出土的说唱陶俑非常相似,应是俳优艺人和歌舞杂技同台表演的写照。郫县出土石棺画

---

① 《盐铁论译注》,冶金工业出版社1975年12月第1版,第256页。

② [晋]陈寿撰《三国志》,中华书局校点本第5册,1959年12月第1版,第1192页。

③ 《中国画像石全集》,第7册,图一八一,图一八三,山东美术出版社、河南美术出版社2000年6月第1版,第146~149页。参见高文《四川汉代石棺画像集》,图一四〇,图一四四,人民美术出版社1998年4月第1版,第72页,第75页。

④ 高文《四川汉代画像砖》,图三九,图四二、图四三,上海人民美术出版社1987年2月第1版。

四川省文物考古研究院名家学术文集

成都出土画像砖上的"宴乐歌舞"场景

成都出土画像砖上的"观赏舞蹈
杂耍"情景

郫县出土石棺上刻画的"宴客乐舞杂技"图

郫县出土石棺上刻画的"曼衍角抵水嬉"图

像刻画有"宴客乐舞杂技图"与"曼衍角抵水嬉图"，^①画面也生动地展现了当时欣赏歌舞与杂技表演的情景。从出土此类画像汉墓的数量与规格来看，除了官宦人家与富有阶层，可知普通市民百姓对歌舞与杂技表演也是深为喜欢和欢迎的。

汉代还出现了一些外来的舞蹈。随着丝绸之路的开通，东西方交往日益频繁，来自西域和中亚的胡商与使团不仅给中原和内地带来了大量外来的物产，也带来了许多富有异域特色的歌舞杂技表演。四川新都出土的一件汉代画像砖上描绘了在骆驼背上面做建鼓舞表演的情景。图中一匹双峰骆驼，身上配搭有华丽的鞍毡，背上两峰之间竖一建鼓，在鼓柱上饰有羽葆。建鼓的两侧各有一人，身着长袖宽服，半蹲于骆驼的背上，作击鼓舞蹈状。这与常见的建鼓舞表演不同，显得颇为新奇。这件画像砖上描绘的可能是一支来自北方或西域的歌舞表演队伍，来到蜀地演出的情景，画面中虽然没有刻画观赏者，但可以推测此类来自异域的表演一定受到当时社会各阶层的欢迎。彭州、广汉出土的两件画像

新都出土画像砖上的"驼舞"表演

彭州出土画像砖上的"叠案与杂耍"画面

砖上，都描绘了跳丸、在叠案上作倒立表演，德阳出土的一件画像砖上也描绘了叠案倒立表演的情景，这些场面也都带有外来艺术表演的特色。^②《邺中记》有"安息五案"的记述，说明这种表演可能来自安

① 高文编《四川汉代画像石》，巴蜀书社1987年2月第1版，第66页图20，第67页图21。
② 高文编《四川汉代画像砖》，图四八，图四一，图四六，图四四，上海人民美术出版社1987年2月第1版。

息（今伊朗）等处。《太平御览》卷五六九引《梁元帝纂要》也说：
"又有百戏，起于秦汉，有鱼龙蔓延、高组皇、安息五案、都卢寻橦"
等。[①]据《史记·大宛列传》记载：汉武帝遣张骞通西域时，张骞曾派
副使到达安息，汉使返还时，安息"发使随汉使来观汉广大，以大鸟卵
及黎轩善眩人献于汉"。[②]之后汉朝与安息交往颇多，安息五案节目大
概就是这个时期传入的。值得注意的是，根据《魏略·西戎传》等史料
记载透露的信息看，来自中亚与西亚的杂技艺人和魔术师们，很可能是
先由海道至缅甸，然后由西南丝路进入云南和四川，再前往中原的。他
们在西南丝路沿途肯定做过多次表演，在繁华的成都可能有过较长时间
的停留。所以四川地区出土的一些东汉画像砖上，便留下了他们的精彩
表演画面。

四川出土汉代画像上的这些画面，反映了天府成都丰富多彩的生活
情景。观赏这些画面，不仅可以了解到当时的城市建筑和社会各阶层的
衣食住行情况，这些画也展现了当时人们对优雅时尚的追求。优雅时尚
不仅是秦汉以来天府民俗中的亮点，也生动而又深刻地反映了蜀人的生
活品格与精神风貌。在一定意义上也可以说，优雅时尚也可称之为是天
府成都最引人瞩目的城市气质。在后来的历史发展进程中，这个特点也
得到了很好的延续，为天府成都这座历史文化名城增添了浓郁的魅力。

三、经济文化与精神崇尚的交融

关于天府成都富裕悠闲的社会生活，以及城市的优雅时尚气质，
秦汉以来逐渐形成了较为鲜明的特点。这种独特的城市气质，生动地展
示了经济文化与精神崇尚的交融，具有丰富的人文内涵，成为蜀人习以
为常的生活形态，并对后世产生了深远的影响。

---

① [宋]李昉等撰《太平御览》，第3册，中华书局影印出版，1960年2月第1版，第2572页。
② [汉]司马迁撰《史记》，中华书局校点本第10册，1959年9月第1版，第3172~3173页。

概而言之，大致可以做以下几个方面的归纳：

（一）农业水利的发达和经济的富庶，提供了充裕的物质基础

天府成都，自古蜀以来，就是米粮之仓。史料记载，早在古蜀国杜宇时代，就开始兴修水利了，常璩《华阳国志·蜀志》说杜宇"教民务农"，"会有水灾，其相开明决玉垒山以除水害"。[①]《水经注》卷三十三说："江水又东别为沱，开明之所凿也。"[②]也记叙了这件史实。秦并巴蜀之后，对蜀地的水利工程又有新的重要创建。《通典》卷二说："秦平天下，以李冰为蜀守，冰壅江水作堋，穿二江成都中，双过郡下，以通舟船，因以溉灌诸郡，于是蜀沃野千里，号为陆海。"[③]李冰修筑都江堰之后，有效地治理了岷江水害："灌溉三郡，开稻田，于是蜀沃野千里，号为'陆海'。旱则引水浸润，雨则杜塞水门，故记曰：水旱从人，不知饥馑，时无荒年，天下谓之'天府'也。"李冰还疏通了文井江、绵水、洛水等水利："皆溉灌稻田，膏润稼穑。是以蜀川人称郫、繁曰膏腴，绵洛为浸沃也。"[④]诚如常璩《华阳国志·蜀志》所说，成都平原从此成了名副其实的天府之国。

常言说水利是农业的命脉，在中国传统农业发展史上，水利一直发挥着至关重要的作用。继李冰修建都江堰之后，西汉文帝末年，"以庐江文翁为蜀守，穿湔江口，溉灌繁田千七百顷"。蜀地的水利建设在当时领先全国，发挥了示范作用，产生了极大的影响。正是由于西汉初期从汉文帝到汉武帝对兴建水利与发展农业的重视，全国各地都大兴水利。据《汉书·沟洫志》记载，汉武帝曰："农，天下之本也，泉流

---

① [晋]常璩撰，刘琳校注《华阳国志校注》，巴蜀书社1984年7月第1版，第182页。

② [北魏]郦道元撰，王国维校《水经注校》，上海人民出版社1984年5月第1版，第1038页。

③ [唐]杜佑撰《通典》第1册，中华书局校点本，1988年12月第1版，第33页。

④ [晋]常璩撰，刘琳校注《华阳国志校注》，巴蜀书社1984年7月第1版，第202页，第210页。

灌浸，所以育五谷也"，"令吏民勉农，尽地利，平繇行水，勿使失时。"①1974年，都江堰鱼嘴附近出土有"故蜀郡李府君讳冰"石像，立像者为东汉建宁元年（168）的"都水掾尹龙长陈壹"。②表明蜀郡在汉代曾设立有专管都江堰水利工程的官吏。到蜀汉时，"诸葛亮北征，以此堰农本，国之所资，以征丁千二百人主护之，有堰官"。③也延续了汉代对都江堰水利的重视与保护管理。值得注意的是，汉代对池塘的使用也非常重视，池塘可以蓄水，为水田灌溉提供便利，还可以种藕养鱼。在四川、广东、贵州、陕西汉中和河南等地的东汉墓中，常见有水田池塘模型。四川出土的汉代画像砖上对池塘农作也有不少描绘，如水田插秧，以及采莲捕鱼等画面，④就反映了当时重视水田灌溉的情形，也说明了当时稻作农业的兴旺。顾炎武《日知录》卷十二《水利》说："凡一渠之开，一堰之立，无不记之……岂非太平之世，吏治修而民隐达，故常以百里之官而创千年之利。"⑤正是由于千百年来四川农业水利的发达，创造了经济的富庶，从而为天府成都的经济文化与精神崇尚提供了充裕的物质基础。

（二）城市的繁荣，为社会结构提供了新的聚合模式

考古发现揭示，古代蜀人很早就筑城而居了，早在三千多年之前，成都平原就出现了早期城市文明的曙光。秦并巴蜀之后，为了加强对蜀地的控制，秦人采取的一个重大措施即仿照咸阳的模式修筑了成都

---

① [东汉]班固撰《汉书》，中华书局校点本第6册，1962年6月第1版，第1685页。

② 四川省灌县文教局《都江堰出土东汉李冰石像》，《文物》1974年第7期，第27~28页。

③ [北魏]郦道元撰，王国维校《水经注校》，上海人民出版社1984年5月第1版，第1039页。

④ 《中国画像砖全集·四川汉画像砖》图一一七（右格画面），图一一八，图一一九，四川美术出版社2006年1月第1版，第88~89页。

⑤ [清]顾炎武著《日知录集释》（黄汝成集释），岳麓书社1994年5月第1版，第449页。

城、郫城与临邛城。这些城市都夯筑有高大的城墙，上建观楼、射阑，下建粮仓，城内有街道府舍市肆与居民住宅区，为秦人提供了驻守和控扼巴蜀地方政权的便利，同时也促使了盐铁业和农业经济的发展。常璩《华阳国志·蜀志》记述："仪与若城成都，周回十二里，高七丈；郫城周回七里，高六丈；临邛城周回六里，高五丈。造作下仓，上皆有屋，而置观楼射兰。成都县本治赤里街，若徙置少城内。营广府舍，置盐、铁、市官并长丞；修整里阓，市张列肆，与咸阳同制。"①成都由此成为了一座新兴的重要城市，不仅促使了蜀地经济的繁荣，也为当时的社会结构提供了新的聚合模式。城市成为主流社会的聚集地，并带动了乡镇的发展。

城市兴起是社会经济发展的必然结果，而市场的设置又为经商贸易提供了便利。《汉书·食货志》说："富商大贾，积贮倍息，小者坐列贩卖，操其奇赢，日游都市。"②由此可见当时都市商业贸易的活跃。城市的繁荣，带来了市肆和集市的兴盛，不仅为广大市民百姓提供了方便，也为汉朝政府增添了财政收入来源。由于集市贸易的需要，随着经济的发展和人口的增长，也就推动了村镇与小型城市在各地的涌现和形成。在历史上，经济和贸易始终是促使城镇发展的最主要的动力，而城镇的发展也促进了贸易规模的扩大和经济的繁荣，二者相辅相成，先秦时期已是如此，汉代以来更为兴盛。市肆不仅出售各种货物，满足了市民百姓的消费要求，市肆还出卖图书，为读书人提供了方便。如《后汉书》曰：王充"家贫无书，常游洛阳市肆，阅所卖书，一见辄能诵忆，遂博通众流百家之言"。③据《东观汉记》与《后汉书》等史料

---

① [晋]常璩撰，刘琳校注《华阳国志校注》，巴蜀书社1984年7月第1版，第196页。

② [东汉]班固撰《汉书》卷二十四"食货志"，中华书局校点本第4册，1962年6月第1版，第1132页。

③ [南朝·宋]范晔撰《后汉书》卷四十九"王充王符仲长统列传"，中华书局校点本第6册，1965年5月第1版，第1629页。参见[宋]李昉等撰《太平御览》卷八二七，第4册，中华书局影印出版，1960年2月第1版，第3685页。

记载，蔡伦发明造纸之后，东汉时期纸张已得到了普及使用，这对图书的流传，显然也起到了很好的作用。两汉时期，成都教育发达，成都与蜀地的图书流传也是很受欢迎的。四川出土的画像砖上有很多描绘市井的画面，①成都市郊曾家包汉墓出土的汉代画像上刻画有男子捧书阅读的画面，就真实地反映了当时图书的流传普及情形。汉代成都浓郁的读书之风，对后世影响深远，后来主流社会与百姓人家都重视耕读传家，这种世风的形成，真的可谓由来已久。而这正是天府成都优雅时尚气质中，最值得称赞的一个重要因素了。

需要注意的是，天府成都与蜀地的市肆与北方不同，建筑比较紧凑，街巷较窄，使两边的店铺买卖显得人气很旺，白天生意兴旺，到了夜晚做生意的依然繁忙。汉代的文献中对此就有记载，如《后汉书》卷三十一就记述："成都民物丰盛，邑宇逼侧，旧制禁民夜作，以防火灾，而更相隐蔽，烧者日属。"当时廉范为蜀郡太守，"范乃毁削先令，但严使储水而已。百姓为便"。②《东观汉记》对此也有相同记载，由此反映了当时成都商贸的活跃与市场买卖的兴旺情景。③天府成都和蜀地的这种市肆特色保持的时间非常长久，在明清时期留存下来的一些古村镇仍可见其余绪，大都依然遵循着这种传统建筑模式，这也是天府地域文化中一个源远流长而又比较鲜明的特色。

（三）商贸的流通与文化交流，形成了开放包容的心态

天府成都和蜀地虽然地处内陆，却并不封闭，早在古蜀时代就和荆楚、滇越、秦陇、中原等周边区域有了频繁的经济往来与文化交流。

---

① 《中国画像砖全集·四川汉画像砖》，图一二九，图一三〇，图一三一，图一三二，四川美术出版社2006年1月第1版，第97~99页。
② [南朝·宋]范晔撰《后汉书》卷三十一"廉范传"，中华书局校点本第4册，1965年5月第1版，第1103页。
③ [东汉]刘珍等撰，吴树平校注《东观汉记校注》，中华书局2008年11月第1版，第590页。

天府文化继承了古蜀文明的绚丽个性与开放活跃的传统，与周边区域一直保持着密切互动。特别是秦汉以来，天府成都与周边区域的商贸流通与文化交流更为广泛和活跃，相互的影响与互动也更为丰富和密切了。这种交流与互动，不仅带来了城市的繁华与兴旺，也形成了开放包容的心态，使得天府成都因此而更加充满了活力。天府成都在南北朝至隋朝时，已成为"水陆所凑，货殖所萃，盖一都之会也"，[①]在唐代已发展成为一座全国最繁华的商业都会。由于商业的繁华与文化的活跃，极大地滋润了人们的生活，也深刻地影响了城市的风貌与气质。在一定意义上也可以说，正是这种繁华兴旺与开放包容的心态，决定了天府成都优雅时尚的城市气质，从衣食住行到生活习俗，从传统观念到思想文化领域，都有深刻而精彩的展现，并由此而形成了一种城市文化魅力。人们常说，到了成都就不想离开，或者走了之后还想再来，便与这种城市文化魅力是密不可分的。

（四）移民之城，带来了北方贵族的奢侈之风，对后世产生了重要影响

天府成都既是一座肇始于古蜀时代的历史文化名城，也是一座秦汉以来的移民之城。成都时尚优雅的城市气质，成都丰富多彩的神韵魅力，与移民的影响也有相当密切的关系。秦朝统一巴蜀后，便开始从北方移民到蜀地，常璩《华阳国志·蜀志》说秦人认为"戎伯尚强，乃移秦民万家实之"，[②]就真实地记述了这一状况。按一家最少三口人计算，迁移入蜀的秦民至少有数万人之多。从考古发现看，20世纪中叶以来在四川各地考古发掘的战国秦汉墓中，就发现有大量的移民墓，也印证了当时秦朝的移民之举。秦灭六国之后，仍继续实行这种移民措施，将六国的富豪大户大量迁往蜀地。这些移民中有善于铸造与经商者，将

---

① [唐]魏征、令狐德棻撰《隋书》卷二十九"地理上"，中华书局校点本第3册，1973年第1版，第830页。

② [晋]常璩撰，刘琳校注《华阳国志校注》，巴蜀书社1984年7月第1版，第194页。

北方和中原地区的铁器铸造技术与农耕方法带到了蜀地，不仅对蜀地的经济发展起到了积极的作用，同时在客观上也加速了区域文化之间的融合，促使了蜀地工商业和制造业的发展。汉代蜀地生产的铁器大量销售到西南夷和周边区域，这对周边区域的社会生活和农业生产也发生了积极作用。值得注意的是，蜀地由此也涌现了很多富甲一方的土豪大户，如临邛的卓王孙、程郑等人就是移民中发家致富的典型代表。司马迁《史记·货殖列传》说："蜀卓氏之先，赵人也，用铁冶富。秦破赵，迁卓氏……致之临邛，大喜，即铁山鼓铸，运筹策，倾滇蜀之民，富至僮千人。田池射猎之乐，拟于人君。"又说："程郑，山东迁虏也，亦冶铸，贾椎髻之民，富埒卓氏，俱居临邛。"①常璩《华阳国志·蜀志》也记载："秦惠文、始皇克定六国，辄徙其豪侠于蜀，资我丰土。家有盐铜之利，户专山川之材，居给人足，以富相尚。故工商致结驷连骑，豪族服王侯美衣，娶嫁设太牢之厨膳，归女有百两之车。""若卓王孙家僮千数，程郑亦八百人……富侔公室，豪过田文，汉家食货，以为称首。盖亦地沃土丰，奢侈不期而至也。"②这种风气，对后世的民俗民风都产生了深远影响。奢侈不宜提倡，但其促使了人们对富裕生活的追求与向往，也是显而易见的。蜀人崇尚优雅时尚，显然与此也有很大的关系。在后来的历史发展过程中，从全国各地又多次向天府成都和蜀地移民，为成都的城市生活增添了新的活力与内涵，使天府文化又有了新的演化与创新，而崇尚优雅时尚依然是成都最为鲜明的城市气质。

（五）文运勃兴，文化创新，是天府成都优雅时尚最重要的组成因素

天府成都与蜀地自古以来的精神崇尚，具有浪漫悠闲的特质，着重富庶休闲的生活方式，重视和谐的人文追求，天人合一，悠然自得，

---

① [汉]司马迁撰《史记》卷一百二十九"货殖列传"，中华书局校点本第10册，1959年9月第1版，第3277~3278页。
② [晋]常璩撰，刘琳校注《华阳国志校注》，巴蜀书社1984年7月第1版，第225页。

这些都是蜀人与生俱来骨子里的东西。秦并巴蜀与秦始皇统一六国之后，将蜀地纳入到了全国统一的格局之中，加强了文化的交流与融合，为天府成都带来了崭新的风貌。蜀人的精神崇尚与城市气质，也由此而增添了新的丰富内涵。特别值得重视的是，汉代文翁在成都大力兴办学校，使蜀地的教育走在了全国的前列，对人才的培养和文学的繁荣都产生了巨大的作用。《汉书·地理志》说："文翁为蜀守，教民读书法令……及司马相如游宦京师诸侯，以文辞显于世，乡党慕循其迹。后有王褒、严遵、扬雄之徒，文章冠天下。"[1]常璩《华阳国志·蜀志》也说："故司马相如耀文上京，扬子云齐圣广渊，严君平经德秉哲，王子渊才高名隽……得意之徒恂恂焉。"[2]从汉代开始，由此而形成了一种浓厚的文化风气，对后世的传承与影响也是非常深远的，使天府成都成了一个文化勃兴和文运昌盛之地，而这正是天府成都优雅时尚最重要的组成因素。文化既是城市之魂，也是社会繁荣发达的重要动力。正是汉代以来天府成都的文运昌盛与文化创新，促使了人才济济，才有了文宗在蜀的佳话。也正是经济文化与精神崇尚的交融，使天府成都生气勃勃，展现了无穷的神韵魅力。

以上所述，都是个人浅见，敬请诸位方家和高明者指教。

——此文初名为《从汉代画像说天府时尚》，刊载于《天府文化研究·优雅时尚卷》第77~95页，四川大学出版社2018年7月第1版。配图修订为《汉代画像与天府成都的社会生活》，刊载于《地方文化研究辑刊》第十五辑第27~47页，巴蜀书社2020年9月第1版。

---

① [东汉]班固撰《汉书》，中华书局校点本第6册，1962年6月第1版，第1645页。

② [晋]常璩撰，刘琳校注《华阳国志校注》，巴蜀书社1984年7月第1版，第221页。

略论炎帝神农的传说与汉代画像

一、关于炎帝神农的传说与记载

神农氏又称炎帝神农，是中国古代传说中的一位远古帝王，是原始农业的创始人，还发明了最早的医药等，为原始渔猎时代进化至农耕时代做出了重要贡献，所以倍受先民推崇，是一位非常了不起的伟大人物。在传世文献中，就有很多关于神农氏或炎帝神农的传说与记载。

例如《周易·系辞下》中就有关于神农氏的记载："古者包牺氏之王天下也……作结绳而为罔罟，以佃以渔。""包牺氏没，神农氏作，斫木为耜，揉木为耒，耒耨之利，以教天下。""神农氏没，黄帝、尧、舜氏作，通其变，使民不倦。"[①]意思是说远古时代先民们渔猎为生，神农氏用木制作农具，才开创了人类进入原始农业社会的新纪元；以后黄帝和尧舜相继兴起，不断改良生产工具，从而使人们的社会生活也得到了不断的改变和提高。

又如《国语·晋语四》记述："昔少典娶于有蟜氏，生黄帝、炎

① 《周易正义》卷八，[清]阮元校刻《十三经注疏》上册，中华书局影印出版，1980年9月第1版，第86页。参见《周易全译》（徐子宏译注），贵州人民出版社1991年5月第1版，第373~375页。

帝。黄帝以姬水成，炎帝于姜水成。成而异德，故黄帝为姬，炎帝为姜。"①《左传·昭公十七年》说："昔者黄帝氏以云纪，故为云师而云名。炎帝氏以火纪，故为火师而火名。"②《管子·轻重篇》说："神农作树五谷淇山之阳，九州之民乃知谷食，而天下化之。"③此外如《庄子·盗跖》《商君书·画策》也都有"神农之世"的记述。④《周易》是先秦时期的一部重要典籍，《国语》与《左传》相传为春秋时期左丘明所作，约成书于战国初期，《管子》《庄子》与《商君书》也是战国时期的重要著述，通过这些记述可见神农氏的传说从先秦时期就有了。

到了汉代，关于神农氏或炎帝神农的传说，在各种记载中就更为常见了。如班固《白虎通德论》卷一就记述："古之人民皆食禽兽肉，至于神农，人民众多，禽兽不足，于是神农因天之时，分地之利，制耒耜，教民农作。神而化之，使民宜之，故谓之神农也。"⑤刘安《淮南子·修务训》也说："古者，民茹草饮水，采树木之实，食蠃蚌之肉，时多疾病毒伤之害。于是神农乃始教民播种五谷，相土地宜燥湿肥垆高下，尝百草之滋味水泉之甘苦，令民知所辟就。当此此时，一日而遇七十毒。"刘安《淮南子·主术训》又说："昔者，神农之治天下也，神不驰于胸中，智不出于四域，怀其仁诚之心，甘雨时降，五谷

---

① 　《国语》下册，上海师范学院古籍整理组校点，上海古籍出版社1978年3月第1版，第356页。参见黄永堂译注《国语全译》，贵州人民出版社1993年3月第1版，第385~386页。

② 　《春秋左传正义》卷四十八，[清]阮元校刻《十三经注疏》下册，中华书局影印出版，1980年9月第1版，第2083页。参见《左传全译》（王守谦等译注），贵州人民出版社1990年11月第1版，第1270页。

③ 　[周]管仲撰，[唐]房玄龄注《管子》卷二十四，见《二十二子》，上海古籍出版社1986年3月第1版，第191页。参见《百子全书》上册，浙江古籍出版社1998年8月第1版，第433页。

④ 　[周]庄周撰，[晋]郭象注《庄子》第九卷；[周]商鞅撰，[清]严万里校《商君书》第四卷；见《二十二子》，上海古籍出版社1986年3月第1版，第79页，第1111页。

⑤ 　[汉]班固纂《白虎通德论》卷一，四部丛刊初编缩印本，上海商务印书缩印江安傅氏双鑑楼藏元刊本。见《百子全书》下册，浙江古籍出版社1998年8月第1版，第1056页。

蕃植。"①东汉应劭撰写的《风俗通义·三皇》说:"神农,神者,信也。农者,浓也。始作耒耜,教民耕种,美其衣食,德浓厚若神,故为神农也。"②班固撰写的《汉书·律历志》是官修志书,对炎帝神农的传说也作了记载,说炎帝"以火承木,故为炎帝。教民耕农,故天下号曰神农氏"。《汉书·食货志》又说:"《洪范》八政,一曰食,二曰货。食谓农殖嘉谷可食之物,货谓布帛可衣,及金刀龟贝,所以分财布利通有无者也。二者,生民之本,兴自神农之世。'斫木为耜,揉木为耒,耒耨之利,以教天下',而食足;'日中为市,致天下之民,聚天下之货,交易而退,各得其所',而货通。食足货通,然后国实民富,而教化成。"③其他如干宝《搜神记》卷一也说:"神农以赭鞭鞭百草,尽知其平毒寒温之性,臭味所主。以播百谷,故天下号神农也。"④这些记述说明,神农氏或炎帝神农的传说在汉代已经广为传播,可以说达到了家喻户晓的程度。

这些传世文献中记载的神农氏或炎帝神农,最大的功绩就是发明了最早的农具,教民耕作和播种谷物。神农氏另一个伟大的功绩,就是发明了最早的医药。如《淮南子·修务训》和《搜神记》卷一都有神农"尝百草""尽知其平毒寒温之性"的记述。陆贾《新语·道基》也说上古时期"民人食肉饮血,衣皮毛。至于神农,以为行虫走兽难以养民,乃求易食之物,尝百草之实,察酸苦之味,教民食五谷"。⑤唐代

① [汉]刘安撰《淮南子·修务训》《淮南子·主术训》,见《二十二子》,上海古籍出版社1986年3月第1版,第1296页,第1241页。参见《淮南子全译》(许匡一译注),贵州人民出版社1993年3月第1版,第1132页,第452页。
② [东汉]应劭撰,吴树平校释《风俗通义校释》,天津人民出版社1980年9月第1版,第11页。
③ [东汉]班固撰《汉书》卷二十一下"律历志",卷二十四上"食货志",中华书局校点本第4册,1962年6月第1版,第1012页,第1117页。
④ [晋]干宝撰《搜神记》(汪绍楹校注)卷一,中华书局1979年9月第1版,第1页。参见《百子全书》下册,浙江古籍出版社1998年8月第1版,第1255页。
⑤ [汉]陆贾撰《新语》卷上,见《百子全书》上册,浙江古籍出版社1998年8月第1版,第88页。

司马贞《补史记·三皇本纪》中也归纳了历代的相关记述，说"神农氏于是作蜡祭，以赭鞭鞭草木，始尝百草，始有医药"。①由此可见，关于神农始尝百草发明医药的说法，在两汉时期已经流传甚广，到了唐代已经为社会各界所深信不疑。正因为神农既是农神又是药神，所以在历代人们的心目中都占有很重要的地位。

神农还创制了最早的琴，寓教于乐，丰富了先民的生活。《世本》有"神农作琴"之说，汉代许慎《说文解字》也说："琴，禁也，神农所作。"②东汉桓谭《新论》也记述了这一传说："昔神农氏继宓牺而王天下，上以法于天，下取法于地，于是始削桐为琴，练丝为弦，以通神明之德，合天地之和焉"，又说神农氏制作的琴为五弦，第一弦为宫，其次为商、角、徵、羽。后来文王、武王各加一弦，以为少宫少商，成为七弦琴，"足以通万物而考治乱也"。③后来的《广雅》等书也援引了这一传说曰："神农氏琴长三尺六寸六分，上有五弦，曰宫商角徵羽。文王增二弦，曰少宫少商。"④琴是中国古代的一种经典性乐器，"神农作琴"当然是一种传说，因为文献记载中也有"伏羲作琴""帝俊生晏龙始为琴瑟"等说法。⑤对这些说法虽然很难做详细考证，但说明上古时代已经出现了音乐艺术的萌芽，以神农氏为代表的先民领袖已经开始制作乐器，则是肯定的。琴作为最古老的一种乐器，因为音质清越纯美、悠扬高雅，自先秦以来便深受欢迎，汉代在宫廷和民

① [唐]司马贞《补史记·三皇本纪》，清代武英殿本《二十五史》第1册，上海古籍出版社、上海书店影印出版，1986年12月第1版，第362页。

② [汉]许慎撰，[清]段玉裁注《说文解字注》，上海古籍出版社1988年2月第2版，第633页。

③ [东汉]桓谭撰《桓子新论》琴道第十六，[清]严可均校辑《全上古三代秦汉三国六朝文》第1册，中华书局影印出版，1958年12月第1版，第552页。

④ [唐]欧阳询撰《艺文类聚》卷四十四，第2册，上海古籍出版社1982年1月第1版，第780页。

⑤ [宋]李昉等撰《太平御览》卷五七七引《琴操》《山海经》，卷五七八引《广雅》《琴书》等记述，第3册，中华书局影印出版，1960年2月第1版，第2605页，第2606页，第2613页。

间都很流行，尤为文人雅士所看重。所以文人撰写的著述中说"神农作琴"，也是采用传说，对神农氏的伟大功绩有着美化的作用。

神农在教民农耕、发展农业生产的同时，还组织了最早的市墟，便于先民作农产品与日常用品方面的交换贸易。《周易·系辞》说："神农氏作，斫木为耜，揉木为耒，耒耨之利，以教天下，盖取诸益。日中为市，致天下之民，聚天下之货，交易而退，各得其所。"①这不仅提高了先民的物质生活，也促进了社会发展，当然也是意义深远。

从战国至汉代的传世文献中，有很多关于神农之世、神农之教、神农之法的记述，对传说中的神农时代给予了高度美化的描绘。如《商君书·算地》就说："神农教耕而王，天下师其智也。"《商君书·画策》又说："神农之世，男耕而食，妇织而衣，刑政不用而治，甲兵不起而王。神农既没，以强胜弱，以众暴寡，故黄帝作，为君臣上下之义，父子兄弟之礼，夫妇妃匹之合，内行刀锯，外用甲兵，故时变也。由此观之，神农非高于黄帝也，然其名尊者，以适于时也。"②《庄子·盗跖》说："神农之时，卧则居居，起则于于，民知其母，不知其父，与麋鹿共处，耕而食，织而衣，无有相害之心，此至德之隆也。"《庄子·胠箧》说："昔者……神农氏，当是时也，民结绳而用之，甘其食，美其服，乐其俗，安其居。邻国相望，鸡狗之声相闻，民至老死而不相往来。若此之时，则至治也。"③《韩非子·六反》说："财用足而力作者，神农也。"④《吕氏春秋·爱类》曰："神农之教曰，士

① 《周易正义》卷八，[清]阮元校刻《十三经注疏》上册，中华书局影印出版，1980年9月第1版，第86页。

② [周]商鞅撰《商君书》，见《二十二子》，上海古籍出版社1986年3月第1版，第1106页，第1111页。参见《百子全书》上册，浙江古籍出版社1998年8月第1版，第465页，第469页。

③ [周]庄周撰、[晋]郭象注《庄子》，见《二十二子》，上海古籍出版社1986年3月第1版，第79页，第37页。参见《百子全书》下册，浙江古籍出版社1998年8月第1版，第1401页，第1383页。

④ [周]韩非撰《韩非子》，见《二十二子》，上海古籍出版社1986年3月第1版，第1180页。参见《百子全书》上册，浙江古籍出版社1998年8月第1版，第534页。

有当年而不耕者，则天下或受其饥矣。女有当年而不绩者，则天下或受其寒矣。故身亲耕，妻亲织，所以见致民利也。"①《淮南子·齐俗训》也说："神农之法曰，丈夫丁壮而不耕，天下有受其饥者，妇人当年而不织，天下有受其寒者。故身自耕，妻亲织，以为天下先。其导民也，不贵难得之货，不器无用之物。是故其耕不强者无以养生，其织不强者无以掩形。有余不足，各归其身；衣食饶溢，奸邪不生；安乐无事，而天下均平。"②《汉书·艺文志》记载当时有《神农》二十篇流行于世："六国时，诸子疾时怠于农业，道耕农事，托之神农。"③这些记述虽然有着强烈的附会与溢美倾向，但也表达了对神农的尊崇已成为秦汉时期的社会共识。

此外传说神农还"驯养家畜""作陶为器""冶制为斧""治麻为布""筑土构木，以安民居"等。如《太平御览》卷八三三引《逸周书》说"神农耕而作陶"；卷七八又引《逸周书》说："神农之时，天雨粟，神农耕而种之，作陶冶斤斧，为耒耜锄耨，以垦草莽，然后五谷兴。"④后人因之而称颂神农有八大功绩。正是由于神农的伟大功绩，因而被推崇为三皇之一。

我们知道，古人很早就有三皇五帝之说，但关于具体是哪几位则说法不一。从文献记载来看，三皇之说首见于《文子》《列子》《庄子》《吕氏春秋》《五经纬》等书，后来的著述中逐渐成为了常见的说法。《吕氏春秋》与《庄子》中多处提到三皇五帝，但三皇是谁却语焉

① [秦]吕不韦撰，[汉]高诱注《吕氏春秋》卷二十一，见《二十二子》，上海古籍出版社1986年3月第1版，第710页。参见《百子全书》下册，浙江古籍出版社1998年8月第1版，第824页。

② [汉]刘安撰，[汉]高诱注《淮南子》卷十一，见《二十二子》，上海古籍出版社1986年3月第1版，第1257页。参见《百子全书》下册，浙江古籍出版社1998年8月第1版，第862页。

③ [东汉]班固撰《汉书》卷三十"艺文志"，中华书局校点本第6册，1962年6月第1版，第1742页。

④ [宋]李昉等撰《太平御览》卷八三三，卷七八，中华书局影印出版，1960年2月第1版，第4册第3716页，第1册第366页。

不详。司马迁《史记·秦始皇本纪》记述秦始皇兼并六国统一天下后命李斯等人议帝号，当时议曰："古有天皇，有地皇，有泰皇，泰皇最贵。"唐代司马贞索隐说："泰皇"，同"人皇"是一个意思。[①]但根据《史记·封禅书》与《汉书·郊祀志》，也有认为"泰皇"指的是东皇太一，因太一是"道"的化身，东方于五行中属木、四时中属春，行次皆最先，所以东皇太一成为天神中的最贵者。[②]如果说将三皇解释为天皇、地皇、泰皇是秦代的说法，那么到了汉代这一说法就发生了很大的变化。西汉时主要是祭祀五帝，汉武帝时又确立了太一、后土之祀，西汉末才又重提三皇之说，如《春秋纬》等就多次提到了天皇、地皇、人皇，而其含义同秦代却有着根本的不同。到了东汉时期，对三皇的解释又加入了新的内容，如班固《白虎通德论》卷一说："三皇者何谓也？谓伏羲、神农、燧人也，或曰伏羲、神农、祝融也，礼曰伏羲、神农、祝融三皇也。"又说："五帝者何谓也？礼曰黄帝、颛顼、帝喾、帝尧、帝舜五帝也。"[③]王符《潜夫论·五德志》也说："世传三皇五帝，多以伏羲、神农为二皇，其一或曰燧人，或曰祝融，或曰女娲。其是与非，未可知也。我闻古有天皇、地皇、人皇，以为或及此谓，亦不敢明。"[④]东汉应劭《风俗通义·三皇》也列举了当时关于三皇的几种说法："《春秋运斗枢》说'伏羲、女娲、神农是三皇也'。""《礼号谥记》说'伏羲、祝融、神农'"为三皇；"《含文嘉》记'伏羲、燧人、神农'"为三皇；"《尚书大传》说'遂人为遂皇，伏羲为戏皇，神农为农皇也'"。认为"遂人功重于祝融、女娲，文明大见"，

① ［汉］司马迁撰《史记》卷六"秦始皇本纪"，中华书局校点本第1册，1959年9月第1版，第236页，第237页注〔10〕。
② 顾颉刚著《顾颉刚古史论文集》第3册，童书业序文，中华书局1996年4月第1版，第30页。
③ ［汉］班固纂《白虎通德论》卷一，四部丛刊初编缩印本，上海商务印书缩印江安傅氏双鉴楼藏元刊本。见《百子全书》下册，浙江古籍出版社1998年8月第1版，第1056页。
④ ［汉］王符撰《潜夫论》卷八"五德志第三十四"，见《百子全书》上册，浙江古籍出版社1998年8月第1版，第260页。

圖略變演説傳一太皇三

三皇太一传说演变略图

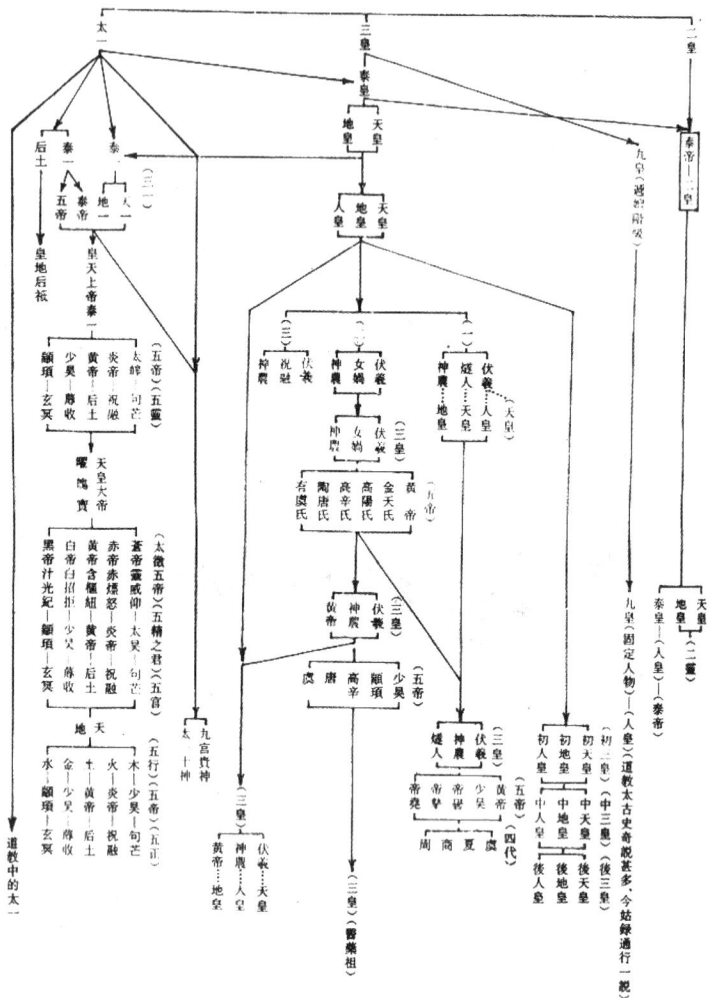

所以《尚书大传》的说法比较合理。①《太平御览》卷七七也引用记述了《尚书大传》"遂人为遂皇，伏羲为戏皇，神农为农皇"的说法，因为"遂人以火纪，火阳也，阳尊，故托遂皇于天。伏戏以人事纪，故托戏皇于人，盖天非人不固，人非天不成也。神农悉地力植谷，故托农皇于地。天地人之道备，而三五之运兴矣"。②三皇的说法到了晋代又发生了很重要的变化，皇甫谧主张将伏羲、神农、黄帝称为三皇，这一说法得到了当时和后来很多人的赞同。如唐代司马贞对《史记·五帝本纪》做《索隐》说：黄帝"有土德之瑞，土色黄，故称黄帝，犹神农火德王而称炎帝然也。此以为五帝之首，盖依《大戴礼·五帝德》。又谯周、宋均亦以为然。而孔安国、皇甫谧《帝王代纪》及孙氏注《系本》并以伏牺、神农、黄帝为三皇，少昊、高阳、高辛、唐、虞为五帝"。③唐代以后，沿袭的便是这一说法。

近代著名学者蒙文通、顾颉刚等对古史传说中的三皇五帝都做过深入的专题研究。蒙文通先生撰有《古史甄微·三皇五帝》，认为："撮周秦书之不涉疑伪者而论之，孟子而上，皆惟言三王，自荀卿以来，始言五帝，《庄子》《吕氏春秋》乃言三皇。""五帝固神祇，三皇亦本神祇，初谓神，不谓人也。""三皇之说既起，前世既以古之王者配五帝，则又自然必以古之王者配三皇。黄帝为五帝之本，不可以配三皇，惟伏羲、神农前乎此，可以为皇耳。故《淮南子》称：'泰古二皇，得道之纪'。说者谓二皇羲、农也。而三皇终缺其一。巫则三皇，史则二皇。于是各家以意取古王者补之。自《潜夫论》《白虎通》《风俗通》以观，诸家言三皇皆称伏羲、神农，此诸家之所同；其一则曰女

①　[东汉]应劭撰，吴树平校释《风俗通义校释》，天津人民出版社1980年9月第1版，第11页。参见《百子全书》下册，浙江古籍出版社1998年8月第1版，第1077页。
②　[宋]李昉等撰《太平御览》卷七七，第1册，中华书局影印出版，1960年2月第1版，第360页。
③　[汉]司马迁撰《史记》卷一，中华书局校点本第1册，1959年9月第1版，第1~2页注文。

娲、曰遂人、曰祝融、曰共工，遂各不同，此诸家之所异也。其同其异之间，而三皇说逐渐发展之迹可求也。""及《伪孔安国》、皇甫士安乃以羲、农、黄帝言三皇，少昊、颛顼、帝喾、尧、舜言五帝，至是而三皇五帝之说乃略定。"但古籍中记述的终究是传说而已，"则东方言其上世王者，皆仁智而信者也。则上古部落而治之时，各长其长，各民其民，乌有所谓三皇、九皇、盘古之说哉。"①顾颉刚先生撰有《三皇考》，对此也做了深入的考证，认为："秦始皇的时候，三皇之说甚活跃。但一到西汉就沉寂了。高、惠、文、景之世，没有人提起过。武帝时，《淮南子》多谈二皇，《春秋繁露》则有九皇之说"，后来确定了泰一、后土的祭典，"可见当时确认泰一为天皇，后土为地皇"，"三皇给西汉的人埋没了二百年，大家几乎忘记了。但到了西汉的末年，忽然又显现了"，"但究竟天、地、人三皇祇流行于下层社会，理智较强的士大夫们不能信"，所以出现了新的解释。顾颉刚先生还撰写了《五德终始说下的政治和历史》，其中对炎帝神农氏的由来作了研究，认为古籍中常将神农、炎帝分别记述视为二人，到了西汉末才将炎帝神农称为一人，"要之，自司马迁以前未有言炎帝之为神农者，而自刘歆以后始有之"。②这些分析和考证都很有见地。

　　总之，神农氏在汉代已称为炎帝神农，成了三皇之一。值得一提的是，关于炎帝神农的传说记载有"以火为纪"之说。如《左传·昭公十七年》就有"炎帝氏以火纪，故为火师而火名"的记述。从有关史料看，古人对炎帝以火为纪的含义有几种解释，一是认为与五行方位有关，如《淮南子·天文训》说："南方火也，其帝炎帝，其佐朱明，执衡而治夏。"《帝王世纪》也说：神农因"有圣德，继无怀氏后，以火承木，位在南方，主夏，故谓之炎帝。"二是认为与太阳崇拜有关，

---

① 蒙文通著《古史甄微》，《蒙文通文集》第五卷，巴蜀书社1999年8月第1版，第16~22页。

② 顾颉刚著《三皇考》、《五德终始说下的政治和历史》，《顾颉刚古史论文集》第3册，中华书局1996年4月第1版，第57~58页，第61页、第70页，第96页，第408页。

《白虎通·五行》就说："炎帝者，太阳也。"三是认为与用火有关，或认为炎帝是因火而死，死后化为了灶神，《淮南子·汜论训》就说："炎帝于火而死为灶。"而根据现代学者们的研究，无论是太阳崇拜或以火为纪，都是原始农业民族的行为。神农在制作农具、教民耕作的过程中，可能采取过烧荒辟地以播种五谷的措施，神农称为炎帝，或许便与此有关。我国南方一些少数民族中曾长期流行烧荒辟地、刀耕火种的习俗，就是一个显著的例证。

此外还有关于炎帝神农两个女儿的记述。一是精卫填海的传说，《山海经·北山经》说："发鸠之山，其上多柘木。有鸟焉，其状如乌，文首、白喙、赤足，名曰精卫，其鸣自佼。是炎帝少女名曰女娃，女娃游于东海，溺而不返，故为精卫，常衔西山之木石，以堙于东海。"①《述异记》卷上也有记述："昔炎帝女溺死东海中，化为精卫。其名自呼，每衔西山木石填东海。偶海燕而生子，生雌状如精卫，生雄如海燕。今东海精卫誓水处，曾溺于此川，誓不饮其水。一名鸟誓，一名冤禽，又名志鸟，俗呼帝女雀。"②二是炎帝少女的传说，《搜神记》卷一说："赤松子者，神农时雨师也。服冰玉散，以教神农。能入火不烧。至昆仑山，常入西王母石室中，随风雨上下。炎帝少女追之，亦得仙，俱去。"③传为刘向所撰《列仙传》卷上也记载了这一传说，④后来的一些类书与野史笔记著述中也有转引。这些传说，附会的成分较重，而且明显地有着汉代仙话的影响。但也从另一个角度说明了战国与汉晋时期对炎帝神农的神化。

① 袁珂校注《山海经校注》（增补修订本），巴蜀书社1993年4月第1版，第111页。
② [梁]任昉撰《述异记》卷上，见《百子全书》下册，浙江古籍出版社1998年8月第1版，第1320页。
③ [晋]干宝撰《搜神记》（汪绍楹校注）卷一，中华书局1979年9月第1版，第1页。参见《百子全书》下册，浙江古籍出版社1998年8月第1版，第1255页。
④ 王叔岷撰《列仙传校笺》，中华书局2007年6月第1版，第1页。

二、关于炎帝神农的诞生地以及和黄帝的关系

　　炎帝神农的诞生也有着比较浓郁的传说色彩。按照《太平御览》引皇甫谧《帝王世纪》的说法："神农氏姜姓也，母曰任姒有乔氏之女名登，为少典妃。游于华阳，有神龙首感女登于常羊。炎帝人身牛首，长于姜水，有圣德，以火承木，位在南方，主夏，故谓之炎帝。都于陈，作五弦之琴。凡八世。""又曰本起烈山，或时称之一号魁隗氏，是为农皇，或曰帝炎。""在位百二十年，而崩葬长沙。"①王符《潜夫论·五德志》也说："有神龙首出，常感任姒，生赤帝魁隗，身号炎帝，世号神农，代伏羲氏。其德火纪，故为火师而火名。"②

　　上面引用的记载似有脱字的现象。《十三经注疏》中《周易正义》有后人注疏，也引用了这段记述，文字要通畅的多："神农者，案《帝王世纪》云，炎帝神农氏，姜姓也。母曰任巳，有蛲氏女，名曰女登，为少典正妃。游于华山之阳，有神龙首，感女登于常羊。生炎帝，人身牛首，长于姜水，有圣德，继无怀之后。本起烈山，或称烈山氏。在位一百二十年而崩。纳奔水氏女曰听谈，生帝临魁。次帝承，次帝明，次帝直，次帝厘，次帝哀，次帝榆罔。凡八代，及轩辕氏也。"③

　　唐代司马贞《补史记·三皇本纪》也作了相似的记述："炎帝神农氏姜姓，母曰女登，有娲氏之女，为少典妃，感神龙而生炎帝。人身牛首，长于姜水，因以为姓。"又说神农以火德王，故曰炎帝，"立一百二十年，崩葬长沙。神农本起烈山，故左氏称烈山氏之子，曰柱，

---

① [宋]李昉等撰《太平御览》卷七八，第1册，中华书局影印出版，1960年2月第1版，第365页。

② [汉]王符撰《潜夫论》卷八"五德志第三十四"，见《百子全书》上册，浙江古籍出版社1998年8月第1版，第261页。

③ 《周易正义》卷八，[清]阮元校刻《十三经注疏》上册，中华书局影印出版，1980年9月第1版，第86页。

亦曰厉山氏。礼曰厉山氏之有天下是也。"值得注意的是，注释说：
"按《国语》，炎帝黄帝皆少典之子，其母又皆有娲氏之女。据诸子及
古史考，炎帝之后凡八代，五百余年，轩辕氏代之。岂炎帝黄帝是昆弟
而同母氏乎。"[①]

唐代张守节在《史记·五帝本纪》正义也引用了相似的记述：
"《帝王世纪》云：'神农氏，姜姓也。母曰任姒，有蟜氏女，登为少
典妃。游华阳，有神龙首，感生炎帝。人身牛首，长于姜水。有圣德，
以火德王，故号炎帝。初都陈，又徙鲁。又曰魁隗氏，又曰连山氏，又
曰列山氏。'《括地志》云：'厉山在随州随县北百里，山东有石穴。
（曰）〔昔〕神农生于厉乡，所谓列山氏也。春秋时为厉国。"[②]

这些记述被引用在多种史籍中，说明了汉唐以来的史学家们对炎
帝神农传说的重视，尤其是关于炎帝神农诞生故事与出生地点传说的记
载，使之具有了一定的史料价值。但传说毕竟是民间流行的说法与口耳
相传的故事而已，具有很大的虚构成分，即使被采入史籍，转化成文字
记载，也并非信史。中国古代伟大人物的诞生，大都被附会有一些神奇
故事，并渲染上各种神话色彩，三皇五帝与秦汉以来的开国帝王都无一
例外。当然，神话传说也并非都是空穴来风，与上古时代迷茫的史实还
是有着一定的联系，与民族心理、地域环境、民俗民风也都有着千丝万
缕的关系。特别是当神话传说在历史上经过长期流传，被历代人们所信
奉，并出现了纪念性的各种遗址遗迹，在一定程度上其性质也就变成了
一种史实。当然，我们在梳理和审视这些传说记载的时候，还是应该以
客观的眼光和实事求是的态度对待之。毋须随意夸大，也不必全盘否
定，进行实事求是的学术分析和探讨，这才是一种科学的态度。

炎帝神农究竟诞生在哪里？现在争论较大的起码有两说：一是随

---

① [唐]司马贞《补史记·三皇本纪》，清代武英殿本《二十五史》第1册，上海古籍出
版社、上海书店影印出版，1986年12月第1版，第362页。
② [汉]司马迁撰《史记》卷一，中华书局校点本第1册，1959年9月第1版，第4页注
文。

州厉山说，二是宝鸡说。

持第一种说法的主要是根据《礼记》与《国语》等记载，大约是春秋初年提出来的，战国以后成为流行的说法。如《礼记·祭法》说："是故厉山氏之有天下也，其子曰农，能殖百谷。"①《国语·鲁语》上说："昔烈山氏之有天下也，其子曰柱，能殖百谷百蔬。"韦昭注曰"烈山氏，炎帝之号也，起于烈山。《礼·祭法》以烈山为厉山也"②。《左传》昭公二十九年载："有烈山氏之子曰柱，为稷。"③古代一些学者（如《礼记集说》注）据此而归纳为："厉山氏一云烈山氏，炎帝神农也。"一些地方志书中显然也深受此说影响，对此也有不少记载。如《太平御览》卷七八引《荆州图记》曰："永阳县西北二百三十里厉乡山东有石穴，昔神农生于厉乡，《礼》所谓烈山氏也。后春秋时为厉国。穴高三十丈，长二百丈，谓之神农穴。"④《元和郡县图志》说："随县，本汉旧县，属南阳郡，即随国城也，历代不改。厉山，亦名烈山，在县北一百里。《礼记》曰：厉山氏，炎帝也，起于厉山，故曰厉山氏。"⑤清代顾祖禹《读史方舆纪要》卷七十七也说：德安府随州有"厉山，州北四十里，相传神农起于此。神农号厉山氏，故以名山。山下有厉乡，即春秋时厉国也"。⑥现代的一些学者也认为：厉山又称烈山乃同音通假，炎帝神农即厉山氏，说明他的出生地及初期活动是在厉山，有关史籍中对此所作的记载虽然具有传说色彩，不

---

① 《礼记正义》卷四十六，[清]阮元校刻《十三经注疏》下册，中华书局影印出版，1980年9月第1版，第1590页。

② [周]左丘明撰《国语》，上海师范学院古籍整理组校点，上册，上海古籍出版社1978年3月第1版，第166页，第167页注〔七〕。

③ 《春秋左传正义》卷五十三，[清]阮元校刻《十三经注疏》下册，中华书局影印出版，1980年9月第1版，第2124页。

④ [宋]李昉等撰《太平御览》卷七八，第1册，中华书局影印出版，1960年2月第1版，第366页。

⑤ [唐]李吉甫撰《元和郡县图志》，贺次君点校，上册，中华书局1983年6月第1版，第542页。

⑥ [清]顾祖禹撰《读史方舆纪要》，上海书店出版社1998年1月第1版，第523页。

湖北随州厉山炎帝神农塑像之一

湖北随州厉山炎帝神农塑像之二

能作信史看待，但"父老相传"也决非捕风捉影，总反映出一定的真实史影，所以认为炎帝神农的出生地及活动的主要地区定于江汉地区随枣走廊一带，或更扩大点说在中国南方的长江流域，当是方位不谬的。[①]随州市正是依据这些传说记载，将厉山建成了炎帝神农出生纪念地，修建了大型的神农纪念馆，建有"炎帝神农故里"牌坊、"神农庙""炎帝神农大殿"、炎帝神农纪念广场、体量巨大的炎帝神农塑像等。

持第二种说法的为岐山说，也称为宝鸡说，主要依据《国语·晋语》中的记述，这是春秋初期晋国大夫司空季子（胥臣臼季）与重耳晤谈时引经据典所说："昔少典娶于有蟜氏，生黄帝、炎帝。黄帝以姬水成，炎帝以姜水成。成而异德，故黄帝为姬，炎帝为姜。"[②]后来的一些历史学家也持此说，如晋代皇甫谧《帝王世纪》就说炎帝"长于姜水"，所以有认为姜水便是炎帝神农的出生地。据《水经注》卷十八记述：在周原、岐山附近有岐水，"岐水又东，径姜氏城南为姜水。按《世本》，炎帝姜姓。《帝王世纪》曰：炎帝，神农氏，姜姓，母女

---

① 中国湖北省随州市厉山炎帝神农纪念馆编《炎帝》，以及书中其他文章中的有关论述，长江文艺出版社1991年6月第1版，第122~123页。

② 《国语》下册，上海师范学院古籍整理组校点，上海古籍出版社1978年，第356页。

登，游华阳，感神而生炎帝，长于姜水。是其地也"。①但也有对此说持谨慎态度的，如王国维在《水经注校》中，就删去了"是其地也"几字。②也有认为炎帝既然姜姓，与西羌有着密切的关系，《后汉书·西羌传》就说："西羌之本，出自三苗，姜姓之别也。"③所以推论上古时代姜、羌都是养羊的部族，主要出生和活动于西部地区。如郭沫若主编的《中国史稿》就认为："传说最早的是炎帝，号神农氏。据说炎帝出生于姜水，姜水在今陕西岐山东，是渭河的一条支流。从渭河流域到黄河中游，是古代羌人活动的地方。所以，炎帝可能是古羌人氏族部落的宗神。号神农氏，说明他们主要是从事农业的氏族部落。"又说："传说中的炎帝后裔有四支，可能是属于古羌人的四个氏族部落。一支是烈山氏，其子名柱，会种谷物和蔬菜，从夏代以上被奉为稷神。据说，烈山氏在今湖北的一些地方。烈山氏就是烧山种田的意思，至于确切地指些什么氏族和部落，就不清楚了。"④后来出版的有些读物也采用了这一说法，如《中国历史三百题》中也说："传说最早的炎帝号神农氏，创造了农业，被奉为农神。据说他生于渭河支流的姜水，得姜姓，其后裔四支：一是烈山氏部落，种谷物蔬菜，被奉为稷神。"⑤又如《中国古代史常识·先秦部分》也说："'黄帝'族和'炎帝'族，最早都居住在陕西，""'炎帝'族的发祥地在陕西岐山东面。"⑥后来的《中华名胜词典》则采用了宝鸡说："神农祠，在宝鸡市渭河南岸之峪家村，北距宝鸡市5公里。相传炎帝神农生于磏峪，产后其母姜氏

① [北魏]郦道元撰《水经注》卷十八，商务印书馆1933年初版，1958年5月上海重印第1版，第101页。参见[北魏]郦道元撰《水经注》，谭属春、陈爱平点校本，岳麓书社1995年1月第1版，第273页。

② [北魏]郦道元撰，王国维校《水经注校》，上海人民出版社1984年5月第1版，第590页。

③ [汉]司马迁撰《史记》卷八十七"西羌传"，中华书局校点本第10册，1959年9月第1版，第2869页。

④ 郭沫若主编《中国史稿》，第1册，人民出版社1976年7月第1版，第108~109页。

⑤ 《中国历史三百题》，上海古籍出版社1989年9月第1版，第24页。

⑥ 《中国古代史常识·先秦部分》，中国青年出版社1978年6月第1版，第33~34页。

抱至九龙泉内沐浴，在瓦峪抚养长大，后人遂于此地修祠纪念。"又有"炎帝陵，在宝鸡市渭滨区神农乡常羊山上。是中华民族人文始祖之一炎帝的陵寝。据传，神农乡是炎帝神农氏的生长地，盛唐前神农境内的天台山，姜水畔就有规模宏大的神农庙、炎帝殿，而且至今仍有神农神农寝骨台和'九龙泉'残碑等遗迹。1993年炎帝的陵寝在此建成。同年4月，宝鸡市举行了盛大的移灵仪式，炎帝陵已成为海内外炎黄子孙祭祀炎帝先祖的圣地。"①

湖北随州和陕西宝鸡都说是炎帝神农的出生地或发祥地，因为都有一定的传说记载作依据，所以都有道理。这种情形，也并非发生在炎帝神农一人身上。如大禹出生地，就有北川说、汶川说等。大禹与涂山氏联姻，涂山究竟在哪里，也有好几种说法。又如唐代大诗人李白的出生地与故里，也有几种说法，迄今仍有争论。类似的例子很多，也可以说这是中国源远流长的一种文化现象。如果一定要说那一种说法才是最准确的，为谁是谁非争论不休，其实并没有多大的必要。我觉得对此可以做学术探讨，但更应该以兼容的态度对待之。搁置争论，着眼于大力弘扬优秀传统文化，这才是双赢的也是最智慧的做法。

从文献记载看，这里还提出了一个很重要的问题，那就是炎帝神农与黄帝的关系，究竟是兄弟还是先后帝王关系？按照《国语·晋语》的说法："昔少典娶于有蟜氏，生黄帝、炎帝。黄帝以姬水成，炎帝以姜水成。成而异德，故黄帝为姬，炎帝为姜"，有认为炎帝和黄帝应该是兄弟的关系。如汉代贾谊《新书·制不定》就说："炎帝者，黄帝同父母兄弟也，各有天下之半。"②汉末的虞翻、唐固也说："少典，黄帝、炎帝之父。"由此可见，炎帝和黄帝为兄弟，曾是汉代比较流行的一种说法。但这个假说其实是有问题的，与传说中的古史有很多自相矛盾的地方，显然是对"生"字的一种误解。三国时期吴国的韦昭在注释

---

① 《中国名胜词典》第三版，上海辞书出版社1997年7月第1版，第903页。

② [汉]贾谊撰《新书》卷二，《百子全书》上册，浙江古籍出版社1998年8月第1版，第99页。

《国语·晋语》时就指出："神农，三皇也，在黄帝前。黄帝灭炎帝，灭其子孙耳，明非神农可知也。言生者，谓二帝本所生出也。"①而根据司马迁《史记·五帝本纪》的说法，炎帝和黄帝应是先后帝王的关系。

另一个重要的问题是，炎帝神农与黄帝是否发生过战争？有些先秦传说，炎帝和黄帝之间曾发生过一次大战，如贾谊《新书·制不定》就说："黄帝行道，而炎帝不听，故战涿鹿之野，血流漂杵。"《大戴礼记·五帝德》也有"孔子曰：黄帝，少典之子也……抚万民，度四方，教熊罴貔豹虎，以于赤帝战于阪泉之野，三战，然后得行其志"的记述。但书中注释认为："赤帝者，炎帝神农之后也。"②《史记·五帝本纪》也有轩辕"以与炎帝战于阪泉之野，三战，然后得其志"的记载，唐代张守节正义也认为说的是"谓黄帝克炎帝之后"。③东汉史学家班固也认为黄帝时的那场战争，是发生在炎帝神农之后的事情："黄帝，《易》曰'神农氏没，黄帝氏作'。火生土，故为土德。与炎帝之后战于阪泉，遂王天下。始垂衣裳，有轩冕之服，故天下号曰轩辕氏。"④

黄帝其实是炎帝神农之后的一位杰出的有熊氏首领，当时南方部落的蚩尤强悍好战，经常侵掠其他部族，黄帝与蚩尤爆发了战争，经过三年激烈的征战，终于在阪泉将蚩尤杀死。司马迁《史记·五帝本纪》记述说："轩辕之时，神农氏世衰。诸侯相侵伐，暴虐百姓，而神农弗能征。于是轩辕乃习用干戈，以征不享，诸侯咸来宾从。而蚩尤最为暴，莫能伐。""蚩尤作乱，不用帝命。于是黄帝乃征师诸侯，与蚩尤

---

① 《国语》，上海师范学院古籍整理组校点，下册，上海古籍出版社1978年3月第1版，第357页注〔九〕。

② 王聘珍撰《大戴礼记解诂》，中华书局1983年3月第1版，第117~118页。

③ [汉]司马迁撰《史记》卷一，中华书局校点本第1册，1959年9月第1版，第3页，第5页注〔一〇〕。

④ [东汉]班固撰《汉书》卷二十一下"律历志"，中华书局校点本第4册，1962年6月第1版，第1012页。

战于涿鹿之野，遂禽杀蚩尤。而诸侯咸尊轩辕为天子，代神农氏，是为黄帝。"①司马迁的记述，似乎说了两次战争，一次是和炎帝神农后代之战，另一次是与蚩尤的大战。用历史的眼光客观地分析，这两次战争在上古时代都有可能发生，但重点仍是黄帝击败蚩尤的战争。据《逸周书》记述，赤帝后裔和黄帝联合，擒杀蚩尤，才取得了涿鹿之战的胜利。其他一些古籍中对此也有比较清楚的记载，如《庄子·盗跖》就说："神农之时，卧则居居，起则于于，民知其母不知其父，与麋鹿共处，耕而食，织而衣，无有相害之心，此至德之隆也。然而黄帝不能致德，与蚩尤战于涿鹿之野，流血百里。"郭象注曰："蚩尤，神农时诸侯，始造兵者也。神农之后，第八帝曰榆罔世。蚩尤氏强与榆罔争王，逐榆罔。榆罔与黄帝合谋，击杀蚩尤。"②历史学家们也大都是赞同司马迁和班固的观点的。如近代学者翦伯赞说："姬姓黄帝部落和姜姓炎帝部落，他们之间世代通婚"，"炎、黄部落曾和九黎部落发生过激烈的军事冲突，黄帝战胜了九黎，蚩尤被杀。"③

　　炎帝与黄帝的关系，在中华民族的形成与早期发展过程中具有非常重要的性质，也可以说是一件意义深远的大事。因为他们所代表的姜姓和姬姓的部族相互联合，世代通婚，直接关系到上古时代各个氏族和部落的融合，促使了华夏文明的繁荣和社会经济文化的发展。中国地域辽阔，自古以来就是一个多民族的国家。上古时期分散在黄河流域、长江流域、西羌、东夷、北方戎狄和南方蛮夷地区的原始部族数量众多，并出现了一些占据不同地域的部族联盟。这些部族联盟或部落集团，最初都带有血缘性的特点。由于相互之间产生矛盾和发生战争的结果，造成了各部落集团的不断分化和重新组合，形成了规模更大也相对稳定的地缘性部族联盟。如传说中的共工九部和以熊、罴、貔、貅、貙、虎为

① ［汉］司马迁撰《史记》卷一，中华书局校点本第1册，1959年9月第1版，第3页。
② ［周］庄周撰，［晋］郭象注《庄子》第九卷，见《二十二子》，上海古籍出版社1986年3月第1版，第79页。
③ 翦伯赞主编《中国史纲要》第1册，人民出版社1979年3月第1版，第9页。

图腾的黄帝六部，便都属于部族联盟。传说中的炎、黄部族联合集团，与蚩尤部落集团发生的战争，也属于这种性质，经过长达三年的战争才取得最终的胜利。由此而直接促使了地缘性部族联盟新的融合，促使了由华夏族向汉族的发展。炎帝和黄帝也就成了名副其实的中华民族人文始祖。

三、关于炎帝神农的汉代画像

根据传世文献的有关记载，关于炎帝神农的形象有几个特征，一是创始农业制耒耜教民农作，二是遍尝百草发明医药，三是传说其形象为人身牛首。如皇甫谧《帝王世纪》就说："炎帝神农氏，姜姓也。人身牛首，长于姜水，有圣德，都陈，作五弦之琴，始教天下种谷，故号神农氏。"[1]炎帝神农是传说中的远古伟大人物，说他是因母亲感神龙而生，长得人身牛首，当然是一种神话色彩很浓的附会。撰写于战国时代并广泛流传的《山海经》中就有很多关于人兽合体特征的记述，其实大都是古代氏族图腾的象征。也就是说，人兽合体特征代表的往往是以某个动物为图腾的氏族，或是以某种鸟兽为族徽的部族。牛是农耕民族的重要畜力，在古代农业耕作中具有非常重要的作用，说炎帝神农具有人身牛首的特征，显然也具有部族族徽或氏族图腾的象征意味，很可能是以人牛合体的形象来表示其原始农神的身份。

虽然关于炎帝神农的传说早在先秦时期就有了，但采用图像的形式来描述炎帝神农的形象和事迹，则是到了汉代才大量出现的。我们在各地出土的汉代墓葬画像石上，就可以看到不少关于炎帝神农的刻画。如山东嘉祥武梁祠西壁画像石上就刻画了传说上古以来的帝王图像，[2]

---

① [唐]欧阳询撰《艺文类聚》卷十一，第1册，上海古籍出版社1982年1月第1版，第209页。

② 《中国画像石全集》第1册，图四九，山东美术出版社、河南美术出版社2000年6月第1版。

山东嘉祥武梁祠西壁画像中的上古帝王像

其排列从右至左，炎帝神农排在伏羲、女娲、祝融之后，位列第四。图中的炎帝神农头戴进贤冠，双手执耜作翻地状，其左边隔栏上有题榜曰："神农氏因宜教田，辟土种谷，以赈万民。"[①]榜题文字因年代久远，有些已经漫漶，也有将"赈"字识认为"振"字的，如清代乾嘉时期冯云鹏、冯云鹓辑著《金石录》中有对嘉祥

山东嘉祥武梁祠西壁画像中的炎帝神农像　　　榜题

武梁祠西壁神农画像的临摹图，就是这样识读的。嘉祥武梁祠描绘的这些上古帝王图像，采用了连环画的形式，依据了传说中的一些典型特征，刻画的形象都比较庄重，洋溢着强烈的尊贵之气，充分突出了他们的创世伟绩与帝王身份。因为有榜题，对人物身份作了明确的文字说明，所以后人观赏这些上古以来的帝王图像时，可以辨认无误而不发生疑义。这些画像，不仅生动传神地表现了汉代人们对上古帝王的想象，也充分表达了对神话传说的认可，说明当时对三皇五帝的尊崇已成为社会共识，这些画像便正是这种时代背景下的产物。

对炎帝神农的描绘，嘉祥武梁祠画像突出了神农双手执耜教民耕

①　孙松青、贺福顺编《嘉祥汉代武氏墓群石刻》，香港唯美出版公司2004年9月第1版，第27页图15，第70页图63，第105页文字。

田种谷的功绩。也有依据传说，突出表现神农遍尝百草播种谷物兼具农神与药神身份的。如山东沂南县北寨村出土的一件汉代画像石上，[①] 画面上层刻画了两位神人坐在树下，皆披发草衣，踞坐于兽皮上，左边神人下有榜题"苍颉"，应与苍颉造字的传说故事有关。画面右边的神人，手持禾谷或草药，下面有榜无题，学者们大多认为其身份应是神农。传说苍颉造字之时，天雨粟，鬼神泣；炎帝神农教民耕作时，也发生过天雨粟，[②] 所以汉代人将他们刻画在了一个画面中，并以手持禾谷为典型特征。此外也有不同看法，因为《晋书·卫恒传》说到苍颉造字的故事，有"昔在黄帝，创制造物，有沮诵、苍颉者，始作书契，以代结绳，盖睹鸟迹以兴思也"的记述，[③] 因而也有学者认为，画面表现的可能就是苍颉与沮诵。[④] 但仔细观察画像，手持禾谷或草药是神农的典型特征，所以认为此图将神农和苍颉描绘在同一幅画面中，应该是比较准确的看法。

山东沂南县北寨村出土画像石上的
炎帝神农与苍颉

　　类似的画像在四川新津崖墓出土的石函上也有刻画，整幅画面长217厘米，高66厘米，共刻画了7人，皆有榜题。中间为"孔子"问礼

① 《中国画像石全集》第1册，图二一〇，山东美术出版社、河南美术出版社2000年6月第1版。

② [唐]欧阳询撰《艺文类聚》卷十一，第1册，上海古籍出版社1982年1月第1版，第208页。参见[宋]李昉等撰《太平御览》卷七八，第1册，中华书局影印出版，1960年2月第1版，第366页。

③ [唐]房玄龄等撰《晋书》卷三十六，中华书局校点本第4册，1974年11月第1版，第1061页。

④ 王小盾著《中国早期思想与符号研究——关于四神的起源及其体系形成》上册，上海人民出版社2008年7月第1版，第387页图4-12与文字说明。

四川新津崖墓出土石函上刻画的神农与苍颉

"老子"，右边为"东海太守"与"即墨少君"，左边刻画的就是"神农"与"苍颉"。画面中的神农一手拄杖，一手持禾谷或草药于口边，描绘的应是尝百草之状。苍颉坐于地上，也手持一物，与神农作相视状。[①]将历史人物或传说故事采用组合的形式通过画面刻画出来，是各地出土汉代画像中比较常见的现象。四川新津崖墓石函上这幅对"神农"与"苍颉"的刻画，与山东沂南县北寨村出土的"苍颉"与"神农"画像，在表现技法上各有特点，而在内涵上则有异曲同工之妙，都突出了神农手持禾谷或草药的典型特征，使人很容易识别神农的身份，并通过画面表达了对神农作为农神与药神的赞颂。

江苏省铜山县苗山出土的一件画像石上也刻画了炎帝神农形象，[②]画面中炎帝头戴斗笠，身披蓑衣，手持木锸。或解释为神农头戴帝王斜顶进贤冠，一手执耒耜，一手牵一凤凰。凤凰上面刻画一轮月亮，月中有玉兔与蟾蜍。凤凰下面刻画一头带翼衔灵芝草药的神牛，或称为衔草神兽。传说中的炎帝神农氏不仅是"教民耕种"的农业始祖，同时也是遍尝百草为民医治疾病的创始人，这件画像也同样突出了神农的典型特

---

① 高文编《四川汉代画像石》，左图有神农与苍颉画像并有榜题，巴蜀书社1987年2月第1版，第77页。

② 徐州汉画像石艺术馆编著、武利华主编《徐州汉画像石》图一二〇，线装书局2002年9月第2版。参见徐州市博物馆编《徐州汉画像石》图90，江苏美术出版社1985年6月第1版。参见中国农业博物馆编，夏亨廉、林正同主编《汉代农业画像砖石》图A3，中国农业出版社1996年5月第1版。又参见《中国画像石全集》第4册图五一（称为神人画像），山东美术出版社、河南美术出版社2000年6月第1版。

征，以浪漫的手法和丰富的想象对神农的传说作了生动的描绘。值得注意的是，这幅画像还显示了汉代仙话的强烈影响，描绘了一些当时非常流行的仙境景物；如凤凰是仙界祥禽，其他汉画中常有羽人饲凤或凤鸟引云车飞行的描绘；玉兔与蟾蜍是月窟仙物，其他汉画中常描绘为西王母捣制仙药；这些都很容易使人产生长生不老与升仙的联想，因此也有将此图名为"炎帝升仙图"

徐州铜山县出土画像
石上的炎帝升仙图

山东临沂白
庄出土神农
画像

的，认为刻画的是炎帝引凤升仙的情景。在苗山与之同时出土的另一件画像石上则刻画了"黄帝升仙图"，史籍中说黄帝又称有熊氏，图中黄帝就描绘成了熊首熊掌的形态，画面中还有龙翼神马、神像、刻有三足乌的圆日。秦汉时期有黄帝乘龙升天仙化而去的传说，如司马迁《封禅书》就有"黄帝仙登于天"的记述。既然黄帝能升仙，炎帝当然也不会例外，所以汉画制作者凭借想象，虚构和描绘了"炎帝引凤升仙"与"黄帝乘黄升仙"的画像，在求仙意识十分强烈的时代背景下应该是情理之中的很自然的做法。而将炎帝与黄帝刻画在对称的两幅画面中，也充分表达了对炎黄二帝的尊崇。

　　类似的画面还有山东临沂白庄出土的一件画像石，[1]已经出版的汉代画像资料对此图的解释是："画面上部为操蛇之神正面蹲坐；中部为一羽人戴笠执舌立于一鸟首兽身怪背上。"细观此图上的戴笠执锸羽人，与江苏省铜山县苗山出土的炎帝神农画像有很多相似之处，都是手

――――――――

[1]　《中国画像石全集》第3册，图二四，图版文字说明见第8页，山东美术出版社、河南美术出版社2000年6月第1版。

持木锸头戴斗笠，都表达了对农业始祖传说的想象，并显示了汉代仙话的影响。显而易见，这幅有着异曲同工之妙的画像，描绘的也是炎帝神农的形象。画面上部的操蛇之神，似为伏羲。汉画中对伏羲的描绘形式多样，最常见的是人首蛇躯，常与女娲相配，但也有其他造型。在这幅画像中，推测画面上部似为伏羲，认为画面中部为神农，和东汉时期流行的"二皇"观念也是吻合的。在当时盛行的三皇五帝说法里，伏羲与神农是没有争议的"二皇"，这幅画像所描绘的内容便正是这种时代背景下的产物。

陕西绥德县出土的一座东汉墓门左右立柱画像石，^①左立柱上也刻画了神农氏的形象，与其他地区出土的汉代神农画像有很大的不同。神农为人身蛇尾的造型，身着无领上衣，左手拿仙草，右手持嘉禾。因为神农是传说中的农神和药神，仙草与嘉禾都是典型的神农手持物，考古工作者因此认为刻画的"似为神农氏"。右立柱上刻画的一人也是人身

陕西绥德县出土画像石上的
神农氏

山西离石县马茂庄出土两件"人
身牛首"神农画像

---

① 《中国画像石全集》第5册，图一六八、图一六九，图版文字说明见第45页，山东美术出版社、河南美术出版社2000年6月第1版。

蛇尾，身着无领宽衣戴武弁冠，右手执便面，左手拿鼗鼓，未有定名。汉代墓葬中，类似画像大都为人首蛇躯的伏羲、女娲，手持物也大都为手捧日月或手持规矩。而绥德的这两件墓门柱画像石却刻画了人身蛇尾的神农，以及一位手持便面与鼗鼓的神人，可谓是一种别出心裁的创新。推测手持便面与鼗鼓的神人也可能是伏羲，而手持仙草和嘉禾的神农取代了女娲，刻画的也应是"二皇"画像。正如前面所述，将伏羲、神农称颂为上古时代的"二皇"，是东汉时期比较流行的一种观点，古籍中对此就有较多记载，而这两件画像显然也是一个很好的印证。

　　前面说到，炎帝神农具有人身牛首的特征，山西省离石县马茂庄出土的一件画像石上对此就做了生动形象的刻画。①这幅画像，画面上部分刻画了天马、云车、飞鸿与仙人之类的飞升场面，画面下面部分"地面上有一名持笏牛首人身的神人，左向站立在神木旁"。这是资料整理者最初的解读。如果仔细观赏画面，会注意到神人不仅身后有神木，身前还刻画了典型的嘉禾，结合皇甫谧《帝王世纪》中关于"炎帝神农氏，姜姓也，人身牛首"的记述，显而易见这位神人就是传说中的炎帝神农。这也可以说是各地发现的汉代画像中，与传说中的炎帝神农"人身牛首"形象特征最为契合的一幅画像了。在山西离石县马茂庄出土的另一件画像石上，也刻画了相似的画面，但将画面上部的飞升场景换成了肩生双翼踞坐于昆仑悬圃上的西王母，汉画资料整理者说：画面"下层内有牛首人身的使者，执符节，着长袍侧立"，很显然也是误解。在汉代广为流行的传说中，"人身牛首"是炎帝神农独有的形象特征。将"人身牛首"的炎帝神农和肩生双翼的西王母描绘在同一幅画面中，可能也与当时仙话盛行有关，显示了炎帝神农传说与昆仑仙话在当地的融合。正如苗山"炎帝升仙图"所描绘的，炎帝神农不仅是传说中的上古帝王，是农神和药神，而且也可以升仙；而此图则同西王母并

---

① 《中国画像石全集》第5册，图二六三，图版文字说明见第72页；又见图二四八，图版文字说明见第69页；山东美术出版社、河南美术出版社2000年6月第1版。

列，也成了地位很高的仙界人物。结合汉代文字记载的传说和汉代画像的描绘，可见炎帝神农不仅被神化了，同时也被仙化了。

在陕西其他地区出土的汉代画像石上，也有一些"人身牛首"特征的画面，如陕西米脂县党家沟出土的汉代墓门左右立柱上就刻画有人身牛首的神人①。汉画资料整理者将其解读为："画面中有托在仙山神树（扶桑）上的牛首东王公和鸡首西王母"，因为在其他类似的墓门立柱画像上刻画的大都是西王母和东王公，所以作出这样的解读也是很正常的。但二者排列位

陕西米脂县党家沟出土的"人身牛首"画像

置，通常东王公位于东方，西王母位于西方，若按这种常规模式排列来看应是鸡首东王公和牛首西王母才合适。如果做进一步分析，文献记载中无论是昆仑仙话或蓬莱仙话对西王母与东王公的传说记述，如《山海经·西山经》说："西王母其状如人，豹尾虎齿而善啸，蓬发戴胜。"②《神异经·东荒经》说：东王公"长一丈，头发皓白，人形鸟面而虎尾"，③都没有人身牛首的说法，只有炎帝神农才具有"人身牛首"特征。可见将坐在仙山神树上的人身牛首者解读为东王公不对，解读为西王母也不恰当，是否为炎帝神农呢？但既然描绘的是炎帝神农，为什么在画面表现形式上又和描述西王母与东王公的常见画面如此雷同呢？这确实是一个很有意思也是耐人寻味的问题。这是否为神话与仙话

① 《中国画像石全集》第5册，图四九、五〇，图版文字说明见第12页，山东美术出版社、河南美术出版社2000年6月第1版。
② 袁珂校注《山海经校注》（增补修订本），巴蜀书社1993年4月第1版，第59页。
③ [汉]东方朔撰《神异经》，见《百子全书》下册，浙江古籍出版社1998年8月第1版，第1223页。

传说在传播过程中发生的一种畸变性特征？这种现象自先秦以来在艺术表现形式方面曾经常发生。汉画中描绘的神人或瑞兽就变化多端，在不同的场合与不同的画面组合中，由于随意和夸张或因为汉画制作者不同的崇尚习惯与审美追求，而使描绘的对象发生畸变，就较为常见，例证颇多。类似的人身牛首者画像，在陕西其他地区出土的汉代画像石上也多有发现[①]，虽然我们现在还不能断言这些人身牛首者都是炎帝神农画像，但从中透露出炎帝神农传说在这些地方广为传播造成了广泛而深远的影响也是显而易见的。

上面列举的这些描绘炎帝神农的画像，在表现形式上大约可以归纳为四种类型：一是着重于炎帝神农的上古帝王身份，并以榜题标明，以示尊崇；二是突出了炎帝神农教民耕田、遍尝百草的典型特征，表达对炎帝神农作为农神与药神的赞颂；三是受汉代仙话盛行的影响，描绘了对炎帝神农升

陕西神木县大保当乡出土的"人身牛首"画像

仙的想象；四是依据炎帝神农氏"人身牛首"的传说，对传说中的炎帝神农形象作了生动传神的描绘。前面三种类型在山东、江苏、安徽、四川等地出土的汉代画像上都有刻画，第四种类型则主要流行于山西、陕西地区的汉代画像上，展现了神话传说的流传与艺术描绘的不同地域特点。这些画像虽然形式多样，手法各异，但所描绘的主题则是相同的。总而言之，这些画像都充分表达了对神农的尊崇，揭示了有关神农的传

① 《中国画像石全集》第5册，图四，图五，图一三一，图一三二，图一三三，图二一八，山东美术出版社、河南美术出版社2000年6月第1版。

说在当时已广为流传，同时也说明对神农的尊崇在两汉时期已深入人心，成为社会各个阶层的一种共识。

四、关于炎帝神农的祭祀活动

炎帝神农因在上古时代教民务农，是中国原始农业的创始人，所以在古代人们心目中也就成了掌管农事的大神，成为倍受后人尊崇的三皇之一。从文献记载看，古代很早就有了对炎帝神农的祭祀活动。如《礼记·月令》曰："季夏之月，日在柳，昏火中，旦奎中，其日丙丁，其帝炎帝，其神祝融"，又曰："是月也，命四监，大合百县之秩刍，以养牺牲，令民无不咸出其力，以共皇天上帝，名山大川四方之神，以祠宗庙社稷之灵，以为民祈福……毋发令而待，以妨神农之事也。"郑玄注："土神称曰神农者，以其主于稼穑。"[1]《吕氏春秋·季夏纪》也曰："无发令而干时，以妨神农之事；水潦盛昌，命神农将巡功，举大事则有天殃。"高诱注："昔炎帝神农能殖嘉谷，神而化之，号为神农。后世因名其官为神农，巡行堰亩，修治之功于此时。或举大事妨害农事，禁戒之，云有天殃之罚。"[2]这些记述都透露了对炎帝神农的崇敬。因为中国是农业国，几千年来封建王朝都以发展农业为立国之本，而且由于科学技术的

元代王祯《农书》中的神农像

① 　《礼记正义》卷十六，[清]阮元校刻《十三经注疏》上册，中华书局影印出版，1980年9月第1版，第1370~1371页。
② 　[秦]吕不韦撰，[汉]高诱注《吕氏春秋》卷六，见《二十二子》，上海古籍出版社1986年3月第1版，第645页。

不发达，在很大程度上要靠天吃饭，所以对农神格外崇拜，也是符合国情的。

　　结合文献记载和考古资料看，至迟在汉代已经有了专门祭祀神农的场所，如郑玄说的"土神庙"之类，并在传说神农诞生或活动过的地方设立"神农社"，以此来作为专门祭祀神农的场所。北魏郦道元《水经注·潕水》对此就有记述：在随县境内潕水流经厉乡，"水南有重山，即烈山也。山下有一穴，父老相传，云是神农所生处也，故《礼》谓之烈山氏。水北有九井，子书所谓神农既诞，九井自穿，谓斯水也。又言汲一井则众水动，井今堙塞，遗迹仿佛存焉。亦曰赖乡，故赖国也，有神农社"。① 《后汉书·郡国志》刘昭注引《荆州记》对此也有相同的记述：随"县北界有重山，山有一穴，云是神农所生，周回一顷二十亩地，外有两重堑，中有九井。相传神农既育，九井自穿，汲一井则众井动，即以此地为神农社，年常祠之"。② 关于神农穿井的说法，汉代王充《论衡·感虚篇》中也有记述："神农之桡木为耒，教民耕耨，民始食谷，谷始播种。耕土以为田，凿地以为井。井出水以救渴，田出谷以拯饥，天地鬼神所欲为也。"③ 由此可见神农穿井的传说由来已久，而文中所说因为神农穿井的缘故而设立"神农社"，当然是后人的一种附会。当"神农社"建起以后，也就成了纪念炎帝神农并每年都要进行多次祭祀活动的场所。唐人编的《初学记》中仍有关于神农社的记述，到了宋代，《元丰九域志》说："神农庙，在厉乡村。《郡国志》云：厉山，神农所出，厉山庙，炎帝所起也。"这说明在北宋时，汉代的神农社已经扩建为神农庙。现在随县烈山留存至今的神农庙是明代

---

① [北魏]郦道元撰《水经注》卷三十二，商务印书馆1933年初版，1958年5月上海重印第1版，第96页。参见[北魏]郦道元撰，王国维校《水经注校》，上海人民出版社1984年5月第1版，第1012页。

② [东汉]班固撰《汉书》，中华书局校点本第12册，1962年6月第1版，第3478页注〔二一〕。

③ [汉]王充著《论衡》卷五，见《百子全书》下册，浙江古籍出版社1998年8月第1版，第974页。参见[汉]王充著《论衡》，上海人民出版社1974年9月第1版，第81页。

湖北随州厉山上的神农庙

正德四年（1509）修建的，旁边即为传说中的神农洞。

　　全国其他地方对炎帝的奉祀，主要是通过祭祀先农活动来进行的。蔡邕《独断》说："先农者，盖神农之神，神农教民耕农。"[①]自汉代以来祭祀的先农主要是指神农，后来又加上了后稷。汉代王符《潜夫论·五德志》说："初烈山氏之有天下也，其子曰柱，能植百谷，故立以为稷，自夏以上祀之。"[②]说的就是祭祀神农，同时也要附祀后稷。这种祭典一般都是在开春时节举行，汉朝的历代皇帝为了鼓励农耕，昭示一年农事的开始，通常都要以太牢之礼来隆重地祭祀"先农"，同时还要亲耕于"帝籍田"。《后汉书·礼仪志》就有"正月始耕……告祠先农已享，耕时，有司请行事就耕位，天子三公九卿诸侯百官以次耕"的记载。刘昭注引《汉旧仪》说："春始东耕于籍田，官祠

①　[汉]蔡邕撰《独断》，见《百子全书》下册，浙江古籍出版社1998年8月第1版，第952页。

②　[汉]王符著《潜夫论》卷三十四，见《百子全书》上册，浙江海古籍出版社1998年8月第1版，第261页。

先农。先农即神农炎帝也。祠以一太牢,百官皆从。"《后汉书·祭祀志》也有"县邑常以乙未日祠先农于乙地",以及"烈山氏之子曰柱,能植百谷蔬,自夏以上祀以为稷"的记述。①可见这种祭祀先农与后稷的活动,在汉代是非常受重视的。以后历朝基本上也都继承了汉代的做法,将祭祀先农作为一项重要祭典,史籍中对此记载甚多。

还有关于三皇庙的祭祀,也与炎帝神农有关。前面已经论述了关于三皇五帝说法的由来,在汉代已形成一种基本模式。到了唐代,关于三皇的说法又有了新的组合,如唐玄宗时开始的"三皇"之祭,就是将伏羲、神农、黄帝作为三皇。《唐会要》卷二十二对此就作了记载。《旧唐书·玄宗本纪》说:"三皇以前帝王,京城置庙,以时致祭。其历代帝王肇迹之处未有祠宇者,所在各置一庙。"②到了元代,"三皇"之祀成了国家祭典,朝廷诏令全国郡县都要通祀"三皇",三皇庙因此也星罗棋布于全国。当时的三皇庙中除了供奉伏羲、神农、黄帝,还配祀有历代名医,不仅有祭祀人文始祖的主题,同时也具有医药神庙的意味。如《元史·祭祀志·郡县三皇庙》记述:"元贞元年,初命郡县通祀三皇,如宣圣、释奠礼。太皞伏羲氏以句芒氏之神配,炎帝神农氏以祝融氏之神配,轩辕黄帝氏以风后氏、力牧氏之神配,黄帝臣俞跗以下十人,姓名载于医书者,从祀两庑。有司岁春秋二季行事,而以医师主之。"③明初仍承元制,每年都要通祀三皇,并以名医从祀。《明史·志·礼四》记述:"明初仍元制,以三月三日、九月九日通祀三皇。洪武元年令以太牢祀。二年命以句芒、祝融、风后、力牧左右配,俞跗、桐君、僦贷季、少师、雷公、鬼臾区、伯高、岐伯、少俞、高阳十大名医从祀。仪同释奠。"④从洪武四年起乃不许以三皇降侪于药

---

① [晋]司马彪撰《后汉书志》第四"礼仪上",第九"祭祀下",[南朝·宋]范晔撰《后汉书》,中华书局校点本第11册,1965年5月第1版,第3106~3107页,第3200~3204页。

② [后晋]刘昫等撰《旧唐书》卷九,中华书局校点本第1册,1962年6月第1版,第222页。

③ [明]宋濂撰《元史》卷七十六,中华书局校点本第6册,1976年4月第1版,第1902页。

④ [清]张廷玉等撰《明史》卷五十,中华书局校点本第5册,1974年4月第1版,第1294页。

师，据《明太祖实录》记述，当时"天下都邑咸有三皇庙，前代帝王大臣皆不亲祀，徒委之医药之流，且如郡县通祀，岂不亵渎？"认为"唐玄宗尝立三皇五帝庙于京师，至元成宗时乃立三皇庙于府州县，春秋通祀而以医药主之，甚非礼也"，所以下令"天下郡县毋得亵祀，止命有司祭于陵寝"。到明代嘉靖年间又将三皇庙建于太医院北，名为景惠殿，中奉三皇及四配，并于东西两庑从祀历代名医。到了清代，三皇庙改为了先医庙，奉祀的对象仍是伏羲、神农、黄帝，但更加突出了祭祀医药之神的意味。顾颉刚先生说："元成宗元贞年间令天下郡县通祀三皇，而以医师主之，我们知道在民间是最容易崇拜偶像的，况且以三皇的大圣而兼任先医，有了一班病民作拥护者，他们的香火是绝不会冷落的了。如今随手取一些地方志看，几乎每府县里都有三皇庙而全是祀作先医的。"认为"三皇都为医流的祖师，这是元代皇帝杜撰的事实，我们不必从古书里替他们圆谎"；使"三皇从至高无上的统治阶级跌成了自由职业者，也算沦落得尽致了"。①

此外还有对炎帝陵的祭祀。我们知道，黄帝的陵墓在汉武帝时就得到了确认，建于陕西，历代奉祀。陕西黄陵县至今保存的黄帝陵，是一处非常重要的人文景观。至于炎帝陵的祭祀，则是从中世纪才开始的。晋人皇甫谧撰写的《帝王世纪》有"神农崩葬长沙"之说，但很简略，语焉不详。宋代罗泌《路史》也有炎帝神农"崩葬长沙茶乡之尾，是曰茶陵"的记述。《舆地纪胜》也说炎帝神农葬于茶陵县茶乡之尾。传说中的炎帝陵在宋初才得到了宋太祖的认定，据明代吴道南所撰碑记云，宋太祖登极后遍访古陵不得，忽梦一神指点，终于在茶乡觅得了炎帝陵。后来在炎帝陵前修建了规模宏大的祠、坊等纪念建筑，陵侧有明清御祭碑数方。据《中国名胜词典》介绍，近年修复了炎帝祠、崇圣坊，又"新建时祭公馆、神农阁等，并经常举办大型祭祀活动。1992年

①　顾颉刚著《三皇考》，《顾颉刚古史论文集》第3册，中华书局1996年4月第1版，第233~235页，第241页。

炎陵被列为'友好观光年'中'寻根朝敬'之首项活动。炎黄圣迹南北遥相呼应，为全国重点文物保护单位"。[1]炎帝和黄帝是中华人文始祖，所以对炎黄二帝的祭祀意义重大，为历代所重，这不仅强调了古代农业社会的重农思想，而且充分体现了传统悠久的尊祖敬贤思想。从民族发展的角度来看，因为汉民族是融合了上古时期羌戎夷狄等各部族而形成的，炎黄二帝是这些上古部族融合过程中公认的始祖，所以历朝历代都强调祭祀炎黄二帝，也是充分顺应了民族心理的需求，对加强民族的凝聚力具有非常重要的积极作用。

中华民族历史悠久，炎帝神农和轩辕黄帝都是传说中的上古帝王，是中华民族的共同始祖。无论是古史传说中黄帝作为北方黄河流域华夏族的首领，或是炎帝作为南方长江流域苗蛮族的代表，正是他们通过最早的部落联盟集团之间的相互融合，而奠定了中华民族五千年灿烂文明的基础。春秋战国时期对炎黄二帝传说的记述，汉代以来历朝对炎黄二帝的祭祀，都表达了对中华民族共同始祖的由衷尊崇。现代各地对炎帝神农和轩辕黄帝的纪念活动，便继承了汉代以来的优良传统，体现了一种共同的民族心理和对传统优秀文化的继承。隆重纪念炎黄二帝，将寻根问祖和中华民族的复兴很好地结合在一起，不仅有利于加强中华民族的自尊心、自豪感、自信心，也有利于团结全球的炎黄子孙，增强民族凝聚力，同时也张扬了中国在世界上的影响，对当前的文化建设和经济发展也会产生积极而长远的促进作用。所以，我们对古史传说进行深入的学术研究，纪念炎帝和黄帝的丰功伟绩，无论是从历史的角度或用现实的眼光来看，确实是一件非常重要的意义深远的事情。

——此文发表于《重庆文理学院学报》2013年第1期第34~48页。刊载于《南京博物院集刊》14辑第63~75页，文物出版社2013年9月第1版。录用于《中国汉画学会第十四届年会论文集》第188~197页，三秦出版社2013年10第1版。

---

　①　《中国名胜词典》，上海辞书出版社1997年7月第1版，第656页。

略论盘古神话与汉代画像

一、中国古代传说中的盘古创世神话

中国古代有盘古创世的神话传说，大约源于汉代，在魏晋南北朝时期才广为流传。其由来是否更早已不可详考。梁朝任昉撰写的《述异记》开篇就记述了这一传说："昔盘古氏之死，头为四岳，目为日月，脂膏为江海，毛发为草木。秦汉间俗说：盘古氏头为东岳，腹为中岳，左臂为南岳，右臂为北岳，足为西岳。先儒说：盘古氏泣为江河，气为风，声为雷，目瞳为电。古说盘古氏，喜为晴，怒为阴。吴楚间说：盘古氏夫妻，阴阳之始也。今南海有盘古氏墓，亘三百余里，俗云后人追葬盘古之魂也。桂林有盘古氏庙，今人祝祀。"又说："南海中盘古国，今人皆以盘古为姓。昉按，盘古氏天地万物之祖也。然则生物始于盘古。"[①]任昉是南北朝时期的梁朝人，在《述异记》中记述了很多先秦以来的神话传说，关于盘古神话，就汇集了多种传说，也可以说是从民俗学和人类学的角度对盘古神话做了立体型的记述。正因为有这些流

① [梁]任昉撰《述异记》卷上，见《百子全书》下册，浙江古籍出版社1998年8月第1版，第1320页。

传已久的传说，所以任昉认为，盘古是开天辟地的创世神，为天地万物之祖。任昉的看法，可能代表了南北朝时候的一种观念，具有一定的代表性，对盘古创世的神话传说表示了赞同与推崇。

其实在任昉之前，已出现了关于盘古的记载。例如《艺文类聚》卷一引徐整《三五历纪》曰："天地浑沌如鸡子，盘古生其中。万八千岁，天地开辟，阳清为天，阴浊为地。盘古在其中，一日九变，神于天，圣于地。天日高一丈，地日厚一丈，盘古日长一丈，如此万八千岁。天数极高，地数极深，盘古极长。后乃有三皇。数起于一，立于三，成于五，盛于七，处于九，故天去地九万里。"①

《艺文类聚》是唐代欧阳询领衔编撰的一部类书，其中分门别类收录了很多古籍精要，为后来文史研究者搜寻和征引唐代之前的各种文献资料提供了便利。"整，字文操，豫章人，为太常卿，有《毛诗谱》三卷。"②"《毛诗谱》三卷，吴太常卿徐整撰"，又有"《孝经默注》一卷，徐整注"。③《隋书·经籍志》中收录的书籍颇多，但未见有《三五历纪》。查《三国志·吴书》中也未见有徐整的传记。推测可能是由于徐整的官职小了，故无传，相关史料中透露他所撰写的著述也不多。但因为《艺文类聚》中引用了徐整《三五历纪》，后人又根据《隋书·经籍志》中说徐整是三国时期吴国的太常卿，便将两条资料整合在了一起，推断《三五历纪》就是三国时期吴国徐整所撰。这个推断虽有疑问，但也有一定的依据和道理。所以由此可知，早在南北朝之前的三国时期，就已出现了关于盘古神话的记述。

在一些文章中，还见到有人引用所谓《六韬·大明》的记载说：

---

① [唐]欧阳询撰《艺文类聚》卷一"天部上"，汪绍楹校，第1册，上海古籍出版社1982年1月新1版，第2~3页。

② [清]严可均校辑《全上古三代秦汉三国六朝文》第2册，中华书局影印出版，1958年12月第1版，第1445页。

③ [唐]魏征等撰《隋书》卷三十二"经籍志"，中华书局校点本第4册，1973年8月第1版，第916页，第933页。

"召公对文王曰：天道净清，地德生成，人事安宁。戒之勿忘，忘者不祥。盘古之宗不可动也，动者必凶。"这段文字，据称其出自宋代罗泌《路史》卷一中的罗苹注文。因为《六韬》据传是周朝吕望撰写的，显而易见，引用者是希望以此来说明盘古的神话传说早在先秦就有了。《六韬》在《隋书·经籍志》中已被列入兵家类图书，题"《太公六韬》五卷。梁六卷。周文王师姜望撰"，[①]大概自宋代以来学者多视之为伪书。[②]然而出土资料揭示，1972年山东临沂县银雀山西汉墓出土的竹简《六韬》中有《文韬》《武韬》《龙韬》等篇，1973年河北定州西汉中山怀王刘修墓出土竹简中也有《六韬》，可见其成书于秦汉之前。但出土竹简与今本《六韬》中并无"大明"与这段文字，罗苹注文显然是弄错了，并有附会捏造之嫌。近来有人引用这段文字，特别是网络上一些介绍盘古和以此宣传地方文化旅游的文章，对此不加考辨，而以讹传讹。实际上，关于盘古神话的记载，目前所见，仍是以梁朝任昉撰写的《述异记》和唐代欧阳询编修的《艺文类聚》引徐整《三五历纪》比较准确。此后一些关于盘古神话的记载，可能都是以此为蓝本而来的。譬如，《绎史》《广博物志》等也都沿袭了类似记载。宋代罗泌《路史》中也有关于盘古氏的一些简略记述。明代周游《开辟衍绎》中也沿用了《艺文类聚》中的说法，并加入了五行的观念与新的民间传说色彩，叙述盘古是用巨斧开天辟地的。

值得注意的是，后世的道家《历代神仙通鉴》《真众仙记》等书籍中也都收入了此说，将盘古尊为开天辟地之神，并且按照道家的神仙谱系将盘古称为是盘古真人、元始天尊或元始天王。有称东晋葛洪《枕中记》，以及南北朝所出的《元始上真众仙记》载：昔二仪未分、天地日月未具时，混沌玄黄，已有盘古真人，自号元始天王，游乎其中。后与太元圣母通气结精，生扶桑大帝、西王母、地皇。地皇复生人皇。庖

①　[唐]魏征等撰《隋书》卷三十四"经籍志"，中华书局校点本第4册，1973年8月第1版，第1013页，第933页。
②　张心澂编著《伪书通考》，上海书店出版社1998年1月第1版，第791~797页。

義、神农、祝融、五龙氏等皆其后裔。[1]这些记述，已经和最初的盘古神话有别，羼入了道家对盘古神话的加工利用和虚构演化。但也说明，盘古神话在东晋和六朝时期已经广泛流传，才引起了道家的重视，从而被吸纳利用，将盘古进一步神化，对盘古的创世故事也做了进一步改编，渲染了浓郁的本土宗教色彩，使盘古成了道教中位居三清之首的元始天王。道家的做法，一方面推进了盘古神话的传播与影响，另一方面也使盘古神话在故事内容方面发生了变化，开启了神仙故事新编之门，这对盘古的神话传说在后世出现多种故事版本显然有着较大的关系。

需要指出的是，宋朝编纂的大型类书《太平御览》卷一也引用了《三五历纪》，说："《三五历纪》曰，未有天地之时，混沌状如鸡子，溟涬始牙，濛鸿滋明，岁在摄提，元气肇始。又曰清轻者上为天，浊重者下为地，冲和气者为人。故天地含精，万物化生。"[2]卷一的这段文字中没有提盘古，也没有标明《三五历纪》的作者。文中强调的是创世神话中的混沌说。这是一个很值得重视的现象，反映了中国古代创世神话中，盘古的神话传说主要流行于民间，并未被统治者所重视，而占据主流地位的混沌说，其影响显然超过了盘古的神话传说。所以在官修大型类书《太平御览》卷一中突出了混沌说，而略去了盘古的神话传说，也就不难理解了。在《太平御览》卷二中，又重新引用了徐整《三五历纪》，其文字显然是从《艺文类聚》卷一中转录过来的，几乎一字不差。既然卷一已经做出了选择，卷二为何又要重引呢？岂不自相矛盾吗？推测可能是编纂类书者为了保留资料的完备吧，故而才有前后不同方式的引用，出现了这种现象。

---

① 《中国各民族宗教与神话大词典》，学苑出版社1990年10月第1版，第232页"盘古真人"。参见卿希泰主编《中国道教》第三卷，知识出版社1994年1月第1版，第5页，第14页。

② [宋]李昉等撰《太平御览》卷一"天部"，又见卷二，第1册，中华书局影印出版，1960年2月第1版，第1页，第8页。

从民间传说的角度来看，在河南桐柏县与泌阳县之间交界处有盘古山，周围就流传有许多关于盘古的神话传说。在河南泌阳县有盘古兄妹的民间传说，其情节有玉帝、太白金星、寺院、石狮子等，概念上有些杂乱，编造的痕迹甚重，显然是后来才出现的。在河南桐柏县也流传有多种版本的盘古传说，据说在开展民间文学普查工作时，曾在桐柏县搜集出上百种关于盘古的神话传说，当地民间传说正月初一是盘古的生日，据有的方志记载这里很早就有盘古庙。查阅相关文献，郦道元《水经注》卷二十九"比水注"曰："余以延昌四年蒙除东荆州刺史，州治比阳县故城，城南有蔡水，出南磐石山，故亦曰磐石川。"王国维《水经注校》本中将"比阳"作"沘阳"。[①]比阳县，其实也就是泌阳县的旧名。到了清代陈梦雷编纂的《古今图书集成·方舆汇编·山川典·泌水部汇考》中，把《水经注》的"磐石山""磐石川"改为了"盘古山""盘古川"。仔细核查《水经注》的几种版本，都准确无误记述是"磐石山"与"磐石川"，郦道元曾在泌阳任刺史,当然不可能写错。其实明代的地方志书《南阳府志》中仍是沿用了《水经注》中"磐石山"说法的。但自从改了两个字，"磐石"成了"盘古"，各种附会的盘古传说也就随之盛传起来。当地县志说："本名磐石山,后讹为盘古，因立盘古庙于其上。"盘古的神话传说也就堂而皇之成了当地的一种文化资源。中国很多地方都有类似的文化现象，譬如湖北随州与陕西宝鸡都说是神农炎帝的诞生地，四川北川与汶川都说是大禹的故里，就是比较典型的例子。又比如大禹娶涂山氏的地方也有好几处说法，有说是江州（重庆）涂山，也有说是安徽当涂（安徽怀远），或说是九江当涂，或在寿春（安徽寿县），还有说即会稽山等等；因为大禹是中华民族的治水英雄和开创夏朝的伟大人物，而涂山是大禹娶妻生子的地方，所

① 　[北魏]郦道元撰《水经注》卷二十九，商务印书馆1933年初版，1958年5月上海重印第1版，第61页。参见[北魏]郦道元撰，王国维校《水经注校》，上海人民出版社1984年5月第1版，第947页。参见[北魏]郦道元撰《水经注》（谭属春、陈爱平点校本），岳麓书社1995年1月第1版，第443页。

以很多地方都愿意和大禹攀亲，也就不足为奇了。盘古的神话传说在河南桐柏县与泌阳县之间流传，也属于类似文化现象，虽是后世附会，却迎合了当地民俗与大众的心理需求，也就随之盛传起来。有关方面以此认为河南省桐柏县是盘古文化的根源地，当然也无可厚非。2005年3月桐柏被中国民间文艺家协会命名为"中国盘古文化之乡"。2006年10月30日桐柏举办了"全球华人首次祭祀盘古大典"，并将每年农历九月初九定为祭祀盘古日。2008年桐柏县启动了"盘古创世神话传说群"国家非物质文化遗产的申报工作，当地的"盘古庙会"已被确定为国家第二批非物质文化遗产之一。桐柏县对盘古文化的重视，显然抢先走在了其他地区也有盘古神话传说的前面，已经和地方文化旅游发展结合在了一起。

在中原太行山和豫西山区也流传有盘古的神话传说，在太行山南麓济源县境内建有盘古寺，这里的太行山也被叫做盘古山。[①]这里的盘古寺建于何时，因缺少记载，而不可详考。据载，唐代韩愈在《送李愿归盘谷序》中曾对此处的地理环境与民俗状况有所描述："太行之阳有盘谷，盘谷之间，泉甘而土肥，草木丛茂，居民鲜少。或曰：'谓其环两山之间，故曰盘。'或曰：'是谷也，宅幽而势阻，隐者之所盘旋。'友人李愿居之。"[②]韩愈是南阳人，唐代著名学者与文豪，考取进士后曾在朝廷与地方任职，因"才高又好直言累被黜"，见多识广，对地理名称是不会写错的，对豫西的盘谷地貌和民俗也是相当了解的。韩愈《送李愿归盘谷序》此文作于贞元十七年(801)，被称誉为是中国古代散文史上的名篇，文中歌颂了隐居山林之乐，而只字未提盘古。由此可见唐代的时候，太行之阳有盘谷，但与盘古并无关联。至于这里被附

---

① 《中国各民族宗教与神话大词典》，学苑出版社1990年10月第1版，第265页"盘古开天辟地""盘古寺"。

② [清]董诰等编《全唐文》卷五百五十五《韩愈·送李原归盘谷序》，第3册，上海古籍出版社1990年12月第1版，第2487页。参见《韩昌黎全集》第十九卷《书序·送李愿归盘谷序》，上海文瑞楼印，线装本第6册，卷十九，页九。

会了盘古传说，并修建了盘古庙，显而易见应该是唐代之后的事了。

台湾也有盘古故事，说到了盘古和曾祖盘扁下棋，捏面人放到蒸笼里生了柴火蒸煮，因下棋入迷忘了时间，第一次水蒸干烧焦了，第二次掀笼盖早了未蒸熟，第三次落雨浇熄了柴火闷黄了，"从此以后，世界上就有了人类。那些烧焦了的面人、没蒸熟的面人和闷黄了的面人，就成为人类里的黑人、白人和黄种人"。[①]这个传说显然也是后世的附会与编造，属于典型的民间文学。

在浙江绍兴也有盘古的神话传说："老早老早时光，天地混沌，只有一条缝。不知啥时候，天外飞来一只火红火红的大鸟，在天和地的合缝处，下了老大老大的一个蛋。过了许多许多年，这个大蛋成了精灵，孕育成了一个盘古。为啥叫他盘古？因为他在蛋里双手抱着，双腿屈着，像是盘住整个身架，所以叫盘古。盘古在蛋里渐渐大起来，受不了啦，用嘴把蛋壳慢慢啄破，脱出来了。盘古长得很怪：驼峰似的头顶，大鸟样的嘴鼻，肩背上还有一对翅膀，双手双腿都老长老长。他把啄碎的蛋壳全吃进肚里，于是见风就大，脚踏着地，头顶着天，还是伸不直腰。他嫌天地之间的合缝太窄了，就用头向上顶，用脚向下蹬，用双手向左右推。他顶一顶，天高一丈；蹬一蹬，地陷一丈；推一推，左右各宽一丈。盘古呢，还在见风大。他仍然脚踏地，头顶天，没法子伸直腰。他不甘心，继续顶呀，蹬呀，推呀，如此一万八千年，天就极高，地就极深，盘古把天和地真正分开了。但是，盘古的气力已经用尽，不久就死了，所以讲盘古活了一万八千岁。盘古死后，他的灵魂飞到天上，变成了雷公。他的身体的各部分，分别变成了日月、星辰、风云、山川、田地、草木。"据《浙江省民间文学集成·绍兴故事卷》介绍，这是一位生活于乡村的文盲老妇人口述的盘古神话，因为其中显示出了浓厚的鸟崇拜成分，所以认为最初很可能是由具有悠久鸟崇拜传统的古越部族所创作出来的。这则传说，可能是迄今民间流传的盘古传说

---

① 参见网络上的相关报道与资料。

中最为古朴的，因循了混沌与盘古开天辟地的说法，与任昉《述异记》中的记述比较相似。

盘古神话不仅流传于中原地区与长江中下游，在我国南方的其他一些省区，如湖北、湖南、云南、广西、广东等地也都流传有盘古的传说，并有祭祀盘古的传统。南方的苗、瑶、壮、侗、仫佬、傈僳等少数民族也都崇奉盘古，将盘古视为创世之神。以瑶族为例，据学者们研究，瑶族的神话按内容可分为六类，即创世神话、洪水神话、射日神话、图腾神话、族源神话和迁徙神话。在瑶族的创世神话中，布努瑶的《密洛陀》将"洛陀洛西"叙说为创世神，而蓝靛瑶的《盘古造天地》则叙说盘古王如何为养育后代而勇于肢解自身，变化为天地、日月星辰，变化为云烟、棉麻、花果和山禽、野兽。蓝靛瑶的盘古创世神话，与汉族的盘古传说非常相似，也可以说基本上是一致的。

应该指出的是，在瑶族的图腾神话与族源神话中，有《盘瓠神话》，把瑶族十二姓看做是"盘瓠"之后代。瑶族有祭祀盘王（盘瓠）的古代宗教仪式，称为"还盘王愿"。[①]祭祀的便是盘瓠，而并非盘古。盘古是创世神话，盘瓠是族源神话，两者有很大的不同，其实是不能混为一谈的。

二、关于盘瓠传说与盘古神话的关系

关于盘瓠，《后汉书·南蛮西南夷列传》已有记载："昔高辛氏有犬戎之寇，帝患其侵暴，而征伐不克。乃访慕天下，有能得犬戎之将吴将军头者，购黄金千镒，邑万家，又妻以少女。时帝有畜狗，其毛五采，名曰盘瓠。下令之后，盘瓠遂衔人头造阙下，群臣怪而诊之，乃吴将军首也。帝大喜，而计盘瓠不可妻之以女，又无封爵之道，议欲有报

---

① 《中国各民族宗教与神话大词典》，学苑出版社1990年10月第1版，第632~633页"瑶族的宗教与神话"。

而未知所宜。女闻之，以为帝皇下令，不可违信，因请行。帝不得已，乃以女配盘瓠。盘瓠得女，负而走入南山，止石室中。所处险绝，人迹不至。于是女解去衣裳，为仆鉴之结，著独力之衣。帝悲思之，遣使寻求，辄遇风雨震晦，使者不得进。经三年，生子一十二人，六男六女。盘瓠死后，因自相夫妻。织绩木皮，染以草实，好五色衣服，制裁皆有尾形。其母后归，以状白帝，于是使迎致诸子。衣裳斑斓，语言侏离，好入山壑，不乐平旷。帝顺其意，赐以名山广泽。其后滋蔓，号曰蛮夷。外痴内黠，安土重旧。以先父有功，母帝之女，田作贾贩，无关梁符传，租税之赋。有邑君长，皆赐印绶，冠用獭皮。名渠帅曰精夫，相呼为姎徒。今长沙武陵蛮是也。"①高辛也就是帝喾，为黄帝的曾孙，可见盘瓠的年代是相当久远的了。

关于盘瓠的由来与传说，东汉应劭《风俗通义》也做了相同的记载。②晋代干宝《搜神记》卷十四对盘瓠的传说故事也做了类似的详细记述，说盘瓠的后代"今即梁、汉、巴、蜀、武陵、长沙、庐江郡夷是也。用糁杂鱼肉，叩槽而号，以祭盘瓠，其俗至今。故世称'赤髀横裙，盘瓠子孙'"。③

《魏略》对此也有记载。后来的《武陵记》《荆州记》等，也有关于盘瓠行迹与盘瓠子孙的记述。唐代李贤注释《后汉书·南蛮西南夷列传》时就引用了《魏略》及《搜神记》卷十四的记载，并进一步说此犬是高辛氏老妇耳中之物变的。李贤等注还说唐朝辰州庐溪县西有武山，武山有盘瓠石窟，"望石窟大如三间屋，遥见一石仍似狗形，蛮俗

---

① [南朝·宋]范晔撰《后汉书》卷八十六"南蛮西南夷列传"，中华书局校点本第10册，1965年5月第1版，第2829~2830页。
② [东汉]应劭撰，吴树平校释《风俗通义校释》，天津人民出版社1980年9月第1版，第438~439页。
③ [晋]干宝撰《搜神记》（汪绍楹校注），中华书局1979年9月第1版，第168~169页。
参见《百子全书》下册，浙江古籍出版社1998年8月第1版，第1275页。

相传，云是盘瓠像也"。①可见盘瓠的传说影响很大，自汉代以来的一些记述中多认为实有其事，古人也大都信以为真。

《艺文类聚》卷九十四也收录了盘瓠的传说，但情节与称谓略有不同："《玄中记》曰，狗封氏者。高辛氏有美女，未嫁。犬戎为乱，帝曰，有讨之者，妻以美女，封三百户。帝之狗名盘护，三月而杀犬戎之首来。帝以为不可训民，乃妻以女，流之会稽东南二万一千里。得海中土，方三千里而封之，生男为狗，生女为美女。"又引《搜神记》曰："高辛氏有老妇人，居王宫，得耳疾，医为挑治，得一物，大如茧，妇人盛之以瓠，覆之以盘。俄顷而化为犬，其文五色，名盘瓠。"②《太平御览》卷九〇五也收入了盘瓠传说，但文字又有所区别："《玄中记》曰，昔高辛氏，犬戎为乱，帝言曰，有讨之者，妻以美女，封三百户。帝之狗名盘瓠，亡三月而杀犬戎，以其首来。帝以女妻之于会稽东南，得海中土三百里而封，生男为狗，生女为美女，封为狗氏国。"③还有其他一些类书或古籍中，也有相似的转录。

从以上文献史料，可以看出盘瓠的传说是获得了历代统治者认可的，所以在正史与官修类书中都有堂而皇之的记载。这些记载，充满传奇色彩，被今人多视为神话，而古人却对此深信不疑，认为蛮夷皆为狗种。但其中的荒诞与矛盾之处，也是不言而喻的。其中最为关键的问题，就在于盘瓠是否真的为犬？有学者认为，其实"犬"只是盘瓠职官之名，并非说盘瓠是一只狗。譬如《三国志·魏书·乌丸鲜卑东夷传》就有夫余国"国有君王，皆以六畜名官，有马加、牛加、猪加、狗加"

---

① [南朝·宋]范晔撰《后汉书》卷八十六"南蛮西南夷列传"，中华书局校点本第10册，1965年5月第1版，第2830页。

② [唐]欧阳询撰《艺文类聚》卷九十四"兽部中"，汪绍楹校，第4册，上海古籍出版社1982年1月新1版，第1637~1638页。参见鲁迅《古小说钩沉·玄中记》，《鲁迅全集》（73年重排竖版简体20卷本）第八卷，人民文学出版社1973年12月第1版，第485页。

③ [宋]李昉等撰《太平御览》卷九〇五"兽部一七"，第4册，中华书局影印出版，1960年2月第1版，第4013页。

的记载。①徐中舒先生据此认为：盘瓠神话并非"瑶族凭空臆造出来的"，指出"瑶族出于夫余的狗加，所以瑶族以狗头人身的盘瓠作为他们的始祖"。②王晖先生也赞同徐中舒先生的看法，但又认为：与其说瑶族始祖盘瓠为狗之说来自三国时夫余"以六畜名官"的"狗加"，不如说出自殷墟卜辞所见商代的武官"犬"职，殷墟卜辞中职官称"犬"或"多犬"，主管狩猎，也从事征战。进而推论《后汉书·南蛮西南夷列传》及《搜神记》等书中所说盘瓠为高辛氏"畜犬"，实际上是说盘瓠是高辛帝的犬职官吏，因征战有功，杀掉了作乱的犬戎部之将吴将军，因而受封南方，为长沙、武陵等地苗、瑶、畲的始祖，后世因其始祖为犬职而误传其身为犬。说明到南方去立社建国的盘瓠部族，本是来自北方，应是从高辛氏商族分化出来的。③

　　徐中舒先生和王晖先生的看法都很有道理，是很有见地的。但中国古籍中关于族源的传说，与鸟兽有关的例证很多，如《帝王世纪》说神农氏的母亲任姒："为少典妃，游华阳，有神龙首，感生炎帝。人身牛首，长于姜水，有圣德，以火德王，故号炎帝。"《帝王世纪》又说大禹的母亲："鲧妻修己，见流星贯昴，梦接意感，又吞神珠薏苡，胸坼而生禹。"《史记》说殷商王朝的祖先契："母曰简狄，有娀氏之女，为帝喾次妃。三人行浴，见玄鸟坠其卵，简狄取吞之，因孕生契。"周王朝的先祖周后稷，则是母亲姜原践踏了巨人迹而感孕所生。秦王朝的祖先，也是颛顼之苗裔女修吞了玄鸟卵后怀孕所生。④这些记

---

① [晋]陈寿撰《三国志》卷三十"乌丸鲜卑东夷传"，中华书局校点本第3册，1959年12月第1版，第841页。

② 徐中舒著《先秦史论稿》，巴蜀书社1992年8月第1版，第140~144页。

③ 王晖《盘古考源》，《历史研究》2002年第2期。

④ [汉]司马迁撰《史记》卷一"五帝本纪"，卷二"夏本纪"，卷三"殷本纪"，卷四"周本纪"，卷五"秦本纪"，中华书局校点本第1册，1959年9月第1版，第4页，第49页，第91页，第111页，第173页。参见[晋]皇甫谧撰《帝王世纪》（陆吉点校），载《帝王世纪·世本·逸周书·古本竹书纪年》，齐鲁书社2010年1月第1版，第4页，第21页。

述在正史中，可谓屡见不鲜。还有云南高黎贡山区的古哀牢人，传说其先有妇人名曰沙壹，因触摸了龙变化的沈木而娠，生下十个儿子，后来龙现身，九子惊走，惟小子与龙陪坐，因名为九隆，长大后有才武，共推为王。《后汉书·南蛮西南夷列传》与《华阳国志·南中志》等对此都做了记载。①我们由此可知，人与动物是否真的能够繁衍后代？古人对此似乎从未深究过。但在古人的心目中，以动物为祖先，却是很正常的现象，甚至是被视以为荣的事情。盘瓠是高辛氏的神犬，后成为南方蛮夷的祖先，也属于类似情形。所以，盘瓠是否为高辛氏的官职，并不要紧。重要的是，历代对盘瓠的传说均未置疑，因而成了信史。

盘瓠的传说由来已久，在南方少数民族地区传播很广，很多少数民族皆认为是盘瓠的后代，都有尊崇与祭祀盘瓠的传统。正如杨宽先生所说："由犬戎而生犬封（国）之说，以犬为犬戎之族，再传而为盘瓠之说，三变而为南蛮之祖。南方苗瑶畲族皆信以为真，于是自认为犬之后裔，竞相传述，且从而礼拜之。"②叶舒宪先生认为：中国古代各部族大都有以动物作为图腾的习俗，"南方少数民族聚居地乃是犬图腾的天下。直到后世的苗、瑶、侗、黎等族神话中还保留着关于盘瓠的图腾故事"。③岑家梧先生也认为："狗女婚配而生其族，确是蛮人的图腾神话，瑶畲二族又因为是南蛮的后代，所以他们把盘瓠的传说一直保留下来。"④而在尊崇盘瓠的少数民族中，瑶族是最典型的代表，不仅有

---

① [南朝·宋]范晔撰《后汉书》卷八十六"南蛮西南夷列传"，中华书局校点本第10册，1965年5月第1版，第2848页。参见[晋]常璩撰，刘琳校注《华阳国志校注》（修订版），成都时代出版社2007年6月第1版，第222页。（《后汉书·南蛮西南夷列传》称九隆，《华阳国志·南中志》称为元隆）。又参见[东汉]应劭撰，吴树平校释《风俗通义校释》，天津人民出版社1980年9月第1版，第439页。

② 杨宽《中国上古史导论》，《古史辨》第7册上编，上海古籍出版社1982年3月第1版，第169页。

③ 叶舒宪《人日之谜：中国上古创世神话发掘》，马昌仪编《中国神话学文论选萃》下册，中国广播电视出版社1994年2月第1版，第661页。

④ 岑家梧《盘瓠传说与瑶畲的图腾制度》，马昌仪编《中国神话学文论选萃》上册，中国广播电视出版社1994年2月第1版，第543页。

以盘瓠故事为原型的族源神话与图腾神话，还有"还盘王愿"的祭祀仪式。这种代代相传的民俗传统与民族宗教，迄今仍流行不衰。

值得强调和指出的是，因为道教在南方少数民族地区的传播，道教中的神仙故事也逐渐为瑶族所信奉。道教关于盘古为元始天尊的说法，也为瑶族所接受了。故而盘古的神话传说，在南方瑶族地区也开始广为流传，并且出现了和盘瓠神话常常混淆传播的情形。因为盘瓠与盘古的称谓相近，都属于神话传说，在南方少数民族地区又混淆流传，两者之间究竟是什么关系，引起了学者们的关注，对此提出了许多不同的看法。

有学者认为，"盘古"很可能是由"盘瓠"音转而来。袁珂先生就认为：盘瓠"这个故事大同小异地流传在中国南方瑶、苗、黎等民族中。'盘瓠'这两个字，音转而为'盘古'。据说瑶族人民祭祀盘古，非常虔诚……三国时徐整作《三五历记》，吸收了南方少数民族中'盘瓠'或'盘古'的传说，加以古代经典中的哲理成分和自己的想象，创造了一个开天辟地的盘古，填补了鸿蒙时代的这一段空白，盘古遂成为我们中华民族共同的祖先。这样一来，天地是怎样开辟的，宇宙是怎样构成的等问题，在神话中才得到了合理的解答"。[①]袁珂先生是潜心研究中国神话的著名学者，关于盘瓠"音转而为"盘古的看法，是很有代表性的一家之言。

但也有学者认为，盘古的原型可能来自《山海经》中的烛龙、烛阴之类传说。譬如《山海经·海外北经》云："钟山之神，名曰烛阴，视为昼，瞑为夜，吹为冬，呼为夏，不饮，不食，不息，息为风，身长千里。在无启之东。其为物，人面，蛇身，赤色，居钟山下。"《山海经·大荒北经》云："西北海之外，赤水之北，有章尾山。有神，人面蛇身而赤，直目而乘，其瞑乃晦，其视乃明，不食不寝不息，风雨是

---

① 袁珂著《中国神话传说：从盘古到秦始皇》，世界图书出版公司北京公司2012年2月第1版，第52页。参见袁珂著《中国古代神话》（修订本），中华书局1960年1月新1版，第86~87页。

谒。是烛九阴，是谓烛龙。"①吕思勉先生认为：《山海经》中关于烛阴与烛龙的记载，"此二者即一事，皆谓其身生存，不谓已死，《述异记》所谓先儒说及古说者盖如此。《路史》谓'荆湖南北，今以十月十六日为盘古氏生日，以候月之阴晴'（《初三皇记》）。可见《述异记》所谓古说者流传之久矣"。②顾颉刚先生也认为：徐整与任昉记述的"这位盘古的形态和《山海经》中的烛阴（或烛龙）竟会这等相似，大概是把盘古作为开天辟地的人物之后，乃将烛阴的故事涂附上去的"；加之南方蛮夷始祖盘瓠传说的影响，因此"竟在无意中变成了开天辟地的人物——盘古"。③

此外，学界还有一些不同的看法，有认为可能是汲取了外来的创世传说。何新先生《诸神的起源》第十二章就提出，盘古故事的原型可能来自西亚巴比伦关于天地开辟的一部创世史诗中，认为"盘"是"梵"和Bau的对译音，并由此断定东汉末三国以来的盘古神话，是佛教和印度文化与中国文化相结合的产物。还有考证盘古之名与古代一些地名字音转变有关，或与古代取土分封诸侯以及祭祀社神的演化有关。王晖先生就认为："盘古大神也是从亳土(社)、薄姑五色土转变而来，盘古神实际上就是土地神。盘古这种创世主的性质，是由古人在神化亳土(社)、薄姑五色土社神性质基础上进一步发展为创世大神的。"④关于盘古神话外来说与封土社神的考证，虽然都有各自的依据，但我觉得仍属于推测之见，未免有过度考证与强说之嫌。盘古神话的传播之初，主要流行于民间，属于庶民百姓口头创作的俗说（民间文学），被收录

---

① 袁珂校注《山海经校注》（增补修订本），巴蜀书社1993年4月第1版，第277页，第499页。

② 吕思勉《盘古考》，马昌仪编《中国神话学文论选萃》上册，中国广播电视出版社1994年2月第1版，第481页。

③ 顾颉刚《三皇考》，《顾颉刚古史论文集》第3册，中华书局1996年4月第1版，第127页，第126页。

④ 何新著《诸神的起源》，生活·读书·新知三联书店1986年5月第1版，第177~182页。参见王晖《盘古考源》，《历史研究》2002年第2期。

在《三五历纪》与《述异记》中时仍属于稗官野史之说，并未获得统治者的认同，和官方的关系并不密切，其缘起也没有那么久远。至于佛像与佛经在东汉后期传入中国，汉朝皇室与地方官府起初都以仙佛视之，到三国两晋南北朝时逐渐形成盛传之势，但佛教宣扬的是因果轮回、积德行善、慈悲关怀、普度众生为宗旨的宗教信仰，随之进入中土的印度文化也都是以佛教为主，而佛和菩萨与中国的神仙系统迥然不同，与创世神话显然是没有什么关系的。至于西亚神话与史诗之类，也是后世翻译才为我们所知。可见上诉推测能否成立，显然是大有疑问的。而作为学术研究来说，倡导百家争鸣是非常必要的，所以将这些具有代表性的观点都列举于此，以便于我们进一步厘清盘古神话传说的来龙去脉。

这里还需要特别强调和指出的另一个问题是，我们从文献记载揭示的时间来看，盘瓠传说在汉代已有记载，而盘古神话在魏晋南北朝时期才流传于世。得到统治者官方承认的盘瓠传说显而易见传播在前，而盘古神话在民间的流传则显然要稍晚一些。从神话传说的内容上来看，盘瓠是黄帝之后南方蛮夷的祖先，而盘古却是开天辟地之神。为什么后来出现的盘古传说，却反而居于传播在前的盘瓠神话之先了，这种情形又是如何形成的呢？这确实是颇为奇妙的，也是比较典型的一个神话传说现象。

顾颉刚先生曾指出：他"很想做一篇《层累地造成的中国古史》，把传说中的古史的经历详细一说。这有三个意思。第一，可以说明'时代愈后，传说的古史愈长'。如这封信里说的，周代人心目中最古的人是禹，到孔子时有尧、舜，到战国时有黄帝、神农，到秦有三皇，到汉以后有盘古等。第二，可以说明'时代愈后，传说中的中心人物愈放愈大'"。[1]顾颉刚先生可谓一针见血地揭示了中国古史上一个比较典型的状况。很多古代传说，就是这样层累地造成的。这应该是中

①　顾颉刚《与钱玄同先生论古史书》，《顾颉刚古史论文集》第1册，中华书局1988年11月第1版，第102页。

国古代造神运动的一种真实状况。

因为盘古的传说出现较晚，却成了开天辟地之神，反而位于三皇五帝之前，所以这一传说曾遭到有些学者的质疑与批评。例如清代马骕《绎史》卷一引用了《三五历纪》《述异记》《五运历年纪》等书籍中记载的盘古神话之后，就认为："盘古氏名起自杂书，恍惚之论、荒唐之说耳！作史者目为三才首君，何异说梦？"[①]蒙文通先生也认为："自是历魏、晋以下，徐整、任昉又采俗说作为盘古之名，语益荒唐。赵宋而后，述史者莫不首盘古而次以天地人皇，最为戏论，何其迷妄不谕，乃至如此。"[②]可见盘古传说的出现，确实有很明显的荒诞成分。但人类历史上的神话与传说，本来就是先民与古人通过想象而虚构出来的。先民想象出了诸神，古人编造了三皇五帝，自然也可以虚构盘古的传说。而当这些神话传说一旦在民间广为传播，就逐渐地融入了民俗，迎合了庶民百姓乃至士大夫阶层的心理需求，也迎合了本土宗教传播的需要，进而由民间的街谈巷语而被好事者载入了稗官野史或杂书典籍，或被道教所改编利用，并在社会生活中的很多方面都产生了影响。

鲁迅先生对这种情形就叙述得很经典："昔者初民，见天地万物，变异不常，其诸现象，又出于人力所能以上，则自造众说以解释之：凡所解释，今谓之神话。神话大抵以一'神格'为中枢，又推演为叙说，而于叙说之神，之事，又从而信仰敬畏之，于是歌颂其威灵，致美于坛庙，久而愈进，文物遂繁。""如天地开辟之说，在中国所留遗者，已设想较高，而初民之本色不可见，即其例矣。"又说："迨神话演进，则为中枢者渐近于人性，凡所叙述，今谓之传说。传说之所道，或为神性之人，或为古英雄，其奇才异能神勇为凡人所不及，而由于天授，或有天相者，简狄吞燕卵而生商，刘媪得交龙而孕季，皆其例也。

---

① [清]马骕撰《绎史》，王利器整理，中华书局2002年1月第1版。
② 蒙文通著《古史甄微》，《蒙文通文集》第五卷，巴蜀书社1999年8月第1版，第22页。

此外尚众。"①

　　传播于前的盘瓠传说，与流传于后的盘古神话，两者的关系便正是如此。

三、创世神话中的浑沌、阴阳与盘古

　　世界上各个民族大都有自己的创世传说，并由此而形成了各自的神话体系。诚如茅盾先生所说："开辟神话就是解释天地何自而成，人类及万物何自而生的神话。不论是已经进于文明的民族或尚在野蛮时代的民族，都一样有他们的开辟神话。他们的根本出发点是相同的——同为原始信仰，但是他们所创造的故事却不能尽同。"又说："可见中国的开辟神话也极有系统，并且面目与希腊、北欧相仿。据这个说法，我们的祖宗是以为最初天地混沌如鸡子，鸡子既破裂，乃成天地，盘古在其中；盘古死，其身躯化为山川草木；其后不知为何，天忽有缺陷，于是女娲氏炼五色石以补天，女娲又创造人类。"②

　　创世神话的出现与作用，主要是表达了先民对世界由来的想象与猜测，也可以说是古人对天地人类与自然万物的最初的理解和看法。按照西方有些学者的解释，认为"创世神话指某一种文化传统或某一个社群根据自己的理解用象征手法叙述世界的起源。对于各种世界观、关于人类在宇宙所占地位的学说以及基本生活方式和文化形态说来，创世神话都具有重要意义。创世神话纷纭不一，但可分出几个基本类型。世界各地大多数创世神话都信仰至高无上的创世神"。后来的"许多宗教社会内神学的和哲学的种种推测都来自上述这类神话及其主要的主

① 鲁迅著《中国小说史略》第二篇"神话与传说"，《鲁迅全集》（81年重排横版简体16卷本）第九卷，人民文学出版社1981年第1版，第17页，第18页。
② 茅盾著《神话研究》，百花文艺出版社1981年4月第1版，第32页，第41页。

黄剑华卷

题"。①世界东方的创世神话，与西方既有相似之处，同时也有自身的特点。

中国是一个多民族国家，中国的创世神话自古以来就有多种说法，譬如浑沌说、卵生说、阴阳说、葫芦说、伏羲女娲创始说等等，呈现出绚丽多彩的特色。其中最典型的就是浑沌说与阴阳说，以及伏羲女娲的神话传说了。

认为创世前是一种浑沌状态，这是我国古代先哲的一种观念，其中既有神话的成分，也不乏理性思考的色彩。譬如《庄子·应帝王》中就说到了浑沌开七窍的故事："南海之帝为倏，北海之帝为忽，中央之帝为浑沌。倏与忽时相与遇于浑沌之地，浑沌待之甚善。倏与忽谋报浑沌之德，曰：'人皆有七窍以视听食息，此独无有，尝试凿之。'日凿一窍，七日而浑沌死。"②庄子的浑沌之说，对后世影响很大，秦汉以来的很多典籍中都引用了此说。徐整《三五历纪》中说："天地浑沌如鸡子，盘古生其中；万八千岁，天地开辟。"很明显就是以庄子的浑沌之说为蓝本，从而虚构出了盘古神话。

在《山海经》中，也有对浑沌的描述，如《山海经·西次三经》说：西方的天山上"有神焉，其状如黄囊，赤如丹火，六足四翼，浑敦无面目，是识歌舞，实为帝江也"。《庄子》称浑沌为位居中央的天神，而在《山海经》中，浑敦却成了没有面目的六足四翼之怪兽。据清代学者毕沅的注释，《春秋传》云："帝鸿氏有不才子，天下谓之浑沌。"③《山海经》成书于战国至秦汉时期，其时间显然在《庄子》之后。在后来的《神异经·西荒经》中，进一步将浑沌描述成了凶兽：

---

① 《简明大不列颠百科全书》第2册，中国大百科全书出版社1985年7月第1版，第310页 "创世神话和创世学说"。

② [周]庄周撰、[晋]郭象注《庄子》第三卷 "应帝王"，见《二十二子》，上海古籍出版社1986年3月第1版，第33页。参见《庄子集释》（郭庆藩辑，王孝鱼整理）第1册，中华书局1961年7月第1版，第309页。

③ 袁珂校注《山海经校注》（增补修订本），巴蜀书社1993年4月第1版，第65~66页。

"昆仑西有兽焉,其状如犬,长毛四足,似罴而无爪。有目而不见,行不开,有两耳而不闻,有人知往。有腹无五脏,有肠直而不旋,食物经过。人有德而往抵触之,有凶德则往依凭之。天使其然,名为浑沌。空居无为,常咋其尾,回转仰天而笑。"①《神异经》据传是汉代东方朔所撰,经过考证其实是后人伪托,其文"诡诞不经",可能是"由六朝文士影撰而成"。②《神异经》中还记述了饕餮、梼杌、穷奇等凶恶怪兽,后人因之而将浑沌、饕餮、梼杌、穷奇称为四大凶兽。

《山海经》与《神异经》中对浑沌的想象与描述,已经偏离了创世神话,掺入了后人的虚构与发挥。相比较而言,仍以庄子的浑沌之说最为经典,也最接近我国先秦创世神话的本源。袁珂先生认为,《庄子》讲述了一个类乎神话的寓言:"这个有点滑稽意味的寓言,包含着开天辟地的神话概念。混沌被倏忽——代表迅疾的时间——凿了七窍,混沌本身虽然是死了,但是继混沌之后的整个宇宙、世界却也因之而诞生了。"袁珂先生又说:"不管混沌是天帝还是天帝的儿子,除了追求'返乎自然''不识不知''无为而治'的道家以外,是没有人喜欢这个黑乎乎粘连成一片的混沌的。所以后世传说中,混沌是被丑恶化了。"③《庄子》中的混沌之说,正是由于这个原因,在后世而被曲解和异化了。正如战国是诸子百家自由争鸣的一个重要时期,秦汉与魏晋六朝时期也是各种杂说异常活跃的阶段。所以源于浑沌之说,不仅出现了盘古神话,也展现了其他异说。

庄子是我国先秦时期一位博学潇洒而又风趣深刻的思想家和哲学家。司马迁说:"庄子者,蒙人也,名周。周尝为蒙漆园吏,与梁惠

---

① [汉]东方朔撰《神异经》,《百子全书》下册,浙江古籍出版社1998年8月第1版,第1224页。

② 张心澂编著《伪书通考》,上海书店出版社1998年1月第1版,第868页。

③ 袁珂著《中国神话传说:从盘古到秦始皇》,世界图书出版公司北京公司2012年2月第1版,第46页。参见袁珂著《中国古代神话》(修订本),中华书局1960年1月新1版,第31页。

王、齐宣王同时。其学无所不窥，然其要本归于《老子》之言。故其著书十余万言，大抵率寓言也。"庄子虽然很有学问，却因为"其言洸洋自恣以适己，故自王公大人不能器之"。庄子还谢拒了楚威王的厚币礼聘，不愿为其所羁，宁愿逍遥隐居，终身不仕。[①]《庄子》大约成书于战国中晚期，文情跌宕而精妙，常通过妙趣横生的寓言叙述深刻的哲理，营构出独特的散文意境，在先秦诸子中独树一帜。庄子的核心观念主要是对"道"的思辨与论述，其中包括了对宇宙万物如何形成以及物质变化规律的认识。浑沌之说就是庄子解释宇宙起源的一个重要观念，庄子的另一个重要观念便是对阴阳的解释，认为阴阳是生命的起源。

关于混沌与阴阳的观念，在《老子》中已有涉及，《老子》说："有物混成，先天地生"，说的就是一种混沌状态。《老子》又说："道生一，一生二，二生三，三生万物。万物负阴而抱阳，冲气以为和"[②]，说的就是万物与阴阳的关系。《庄子》的论述则更为深入和透彻，很多篇章中都叙述了这个观念，譬如《庄子·则阳》中说："是故天地者，形之大者也；阴阳者，气之大者也；道者为之公。"《庄子·知北游》说："万物自古以固存，六合为巨……阴阳四时运行，各得其序。"《庄子·天运》说："四时迭起，万物循生；一盛一衰，文武伦经；一清一浊，阴阳调和，流光其声。"《庄子·在宥》说："天地有官，阴阳有藏。"《庄子·田子方》说："至阴肃肃，至阳赫赫，肃肃出乎天，赫赫发乎地，两者交通成和，而物生焉。"《庄子·缮性》说："古之人，在混芒之中，与一世而得淡漠焉。当是时也，阴阳和静，鬼神不扰，四时得节，万物不伤……及燧人、伏羲始为天下。"等等。

庄子的观念与说法，博大精深，深邃玄妙。学界通常认为，西汉

---

① [汉]司马迁撰《史记》卷六十三"老子韩非子列传"，中华书局校点本第7册，1959年9月第1版，第2143~2145页。

② [周]李耳撰、[魏]王弼注《老子道德经》第二十五章，第四十二章，见《二十二子》，上海古籍出版社1986年3月第1版，第3页，第5页。

因独尊儒术而罢黜百家，故而对《庄子》很少有人称引，到了魏晋之际，玄学盛行，《庄子》这才受到了世人的重视，出现了很多注本。但老子和庄子的阴阳之说，其实在汉代已经产生了深远影响。譬如西汉淮南王刘安与门客们所撰著的《淮南子》中，对阴阳之说就极为推崇，不仅详细阐述了阴阳与万物的关系，还想象虚构了阴、阳两位大神。《淮南子·俶真训》说："天地未剖，阴阳未判，四时未分，万物未生"是宇宙的初始阶段。《淮南子·天文训》说："道者，规始于一，一而不生，故分而为阴阳，阴阳合和而万物生。故曰：'一生二，二生三，三生万物'。"《淮南子·精神训》说："古未有天地之时，惟象无形，窈窈冥冥，芒芠漠闵，澒濛鸿洞，莫知其门。有二神混生，经天营地，孔乎莫知其所终极，滔乎莫知其所止息。于是乃别为阴阳，离为八极，刚柔相成万物乃形。"①《淮南子》中的这些论述，就是源于老子和庄子的阴阳之说，而进一步理论化了，认为宇宙演化与天地开辟的过程是由几个阶段组成的，其中包括了从混沌未分的道，分化出天地阴阳，而后产生万物这三个最主要的发展环节②。

《淮南子》中关于阴神与阳神的说法，并不单纯是刘安和宾客们对宇宙演化的想象与解释，也可视之为是一种关于天地开辟的创世神话。这与后来出现的盘古神话有别，表现出了不同的想象与虚构。但其中的关键因素则是一致的，这就是浑沌与阴阳的观念，只不过在观念的理解与解释上有所不同，而以此为基础虚构出来的创世大神也就有了不同的说法。

其实战国以来对于创世这个宏大的话题，就有很多不同的思考与想法，《楚辞·天问》中就记述："曰遂古之初，谁传道之？上下未形，何由考之？冥昭瞢暗，谁能极之？冯翼惟象，何以识之？明明暗

————————

① [汉]刘安撰，[汉]高诱注《淮南子》，见《二十二子》，上海古籍出版社1986年3月第1版，第1211页，第1228页，第1233页。
② [汉]刘安等著，许匡一译注《淮南子全译》，"前言"，贵州人民出版社1993年3月第1版，第4页。

暗，惟时何为？阴阳三合，何本何化？圜则九重，孰营度之？惟兹何功，孰初作之？"①屈原在《楚辞·天问》中一口气提出了很多问题，透露出那时已有阴阳的观念，并产生了相应的猜测与假想。同时也由此可知，古人对宇宙演化、天地开辟、万物如何形成，从未停止过思考，一直在询问和探讨其中真正的奥秘。

从战国秦汉到魏晋南北朝时期，出现的创世神话显然绝不止一种，很可能有多种神话传说，在民间流传的传说很可能也有多种故事版本。从传世的文献记载来看，其中最有代表性的创世神话至少有两种，一种就是西汉初《淮南子》中叙述的阴神与阳神两位创世大神，是开天辟地创造万物的造物主；另一种就是三国徐整《三五历纪》中记述的盘古神话了。盘古神话中显然也吸纳了阴阳的观念，徐整《三五历纪》说："天地开辟，阳清为天，阴浊为地。盘古在其中"便是很显著的例证。但显而易见，两种创世神话中对阴阳的理解却有着微妙的差异，对创世大神也就有了不同的虚构和想象。还有就是时间上的先后关系，阴神与阳神之说显然在前，盘古神话出现在后，而在后来的神话传播过程中，却"层累地造成"了后来居上的情形。

总而言之，我们在一定意义上可以说，先秦以来的浑沌说与阴阳说，应该是滋生盘古神话的重要原因，也是支撑盘古神话的关键基础。至于盘古神话与族源传说以及地域民俗的关系，都是后来传播过程中逐渐附会添加上去的。我们也由此可知，盘古神话的由来，从其最初的出现，到后来的传播定型，其实是有轨迹可循的。通过以上对文献记载的梳理和考辨，就给予了较为清晰的揭示。

---

① 《楚辞全译》（黄寿祺、梅桐生译注），贵州人民出版社1984年2月第1版，第55~56页。

四、汉代画像中的伏羲、女娲与盘古

《淮南子》中关于阴神与阳神两位创世大神的叙述，虽然是西汉初期的一种很重要的创世神话，却因为理论色彩与哲学意味过于浓厚，阴阳大神的创世故事也有些抽象，故而引不起人们的兴趣。不过，《淮南子》中还有关于伏羲、女娲的记述，因为有着生动而丰富的故事情节，所以很自然替代了阴神与阳神的地位。

关于伏羲与女娲，在先秦已有了一些记述。譬如《周易·系辞下》曰："古者包牺氏之王天下也，仰则观象于天，俯则观法于地，观鸟兽之文与地之宜，近取诸身，远取诸物，于是始作八卦，以通神明之德，以类万物之情。作结绳而为罔罟，以佃以渔。"①《管子·轻重戊》曰："虙戏作造六峜以迎阴阳，作九九之数以合天道，而天下化之。"②《荀子·成相篇》说："文武之道同伏戏。"③《庄子》中也多次说到伏羲，《庄子·大宗师》中说天地生成，"伏戏氏得之，以袭气母"；《庄子·缮性》说："及燧人、伏戏始为天下。"④在《庄子·胠箧》与《庄子·田子方》等篇中也提到伏戏、神农、黄帝等。文中说的包牺氏、虙戏、伏戏氏，也就是伏羲氏。而在《礼记·明堂》中已说到"女娲之笙簧"，郑元注曰："女娲，三皇，承宓羲者。"⑤

---

① 《周易正义》卷第八"系辞下"，[清]阮元校刻《十三经注疏》上册，中华书局影印出版，1980年9月第1版，第86页。

② [周]管仲撰，[唐]房玄龄注《管子》，见《二十二子》，上海古籍出版社1986年3月第1版，第190页。

③ [周]荀况撰，[唐]杨倞注《荀子》，见《二十二子》，上海古籍出版社1986年3月第1版，第349页。

④ [周]庄周撰、[晋]郭象注《庄子》，见《二十二子》，上海古籍出版社1986年3月第1版，第29页，第49页。

⑤ 《礼记正义》，[清]阮元校刻《十三经注疏》下册，中华书局影印出版，1980年9月第1版，第1491页。

《楚辞·天问》中则有"女娲有体，孰制匠之"的提问。①《山海经·大荒西经》中也说到了女娲："有神十人，名曰女娲之肠，化为神，处栗广之野，横道而处。"郭璞注曰："女娲，古神女而帝者，人面蛇身，一日中七十变，其腹化为此神。"王逸注释《楚辞·天问》中关于女娲的提问，云："传言女娲人头蛇身，一日七十化，其体如此，谁所制匠而图之乎。"②在战国以来的这些记载中，伏羲、女娲都是传说中的先圣，后来与神农一起被尊崇为三皇。

早在远古时代先民们就有了神灵崇拜，并逐渐形成了一套鬼神解释系统。《周礼·春官·外史》中已有（外史）"掌三皇五帝之书"的记述，③《庄子·天运》中也有"三皇五帝之治天下"之说，④《吕氏春秋·用众》也提到了"三皇五帝"，高诱注解："三皇，伏羲、神农、女娲也。五帝，黄帝、帝喾、颛顼、帝尧、帝舜也。"⑤秦汉时期的中国神话，发生了很明显的变化，其中最重要的就是对三皇五帝之说给予了新的解释。秦始皇统一天下之后，完全抛开了以前的传统说法，将三皇解释为："古有天皇，有地皇，有泰皇，泰皇最贵。"⑥到汉高祖刘邦夺取天下建立政权后，将秦时的上帝祠由白、青、黄、赤四帝，增加了黑帝祠而确立为五帝祠，并恢复了各地民间的杂祀诸神习俗，使

---

① 《楚辞全译》（黄寿祺、梅桐生译注），贵州人民出版社1984年2月第1版，第68页。

② 袁珂校注《山海经校注》（增补修订本），巴蜀书社1993年4月第1版，第445页。

③ 《周礼注疏》，[清]阮元校刻《十三经注疏》上册，中华书局影印出版，1980年9月第1版，第820页。

④ [周]庄周撰，[晋]郭象注《庄子》卷五，见《二十二子》，上海古籍出版社1986年3月第1版，第47~48页。郭庆藩辑《庄子集释》第2册，中华书局1961年7月第1版，第527页。

⑤ [秦]吕不韦撰，[汉]高诱注《吕氏春秋》卷四，见《二十二子》，上海古籍出版社1986年3月第1版，第641页。参见陈奇猷校释《吕氏春秋校释》第1册，学林出版社1984年4月初版，第232页，第238页注18。

⑥ [汉]司马迁撰《史记》卷六"秦始皇本纪"，中华书局校点本第1册，1959年9月第1版，第236页。

天神与多神崇拜融合并行。汉武帝时，"尤敬鬼神之祀"，①除了尊崇五帝之神，对众多的杂神也很重视；后来听信亳人谬忌上奏，增祭太一天神，并建立了太一祠坛；其后又增添了对后土的祭祀，设立了后土祠。在五帝中，汉武帝又特别重视对黄帝与赤帝的祭祀。汉武帝大力倡导鬼神之祭祀，并大致确立了以太一为上帝，以五帝、后土为辅神的汉代鬼神信仰体系，这也可以说是汉王朝的主流神话。在主流之外，还流行有一些地方神话，对鬼神信仰体系有着许多不同的解释。譬如淮南王刘安在《淮南子》中崇尚伏羲、女娲"阴阳"二神，与汉武帝时倡导五帝系统并独尊炎黄二帝的正统解释截然不同，就是一个显著的例证。

关于伏羲、女娲的神话传说，在先秦文献史料中，伏羲、女娲都是各自相继出现的。而将伏羲、女娲联袂出现在记载中，应该是西汉时候的事了。在秦汉之前，伏羲、女娲、神农是古人心目中的三皇。将伏羲、女娲并称为阴阳二神而且推崇到创世神的地位，则是《淮南子》的功劳。《淮南子》中曾多处提到伏羲、女娲，并记述了相关的神话故事。譬如《列子·汤问》中已有"天地亦物也，物有不足，故昔者女娲氏炼五色石以补其阙"之说。②在《淮南子·览冥训》中不仅详细记述了"女娲炼五色石以补苍天"的传说，还叙述了女娲"断鳌足以立四极，杀黑龙以济冀州，积芦灰以止淫水。苍天补，四极正。淫水涸，冀州平。狡虫死，颛民生。背方州，抱圆天"等创世伟绩，又进而论述说："天下混而为一，子孙相代，此五帝之所以迎天德也。夫圣人者……使万物各复归其根，则是所修伏牺氏之迹，而反五帝之道也。"并特别强调了"伏戏、女娲不设法度而以至德遗于后世"的理念。③对于汉王朝正统神话中的主神"太一"，《淮南子》也含蓄地表示了不

---

① [汉]司马迁撰《史记》卷二十八"封禅书"，中华书局校点本第4册，1959年9月第1版，第1384页。
② 《列子》卷五，见《二十二子》，上海古籍出版社1986年3月第1版，第209页。
③ [汉]刘安撰《淮南子》卷六"览冥训"，见《二十二子》，上海古籍出版社1986年3月第1版，第1232~1233页。

同的看法，如《淮南子·本经训》说："帝者体太一，王者法阴阳"，据高诱注曰："体，法也，太一，天之刑神。"①也就是说，"太一"不过是天之刑神，而伏羲、女娲"阴阳"二神才是真正的创世神。《淮南子》中反复论述了"阴阳"化生万物的重要性，其深意便正在于此。在汉代的其他著述中，也相继出现了伏羲、女娲创世的记述。譬如《风俗通义》就同时记载了汉代的主流神话与民间神话，先说"伏羲、女娲、神农是三皇也"，又曰"俗说天地开辟，未有人民，女娲抟黄土为人，剧务，力不暇供，乃引绳絚泥中，举以为人。故富贵者黄土人也，贫贱凡庸者絚人也"。又说"女娲，伏羲之妹，祷神祇，置婚姻，合夫妇也"。②在王充《论衡·顺鼓篇》中，也有对伏羲、女娲的记述。因为相传伏羲氏曾发明捕鱼狩猎，创始八卦；女娲曾炼石补天，抟泥土为人；所以伏羲、女娲便成为了汉代的民间创世神话中的人类始祖。

刘安在《淮南子》中大力宣扬的地方神话，由于与汉武帝主张的正统神话相矛盾，甚至表现出一定的对抗性，而被汉王朝的卫道者斥责为"安废法度，行邪辟，有诈伪心，以乱天下，营惑百姓，背畔宗庙，妄作妖言"。汉武帝原来是比较欣赏淮南王刘安的才华的，一旦觉察到了刘安著书立说大唱反调，对此当然不会掉以轻心。后来又有人告淮南王谋反，于是"上使宗正以符节治王，未至，安自刑杀"。或说"淮南王安、衡山王赐谋反，诛。党与死者数万人"。③总之，因为皇帝和卫道者认为《淮南子》宣扬的是"邪说""妖言"，所以淮南王刘安和追随他的人都为之付出了生命的代价。刘安虽然死了，《淮南子》却流传甚广，在民间造成了广泛而深刻的影响。客观地说，汉王朝在文字方面

---

① [汉]刘安撰《淮南子》卷八"本经训"，见《二十二子》，上海古籍出版社1986年3月第1版，第1239页。

② [东汉]应劭撰，吴树平校释《风俗通义校释》，天津人民出版社1980年9月第1版，第10页，第449页。

③ [汉]班固撰《汉书》卷四十四"淮南衡山济北王传"，又见《汉书》卷六"武帝纪"，中华书局校点本，1962年6月第1版，第7册2152页，第2153页，第1册第174页。

和思想领域还是比较宽松的，没有像秦始皇那样搞焚书坑儒，也没有像后世明清时期那样搞文字狱。汉武帝虽然治了淮南王刘安唱反调的罪，但并没有下令禁止《淮南子》的流行。汉武帝之后，汉朝的其他皇帝对《淮南子》也大都持宽容态度。这也是汉代主流神话与地方神话，同时得以广泛流传的一个重要原因吧。

河南南阳出土汉代伏羲女娲画像石

山东微山县出土西王母与伏羲女娲画像石

四川郫县出土石棺上的伏羲女娲图

值得注意的是，随着汉代地方神话的流行，这时出现了伏羲、女娲的画像。王充《论衡·顺鼓篇》就记述说"俗图画女娲之象为妇女之形"，汉代因为下雨不止，董仲舒曾建议"雨不霁，祭女娲"，王充对此提出了责问："伏羲、女娲，俱圣者也，舍伏羲而祭女娲，《春秋》不言。董仲舒之议，其故何哉？"又说："仲舒之意，殆谓女娲古妇人帝王者也。男阳而女阴，阴气为害，故祭女娲求福祐也。"①由此可知，女娲在西汉就已有了图像，并有了祭祀女娲的做法。唐代张彦远《历代名画记》说："图画之妙，爰自秦汉"，"汉武创置秘阁以聚图书，汉明雅好丹青，别开画室，又创立鸿都学，以集奇艺，天下之艺云集。"②可见两汉时期的绘画之风，是相当昌盛的。《汉书·郊祀志》等史籍记载，汉朝甘泉宫中有台室，绘画有天地太一诸鬼神。《文选》

① [汉]王充撰《论衡》卷十五"顺鼓篇"，见《百子全书》下册，浙江古籍出版社1998年8月第1版，第1009页。

② [唐]张彦远撰《历代名画记》，人民美术出版社1963年5月第1版，第4页，第5页。

载东汉王延寿（字文考）《鲁灵光殿赋》中有"图画天地，品类群生，杂物奇怪，山神海灵，写载其状，托之丹青。千变万化，事各缪形，随色象类，曲得其情。上纪开辟，遂古之初"，"伏羲鳞身，女娲蛇躯"的描述。①晋代郭璞《玄中记》中则说"伏牺龙身，女娲蛇躯"，其实意思都是一样的。说明伏羲、女娲的画像在汉代已经出现在了殿堂壁画中，而且已形成了鳞身蛇躯的形态。东汉时期，厚葬之风盛行，各地出现了大量的画像石墓和画像砖墓，考古发现揭示，汉代墓葬出土的画像石和画像砖上就有大量关于伏羲女娲的描绘，便正是蛇躯鳞身的形态。山东武梁祠描绘的伏羲、女娲像，就是人首蛇身的形象，其他地方出土的汉代画像上也大都如此。可见采用图像的方式来描绘伏羲、女娲，在汉代已成为一种流行的时尚。

在三皇五帝之说中，伏羲、女娲是先后的关系，是各自独立的先皇或圣君。而在创世神话中，伏羲、女娲则变成了同时出现的兄妹、夫妇关系，成了创世的对偶神。因为民间流传的伏羲、女娲故事，将很多重要因素整合在了一起，有很多曲折生动精彩的情节，所以受到了各地百姓的欢迎。古代民间信仰的流行，通常都要故事情节的支撑，来激发人们的兴趣与记忆，才能得以盛传，而不能仅仅靠抽象的观念与空泛的论述。统治阶层认可的正统的三皇五帝之说，就比较空泛和抽象。汉代民间流传的伏羲、女娲故事就奇异而又生动，如伏羲发明捕鱼狩猎、创世八卦，女娲炼石补天、抟土为人，都引人入胜。故而汉代画像中描绘的伏羲、女娲，并非正统的三皇五帝之说，而是依据了民间神话中的故事情节。伏羲、女娲人首蛇身，连体交尾，手持日、月的画像，就反映了《淮南子》中大力宣扬的阴阳二神创世的说法。正是由于汉代画像的泛滥，而促使了伏羲、女娲创世神话的广泛流传，成了两汉时期影响最大的两位创世神。诚如闻一多先生所述："大概从西汉末到东汉末是伏

---

① ［南朝・梁］萧统编，［唐］李善注《文选》卷一一王文考《鲁鳞光殿赋》，上册，中华书局影印出版，1977年11月第1版，第171页。

羲、女娲在史乘上最煊赫的时期。到三国时徐整的《三五历纪》，盘古传说开始出现，伏羲的地位便开始低落了。"①顾颉刚先生也说："盘古，自三国至今日一千七百年，已公认为首出御世的圣王了。但我们不要忘记，在盘古未出的时候，女娲实为开辟天地的大人物。"②

伏羲、女娲与盘古的关系，这正是我们需要特别关注的一个话题。按照闻一多先生和顾颉刚先生的见解，两汉时期最煊赫的创世神话是伏羲、女娲，到了魏晋南北朝时期出现了盘古神话，伏羲女娲的地位才发生了微妙的变化，逐渐被盘古后来居上了。这确实是很有见地的看法。这里值得提到的是，有的文献记载称，在东汉时已经出现了盘古的画像。譬如宋代黄休复《益州名画录》下"无画有名"条记述："《益州学馆记》云：'献帝兴平元年，陈留高朕为益州太守，更茸成都玉堂石室，东别创一石室，自为周公礼殿。其壁上图画上古盘古、李老等神，及历代帝王之像；梁上又画仲尼七十二弟子、三皇以来名臣。耆旧云：西晋太康中，益州刺史张收笔。古有《益州学堂图》。'今已别重妆，无旧迹矣。"③这条记载亦见于南宋王应麟编撰的类书《玉海》，后来曾被不少美术著述所采用，例如陈师曾《中国绘画史》就说汉"献帝时，成都学画盘古三皇五帝三代之名臣及孔子72弟子像"。饶宗颐先生《盘古图考》一文中，也使用了这条史料，并提到了唐高宗永徽元年《益州学馆庙记》残碑上的类似记述。④后人记述的这条史料，如果是确有其事的话，那么东汉后期已经出现了盘古画像。但这条记载很明显是有疑问的，其真实情形究竟怎样？是否真的如此呢？这就需要我们从

---

① 闻一多《伏羲考》，闻一多著《神话与诗》，华东师范大学出版社1997年1月第1版，第15页。

② 顾颉刚《三皇考》，《顾颉刚古史论文集》第3册，中华书局1996年4月第1版，第128页。

③ [宋]黄休复撰《益州名画录》，四川人民出版社1982年12月第1版，第115~116页。

④ 陈师曾著《中国绘画史》，《诸家中国美术史著选汇》，吉林美术出版社1992年12月第1版，第12页。参见饶宗颐《盘古图考》，《中国社会科学院研究生院学报》1986年第1期第75~76页。

文献记载和考古资料两个方面进行探讨了。

　　首先从史籍中看，《后汉书》列传中有较多关于绘画图像的记载，说明了当时绘画之风的盛行。《后汉书·南蛮西南夷列传》说："时郡尉府舍皆有雕饰，画山神海灵奇禽异兽，以炫耀之，夷人畏惮焉。"[①]也透露了东汉时期蜀地和西南地区流行的绘画题材，内容是以神怪为主的，但这些题材中是否有盘古画像则不得而知。

　　其次从考古发现看，在河南、山东等地出土的汉代画像石上，有神人将伏羲、女娲搂抱在一起的画面。有的将搂抱者称之为"神人""神物"，或称为"抱持神"，更多的则称为"高禖神"。也有认为将伏羲女娲抱在一起的便是盘古，如段宝林《盘古新考》用了一幅题图，文尾说明即称之为"汉代盘古画像砖"，[②]但为什么称其为盘古画像，却没有考证和论述。核对查找原图出处，是南阳县出土的一件画像石（并非画像砖），考古工作者将这件画像名为"高禖"，并对所画内容做了说明："画面刻三人，左刻伏羲，右刻女娲，皆人首蛇身。中刻一神人，赤身裸体，将伏羲女娲抱在一起。神人，即高禖神，是古代传说中的生殖神。"[③]

　　通过对此类汉代画像的梳理和探究，我认为，将搂抱伏羲女娲的神人，称为高禖神是比较准确的定名，而称为盘古画像显然依据不足。对此我们将在下一个章节继续做深入分析。由此推论，宋代黄休复记述东汉成都石室壁上图画已有盘古之像，很可能当时画工所描绘的也是高

---

① [南朝·宋]范晔撰《后汉书》卷八十六"南蛮西南夷列传"，中华书局校点本第10册，1965年5月第1版，第2857页。

② 段宝林《盘古新考》，《寻根》2012年第3期第4页题图与第11页文尾说明文字。此外，《寻根》2015年第4期刊载了黄鹏、黄达《盘古民俗文化中的家国情怀》一文，第14页刊登了一幅图"汉代盘古画像砖"，其命名显然也是完全错了。核查其出处应是河南南阳出土的"高禖"画像石，而并非汉代画像砖，更绝非是"盘古"画像。

③ 王建中、闪修山著《南阳两汉画像石》，第166图，文物出版社1990年6月第1版。参见《中国画像石全集》第6册，图二〇七，山东美术出版社、河南美术出版社2000年6月第1版。

禖神，而所谓盘古画像不过是宋代人的说法。将高禖称为盘古会不会是宋人的一种误解呢？这确实是一个很大的疑问。

五、汉代的高禖神与民间神禖习俗

关于高禖，这是西周甚至更早就已出现的一种祭祀活动与祭祀仪式。古人认为高禖神，既是主婚之神，也是求子之神。高禖作为管理婚姻与生育之神，地位甚高，深受重视，成为每年春天必须祭祀之神，早在先秦对此就已有了记载。譬如《礼记·月令》记载，孟春之月，"其帝大皞，其神句芒"。根据郑玄与孔颖达的注疏，大皞即宓戏氏，句芒为少皞氏之子，其意是说圣人奉天时及万物节候也，就要开始举行祭祀活动了。因为伏羲居三皇之首，句芒是治春之神，所以古人开春首先要祭祀大皞与句芒。然后到了仲春之月，就要祭祀高禖神了，"是月也，玄鸟至。至之日，以太牢祠于高禖，天子亲往。后妃帅九嫔御，乃礼天子所御，带以弓韣，授以弓矢，于高禖之前"。郑玄注曰："高辛氏之出，玄鸟遗卵，娀简吞之而生契，后王以为媒官嘉祥而立其祠焉。"又说："带以弓韣，授以弓矢，求男之祥也。"[1]文中所说的玄鸟，也就是春燕。仲春之月，正是春燕归来的时节。在这个季节，周天子和后妃嫔御一起祭祀高禖，主要是为皇帝求子，同时也包含有祈求丰产和希望子孙昌盛之目的。在祭礼中，嫔妃以弓箭插入弓套之中并授于高禖神之前，这是一种具有显著性巫术意味的祭式，认为以此为帝王求子必得。由此可知，周代已有了高禖神，祭祀高禖已成为一种很重要的国家祭礼。此后春秋战国秦汉时期，都要祭祀高禖。《吕氏春秋·仲春纪》对此就有与《礼记·月令》相同的记载。[2]这种祭祀高禖神的活动，通常都是在城郊举行的，因而高禖也叫郊禖，或称之为皋禖。古声高与郊

---

① 《礼记正义》，[清]阮元校刻《十三经注疏》上册，中华书局影印出版，1980年9月第1版，第1353页，第1361页。

② 《吕氏春秋校释》第1册，陈奇猷校释，学林出版社1984年4月初版，第63页。

同，故借高为郊。《诗·大雅·生民》曰："厥初生民，时维姜嫄。生民如何，克禋克祀，以弗无子。"毛苌传曰："弗，去也；去无子求有子，古者必立郊禖焉；玄鸟至之日，以太牢祠于郊禖，天子亲往。"[①]这里说的郊禖，也就是高禖。也有（如《玉烛宝典》）解释，高犹尊也，禖犹媒也，因而古时高禖之祠，主要是皇族求子的祭祀礼仪。

《礼记·月令》是上古时代具有经典地位的时历书，同时也是政书，对天子岁时祭祀的种类、举行仪式的季节、祭祀的功能与作用，做出了具有规定性的记述，所以也为后世历代帝王们所恪守。汉代祭祀高禖的活动就比较盛行，《汉书·外戚传》说："武帝即位，数年无子。平阳主求良家女十余人，饰置家。帝祓霸上，还过平阳主。"[②]汉武帝"祓霸上"，就是在长安南郊祭祀高禖之后，上巳时节又去霸上祓除，并顺便游春，回宫途中顺道拜访了平阳公主。平阳公主就借这个机会将卫子夫献给了汉武帝，卫子夫后来为汉武帝生了三女和皇子，遂立为皇后。东汉时期也是要祭祀高禖的，《后汉书·礼仪志》就记载："仲春之月，立高禖祠于城南，祀以特牲。"卢植注云："玄鸟至时，阴阳中，万物生，故于是以三牲请子于高禖之神。居明显之处，故谓之高。因其求子，故谓之禖。以为古者有媒氏之官，因以为神。"[③]

自先秦以来，由于皇室高度重视高禖祭祀，地方官府与民间百姓也深受影响，因而每年春天各地祭祀高禖也就成了一种非常盛行的活动。民间的高禖祭祀活动，也为男女相会提供了机会。《周礼·媒氏》记载："中春之月，令会男女，于是时也，奔者不禁。"[④]古人认为：

① 《毛诗正义》，[清]阮元校刻《十三经注疏》上册，中华书局影印出版，1980年9月第1版，第528页。

② [东汉]班固撰《汉书》卷九十七"外戚传"，中华书局校点本第12册，1962年6月第1版，第3949页。

③ [晋]司马彪撰《后汉书志》第四"礼仪上"，[南朝·宋]范晔撰《后汉书》，中华书局校点本第11册，1965年5月第1版，第3107~3108页。

④ 《周礼注疏》，[清]阮元校刻《十三经注疏》上册，中华书局影印出版，1980年9月第1版，第733页。

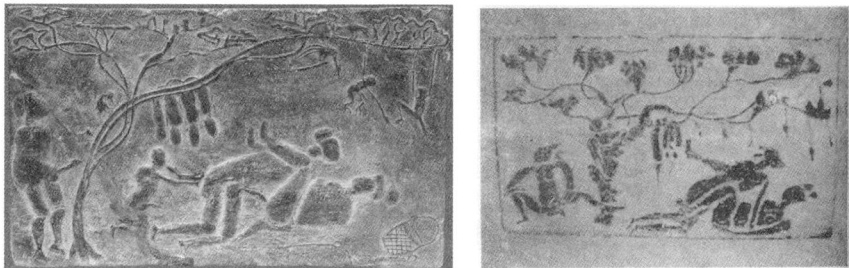

汉代画像砖上的野合图（四川博物院藏）

简狄生契与姜嫄生稷，都是春季于郊外升烟野祭、祷于高禖的灵验。所以每年这个时候，就成了一个全民求子的宗教节日，也可以称为是全国性的求偶节与求育节。祭祀高禖的地方，都在郊外，或在桑林，或在水畔，都是风景优美之处。盛会期间，还要配以祀神的美妙音乐、舞蹈，让男女们尽情地欢乐。如果情投意合，就可以自由婚配，如同"天作之合"。每逢这个时候，就是发生私奔与野合也是很正常的，不必过问，也不必追究。这因此而成了一种民俗，自上古以来在很多地方都流行不衰。在这个全民求子的节庆盛会中，最主要的活动仍是祭祀高禖，以宗教形式祈求多子丰育人丁兴旺；其次便是："会男女"，为男女性爱活动提供机会。四川汉墓出土的画像砖中有"高禖"与"野合"画面，四川博物院就收藏有两件此类画像砖。① 两幅画面中都用写实的方式，描绘了男女在桑下野合的情景，便是两汉时期祭祀高禖盛会期间民俗风情的真实写照。山东平阴县孟庄发现的几件汉代画像石，画面人兽杂陈，作舞蹈状，还有男女搂抱作交媾状，以及男子手握生殖器的画面，② 描绘的也是地方神禖之俗，通过交感巫术，以祈求丰育，企盼子孙繁昌，并含有古老生殖崇拜的寓意。从高禖神到野合图，说明了汉代崇巫之风

---

① 高文、王锦生编著《中国巴蜀汉代画像砖大全》，国际港澳出版社2002年9月第1版第67页图六五、第68页图六六。参见《中国画像砖全集·四川汉画像砖》，四川美术出版社2006年1月第1版，第149页图二一一，第150~151页图二一二。

② 《中国画像石全集》第3册，图一九一～图一九六，山东美术出版社、河南美术出版社2000年6月第1版，参见序言第5页。

犹存，应该是当时社会生活中的一种真实存在的情形。在一定意义上，也可以说祭祀高禖的盛会节庆，就是中国古代民间的情人节与狂欢节。

这里顺便需要说一下，仲春之后，紧接着还有古代的上巳节，其时间为每年暮春的农历三月三日。《后汉书·礼仪志》中就说："是月上巳，官民皆絜于东流水上，曰洗濯袚除去宿垢痰为大絜。"[①]可知上巳节主要是河畔江边的水上之类活动，或乘舟浮川，或沐浴香薰，以袚除宿垢，求得吉祥。两汉时期，祭祀高禖求子的传统，与上巳节袚禊之俗，原是分别进行的。这种情形一直延续到唐代都没有什么改变，唐代杜佑撰著的《通典》卷五十五对这两个活动举行的时间就记述得很清楚。因为仲春二月燕归之日，与暮春三月三在时间上非常相近，祭祀高禖与上巳节又都是在郊外进行的大众活动，现在学界有些人撰文将二者混为一谈，很显然是一种误解。如果认真阅读一下史料，深入了解一下古代的典章制度，就知道祭祀高禖与上巳节是不同时节的两种活动，在内容与形式上都有明显的不同。上巳节也有"会男女"的色彩，但主要是水畔赏春交游，而不是求偶求子，性质上是不一样的。东汉之后，到了魏晋时期，上巳节除了洗濯袚禊和郊外相会，又增加了曲水流觞与踏青游乐等内容，逐渐变成了贵族炫耀财富和游春娱乐的盛会。这个节日，在中世纪仍盛行不衰，直至近代才逐渐淡化了。在我国很多少数民族地区，也都流行这一节日。例如云南等省区一些少数民族的三月三，就是由此而来，迄今仍很盛行，每年仍是少数民族地区郊外游春、男女交游、娱乐聚会的节日。

我们在这里需要特别探讨的一个问题是，高禖神究竟是谁？根据文献史料中的记载来看，从古至今曾有很多不同的解释，有认为高禖就是高辛氏，有认为句芒是高禖神，有认为高禖就是天神，有认为伏羲就是高禖神，又有认为高禖是女性，传说中造人的女娲、殷商的祖先简

---

① [晋]司马彪撰《后汉书志》第四"礼仪上"，[南朝·宋]范晔撰《后汉书》，中华书局校点本第11册，1965年5月第1版，第3110页。

狄、周人的祖先姜嫄、都是高禖神。学界对此也有不同的理解。譬如闻一多先生认为："古代各民族所记的高禖全是该民族的先妣"，"夏、殷、周三民族都以其先妣为高禖，想来楚民族不会是例外"[①]。丁山先生认为："高禖，犹言'高祖母'，甲骨文所谓'高妣'是也。"[②]袁珂先生认为："女娲因为替人类建立了婚姻制度，使男女们互相配合，做了人类最早的媒人，所以后世的人把女娲奉为高禖，高禖就是神禖，也就是婚姻之神的意思。"[③]王孝廉先生也认为："女娲造人主婚，见于后人所引东汉应劭的《风俗通义》，是源于以女娲为原始母神的'皋禖信仰'（高禖、郊禖），古时建立媒神的祠庙于郊野而祭祀之叫做高禖或郊禖，所祭祀的神通常是作为自己部族原始母神的女神，夏人祀女娲，殷人祀简狄，周人祀姜嫄，也就是说女娲、简狄、姜嫄都是主婚的高禖之神。"[④]或认为"女娲充当的是好合男女的媒妁之神，因而她又被后人祀奉为'皋禖之神'"；"在中国古代史上，被祀奉为媒神的还有殷人的始母简狄、周人的始母姜嫄等等……从起源上来讲，女娲形象的产生可能是更古老的，她最初可能主要是某一氏族或某一部落崇奉的始祖神，主司繁衍、生殖，因为她别男女、立婚姻，使人类自行繁衍，因而稍后又被祀为媒神和送子娘娘"。[⑤]总之，"高禖神是个极复杂的历史现象"。[⑥]类似的论述颇多，此不赘述。这些看法，都颇有见地，

① 闻一多《高唐神女传说之分析》，闻一多撰《伏羲考》，上海古籍出版社2009年7月第1版，第95~96页。参见《闻一多全集》第一卷，北京三联书店1982年重印，第98页。

② 丁山《中国古代宗教与神话考》，马昌仪编《中国神话学文论选萃》下册，中国广播电视出版社1994年2月第1版，第77页。

③ 袁珂著《中国神话传说：从盘古到秦始皇》，世界图书出版公司北京公司2012年2月第1版，第73页。参见袁珂著《中国古代神话》（修订本），中华书局1960年1月新1版，第55~56页。

④ 王孝廉《西南民族创世神研究》，马昌仪编《中国神话学文论选萃》下册，中国广播电视出版社1994年2月第1版，第425页。

⑤ 杨利慧著《女娲的神话与信仰》，中国社会科学出版社1997年12月第1版，第63页，第65页。

⑥ 申华清著《神鬼世界与人类思维》，黄河文艺出版社1990年3月第1版，第201页。

并为学界所沿用，却都属于推测之见，与古代的真实情形其实是有出入的，并不完全相符。

闻一多先生、袁珂先生等学者，依据的主要是古代文献中关于高禖的记载，而未看到后来出土的汉代画像资料，所以才有以上的推论。若从出土汉代画像中描绘的高禖神来看，将伏羲女娲搂抱在一起的高禖神显然不是夏商周三代的先妣，而是另有其人的。汉代画像虽然到了近代随着考古事业的发展才大量出土，其实早在宋代甚至更早就已经陆续被人发现了。如北魏郦道元《水经注》卷八"济水"中就有关于汉代画像的记载，北宋赵明诚在《金石录》中就记录了山东嘉祥武氏祠画像及其榜题，南宋洪适所著的《隶释》《隶续》中对各地汉代画像石刻也有较多的记述，并对有些图像作了摹录。可见宋代人看到汉代画像的记录是比较多的，其中可能就有高禖神的画像。因为汉代画像中的高禖神并非伏羲，也不是女娲，故而宋代人很自然会联想到魏晋南北朝时期出现的盘古神话，将高禖神称为了盘古。这种将之后出现的神话用来解释先前的习俗，虽然情有可原，却很显然是一种误解。宋代黄休复所追述汉代成都石室已有盘古画像，很可能就属于这种情况。

其实，高禖神应该是一位虚构的神灵，古人对高禖神的形象并没有形成固定的模式。而祭祀高禖神，表达的主要是一种信仰，或者说是一种传统习俗。叶舒宪先生也认为："由于中国神话的过早散佚和历史化，高禖神在现有记载中早已失去了人格化形态，近乎一个抽象的祭祀概念，遗留在礼书的条文规定之中。关于高禖祭典，我们只知道有祈求生育和丰产的性质。伴随着该祭典的还有象征性的性爱活动。"[1]汉代祭祀的高禖神，沿袭了上古以来的传承，显而易见绝非盘古，因为那时盘古神话尚未出现。西汉的刘安和宾客们，东汉的王充和应劭等人，都很博学，见多识广，在各自的著述中都旁征博引，如果那时

---

[1]　叶舒宪著《高唐神女与维纳斯》，中国社会科学出版社1997年12月第1版，第387页。

已有盘古神话或出现了盘古画像，他们是绝不会忽略的，但在他们流传后世的著述中却未见这方面的记载。汉武帝祭祀的高禖神就没有具体的人格化形态，而是一块石头。晋朝皇帝祭祀高禖，沿袭的也是高禖石。据《后汉书·礼仪志》中刘昭注释说："晋元康中，高禖坛上石破，诏问出何经典，朝士莫知。博士束皙答曰：'汉武帝晚得太子，始为立高禖之祠。高禖者，人之先也。故立石为主，祀以太牢。"①《通典》卷五十五说："汉武帝年二十九乃得太子，甚喜，始立为高禖之祠于城南，祭以特牲。"文后也引用了晋朝博士束皙所述。文中还说："契母简狄，盖以玄鸟至日有事高禖而生契焉。"②可见殷初已有祭祀高禖之俗，却不知高禖神是谁。到了汉武帝时，才用大石"立为高禖之祠"。所谓"立石为主"，就是以石头作为高禖神之象征的意思。干宝《搜神记》卷七也记述说："元康七年，霹雳破城南高禖石。高禖，宫中求子祠也。"③在《晋书·五行志》等史籍中，对此也有记载。这里说的高禖石，或称郊禖石，均是高禖神的象征。有人认为，高禖石象征生殖器官，标志着母系社会向父系社会的转变，但这也只是后人的一种推测说法。其实高禖石就是因为当时人不知道高禖神究竟是谁，所以才"立石为主"，将一块大石作为了高禖神的象征。立石作为高禖象征，这是汉代皇室的做法，而在汉代民间流行的画像中，则出现了将高禖神形象化的描绘。

既然高禖神是一个祭祀概念，为什么汉代画像中描绘的高禖神又具有多种形态呢？这与汉代民间画风的昌盛可能有着较大的关系，显然是汉代画像制作者虚构想象的产物。用画像来装饰墓室，以表达对逝者的孝敬，是东汉时期崇尚厚葬而大为流行的一种时尚。在那些埋入地下

① [晋]司马彪撰《后汉书志》第四"礼仪上"，[南朝·宋]范晔撰《后汉书》，中华书局校点本第11册，1965年5月第1版，第3108页。
② [唐]杜佑撰《通典》卷五十五，中华书局校点本第2册，1988年12月第1版，第1551~1552页。
③ [晋]干宝撰《搜神记》卷七，汪绍楹校注，中华书局1979年9月第1版，第99页。

的画作中，既有对历史人物故事的描绘，也有对当时社会生活情景的记录，还有对各种神话故事的虚构。将上古以来传统风俗中的高禖神，与伏羲女娲绘画在一起，很可能是民间汉画制作者的一种即兴创作，因此带有一定的随意性，而无固定的模式，所以有的将高禖神画成了

河南南阳出土"高禖"画像石

河南唐河出土"高禖"画像石

神人，有的将高禖神画成了力士，还有的甚至将高禖神画成了神怪。譬如前面所述南阳出土的一件"高禖"画像，高禖神是一位赤身裸体的神人，将伏羲女娲搂抱在了一起。在河南唐河针织厂出土的一件画像石上，也刻画了类似的画面，图版说明称："右下一巨人，疑为高禖神，头梳高髻，正面而立，将人首蛇躯、手持仙草的左之女娲、右之伏羲联袂在一起。"①山东出土的几件画像石上也刻画有类似画面，例如嘉祥县纸坊镇敬老院出土的一件画像石上，画面上层"中间刻高禖，头戴'山'字形冠，三角眼，阔嘴，露齿，一手抱伏羲，一手抱女娲"。②山东平邑县平邑镇皇圣卿东阙南面画像上，画面第一层刻画了"中一神人，双手拥抱人身蛇尾、手执规矩的伏羲、女娲，左有玄武，右有朱雀"。③在山东沂南县北寨村出土的一件画像石上，"画面上部刻一力

① 《中国画像石全集》第6册图一六，山东美术出版社、河南美术出版社2000年6月第1版。

② 《中国画像石全集》第2册，图一一五，山东美术出版社、河南美术出版社2000年6月第1版。

③ 《中国画像石全集》第1册，图八，山东美术出版社、河南美术出版社2000年6月第1版。

士，以强壮的双臂拥抱人身蛇躯的伏羲和女娲，力士肩后有一规一矩。左右上角各缀一飞鸟"。[①]有学者认为，画面中的力士，应是高禖神的写照。还有河南新野出土的一件画像砖上，刻画了伏羲、女娲，两尾缠绕玄武[②]。有学者认为图中的玄武，寓意与高禖有相近处。山东画像石上的高禖神是膀阔腰圆的男性神，用强壮有力的双臂把伏羲、女娲抱合在一起，表示阴阳的结合与生命的繁衍。南阳出土画像砖上的玄武，与伏羲、女娲两尾缠绕，也体现了同样的含义。因为古人的心目中，天上的星斗与人之生死有关，玄武是四灵之一象征北方神灵，而司命星属于玄武宫中虚宿之一星，画像中用玄武充当高禖使人类的始祖神伏羲、女娲匹合，也同样表达了让生命繁衍不息的愿望。[③]总之，这是别开生面很有创意的一种描绘。

河南南阳麒麟岗汉画像石墓也出土有多幅高禖神图，有的为单幅画像，"高禖裸体，圆耳，圆眼，长喙，大口，大腹。两手上举作漫舞之状。其周围饰云气"。有的由6块石板组合刻成，"画中刻神高禖，全身赤裸，圆眼，大嘴，长喙下颚有齿。右手执条状物，右肘窝揽住女娲蛇尾。伏羲蛇尾卷曲于高禖神左腿后侧。高禖神左手伸出，弓步作揽拽之状"。黄雅峰先生认为："伏羲女娲与高禖在同一画面，则暗示高禖促使伏羲女娲交合，表达了墓主人希望生命得以延续和再生的愿望。"[④]与河南唐河针织厂、山东沂南等地出土的高禖神图像相比，南阳麒麟岗出土的高禖神图像，展示了更加丰富的想象，在充满动感的画面中对高禖神与伏羲女娲做了更为浪漫奔放的描绘。这些画像，所依据

① 《中国画像石全集》第1册，图一八二，山东美术出版社、河南美术出版社2000年6月第1版。

② 《中国画像砖全集·河南画像砖》图一○○，四川出版集团·四川美术出版社2006年1月第1版。

③ 南阳文物研究所编《南阳汉代画像砖》，文物出版社1990年5月第1版，第33~34页文字介绍，图版58，拓本166，拓本167。

④ 黄雅峰主编《南阳麒麟岗汉画像石墓》，三秦出版社2008年12月第1版，第16页，第19页，第20页，第65页，第205页图版98，第232页图版122。

山东嘉祥纸坊镇出土"高禖"画像石

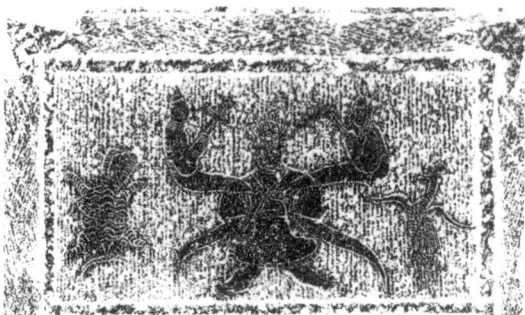

山东平邑皇圣卿东阙南面"高禖"画像

山东沂南北寨村出土"高禖"画像石

河南新野出土伏羲女娲尾缠玄武图

的都是上古以来祭祀高禖之俗，表现的都是高禖神的题材，而将高禖神刻画成多种形态，则显示了构思上的不同特点。这与各地汉画制作者的艺术造诣、创作习惯、思维与审美方面的差异，以及地域文化习俗的不同，也有一定的关系。

通过以上对文献记载和考古资料的梳理考证，可知祭祀高禖原是上古以来流行于宫廷与民间的一种重要习俗。高禖这一古俗，在举行的过程中，常展现出较为浓郁的巫术色彩。譬如在皇室祭礼中，嫔妃以弓箭插入弓套并授予高禖神之前，又譬如民间的男女欢聚桑林野合，有认为其性质都属于高禖祭祀活动中的巫术行为，是颇有道理的。也可以说，中国古代的感生神话就来源于高禖这一古俗。有学者认为："因

河南南阳麒麟岗出土伏羲女娲高禖图（之一）

河南南阳麒麟岗出土伏羲女娲高禖图（之二）

此，从感生神话可以了解高禖仪式的古远——它产生在姜嫄、简狄等感生神话之前；可以了解'高禖'的含义——'高禖'指的是导致生命产生和孕育的神奇媒介，即履迹所感、吞物所感、遇异所感的那个神灵，亦即胚胎之神。"[1]这也是颇有见地的一个看法。

总之，古俗中的高禖神本是一种祭祀概念，汉代画像中出现了高禖神的形象，通常与伏羲女娲搂抱在一起，以表达交合求子、生命繁衍之意，同时也进一步渲染和强调了阴阳创世的观念。汉画中的伏羲女娲，主要是作为阴阳二神的象征，构图造型大都作人首蛇躯交尾状，画面中增添了搂抱阴阳二神的高禖神，其创世与繁衍的含义也就随之更加鲜明和浓郁了。而这些，都与汉代崇尚子孙繁衍的民俗有着很大的关

---

① 王小盾著《中国早期思想与符号研究——关于四神的起源及其体系形成》下册，上海人民出版社2008年7月第1版，第728页。

系。也正是由于民俗崇尚的关系，所以高禖与伏羲女娲的画像也就在汉代格外流行起来。

显而易见，高禖并非盘古。汉代画像中高禖神搂抱伏羲女娲的画面，那是汉代画工对高禖古俗的一种形象化的虚构和想象，而并非是盘古画像。这一点在各地出土的汉代画像中，所描绘的画面都是比较清楚的。但魏晋时期盘古神话的诞生，则很明显接受了高禖与伏羲女娲故事的影响。任昉《述异记》中说："吴楚间说：盘古氏夫妻，阴阳之始也。"就加入了伏羲女娲由兄妹结合成夫妻繁衍人类的故事内核，盘古神话因之由开天辟地之神而增加了人文始祖的成分。张光直先生认为："盘古的名字诚然不见于三国以前的记载，但类似盘古的人物与类似盘古开天辟地的观念，在先秦就已经有了。"又说："中国创世神话所反映的宇宙观，显然是战国到汉，华北汉人支配思想的代表。世界的原始为混沌的一团，混沌中产生阴阳的对立，造成天地的分割，与阴阳二始祖的出现，继而有始祖化生万物的信仰。"[1]由此可见，盘古神话也有一个发展形成的过程，由最初的虚构创作而流行于民间，之后流传渐广，成为后来居上的创世神话，其间显然汲取了很多因素，才得以传播定型的。先秦时期的混沌说、阴阳说，以及汉代特别流行的高禖之俗与伏羲女娲故事，都对盘古神话的滋生与定型发挥了非常重要的作用。

六、总结和归纳

通过上面的论述，我们对盘古神话进行了梳理和探讨，并着重对古代创世神话的由来，对汉代画像中的高禖搂抱伏羲女娲图像，以及盘瓠传说与盘古神话的关系等几个方面，作了较为深入的研究。概而言之，结合文献记载中的盘古神话与其他传说、出土资料中的相关画像，

---

[1] 张光直《中国创世神话之分析与古史研究》，马昌仪编《中国神话学文论选萃》下册，中国广播电视出版社1994年2月第1版，第20页，第48页。

以及民间流传的盘古等故事来看，大致可以归纳为以下几点看法：

一、盘古神话的出现，可能源于汉代，魏晋南北朝时期才流传渐广。其传播地域主要在我国的长江流域和南方地区，不仅在汉族地区有盘古神话的传说故事和古迹，而且在南方少数民族地区也曾广泛流传。任昉《述异记》中就记载了盘古传说的地域主要在吴楚间与广西、南海等地。后来，河南等地的盘古传说也兴盛起来，但其时间显然较晚，可能是中世纪之后，甚至晚至明清才形成了盛传之势。

二、盘古神话的滋生，与先秦以来的混沌说、阴阳说、高禖古俗、伏羲女娲故事有着密切的关系。秦汉时期，三皇五帝是正统神话，一直占据着主流地位，所以史籍中记述最多。而盘古神话主要是民间传说，属于非主流神话，民俗的特色比较浓郁，因而在传世文献中记载不多。在盘古神话出现之前，我国已有多种创世神话，呈现出丰富多样的特色，这与我国幅员辽阔民族众多有着很大的关系。创世神话中的混沌说、阴阳二神说、伏羲女娲的造人说，在理论上和故事情节上都引人入胜，在两汉时期影响最大。魏晋南北朝时期出现的盘古神话则讲述了新的创世故事，说盘古死后肢体化为万物，显得比较虚幻，继而汲取了伏羲女娲兄妹结合为夫妻繁衍人类的故事，也增添了"盘古氏夫妻、阴阳之始"的内容。盘古神话主要流传于我国长江中下游和南方民间，随着传播逐渐广泛，其影响也不断扩大，才成为后来居上的创世神话。由于盘古神话在民间长期口耳相传，难免会羼入后世的附会与改编，因而在民间出现了多种故事版本，形成了多种不同说法。浙江、河南等地流传的盘古故事，内容都不一样，就是比较显著的例子。

三、盘古的神话传说虽未得到历代统治者的重视，却获得了道家的青睐。大约自东晋之后，道教的书籍中收入了盘古的神话传说，将盘古尊为开天辟地之神，并且按照道家的神仙谱系将盘古称为是盘古真人、元始天尊或元始天王。道家改编和利用盘古神话的做法，一方面推进了盘古神话的传播与影响，另一方面也使盘古神话在故事内容方面发生了变化，开启了神仙故事新编之门，这对盘古的神话传说在后世出现多种故事版本显然有着较大的关系。由于道教在南方少数民族地区传播较广，盘古神话也随之在少数民族地区盛传开来，为一些少数民族所信奉。

四、我国正史和传世古籍中有关于盘瓠的记载，说盘瓠是南方蛮夷的祖先。南方很多少数民族都崇奉盘瓠，譬如瑶族迄今仍有祭祀盘瓠的习俗和"还盘王愿"的仪式。由于瑶族信奉道教，道教中的神仙也逐渐为瑶族所信奉。道教关于盘古为元始天尊的说法，也为瑶族所接受了，故而盘古的传说，也开始广为流传，并且出现了和盘瓠神话常常混淆传播的情形。但盘古是创世传说，盘瓠是族源神话，两者有很大的不同，其实是不能混为一谈的。有学者认为盘古可能是由盘瓠音转而来，或认为盘古的原型可能来自《山海经》中的烛龙、烛阴之类传说，还有认为盘古与古代取土分封诸侯以及祭祀社神的演化有关，都属于推测之见，其实是有疑问的。盘古神话在瑶族中的传播，深究其因，应该主要是信奉道教的缘故。中国古代的造神运动，常有"层累地造成"后来居上的情形，传播于前的盘瓠传说，与流传于后的盘古神话，两者的关系便正是如此。

五、汉代墓葬中常见有高禖神搂抱伏羲女娲的画像，有人将画面中的高禖认为是盘古画像，很显然是一种误解。显而易见，高禖绝非盘古。祭祀高禖本是源于先秦的一种古俗，皇室祭祀高禖主要是为了求子，皇帝和王后嫔妃都要参加，因而规格甚高影响很大；在民间祭祀高禖活动则成了全民参与的求育节和求子节，也成了男女相会桑下野合的情人节和狂欢节。古俗中的高禖只是一个祭祀概念，汉画中则通过虚构想象将高禖神描绘成了一位搂抱伏羲女娲的神人、力士或神怪，所表达的主要是交合求子、崇尚子孙繁衍的寓意。中国古代的感生神话，就来源于高禖这一古俗。魏晋南北朝时期盘古神话的诞生，也明显接受了高禖与伏羲女娲故事的影响，从盘古死后化为天地万物，而增加了盘古氏夫妻之说。也可以说，我国先秦以来广为流行的神禖文化习俗，汉代民间神话传说系统的传播，为盘古神话的滋生提供了土壤。加上先秦以来的混沌说、阴阳说等观念，从而为魏晋南北朝时期盘古神话的出现发挥了重要作用。

总而言之，盘古是我国魏晋南北朝以来一个非常重要的神话传说，出现之后，流传很广，而且融入了道教和民俗，特别是在长江中下游和南方少数民族地区备受崇奉，影响深远。崇奉盘古不仅是一种典型的地方民俗，而且是一个很重要的文化现象。其中具有极其丰富的文化与民俗内涵，值得我们给予认真关注。

现在很多地方都重视盘古的民间传说，将其作为非遗加以保护和利用，虽然功利性较强，但也具有很大的积极意义。首先是有利于我们寻根问祖，有利于增强民族团结，也有利于增强我们的民族自信心和凝聚力。其次是有利于推进学术研究和文化建设，有利于弘扬优秀传统文化，也有利于加强地域民俗和非遗传承的保护。再者是对当前的文化建设和旅游发展，可以发挥一定的推进作用，这也是一件好事情。所以我觉得，对重视和保护非遗的举措，确实是值得赞扬和支持的。但赞扬的主要是其积极意义，而对其中一些过度开发利用的做法，仍需要强调理性与冷静的思考，对其中一些低俗的附会和以讹传讹的情形，也需要加以澄清。

在这里需要特别指出的是，我们重视盘古的民间传说，所以更要实事求是地研究盘古神话的由来与内涵，不应忽略其影响，也无须夸大其久远。学术的价值与生命力，就在于实事求是。今天我们从学术的角度，就是为了深入研讨盘古神话的缘起、流传、影响、传承，从而更加准确透彻地认识与评述盘古神话的意义和作用。而这也正是我们学术界和学者们需要认真去做的一件事情。

——此文发表于江西科技师范大学《地方文化研究》2014年第5期（总第11期）第8~28页。收录于《中国盘古文化暨大王岩画研究》第54~90页，云南出版集团·云南人民出版社2016年2月第1版。

秦汉以来的鬼神信仰与仙话研究

一、鬼神信仰的由来

鬼神是人们对世俗生活世界之外的一种臆测，这种意识远古时代就已有之。在先民们的观念中，鬼神既是自然界和人类社会异己力量的代表，又是人们崇拜的对象。面对各种难以预测和驾驭的自然现象，为了满足一定的社会需要和心理需求，人们因之而创造了众多的鬼神来司理和佑护社会生活的各个方面。特别是面对自然灾害和生老病死，以及一些异常事件和某些重要时刻，人们只有乞求鬼神的宽宥和救助，并因此而形成了丰富多样的鬼神信仰和民间崇尚习俗，这在古代社会已成为一种最为常见的现象。

早在远古时代先民们就有了神灵崇拜，正如鲁迅先生所说："昔者初民，见天地万物，变异不常，其诸现象，又出于人力所能之上，则自造众说以解释之，凡所解释，今谓之神话。神话大抵以一'神格'为中枢，又推演为叙说，而于所叙说之神，之事，又从而信仰敬畏之，于是歌颂其威灵，致美于坛庙，久而愈进，文物遂繁。故神话不特为宗教之萌芽，美术所由起，且实为文章之渊源。"①在先民们的原始思维方式中，人类的起源和神灵有关，自然万物也都由神灵主宰。开天辟地有"盘古"，创造人类有"女娲"，天上有日神、月神，刮风下雨有雷公、电母、风伯、雨师，海中有海神，水中有水神，山中有山神精灵。先民们认为这些神灵在不同的领域里都具有巨大的威力和作用，尊崇这些神灵不仅能使人们的世俗生活逢凶化吉，而且能为子孙后代带来吉祥安康，因而神灵崇拜也就成了古代人们一种最重要的心理慰藉。

伴随着人类从遥远的洪荒时代逐渐向文明社会的迈进，中国神话也经历了一个漫长的发展过程，这个过程包括了对众多神灵的想象和创造，也包括了对众神威力与作用的虚构和解释。从文献记载看，中国古代对神的定义是多种多样的，按照荀子的说法："列星随转旋，日月递炤，四时代御，阴阳大化，风雨博施，万物各得其和以生，各得其养以成，不见其事而见其功，夫是之谓神。"②许慎的解释是："神，引出万物者也。"③《左传》中说："神，聪明正直而壹者也，依人而行。"④《礼记·祭法》说："山林川谷丘陵，能出云，为风雨，见怪物，皆曰神。"⑤《论衡·祭意篇》说："群神谓风伯、雨师、雷公之属。风以摇之，雨以润之，雷以动之，四时生成，寒暑变化。日月星辰，人所瞻仰。水旱，人所忌恶。四方，气所由来。山林川谷，民所取

① 鲁迅著《中国小说史略》第二篇"神话与传说"，《鲁迅全集》第9卷，人民文学出版社1981年第1版，第17页。

② [周]荀况撰《荀子》第十一卷"天论"，见《二十二子》，上海古籍出版社1986年3月第1版，第327页。

③ [汉]许慎撰，[清]段玉裁注《说文解字注》，上海古籍出版社1988年2月第2版，第3页。

④ [周]左丘明撰，[晋]杜宇注《春秋左传正义》卷第十"庄公三十二年"，[清]阮元校刻《十三经注疏》下册，中华书局影印本1980年9月第1版，第1783页。参见王守谦等译注《左传全译》上册，贵州人民出版社1990年11月第1版，第171页。

⑤ 《礼仪正义》卷四十六"祭法"，[清]阮元校刻《十三经注疏》下册，中华书局影印本1980年9月第1版，第1588页。

材用。此鬼神之功也。"①总之神灵具有巨大的威力，操纵着自然界的一切，天上人间地下神灵无处不在，人们相信敬仰神灵会有很多好处，而违背了神的意志则会不顺或受到惩罚。但后来人们又认为神灵中亦有善神和恶神，善神佑助人类，恶神降灾难于人间，（同样的道理鬼怪也是如此），所以对善神要崇拜和敬仰，对凶神恶鬼要巧妙回避或设法反抗。

在崇拜神灵的过程中，古代人们又产生了与神灵沟通的理念，于是巫觋与"巫术"便应运而生了。"当时人们的世界观，就是鬼神充斥世界，鬼神支配一切，人与鬼神共处于大地之上。人类要生存，不仅要制作生产工具，从事采集、渔猎和农耕，也要依靠鬼神的意志约束自己的行动，可见巫教思想是远古和上古时代占统治地位的思想意识"。②巫术在很多场合所起的作用主要还是为了取悦于神灵，其目的就是为了利用神秘的外在力量为自己造福。正如弗雷泽《金枝》中所论述的，"在人类发展进步过程中巫术的出现早于宗教的产生，人在努力通过祈祷、献祭等温和谄媚手段以求哄诱安抚顽固暴躁、变幻莫测的神灵之前，曾试图凭借符咒魔法的力量来使自然界符合人的愿望。"③世界上各民族的巫术形式多样，由于社会和民俗的差异，曾经历了不同的盛衰过程，但在本质上都是鬼神信仰的伴生物。

中国先秦时期巫术非常盛行，"敬在养神，笃在守业；国之大事，在祀与戎"的观念，④曾长时期左右着人们的思想和行动。祭祀活动曾是当时的头等大事，《国语·楚语》就记载："祀所以昭孝息民、

---

① [汉]王充撰《论衡·祭意篇》，见《百子全书》下册，浙江古籍出版社1998年8月第1版，第1042页。参见[东汉]王充著《论衡》，上海人民出版社1974年第1版，第393页。

② 宋兆麟著《巫与巫术》，四川民族出版社1989年5月第1版，第5页。

③ [英]詹·乔·弗雷泽著《金枝》（徐育新、汪培基、张泽石译）上册，中国民间文艺出版社1987年6月第1版，第84页。

④ [周]左丘明撰，[晋]杜宇注《春秋左传正义》卷第二十七"成公十三年"，[清]阮元校刻《十三经注疏》下册，中华书局影印本1980年9月第1版，第1911页。参见王守谦等译注《左传全译》上册，贵州人民出版社1990年11月第1版，第673页。

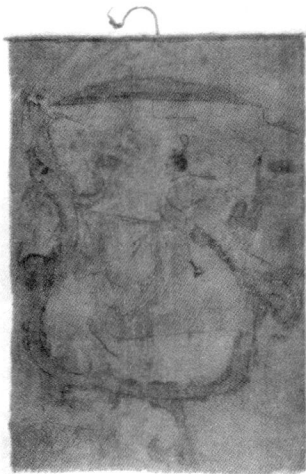

战国"人物御龙帛画"（湖南
长沙子弹库楚墓出土）

战国"人物龙凤帛画"（湖南长
沙陈家大山楚墓出土）

抚国家、定百姓也，不可以已""天子遍祭群神品物，诸侯祀天地、三
辰及其土之山川，卿大夫祀其礼，士庶人不过其祖"。由于统治者对祭
祀的重视和身体力行，"其谁敢不战战兢兢，以事百神"。[1]传世文献
对巫师沟通神灵的传说和祭祀活动就有较多的记载，如成书于战国时代
的《山海经》，鲁迅先生认为就是一部"古之巫书也"。[2]图像资料对
此也有生动精彩的刻画，如湖南长沙子弹库楚墓中出土的人物御龙帛画
与长沙陈家大山楚墓出土的人物龙凤帛画，[3]就描绘了巫师沟通神灵的
想象。这种崇巫的情形，随着社会的前进，到了秦汉时期才有了较大的
改观。此时巫师已不再是社会的主流，祭祀活动也增添了礼法的理念，
人与鬼神的关系也多了一些新的观念，譬如封建社会的等级观念在鬼神

---

[1] 《国语》卷十八"楚语下"，上海师范学院古籍整理组校点本，下册，上海古籍出
版社1978年3月第1版，第567页。参见黄永堂译注《国语全译》，贵州人民出版社1995
年2月第1版，第640页。
[2] 鲁迅著《中国小说史略》第二篇"神话与传说"，《鲁迅全集》第9卷，人民文学
出版社1981年第1版，第19页。
[3] 《中国大百科全书·考古学》，中国大百科全书出版社1986年8月第1版，彩色插
页第32页。参见《中国大百科全书·美术》Ⅰ，中国大百科全书出版社1990年12月第1
版，彩色插页第25页。

世界中的折射和体现，以及后来道教的崛起和佛教的传播对中国传统鬼神信仰的影响等。

如果说众神是先民们相信万物有灵的产物，那么鬼就是人死后灵魂进入冥间的化身了。按照《礼记·祭法》的说法："大凡生于天地之间者皆曰命。其万物死皆曰折，人死曰鬼。"①《礼记·祭义》又说："众生必死，死必归土，此之谓鬼。"②《尸子》也说："鬼者，归也，故古者谓死人为归人。"③许慎《说文》的解释是："人所归为鬼，从儿、田象鬼头，从厶，鬼阴气贼害，故从厶。"段玉裁注释曰："鬼之为言归也，郭注引尸子，古者谓死人为归人"，"自儿而归于鬼也"。④值得指出的是，古人认为人的生命是由形骸和灵魂构成的，所谓"人死曰鬼"，并不是指人的形骸死亡便成为鬼，而是认为灵魂在人体死亡时才成为鬼。也就是说，古人关于人死为鬼的说法，和古代对灵魂的认识有关。在汉代的文献史料中，对此已有较多的记述。如司马迁《史记·太史公自序》中说："凡人所生者，神也，所托者，形也。神大用则竭，形大劳则敝，形神离则死。死者不可复生，离者不可复反，故圣人重之。由是观之，神者，生之本也，形者，生之具也。"⑤刘安《淮南子·精神训》中说："是故精神，天之有也，而骨骸者，地之有也。精神入其门，而骨骸反其根，我尚何存？"高诱注曰："精神无

---

① 《礼仪正义》卷四十六"祭法"，[清]阮元校刻《十三经注疏》下册，中华书局影印本1980年9月第1版，第1588页。

② 《礼仪正义》卷四十七"祭义"，[清]阮元校刻《十三经注疏》下册，中华书局影印本1980年9月第1版。，第1595页

③ 《尸子》卷下，见《二十二子》，上海古籍出版社1986年3月第1版，第380页。

④ [汉]许慎撰，[清]段玉裁注《说文解字注》，上海古籍出版社1988年2月第2版，第434页。

⑤ [汉]司马迁撰《史记》卷一百三十"太史公自序"，中华书局校点本第10册，1959年9月第1版，第3292页。

形，故能入天门，骨骸有形，故反其根归土也，言人死各有所归。"①
一旦形神俱灭，生命就不存在了。人死了，形体随之而亡，灵魂也就
转化成了另外一种形态。《汉书·杨王孙列传》说："精神者天之有
也，形骸者地之有也。精神离形，各归其真，故谓之鬼，鬼之为言归
也。"②

按照古人的解释，归于天者便为神，所以古代有祖先神之说并衍
生出祖先崇拜的观念，归于地者便为鬼——古代因此而有了鬼的观念。
《礼记·郊特牲》就说："魂气归于天，形魄归于地。"③古人也有认
为魂魄一起转化为鬼的，如《左传·昭公七年》记子产言："人生始化
曰魄，既生魄，阳曰魂。用物精多，则魂魄强。是以有精爽，至于神
明。匹夫匹妇强死，其魂魄犹能冯依于人，以为淫厉。""强死"是说
不能善终，"淫厉"是比喻恶鬼，意思是说如果普通男女不得善终，魂
魄就会变为恶鬼。所以"鬼有所归，乃不为厉"。④可见古人不但认为
鬼是由魂魄变化而来，而且认为鬼有善鬼与恶鬼之分。《礼记·祭法》
中认为王公贵族士大夫之流死后灵魂都有变为厉鬼的可能，⑤所以要祭
祀，以禳除灾祸。在古人的观念中，恶鬼多为未得善终者的灵魂所化，
会专门与人作祟；善鬼则能福佑众生，保佑四季平安、五谷丰登。祖先
神在一定意义上说，就属于能保佑子孙造福后人的善鬼。

---

① [汉]刘安撰《淮南子》卷七"精神训"，见《二十二子》，上海古籍出版社1986年
3月第1版，第1234页。参见《淮南子全译》（许匡一译注）上册，贵州人民出版社1993
年3月第1版，第365页。

② [东汉]班固撰《汉书》卷六十七"杨王孙传"，中华书局校点本第九册，1962年6月
第1版，第2908页。

③ 《礼仪正义》卷二十六 "郊特牲"，[清]阮元校刻《十三经注疏》下册，中华书局
影印本，1980年9月第1版，第1457页。

④ [周]左丘明撰，[晋]杜宇注《春秋左传正义》卷第四十四"昭公七年"，[清]阮元校
刻《十三经注疏》下册，中华书局影印本，1980年9月第1版，第2050页。参见王守谦等
译注《左传全译》上册，贵州人民出版社1990年11月第1版，第1178页。

⑤ 《礼仪正义》卷四十六"祭法"中所述及孔颖达注疏，[清]阮元校刻《十三经注
疏》下册，中华书局影印本，1980年9月第1版，第1590页。

总之，在古人的认识中，鬼是人死后灵魂不灭的表现形式。关于灵魂不灭的观念，其实在世界上很多民族都存在。弗雷泽《金枝》中就谈到，在澳大利亚、北美洲、加拿大、东南亚、太平洋岛屿、印度洋周边地区等很多民族都认为，人是有灵魂的。中国一些少数民族也同样认为，灵魂是独立于人体形骸之外，而又寓于人体形骸之中的东西，人体死亡后灵魂便离开身体而成为鬼魂。如"彝族人坚信人有鬼魂，灵魂不灭，人死后鬼魂依然存在。鬼又分为好鬼和恶鬼。好鬼护人，恶鬼害人"。"羌族人同样坚信'灵魂不灭'，凡羌族地区都有送鬼、招魂、赶鬼、驱邪的活动"。①羌族人"鬼的观念与灵魂观念分不开。羌族相信人有魂，人死了，魂魄不灭，死后几天，魂魄留恋家庭，要回煞，要祭奠"。纳西族人也有同样的观念，"纳西族原始观念中认为人有灵魂，并重视对灵魂以及亡魂的处理"。②类似的民族史料记载很多，可见灵魂不灭与"人死为鬼"，在古代人类社会中是一种较为普遍的观念。正是这种灵魂不灭的观念，形成了古代鬼神信仰的基础。

在中国古代人们的观念中，鬼作为生命进入幽冥世界的一种转化形式，或者说是人死后灵魂不灭的一种象征，通常认为也同样具有和神灵相似的某些神秘威力和作用。譬如先民们大都相信自己部落或家族的人死后变作鬼，仍然会保护着自己的部落或家族，尤其相信祖先的鬼魂会保护子孙后代。又譬如先民们相信历史上一些伟大和杰出的人物，死后会变为善鬼或善神，给后世的人们乃至整个社会以护佑。如《淮南子·氾论训》中就说："故炎帝于火而死为灶，禹劳天下而死为社，后稷作稼穑而死为稷，羿除天下之害而死为宗布。此鬼神之所以立。"③

---

① [彝族]戈隆阿弘著《彝族古代史研究》，云南民族出版社1996年5月第1版，第70~71页。

② 《中国原始宗教资料丛编》（总主编吕大吉、何耀华，副总主编倪为国）卷二"羌族卷"、卷二"纳西族卷"，上海人民出版社1993年10月第1版，第459页，第124页。

③ [汉]刘安撰《淮南子》卷十三"氾论训"，见《二十二子》，上海古籍出版社1986年3月第1版，第1270页。参见《淮南子全译》（许匡一译注）下册，文字略有不同，贵州人民出版社1993年3月第1版，第817页。

可知后世祭祀灶神、社神、稷神、宗布神的由来，原本都是祖先灵魂所化之善鬼或善神。又如屈原《楚辞·九歌·国殇》中赞扬阵亡将士说："身既死兮神以灵，魂魄毅兮为鬼雄。""鬼雄"乃鬼中强者，《章句》解释是："言国殇既死之后，精神强壮，魂魄武毅，长为百鬼之雄杰也"①，也是属于善鬼或善神之类。此外，还有死后变为恶鬼的，《礼记·祭法》中称之为"泰厉""公厉""族厉"，都是游荡在人间的恶魂变成的厉鬼。据孔颖达解释："泰厉者，谓古帝王无后者也，此鬼无所依归，好为民作祸，故祀之也""公厉者，谓古诸侯无后者，诸侯称公，其鬼为厉，故曰公厉""族厉者，谓古大夫无后者鬼也，族，众也，大夫众多，其鬼无后者众，故曰众厉"②。古人认为，各种厉鬼都是有害于社会和民众的，对待这些恶鬼最好的办法就是采用祭祀，使其有所归而不再为祸。还有就是采用禳除之法，达到镇鬼辟邪的目的。古人的这种鬼神观念，不仅导致了古代祭祀活动的频繁，而且对古代的丧葬文化以及人们的日常生活，也都产生了深刻的影响。

二、鬼神解释系统的形成

在鬼神信仰的基础上，中国从远古时代开始就逐渐形成了一套鬼神解释系统。我们知道，中国的鬼神信仰属于多神信仰，这种以鬼神信仰形式而存在的解释系统由于内在的多层次结构，而使解释本身具有了更大的灵活性。随着神话思维的发展，对鬼神的解释也日益变得错综复杂。

秦汉时期中国神话的发展已经日趋成熟，这个时期鬼神信仰一个

① [宋]朱熹撰《楚辞集注》第一册卷二页十六，人民文学出版社1953年影印宋端平刻本。参见黄寿祺、梅桐生译注《楚辞全译》，贵州人民出版社1984年2月第1版，第52页，第53页注18。
② 《礼仪正义》卷四十六"祭法"，[清]阮元校刻《十三经注疏》下册，中华书局影印本，1980年9月第1版，第1590页。

显著特点，就是不仅有漫无统序的杂神，而且出现了天神与主神。先秦时期，中国神话中已有了三皇五帝的说法。《周礼·春官·外史》中就有（外史）"掌三皇五帝之书"的记述，据郑玄与孔颖达、孔安国等注解，《周礼》中的"三皇"是指伏羲、神农、黄帝。① 《庄子·天运》中也有"三皇五帝之治天下"之说，成玄英注解也是"三皇者，伏羲、神农、黄帝也。五帝，少昊、颛顼、高辛、唐虞也"。② 《吕氏春秋·用众》也提到了"三皇五帝"，高诱注解为："三皇，伏羲、神农、女娲也。五帝，黄帝、帝喾、颛顼、帝尧、帝舜也。"③ 也有认为三皇是伏羲、神农、燧人的，或认为三皇是伏羲、神农、祝融的，如班固《白虎通·号》中就说："三皇者，何谓也？谓伏羲、神农、燧人也。"又说："《礼》曰：伏羲、神农、祝融，三皇也。"④

到了秦始皇统一天下之后，完全抛开了这些传统的说法，将三皇解释为"古有天皇，有地皇，有泰皇，泰皇最贵"。这种解释与之前传统说法的显著不同，就是比先秦时期的泛指具有更加浓郁的神话传说色彩，说明当时已经有了天神的观念。但秦始皇是不怕鬼神的君王，自以为功盖五帝，虽然迷信求仙渴望长生不老，却不把三皇五帝放在眼里。⑤ 秦始皇晚年热衷于求仙，为了表示对神仙的虔诚，在巡游各地时祭祀过很多杂神，却仍十分看轻五帝之祭。秦始皇作为一个高度独裁的

---

① 《周礼注疏》卷二十六"春官·外史"，[清]阮元校刻《十三经注疏》上册，中华书局影印本，1980年9月第1版，第820页。参见罗竹风主编《汉语大词典》第1册，汉语大词典出版社1990年12月第1版，第216页词条。

② [周]庄周撰，[晋]郭象注《庄子》卷五，见《二十二子》，上海古籍出版社1986年3月第1版，第47~48页。参见郭庆藩辑《庄子集释》第2册，中华书局1961年7月第1版，第527页。

③ [秦]吕不韦撰，[汉]高诱注《吕氏春秋》卷四，见《二十二子》，上海古籍出版社1986年3月第1版，第641页。参见陈奇猷校释《吕氏春秋校释》第1册，学林出版社1984年4月初版，第232页，第238页注18。

④ [汉]班固撰《白虎通德论》卷一，见《百子全书》下册，浙江古籍出版社1998年8月第1版，第1056页。

⑤ [汉]司马迁撰《史记》卷六"秦始皇本纪"，中华书局校点本第1册，1959年9月第1版，第236页、246页、248页、263页。

最高统治者，所作所为必然影响到当时的整个社会，正是由于他的这些做法，而使秦代的鬼神信仰成了一个无中心的多神崇拜局面。有学者因之而认为"秦代是一个上帝迷茫的时代"。①

到汉高祖刘邦夺取天下建立政权后，情形有了很大的改变。刘邦于汉二年六月下诏曰："吾甚重祠而敬祭。今上帝之祭及山川诸神当祠者，各以其时礼祠之如故。"②"于是令祠官祀天地四方上帝山川，以时祀之"。③汉代与秦代在鬼神信仰方面的不同，首先是将秦时的上帝祠由白、青、黄、赤四帝，增加了黑帝祠而确立为五帝祠；其次是恢复了各地民间的杂祀诸神习俗，使天神与多神崇拜融合并行。据司马迁《封禅书》记载刘邦建国后的祭神情形，是将大神小神都杂糅在了一起。

到了汉武帝时，"尤敬鬼神之祀"，④除了尊崇五帝之神，对众多的杂神也很重视。后来又增祭太一天神，并建立了太一祠坛。其后又增添了对后土的祭祀，设立了后土祠。虽然汉武帝和秦始皇都热衷于封禅求仙，但在鬼神信仰方面还是有很大的不同，秦始皇一切都以自我为中心而蔑视鬼神，汉武帝则大力倡导鬼神之祭祀，并大致确立了以太一为上帝，以五帝、后土为辅神的汉代鬼神信仰体系。在五帝中，汉武帝又特别重视对黄帝与赤帝的祭祀。正是由于汉武帝的喜好和倡导，使汉王朝的鬼神信仰大为兴盛，并形成了与秦王朝完全不同的一套崇尚体系，对两汉时期的信仰意识和社会风尚都产生了深远影响。

汉代鬼神信仰和祭祀活动的昌盛，还表现为各地鬼神崇拜的多元化。汉武帝确立的以太一为上帝、以五帝后土为辅神的鬼神信仰体系，

① 田兆元著《神话与中国社会》，上海人民出版社1998年11月第1版，第201页。
② [汉]司马迁撰《史记》卷二十八"封禅书"，中华书局校点本第4册，1959年9月第1版，第1378页。
③ [汉]司马迁撰《史记》卷八"高祖本纪"，中华书局校点本第2册，1959年9月第1版，第372页。
④ [汉]司马迁撰《史记》卷二十八"封禅书"，中华书局校点本第4册，1959年9月第1版，第1378~1379页，第1381页，第1384页。

在一定意义上说，属于汉王朝的主流神话。在此之外，还流行有一些地方神话，对鬼神信仰体系有着许多不同的解释。譬如淮南王刘安在《淮南子》中崇尚伏羲、女娲"阴阳"二神，与汉武帝时五帝系统中独尊炎黄二帝的正统解释截然不同，就是一个显著的例证。值得注意的是，《淮南子》中大力宣扬的地方神话由于与汉武帝主张的正统神话相矛盾，甚至表现出一定的对抗性，而被汉王朝的卫道者斥责，认为《淮南子》宣扬的是"邪说""妖

汉代画像中的鬼神崇尚（陕西神木大保当出土）

言"，所以淮南王刘安和追随他的人都为之付出了生命的代价。① 刘安虽然死了，《淮南子》却流传甚广，在民间造成了广泛而深刻的影响。从史料记载看，伏羲女娲作为阴阳二神和创世神的至尊地位并未得到汉朝皇家承认，故未进入正统神话，但考古揭示各地汉墓中皆刻画了大量

汉代画像石上的"天帝出巡图"（河南南阳卧龙区王庄墓出土）

---

① [汉]班固撰《汉书》卷四十四"淮南衡山济北王传"，又见《汉书》卷六"武帝纪"，中华书局校点本，1962年6月第1版，第7册第2152页、第2153页；第1册第174页。又参见[晋]张华《博物志》卷五说"汉淮南王谋反被诛，亦云得道轻举"；见《百子全书》下册，浙江古籍出版社1998年8月第1版，第1300页。

的伏羲女娲像，由此可见他们在民间的巨大影响。汉代画像中常见有主神"天帝"或"天帝出巡"的画面，应是汉武帝确立的以太一为上帝、以五帝后土为辅神的鬼神信仰体系的体现，"天帝"显然就是太一神，为汉王朝主流神话中的主神。而画像中大量出现的伏羲、女娲，则显示了地方神话的影响。相比较而言，汉朝的统治阶层理所当然要信仰主流神话，而民间大都对地方神话表现出更加浓厚的兴趣。正是由于这个原因，所以除了汉朝皇亲国戚与豪门贵族的墓葬之外，民间普通墓葬中伏羲、女娲是最为常见的画像。客观地说，汉朝在文字方面和思想领域还是比较宽松的，没有像秦始皇那样搞焚书坑儒，也没有像后世明清时期那样搞文字狱。汉武帝虽然治了淮南王刘安唱反调的罪，但并没有下令禁止《淮南子》的流行。汉武帝之后，汉朝的其他皇帝对《淮南子》也大都持宽容态度，这也是伏羲、女娲作为地方神话中的主角，两汉期间得以在各地民间倍受尊崇和长期流传的一个重要原因吧。

汉代鬼神信仰的另一个显著特点，就是神鬼世界变得日益明朗化，有了相对稳定的空间定位。中国上古时期神话大致分为华夏、东夷、苗蛮三大系统，对神鬼世界的解释并不完全相同。秦汉时期的昆仑神话系统与蓬莱神话系统，对神鬼世界的解释也是异彩纷呈。我们知道，在先秦时期的很多典籍与著述中，都有神灵居于天界的说法，但鬼的世界位于何处，则比较模糊。

《山海经·西山经》有"天地鬼神"之说，又说槐江之山"槐鬼离仑居之，鹰、鹯之所宅也。东望恒山四成，有穷鬼居之，各在一搏"。郭璞注曰："搏犹胁也；言群鬼各以类聚，处山四胁，有穷其总号耳。"《山海经·海内北经》说："鬼国，在贰负之尸北，为物人面而一目。"[1]《山海经》中记述的这些鬼属之地，大多在以昆仑为中心的西北地区。因而有学者认为："以昆仑山为中心，以西王母为主神，

---

[1] 袁珂校注《山海经校注》（增补修订本），巴蜀书社1993年4月第1版，第48页，第53~55页，第364页。

连及昆仑附近山系区域的鬼神精怪，奇鸟异兽，构成中国上古冥界神话的世界，这个世界，便是数千年来人们深以为惧的幽都地狱。"①

此外，在东部沿海地区传说也有一个鬼的世界，汉代王充《论衡·订鬼篇》中就记载了这一传说："《山海经》又曰：沧海之中，有度朔之山。上有大桃木，其屈蟠三千里，其枝间东北

神荼画像（河南南阳市东关出土）　郁垒画像（河南南阳市东关出土）

曰鬼门，万鬼所出入也。上有二神人，一曰神荼，一曰郁垒，主阅领万鬼。恶害之鬼，执以苇索而以食虎。于是黄帝乃作礼以时驱之，立大桃人，门户画神荼、郁垒与虎，悬苇索以御凶魅。"②神荼、郁垒作为驱鬼的象征，演化为门神，即与这个传说有关。由此可知，古人认为鬼的世界一是在昆仑附近，二是在沧海之中，显然应属于昆仑神话系统与蓬莱神话系统的两种说法。虽然地域不同，但都认为鬼是住在山上的。相比较而言，昆仑神话系统中关于西王母与鬼神冥界的说法更为流行，特别是《山海经》中将鬼之所居称为幽都，对当时和后世都产生了深远的影响。

关于幽都之说，战国时期就开始流行了。从有关文献记载来看，长江中游的楚地已流行幽都的说法。《楚辞·招魂》中就说："魂兮归来！君无下此幽都些。"王逸注云："幽都，地下后土所治也；地下幽

---

① 周明《论上古冥界神话》，《民间文学论坛》1988年第2期。

② [东汉]王充著《论衡》，上海人民出版社1974年9月第1版，第344~345页。参见《百子全书》下册，浙江古籍出版社1998年8月第1版，第1031页。

冥，故称幽都。"①但幽都的说法，并不仅限于楚地。《山海经·海内经》中就有"北海之内，有山，名曰幽都之山"的记述，袁珂先生认为：其"景象颇类《招魂》所写幽都，疑即幽都神话之古传也"②。茅盾先生认为："我们猜想中国的幽冥神话大概也是丰富美丽的，但不知为什么缘故，散逸独多，只剩下这一些，令人只见其门，别的都没有了。"③蒙文通先生曾指出，"春秋战国时代，各国都有它所流传的代表它的传统文化的典籍……巴、蜀之地当也有它自己的作品，《山海经》就可能是巴、蜀地域所流传的代表巴蜀文化的典籍"，认为《海内经》等篇章应是蜀人所撰写。④可见古代巴、蜀、荆楚地域流传的幽都之说，应是肇始于蜀地，然后再传播到长江中游地区的。

类似的例子还有古代蜀人的天门观念，也是起源于岷山之域，然后才流行于巴国、荆楚地区的。据扬雄《蜀王本纪》记述：秦朝李冰为蜀守的时候，"谓汶山为天彭阙，号曰天彭门，云亡者悉过其中，鬼神精灵数见"⑤。《华阳国志·蜀志》对此也记载说："李冰为蜀守，冰能知天文地理，谓汶山为天彭门，乃至湔氐县，见两山对如阙，因号天彭阙。仿佛若见神，遂从水上立祀三所，祭用三牲，珪璧沈湮。汉兴，数使使者祭之。"⑥从出土的汉代画像资料看，简阳县鬼头山东汉崖墓

① [宋]朱熹撰《楚辞集注》第三册卷七页四~页五，人民文学出版社1953年影印宋端平刻本。参见黄寿祺、梅桐生译注《楚辞全译》，贵州人民出版社1984年2月第1版，第158~159页，第160页注32。

② 袁珂校注《山海经校注》（增补修订本），巴蜀书社1993年4月第1版，第525~526页。

③ 茅盾著《神话研究》，百花文艺出版社1981年4月第1版，第87页。

④ 蒙文通《略论〈山海经〉的写作时代及其产生地域》，《蒙文通文集》第一卷《古学甄微》，巴蜀书社1987年7月第1版，第65页，第50页。

⑤ 《全汉文》卷五十三，[清]严可均校辑《全上古三代秦汉三国六朝文》第1册，中华书局影印出版，1958年12月第1版，第415页。又参见《寰宇记》卷七十三；林贞爱校注《扬雄集校注》，四川大学出版社2001年6月第1版，第318页。

⑥ [晋]常璩撰，刘琳校注《华阳国志校注》，巴蜀书社1984年7月第1版，第201页。

出土的3号石棺右面画像，双阙上镌刻了"天门"二字，[1]四川合江县张家沟出土的四号石棺左侧刻画有一幅"车临天门"图，[2]巫山东汉墓葬中出土的7件鎏金铜牌饰上也刻有双阙和隶书"天门"二字。[3]其实在三星堆和金沙遗址出土器物中，已出现了"天门"观念，譬如在三星堆二号坑出土的一件玉璋图案，刻画了古代蜀人祭祀神山的情景，在玉璋图案上边画面的两座神山之间，就刻画了悬空的天门符号。[4]又譬如成都金沙遗址出土的一件玉兽面纹斧形器，也刻画了天门图案。[5]用历史发展和民俗延续的眼光来看，古代蜀人从商周时期到汉代的天门观念可谓一脉相承，远古时代关于人神往来沟通的想象已演化为灵魂与天国的联系。这些图像，都表达了古代蜀人对于鬼神与幽冥世界的想象，可知天门观念与幽都之说实际上是密切关联的，具有内在的逻辑关系。正如蒙文通先生所指出的："古时中原说人死后魂魄归泰山，巴蜀说魂魄归天彭门，东北方面又说魂魄归赤山，这都是原始宗教巫师的说法，显然各为系统。从这一点来看，巴蜀神仙宗教说不妨是独立的，别自为系。"蒙文通先生还提到了古老的巴蜀文化对楚文化产生的广泛影响，认为"巴蜀和楚，从文化上说是同一类型"，提出了"始于巴蜀而流行于楚地"的精辟见解。[6]宋玉《对楚王问》说："客有歌于郢中者，其

---

①　《中国画像石全集》第7册图九六，山东美术出版社、河南美术出版社2000年6月第1版。参见高文编著《四川汉代石棺画像集》图九八，人民美术出版社1998年4月第1版，第52页。

②　《中国画像石全集》第7册图一七八，山东美术出版社、河南美术出版社2000年6月第1版。参见高文编著《四川汉代石棺画像集》图一三六，人民美术出版社1998年4月第1版，第70页。

③　《四川文物》1990年第6期封二"天门图"。

④　参见黄剑华著《古蜀的辉煌——三星堆文化与古蜀文明的遐想》，巴蜀书社2002年4月第1版，第172~185页。

⑤　参见黄剑华著《古蜀金沙——金沙遗址与古蜀文明探析》，巴蜀书社2003年11月第1版，第213~219页。

⑥　蒙文通《巴蜀古史论述》，四川人民出版社1981年8月第1版，第100页。参见蒙文通著《古族甄微》，《蒙文通文集》第二卷，巴蜀书社1993年4月第1版，第258页。

始曰下里巴人，国中属而和者数千人。"①下里巴人是巴蜀地区的通俗歌曲，在楚地得到了广泛流传，其他文化形式和观念习俗上的传播影响显然也一样。随着幽都之说与天门观念由岷江流域往长江中游地区的传播，到了汉代这一观念已成为巴蜀和荆楚等南方地区的共同信仰。

如果说古代人们很早就有了三界的想象，那么在汉代这种想象已经形成了较为固定的形式和说法。《淮南子·道应训》说："游乎北海，经乎太阴，入乎玄阙，至于蒙谷之上。"有学者认为"玄阙"和"蒙谷"都是形容黑暗的地下世界的惯用语。总之，汉代人已有了上中下三界的神话空间意识。也就是说，在人间世俗生活之外，不仅有一个天上的神仙世界，还有一个地下鬼魂的幽冥世界。幽都之说，这时也演化为地下幽冥世界的象征，因其符合对于鬼域世界的想象和解释，所以具有强大的渗透力，逐渐为更多的人们所接受，在正统神话和地方神话杂糅并行的汉代更是显示出了大为盛行的趋势。从考古资料看，湖南长沙马王堆汉墓出土的彩绘帛画上对此就有生动而形象的描绘。②整幅帛画将世界明确分成了天上、人间、地下三界，人间部分采用写实手法描绘了墓主人日常生活中的起居、出行、乐舞、礼宾、宴飨、祭祀等情景；地下部分描绘了许多怪兽大鱼和龙蛇以象征"水府"或"黄泉"阴间，并有一裸体巨人脚踩大鱼，以头和双手托举着人间和天界；天上部分描绘了天门和两位帝阍、腾飞的一对神龙、有金乌的太阳和有蟾蜍玉兔的月亮，以人首蛇身的女娲居于天界中央取代了西王母，还有奔月的嫦娥以及星辰祥云等绚丽多彩的景象。③透过这些神奇诡异的画面，我

---

① [梁]萧统编，[唐]李善注《文选》卷四五，中册，中华书局影印本，1977年11月第1版，第628页。

② 《中国大百科全书·考古学》，中国大百科全书出版社1986年8月第1版，第164页文字与线描图，彩色插页第45页帛画图。参见《中国大百科全书·美术》Ⅰ册，中国大百科全书出版社1990年12月第1版，第505页辞条，彩色插页第25页帛画图。参见何介钧、张维明《马王堆汉墓》，文物出版社1982年第1版。

③ 对长沙马王堆彩绘帛画中女娲、帝阍的定名，参见郭沫若《出土文物二三事》，人民出版社1972年8月第1版，第54页，以及图版十四~图版二十一。

们可以看出原始的、混沌的神鬼世界此时已分化为二："一个神的世界和一个鬼的世界。神的世界总是位于上方空间，在天上或与天相接的高山之巅。鬼的世界总是位于下方空间，在地下或水下。"①人间世界则处于天神世界和地下幽冥世界之间，长沙马王堆汉墓帛画描绘的便正是"这种经过装饰性夸张的神话宇宙三分世界模式""神话意识中的三分世界分别确定了神、鬼和人的空间分界。在正常情况下，三界之间的界限是不得混淆的。神界是永生的世界，凡人与鬼魅不可企及；人间是有生亦有死的世界，一切生物都要受到死亡法则的支配，它们的最后归宿是地下的鬼域，那里是黑暗之家，也是水的世界。只有太阳和月亮才有权力周游三个世界，它们在运动中获得永生"。②

对于汉代鬼神信仰意识中三界的描绘，长沙马王堆汉墓帛画是一个非常有代表性的典型例子，在各地出土的汉代画像中对此也有形式多样的展现，但全景式的描绘相对来说较少。客观地来看，汉画中表现最多的仍是仙人世界和神灵天国的想象，而对地下幽冥世界和阴曹地府的虚构仍比较模糊。诚如有的学者所说："它说明了我国古代关于地狱的神话并不发达""在佛教地狱观念尚未传入前，中国的地狱神话尚十分幼稚。"③汉代对于鬼神世界的空间定位，在一定意义上也可以说是神话思维发展的必然结果。正是由于空间意识的拓展和加强，而促使了阴阳二元对立观念的形成，并导致了神鬼关系的分化与对立。尽管鬼与神二者是有区别的，但都属于真实生活之外的虚幻世界，所以在汉代画像中，当时的人们仍常将神灵与鬼怪组合在一起。

随着汉代鬼神信仰意识的演变，先秦以来传统的灵魂不灭观念至此也有了进一步发展。如果说先秦时期的灵魂不灭观念还相对比较简

---

① 申华清著《神鬼世界与人类思维》，黄河文艺出版社1990年3月第1版，第34页，第31页。

② 叶舒宪著《中国神话哲学》，中国社会科学出版社1992年1月第1版，第37页，第42页。

③ 田兆元著《神话与中国社会》，上海人民出版社1998年11月第1版，第220~221页。

单，主要局限在敬畏鬼神的范畴之内；那么两汉时期的灵魂不灭观念则变得更为复杂了，已和当时盛行的阴阳五行学、谶纬迷信、神仙方术等羼杂在一起。值得注意的是，当时的一些具有独立精神的学者和进步的思想家，曾对"人死为鬼""灵魂不灭"之说进行了新的审视和深刻的批判，对死亡现象作出了振聋发聩的较为科学的解释。譬如《论衡·论死篇》中说："鬼神，荒忽不见之名也""天地开辟，人皇以来，随寿而死。若中年夭亡，以亿万数。计今人之数不若死者多，如人死辄为鬼，则道路之上，一步一鬼也"，又说："天地之性，能更生火，不能使灭火复燃；能更生人，不能令死人复见。能使灭灰更为燃火，吾乃颇疑死人

长沙马王堆1号汉墓彩绘帛
画线描图

能复为形。案灭火不能复燃以况之，死人不能复为鬼，明矣。"①《论衡》中类似的论述很多，这些见解当然都是很有道理的，在崇尚鬼神信仰的时代背景下能如此批驳迷信，真可谓言简意赅，痛快淋漓。总的来说，无神论在东汉初已经崭露头角，王充等著名学者曾为之大声疾呼，运用严谨的逻辑、缜密的思辩、犀利的语言，旗帜鲜明地张扬着一种具有划时代意义的批判精神，是需要极大的勇气的，其积极意义也是显而易见的。尽管无神论在当时代表着一种先进的思想，对鬼神信仰中的种种荒唐无稽进行了无情的揭露和批判，但古老的习俗并不是那么容易改变的，传统观念仍然以巨大的惯性左右着人们的世俗生活。汉代的鬼神信仰依旧是一股巨大的力量，由于巨大的"集体无意识"惯性，很难使

① [东汉]王充著《论衡》，上海人民出版社1974年9月第1版，第315~317页。参见《百子全书》下册，浙江古籍出版社1998年8月第1版，第1025页。

之退出历史舞台，特别是一种习以为常的风俗或由来已久的信仰，确实是很难改变的。无神论虽然"真理在少数人手里"，对之也无可奈何。

汉代的鬼神信仰在葬俗上反映尤为突出，这与两汉时期的厚葬习俗显然有着较为密切的关系。两汉之后，厚葬之风虽然衰微并停止了，但鬼神信仰与仙话依然流行，对后世造成了深远而广泛的影响。

三、仙话的演化与盛行

仙话是由神话发展演变而来的，它和神话同属幻想虚构，然而性质却比较特殊，仙话是"以寻求长生不死途径为其中心内容，进而幻想人能和仙人们打交道，终于由仙人们的导引，采取各种修炼的方式而登天"，"用幻想的胜利——升仙，来向威胁人类最大的厄运——死亡进行了挑战"。[1]在一定意义上说，仙话虚构的是一个神人之间的魔幻世界，幻想人可以通过修炼而得道成仙长生不死，或幻想死后仍可以通过升仙的方式而进入仙间得以永生。从本质上看，神和仙是有区别的，神出于天生，仙属于人为修炼而成，但二者都能超越时空束缚，可以长生不死与天地同老，还可以来去逍遥自由飞行。仙既能与神一样永生，又能享有人间世俗快活，自然也就成了人们向往的目标，从帝王将相到芸芸众生都不能免俗，这也正是仙话问世以后大为盛行的重要原因。

据考证，中国仙话的诞生大约是在战国前期。"最早问世的西王母仙话、黄帝仙话、蓬莱仙话，系由中国上古神话的两大系统即发源于西北高原地区的昆仑神话与发源于东方海滨一带的蓬莱神话演化而成"[2]。昆仑神话中有大量关于不死山、不死树、不死药和上下天庭、龙马飞升、羽民国等描写，所宣扬的"不死"观念和"飞升"幻想，随着神话传说的广泛传播和扩散而对人们的信仰习俗产生过深刻的影响。

---

[1]　袁珂著《中国神话通论》，巴蜀书社1993年4月第1版，第16页、第17页。

[2]　梅新林著《仙话——神人之间的魔幻世界》，三联书店上海分店出版，1992年6月第1版，第2页。

蓬莱神话中因受海市蜃楼幻景刺激而产生的海上大人传说,与昆仑神话相融合后,也为仙话的演化发展提供了便利。仙话中除了竭力宣扬的长生不死与得道升仙观念,还有大量关于仙界情景的渲染描写,也是仙话发展历程中非常重要的内容。秦汉时代是仙话发展的成熟期,关于仙界的描绘除了昆仑、蓬莱两大仙境,还出现了向天上仙宫、海中仙岛、凡间仙窟三维时空结构演进的趋势。这个时期关于仙话的记载,在史书和各类著述中也大为增多。

庄子的著作中就有仙话的记述,如《庄子·逍遥游》说:"藐姑射之山,有神人居焉,肌肤若冰雪,绰约若处子,不食五谷,吸风饮露,乘云气,御非龙,而游乎四海之外。"《庄子·大宗伯》中又说:"古之真人,不知说生,不知恶死""登高不慄,入水不濡,入火不热""夫道,有情有信,无为无形……黄帝得之,以登云天……西王母得之,坐乎少广,莫知其始,莫知其终。"①《列子》中也有"列姑射山在海河洲中,山上有神人焉,吸风饮露,不食五谷,心如渊泉,形同处女"的记述,又有神巫季咸能"知人死生、存亡、祸福、寿夭,期以岁、月、旬、日如神",以及周穆王命驾八骏之乘"升昆仑之丘以观黄帝之宫""遂宾于西王母,觞于瑶池之上"的故事。②伟大诗人屈原在《楚辞·远游》中也提到了当时盛传的仙话,并感叹了对仙人的向往:"闻赤松之清尘兮,愿承风乎遗则。贵真人之休德兮,羡往世之登仙。"据《列仙传》介绍:"赤松子,神农时为雨师,服冰玉,教神农,能入火自烧,至昆山上,常止西王母石室,随风雨上下。炎帝少女

① 见《二十二子》,上海古籍出版社1986年3月第1版,第14页,第28页,第29页。参见陈鼓应注译《庄子今注今译》,中华书局1983年5月第1版,第21页,第169页,第181页。

② 见《二十二子》,上海古籍出版社1986年3月第1版,第198页,第200页,第203页。参见王强译注《列子全译》,贵州人民出版社1993年10月第1版,第32页,第52页,第71页。

追之，亦得仙俱去。张良欲从赤松子游，即此也。"[1]可见此类仙话曾对当时的人们以及秦汉时人产生过深远影响。

《山海经》成书于战国时代，是迄今保存中国古代神话资料最多的一部著作，其中也有很多关于仙话的记载。如《山海经·大荒南经》记述有"羽民之国，其民皆生毛羽"，《山海经·海外南经》记述"羽民国……身生羽"。据古代学者的注解：人得道才会身生羽毛，故羽人之国又称为不死之民，"是以羽民即仙人矣"。[2]最为典型的则是关于西王母的记载了，说西王母是有时住在玉山、有时住在昆仑之丘的一位

四川彭山江口乡双河崖墓出土石棺上坐于龙虎座
上的西王母

四川博物院藏西王母画像砖

山东嘉祥满硐乡出土西王母画像石

---

① [宋]朱熹撰《楚辞集注》第三册页二，人民文学出版社1953年影印宋端平刻本。参见《楚辞全译》（黄寿祺、梅桐生译注），贵州人民出版社1984年2月第1版，第123页，第124页注16。参见王叔岷撰《列仙传校笺》，中华书局2007年6月第1版，第1页"赤松子"。

② 袁珂校注《山海经校注》（增补修订本），巴蜀书社1993年4月第1版，第423~424页，第238页。

神奇的传说人物。到了秦汉时期，西王母已经成了昆仑山上掌管长生不死灵丹妙药的女神，《淮南子·览冥训》说："羿请不死之药于西王母，姮娥窃以奔月，"[①]便是显著的例证。因为西王母掌管着不死之药，连穆天子都要到西方去见西王母，所以很自然地成了当时人们祈求升天成仙的崇拜对象。仙话中竭力渲染的西王母居住的昆仑仙界，也就成了人们的向往之地。

　　仙话在秦汉时期的盛行，除了方士们的推波助澜外，与统治者的喜好倡导也大有关系。秦始皇就是一个仙话的信奉者，为了追求长生不死而采取了很多行动，有些做法甚至达到了疯狂的地步。如《史记·秦始皇本纪》记载秦始皇统一天下后，晚年多次东巡寻仙，曾上泰山封禅，又登之罘、琅琊停留三月，当地的方士们便投其所好，"齐人徐市等上书，言海中有三神山，名曰蓬莱、方丈、瀛洲，仙人居之，请得斋戒，与童男女求之。于是遣徐市发童男女数千人，入海求仙人"。[②]这

四川彭山高家沟崖墓出土三号石棺上的三神山图

---

① [汉]刘安撰《淮南子》卷六"览冥训"，见《二十二子》，上海古籍出版社1986年3月第1版，第1233页。参见《淮南子全译》（许匡一译注），贵州人民出版社1993年3月第1版，第361页。

② [汉]司马迁撰《史记》卷六"秦始皇本纪"，中华书局校点本第1册，1959年9月第1版，第242~258页。

种求仙行动可谓规模空前，叹为观止。后来由于方士们的欺诈，仙药久寻不至，而导致了秦始皇的坑儒。仙话本身并没有错，可视作是一种虚构和寄托，也可视为一种美好的追求。但求仙行动却是一柄荒诞的双刃剑，不但耗尽财力物力，还断送了统治者与方士们的性命。一年以后，秦始皇便病死在再次出游途中，"始皇南至湘山，遂登会稽，并海上，冀遇海中三神山之奇药。不得，还至沙丘崩"。①秦始皇的求仙行动虽以失败而告终，但历朝历代统治者们和芸芸众生对求仙和常生不死的向往并没有停止，而且有更加风行的趋势。

汉代是仙话更加大肆泛滥的时代，汉代的皇帝们也大都是仙话的信奉者。到了汉武帝即位之后，"尤敬鬼神之祀"，随着国力的强盛，整个社会情形和民俗民风都发生了很大的变化。汉武帝不仅对方士们虚构的很多仙话传说深信不疑，而且利用最高统治者拥有的权力，对追求长生不死的求仙行动也是不遗余力。这自然给方士们提供了绝好的机会，成为方士们最为活跃的时期。汉武帝的各种求仙行为，不仅在当时对朝野上下影响甚大，而且对后来数百年间的两汉社会风尚也影响深远。诚如《后汉书·方术列传》中所说："汉自武帝颇好方术，天下怀协道蓺之士，莫不负策抵掌，顺风而届焉。后王莽矫用符命，及光武尤信谶言，士之赴趣时宜者，皆骋驰穿凿，争谈之也。"②由此可见，一个时代社会风气的形成，自有其深刻的原因，统治者的嗜好和倡导往往起着至关重要的作用。正是由于皇帝的迷信，加上方士们的推波助澜，从而导致了两汉时期求仙的盛行和方术的泛滥。

从传世文献记载来看，汉代著述中关于仙话的记述亦大为增多，如《淮南子》《春秋繁露》《史记》《汉书》《后汉书》等都有很多仙话的记载。《史记》中不仅在"秦始皇本纪""孝武本纪"中真实地记

---

① [汉]司马迁撰《史记》卷二十八"封禅书"，中华书局校点本第4册，1959年9月第1版，第1370页。

② [宋]范晔撰《后汉书》卷八十二上"方术列传"，中华书局校点本第10册，1965年5月第1版，第2705页。

述了秦始皇与汉武帝的求仙行为，在"封禅书"中也有很多历代仙话的记载。《汉书·艺文志》中则记载了当时流传的很多书目，在道家、小说家、占卜等类中有很多与仙话和方士之术有关，并专门开列了神仙类的书目，有十家，二百五十卷。《后汉书》中专门有方术列传，留下传记的方士们有数十人之多。在当时涉及仙话内容的著述中，《淮南子》也可谓是一部代表作，书中充满了浓郁的神仙思想。汉代这些著述中所记录的仙话内容和神仙思想，充分显示了朝野上下求仙的盛行，真实地反映了当时的社会风尚。

早期的仙话主要以入山成仙为主题，如《释名》说："老而不死曰仙。仙，迁也，迁入山也。"《说文》解释："仚（仙），人在山上貌，从人山，"仙又作僊，"僊，长生僊去，从人僊。"[①]无论是"仚"或"僊"，都与"山"有关，从中也透露出与昆仑仙话有着十分密切的渊源关系。如《淮南子·墬形篇》所说："昆仑之丘，或上倍之，是谓凉风之山，登之而不死。或上倍之，是谓悬圃，登之乃灵，能使风雨。或上倍之，乃维上天，登之乃神，是谓太帝之居。"[②]《论衡·道虚篇》对此也说得很清楚："如天之门在西北，升天之人，宜从昆仑上。淮南之国，在地东南，如审升天，宜举家先从昆仑，乃得其阶。"[③]但传说中的昆仑仙境究竟在西北什么地方，历来说法不一，当时并无一个准确的位置。这个时候，蓬莱仙话也流行日广，出身于燕齐之地的方士们对蓬莱仙话也更为熟悉和有着更加浓厚的兴趣。经过方士们对昆仑神话与蓬莱仙话的巧妙整合，又增添了对海上仙山缥缈神奇的描绘，前往海上仙山求仙因之而成了一个非常热门的话题。这种情形在

---

① [汉]许慎撰，[清]段玉裁注《说文解字注》，上海古籍出版社1988年2月第2版，第383页。

② [汉]刘安撰《淮南子》卷四"墬形训"，见《二十二子》，上海古籍出版社1986年3月第1版，第1221页。参见《淮南子全译》（许匡一译注），贵州人民出版社1993年3月第1版，第233页。

③ [汉]王充撰《论衡·道虚篇》，见《百子全书》下册，浙江古籍出版社1998年8月第1版，第980页。参见[东汉]王充著《论衡》，上海人民出版社1974年第1版，第107页。

当时文人的记述中就有生动的反映，如《拾遗记》就同时记述了仙话中的昆仑山、蓬莱山、方丈山、瀛洲，说昆仑山上"群仙常驾龙乘鹤游戏其间"，说蓬莱山、方丈山、瀛洲皆为仙人所居而且有各种服之可以千岁不死的仙药。[①]有了这些妙笔生花、活

河南南阳出土鹿车升仙画像石

四川新都出土画像砖上的"骑鹿升仙"图

灵活现的描述，自然更加增添了海上求仙的诱人魅力。秦汉时期的帝王们不遗余力去海上求仙，便正是深受蓬莱仙话的诱惑所致。在民间，去海上求仙是很不现实的，所以更相信昆仑仙境之说，这也正是西王母在整合后的仙话中始终居于主神位置的重要原因。

仙话的广泛流行，与鬼神的信仰也是常常交融在一起的。广大民众对鬼神的信仰，主要是出于敬畏和祈祷保佑；而对于仙话，则出于生前对长生不老的向往，并幻想死后也要通过升仙的方式进入神仙极乐世界享受荣华快乐。二者崇尚不同，却又紧密相连。由于鬼神解释系统对于三界的确立，对升仙的向往也延伸到了幽都与冥界，成为葬俗中的一项重要内容。汉代各地墓葬中埋入地下的画作，对此就有大量的描绘。通过各地出土的画像可知，幽都本是鬼魂的世界，也受到仙话的影响，

---

① [前秦]王嘉撰，[梁]萧绮录《拾遗记》卷十，见《百子全书》下册，浙江古籍出版社1998年8月第1版，第1253~1254页。参见[晋]王嘉撰，[梁]萧绮录，齐治平校注《拾遗记》，中华书局1981年6月第1版，第221~227页。

和升仙意识结缘，被渲染了仙都的色彩。这种情形在求仙盛行的汉代已逐渐为人们所认可，不仅流传的范围日益广泛，而且融入了各地的民俗，特别是在富有阶层（包括地主、富商、豪族、官吏等）的丧葬中成了必不可少的表现形式。求仙不必去海上，追求长生不老也不用去缥缈的昆仑，通过画像就可以充分表达这种意愿，肯定会大受民众的欢迎。正是由于求仙意识与鬼神信仰的交融，所以提到幽都，便会联想到仙都。后世将幽都与仙都联系在一起，成为地方民间的一种崇尚，显然是从汉代就开始了。故而幽都与仙都之说，在后世也成了重要的民俗传承，特别是在长江流域和南方地区，备受民众的推许和信奉，可谓由来已久。

秦汉之后，随着本土宗教道教的崛起和传播，仙话为道教利用和改编，增添了许多新的内容，发生了新的演化。仙话中的神仙人物，数量日渐增多，得道升仙的故事也更加丰富多彩了。譬如为仙话主神西王母衍生了对偶神东王公，虚构了西王

山东嘉祥武宅山村出土西王母、东王公画像石

母和东王公相会的仙话故事。如《神异经》就记述了西王母岁登大鸟希有翼上与东王公相会的传说："昆仑之山有铜柱焉，其高入天，所谓天柱也，围三千里，周圆如削，下有四屋，方百丈，仙人九府治之。上有大鸟，名曰希有，南向，张左翼覆东王公，右翼覆西王母，背上小处无羽，一万九千里。西王母岁登翼上，会东王公也。"① 《神异经》假托为西汉东方朔撰写，而据学者考证，实际上是"由六朝文士影撰而

---

① [汉]东方朔撰《神异经》，见《百子全书》下册，浙江古籍出版社1998年8月第1版，第1225页。

成"。^①其次是虚构了黄帝乘龙升天、汉武帝曾与仙人六博的传说，^②将一些著名的历史人物如张良、东方朔等都被神仙化，连老子和孔子也被视为神仙中人，^③借以扩大仙话的神奇与影响。

再者是增添了许多仙人的传说，如赤松子、王子乔等。《搜神记》卷一有"赤松子者，神农时雨师也"的记载，^④《水经注》卷四十也有关于赤松子采药与羽化登仙的记述。^⑤关于王子乔有多种传说，汉乐府古辞有"王子乔参驾白鹿云中遨"之说，刘向《列仙传》、刘安《淮南子》、应劭《风俗通义》、干宝《搜神记》、杜光庭《王氏神仙传》等都有记述，有说王子乔是周灵王太子，有说是汉晋时河东人王乔，或说王乔是越人，还有蜀人王乔之说，总之是一位著名的得道成仙者。而据常璩《华阳国志》卷三记述，王乔是在蜀中犍为武阳升仙的，并说武阳是彭祖的故乡；传说彭祖从唐尧时活到殷末，寿八百余岁，也属于神仙人物了。^⑥有学者认为传说中的天彭阙，可能就与彭祖和古代彭人有关。常璩《华阳国志》中的这段记述透露了古蜀天门观念与仙话的关系，是很值得重视的。后来的很多著述也都引用了这个说法，如《历代仙真体道通鉴》卷五就说："王乔，犍为武阳人也……今武阳有乔仙祠。"^⑦南朝萧梁李膺《益州记》（亦作《蜀记》）也有同样记载，武阳"县有王乔仙处，王乔祠今在县"。《水经·江水注》卷

① 张心澂编著《伪书通考》，上海书店出版社1998年1月第1版，第868页。

② [东汉]应劭撰，吴树平校释《风俗通义校释》，天津人民出版社1980年9月第1版，第54~56页。

③ 邢义田著《画为心声——画像石、画像砖与壁画》，中华书局2011年1月第1版，第429~430页。

④ [晋]干宝撰《搜神记》（汪绍楹校注），中华书局1979年9月第1版，第1~3页。参见《百子全书》下册，浙江古籍出版社1998年8月第1版，第1255页。

⑤ [北魏]郦道元撰，王国维校《水经注校》，上海人民出版社1984年5月第1版，第1249~1250页。

⑥ [晋]常璩撰，刘琳校注《华阳国志校注》，巴蜀书社1984年7月第1版，第273~275页。

⑦ 袁珂著《中国神话大词典》，四川辞书出版社1998年1月第1版，第78页。参见卿希泰主编《中国道教》第3册，知识出版社1994年1月第1版，第68~69页。

三十三也有犍为武阳县北山是"昔者王乔所升之山也"的记述①。由此可见蜀中王乔升仙传说的影响，在汉晋南北朝时期已传播很广了。

随着道教的广泛传播，追求长生不老和升

四川新津崖墓出土石函侧面的仙人裸体六博图

仙不死传说的影响也日益扩大。晋代葛洪撰写了《神仙传》，记载了很多仙人的故事，其中有阴长生、王方平的传说，在长江流域和南方地区产生了很大的影响。传说阴长生是河南新野人，是东汉和帝阴皇后的曾祖，后来在巴蜀地区修炼道术，于平都山白日升天。传说王方平是东汉末东海人，辞官隐居修炼，也是在平都山升天成仙的。"阴长生的活动远及巴蜀，对当地道教的兴盛影响甚深"。②平都山在重庆丰都县，因为有了阴长生和王方平于此修炼成仙的传说，故而成了一个很有名的地方。后来又有了女仙麻姑也到过这里的传说，而麻姑原是亲见"东海三为桑田"的仙人，被人们视为长寿不死之象征，平都山的名气因而就更大了，成了道教信众们心中的一块洞天福地。正是由于巴蜀荆楚地区自古就流传天门观念与幽都之说，也由于仙话与鬼神信仰的交融，又由于汉晋之后佛教在巴蜀的传播，丰都县的平都山从而被附会成了幽都与仙都的所在地，后世人们于此修建了祠庙建筑并增添了鬼神雕塑，于是这种神鬼与仙人混杂的道教信仰，终于促成了"鬼城"的形成。从虚幻到实物，加上后世的渲染，使得丰都"鬼城"演化成为著名的人文景观。与之相伴随的是丰富多彩的鬼神文化，也于此得到了充分的凝聚与精彩的展示。

---

① [北魏]郦道元撰，王国维校《水经注校》，上海人民出版社1984年5月第1版，第1043页。

② 卿希泰主编《中国道教》第3册，知识出版社1994年1月第1版，第75页。

四、佛教在巴蜀的传播与影响

佛教起源于印度，其创立时间大约在公元前6世纪。关于佛教传入中国的时间，学术界有多种看法，见解不一。有认为佛教传入中国是在东汉明帝时，或认为佛教在西汉时期就已传入中国。迄今尚无定论，但在东汉时期佛教已经传入中国，应该是没有什么疑问的。

从文献史料看，对此已有了比较明确的记载。如《后汉书·西域传》说："世传明帝梦见金人，长大，顶有光明，以问群臣。或曰：'西方有神，名曰佛，其形长丈六尺而黄金色'。帝于是遣使天竺问佛道法，遂于中国图画形象焉。楚王英始信其术，中国因此颇有奉其道者。后桓帝好神，数祀浮屠、老子，百姓稍有奉者，后遂转盛。"又说："汉自楚英始盛斋戒之祀，桓帝又修华盖之饰"，于是佛教才得以盛传。①

佛教在东汉时期传入中国，并从宫廷到民间开始在全国流行，有两个非常重要的原因。其一是中华民族自古以来对宗教信仰的宽容，不管是本土的宗教，还是外来的宗教，都一视同仁、无分轩轾，各民族的不同信仰都能够和平相处，这一传统在汉代表现得尤其充分。其二是汉代的开放，大力加强中西方文化的交流往来，对外来的新鲜事物常持欢迎态度而绝不排斥。正是这种博大宽容的民族襟怀与开放活跃的时代精神，为佛教的传入提供了绝好的环境与机会，使佛教在中国得以广泛传播，其影响不断扩大，浸入到了中国思想文化与社会生活的各个方面。

佛教传入中国的路线，根据考古发现并参照文献记载来看，主要有两条：一是汉武帝时开通的连接中原与西域、中亚各国的沙漠绿洲丝绸之路；二是由蜀入滇经过西南夷地区通向印度和南亚地区的西南商

---

① [南朝·宋]范晔撰《后汉书》卷八十八"西域传"，中华书局校点本第10册，1965年5月第1版，第2922页，第2932页。

道，亦称南方丝绸之路，或简称西南丝路。众所周知，中国很早就和周边其他国家有了交流往来。汉武帝派遣张骞出使西域开通沙漠丝路，张骞在大夏（今阿富汗北部一带）曾见到了邛杖与蜀布，这些货物是从蜀地运到身毒（印度）然后再贩运到中亚的，由此可知西南丝路早在沙漠丝路开通之前就已存在并发挥着贸易通商与文化交流的作用了。正如方国瑜先生《中国西南历史地理考释》中所述："中、印两国文化发达甚早，已在远古声闻相通为意中事。最早中、印往还经过西南夷的交通线，各家所说是一致的，至于取道南海及西域，则为汉武帝以后之事。"①

关于这条西南古商道，传世文献史料里的一些记载就透露出了明确的信息。如司马迁《史记·西南夷列传》中就说："秦时常頞略通五尺道，诸此国颇置吏焉。十余岁，秦灭。及汉兴，皆弃此国而开蜀故徼。巴蜀民或窃出商贾，取其筰马、僰僮、髦牛，以此巴蜀殷富。"又记述在汉武帝建元六年（公元前135年，张骞尚在出使期间），唐蒙被派往南越执行平定使命，"南越食蒙蜀枸酱，蒙问所从来，曰：道西北牂牁，牂牁江广数里，出番禺城下"。汉武帝元狩元年（前122）张骞出使西域回到长安，向汉武帝讲述了在"大夏时见蜀布、邛竹杖，使问所从来，曰'从东南身毒国，可数千里，得蜀贾人市'。或闻邛西可二千里有身毒国。骞因盛言大夏在汉西南，慕中国，患匈奴隔其道，诚通蜀，身毒国道便近，有利无害。于是天子乃令王然于、柏始昌、吕越人等，使间出西夷西，指求身毒国"。②

张骞与唐蒙报告的这些信息促使汉武帝作出了经营西南夷的决定，并采取了很多措施，如拜司马相如为中郎将，建节往使，"略定西夷，邛、筰、冉、駹、斯榆之君皆请为内臣。除边关，关益斥，西至

① 方国瑜著《中国西南历史地理考释》，中华书局1987年10月第1版，第7页。
② [汉]司马迁撰《史记·西南夷列传》，中华书局校点本第9册，1959年9月第1版，第2993页~2996页。

沫、若水，南至牂柯为徼，通零关道，桥孙水以通邛都"等。①到了东汉明帝时期，在云南西部设置了永昌郡。随着西南丝路这条国际商道的全线畅通，客观上促进了中国同世界的经济文化交流，有许多外国使者便是通过这条路线进入中国内地前往京城洛阳朝贡的。使者有来自缅甸也有来自罗马的，史籍中这方面的记载颇多。英国历史学家霍尔说："公元97年，从罗马帝国东部前来永昌的使节曾沿着这条路线旅行。"②罗马等国的杂技艺人也随着庞大的使团来到了中国，作杂技艺术和幻术表演。《后汉书》卷八十六记述："永宁元年(120)，掸国王雍由调复遣使者诣阙朝贺，献乐及幻人，能变化吐火，自支解，易牛马头，又善跳丸，数乃至千。自言我海西人。海西即大秦也，掸国西南通大秦。"③大秦就是罗马。掸国大概在缅甸东北部一带。据《魏略·西戎传》记述：大秦"俗多奇幻，口中出火，自缚自解，跳十二丸巧妙"，可知罗马的杂技幻术是很有特色的。大秦"又有水道通益州、永昌，故永昌出异物。前世但论有水道，不知有陆道，今其略如此"，④说明了罗马与蜀滇在经济文化交流方面的密切关系。在交往路线上，从史料记载透露的信息看，罗马人很可能是先由海道至缅甸，然后由西南丝路进入云南和四川，再前往中原的。四川地区出土的一些东汉杂技画像砖上，便留下了他们的精彩表演画面。成都市郊出土的一方汉代"杂技饮宴图"画像砖，中间的一位"幻人"，便是外国魔术师表演吐火的造型。新都收集到的汉代"驼舞"画像砖，也是外来表演的生动写照。

①　[汉]司马迁撰《史记·司马相如列传》，中华书局校点本第9册，1959年9月第1版，第3046页~3047页。

②　霍尔著《东南亚史》（中山大学东南亚历史所译），商务印书馆1982年出版，上册第45页。参见江玉祥主编《古代西南丝绸之路研究》第二辑，四川大学出版社1995年12月第1版，第13~14页，第59~60页。

③　[南朝·宋]范晔撰《后汉书·南蛮西南夷列传》，中华书局校点本第10册，1965年5月第1版，第2851页。

④　[晋]陈寿撰《三国志·魏书》，中华书局校点本第3册，1959年12月第1版，第860页~861页。

德阳出土的汉代杂技画像砖，画面中有六案重叠、冲狭、跳丸剑表演

此外德阳出土汉代画像中的跳丸、在叠案上作倒立表演，也带有外来艺术表演的特色。《邺中记》有"安息五案"的记述，说明这种表演可能来自伊朗等处。外国艺人表演吐火等幻术的画像，在山东、江苏、河南等地也有发现，比如河南新野汉墓出土画像砖上高鼻长须尖帽长靴的幻人，[①]不论其画面风格或人物形象，都是典型的外来艺术表演。

早期的佛教图像也在东汉时期传入了中国，而且传入的途径和西南丝路有着非常密切的关系。我们知道，佛教传入中国可能有两条不同的传播途径，一是佛教图像的传入，包括佛像、浮屠寺庙建筑、佛塔等；二是佛经的传入与翻译。考古资料也告诉我们，早期佛像的传入显然应在佛经的传入与翻译之前。也就是说，佛教传入中国，首先传播的是佛教图像，其后才是佛经的传播。学术界以往对此并未深究，随着考古资料发现的增多和研究的深入，我们对此才有了越来越清晰的认识。有学者认为，近年在南方出土的大量佛教遗物从时代上表明，佛像在中国的最早兴起，并不在西北丝路，南传系统是遥遥领先于北方与西北地区的。[②]

四川与周边地区考古发现的早期佛教图像数量很多，例如1941年彭山东汉崖墓出土了一件陶质摇钱树座，底部为双龙衔璧图像，身部

---

① 高文编《四川汉代画像砖》图四三观伎，图四四杂技，图四八驼舞，上海人民美术出版社1987年2月第1版。参见《中国画像砖全集·河南画像砖》图九九，四川出版集团·四川美术出版社2006年1月第1版。

② 阮荣春著《佛教南传之路》前言，湖南美术出版社2000年12月第1版，第7页。

彭山崖墓出土摇钱树座"一佛
二胁侍"人物

乐山麻浩东汉崖墓的坐
佛图

采用浮雕手法，塑造了"一佛二胁侍"人物造型，陶座现藏于南京博物院。该摇钱树座出土于门楣上有石刻的双室墓M166中，其时代推断"彭山有门楣石刻的崖墓时代当为东汉中晚期"。这是发现比较早的一件重要文物，当时参加考古发掘的有李济、冯汉骥、吴金鼎、夏鼐、曾昭燏等人，都是中国现代著名的考古专家。学者们一致认为这是真正的佛像，认为这件"M166所出的佛像插座，对佛教的传播以及佛教在我国的开始年限提供了一些实物依据"。[1]在乐山麻浩和柿子湾两座东汉崖墓中后室的门额位置上，也发现了三尊坐佛像。麻浩崖墓坐佛像高37厘米，头部后有圆形项光，结跏趺坐，手作施无畏印，其形态一望而知是明显模仿外来佛教造像风格。[2]柿子湾崖墓带有项光的坐佛像，虽已残泐，但仍可看出原貌，与麻浩崖墓坐佛像完全相同。在彭山一座东汉崖墓的门柱内侧，也发现了雕刻的带项光佛像两尊，以及凿雕在墓壁上的小佛像甚多。[3]

---

① 南京博物院编《四川彭山汉代崖墓》，文物出版社1991年7月第1版，第36~37页图44，彩图1，时代推断见第6页、97页、100页。

② 唐长寿著《乐山崖墓和彭山崖墓》图版15，成都电子科技大学出版社1993年8月第1版，第72~73页。

③ 江玉祥主编《古代西南丝绸之路研究》第二辑，四川大学出版社1995年12月第1版，第55页。

四川绵阳何家山一号汉墓
出土摇钱树干上的佛像

四川泸州出土东汉佛像
陶灯台

丰都县东汉"延光四年"
墓出土摇钱树干佛像

除了崖墓上发现的佛教造像，四川境内出土的摇钱树座和摇钱树干上也发现有佛教造像。1989年11月绵阳市郊何家山一号崖墓出土了一株摇钱树，在高达70多厘米的青铜摇钱树干上，等距离地分别铸有五尊佛像。[1]类似的佛像在四川、重庆、陕西很多地方都有发现，尤其以四川地区为多。如1998年在四川绵阳双碑白虎嘴发现崖墓30余座，其中M19和M49出土有摇钱树干佛像四尊；四川安县崖墓出土的一件摇钱树干上也铸有形态相似的佛像，摇钱树枝叶上也铸有佛像；1970年在四川梓潼县宏仁羊头山出土摇钱树干上有圆雕裸体佛像等等。据何志国《汉魏摇钱树初步研究》统计，西南地区出土摇钱树的汉魏墓葬有189座之多，由此而发现的佛像资料颇为可观。[2]特别值得注意的是，四川泸州出土有一件东汉陶灯台，灯座为一结跏趺坐佛像。文物考古工作者认为，四川地区以往出土的位于画像石或摇钱树上的早期佛像遗物，均为线刻或浮雕的二维图像，而这件灯台上的佛像，是三维形态的早期佛教

---

[1]　何志国著《汉魏时期摇钱树初步研究》，科学出版社2007年10月第1版，第43~45页。参见绵阳博物馆 何志国《四川绵阳何家山1号东汉崖墓清理简报》，《文物》1991年第3期第5~6页。

[2]　何志国《四川梓潼汉末摇钱树小记——兼考梓潼摇钱树佛像》，《中原文物》2006年第3期。参见何志国著《汉魏摇钱树初步研究》中所述，科学出版社2007年10月第1版。

图像，对于早期佛像研究具有重要意义。①这里还应该提到，2001年在重庆丰都县发现了一座东汉"延光四年"（125）砖室墓，出土了一尊摇钱树铜佛像，②由于有可靠的确切纪年，丰都佛像可以作为中国初期佛像特征的年代标尺，进而成为研究佛像传播年代的重要依据。

上面列举的这些出土实物资料，无可争议地说明了佛教在东汉中后期已传入巴蜀地区并在民间广泛流传。也可以说，巴蜀是最早传入佛教图像的地区，对南传佛教在长江流域和向中原传播起到了重要的先导作用。值得特别注意的是，西蜀是道教的发祥地，乐山、绵阳、丰都等地的道教活动都十分活跃，早期佛像传入后便与鬼神信仰以及仙话崇尚结合在了一起，在传播方面形成了仙佛模式，或称为佛神模式。③从文献记载来看，当时东汉统治阶层也是认为佛教同中国黄老之术差不多，将信奉佛教同求仙企盼长生不死并列的，如《牟子理惑论》说佛能飞行虚空、能隐能彰、不死不伤，④这同汉代方士们宣扬的神仙道术主张炼形炼神、白日飞升、长生不死的说法非常相似。《后汉书》说楚王刘英"诵黄老之微言，尚浮屠之仁祠"，⑤襄楷上书说"闻宫中立黄老、浮屠之祠"，⑥也都是将佛教同黄老并列。可见汉代人当时还不完全了解佛教理论，基本上是用中国黄老之学和汉代道术思想在理解和对待佛

① 这件佛像陶灯台现藏于泸州市博物馆。参见邹西丹《泸州市博物馆藏东汉陶佛像灯台略考》，《四川文物》2013年第2期第63~65页，图版肆。

② 何志国著《早期佛像研究》，华东师范大学出版社2013年11月第1版，第12~13页。丰都县东汉"延光四年"砖室墓出土的摇钱树干佛像，参见何志国著《汉魏摇钱树初步研究》，科学出版社2007年10月第1版，第197~198页图9-14。

③ 温玉成著《中国佛教与考古》，宗教文化出版社2009年7月第1版，第73~94页。参见何志国著《汉魏摇钱树初步研究》，科学出版社2007年10月第1版，第235~254页。

④ [汉]太尉牟融撰《牟子》，见《百子全书》下册，浙江古籍出版社1998年8月第1版，第1098页。

⑤ [南朝·宋]范晔撰《后汉书》卷四十二"光武十王列传"，中华书局校点本第5册，1965年5月第1版，第1428页。

⑥ [南朝·宋]范晔撰《后汉书》卷三十下"襄楷传"，中华书局校点本第4册，1965年5月第1版，第1082页。

四川省文物考古研究院名家学术文集

教。"将佛陀视若仙人，这是当时宗教信仰的一个总的特点"。[①]在巴蜀地区出土的摇钱树上，常见摇钱树干上有佛像、摇钱树枝叶上有西王母像的现象，正是这种融合传播的写照。

南北朝时期，佛教信仰在巴蜀地区和长江流域已大为兴盛，成都西安路出土的南齐永明八年（490）弥勒佛造像碑、梁中大通二年（530）佛教造像碑、梁大同十一年（545）释迦多宝造像碑等，成都万佛寺出土的梁普通四年（523）释迦造像与经变故事等等，[②]充分揭示了当时人们对佛教的信奉日趋高涨。此后，巴蜀地区的佛教造像更是不断增多，石刻造像几乎遍及各个州县，蔚然可观。人们对于佛教的理解，随之有了很大的转变，接受了佛教的因果轮回观念，特别是佛教关于地狱的说法，也为信众们所熟悉。这个时期，道教的传播也是很广泛的，各地名山大川修建的道观也在明显增多。从宗教的信仰看，道教是一个多神教，宣称三清是道教诸天界中最高神祇，三清为玉清元始天尊、上清灵宝天尊、太清道德天尊，认为得道可以成仙，把尊崇诸神和讲究修炼作为人生的追求目标。佛教的说法与道教有很大的区别，佛教有三世佛，说有前世、今生、未来，而没有灵魂之说，主要讲因果轮回，把自度解脱烦恼痛苦与普度众生作为宗旨。佛教与道教虽然说法不同宗旨有别，但在有些方面却又相互交融，譬如对于地狱与阎王的信仰便是一个例子。道教讲人死去阴间需要路引，佛教说生前作恶死了便会入地狱，而地狱中有判官与阎王却又是借用了中国式的说法。总之，佛教、道教与传统鬼神文化在传播与交融过程中，自然而然地形成了你中有我、我中有你的情形。大约在隋唐时期，已有了十殿阎罗之说，阎罗王被认为是地狱的主宰，掌管地狱轮回。佛教的地狱之说，在早期的汉译佛经中就已出现，而十殿阎罗与十八层地狱等说法，显然是佛教在中

---

① 阮荣春著《佛教南传之路》，湖南美术出版社2000年12月第1版，第34页。
② 阮荣春著《佛教南传之路》彩图，湖南美术出版社2000年12月第1版，第20~23页。参见刘志远、刘廷璧编《成都万佛寺石刻艺术》，中国古典艺术出版社1958年11月第1版。

国盛传之后与传统信仰系统相互影响的结果，具有明显的汉化色彩。

丰都"鬼城"中的十殿阎罗，便正是接受了汉化佛教的影响，融入到了道教与传统鬼神文化之中，从而成为了丰都"鬼城"中一项最重要的内容。此时对于幽冥世界的解释，也随之变得更为丰富了，出现了奈何桥、鬼门关、阴曹地府等等说法。阴长生与王方平于平都山升天成仙的传说，也被人讹传成了"阴王"，即阴间之王。丰都"鬼城"对各种鬼神传说也兼收并蓄，鬼神系统不断扩展，形成了庞大的鬼神谱系。这里还要特别说到，在鬼神文化的描绘与雕塑方面，汉代已有了将鬼神大量绘入画像的做法。传说中的鬼神本来都是臆测虚构之物，是凡人看不见摸不着的，谁也不知道究竟是什么样子。而一旦通过雕塑、石刻或壁画加以描绘表现，本来无形无声、来去无定、变化莫测的鬼神也就成了有形之物。虽然这种做法早在战国时代甚至更早就已有之，但将鬼神大量绘入画像则是汉代的一大创造。这个做法也为后世所延续，得到了更为生动和充满想象的发展。有学者认为大约南宋时期，阴曹地府与十殿阎罗也通过建筑与雕塑而展现在了人们的眼前，成了"鬼城"中的重要景观。虽然道教关于幽都曾有多种虚构和说法，但丰都在宋代却是天下唯一鬼城，被公认为是幽都地狱所在之地。到了明朝洪武年间，更是将丰都改为酆都，正式确立了丰都鬼城的地位。由于封建王朝统治者的认可，丰都鬼城名声大噪。正是有了这些丰富的内容，更增添了丰都"鬼城"的魅力，使之成为天下闻名的幽都与仙都，以及十殿阎罗所在之地，也成了天下灵魂归宿的幽冥之都。丰都也因之被称为"鬼国京都""中国神曲之乡"。

五、中国鬼神文化的特点与意义

通过以上论述，现在让我们对秦汉以来的鬼神信仰与仙话崇尚、佛教的传播与影响，以及丰都"鬼城"的形成与鬼神文化的意义，作一些归纳和总结。

（一）中国的鬼神信仰由来已久，从远古时代就有了，在商周至秦汉时期都非常盛行，是传统文化中的重要组成部分。研究远古以来的鬼神文化，可以更加深入全面客观地了解中国的民间信仰的发展与特点。先秦的鬼神信仰多源而杂乱，汉代的鬼神信仰已经比较系统化，由汉王朝确立了比较正统的主流神话，又很宽松地包容了地方神话的存在和流行。先秦的鬼神信仰主要通过巫术的形式加以表现，到了汉代巫师已逐渐被以求仙为宗旨的方士们所取代。虽然"汉末又大畅巫风，而鬼道愈炽"，[①]实际上已演化为道教的传播。当时神仙之说盛行，加上佛教亦入中土，由此而形成了汉末以后鬼神信仰许多新的变化。汉代的神鬼世界已经有了相对稳定的空间定位，形成了人间、神界、冥界的三分世界，出现了幽都之说。而由于仙话的影响，幻想死后仍可以通过升仙得以永生，故而幽都也常被渲染为仙都。

（二）中国的鬼神文化，在战国与秦汉时期开始与流行的仙话相互交融，汉代更是出现了多种信仰和崇尚习俗杂糅在一起的倾向，灵魂不灭观念和当时盛行的阴阳五行学、谶纬迷信、神仙方术等相互羼杂，使得鬼神文化具有了更为复杂的内涵。东汉之后，随着本土宗教道教的崛起和外来佛教的传入，传统的鬼神文化也随之增添了新的内容，形成了更为丰富多彩的民间信仰。作为不同的宗教信仰，道教有自己的修炼宗旨与鬼神谱系，佛教也有自己的佛法理论与庞大的鬼神系列。但双方也相互借用对方的概念来充实自己的教义，比如关于道教阴间之说与佛教地狱说法的结合，就说明了双方在鬼神概念上的靠拢与交融。传统引魂升天的意识，也融入了佛教因果轮回的观念。之后随着道教和佛教的广泛传播，在长江流域和中原地区的影响不断扩大，中国民间百姓对佛道的鬼神解释采取了兼收并蓄的态度，才逐渐形成了融佛道鬼神为一体的民间鬼神系统。由此可知，中国的鬼神文化具有很大的包容性，从秦

---

① 鲁迅著《中国小说史略》第五篇"六朝之鬼神志怪书"，《鲁迅全集》第9卷，人民文学出版社1981年第1版，第43页。

汉发展到唐宋时期，已将道教的宗旨、佛教的说法，以及传统儒家的某些观念，相互交融在了一起。比如民间神仙谱系之中，既有佛教与道教的神灵，又使用儒教的方式分列君臣与级别，就是显著的例证。

（三）中国鬼神文化的精神内核比较复杂，具有多层结构，由此将丰富而又复杂的内涵巧妙地交织在了一起。首先是构建了信仰寄托，将敬畏神灵作为一种非常重要的思想意识，使人们获得精神上的慰藉；其次是惩恶扬善，把忠孝仁义和积德行善融入到了鬼神信仰之中，来规范人们的行为和社会秩序；再者是告诫民众、教化百姓，作恶必下地狱，藉以限制人们的贪婪与恶念，起到警示与劝诫的作用。由此可知，中国鬼神文化中很多内涵都具有明显的积极意义，而且始终占据着主导地位。中国鬼神文化与佛教道教交融之后，将"惩恶扬善"的终极审判与"轮回转世"的终极关怀相结合，通过地狱的构建而生动形象地展现出来，也显示了教化与警戒的双重作用，具有明显的积极意义。同时我们也应清醒地看到，中国鬼神文化中有很多愚昧或虚妄的传说附会，对世界与自然的认识和理解缺乏科学精神，具有浓郁的迷信色彩。显而易见，中国鬼神文化的内涵很复杂，具有多重性，其主流是健康的，同时也交织着迷信，而这正是中国鬼神文化客观而又真实的特点。

（四）丰都鬼城的出现，和秦汉时期鬼神文化中的幽都之说有着很大的关系，后来又附会了仙都的说法。这里不仅是道教创立后的重要活动区域和修炼福地，也是南传佛教进入巴蜀后的重要传播地点。唐宋之际，佛教地狱的说法和道教幽冥观念相互交融，出现了十殿阎罗之说以及奈何桥、鬼门关、阴曹地府等等说法，加上后人附会而于此修建了相关的建筑并增添了鬼神雕塑，对丰都鬼城的形成都起到了重要作用。同时也要指出，丰都鬼城被视为幽都与仙都，这种特殊地位的确立，并不仅仅是民众对鬼神文化的崇尚与宗教信仰交融传播的结果，其实与历代封建王朝统治阶层的重视与认可并加以充分利用也有很大的关系。特别是宋朝与明朝，对丰都鬼城的确立发挥了至关重要的作用，有力地扩大了丰都鬼城的影响。从历史发展的角度来看，丰都鬼城在一定意义上也可以说是顺应社会需求的产物，使之成为了民间信仰与宗教文化的重要展现场所，这也反映了历朝统治者对掌控意识形态的重视，说明了中国鬼神文化在历史上所具有的重要地位和积极作用。

（五）中国鬼神文化作为一种重要的传统文化，千百年来在人们的生活中曾发挥过非常重要的作用。我们研究中国鬼神文化，深入剖析其内涵，首先应该充分肯定其惩恶扬善的精神内核，同时也要客观而清醒地指出其中的迷信糟粕。鬼神文化的另一个重要特点，是敬畏神灵、警戒民众，我们对此也应看到其积极的意义，充分肯定其在历史上的影响和作用。其次是鬼神文化与传统民俗具有非常密切的关系，譬如年节贴门神、清明扫墓、祭祖习俗、庙会进香、许愿祈福、禳灾驱邪等都是显著的例证，我们对此也应给予客观的充分的肯定。中国幅员辽阔，各地的民俗并不完全相同，鬼神文化也显示出丰富多彩的特点，譬如东岳泰山有城隍，沿海地区有妈祖，以及港澳地区对黄大仙的崇拜，少数民族也有各自的鬼神崇尚等等。相比较而言，丰都鬼城不仅是传统鬼神文化中的经典之作，而且具有浓郁的巴蜀地域文化特色，从而成为著名的人文景观。

总而言之，我们从学术研究的角度，对多学科视野下的鬼神文化进行深入探讨，实事求是地论述其由来、剖析其发展过程与形成特点，将有助于我们更加客观地认识鬼神文化的作用与影响。无论是对于文化建设和旅游业的发展来说，都是具有积极意义的一件事情。以上所述，都是个人浅见，敬请方家指正。

——此文发表于江西科技师范大学《地方文化研究》2016年第1期第91~112页。刊载于《多学科视野下的丰都民间文化研究》第256~289页，重庆出版社2017年11月第1版。

汉代画像中的"骑象图"探讨

一、汉代画像中的骑象图

汉代画像中常见有对大象的描绘，其表现形式主要有"驯象图"与"骑象图"。

我们先来说骑象图，在河南、山东、江苏等地出土的汉代画像石上，就有骑象的画面，有的学者曾将此类画面同北方早期佛教造像联系在了一起。譬如河南唐河郁平大尹墓出土的新莽天凤五年冯君孺人墓北阁室北壁画像，画面上刻一长鼻卷曲缓缓而行的大象，象背乘坐二人，一人在前背向而坐，手握杆状物；另一人在后，头戴冠，鼻高大，以臂托头，两腿上翘，悠然仰卧。[①]这是汉代画像中出现比较早的一幅骑象图，对画面的含义曾有不同的解释和认识。

有学者认为，从画面人物特征分析，前者坐姿双足交叠作"结跏趺坐"状，头顶隆起如"肉髻"，具有佛像特征，后者为胡人形象。[②]

---

① 《中国画像石全集》第6册图四二，山东美术出版社、河南美术出版社2000年6月第1版。王建中、闪修山著《南阳两汉画像石》图84称此图是唐河县湖阳辛店出土，文物出版社1990年6月第1版。

② 郑红莉《汉画像石"驯象图"试考》，《考古与文物》2010年第5期第61页。

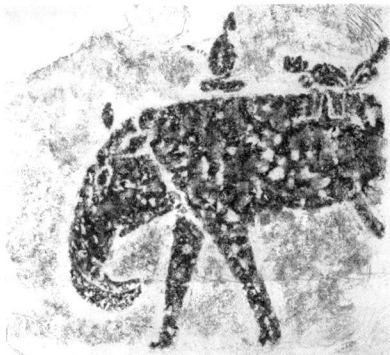

河南唐河冯君孺人墓出土画像石上的
骑象者

徐州新发现的骑象图（局部）

这个推测显然是有问题的，首先从画面看，如果骑乘在象背上的前者为佛像，那就不应手握杆状物，后者也应为僧侣而不应是漫不经心的悠然卧躺状才比较恰当。其次从画像的年代来看，该墓的中柱上刻有题记，为"郁平大尹冯君孺人始建国天凤五年十月七日癸巳葬千岁不发"，新莽天凤五年为公元18年，属于西汉末年。学者们大都认为，此时佛教尚未传入华夏，根据文献记载和考古出土资料印证，早期佛像其实是在东汉中后期才出现并传播的。再者从对比研究的角度看，此图中大象背上乘坐者的真实身份就比较清楚了。

与此非常相似的骑象图，在徐州新发现的画像石上也有，如第四石画面第二格就刻一行走的大象，一人翘足悠然仰躺于象背，象首坐一象奴，手持弯钩，正驱象而行。[1]画面中坐于象首的，明确无误应是手持长钩的象奴。由此可见，河南唐河新莽天凤五年冯君孺人墓出土的骑象图，与徐州新发现的骑象图如出一辙，坐于象首的也是象奴而并非佛像，内容显而易见与佛教无涉。

考古发现的汉画资料中，被认为与佛教图像有关的骑象图，还有山东济宁市喻屯镇城南张出土的一件东汉晚期画像石。该画像石的画面第一层为羽人跪饲凤鸟图，画面第二层刻画一头大象，背乘五人皆做端

---

[1]　杨晓军、郝利荣《徐州新发现的汉画像石》，《文物》2007年第2期第82页图五。

坐状；象的头部还乘坐了一位驭象者，象鼻前有一人半裸舞蹈；画面第三层刻铺首衔环与开明兽，第四层刻飞龙与拥彗执戟之吏。对此图也有不同解释，最初的考古资料发现与整理者称这件画像石上的第二段画面为"一公象四足直立，象背坐六人，每人持一钩。象鼻上立一人，左手用钩钩住象鼻孔，右手挥钩作舞。此当为驯象图"。后来出版的《中国画像石全集》收录了此图，称画面中有"大象一只，背乘六人，一人在象前舞蹈"。①上面两种说法，都是对图像比较客观的解释。但也有不同的认识，有学者认为：第二层画面中的"背乘六人，乘者光头，着交领衫，正面端坐，面部方圆，似为僧侣形象。乘者头顶为两高鼻人头鸟，象首蹲坐一正在观看象前舞蹈的高鼻胡人。二层画面中僧侣构图与印度佛教中的偶像式构图相类"。②细观此图，象鼻前的高鼻尖帽者应为表演舞蹈的胡人，象背前面的驭象者应为象奴，亦是高鼻尖帽为胡人形象，俯身向前做观看状，象背上的其他五位光头乘者也是端坐呈观赏状，具有明显的观赏娱乐表演的意味，可能与当时流行的百戏中的象舞有关。而从整幅画像来看，充满了升仙意识和祥瑞观念，大象在画面中和其他珍禽异兽共处，很显然也是瑞兽之一，具有象征祥瑞的寓意。

山东济宁市出土乘象图（局部）

山东滕州市出土四牙
象与骑象者画像石

---

① 济宁县文化馆夏忠润《山东济宁县发现一组汉画像石》，《文物》1983年第5期第21页，第23页图二。参见《中国画像石全集》第2册图一一，山东美术出版社、河南美术出版社2000年6月第1版。

② 郑红莉《汉画像石"驯象图"试考》，《考古与文物》2010年第5期第62页。

类似的骑象图，还有山东滕州市龙阳店镇附近出土的一件东汉晚期画像石，画面上部也刻画了五人骑大象，大象为四牙象，四人端坐象背，一人在象头部作攀爬状。乘象者头顶圆凸，似戴有尖帽。在象的尾部还刻画了一人正跃上另一头四牙象的头部。在象的下面，还刻画了各种珍禽异兽。①这件画像中的四牙象比较奇特，与画像下面其他珍禽异兽共处，刻画者采用夸张的手法，着意表现了这些动物的与众不同。从整幅画像看，大象在此幅画面中也有明显的瑞兽含义。

　　山东滕县曾出土一件东汉章帝时期的画像石，刻画了两头配有鞍具的六牙白象。前象骑者因画面残缺而较模糊，后象所载三人，靠近象头的一人手执弯钩作驯象状。②此图比较典型的是大象有六牙，并配有鞍具，但乘象者的形态比较模糊，无法判断身份。所以研究者只能根据六牙白象与佛教的关系，来对画面内容与乘象者的身份加以推论。俞伟超先生分析：这件"两个六牙象的图像，画像因透视技巧不高，每个象的六牙，都只作出右半的三个。象身皆套鞍具，上有人物骑坐，惜因残缺而不见。象前一兽似辟邪，有佩剑之人相骑。这块画像石只剩很小一块，既不知两个六牙象是在什么环境中，也无法判断原在墓或享堂中的何处，只能孤零零地来考虑六牙象的性质"。对"这幅画像，在1954年时曾被劳干推测为东汉章帝前后的佛教史迹"表示赞同，认为"六牙白象既为佛教传说之物，这个图像的性质也就可以肯定下来了"。③有的学者也是根据佛经中有菩萨乘六牙白象工现身的说法，认为这幅滕县画像上的六牙白象，虽然负载着的是手执弯钩的驯象者，仍显示了与佛教之间的密切关联。客观地看，这件画像确实比较典型，隐约地透露了

①　《中国画像石全集》第2册图一六二，山东美术出版社、河南美术出版社2000年6月第1版。
②　傅惜华《汉代画像全集初编》，巴黎大学北京汉学研究所，1950：88。参见傅惜华、陈志农编《山东汉画像石汇编》，山东画报出版社2012年12月第1版，第114页图。参见郑红莉《汉画像石"驯象图"试考》，《考古与文物》2010年第5期第61页图一，第66页注释[7]。
③　俞伟超《东汉佛教图像考》，《文物》1980年第5期第74页图三，第77页注11。

山东滕县出土配有鞍具的六牙白象图

佛教传播的影响，但因为残缺和没有出土记载，对其年代的推测尚有疑问。究竟是东汉晚期画像，还是魏晋时期的遗物呢？目前很难做出明确判断。

徐州汉画像石馆也藏有一件"骑象图"画像石，在该馆编著的《徐州汉画像石》图录中对其内容作了解释，认为"画面中，五个僧侣骑在大象背上，画面的上方祥云缭绕，行龙漫舞。大象曾是佛国的象征物，《修行本起经·菩萨降身品第二》记载六牙白象为佛的化身。徐州是汉代佛教流行的地区，此图似与佛教题材有关"。①后来该馆的学者又发表了

徐州汉画像石馆藏骑象图

此幅画像，称之为"僧侣骑象图"。编者也是根据六牙白象与佛教的关系，来推测此图可能与佛教内容有关。但仔细观赏这幅出版与发表的画像，可以很清楚地看出图中的大象并非六牙，为常见之大象。骑在大象

---

① 徐州汉画像石艺术馆编著、武利华主编《徐州汉画像石》图八〇，线装书局2002年9月第2版。参见杨孝军、郝利荣《徐州新发现的汉画像石》，《文物》2007年第2期第82页图四。

背上的五人头戴巾帻或冠帽，身穿袍服，腰间系带，似有佩戴物，皆是俗人穿戴，而并非光头僧侣像。象背上最前面之人手拿长长的弯钩朝下钩向象鼻，应是象奴，大象垂首摆尾呈驯服状。在画面的上部，还刻画了众多异兽，属于汉代画像中经常描绘的瑞兽之类。从整幅画面内容来看，因为骑象者并非僧侣，大象也并非六牙白象，所以称为"僧侣骑象图"的解释与推测就显得有点牵强了。因为这幅画像中，驭使驯象的是象奴，骑象的是俗人，可见与佛教是没有什么明显关系的。

有学者还将汉代画像中的一些"驯象图"也与佛教联系在一起，如陕西神木大保当出土的一件东汉墓门楣画像石，画面中部就刻有驯象图，并加以涂彩。按照考古工作者对这件画像石内容的解释，画面中的"大象面左静立，长鼻下垂，以阴线刻竖条表示其肌肉。象全身涂白彩，长鼻、嘴、眼眶涂红彩，头饰橘黄彩。象前立一象奴，戴圆顶胡帽，着左衽袍，腰束带，左手持钩指向象头。象奴五官以墨线绘出，唇涂红彩，衣施褐彩，帽及腰带边缘描蓝彩"。其左为天马图，右为骑射图。① 韩伟先生将其称为"钢钩驯象"图，认为"这个题材可能属于舞乐百戏中的象舞，据《汉书·西域传》，象舞习见于印度、克什米尔和古西域地区，它的传入和佛教每年一度的'行象'活动（就是以大象载驮着佛像，沿街串庙，向人们展出佛像）有关"。② 还有学者提及，因

陕西神木大保当东汉墓门楣画像石上的驯象图

---

① 《中国画像石全集》第5册图二二四，山东美术出版社、河南美术出版社2000年6月第1版。

② 韩伟、王炜林《浅议神木大保当新发现的汉画像石墓》，陕西省考古研究所编《陕西神木大保当汉彩绘画像石》，重庆出版社2000年1月第1版，第3页，第147~148页图一三二、图一三三。

为佛经中有白象与佛降生故事有关，以及菩萨化乘白象来就母胎等说法，所以认为"大保当M24画像石中的大象涂以白彩，亦合于佛教典籍中的相关记载"。①

需要指出的是，大保当这件画像石涂绘的五彩缤纷，从视觉效果看，突出的并非是白彩，红彩更为抢眼，而红彩（涂朱）表达的通常都是驱邪之意。从画面内容来看，画面两侧为日中金乌与月中蟾蜍，画面中还有飞驰的天马与骑马射猎的情景，周围祥云环绕，画面中的天马、驯象，皆属于瑞兽，整幅画像所要表达的显然是对祥瑞的崇尚。至于驯象与佛经故事的关系，那是东汉以后才在中原地区逐渐流行的事情，显然并非是此图表达的主题。

二、中国自古就是产象之地

我们知道，中国自古就是产象之地，早在商周时期的黄河流域和长江流域就有象群活动，文献对此就有较多记载，考古发现对此也有很好的揭示和印证。在《吕氏春秋·古乐篇》中有"商人服象，为虐于东夷，周公遂以师逐之，至于江南"的记述。学者们通常认为"服象"是说驾驭大象用以作战之意，关于"商人"却有较多的争论，有的认为商人即为殷人，有的则认为商人应为南人，或为南蛮之人，所以才有周公派兵逐之远去的说法。②但殷人服象很可能是确实有过的一种历史状况。

徐中舒先生在《甲骨文字典》中曾指出："据考古发掘知殷商时代河南地区气候尚暖，颇适于兕象之生存，其后气候转寒，兕象遂渐南迁矣。"③早在20世纪初，王国维先生也对此作过论述，认为："古者

---

① 郑红莉《汉画像石"驯象图"试考》，《考古与文物》2010年第5期第62页。
② 《吕氏春秋校释》（陈奇猷校释）第1册，学林出版社1984年4月初版，第286页，第308页注[六七]。
③ 徐中舒主编《甲骨文字典》，四川辞书出版社1989年5月第1版，第1065页。

中国产象，殷墟所出象骨颇多，昔颇疑其来自南方。然卜辞中有获象之文，田狩所获，决非豢养物矣。《孟子》谓周公驱虎豹犀象而远之。《吕氏春秋》云，殷人服象，为虐于东夷。则象中国固有之，春秋以后乃不复见。"①罗振玉先生《殷墟书契考释》中也认为："象为南越大兽，此后世事。古代则黄河南北亦有之。为字从手牵象，则象为寻常服御之物。今殷墟遗物，有镂象牙礼器，又有象齿，甚多，卜用之骨，有绝大者，殆亦象骨，又卜辞卜田猎有'获象'之语，知古者中原象，至殷世尚盛矣。"②与象有关系的古地名、古文字其实不少，例如《禹贡》中的豫州，学者们认为"豫"即为象、邑二字合文，反映了殷代河南曾是产象之区。

从考古发现看，殷墟出土的甲骨文中屡见象字，并有"获象""来象"之文。甲骨文中的"象"字，以长鼻巨齿为其特征，说明殷人只有经常与象接触，对象非常熟悉，才会有这种形态逼真的象形字。安阳殷墟曾发现有两座象坑，分别埋有大象与幼象，一座坑内埋有一头幼象和一个象奴，③另一座坑内埋有一头幼象和一只猪。④殷墟还出土有各种象牙制品，妇好墓还出土有惟妙惟肖的玉雕象。这些都应该是殷商时期黄河流域中原一带有过大象的见证。有些学者因而认为："可见，当时在中原地区已驯养象，并有较多的野象。"⑤正因为中原地区有象，从而为殷人获取象牙提供了便利。由此来看，殷墟出土有丰富多样的象牙制品也就不难理解了。

---

① 王国维《观堂集林·象·卣跋》，《观堂集林》第4册，中华书局1959年6月第1版，第1204页。

② 罗振玉《殷墟书契考释》，石印本一册，1914年12月。参见《徐中舒历史论文选辑》上册，中华书局1998年9月第1版，第53页。

③ 胡厚宣《殷墟发掘》，学习生活出版社1955年5月第1版，第89页。

④ 王宇信、杨宝成《殷墟象坑和"殷人服象"的再探讨》，胡厚宣等《甲骨探史录》，三联书店1982年出版，第467页。参见杨宝成《安阳武官村北地商代祭祀坑的发掘》，《考古》1987年第12期。

⑤ 中国社会科学院考古研究所编著《殷墟的发现与研究》，科学出版社1994年9月第1版，第398页。

古代的长江流域也是有象的，从文献记载看，《诗经·鲁颂·泮水》有"憬彼淮夷，来献其琛，元龟象齿，大赂南金"之咏，淮夷将象牙作为进献之物，说明江淮流域也曾是产象之地。《左传》定公四年记载说，楚昭王在长江中游与吴王阖庐的人马作战失利，逃避吴国军队追击时，曾将火炬系于象尾，使部下"执燧象以奔吴师"，才得脱险。①这说明楚国驯养有大象，危急时候才能驭象作战，利用象的猛悍，冲击吴军，取得奇效。在《国语·楚语》中有"巴浦之犀、牦、兕、象，其可尽乎"的记述，也透露了长江中游曾是多象之地。通常解释，巴浦是指巴水之浦。②徐中舒先生认为：巴浦当即汉益州地。联系到与之相关的一些记述，如《山海经·中山经》说："岷山，江水出焉……其兽多犀、象。"《山海经·海内南经》则有"巴蛇食象"之说，《楚辞·天问》曰："有蛇吞象，厥大何如？"《路史·后记》罗苹注云："所谓巴蛇，在江岳间。"③徐中舒先生则认为："此皆益州产象之证。"④尽管解释有所不同，但在大范围的地理环境则是一致的，可知古代的江淮流域和四川盆地都曾是产象之地。《华阳国志·蜀志》也提到"蜀之为国，肇于人皇……其宝则有璧玉……犀、象"，反映的可能正是这种真实情况。⑤

此外，《论衡·书虚篇》有"舜葬于苍梧，象为之耕"的记述，

---

① 《左传全译》（王守谦等译注）下册，贵州人民出版社1990年11月第1版，第1429~1431页。

② 《国语全译》（黄永堂译注），贵州人民出版社1995年2月第1版，第628~631页。

③ 《楚辞·天问》今本作"一蛇吞象"。郭璞注《山海经》引文作"有蛇吞象"，王逸注引作"灵蛇吞象"。见袁珂《山海经校注》（增补修订本），巴蜀书社1993年4月第1版，第331页。

④ 徐中舒《殷人服象及象之南迁》，《徐中舒历史论文选辑》上册，中华书局1998年9月第1版，第63页。

⑤ [晋]常璩撰，任乃强校注《华阳国志校补图注》，上海古籍出版社1987年10月第1版，第113页，第116页。参见[晋]常璩撰，刘琳校注《华阳国志校注》（修订版），成都时代出版社2007年6月第1版，第89页，第91页。任乃强先生和刘琳校注《华阳国志》这段记载时，对此有所忽略，其实蜀地产象应是一种真实的客观情形。

并认为这是因为"苍梧"乃"多象之地"的缘故，①其他古籍中对此亦多有记述。由此可知，在古代中国，大象活动繁衍的地方是相当广阔的。从黄河流域、长江流域到珠江流域，都有大象的栖居。正如徐中舒先生所述："凡地名之以象、鼻等为名者，疑皆象曾经栖息之地。""旧石器时代，中国北部，曾为犀、象长养之地。此种生长中国北部之犀、象，如环境无激烈之变迁，决不能骤然绝迹。如是，则由旧石器时代绵延至于殷商以前(或虞、夏时)，仍生息于黄河流域，实为意中之事。"到周代，象群才逐渐南迁。②这些确实是很有见地的看法。

根据文献记载和环境考古材料揭示，商周时期长江流域和四川盆地境内，气候比黄河流域和中原地区湿润温暖，土壤肥沃，林木茂盛，河流纵横，湖泊众多，而且有大量的湿地，更适宜鸟兽和大型动物生存，很可能曾是亚洲象群的重要栖息之地。那个时候，大象曾是这些地区的人们非常熟悉的一种动物，而且人与象之间有着非常亲和的关系。考古出土资料在这方面便有较多的揭示。如湖南醴陵出土的商代青铜象

湖南醴陵出土商代青铜象尊

宝鸡弹国墓地出土青铜象尊

① [东汉]王充撰《论衡》卷四"书虚篇"，见《百子全书》下册，浙江古籍出版社1998年8月第1版，第969页。参见[东汉]王充著《论衡》，上海人民出版社1974年9月第1版，第58页。
② 徐中舒《殷人服象及象之南迁》，《徐中舒历史论文选辑》上册，中华书局1998年9月第1版，第61页，第60页。

尊，四肢粗壮，长鼻高卷，纹饰华丽，工艺精美，形态极为逼真，应是当地制作者对大象形态的真实摹写。在陕西宝鸡斗鸡台也出土有商代后期象尊，生动逼真的形态与湖南醴陵所出象尊有异曲同工之妙，尊盖上还雕铸了一只栩栩如生的小象，这件珍贵文物现收藏于美国华盛顿弗利尔美术馆。[①]在年代稍晚的陕西宝鸡弪国墓地，也出土有青铜象尊。[②]1986年夏秋之际在成都平原腹心地带的三星堆考古发现，在这方面也同样有精彩的展示。譬如三星堆二号坑出土的兽首冠青铜人像，那夸张而奇异的冠顶装饰物，就活脱是卷曲象鼻的写照。二号坑出土的青铜纵目人面像，鼻梁上方高竖的卷云纹装饰也使人油然联想到卷曲的象鼻，是一种充满了想象力的象征表现手法。[③]还有彭县濛阳镇竹瓦街出土的商周窖藏青铜器中，双耳为长鼻形立体象头的铜罍，其象头和长鼻以及突出的象牙，堪称是对真实大象栩栩如生的摹拟。[④]这些都说明了古代蜀人对大象形态的熟悉，只有经常和大象接触才会达到如此熟悉的程度，应是蜀地产象的见证。尤其值得注意的是，在三星堆一号坑出土的大量烧骨碎渣中，经初步鉴定，有猪、羊、牛的肢骨和头骨，还有被火烧过的象的门齿、臼齿等。[⑤]这些烧骨渣中的象的门齿与臼齿，显然也透露了蜀地产象的信息。还有三星堆曾出土有相当数量的象牙，其中一号坑出土象牙13根；二号坑出土象牙67根，一般长80~100厘米；经鉴定这些象牙均属于亚洲象种。在成都金沙遗址也出土了大量的象牙，数目比三星堆更为庞大。经学者们研究，三星堆与金沙遗址出土的大量象

① 史岩编《中国雕塑史图录》(一)，上海人民美术出版社1983年5月第1版，第29页图三二，第34页图三九。

② 卢连成、胡智生著《宝鸡弪国墓地》，文物出版社1988年10月第1版，第293页，第294页图二〇三，彩版一八，图版一六二。

③ 四川省文物考古研究所编《三星堆祭祀坑》，文物出版社1999年4月第1版，第164页、167页图八四、190页、197页图一〇八。

④ 四川省博物馆编《巴蜀青铜器》，成都出版社、澳门紫云斋出版有限公司出版，第1页。范桂杰、胡昌钰《彭县竹瓦街再次发现西周窖藏铜器》，《考古》1981年第6期。

⑤ 四川省文物考古研究所编《三星堆祭祀坑》，文物出版社1999年4月第1版，第22页，第150页。

牙显然并非来自遥远的异域,很可能就是古蜀本地所产,也可能是从栖息于长江流域的象群中获取的。[1]

周代以后,可能由于气候环境变化的原因,加之大量的开发活动造成生态植被的恶化,以及对兕、象等猛兽采取驱逐做法的一些人为因素,象群才离开黄河流域和长江流域而逐渐南迁。在汉代南阳、山东、江苏、四川等地出土的画像石上,有不少刻画

金沙遗址出土的象牙

有大象或驯象情景的画面,说明汉代在中原地区、河南南部和长江流域仍有大象存在,甚至继续被人所驯服驭用。《东观汉记》说西汉末年,天下大乱,各地纷纷起义,王莽派遣大军前往镇压:"欲盛威武,以振山东,甲冲輣,干戈旌旗,攻战之具甚盛。至驱虎豹犀象,奇伟猛兽,以长人巨无霸为垒尉,自秦汉以来师出未曾有也。"[2]可知王莽也曾驱象作战,说明汉代中原仍有象群,或者是汉朝王室饲养有较多的大象,才能为王莽的军队所驭用。此后在很长时间内,两广和云南等地依然栖息着众多的象群,古人笔记史料中对此不乏记载。明末清初之际永历皇帝、吴三桂曾用象军,也是当时象群还较多的例证。后来除了西双版纳,境内其他地区已不再有象。这便是三千多年以来,曾经栖息于华夏地区的大量象群由北而南辗转迁徙的情形。中原民族和古代蜀人由于象群的远去,产生了怀念,因而有了"想象",[3]这个词的初意就是表达对象的思念。

---

① 参见黄剑华著《古蜀金沙——金沙遗址与古蜀文明探析》,巴蜀书社2003年11月第1版,第242~263页。参见黄剑华《金沙遗址出土象牙的由来》,刊于《成都理工大学学报》2004年第3期。

② [东汉]刘珍等撰,吴树平校注《东观汉记校注》,中华书局2008年11月第1版,第3~4页。

③ 笔者曾与四川历史学会会长谭继和先生闲谈,他也认为"想象"一词与古人怀念远去的象群有关。

三、汉代已有驯象娱乐

汉代画像石上常见有对驯象的刻画，有的还描绘了象奴驱使或驾驭驯象的情景。例如河南登封少室东阙的北面，就刻画了一位头戴尖帽的象奴，左手牵马右手持长钩驯象的情景画面。从形体看，所驯之象应是一头幼象，其时间为东汉时期所刻。[①]河南登封启母阙上也刻画有两幅驯象图，一幅上左边刻一人面对大象，手持长钩购象首，另一幅上刻一人将长钩去钩象首，画面中描绘的应是象奴驯象的情景。[②]

河南登封少室山东阙驯象图

河南南阳英庄出土的驯象图

---

① 《中国画像石全集》第6册图一〇七，山东美术出版社、河南美术出版社2000年6月第1版。

② 吕品编著《中岳汉三阙》图一七，图三八，文物出版社1990年8月第1版。

山东微山县两城镇出土的驯象图

山东邹城出土的驯象图

山东邹城市高庄乡出土的驯象图

山东平邑县功曹阙上的执钩骑象图

山东嘉祥县吕村画像石上的骑象图

　　河南南阳英庄出土的一件画像石上也刻画了驯象图，画面中间为一头大象，后面是一位头戴尖帽的象奴，手执钢钩，向前跨步做驭象状。左边有一虎，与大象相对。[①]山东微山县两城镇出土的一件画像石上，画面下端刻画了车马出行，画面上端刻画了骆驼、大象，一人手握象尾，随在大象后面行走，表示画中大象也属于驯象。

　　山东邹城出土的一件画像石上也刻画有执钩驯象图，画面右侧刻画了一人骑骆驼，一人执钩驯象，一人立马前，马上一人张弓射虎。画面上层还刻画了牛耕与劳作归来的农人，增添了画像中的真实意味。山东邹城市高庄乡出土一件画像石上，刻画了狩猎与驯象的场面，一人持

---

① 王建中、闪修山著《南阳两汉画像石》图91，文物出版社1990年6月第1版。

钩驯象，大象的后面有一匹骆驼，画面很写实。山东平邑县功曹阙西面画像石上，刻画有一人手控缰绳骑骆驼、一人执钩骑象的情形，将骑乘大象和骑骆驼者的形态也都刻画得很逼真，很显然这些都是当时比较常见的情景。山东嘉祥县吕村画像石上，也刻画了类似情景，画面中一人骑骆驼，两人骑于大象上，手中各执长钩，分别钩向象首与象尾。[①]平邑县功曹阙刻有铭文，内有"章和元年"字样，东汉章帝章和元年为公元87年，是汉代画像石中比较早的驯象图。

山东长清县孝堂山石祠东壁画像上，则刻画了前有骑马者为导从、中间有骑骆驼和骑大象者的车骑队伍，象背上乘坐三人，前面一人手持驯象

山东长清县孝堂山石祠东壁画像上刻画了乘骆驼和大象者（局部）

的长钩，与大象并列而行的骆驼上骑坐了两人。孝堂山石祠的时代，大约也是东汉章帝时期（76~88）。这幅画像，场面宏大，情景逼真，描绘的骑象图比较典型，可能与墓主生前经历或者与当时的历史故事有关。巫鸿先生认为，孝堂山祠堂壁画中骑着大象和骆驼的画面，表现的是蛮夷向汉朝纳贡的情景："他们骑着大象和骆驼前来朝拜中国的皇帝。汉代的官方历史记录了相似的事件。例如在汉武帝时期，属于西南夷的一个小国将一头大象作为贡品献给中国皇帝。骆驼则代表来自北方

---

① 《中国画像石全集》第2册图五〇，图六六，图七九，第1册图一三，山东美术出版社、河南美术出版社2000年6月第1版。参见傅惜华、陈志农编《山东汉画像石汇编》，山东画报出版社2012年12月第1版，第193页图。

的贡品。"①

江苏徐州市洪楼汉墓祠堂顶部刻画有驯象图，一位象奴骑在象背上，手执长钩，指向象鼻，作戏象状，②，画面中还刻画了鱼龙与仙话人物，有放置建鼓的云车，将现实与传说糅合在了一起。山东临沂市白庄出土的一件画像石上，刻画了一位高鼻深目之人手持长钩驱赶驯象的情景，后面一位头戴尖帽的骑驼者正挥鞭催赶骆驼。山东费县

江苏徐州市洪楼汉墓祠堂顶部刻画的驯象图

山东临沂市白庄出土的钩象图（局部）

山东费县垛庄潘家疃发现的长鼻有翼驯象图（局部）

垛庄潘家疃发现的画像石上刻画了一人执刀而行，后边为一长鼻有翼之象。③汉代画像中对有翼兽有大量的刻画，是东西文化交流的一大特

① 《中国画像石全集》第1册图四二，山东美术出版社、河南美术出版社2000年6月第1版。参见[美]巫鸿著《武梁祠——中国古代画像艺术的思想性》，北京三联书店2006年8月第1版，第215页，第216页图，235页注释【141】、【142】。
② 《中国画像石全集》第4册图四一，山东美术出版社、河南美术出版社2000年6月第1版。参见徐州市博物馆编《徐州汉画像石》图85，江苏美术出版社1985年6月第1版。
③ 《中国画像石全集》第3册图一〇，图八七，山东美术出版社、河南美术出版社2000年6月第1版。

色，譬如有翼虎、有翼天马、有翼兕之类。这幅画像中将大象也刻画成了有翼的形态，在大象的前后腿顶端都刻画了翅膀以示神异，展现了汉画制作者丰富的想象力与外来文化的影响，颇为独特。

汉代是一个开放的社会，随着汉武帝时期丝路的开通，与外界的交往逐渐增多。汉朝与周边邻国经常互相派遣使者，获得了很多来自异域的奇珍异宝，其中也包括一些产于异域的动物。据《汉书·西域传》记述：自西汉初文、景、武帝以来，"养民五世，天下殷富，财力有余，士马强盛……汗血之马充于黄门，钜象、狮子、猛犬、大雀之群食于外囿。殊方异物，四面而至。于是广开上林……作巴俞都卢、海中砀极、漫衍鱼龙、角抵之戏以观视之"。①由这段记述可知，在汉朝皇宫的园囿中饲养着大象，以及西域诸国进献的各类珍禽异兽，而且经常进行驯兽表演，以供皇室贵族们观赏娱乐。

象群在两汉时期已经南迁了，所以文献记载有外邦进献之象。值得注意的是，《汉书·西域传》中仅记载罽宾"出封牛、水牛、象"，可见汉朝皇宫园囿中饲养的大象，并非都来自西域，也有可能直接来岭南与滇越等地。《汉书·张骞列传》说："有乘象国，名滇越，而蜀贾间出物者或至焉。"《后汉书·南蛮西南夷列传》就记载："永元六年，郡徼外敦忍乙王莫延慕义，遣使译献犀牛、大象。"又说："永初元年，徼外僬侥种夷陆类等三千余口举种内附，献象牙、水牛、封牛。"②史籍所记述南亚小邦邻国向汉朝献大象、象牙，应是当时的一种真实情形。所献大象，按常情推测，应该不是野象，而是可供驱使的驯象。

关于驯象，我们还应提到《汉书·武帝纪》的记述，元狩二年

---

① [东汉]班固撰《汉书》卷九十六"西域传"，中华书局校点本第12册，1962年6月第1版，第3928页，第3885页。

② [东汉]班固撰《汉书》卷六十一"张骞列传"，中华书局校点本第9册，1962年6月第1版，第2690页。参见[南朝·宋]范晔撰《后汉书》卷八十六"南蛮西南夷列传"，中华书局校点本第10册，1965年5月第1版，第2851页。

"南越献驯象"，应劭曰："驯者，教能拜起周章，从人意也。"[①]王充《论衡·物势篇》也说到了"长仞之象，为越僮所钩"。[②]这说明从汉武帝到东汉时期常有南越进献的驯象。这些驯象饲养在皇宫园囿中，不仅供观赏，还能由驯象者指挥进行娱乐表演。文献记载早在西周和春秋时期就有象舞表演，如孔颖达注疏《诗·周颂·维清》时就说："《维清》诗者，奏象舞之歌乐也。"《古本竹书纪年》中也有"作象舞"的记述。[③]通常认为象舞是指模仿武术的舞蹈，但也不排除有驯象的参与。《史记·孝武本纪》说汉武帝时在长安西面修筑建章宫，其东为凤阙，其西有"数十里虎圈"，《汉书·孝元冯昭仪传》有"上幸虎圈斗兽，后宫皆坐"的记载，[④]说明汉朝皇室不仅饲养百兽，还设置有专门观赏斗兽的场地。汉朝的斗兽内容丰富形式多样，不仅有人与大型动物相搏，也有驯兽表演，譬如驯虎，以及驯象等表演。

从西汉时期的图像资料来看，河北定县第122号汉墓出土的车马器中，有一件金银错狩猎纹铜车饰，呈中空竹管状，似为车伞盖柄，表面有四段金银纹饰并用黑漆填补空隙，形成环绕的图案。在花纹摹本图像中，最上面的画面主体为一头行走的大象，穿有象服，备有鞍具，象背上乘坐三人，前面一人手持钩具正钩弄大象的右耳。在大象周围，环绕有飞龙、天马、羽人、奔鹿、翼兔、翔鹤、鸿雁、灵龟等众多珍禽

① [东汉]班固撰《汉书》卷六"武帝纪"，中华书局校点本第1册，1962年6月第1版，第176页。
② [东汉]王充撰《论衡》卷四"书虚篇"，见《百子全书》下册，浙江古籍出版社1998年8月第1版，第967页。参见[东汉]王充著《论衡》，上海人民出版社1974年9月第1版，第50页。
③ 《毛诗正义》卷十九《周颂·维清》，[清]阮元校刻《十三经注疏》上册，中华书局影印出版，1980年9月第1版，第584页。参见《古本竹书纪年》，载《帝王世纪·世本·逸周书·古本竹书纪年》，齐鲁书社2010年1月第1版，第84页。参见《竹书纪年统笺》第七卷，见《二十二子》，上海古籍出版社1986年3月第1版，第1075页。
④ [汉]司马迁撰《史记》卷十二"孝武本纪"，中华书局校点本第2册，1959年9月第1版，第482页。参见[东汉]班固撰《汉书》卷九十七"外戚传·孝元冯昭仪传"，中华书局校点本第12册，1962年6月第1版，第4005页。

异兽。①有学者认为，这幅图像的主纹表现的就是"象舞"的形象。②还有学者认为，汉武帝时期南越曾经进献驯象，此图中象背上乘坐三人的发髻束起并且上卷，嘴唇前突，

河北定县汉墓出土铜车马器上的骑象图

上身赤裸，腰系短裙，其发型可以称之为"椎结"，部分驯象可能来自西南夷。③这幅图像出土于西汉时期的汉墓中，对《汉书》等史籍中关于南越或南亚小邦邻国经过西南夷向汉朝进献驯象的记载，确实是一个较好的印证。在四川地区出土的汉代画像资料中，泸州出土的东汉时期石棺上也刻画有驯象，画像中还刻画了手持便面的舞蹈者、抚琴者、吹笛者、楼房底层的舂米者，驯象位于画面中上方，长鼻大耳四腿粗壮，大概是为了表示离得稍远，大象的体型较小，画面右上方有一人伸手向大象做驱使状。④还有四川芦山樊敏阙檐下的一副浮雕图，也刻画了驯象，大象的体型较大，穿有象衣，图中人物较多，有认为是表演象戏，

---

① 中华人民共和国出土文物展览工作委员会编《中华人民共和国出土文物展览品选集》图85（附花纹摹本），文物出版社1973年1月第1版。参见史树青《我国古代的今错工艺》，《文物》1973年第6期第70页，及彩色图版（花纹摹本）。

② 贾峨《说汉唐间百戏中的"象舞"——兼谈"象舞"与佛教"行像"活动及海上丝路的关系》，《文物》1982年第9期第53页。

③ 郑彤《再论汉画像石上的象纹》，《华夏考古》2010年第1期第125~126页。参见[美]巫鸿著《礼仪中的美术——巫鸿中国古代美术史文编》，生活·读书·新知三联书店2005年7月第1版，2013年7月第4次印刷，上册第148页，下册第302~303页。

④ 龚廷万、龚玉、戴嘉陵编著《巴蜀汉代画像集》，文物出版社1998年12月第1版，第127页图126，称此图为"象戏、乐舞，206×68厘米，泸州十三号石棺"。参见高文主编《中国画像石棺全集》，三晋出版社2011年10月第1版，第337页，称此图为"四川合江三号石棺，象戏·舂米，纵84厘米、横224厘米，1987年合江县胜利乡砖室墓出土，泸州博物馆藏"。又见高文编著《四川汉代石棺画像集》，人民美术出版社1998年4月第1版，第70页图一三四，称此图为"舞乐·象戏·舂米"。龚廷万与高文两书对此图的介绍有出入，但仔细比对，应是同一件画像。

四川泸州汉代石棺上的象戏乐舞图

也有认为该图与早期佛教故事传播有关。虽然对图像的看法有争议，但东汉时期四川地区也有驯象，应该是没有疑问的。

关于汉代的驯象者，其实不一定都是越僮，更多的则是胡人担任象奴。从汉代画像中的多幅"驯象图"观察，画面上大多有一位高鼻深目之人，头戴尖帽，手持弯钩，或站于象首或立于象尾，或骑于象背，常作驯象或驱象而行状，就是很明显的例证。我们知道，汉代在关中和中原等地已有胡人居住，所以汉代画像中常见有胡人形象。胡人中不仅有胡商，也有表演杂技与歌舞者，还有从事各种杂役的胡奴，汉代画像中对此就有较为充分的揭示。由胡人来驯象，可能在汉代比较流行，所以担任象奴的胡人较多。关于驯象者使用长钩，也是汉代比较常见的一种驯象方式。这种情形早在汉初就流行了，使用长钩不仅用于驯象，还可以驯养牛、马等动物，江陵凤凰山出土汉初遗策就有"大奴园，牛仆、操钩""大奴获，马仆、操钩"的记录。汉代画像中也刻画有使用长钩驯服和驾驭其他大型动物的情景，如河南永城酂城墓出土的画像石上刻画了一位头戴尖顶帽、身穿长襦者，双手各持长钩做驯兽状，右边一兽身躯似牛口衔一环，被长钩钩住鼻子而向后退缩。又如山东平邑县皇圣卿西阙的一幅画像石上就描绘了二人骑兽、右者执钩、左者持矛的画面。[①]这幅画像为东汉章帝元和三年（86）所刻，与平邑县功曹

---

① 《中国画像石全集》第6册图七二，第1册图五，山东美术出版社、河南美术出版社2000年6月第1版。

河南永城鄷城汉墓出土的驯兽画像

阙画像相似，也属于东汉早期画作。据有的学者研究，使用长钩驱使大象，应是汉代中原的一种驯象方法，后来才流传到云南等地，汉代画像石描绘的长钩驯象就提供了较多的例证，目前在东南亚诸国以及国外其他地方尚无早于汉代以长钩驯象的图像或记载。[①]通过画

山东平夷县皇圣卿西阙画像石上的执钩骑兽图

像资料的描绘与史籍中的记载，以及学者们的研究，可知汉代的驯象者中其实是胡人居多的，尤其是中原地区，可能专门有胡人来担任象奴。在南方地区的驯象者，才主要是越人。这些象奴，使用长钩来驯服大象，或驾驭驱使驯象，主要是为皇室或贵族阶层服务，进行的主要是象舞之类娱乐性的表演。佛经中后来有使用钢钩作为调大象之法的比喻，从时间来看已经是晋代之后了。可见钢钩驯象，并非是佛教的创新，而只是借用了汉代的传统驯象方法而已。

　　三国时期仍有驯象，据《太平御览》卷八九○引《江表传》记载："孙权遣使诣阙献驯象二头"，曹操想知道驯象的重量，众人都没办法，年幼的曹冲出了个主意："置象大舡，刻其所至，称物以载之，可知也。"通过这个"曹冲称象"的故事，可知曹魏与东吴仍是

---

① 李昆声著《云南考古学论集》，云南人民出版社1998年5月第1版，第368~369页。

有驯象的。而驯象参与皇室的娱乐活动，到了晋朝仍很流行。据《晋书·乐志》记述，后汉正旦有鱼龙漫衍等大型百戏表演："魏晋讫江左，犹有夏育扛鼎、巨象行乳、神龟抃舞、背负灵岳、桂树白雪、画地成川之乐。"又据《晋书·舆服志》记载："武帝太康中平吴后，南越献驯象，诏作大车驾之，以载黄门鼓吹数十人，使越人骑之。元正大会，驾象入庭。"[①]这种驯象由越人驾驭，也是汉代流传下来的传统。驯象在汉晋之后仍然延续，《新唐书·南蛮传》就有"贞观时王头黎献驯象"，以及大历时真腊"来朝献驯象""德宗初即位，珍禽异兽悉纵之，蛮夷所献驯象畜苑在"的记载。到了宋代仍有驯象表演，孟元老《东京梦华录》卷十就有"遇大礼年，预于两月前教车象"的记载，车队里面有象七头，"每一象则一人裹交脚幞头紫衫人跨其颈，手执短柄铜镦尖其刃，象有不驯击之。象至宣德楼前，团转行步数遭成列，使之面北而拜，亦能唱诺。诸戚里宗室贵族之家，勾呼就私第观看，赠之银彩无虚日。御街游人嬉集，观者如堵。卖扑土木粉捏小象儿，并纸画看人，携归以为献遗"。[②]但那时的驯象数量已经较少，平常很难见到了。《铁围山丛谈》卷六说，有一位官员的夫人路过宣德门，看见了这些驯象，"适见而大骇，归告其夫曰：异哉左丞，我侬今日过大内前，安有此大鼻驴耶？人传以为笑"。[③]

① [宋]李昉等撰《太平御览》第4册，中华书局影印出版，1960年2月第1版，第3955页。参见[唐]房玄龄等撰《晋书》卷二十三"乐志"，卷二十五"舆服志"，中华书局校点本第3册，1974年11月第1版，第718页，第756页。

② [宋]欧阳修等撰《旧唐书·南蛮传》，清代武英殿本《二十五史》第6册，上海古籍出版社、上海书店影印出版，1986年12月第1版，第679~680页。参见[宋]孟元老撰《东京梦华录》卷十，邓之诚注，中华书局1982年1月第1版，第235页。

③ [宋]蔡絛撰《铁围山丛谈》卷六，中华书局1983年9月第1版，第115页。

四、骑象图与佛教的关系

通过前面列举的考古资料可知，在河南、山东、江苏、陕西、四川出土的汉代画像中都出现有驯象和骑象的情景，说明大象在汉代仍是较为常见的一种大型动物，所以汉代画像中才有这些真实的描绘。这里需要探讨的是，汉代画像中描绘骑象与驯象的用意究竟是什么呢？它们与佛教有没有关系？

首先从汉代的崇尚与信仰看，两汉时期有着非常浓郁的辟邪求吉、崇尚祥瑞的传统，求仙意识特别强烈，所以汉代画像中常常有对众多祥禽瑞兽的描绘，如四灵、凤鸟、仙鹿、天马、吉羊、驯象、狮子、有翼兽、仙界的九尾狐三青鸟玉兔蟾蜍等，都是汉画中的常见之物。汉画中不厌其烦地刻画各种祥禽瑞兽，既有对仙境神奇情景的想象与渲染，又有导引墓主进入仙界的用意，还有驱魔除邪保佑吉祥的含义。大象因为同吉祥谐音，又由于商周以来华夏地区的人们就非常熟悉和喜爱象这种大型

江苏徐州铜山县苗山出土画像石上的大象

动物，所以大象被视为瑞兽而频繁地出现在了画像上。例如江苏徐州市铜山县苗山汉墓画像石上，就将肩生羽翼的神人、腾空的天马、大象刻画在同一个画面中。[①]江苏徐州市铜山县茅村出土的画像石上，将骑骆

---

① 《中国画像石全集》第4册图五〇，山东美术出版社、河南美术出版社2000年6月第1版。参见徐州市博物馆编《徐州汉画像石》图91，江苏美术出版社1985年6月第1版。参见徐州汉画像石艺术馆编著、武利华主编《徐州汉画像石》图——九（称之为"黄帝升仙图"），线装书局2002年9月第2版。

驼和持钩骑象者，与众多瑞兽和羽人刻画在了一起。[①]茅村汉墓前室北壁有"熹平四年四月十三□己酉"题记，东汉灵帝熹平四年为公元175年，属于东汉中晚期的画像作品。河南南阳市区汉墓出土画像石上，也将大象与熊、虎、鱼车、河伯出行刻画在同一幅画面中，另一件画像石上则同时刻画了大象、凤凰、天鹿。[②]在这些画面中，大象作为瑞兽的象征寓意是非常清晰而又明确的。

显而易见，很多汉代画像中描绘的大象，被赋予的主要是祥瑞的寓意。汉画中驯象或骑象的画面，通过对当时生活情景的描绘，或者比附于对仙界场景的想象，所表达的也主要是祥瑞的含义。汉画中大力张扬的这种主题含义，与汉代的丧葬观念也有很大的关系，强烈的求仙意识与辟邪求吉传统，在两汉时期的墓葬装饰中始终占据着主导地位。早期佛教图像与佛本生故事，虽然在东汉中后期已经开始传入华夏，但对汉代墓葬画像的影响很小，无论是在巴蜀或是在北方与中原地区都比较模糊而并不明显。正如有的学者所论述的："佛教转世轮回的理论与中国传统的丧葬观念有着本质上的差别，佛教艺术题材从整体上说，很难全面地影响墓葬装饰，""至于象和莲花是否可以判定为'带有佛教色彩'，还值得讨论。"[③]

其次从佛教传入华夏的时间看，虽然《三国志·魏书》裴松之注引鱼豢《魏略·西戎传》有"昔汉哀帝元寿元年，博士弟子景卢受大月氏王使伊存口受浮屠经"的记载，[④]但根据现代学界对西域历史的研

① 徐州市博物馆编《徐州汉画像石》图56，江苏美术出版社1985年6月第1版。参见《文物参考资料》1953年第1期。
② 参《中国画像石全集》第6册图二一二，山东美术出版社、河南美术出版社2000年6月第1版。参见王建中、闪修山著《南阳两汉画像石》图151，图181，文物出版社1990年6月第1版。参见南阳市博物馆：闪修山、陈继海、王儒林编《南阳汉代画像石刻》图38，图58，上海人民美术出版社1981年2月第1版。
③ 郑岩著《魏晋南北朝壁画墓研究》，文物出版社2002年12月第1版，第167~168页。
④ [晋]陈寿撰《三国志·魏书》卷三十"乌丸鲜卑东夷传"裴松之注引鱼豢《魏略·西戎传》，中华书局校点本第3册，1959年12月第1版，第859页。

江苏徐州铜山县茅村画像石上的骑象图

河南南阳出土画像石上的大象与其他瑞兽

河南南阳画像石上的大象与凤凰、天鹿

究，贵霜王朝前二代是不信佛教的，而大月氏又在贵霜王朝之前，当时是否佛教流传尚需探讨。而学界通常认为佛教传入中国是在东汉明帝时，其依据是《四十二章经》《牟子理惑论》等书曾记载汉明帝夜梦金人，然后遣使求法。①《后汉书·光武十王列传》记载有楚王刘英奉佛之事："英少时好游侠，交通宾客，晚节更喜黄老，学习浮屠斋戒祭祀。"②《后汉书·西域传》也记载："世传明帝梦见金人，长大，顶

———————

① [汉]太尉牟融撰《牟子》，见《百子全书》下册，浙江古籍出版社1998年8月第1版，第1098页。

② [南朝·宋]范晔撰《后汉书》卷四十二"光武十王列传"，中华书局校点本第5册，1965年5月第1版，第1428~1429页。

有光明，以问群臣。或曰：'西方有神，名曰佛，其形长丈六尺而黄金色。'帝于是遣使天竺问佛道法，遂于中国图画形像焉。楚王英始信其术，中国因此颇有奉其道者。后桓帝好神，数祀浮屠、老子，百姓稍有奉者，后遂转盛。"又说："汉自楚英始盛斋戒之祀，桓帝又修华盖之饰。"①《后汉书·襄楷传》记述，汉桓帝延熹九年（166）襄楷上书也有"又闻宫中立黄老、浮屠之祠"等语②。《资治通鉴》卷四十五也说："初，（汉明）帝闻西域有神，其名曰佛，因遣使之天竺求其道，得其书及沙门以来……于是中国始传其术，图其形象，而王公贵人，独楚王英最先好之。"③这些记载说明，东汉明帝时听说了佛教，曾遣使去天竺问法，但路途遥远交通不便，佛经的抄录、翻译与传播也有一个较为漫长的过程，到了东汉中后期，桓帝才在宫中奉佛。既然最高统治者都奉佛，很自然在全国倡导了一种奉佛之风。但那时对佛教的了解很有限，大都视佛如神，是将佛同中国的黄老之术、神仙信仰混淆在一起的。

前面曾列举西汉时已有了骑象的图像，如河北定县西汉墓出土的金银错图案；又如河南唐河郁平大尹墓出土的新莽天凤五年（18）冯君孺人墓北阁室北壁画像，属于西汉末年。而佛教传入华夏是在东汉中后期，可见汉代画像中骑象图的出现要早于佛教的传播，并非是因为佛教的传入才有骑象图的。考古资料非常重要的一个因素，便是年代的界定。有些研究者显然忽略了这一点，故而做出了不切实际的推测，而这正是我们需要注意并加以纠正的。

从史籍中有关佛教于东汉时期东传的记载来看，也没有明确说到

① [南朝·宋]范晔撰《后汉书》卷八十八"西域传"，中华书局校点本第10册，1965年5月第1版，第2922页，第2932页。

② [南朝·宋]范晔撰《后汉书》卷三十下"襄楷传"，中华书局校点本第4册，1965年5月第1版，第1082页。

③ [宋]司马光编著《资治通鉴》卷四十五，中华书局校点本第4册，1956年6月第1版，第1447页。

驯象与佛教的关系。譬如《后汉书·西域传》中记述："天竺国一名身毒，在月氏之东南数千里。俗与月氏同，而卑湿暑热。其国临大水。乘象而战。其人弱于月氏，修浮图道，不杀伐，遂以成俗。"解释说：浮图即佛也。文中又记述，天竺地域宽广，其地出象，"和帝时，数遣使贡献，后西域反叛，乃绝。至桓帝延熹二年、四年，频从日南徼外来献。"文中还说："至于佛道神化，兴于身毒，而二汉方志莫有称焉。张骞但著地多暑湿，乘象而战，班勇虽列其奉浮图，不杀伐，而精文善法导达之功靡所传述。余闻之后说也……汉自楚英始盛斋戒之祀，桓帝又修华盖之饰。将微义未译，而但神明之邪？"[①]这说明当时对传入的佛教了解并不透彻，只知道天竺有"乘象而战"的习俗，并没有将骑象与佛教联系在一起。司马相如《上林赋》中曾说到"赤首圜题，穷奇象犀"与"象舆"。张衡《西京赋》追述西汉时期长安城中的乐舞百戏活动，说长安广场上有"临回望之广场，程角觝之妙戏，乌获扛鼎，都卢寻橦……白象行孕，垂鼻辚困"。[②]李尤《平乐观赋》描述东汉首都洛阳的百戏演出盛况，有"白象朱首，鱼龙曼延"的情景。[③]西汉司马相如说的赤首象犀，东汉张衡说的白象行孕、李尤说的白象朱首，都属于两汉时期百戏表演中的瑞兽，很显然与佛教是没有什么关系的。

再者从佛经中的相关说法与翻译传播来看，关于驯象与佛陀的关系，佛经中有释迦摩尼化乘白象来就母胎之说，如《修行本起经》卷上"菩萨降身品第二"就记述："于是能仁菩萨，化乘白象，来就母胎。用四月八日……生子处家，当为转轮飞行皇帝，出家学道，当得作佛，

---

① [南朝·宋]范晔撰《后汉书》卷八十八"西域传"，中华书局校点本第1册，1965年5月第1版，第2921~2922页，第2931~2932页。

② [汉]司马相如撰《上林赋》、[汉]张衡撰《西京赋》，[南朝·梁]萧统编，[唐]李善注《文选》卷八、卷二，上册，中华书局影印出版，1977年11月第1版，第125页，第48页。

③ 《全后汉文》卷五十，[清]严可均校辑《全上古三代秦汉三国六朝文》第1册，中华书局影印出版，1958年12月第1版，第747页。又见[唐]欧阳询撰《艺文类聚》，汪绍楹校，第3册，上海古籍出版社1982年1月新1版，第1134页。

度脱十方。"这个佛经故事，大约是建安之后才翻译传入华夏的。《三国志·魏志·乌丸鲜卑东夷传》载裴松之注引《浮屠经》说："浮屠，太子也，父曰屑头邪，母云莫邪……始莫邪梦白象而孕，及生，从母左胁出，生而有结，坠地能行七步。此国在天竺城中。"①陈寿是三国与西晋时代的人，所著《三国志》中未提此事；裴松之是南朝人，已经知道了这个佛经故事，这也反映了佛本生故事的翻译传播情形。虽然佛本生故事在东汉末已逐渐传播于世，但影响并不显著，从文献记载来看，魏晋时期的白象仍是被视为瑞兽来对待的，皇室依然将其作为表演百戏中的一项内容。《魏书·乐志》记载说：北魏"六年冬，诏太乐、总章、鼓吹增修杂伎，造五兵、角觝、麒麟、凤皇、仙人、长蛇、白象、白虎及诸畏兽、鱼龙、辟邪、鹿马仙草、高絙百尺、长趫、缘橦、跳丸、五案以备百戏。大飨设之于殿庭，如汉晋之旧也。"这种情形在北齐也依然如故，《隋书·音乐志》就记述："始齐武平中，有鱼龙烂漫、俳优、朱儒、山车、巨象、拔井、种瓜、杀马、剥驴等，奇怪异端，百有余物，名为百戏。"②

　　结合考古资料看，早期佛教图像在东汉时已经由西南丝路传入四川地区，在崖墓中和出土的摇钱树上出现了数量较多的早期佛像，并由蜀地逐渐向周边其他地区传播。③值得注意的是，东汉时期随着南传早期佛教图像的传播，在四川地区已有将驯象与佛像同时出现在摇钱树上的情形。譬如四川绵阳何家山1号东汉墓出土摇钱树干上有佛像，何家

① ［晋］陈寿撰《三国志》卷三十"乌丸鲜卑东夷传"，中华书局校点本第3册，1959年12月第1版，第859页。
② ［北齐］魏收撰《魏书》卷一百九"乐志"，中华书局校点本第8册，1974年6月第1版，第2828页。参见［唐］魏征、令狐德棻撰《隋书》卷十五"音乐志下"，中华书局校点本第2册，1973年8月第1版，第380页。
③ 阮荣春著《佛教南传之路》，湖南美术出版社2000年12月第1版。参见何志国著《汉魏时期摇钱树初步研究》，科学出版社2007年10月第1版。参见黄剑华《略论早期佛教图像的传播》，载于《吴越佛教》第八卷，九州出版社2013年7月第1版，第421~438页。又见黄剑华《略论早期佛教图像的传播》，《中原文物》2014年第1期第48~56页。

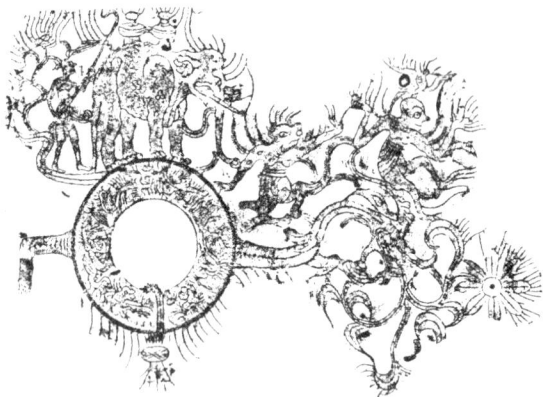

四川绵阳何家山2号东汉墓出土摇钱树叶上
的驯象图

四川三台出土摇钱树陶
座上的骑象图

山2号东汉墓出土摇钱树枝叶上有西王母像，还有大象与象奴图，大象
长鼻卷曲背置二壶，象奴高鼻赤脚，裸露上身，只穿短裤，双手持长
钩，作驱象而行状。①在四川彭山汉墓出土的摇钱树陶座上，有形态明
确的佛像；而在四川三台出土的汉代泥质灰陶摇钱树座上，上段有坐于
龙虎座上的西王母，下段有象奴和三头大象，象奴坐于象背之上。②其
中似乎就透露了驯象与佛像的某些联系，但这只是一种可能性，二者之
间的关系仍然是比较模糊的。

　　这里还应提到四川芦山樊敏阙檐下的一副浮雕图，据《中国画像
石全集》第7册说明文字介绍：此图位于阙顶檐下，画面中左边为一大
象，象身披衣物，后有一人。象前有四人，与象一起表演象戏。树下端
坐三人，正在观看表演。树右数人，也为表演节目。③邓少琴先生曾认
为这是"哀牢夷九隆氏生十子图"，其文献依据为《后汉书·南蛮西

---

① 　何志国著《汉魏时期摇钱树初步研究》，科学出版社2007年10月第1版，第43~47
页，图2-42，图2-48；第307页附图2-18。
② 　[美]巫鸿著《礼仪中的美术——巫鸿中国古代美术史文编》下册，生活·读书·新
知三联书店2005年7月第1版，2013年7月第4次印刷，第297页，图16-8，图16-9。
③ 　《中国画像石全集》第7册图九〇，山东美术出版社、河南美术出版社2000年6月第
1版。参见龚廷万、龚玉、戴嘉陵编著《巴蜀汉代画像集》，文物出版社1998年12月第1
版，第127页图125。

南夷列传》，《华阳国志》卷四所载大致相同。①高文先生等也认为，这是浮雕"龙生十子"神话故事图像。②《巴蜀汉代画像集》定名为象戏、象

内蒙古和林格尔汉墓壁画仙人骑象图

舞。唐长寿先生认为该图描绘的是两个不同题材，以大树为中心的五人应是"仙界宴饮图"，右边为汉代蜀地常见的"貜盗女"图。③另有学者通过研究认为，此图描绘的内容当为须大拏太子本生故事。④据碑文记载，樊敏为庐山县樊家祠人，生于汉安帝永宁元年（120），卒于汉献帝建安八年（203），曾任永昌长史，后表授为巴郡太守，旋归乡养病，授以助养都尉等。当时永昌是西南丝路印度与蜀地往来交通必经之地，早期佛教图像就是经由这条交通线传播进来的。担任过永昌长史的樊敏阙上刻画佛教故事图像，也就是情理中事了。我们也由此可知，当时由西南丝路传入的不仅有早期佛教图像，还有佛本生故事。因为佛本生故事有生动的人物形象和曲折的故事情节，所以比单个静态的佛教造像传播得可能更快也更为广泛一些。汉代画像石上的须大拏故事，便是对佛本生故事传播过程中一种画像形式的实录。仔细观察图像内容，这确实是很有见地的一种分析看法。但是客观地看，四川发现的早期佛像

①　魏翔、陈洪《汉画像石中新发现的佛教故事考》，《东南文化》2010年第4期第81~83页。参见唐长寿《汉画"貜盗女"图补说——芦山范敏阙"龙生十子"图辨误》，《四川文物》2009年第2期第51页。

②　高文主编《中国汉阙》，文物出版社1994年12月第1版，第26页。参见高文、高成刚编《四川历代碑刻》，四川大学出版社1990年12月第1版，第73页。

③　唐长寿《汉画"貜盗女"图补说——芦山范敏阙"龙生十子"图辨误》，《四川文物》2009年第2期第51页。

④　魏翔、陈洪《汉画像石中新发现的佛教故事考》，《东南文化》2010年第4期第81~83页。

黄剑华卷

甚多，而驯象画面很少，类似芦山樊敏阙的浮雕图也仅此一件，说明佛本生故事虽已由西南丝路传入蜀地却影响不大。

佛本生故事在东汉末也逐渐传入了中原与北方地区，但影响同样不明显。我们不能忽略佛教传播对汉画的浸染，但也不应夸大这种影响。在汉代画像中占据主导地位的，始终是对祥瑞与求仙的崇尚，佛教故事的影响是比较模糊的，这应该是东汉中后期佛教传播过程中的一种真实情形。在北方和中原地区的汉代画像中，虽有较多对大象的刻画，但与驯象出现在同一画面中的多为祥禽瑞兽与西王母，而不见有造型明确的佛像。内蒙古和林格尔东汉晚期墓葬前室南壁的壁画有仙人骑象图，右上角有墨书榜题"仙人骑白象"，也是与西王母、东王公、四灵（青龙、白虎、朱雀、玄武）以及猞猁、麒麟等瑞兽绘在同一墓室内。榜题上面的"仙"字有点漫漶，经考古工作者仔细辨认应是"仙"字无误。[1]有学者认为骑象者很像是头部已残泐的佛或菩萨像，[2]但榜题说得很清楚，是"仙人"而不是佛。关于此图，信立祥曾因循俞伟超先生之说，认为和林格尔汉墓壁画"仙人骑白象"图为佛陀，并推测江苏徐州洪楼祠堂天井石上的执钩骑象人也是佛陀图像，表现的是佛陀降生的佛本生故事。[3]信立祥的推测有些想当然，明明是执钩的象奴，怎么能信口说成是佛陀呢？邢义田先生就严肃地指出，江苏徐州洪楼祠堂天井石上的骑象人显而易见是驯象的越童，越童持钩骑象图在河北定县西汉墓葬出土的青铜车饰上就出现了，那时佛教尚未传入中国，可见汉画上的执钩骑象者都是象奴而已，"不可能是释迦摩尼"。[4]

江苏连云港市孔望山摩崖造像中有一雕刻的石象，是依一块花岗

① 内蒙古自治区文物考古研究所编《和林格尔汉墓壁画》，文物出版社2007年1月第2版，第26页图40，第70页图版。

② 俞伟超《东汉佛教图像考》，《文物》1980年第5期第68页。

③ 信立祥著《汉代画像石综合研究》，文物出版社2000年8月第1版，第175~176页。

④ 邢义田著《画为心声——画像石、画像砖与壁画》，中华书局2011年1月第1版，第629页。

巨石的自然形状雕造而成，象
体长480厘米、背宽350厘米、通
高260厘米，体型相当庞大。象
身东侧有阴线刻隶书"象石"二
字，在刻铭与象前腿之间有一个
浅浮雕"象奴"，头束椎髻，右
手持钩，双足系链锁，装束颇为
奇特。调查简报称石象足下雕有
仰瓣莲花，造像年代初步认为属
于东汉晚期。①国家文物局古文

江苏连云港市孔望山摩崖雕刻的石
象与象奴

献研究室在1981年4月曾邀请专家学者，举行了孔望山摩崖造像首次学
术讨论会，有学者认为孔望山雕刻之象足踏莲花，与佛经中须大拏"行
莲花上白象"的故事相同，②或认为石四足下均刻出仰莲一朵，因而推
测是佛教题材。③但实际上，这只是大象脚趾的一种刻法，④显然辨识
有误。还有认为孔望山摩崖造像是以道教造像为主，刻有释迦摩尼涅槃
图，推断其下限年代，不致晚于东汉末。⑤但细观孔望山摩崖造像，对
图像内容的推测，以及造像年代的判断，都有明显的问题。佛经中有关
佛涅槃的说法，是晋代以后才翻译传入华夏的，佛涅槃与供养人等造像
应该是佛教盛传之后才出现的。汉代崇尚黄老之术，是与求仙活动联系
在一起的，信仰的主要是西王母。张道陵东汉末才在西蜀鹤鸣山创立道

---

① 连云港市博物馆《连云港市孔望山摩崖造像调查报告》，《文物》1981年第7期第5
页，图版叁：2。
② 阎文儒《孔望山佛教造像的题材》，《文物》1981年第7期第19页。
③ 俞伟超、信立祥《孔望山摩崖造像的年代考察》，《文物》1981年第7期第12页。
④ 李洪甫《孔望山造像中部分题材的考订》，《文物》1982年第9期第69页。参见郑
彤《再论汉画像石上的象纹》，《华夏考古》2010年第1期第127页。
⑤ 信立祥著《汉代画像石综合研究》，文物出版社2000年8月第1版，第336~352页。
参见《中国画像石全集》第4册序言，山东美术出版社、河南美术出版社2000年6月第1
版，第10~11页。

教，其孙张鲁在汉中行五斗米教，至于道教造像的出现其实也是东汉以后的事情。显而易见，对孔望山摩崖造像的年代判断，应该是东汉以后才合理。对所刻石象与佛教关系的推测，也有明显的疑问，已有学者认为孔望山的石象应与杂戏乐舞有关，①对孔望山是否有道教造像也有争议。总之，对这些问题，尚需做更多的研究。

一些中原地区东汉画像石上的骑象图，有人认为骑乘者为佛像或僧侣，或推测与佛本生故事有关，毋庸讳言也都解读有误，疑问甚多，难以使人信服。值得注意的是，山东滕州东汉晚期画像石上出现了四牙象与六牙象，但在时间上已经是东汉末甚至可能更晚，说明汉画制作者此时对佛本生故事已有所耳闻，并受到了传说的一些影响。不过这种影响依然是有限的，也可能仅仅是出于汉画制作者的猎奇，因为画面描绘的仍旧是传统的骑象图而并非佛教故事。汉画中对各种珍禽异兽的描绘，常常采用任意想象与夸张手法来表现它们的与众不同，这是汉画制作者的惯例，各地出土的汉代画像中都屡见不鲜。山东滕州这两件画像石上，将惯常的乘骑之象刻画为四牙或六牙，也可能只是借用了当时的佛教故事传闻，以求表现一种奇异的画面效果而已。以后随着考古资料的增多，我们对这类画像也许会有新的认识，通过更深入的研究，相信会有更透彻的认识。

在汉代之后的西晋画像砖上，对大象仍有刻画。譬如敦煌佛爷庙湾西晋墓出土的画像砖，就采用彩绘的手法对大象作了描绘，据考古报告称此类画像砖共有7件。②画面中的大象都为单独个体，或垂首曲鼻，或仰首昂鼻，或端立，或行走，都有一对尖利的长牙，属于常见之象。但与众不同的是，可能是为了表现这些大象的神奇，在大象的前肩

---

① 贾峨《说汉唐间百戏中的"象舞"——兼谈"象舞"与佛教"行像"活动及海上丝路的关系》，《文物》1982年第9期第54页。参见李洪甫《孔望山造像中部分题材的考订》，《文物》1982年第9期第69页。
② 甘肃省文物考古研究所、戴春阳主编《敦煌佛爷庙湾西晋画像砖墓》，图版四三（摹本），图版四四，文物出版社1998年3月第1版，第77页。

敦煌佛爷庙湾西晋墓葬出土画像砖上的大象

与后胯处皆绘有翼，并在象的身上画上了羽毛装饰。在色彩的运用上，有的以白色涂抹象身，也有淡黄色或浅灰色，并在大象的口鼻与耳朵、腹部等处绘有点线状的朱红色彩。考古资料整理者借鉴佛经中关于白象的说法，认为这些白象带有佛教色彩。其实仅凭大象身上涂抹的白色并不能说明什么，这些画像砖上的白象与佛教的关系仍然是模糊的。从该墓整体资料看，还出土了数量众多的其他各种瑞兽，如四灵、有翼天马与传说的麒麟、天禄等，完全继承了汉代墓葬崇尚祥瑞的传统，带翼大象与之共处一墓，很明显也是属于瑞兽的范畴。

到了魏晋南北朝，随着佛教的盛行，佛本生故事的传播也更为广泛，白象与佛陀的关系才变得逐渐明朗起来。如佛经《异部宗轮论》说"一切菩萨如母胎时，作白象形"，《妙法莲花经》中有普贤菩萨"我尔时乘六牙白象王，与大菩萨众俱诣起所，而自现身"等说法。这些佛经都是东汉之后才翻译传入华夏的，佛本生故事至魏晋以后才在信众中逐渐扩大了影响。之后的《普曜经》《法华经》，以及其他一些佛经，也都转述了白象与佛陀、菩萨的说法。正是由于佛本生故事的日益普及，才随之出现了在佛诞之日作六牙白象负载释迦之像，以宣传弘扬佛教的情形。《洛阳伽蓝记》就有"作六牙白象负释迦在虚空中，庄严佛事……像停之处，观者如堵"的记述。[①]文中所说的六牙白象与佛事活动，出现在北魏时期洛阳地区，距东汉已久，佛教的传播此时已呈盛传之势，白象和佛教本生故事的关系已为大家所熟悉，所以文献才有了明确的记载。

五、归纳和结论

通过前面的论述，我们对汉代画像中的驯象图与骑象图，从几个方面进行了探讨。关于驯象或骑象在画面中的真实用意与象征含义，以及它们与汉代早期佛教的关系，我们大致可以做如下归纳：

（一）中国自古产象，早在商周时期的黄河流域和长江流域就有象群活动。到了汉代象群已经南迁了，但皇室宫苑中仍然饲养有大象。史籍有南越向汉朝进献大象的记载，西域曾向汉朝进献各种珍禽异兽，其中可能也有大象。此外，还有南亚小邦通过西南夷献往华夏的大象。外邦进献的大象，应该都是驯象，并有专门的驯象者。汉代画像中对大象有较多的刻画，可知大象仍是当时的常见动物，并说明了当时人们对这种大型动物的熟悉和喜爱。

（二）两汉时期的驯象者，称为象奴。从事驯象的，既有越人，更多的则是胡人。汉代画像中对胡人象奴有着较多的描绘，大都为高鼻尖帽，手持弯钩，或乘坐于象背，或站于大象的前面，或随象而行，大都做驾驭和驱使驯象状。这些象奴，使用长钩来驯服大象，或用长钩驾驭驱使大象，应是汉代中原惯用的一种驯象方法，后来才传到了云南等地。佛经中后来有使用钢钩作为调大象之法的比喻，从时间来看已经是晋代之后了。可见钢钩驯象，并非是佛教的创新，而只是借用了汉代的

---

① [北魏]杨衒之撰、范祥雍校注《洛阳伽蓝记校注》，上海古籍出版社1978年12月新1版，第43页。

传统驯象方法而已。

（三）汉代流行乐舞百戏，驯象也是其中一项常见的表演内容。史籍中对此就有较多的记载，汉代画像中对此也有较多描绘。通过文献记载和学者们的研究可知，象奴驾驭驱使驯象，主要是为皇室或贵族阶层服务，进行的主要是象舞之类娱乐性的表演。汉画中的有些驯象与骑象画面，便较为真实地表现了这种情景。

（四）汉代崇尚祥瑞，仙话流行，求仙意识特别强烈。汉代的这种意识观念在丧葬中尤其盛行，汉代画像作为埋入地下的画作，对辟邪求吉、升仙长生便做了极其充分的描绘，绝大多数画像都是依照这个主题观念展开的。正因为汉代有着非常强烈的辟邪求吉、崇尚祥瑞、向往升仙的传统，所以汉代画像中常常有对众多祥禽瑞兽的描绘，如四灵、凤鸟、仙鹿、天马、吉羊、驯象等。这些祥禽瑞兽，作为陪同和导引墓主进入仙界的灵物，既表达了墓主升仙的愿望，又渲染了仙界的神奇。由于大象在汉代被视为重要的瑞兽之一，故而汉代画像中对大象有着较多的刻画，其表现形式主要有"驯象图"与"骑象图"。显而易见，很多汉代画像中描绘的大象，被赋予的主要是祥瑞的寓意。

（五）佛教传入中国的时间，根据文献记载和学者们的研究，应该是在东汉中后期。而西汉时已经有了骑象的图像，可见汉代画像中骑象图的出现要早于佛教的传播，并非是因为佛教的传入才有骑象图的。考古发现揭示，在早期佛教图像的传播过程中，西南丝路曾发挥了重要作用，佛本生故事在东汉末也随着佛教图像传入了蜀地，四川绵阳何家山汉墓出土摇钱树上的驯象与佛像相邻，以及四川芦山范敏阙上的浮雕图像，便透露了佛本生故事随同早期佛教图像传播的影响。但四川发现的早期佛像甚多，而驯象画面很少，说明佛本生故事虽已传入蜀地，却影响不大。佛本生故事在东汉末也逐渐传入了中原与北方地区，但影响同样不明显。我们不能忽略佛教传播对汉画的浸染，但也不应夸大这种影响。在汉代画像中占据主导地位的，始终是对祥瑞与求仙的崇尚，当时的一些汉画制作者对佛教传说虽已有所耳闻，但佛教故事对汉代画像的影响很有限，这应该是东汉中后期佛教传播过程中的一种真实情形。

（六）驯象与佛教传播的关系，在东汉时期还是比较模糊的。随着佛教信仰的影响逐渐扩大，佛经的翻译不断增多，佛本生故事的传播也更加广泛，六牙白象与佛陀诞生的关系才逐渐为华夏信众所熟悉。南北朝时期，佛教已呈盛传之势，白象和佛本生故事已为社会各阶层所熟知，在北魏洛阳地区出现了佛诞之日作六牙白象负载释迦之像以宣传弘扬佛教之举，所以《洛阳伽蓝记》等文献才有了六牙白象与佛事活动的明确记载。但在东汉时期则未必，汉代画像中的驯象图仍属于瑞兽的范畴，与佛教并无明确的关系。

总而言之，汉代画像中的大象，其象征含义主要有三个方面：一是驭使驯象反映了当时社会生活中的真实情景，二是描绘了当时百戏中的象戏表演，三是大象作为瑞兽，体现了汉代对祥瑞与求仙的崇尚。显而易见，很多汉代画像中描绘驯象的画面，被赋予的主要是祥瑞的寓意。而以驯象与骑象来比喻或宣扬佛教的含义，则是比较模糊的。东汉之后，随着佛教的盛传和佛本生故事的普及，白象与佛陀的关系才逐渐变得清晰和明朗起来。相信以后随着研究的更加深入，我们对此会有更透彻的认识。

——此文刊载于《长江文明》第20辑第64~90页，重庆出版社2015年12月第1版。收录于《图像的表征——中国汉画学会第十五届年会论文集》第269~293页，人民美术出版社2015年10月第1版（内部交流版）。

汉代画像中"魂归天门"观念探讨

一、汉代画像中的"天门"与古蜀的天门观念

研究汉代画像对幽冥世界的关怀和想象，"魂归天门"便是其中非常重要的一种表现形式。我们知道，世界上每个民族在创造和经营世俗生活的漫长历史过程中，也在不断地寻觅着他们的精神家园。丰富多彩的神话传说，以及神秘瑰奇的原始崇拜和宗教等，便是先民们寄托和栖息灵魂的一方绿洲。透过这方绿洲，不仅可以了解古代人们对于大千世界的认识和理解，而且可以看到他们对于生与死的思考。在一定意义上说，每个民族都有他们心中的天门，那是联接着世俗生活而又超越了现实世界通向美妙境界的一条幽径。正是有了这条幽径，古人的精神世界才显得如此绚丽多彩，才展示出海市蜃楼般的万千景观。信奉灵魂不死便是古代广为流行的一种观念，这个观念曾对秦汉时期的丧葬习俗产生过重要影响。

从出土的汉代画像资料看，"魂归天门"画像不同于"事死如事生"观念，也与"死后升仙"意识有别，所描绘的主要是对生命归宿的一种思考，表达的是对灵魂的一种终极关怀。如果说"事死如事生"画像是以墓主生前的荣华富贵作为参照，来想象死后在冥间仍然享有世俗

四川简阳鬼头山东汉崖墓3号石棺"天门"画像

生活中的种种快乐，而"死后升仙"表达的是一种成仙（进入仙界长生不死逍遥快活）的幻想和愿望，那么"魂归天门"画像思考的则是死后灵魂如何进入极乐世界的问题了。关于此类画像，我们可以举四川崖墓出土的"天门"画像为例，来看看它们在体裁表现方面的主要特点。

在成都平原东部丘陵地区的简阳县鬼头山东汉崖墓中，1988年1月出土了6具石棺，其中3号石棺最为典型，不仅画像内容极为丰富，而且画面中镌刻了15处耐人寻味的榜题文字。[①]最引人注目的是3号石棺右面画像，[②]整个画面由建筑、人物、祥鸟瑞兽组成，右侧是一只仙鹤和一干栏式高大建筑，左侧是一腾跃的白虎，中间是一座单檐式双阙，一对凤凰在左右阙顶上昂首对立，阙内一人头戴高冠身穿长袍作拱手迎送状，阙的上面极其醒目地镌刻了"天门"二字。我们知道，阙是我国古代一种特殊的建筑，各地保存至今的汉代祠庙阙与墓阙实物尚有三十座之多，四川境内最多，达二十余座。在各地出土的汉代画像中，对阙也有较多的描写，而在四川出土的汉代画像石和画像砖上，以阙为主的画面数量更是远远超过了其他地区。这是一个非常值得注意的现象，蜀人对阙似乎特别喜爱，表现出一种异乎寻常的感情，究竟是什么原因？其

---

① 内江市文管所、简阳县文化馆《四川简阳鬼头山东汉崖墓》，《文物》1991年第3期第20~25页。

② 《中国画像石全集》第7册图九六，山东美术出版社、河南美术出版社2000年6月第1版。参见高文编著《四川汉代石棺画像集》图九八，人民美术出版社1998年4月第1版，第52页。

四川合江县张家沟出土四号石棺"车临天门"画像

中寓意何在？汉画研究者过去通常认为画像中的阙是现实生活中的一种艺术反映，是汉代建筑形式的真实写照，常以地面建筑之阙比附其含义，而对其深层内涵和真正的象征寓意却缺少更深入的分析和更合理的解释。简阳鬼头山东汉崖墓3号石棺画像使我们终于有了一把打开奥秘的钥匙，用简洁的榜题文字告诉我们，埋入地下的阙画像并不是简单的人间世俗生活中的建筑，而是通向天堂世界的一座天门，是亡灵升入天国或进入仙界的入口。正是"天门"二字，使得画像上的阙有了观念上的超越，汉阙在画像上已不仅仅是两千石以上官吏才能使用的汉家制度了，已形象生动地成为天门观念的一种象征。

四川合江县张家沟出土的四号石棺左侧刻画有一幅"车临天门"图，①画面左侧为高坐于龙虎座上的西王母，画面中间是一座象征天门的庑殿式重檐双阙，右侧为一辆马驾棚车，内坐一位头挽高髻的女主人，马侧有男仆侍奉。这幅画像描绘的便是墓主死后乘车驾临天门，准备由此而升入天国或进入仙界的想象，也可以说是当时蜀地盛行天门观念的一个生动写照。而这种象征意识，并不是汉代才有的，先秦时期就已经出现了天梯与天门观念，并在蜀地广泛流行了，可谓由来已久。

在古代蜀人的精神观念里，曾希望有一座天梯，能和众神们往来，而众神们居住的天堂是一个长生不老的美妙世界。譬如《山海经》

① 《中国画像石全集》第7册图一七八，山东美术出版社、河南美术出版社2000年6月第1版。参见高文编著《四川汉代石棺画像集》图一三六，人民美术出版社1998年4月第1版，第70页。

三星堆出土的玉
璋与图案

金沙遗址出土的玉兽面纹斧形器与图案（线描图）

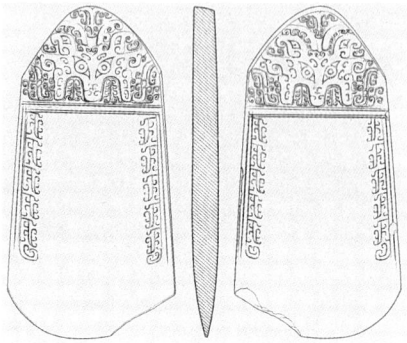

中建木的观念，就是一个显著的例证。据蒙文通先生考证，成书于战国时代的《山海经》中很多篇章都是由蜀人撰写而后才广为流传的。[1]西汉淮南王刘安主持宾客学者编撰的《淮南子·墬形训》便承继了其中的观点，"建木在都广，众帝所自上下，日中无景，呼而无响，盖天地之中也"。[2]四川广汉三星堆遗址出土的青铜神树就是古代蜀人的通天神树，可谓是天梯观念的形象体现。还有《山海经》中的昆仑与灵山，也是神人之间可以往来于天上人间的天梯。此外，作为昆仑与灵山象征的岷山之域，又是古蜀的起源之地，古代蜀人特别重视昆仑神话，经常举行盛大的神山祭祀活动，其中深因便正在于此。四川历年出土的考古资料对此就有较多的揭示，譬如三星堆遗址二号坑出土的一件玉璋图案，刻画的内容以人物和山川为主，人物分为立式和跪式，从穿戴和神态手势来看应是巫祝和神灵的象征，山川作重叠之状并有云气缭绕，描绘的正是祭祀神山的情景，在玉璋图案上边画面两座神山之间，还刻画了

---

① 蒙文通《略论〈山海经〉的写作时代及其产生地域》，《巴蜀古史论述》，四川人民出版社1981年8月第1版，第146~184页。参见蒙文通著《古学甄微》，《蒙文通文集》第一卷，巴蜀书社1987年7月第1版，第35~66页。

② [汉]刘安撰《淮南子》卷四"墬形训"，见《二十二子》，上海古籍出版社1986年3月第1版，第1221页。参见《淮南子全译》（许匡一译注），贵州人民出版社1993年3月第1版，第234页。

悬空的天门符号。^①又譬如成都金沙遗址出土的一件玉兽面纹斧形器，也刻画了天门图案。^②关于天门的说法，起源颇早，《山海经·大荒西经》中即有"天门，日月所入"之说，^③《楚辞·九歌·大司命》则有"广开兮天门"的奇异想象，^④《淮南子·原道训》亦有"经纪山川，蹈腾昆仑，排闾阖，沦天门"的说法。^⑤古籍中的这些记载说明，在古人的观念和想象中，认为在众神居住的天上也是有门户的，天门即为群神之阙，是进入天国的入口。仙话中的仙界也是有入口的，譬如西王母居住的昆仑之丘称为帝之下都，要经过一定的途径才能登临升仙。而古代蜀人对天门之说又有一些更为独特的理解。

二、古代蜀人魂归天门观念的由来与印证

从文献记载和出土资料看，天门之说主要流行于岷山之域和长江中上游地区，具有明显的地域特色。而将灵魂与天门观念联系在一起，更是蜀地的一大习俗。扬雄《蜀王本纪》记述，秦朝李冰为蜀守的时候，"谓汶山为天彭阙，号曰天彭门，云亡者悉过其中，鬼神精灵数

① 参见黄剑华著《古蜀的辉煌——三星堆文化与古蜀文明的遐想》，巴蜀书社2002年4月第1版，第172~185页。图片见四川省文物考古研究所编《三星堆祭祀坑》，文物出版社1999年4月第1版，第361页线描图，第572页彩版图。
② 参见黄剑华著《古蜀金沙——金沙遗址与古蜀文明探析》，巴蜀书社2003年11月第1版，第213~219页。图片见成都市文物考古研究所、北京大学考古文博院《金沙淘珍——成都金沙村遗址出土文物》，文物出版社2002年4月第1版，第121~125页彩图与线描图。
③ 袁珂校注《山海经校注》（增补修订本），巴蜀书社1993年4月第1版，第459~460页。
④ [宋]朱熹撰《楚辞集注》第1册，人民文学出版社1953年影印宋端平刻本，第8页。参见黄寿祺、梅桐生译注《楚辞全译》，贵州人民出版社1984年2月第1版，第41页。
⑤ [汉]刘安撰《淮南子》卷四"原道训"，见《二十二子》，上海古籍出版社1986年3月第1版，第1206页。参见《淮南子全译》（许匡一译注），贵州人民出版社1993年3月第1版，第8页。

见"。^①常璩《华阳国志·蜀志》对此也有记载，并记述了专门的祭祀："李冰为蜀守，冰能知天文地理，谓汶山为天彭门，乃至湔氐县，见两山对如阙，因号天彭阙。仿佛若见神，遂从水上立祀三所，祭用三牲，珪璧沈濆。汉兴，数使使者祭之。"^②古蜀族是兴起于岷江上游的一个古老部族，在蚕丛、柏灌、鱼凫之后才走出岷山栖息于成都平原。在古代蜀人的心目中，蜀山（即岷山）是祖先起源的圣地，也就成了崇拜和祭祀的神山，同时也是蜀人死后灵魂的归宿，是通往天界的灵山。所谓的天彭阙和天彭门，也就是天阙或天门的意思。三星堆玉璋图案中的天门符号，以及金沙遗址玉兽面纹斧形器上的天门图案，反映的正是一种比较原始和质朴的古蜀早期魂归天门观念。

从世界东方的广阔范围来看，古代蜀人崇尚人死后魂归天门，而在黄河流域和北方地区信奉的则是另一种说法。《三国志·乌丸传》注引《魏书》说，东胡乌丸人死后，葬则歌舞相送，取亡者所乘马与衣物及生时服饰，皆烧以送之，"使护死者神灵归乎赤山，赤山在辽东西北数千里，如中国人以死之魂神归泰山也"。^③由这段记述可知，泰山是中原地区的神山，赤山是乌丸的神山，都被视之为灵魂的归宿。而古代蜀人魂归天门观念显然与之不同，除了让灵魂回归祖先起源之地，还有使灵魂升天进入天国的含义。二者很明显地展示出了地域和观念上的差异，有着不同的特点。正如蒙文通先生所指出的："古时中原说人死后魂魄归泰山，巴蜀说魂魄归天彭门，东北方面又说魂魄归赤山，这都是原始宗教巫师的说法，显然各为系统。从这一点来看，巴蜀神仙宗教说不妨是独立的，别自为系。"蒙文通先生还提到了古老的巴蜀文化对楚

① 《全汉文》卷五十三，[清]严可均校辑《全上古三代秦汉三国六朝文》第1册，中华书局影印出版，1958年12月第1版，第415页。参见《寰宇记》卷七十三；林贞爱校注《扬雄集校注》，四川大学出版社2001年6月第1版，第318页。
② [晋]常璩撰，刘琳校注《华阳国志校注》，巴蜀书社1984年7月第1版，第201页。
③ [晋]陈寿撰《三国志》卷三十"乌丸鲜卑东夷传"，中华书局校点本第3册，1959年12月第1版，第832页。

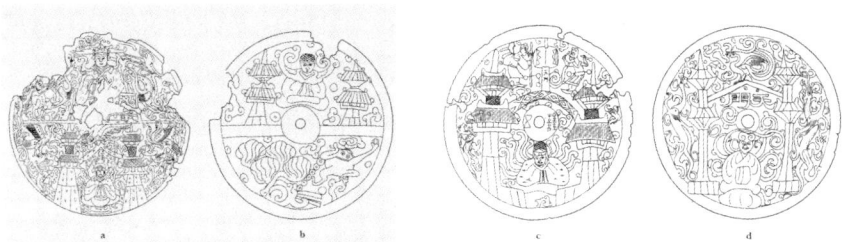

巫山东汉墓葬鎏金铜牌饰天门图案

文化产生的广泛影响，认为"巴蜀和楚，从文化上说是同一类型"，提出了"始于巴蜀而流行于楚地"的精辟见解。①我们由此可知，《楚辞》中"广开兮天门"的想象，显然是受到了肇始于岷山之域古代蜀人天门观念的影响。考古资料对此也有很好的印证。

从三星堆玉璋图案中刻画的两座神山之间的天门符号，到四川简阳鬼头山崖墓出土3号石棺上的"天门"画像，说明随着历史的发展，古蜀早期天门观念的象征在汉代已演化为双阙的造型。其象征含义因为有了榜题文字的说明，已变得更加清晰和直观。关于"天门"榜题文字的考古发现，还应提到巫山东汉墓葬中出土的7件鎏金铜牌饰。②在临近巫山县城沿长江北岸及大宁河口两岸的山坡地带，散布着十余个东汉墓群数百座墓葬，铜牌就是20世纪80年代在清理这些墓葬中发现的。它们大都是装在木棺前端正中的饰件，具有特殊的意义。这些直径在23~28厘米的圆形铜牌饰，系用薄铜片制成，中心有小圆孔，四周有约1厘米宽的边框，上面有流畅的细线刻出的人物、鸟兽、高大的双阙和缭绕的云气图案，并用双钩笔法刻出了隶书"天门"二字。这种天门榜题的铜牌饰，与简阳鬼头山崖墓天门画像的含义如出一辙，说明了古代蜀人天门观念在巴蜀地区的广泛流传，并揭示了由成都平原向川东和长

---

① 蒙文通著《巴蜀古史论述》，四川人民出版社1981年8月第1版，第100页。参见《蒙文通文集》第二卷《古族甄微》，巴蜀书社1993年4月第1版，第258页。

② 《四川文物》1990年第6期封二"天门图"。参见《Ancient Sichuan Treasures from a Lost Civilization》p.54~p.55 Edited by Robert Bagley with contributions by Jay Xu SEATTLE ART MUSEUM PRINCETON UNIVERSITY PRESS

江中游地区的流行范围。当然二者也有一些区别，如果说画像石上表现的是用石阙来象征"天门"，那么鎏金铜牌饰上刻画的则是用"金阙"来比喻天门了。据《神异经·西北荒经》中的说法："西北荒中有二金阙，高百丈。金阙银盘，圆五十丈。二阙相去百丈，上有明月珠，径三丈，光照千里。中有金阶，西北入两阙中，名曰天门。"①这些铜牌饰上的画面内容，每一个刻画得都不太一样，但主要的画语因素则是一致的，描绘的大都是天国仙界情景，表达的都是对于人死后灵魂升天进入天国的关怀。铜牌饰由于鎏金泛光，更加烘托了天国富丽堂皇的气派。

简阳鬼头山崖墓天门画像的含义简洁明了，非常直观地表达了魂归天门的观念；巫山东汉墓葬中出土的7件鎏金铜牌饰上，则将魂归天门观念中又融入了一些仙话内容。汉代人喜欢将多种画语因素组合在一起，这也是汉画表现手法上的惯例。有的学者对巫山东汉墓葬出土的铜牌饰已经做了一些研究，认为"这些鎏金铜牌画像，构成了'天门'双阙、西王母居中、'四灵'力士守护、鸟狗双龙相伴、玉璧高悬、灵草繁茂、祥云缭绕的一组完整的天国胜景"；认为简阳崖墓出土的画像石棺根据画面及榜题分析，也是"一组对'天门'之内天国景象的具体描绘"；而"经'天门'升天成仙是四川汉画像石砖（石）画面组合的主题思想"。②这些分析和见解是有一定道理的。用历史发展和民俗延续的眼光来看，古代蜀人从商周时期到汉代的天门观念可谓一脉相承，远古时代关于人神往来沟通的想象已演化为灵魂与天国的联系。

---

①　[汉]东方朔撰，[晋]张华注《神异经》，见《百子全书》下册，浙江古籍出版社1998年8月第1版，第1225页。

②　赵殿增、袁曙光《"天门"考——兼论四川汉画像砖（石）的组合与主题》，《四川文物》1990年第6期第5~6页。

三、古蜀魂归天门观念的传播与影响

我们在对古蜀天门观念作深入探讨的时候，还应提到湖南长沙马王堆西汉墓葬1号墓出土的彩绘帛画，[①]也生动地描绘了天上人间地下的景象，同样表达了迎送墓主人升入天门的主题观念。

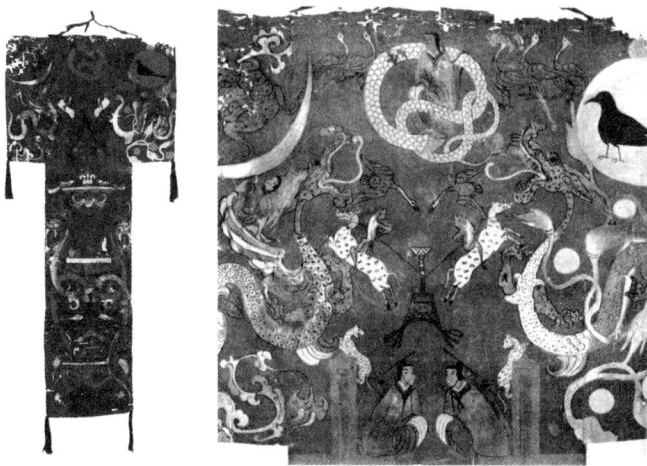

长沙马王堆1号汉墓彩绘帛画与局部线描图

这幅彩绘帛画和四川出土的天门石棺画像与巫山铜牌饰画面有异曲同工之妙，但在画面内容和艺术表现手法上又显示出一些不同的特点。比如整幅帛画将世界明确分成了天上、人间、地下三界，人间部分采用写实手法描绘了墓主人日常生活中的起居、出行、乐舞、礼宾、宴飨、祭祀等情景；地下部分描绘了许多怪兽大鱼和龙蛇以象征"水府"或"黄泉"阴间，并有一裸体巨人脚踩大鱼，以头和双手托举着人间和天界；天上部分描绘了天门和两位帝阍、腾飞的一对神龙、有金乌

---

① 《中国大百科全书·考古学》，中国大百科全书出版社1986年8月第1版，第164页文字与线描图，彩色插页第45页帛画图。参见《中国大百科全书·美术》第Ⅰ册，中国大百科全书出版社1990年12月第1版，第505页词条，彩色插页第25页帛画图。参见何介钧、张维明编写《马王堆汉墓》，文物出版社1982年1月第1版。

的太阳和有蟾蜍玉兔的月亮，以人首蛇身的女娲居于天界中央取代了西王母，还有奔月的嫦娥以及星辰祥云等绚丽多彩的景象。[1]透过这些神奇诡异的画面，我们可以看出古蜀文化对楚文化产生的影响，虽然画面内容和艺术表现手法有着地域文化方面的一些不同特色，但蜀人的"魂归天门"与楚人的"引魂升天"在主题观念上的一致性仍是显而易见的。巴蜀和楚，地域相邻，自古以来相互间的交流和影响更

河南新郑出土的"天门"画像砖

是源远流长。宋玉《对楚王问》说："客有歌于郢中者，其始曰下里巴人，国中属而和者数千人。"[2]下里巴人是巴蜀地区的通俗歌曲，在楚地得到了广泛流传，其他文化形式和观念习俗上的传播影响也一样。

随着天门观念由岷江流域往长江中游地区的传播，到了汉代这一观念已成为巴蜀和楚地等南方地区的共同信仰，而且有向中原地区传播的趋势。譬如在河南新郑出土的一件东汉时期的画像砖上，也发现有"天门"二字，其画面为一幢与阙颇为相似的双重楼阁，门前有站立的二门吏，门内正中是一匹体形健硕之马（公布的资料称为犬，但从头部形态与高大的体量看应是马），"天门"二字就刻印于马首下方。当地的文物工作者解释说："天门即天宫之门，是帝王宫殿的门。"[3]显然是误解了"天门"二字的象征含义。仔细观赏这件画像砖，整幅画面写实意味较浓，但构图不严谨，没有对仙界情景的描绘，刻画的门吏、

---

① 对长沙马王堆彩绘帛画中女娲、帝阍的定名，参见郭沫若著《出土文物二三事》，人民出版社1972年8月第1版，第54页，以及图版十四~图版二十一。

② [梁]萧统编，[唐]李善注《文选》卷四五，中册，中华书局影印本，1977年11月第1版，第628页。

③ 薛文灿、刘松根编《河南新郑汉代画像砖》，上海书画出版社1993年10月第1版，第19页图。

马，以及文字的位置，都有很大的随意性，与四川境内出土的"天门"画像有着明显的区别，但同样的榜题文字，说明东汉时期新郑地区画像制作者接受了来自巴蜀地区"天门"观念的影响，也是显而易见的。河南出土的汉代画像砖与画像石数量很多，但发现有"天门"榜题文字的，好像仅此一件，这说明巴蜀地区的天门观念对中原地区的影响不大。可见长江流域与中原北方地区，从上古到汉代在民俗民风方面都有各自的特点。

在山东、江苏等地出土的汉代画像上，对阙也有描绘，但同巴蜀地区出土的画像阙相比数量要少得多，而且没有榜题文字，也没有将阙与天国仙界的情景组合在一起。譬如山东济宁师范专科学校出土的十号石椁墓，在南壁和北壁画像石上都刻画了重檐双阙，①双阙外侧各植一株常青树，南壁画像双阙间有一骑者执戟而行，北壁画像双阙间有二人执戟相对而立。还有山东沂水县岜山出土的重檐双阙画像，阙顶上有二鸟相对而立；山东平阴县新屯出土的单檐双阙画像，两侧各有一墙一树，有鸟于树顶相对而立；②画面都比较简单，似乎很难使人联想到复杂和深刻的寓意。江苏徐州地区铜山县汉王乡东沿村发现的两件画像石，分别刻画了一幅单阙图，其造型为重檐双层门阙，阙身为柱式，上有栌斗，阙身内有一戴冠执戟的门吏，阙顶有共衔一鱼的两只鹭鸟。其中一件画面左侧还有阴刻铭文一行："元和三年三月七日三十示大人侯世子豪行三年如礼治冢石室直口万五千。"③这些画面有较强的写实意味，铭文也真实地记述了建造这些画像的缘由、时间和花费，显示了与四川"天门"画像完全不同的两种风格。江苏徐州地区铜山县利国乡出

① 《中国画像石全集》第1册图一〇六，图一〇七，山东美术出版社、河南美术出版社2000年6月第1版。
② 《中国画像石全集》第3册图七四，图一八九，山东美术出版社、河南美术出版社2000年6月第1版。
③ 《中国画像石全集》第4册图二〇，图二一，图版文字说明7页，山东美术出版社、河南美术出版社2000年6月第1版。

土的一件画像石，刻画了一座房屋，两侧各有一对单檐石阙，[①]屋内有两人坐在高榻上交谈，屋外和阙前有马拉的棚车和两位侍者，也是当时真实生活情形的一种写照。在陕西等地出土的汉代画像中，相对很少见到有阙的画面。

值得一提的是陕西米脂县党家沟出土的墓门左右立柱画像石上，[②]画面中刻画了东王公与西王母为鸡首及牛首双翅人身形象，住在仙山神树之上，四周丛生着灵芝仙草，显示出浓郁的仙境气氛，东王公和西王母的仙山下边各刻画了一座与阙相似的四层望楼，左右各站立着一位执梃、持彗的门吏。图中的四层望楼与阙颇为相似，但又并非是阙，将望楼与仙境组合在一起，也算是一种新的创意了。画面中似乎隐约透露出了一些来自巴蜀地区天门画像的影

陕西米脂县党家沟出土
望楼与仙境画像

响，但没有榜题文字加以说明，似阙非阙的望楼后面通向仙境，也显示出升仙的含义，而与魂归天门的寓意仍有一定的区别。

总而言之，这些出土画像资料告诉我们，天门观念在巴蜀地区由来已久流传甚广，在长江中游和南方地区也有相似的信仰习俗，但在中原和北方地区则尚未造成广泛的影响。所以，将这一观念定位为汉代丧葬习俗中的典型的巴蜀地域文化特色，应该是比较恰当的。

——此文发表于《上海文博论丛》2009年第三辑，第63~69页。刊载于《长江·三峡古文化学术研讨会暨中国先秦史学会第九届年会论文集》第421~427页，重庆出版社2011年5月第1版。现在收入论文集略做修订。

---

① 《中国画像石全集》第4册图二三，山东美术出版社、河南美术出版社2000年6月第1版。

② 参见《中国画像石全集》第5册图四九、图五〇，图版文字说明12页，山东美术出版社、河南美术出版社2000年6月第1版。

汉画"水陆攻战图"探析

一、汉代画像中"水陆攻战图"的场面情景

水陆攻战是汉代画像中较为常见的表现题材，过去通常称之为"水陆攻战图"，其场面大都比较宏大，陆上有车骑，水中有舟船，双方交战，人物众多，情节复杂。较有代表性的是山东嘉祥武氏祠的两件石刻，其一为前石室西壁下部第六石，其二为后石室第七石，都刻画了场面宏大、蔚为壮观的水陆攻战情景。[1]

山东嘉祥武氏祠第一件画像石为长方形，画面横203厘米，纵96厘米，画面内容分为两层，上层

山东嘉祥武氏祠前石室第六石"七女报仇"画像

① 《中国美术全集·画像石画像砖》第9页图一〇，图版说明第4页文字，上海人民美术出版社1988年4月第1版。参见《中国画像石全集》第一册，山东美术出版社、河南美术出版社2000年6月第1版，第34~35页图五六，第50~51页图七五，图版说明第8页与第24页文字。

为人物车骑图，下层刻水陆攻战场景，画面下部饰双菱纹和连弧纹。上层画像中的车骑队伍由左向右行进，主车上乘坐二人，车后跟随三名骑马的侍从，前有导车、挥刀前驱的导骑和执盾举剑的步卒。主车和导车有榜题"尉卿车""功曹车"（原字现已脱落）。右边刻画了一辆无盖的马车和一位席地而坐不愿乘车而走的女子，车上之人和两名执盾持弓者正作劝说状，另有一名武士举剑牵马正抵御奔驰而来的车骑队伍。下层画面刻画了以一座桥梁为中心的攻战场面，桥之中央有盖系四维的主车一辆，左边有车二辆，榜题曰"主记车"和"主簿车"，右边有车三辆，榜题曰"功曹车""贼曹车""游徼车"。两边各有导从的骑吏和步卒，皆执兵器作攻杀之状。和车骑队伍交战的是男女混合之众，手持刀、盾、戟、弓箭、钩镶等兵器。双方相互砍杀，呈现出犬牙交错的混战情形。桥下水中也在激战，一位体形魁梧、峨冠博带之人，右手持剑，左手执盾，正抵挡左右两只小船上持刀戟女子的进攻。旁边有捕鱼的渔夫，头上有惊飞的水鸟，水中有游动的鱼群。桥之右端，还刻画了横陈的尸体和奔逃的骑吏。

从画中人物和交战情形来看，这幅水陆攻战场面中一方是汉朝官方的车骑队伍，另一方是平民穿着的男女混合之众，表现的

山东嘉祥武氏祠后石室第七石"七女报仇"画像

并非是正规的战争场面，而很像是官员出行途中遇劫的情景。位于桥下水中的峨冠博带者，很像是从桥上主车掉落水中的，因此而作蹲踞抵挡之状。主车内的御者正持剑与进攻的女子格斗，两边的骑吏正跃马相救。在两汉历史上，特别是社会动荡、战乱频繁之际，江湖豪杰与官府的冲突是屡见不鲜的，画像内容反映的很可能便是这种情形。武氏祠的第二件画像石从内容情景到人物车骑都非常相似，唯车骑无榜题，刻画

的同样也是以一座桥梁为中心而展开的水陆混战场面，官军车骑与平民穿着的男女混杂之众各持兵器在进行激烈的厮杀。两件画像所表现的主题有很大的一致性。

武氏祠的这两件画像，其画面采用了明显的写实手法，从整体构图到车骑形态、人物穿戴、使用的兵器类型等细微之处都十分逼真，特别着重于对双方攻战气氛的渲染，生动地表现出了混战过程中相互之间呈胶着状态、胜负未分的情景。显而易见，此类画像绝非凭空想象或纯粹虚构的产物，而是汉代社会确实发生过的一种真实情形的反映，或者说是对汉代某个历史事件的采用画面形式的一种艺术记述。

二、战国时期的水陆攻战图与精神崇尚

关于水陆攻战图，早在战国时期就已有之，我们在出土的一些战国铜器上就可见到此类图像。例如1965年成都百花潭中学10号战国墓就出土有一件水陆攻战纹铜壶。[①]该壶通高40.3厘米，口径13.2厘米，腹径26.5厘米，为盛酒的器具，通体纹饰用金银嵌错而成。图像分为三层，上层为采桑和习射，中层为宴乐舞蹈和狩猎弋射，下层为水陆攻战（左为步战仰攻，右为水陆战争），采用雕刻与绘画相结合的技法，并以众多人物故事为组画的形式，对当时的社会生活与军事战争作了真实生动的反映。同时代在造型与纹饰上非常相似的铜壶还有两件，一件为故宫博物院收藏的宴乐渔猎攻战纹壶，为传世品，其人物内容与成都百花潭所出基本相同；另一件为1977年陕西凤翔县高王寺出土，着重于弋

---

① 四川省博物馆编《巴蜀青铜器》，成都出版社、澳门紫云斋出版有限公司出版，第17页图二一，第218页文字说明。参见四川省博物馆编《四川省博物馆》，文物出版社1988年4月第1版，第13~15页，图十八与封底图。

射而无采桑与攻战内容。①此外还有1935年出土于河南汲县山彪镇的两件水陆攻战纹鉴,②图像内容有徒卒战、仰攻战、投石战、舟师战等,全器人物多达286个,对两军对阵、击鼓指挥、云梯攻城、水中肉搏等情景都作了生动的表现。这些图像有相当的真实性,对了解战国时代的军事战争形式具有非常重要的参考价值。

成都百花潭中学出土战国宴乐攻战纹铜壶与线描图

战国宴乐渔猎攻战纹壶线描图（故宫博物院藏）

将军事战争题材作为器物装饰内容,可以说是战国时代美术表现形式上的一种创新。这种创新,不仅有很强的真实性和欣赏性,而且透露出了一种浓郁的崇勇尚武精神,所以深受当时统治者和贵族阶层的重视和喜爱,并对后世的美术表现亦产生了重大影响。由此来看汉代画像中所表现的军事战争题材,可谓一脉相承,完全继承了战国以来的这种绘画装饰传统,对此类体裁作了更为生动写实的描绘,并通过画面对崇勇尚武精神作了淋漓尽致的张扬。

---

① 《中国大百科全书·美术》第Ⅱ册,中国大百科全书出版社1990年12月第1版,第960~961页。参见朱伯雄主编《世界美术史》第四卷,山东美术出版社1990年4月第1版,第57~59页。参见《中国工艺美术史图录》上册,上海人民美术出版社1994年12月第1版,第262页图260。

② 《中国大百科全书·美术》第Ⅱ册,中国大百科全书出版社1990年12月第1版,第739页。参见《中国大百科全书·文物博物馆》,中国大百科全书出版社1993年1月第1版,第483页。

对勇武精神的崇尚，在巴蜀地区、齐鲁之地以及楚沛江淮等地都由来已久。屈原《楚辞·九歌·国殇》对此就有精彩的描述："操吴戈兮披犀甲，车错毂兮短兵接。旌蔽日兮敌若云，矢交坠兮士争先。凌余阵兮躐余行，左骖殪兮右刃伤。霾两轮兮絷四马，援玉枹兮击鸣鼓。天时怼兮威灵怒，严杀尽兮弃原野。出不入兮往不反，平原忽兮路超远。带长剑兮挟秦弓，首身离兮心不惩。诚既勇兮又以武，终刚强兮不可凌。身既死兮神以灵，魂魄毅兮为鬼雄！"战国青铜器上的水陆攻战图对此便是一个极好的印证。汉代人对勇武精神也是极为推崇的，一些地方的民俗也有较为浓郁的勇武色彩，比如《汉书·地理志》说北方"俗刚强，多豪杰"；楚地"以渔猎山伐为业"，"皆急疾有气势"；"吴越之君皆好勇，故其民至今好用剑，轻死易发"。[①]汉代画像中对这种民风民俗就有较多的反映。汉画"水陆攻战图"所表现的主题，很显然与这种崇尚有着密切的关系。

三、汉代画像"水陆攻战图"的故事内涵

从内容来看，非常值得注意的现象是汉画"水陆攻战图"显示出了明显的故事化倾向，描述的很可能是汉代人们耳熟能详的或者是口碑流传的某个故事情节。俞伟超先生曾指出："有一些多次出现的图像（如水陆战争图等），或许也是描绘历史故事，但至今具体内容不辨，目前自然还难以详论。"[②]究竟是什么故事，学者们曾提出过一些不同的分析看法。譬如"有人认为是官兵镇压农民起义的画面，是'颂扬武氏家族功绩'的；一些日本学者对此也有考证，有的认为是吕母起义的故事；有的认为是马援讨伐三征；有的认为是平原女子迟昭平起义；有

① [东汉]班固撰《汉书》卷二十八"地理志"，中华书局校点本第6册，1962年6月第1版，第1647页、1666页、1667页。

② 俞伟超《中国画像石概论》，《中国画像石全集》第一册，山东美术出版社、河南美术出版社2000年6月第1版，第12页。

的认为是殷王武丁讨伐鬼方。山东大学历史文化学院考古系教授李发林先生则认为是乌江之战，是汉兵围追楚霸王于乌江边的场面"。①这些看法或许都有一定的道理，可谓仁者见仁，智者见智，但是否符合画面所表现的本意，尚仍须推敲。

此外，还有学者推测"汉代画像中的河桥图就是后世奈河桥的前身和祖型"，"桥上交战图表现的就是墓（祠）主率领军队，冲破守桥冥军的阻拦，赶赴祠庙去接受祭祀的场面"。②我们知道，虽然古代先民很早就有了鬼神的观念，但关于幽冥两界的记载，在魏晋以前的文献中却极为罕见。唐代张读《宣室志》中才有了"奈河"之说。③宋代李昉《太平广记》也有提及。④通过这些野史的记述，可知"奈河"之说是唐代才有的。唐代之前是否已有这种观念，因缺少文献可以稽考，不好妄加推测。值得注意的是，野史中涉及"奈河"的记述，都提到了寺庙僧人，透露了和佛教的密切关系。实际上，"奈河"与后来的"奈河桥"之说，都是佛教轮回转世说的产物，与唐宋时期佛教"十殿阎罗"和"十八层地狱"说法的形成有关。早期的佛教中是没有这些的，中世纪之后才形成了这些说法并在民间广泛流传开来。汉代的鬼神观念以及对幽冥世界的关怀，与后世有很大的不同。事死如事生的观念，以及对仙人世界和墓主升仙的想象，在汉代人们的丧葬思想中始终占据着主导地位。汉代既无奈河的观念，更无奈河桥之说，汉代画像中怎么又会表现守桥冥军呢？其次是关于"河上交战图"是由胡汉战争演变而来的看法，认为"古代人会自然而然地将地下鬼魂世界理解成北方的幽暗之地"，所以"很容易使人联想到守卫幽明两界之间河桥的冥军是由胡人

---

① 孙青松、贺福顺主编《嘉祥汉代武氏墓群石刻》，香港唯美出版公司2004年9月第1版，第139页。

② 信立祥著《汉代画像石综合研究》，文物出版社2000年8月第1版，第332~333页。

③ [唐]张读著《宣室志》卷四，《笔记小说大观》第1册，江苏广陵古籍刻印社1983年4月第1版，第117页。

④ [宋]李昉著《太平广记》卷一百八，《笔记小说大观》第3册，江苏广陵古籍刻印社1983年4月第1版，第215页。

组成的"。^①既然前提不存在，此说恐怕也难以成立。更何况汉代画像中描绘的胡汉双方是很容易从所戴首铠加以区别的，尖者为胡，圆者为汉，应是当时真实穿戴情形的反映，而汉画"水陆攻战图"中无论是人物衣着或画面内容都与胡人无关。总之，汉代画像中的胡汉战争图与水陆攻战图相互之间并没有演变的关系，各自表现的是完全不同的两种内容。

汉画"水陆攻战图"描述的究竟是什么故事？从新公布的一些考古资料来看，已经为我们提供了同以前诸多推测迥然有别的新的研究线索。山东莒县东莞镇出土的汉代画像石中，二号画像石上就刻画了与嘉祥武氏祠两件"水陆攻战图"内容和形式都一样的画面，据介绍："整个画面以桥为中心，桥上桥下有五名女子，手执长剑、盾牌等兵器，一辆马拉的轺车行至桥中央，车上主人已跌落桥下，左右各有一名女子，乘船持兵器向他刺去。画面右上角有榜题，

山东省莒县东莞村出土"七女"画像

为'七女'二字。"发掘整理者认为刻画的是"七女为父报仇的故事"。^②至关重要的便是画像上的榜题文字，对解释画面内容起了决定性的作用。

由"七女"二字，我们很容易联想到内蒙古和林格尔汉墓壁画上的榜题文字。该墓壁画以描绘墓主人最高官职"使持节护乌桓校尉"出行情景为主，在中室西壁甬道门上画有榜题为"七女为父报仇"的内容，并插入"长安令""渭水桥"等情节，发掘简报认为"可能与墓主

---

① 信立祥著《汉代画像石综合研究》，文物出版社2000年8月第1版，第333~334页。

② 刘云涛《山东莒县东莞出土汉画像石》，《文物》2005年第3期第85~86页，参见第83页图七。

事迹有关"。[①]和林格尔汉墓壁画上的墨书榜题多达226项，这些文字对每幅壁画内容乃至具体细节都作了明确而详细的注释，为我们解读这些壁画提供了极大的方便。在墓葬壁画或石刻画像上配以榜题，很可能是当时画坛工匠们的一种习惯做法，或是一种流行的风气。这种图文并茂的好处是免除了对画面内容的猜测和误解，应是有意为之，类似于后世连环画要配以说明文字一样，只是在汉代壁画与石刻画像上表现得更为简洁而已。山东莒县东莞画像石上"七女"二字，比和林格尔汉墓壁画"七女为父报仇"榜题显得更为省略，但画面内容与情节都如出一辙，显而易见表现的都是同一个故事。

"七女为父报仇"究竟是属于历史故事还是发生在汉代的事情，因史籍中缺乏详载，一直难以断定，但这个故事在汉代曾经广为流传则是可以肯定的。罗哲文先生认为和林格尔汉墓壁画中："绘出了一幅榜题为'七女为父报仇'的画面，木柱朱栏之下很明显地标出了'渭水桥'三字，是知此画为借渭水桥这一古代有名的长桥来表现'七女为父报仇'的主题。在桥上正中车骑之间还有'长安令'三字，更进一步明

内蒙古和林格尔汉墓壁画"七女报仇"图

① 内蒙古文物工作队、内蒙古博物馆《和林格尔发现一座重要的东汉壁画墓》，《文物》1974年第1期第12页。参见内蒙古自治区博物馆文物工作队《和林格尔汉墓壁画》，文物出版社1978年6月第1版。

确地肯定了这座桥是汉长安的渭水桥。这个'七女为父报仇'的画题，显然是与中室西、南、北三壁所绘的圣贤、豪杰、孝子、烈女、良母、贤妻等等相连续的"，都是汉代统治阶层所宣扬和提倡的题裁。[①]黄盛璋先生则认为："这幅壁画可有两种解释：一是整幅都属于'七女为父报仇'的内容；二是上层'七女为父报仇'属历史故事，中层'长安令'与渡'渭水桥'等乃表示墓主生前经历。"[②]汉代壁画与石刻画像中确实有将多项内容组合在一起的现象，在大幅画面中将当时的社会生活情形与历史题材混杂在一起也是常见的。但大幅画像中每层画面通常有纹饰等作间隔，以表示不同的内容情节。若无区分，则大都表现为同一时空状况下发生的故事或事件。以此来看这幅壁画，显然属于前者，应是发生在长安渭水桥畔的"七女为父报仇"故事。

山东莒县东莞"七女"榜题画像，画面也以河桥为中心来刻画人物情节，可知河桥是"七女为父报仇"故事发生的特定环境。四川出土的汉代画像也有较多表现车马过河桥的画面，但内容较为单纯，没有交战攻击的情节，属于汉代建筑与交通状况的一种真实反映，而与"七女为父报仇"故事无涉。由此分析推测，"七女为父报仇"这个发生在长安渭水桥畔的故事，在汉代可能主要流行于北方地区，特别是为讲究忠孝和民风强悍的齐鲁幽燕之地所推崇。由内蒙古和林格尔汉墓壁画与山东莒县东莞"七女"榜题画像，联系到山东嘉祥武氏祠的两幅"水陆攻战图"，画面内容和表现形式都非常一致，可知表现的也是"七女为父报仇"。大概因为当时这是一个众所周知的故事，所以省略了榜题文字。正是由于这种有意或无意的省略，而给后来的研究者造成了多种推测。现在来看，汉画"水陆攻战图"的命名并不恰当，应称为"七女为父报仇故事图"更为准确。

①　罗哲文《和林格尔汉墓壁画中所见的一些古建筑》，《文物》1974年第1期第35页。

②　黄盛璋《和林格尔汉墓壁画与历史地理问题》，《文物》1974年第1期第42页。

四、关于汉代画像"七女为父报仇"的探析

其实有的学者已经注意到了这个问题。如杨爱国先生就将武氏祠水陆攻击战图称为"山东嘉祥武氏祠画像石上的缇萦救父和七女为父报仇故事",认为"画像榜题的内容可补史载之阙。山东嘉祥武氏祠前石室和左石室西壁下层是两幅内容相同、布局一样的水陆攻战图,其上无榜题。学者曾对其内容进行过考证,或考为祠主参加镇压农民起义的经历,或考为楚汉之争。1993年在莒县东莞镇一座宋代墓葬中,发现了几块汉画像石(三国以后,人们利用汉画像石造墓或直接将死者葬入汉画像石墓中是常有的事),其中一块石阙上刻着和上述嘉祥武氏祠的两图内容相同的图像,右上角有榜题'七女'。将其与内蒙古和林格尔汉墓壁画上的'七女为父报仇'图相对照,我们可以看出,这两幅图与武氏祠中的两幅图像的内容,都是七女为父报仇的故事。但这个故事却不见于迄今所见的文献,以收录列女故事为对象的《列女传》中也没有"。[1]在这之前,《莒县文物志》对此资料也作了介绍。[2]此后有人对这类图像作了初步探讨。[3]

台湾学者邢义田先生对这些资料作了进一步考释和研究,认为山东莒县东莞"七女"画像的出土,使王思礼和杨爱国等学者联想到武氏祠的桥上战争图及内蒙古和林格尔汉墓壁画中有"七女为父报仇"榜题的画像,他们的观察为缠讼近一世纪的武氏祠水陆战争画像的解释带来了新的曙光,意义非同小可。他通过对比分析,注意到了"和林格尔和

---

① 杨爱国著《不为观赏的画作——汉画像石和画像砖》,四川教育出版社1998年7月第1版,第221页。

② 苏兆庆、夏兆礼、刘云涛编《莒县文物志》,齐鲁书社1993年12月第1版,第127~133页。参见杨爱国《五十年来的汉画像石研究》,《东南文化》2005年第4期第32页,第36页注[23]。

③ 王思礼《从莒县东莞汉画像石中的七女图释武氏祠"水陆攻战"图》,《莒县文史》1999年第十辑第201~218页。

东莞看似相同却有差异的两幅七女为父报仇图……它们最主要的特色在于选择了同一故事不同'时间点'上的情节,并变化了内容的呈现。因为是表现同一个故事,因而有大致相同的布局;因为情节不同,因而出现了上述画面表现的差异"。由此可知"武氏祠两幅桥上战争图描绘的无疑也是七女为父报仇的故事。武氏祠画工选择的情节或故事的'时间点'和东莞七女一图几乎完全一致"。他对这些画像的格套形式和内容风格变化都作了颇有见地的论述,并认为山东孝堂山、吴白庄和安徽宿县褚兰的"水陆攻战图"也都应正名为"七女为父报仇图"。①

杨爱国先生和邢义田先生所做的实事求是的学术探讨,是值得充分肯定的。但也有不足之处,对"七女为父报仇"认为是一个失传的故事,而没有作进一步考证。其实,关于"七女"虽然《列女传》等没有记载,但古籍中还是有一些线索的。北魏郦道元《水经注·沔水》记述在陕西城固县北有"七女冢,冢夹水罗布,如七星,高十余丈,周回数亩。元嘉六年,大水破坟,坑崩,出铜不可称计。得一砖,刻云:项氏伯无子,七女造墱。世人疑是项伯冢。水北有七女池,池东有明月池,状如偃月,皆相通注,谓之张良渠,盖良所开也"。②文中还提到了"七女冢"附近有萧何修的通关势以及樊哙台、韩信台等。可见这是一座汉墓,墓主项伯便是和张良同时代的秦末汉初人物。文中的"疑是"为相传之义,意思是说世人相传汉代项伯死后,他的七个女儿为取土筑坟造墱,故名七女冢。

项伯的事迹,在《史记》和《汉书》中都有记述,但颇为简略,

① 邢义田《格套、榜题、文献与画像解释:以一个失传的"七女为父报仇"汉画故事为例》,载台北"中研院"史语所第三届国际汉学会议论文集历史组《中世纪以前的地域文化、宗教与艺术》2002年第183~234页。此文收入邢义田、黄宽重、邓小南总主编《台湾学者中国史研究论丛》,颜娟英主编《美术与考古》上册,中国大百科全书出版社2005年5月第1版,第175~215页。
② [北魏]郦道元著《水经注》卷二十七"沔水",商务印书馆1933年5月初版,1958年5月重印第1版,第29页。参见[北魏]郦道元著《水经注》,谭属春、陈爱平点校本,岳麓书社1995年1月第1版,第416页。

主要是鸿门宴事件发生的前后。《史记·高祖本纪》对鸿门宴项伯的作用亦有提及。《汉书·高帝纪》对鸿门宴记叙颇详，显然是引用了《史记·项羽本纪》的材料，并说刘邦消灭项羽后，"以鲁公葬羽以穀城，汉王为发丧哭临而去。封项伯等四人为列侯，赐姓刘氏"。《汉书·项籍传》中对此也作了相同的记述。①

项伯归汉后的事迹，因缺少记载，不得而知。从其早年经历来看，杀过人，重义气，颇有游侠之风。因他和张良的特殊关系，在历史的关键时刻曾帮过刘邦并约为婚姻，属于皇亲国戚，又封为列侯。但死后却由七个女儿造冢葬在陕西城固县北的一个偏僻的地方，推测其间必然发生过一些未见诸文字记载的故事。项伯归汉后是否为长安令所害，或者为仇家所杀？其七个女儿为父报仇又杀长安令或仇家于渭水桥畔，汉代墓葬壁画与画像石上"七女为父报仇"描述的是否就是这个故事呢？虽然目前对此下断语还为时过早，还须作进一步的考证和研究，但有很大的可能性也是显而易见的。从文献记载透露的信息看，汉初生有七个女儿的著名人物，除了项伯似乎别无他人，可见这与"七女为父报仇"故事并非是一种简单的巧合。作为汉代墓葬壁画和画像石上表现的题材，大都是比较有影响的人物和故事，对项伯的身份和经历也是吻合的。更重要的是，汉代是一个敬重英雄豪杰和崇尚侠骨道义的时代，项伯的性格与为人便正属于这种类型，所以他的故事在当时为人所津津乐道也就是情理中事了。

综上所述，将"七女为父报仇"故事作为汉墓壁画与画像石上的重要表现题材，画面主题所宣扬的首先是一种豪杰勇武精神，这在前面已有叙及。在我国的许多地方特别是齐鲁幽燕和江淮等地，自古以来就豪杰辈出崇尚勇武，所谓"郡国处处有豪杰"，②在民间最为典型的便

---

① ［东汉］班固撰《汉书》卷一、卷三十一，中华书局校点本，1962年6月第1版，第1册第24～26页，第50页；第7册第1808页，第1820页。

② ［东汉］班固撰《汉书》卷九十二"游侠传"，中华书局校点本第11册，1962年6月第1版，第3719页。

是侠义和复仇。这不仅反映在民风传承上，而且体现为一种审美心理的需求。从图像学的角度来看，汉代画像上的此类题材，其画面表现形式和情节内涵便与这种民风传承和审美需求有着密切的关系。其次是宣扬了一种忠孝精神，弱女子为父报仇，除了超人的勇武与胆略，同当时的烈义和孝道观念也密不可分。汉代人认为父母之仇不共戴天，所以为父母复仇便视为天经地义之举，这也是两汉社会报仇之风极盛的关键原因。此外，山东齐鲁等地曾是西楚的势力范围，①项氏在楚汉之争中虽然失败了，但旧部故人和影响余韵尚在。可见"七女为父报仇"故事在这些地区的流行，显然是有多重原因的。也正是由于这些涉及当时民风、审美、情绪、崇尚等方面的多重原因，而使"七女为父报仇"故事成了画师与工匠们刻意表现的题材，并成为埋入地下的重要画作。

——此文刊载于四川博物院编《博物馆学刊》第2辑第170~179页，科学出版社2012年6月第1版。此文曾以《汉代画像中的"七女报仇"图》发表于《上海文博论丛》2007年第3期第45~50页。

① 韦一《西楚九郡考》，《两汉文化研究》第二辑，文化艺术出版社1999年2月第1版，第159~168页。

中国稻作文化的起源探析

　　我国的农业起源甚早，在原始社会黄河流域就出现了旱作农业，长江流域已出现了稻作农业。在人类发展史上，农业的起源和发展是意义十分重大的一件事情。原始农业提供的不仅仅是粮食，也促使了人口的繁衍，改变了社会的结构，衍生了丰富多样的文化与习俗，为人类带来了文明的曙光。在世界东方，中国早期农业的兴起，不仅使先民们的生活获得了最重要的保障，对整个社会发展也产生了极为重要的作用，使中国原始社会由渔猎时代而走上了农业文明发展的轨道。

　　根据传世文献中的有关记载，古代神话传说中的神农、后稷，都是推动农业发展的先驱。《周易·系辞下》中就有关于神农的记载："古者包牺氏之王天下也……作结绳而为罔罟，以佃以渔。""包牺氏没，神农氏作，斫木为耜，揉木为耒，耒耨之利，以教天下"。"神农氏没，黄帝、尧、舜氏作，通其变，使民不倦。"[1]意思是说远古时代先民们渔猎为生，神农氏用木制作农具，才开创了人类进入原始农业社会的新纪元；以后黄帝和尧舜相继兴起，不断改良生产工具，使人们的

---

① 　《周易正义》卷八，[清]阮元校刻《十三经注疏》上册，中华书局影印出版，1980年9月第1版，第86页。参见《周易全译》（徐子宏译注），贵州人民出版社1991年5月第1版，第373~375页。

社会生活也得到了不断的改变和提高。在汉代人的著述中，如刘安《淮南子·修务训》、班固《白虎通德论》等，也都记述有关于神农教民播种五谷的传说。而传说中的后稷，也因播种百谷、教民农耕，而被视为农事之创制发明者。如《山海经·大荒西经》："帝俊生后稷，稷降以百谷。"①《尚书·周书·吕刑》也说："禹平水土，主名山川。稷降播种，农殖嘉谷。"②《孟子·滕文公上篇》也说："后稷教民稼穑，树艺五谷，五谷熟而民人育。"③在先民心目中，后稷因此而被奉祀为农神。这些记述虽然具有较浓的神话色彩，但也透露了中国农业肇始的久远。

从考古发现看，仰韶文化时期就有了原始农业。譬如20世纪50年代考古工作者通过对陕西半坡和河南陕县庙底沟两处重要遗址的大规模发掘，就"明确了仰韶文化的基本面貌：经营原始农业，以种粟为主，饲养了家畜，烧制了陶器，有定居的村落和集中的墓地"，"仰韶文化居民种植的农作物主要是粟，它宜于黄土地带生长，耕作简单，成熟期短又易保存。半坡遗址的F2、F37的瓮、罐和F38的室内小窖里都发现了被鉴定为粟的遗物，H115中所储藏的粟多达数斗。在华县泉护村……还出现了类似稻谷的痕迹，当时黄河流域是可能培植稻子的"。在长江流域，譬如考古发掘揭示的屈家岭文化，农业生产也是当时主要的经济活动，"各地普遍种植水稻（粳稻）"。在浙江余姚也发现了"河姆渡遗址有丰富的稻作遗存"。④这些考古资料都充分说明了早在五千年前甚至更早，中国的黄河流域和长江流域就已经形成了原始

---

① 袁珂校注《山海经校注》（增补修订本），巴蜀书社1993年4月第1版，第449页。

② 《尚书正义》卷十九，[清]阮元校刻《十三经注疏》上册，中华书局影印出版，1980年9月第1版，第248页。

③ 《孟子注疏·滕文公章句上》，[清]阮元校刻《十三经注疏》下册，中华书局影印出版，1980年9月第1版，第2705页。参见《四书全译》（刘俊田、林松、禹克坤译注），贵州人民出版社1988年2月第1版，第447页。

④ 中国社会科学院考古研究所编《新中国的考古发现和研究》，文物出版社1984年5月第1版，第41页，第59页，第134页，第145页。

农业，北方黄土地以种粟为主，南方已开始较为普遍地栽种稻谷了，而且在北方有水田的地方也出现了种植稻子的情形。

中国的稻谷栽培是世界上历史最为悠久的，大量的考古资料说明，稻谷最早就是起源于中国长江流域和南方地区，然后才传播到了中国的北方，传播到了东南亚和世界上的其他国家。根据传世文献记载和近现代学者们的研究，稻在古时叫稌，包括水稻与陆稻，是指人工栽培的稻谷而言。而野生稻在古时则称之为"秜""穭""䅖"禾

神农氏因宜教田辟土种谷以振万民（山东嘉祥武梁祠炎帝神农画像临摹图）

等名称，如草状，成熟时会自然落粒。将野生稻驯化为人工栽培的稻谷，大概开始于旧石器时期的晚期，或认为即中石器时期（传说中的伏羲、神农时期）。大约到了新石器时期（传说中的黄帝、尧、舜、禹时期），许多野生植物通过人工选择都已栽培而成为了"百谷"，其中主要的粮食作物有五六种，被后人称为"五谷"或"六谷"，稻就是其中主要的一种。关于稻谷在中国的起源之地，根据文献记载和考古发现，学术界对此曾做过很多探讨，提出了许多卓有见地的看法。

一、稻作起源于长江上游的发现与研究

长江上游主要是指四川与云南，这里是古蜀与滇越接壤区域，也是广袤的西南夷所在之地。从传世文献记载看，成书于战国时期的《山海经·海内经》已有"西南黑水之间，有都广之野，后稷葬焉。爰有膏

菽、膏稻、膏黍、膏稷，百谷自生，冬夏播琴"的记载。^①都广之野，通常是指长江上游的成都平原。关于黑水，通常认为就是丽水（今金沙江），还有说是澜沧江，或说为怒江上源的，^②这些看法虽然都是推测，但黑水是西南地区的一条重要河流应该是没有疑问的。《山海经》中还有"后稷是播百谷，稷之孙曰叔均，是始作牛耕"的记述，就透露了长江上游是最早栽种稻谷的地区，也是中国早期农业的发祥之地。

从考古资料看，云南是较早发现古稻遗存的地方。在云南滇池地区的新石器时代遗址中出土的泥质红陶器上，留下了稻穗与稻壳的痕迹，甚至还留下了整粒稻壳，经鉴定为粳稻，有少数系籼稻。^③在云南元谋大墩子新石器时代遗址出土的三个陶罐中发现了大量碳化谷物，经中科院植物研究所鉴定是粳稻。^④在云南宾川白羊村新石器时代遗址中出土的陶罐中发现了大量植物粉末，经中科院植物研究所鉴定也是稻谷，其年代为公元前2160年±105年。在云南剑川海门口青铜时代遗址中也出土有稻谷，经鉴定系粳稻，距今三千多年。^⑤在云南普洱县也出土有碳化了的古稻谷。上述五个地点出土的古稻谷，有三处经放射性碳素测定了年代，并经树轮校正年代而获得了较为准确的数据。此外，还有云南耿马县贺派乡的南碧桥洞穴遗址，也属于新石器时代遗址，发现有大量陶片，及少量石器、蚌壳、炭屑和碳化稻谷，炭屑经放射性碳素测定年代为距今2820年左右，树轮校正年代为距今2933年左右。^⑥李昆

---

① 袁珂校注《山海经校注》（增补修订本），巴蜀书社1993年4月第1版，第505页，第449页，第532页。

② [晋]常璩撰，刘琳校注《华阳国志校注》（修订版），成都时代出版社2007年6月第1版，第1页。

③ 黄展岳、赵学谦《云南滇池东岸新石器时代遗址调查记》，《考古》1959年第4期；云南省文物工作队《云南滇池周围新石器时代遗址调查简报》，《考古》1961年第1期。

④ 云南省博物馆《元谋大墩子新石器时代遗址》，《考古学报》1977年第1期。

⑤ 云博筹备处《剑川海门口古文化遗址清理简报》，《考古通讯》1857年第6期。

⑥ 云南省博物馆《十年来云南文物考古新发现及研究》，《文物考古工作十年》，文物出版社1991年1月第1版，第274页。

声先生认为，云南出土稻谷最早者当推宾川白羊村古稻，距今大约四千年左右。云南这些新石器时代遗址及青铜时代遗址中出土的古稻谷，为探索亚洲栽培稻的起源，提供了重要线索。[①]

我们知道，人工栽培稻是先民们从野生稻驯化而来的，所以人工栽培稻的起源与野生稻的分布有着非常密切的关系。目前所知，我国的野生稻共有三个种：普通野生稻（Oryza perennis，或O.spontanea）、药用野生稻（O.officinalis）、疣粒野生稻（O.meyeriana）。它们分布的范围比较宽泛，在我国的南方地区包括云南、广西、广东、湖北、安徽、江西、福建、海南、台湾等地都有发现，在与我国相邻的越南北部、缅甸北部密支那、老挝北部、泰国北部、印度阿萨姆等地也发现有野生稻。值得注意的是，不同种类的野生稻在上述广阔区域的分布并不完全相同，有的地方有这种野生稻，有的地区有那种野生稻，呈现出的是较为零星分散的分布状况。而三种野生稻在云南则同时都有分布，这在我国其他省区是比较少见的。云南野生稻种类齐全，这与云南独特的地理环境与气候条件适宜各类植物生长显然有很大的关系，因为云南素有"植物王国"之称，拥有各类植物种类多达一万五千余种，各种农作物的种类与数量自然也就格外丰富。目前在云南已有94个地点发现了野生稻，包括西双版纳、德宏、保山、思茅、临沧、红河、大理等地。云南的野生稻，主要有普通野生稻、药用野生稻和疣粒野生稻三种，均为多年生、宿根性，多分布在海拔一千米以下，特别是热带、亚热带河谷附近，小片零星生长。[②]正因为云南自古以来就拥有丰富的野生稻资源，从而为先民们将野生稻驯化培育为人工栽培稻提供了充裕的条件。学者们因此而认为，云南应该就是最早的人工栽培稻起源地之一。考古发现揭示，四千多年前云南各地已经种植栽培稻，那么驯化野生稻还要提前

① 李昆声《云南在亚洲栽培稻起源研究中的地位》，李昆声著《云南考古学论集》，云南人民出版社1998年5月第1版，第112~113页。
② 李昆声《亚洲稻作文化的起源》，李昆声著《云南考古学论集》，云南人民出版社1998年5月第1版，第127页。

几千年就开始了。

　　关于云南野生稻与人工栽培稻的关系，科学工作者曾对此进行过研究。据统计，云南各地目前种植的稻种资料有三千多个品种，其中有籼粳、水陆、粘糯、光壳、早、中、晚稻之分，又有籼粳性状交错的类型。从种植稻谷的地理情形看，云南稻谷栽培呈现垂直分布状，从海拔40米（河口县）到海拔2600米（维西县攀天阁）均能种植稻谷。从物种进化的角度来看，云南的自然条件也较为独特，有利于稻作的驯化与栽培。科学工作者认为，云南与众不同的地理条件、自然环境、气候因素等等，有利于作物的转化，由此形成了作物的变异中心。日本的遗传学者中川原对亚洲一千多个原始地方稻种进行了遗传基因方面的研究，认为中国云南、老挝、缅甸、泰国、印度阿萨姆等地带的栽培稻相同种类很多，是些性质相近的稻米群，将这些地方称为"东南亚山地"，是亚洲栽培稻的"基因中心"。[①]云南省农科院的研究人员也对云南的稻种进行了类似研究，结论是云南现代栽培稻种之亲缘关系十分接近云南现代普通野生稻，认为云南现代栽培稻的祖先很可能就是云南的普通野生稻。这些研究，从遗传科学方面支持了云南是亚洲栽培稻起源地的论点。

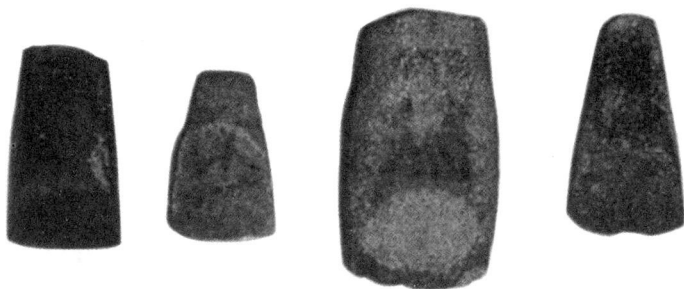

云南海东遗址出土的石器

_____

[①]　[日]中川原《生物科学的遗传》31（7）27—33，1977（捷洋、吴尧鹏译）。转引自李昆声著《云南考古学论集》，云南人民出版社1998年5月第1版，第128页。

从民族学的角度来看，最早驯化野生稻的很可能是南方诸多土著民族，有的学者称之为百越族群。学者们通常认为，新石器时代百越文化的主要特征是：使用有段石锛和有肩石斧，制作夹砂或夹炭陶器上拍印绳纹，使用的陶器组合有鼎、豆、壶共存，种植水稻，居住的房屋为干栏式建筑（其特点是地上埋桩，上面铺地板，再在上面盖房子）。在我国浙、闽、台、粤、桂等省区以及印度支那半岛，这种百越文化的分布是较为普遍的。①在对云南新石器时代文化的综合研究中，云南考古发现有段与有肩的石器较多，遗址的堆积或文化面貌与东南沿海省区的同时期遗址有着明显的共性，说明云南和这些地区新石器时代的文化遗存有着共同的族源——都是百越民族。②随着考古发现的增多，提供的相关资料也日益丰富，对百越文化也有了更为清晰的了解。生活在这个百越文化地带内的先民们，从狩猎采摘渔牧逐渐过渡到农业耕种，自从上古以来就以种植稻谷为主要食物来源，确实和稻作的起源有着极为密切的关系。

关于百越，传世文献记载对此也有较多的记述，《逸周书》中已有"东越""於越""瓯"人、"共人"（吴越之蛮）与其他各地来宾一起参加成周之会的记载。③《吕氏春秋·恃君览第八》有"扬、汉之南，百越之际"的记述，认为越有百种，将扬州与汉水之南的地方通称为"百越"。④《史记·赵世家》说："夫剪发文身，错臂左衽，瓯越之民也"；《正义》引《舆地志》曰："交趾周时为骆越，秦时曰西瓯。"此外，《史记·东越列传》中有"东瓯"与"闽越"的记述，

---

① 梁钊韬《百越对缔造中华民族的贡献》，《中山大学学报》1981年第2期。

② 李昆声《试论云南新石器时代文化》，《文物集刊》第2集，文物出版社1980年出版。参见李昆声著《云南考古学论集》，云南人民出版社1998年5月第1版，第131页。

③ 《帝王世纪·世本·逸周书·古本竹书纪年》，佚名撰《逸周书》（袁宏点校），齐鲁书社2010年1月第1版，第82页。

④ [秦]吕不韦撰《吕氏春秋》第二十卷"恃君览"，见《二十二子》，上海古籍出版社1986年3月第1版，第703页。参见《吕氏春秋校释》第3册，陈奇猷校释，学林出版社1984年4月初版，第1322页。

《史记·大宛列传》有"昆明之属无君长"与"滇越"的记载。①《汉书·地理志》臣瓒注曰:"自交趾至会稽七八千里,百越杂处,各有种姓。"②在大型类书《文献通考·舆地考》中也说:"自岭而南,当唐虞三代为蛮夷之国,是百越之地,亦谓之南越。"③可见"百越"这个称呼,在古籍中记述颇多,是由来已久的。在历史上,"百越"应是对东南沿海和长江中游以南地区土著民族的泛称或统称,因其分布甚广,内部"各有种姓",故而不同地区的土著又各有异名,或称"吴越"(苏南浙北一带),或称"闽越"(福建一带),或称"扬越"(江西湖南一带),或称"南越"(广东一带),或称"西瓯"(广西一带),或称"骆越"(越南北部和广西南部一带),或称"滇越"(云南与广西一带),等等。"百越"之百者,泛言其多,是约数,而不是确数。文献上也有将"百越"称为"百蛮",或称之为"百粤"的,越即粤,古代粤、越有时可通用。"百越"作为南方众多土著民族的统称或泛称,在历史上由于朝代的变更与统辖区域的重新划分,也由于兼并战争的频繁发生以及民族的迁徙或移民等原因,曾经历过多次融合演变,其含义也就有了广、狭之分。上古至商周时期,"百越"泛指南方诸多土著民族,应是广义之称;到了战国秦汉时期,"百越"主要指两广与越南等地,已是演变成了一个相对狭义的名称了。贾谊《过秦论》说:"及至始皇……南取百越之地,以为桂林、象郡;百越之君,俛首系颈,委命下吏。"④贾谊说的"百越"就是指两广之地,便是一个显著例证。

　　实际上,从广义的角度来看,百越作为南方古老民族的泛称,分

① [汉]司马迁撰《史记》,中华书局校点本,1959年9月第1版,第6册第1808~1809页,第9册第2979页,第10册第3166页。
② [东汉]班固撰《汉书》卷二十八下"地理志",中华书局校点本第6册,1962年6月第1版,第1669页。
③ [元]马端临撰《文献通考》下册,浙江古籍出版社2000年1月第2版,第2539页。
④ [汉]贾谊《过秦论》,[南朝·梁]萧统编、[唐]李善注《文选》下册,中华书局影印出版,1977年11月第1版,第708页。

布的地域是相当宽阔的，从东南沿海到西南地区，都有百越文化的遗存。将文献记载与考古资料相互印证，足以说明从上古开始，就有众多的南方土著民族杂居于此，先民们就在这个广袤的区域内栖息繁衍，迁徙交流，在漫长的历史发展过程中逐渐形成了诸多的少数民族。任乃强先生曾指出，汉晋人统称五岭以南之土著民族为越（粤同），于东越、南越、瓯越、骆越、山越、滇越等地区别称外，又有夷越等名称，认为西南夷也是西南诸种民族之泛称①。学术界通常认为，汉代所谓的西南夷，主要指巴、蜀之外的西南少数民族，在族属上包括夷、越、蛮三大系统。例如将氐羌系称为"夷"，将百越系（包括濮或僚）称为"越"，将南蛮系苗瑶语族称为"蛮"。云南便属于百越与西南夷交错相融的区域内，既有百越文化的遗存（如稻作与干栏式建筑），也有西南夷文化的特色（如石棺葬与青铜文化），属于典型的多民族区域。百越与西南夷在文化上虽然各有特色，却又有较多的共性，最为显著的就是稻作文化了。《汉书·地理志》对此就有较多记述，说巴蜀"土地肥美……民食稻鱼"，说"楚有江汉川泽山林之饶，江南地广，或刀耕水耨，民食稻鱼，以渔猎山伐为业"，又说粤地近海"男子耕农，种禾稻苎麻，女子桑蚕织绩"。②由此可知在长江以南，特别是在百越与西南夷的广阔区域内，诸多民族都种植稻谷，衣食住行都与稻作文化有着千丝万缕的联系，由此而衍生出的神话传说、宗教信仰、崇尚意识、审美观念、民俗民风等等，也显示出了较为共同的南方特色。这种南方稻作文化的形成与传承，不仅区域广阔，而且历史悠久，也充分说明了栽培稻的起源和南方诸多土著民族的密切关系。毋庸讳言，这里说的南方诸多土著民族，显然是应该包括百越族群和西南夷的，其中滇、蜀之际的地理环境可能尤为重要。结合《山海经·海内经》中关于"西南黑水之

---

① [晋]常璩撰，任乃强校注《华阳国志校补图注》，上海古籍出版社1987年10月第1版，第231页。

② [东汉]班固撰《汉书》卷二十八下"地理志"，中华书局校点本第6册，1962年6月第1版，第1645页，第1666页，第1670页。

间，有都广之野，后稷葬焉。爰有膏菽、膏稻、膏黍、膏稷，百谷自生，冬夏播琴"的记载，根据云南考古发现的新石器时代稻谷遗存，由此推论长江上游是栽培稻的起源地之一，确实是非常客观而又言之成理的一种看法。

在民族语言方面，也为稻作的起源提供了相关的佐证。有学者通过深入研究认为，"稻"的词在壮侗语族、苗瑶语族、藏缅语族（这三个语族加上汉语，都属汉藏语系）的语言及其方言中，有着明显的同源关系，从它们中间可以得出14种"稻"词的音值，它们分布在广西中部和南部、云南的西部和南部，以及越南北部、老挝北部、泰国北部和缅甸东北部，这14种语音中的辅音和元音的对应关系都十分明显。其中最显著的是壮侗语族的"稻"词，是自成系统而且起始年代甚早的，据游汝杰先生的研究，认为至今已有3700以上的历史。[①]与稻密切相关的另一个词是"水田"的"田"词，壮侗语族中同义为水田的词也有密切的同源关系，也是自成系统的。再者是中国两广云南等地有许多含"那"的地名，也与民族语言的同源关系以及稻的栽培种植有关，因都是些小地名，不大受历史上改变隶属关系中对地名的影响，而得以保留至今。现代含"那"地名的分布地区在广西有1200多处，云南170多处，广东30多处，另外越南60多处，老挝30多处，缅甸3处，泰国2处。含"那"地名的北界为云南宣威县的那乐冲，南界为老挝色拉湾省的那鲁，东界为广东珠海县的那州，西界为缅甸掸邦的那龙。这些地名90%以上集中在北纬21°—24°，并且大多处于河谷平原，就广西而言70%以上地名集中在左、右江流域，这些地方的土壤、气候条件非常适合水稻种植。总之，含"那"地名的分布不仅反映古代壮族的分布，也显示了古代稻作的分布，这些地名的历史为稻作栽培史提供了有力的证据。[②]通过对

---

① 游汝杰《从语言学角度试论亚洲栽培稻的起源和传播》，《农史研究》第三辑，农业出版社1983年第1版，第131~144页。

② 游修龄、曾雄生著《中国稻作文化史》，世纪出版集团·上海人民出版社2010年4月第1版，第45~47页。

云南石寨山出土四牛骑士虎耳贮贝器　　　云南李家山出土纺织场面贮贝器

壮侗语族和其他语族14种语音对"稻"的语音研究，画成语音地图，可以发现"稻"词同语线和"田"词同语线、"那"词地名线均未超过普通野生稻分布线，研究者游汝杰先生把这三条封闭线圈定的重合地区（即上述地区），确定为亚洲栽培稻起源地。[①]而在这个区域内，云南和周边地区是古代壮侗语族最重要的活动与分布之地，在栽培稻起源的过程中发挥了重要而突出的作用，也是显而易见的。

从稻作文化的发展来看，战国时期云南已经大面积栽培种植稻谷，农业生产已经比较兴旺。云南江川李家山与晋宁石寨山出土的青铜储贝器上，就通过众多人物雕塑对"播种"场面做了生动的刻画。如晋宁石寨山12号墓出土的一件储贝器上铸造的播种场面，参与播种者有的手持点种棒，有的肩扛铜锄，还有的头顶籽种篮。这种播种用的篮子，系用竹编或草编制作而成，篮中之物据学者们研究推定为稻谷无疑。有的青铜储贝器上，还塑造了捧献食物与绕线纺织等场景。这些储贝器上丰富多彩的青铜人物雕塑，对了解当时古滇国的稻作生产与社会生活提

① 游汝杰《从语言地理学和历史语言学试论亚洲栽培稻的起源和传布》，《中央民族学院学报》1980年第3期。参见李昆声著《云南考古学论集》，云南人民出版社1998年5月第1版，第134页。

供了珍贵的资料。①从考古资料看，在战国至西汉时期的云南墓葬中曾发现过大量青铜农具，其中有锄、铲、镰、爪镰等。至东汉时，上述农具逐步消失，取代出现的则是大量铁农具，有锸、斧等，说明当时使用铁器已经很普遍了。随着生产工具的改进和普及使用，云南的稻作农业也有了更为明显的改观。譬如水利灌溉，东汉以后也有了较大的发展。池塘蓄水和水田种植稻谷，提高了稻谷的产量，民众的生活状况也比以前丰富了。云南考古发现了东汉至南北朝时期的大量古墓葬中，随葬品中有陶罐、壶、仓、灶、井、水田和池塘模型，就揭示了稻作农业与社会生活的发展情形②。大约在汉代，云南已开始使用牛耕。从滇池区域出土的战国时期青铜器上看，牛的形象最多，可是从未发现一例牛耕的材料，这大概是因为当时畜养的牛群只供祭祀和食用，并不用来耕田。到了西汉统一全国设立郡县，特别是汉武帝加强了对西南地区的管辖和开发，牛耕技术也传入了云南地区。蜀汉时期，云南已有牛耕的记载，《华阳国志·南中志》说，诸葛亮南征后，"出其金、银、丹、漆、耕牛、战马给军国之用"；还设置了云南郡，"土地有稻田畜牧"。③可见当时中原地区的牛耕技术已传至云南边疆，而且耕牛的数量很大，除供本地耕作外，还可以"给军国之用"，稻田畜牧也有了长足的发展。这也说明，铁制农具的出现和牛耕技术的使用，对云南稻作农业的发展起了很重要的促进作用。

　　总而言之，云南作为栽培稻起源地之一，无论是新石器时代稻种遗存的考古发现，还是汉朝以来稻作农业的长足发展，都充分显示了其突出的地位和作用，在骆越农耕与稻作文化发展史上谱写了重要的一页。

① 张增祺著《滇国与滇文化》，云南美术出版社1997年10月第1版，第60页。参见李昆声著《中国云南与越南的青铜文明》，社会科学文献出版社2013年3月第1版，第220~221页。

② 云南省博物馆《云南古代文化的发掘与研究》，《文物考古工作三十年》，文物出版社1979年11月第1版，第379~380页。

③ [晋]常璩撰，刘琳校注《华阳国志校注》（修订版），成都时代出版社2007年6月第1版，第185页，第232页。

二、长江中下游地区发现的古稻遗存

长江中下游地区也发现了较多古稻遗存，据不完全统计有数十处之多。例如浙江余姚河姆渡、桐乡罗家角、宁波八字桥、吴兴钱山漾、杭州水田畈、江苏无锡仙蠡墩、无锡施墩、南京庙山、吴县草鞋山、上海青浦崧泽、上海县马桥、安徽寿县濠城镇、肥东大陈墩、潜山薛家岗、江西修水山背跑马岭、萍乡新泉、萍乡大宝山、萍乡大安里、湖南澧县三元宫、平江舵上坪、湖北京山屈家岭、天门石家河、武昌放鹰台、宜都红花套、枝江关庙山、江陵毛家山、郧县青龙泉、松滋桂花树、监利福田、京山朱家嘴等，以及河南郑州大河村、淅川下王岗、淅川黄楝树、福建永春九兜山、福建东张、台湾台中营浦等地，都出土了人工栽培古稻，或发现了栽培稻的痕迹。[①]

如果从考古发现的农业遗址来看，长江流域及其以南地区发现的新石器时代农业遗址已超过两千多处。有学者认为，南方这些新石器遗址的农业，一般地说应该都包含有稻作的要素，如果以出土有碳化的稻谷、米、水田遗址，或稻的茎叶、孢粉及植物硅酸体等遗存为标准，作为稻的遗址进行统计的话，考古发现的相关遗址是相当多的。而且随着考古发掘的持续不断地进行，新的遗址也不断出现，统计的数字也一直在增加，如20世纪80年代的统计数字为78处，90年代增至97处，最近据裴安平综合统计已达182处。[②]考古发现的这些与稻作文化有关的遗址，在空间的分布上更为扩大，在起始的时间上也不断提前，至今已

[①] 吴梓林《从考古发现看中国古稻》，《人文杂志》1980年第4期。参见李昆声《亚洲稻作文化的起源》，《云南省博物馆学术论文集》，云南人民出版社1989年9月第1版，第97~98页。

[②] 游修龄著《中国稻作史》，中国农业出版社1995年3月第1版，第21~24页；卫斯著《卫斯考古论文集》，山西古籍出版社1998年7月第1版，第39~51页；裴安平、熊建华著《长江流域稻作文化》，湖北教育出版社2004年8月第1版，第36~46页。参见游修龄、曾雄生著《中国稻作文化史》，上海人民出版社2010年4月第1版，第27页。

突破万年，而其下限时代则与有史以来的文献记载相衔接，包括了距今一万年至四千年前的时间跨度。

浙江余姚河姆渡遗址是长江下游地区一处非常重要的新石器时代遗址，其年代为公元前5000~3300年。在河姆渡第4层较大面积范围内，普遍发现稻谷遗存，有的地方稻谷、稻壳、茎叶等交互混杂，形成0.2~0.5米厚的堆积层，最厚处超过1米。稻类遗存数量之多，保存之完好，在新石器时代考古史上颇为罕见。经鉴定，河姆渡遗址出土的古稻主要属于栽培稻籼亚种晚稻型，它与马家浜文化浙江桐乡罗家角遗址出土的古稻都在公元前5000年左右。在河姆渡遗址发现干栏式房屋建筑遗迹，出土有较多的骨耜等农具，在出土的一件陶盆上刻画有稻穗猪纹图像，反映了当时家畜饲养依附于稻作农业的情形。河姆渡遗址还出土有较多的水牛骨头，说明当时已经大量饲养水牛。[1]考古工作者认为，在河姆渡大量发现的人工栽培水稻的谷粒和杆叶，表明稻作农业已成为当时主要的经济形式，从而将我国水稻栽培的历史推前到七千年。[2]浙江桐乡罗家角新石器时代遗址出土的古稻，时间上略早或相当于河姆渡所出古稻，也充分说明了人工栽培稻已成为当时农业的主要栽培作物。通过对古稻种类的检测分析发现，以籽粒较完整的标本鉴定，拟属籼型的数量多于拟属粳型的籽粒，农学家认为"当时没有分化出粳和籼，处于一种'原始杂合群体'状态"，这对探索稻作的起源显然具有重要意义。[3]

① 《中国大百科全书·考古学》，中国大百科全书出版社1986年8月第1版，第188~190页。参见浙江省文物考古研究所《河姆渡—新石器时代遗址考古发掘报告》，文物出版社2003年出版。

② 浙江省博物馆《三十年来浙江文物考古工作》，《文物考古工作三十年》，文物出版社1979年11月第1版，第219页。参见浙江农业大学游修龄《对河姆渡遗址第四文化层出土稻谷和骨耜的几点看法》，《文物》1976年第8期。

③ 浙江省文物考古研究所《浙江省近十年的考古工作》，《文物考古工作十年》，文物出版社1991年1月第1版，第116页。参见游修龄《太湖地区稻作起源及其传播和发展问题》，《中国农史》1986年第1期。

有学者对河姆渡文化时期的水稻种植方式进行了研究，认为南方原始农业工具除了石锛、石斧外，使用最多的就是骨耜了。考古发现的大多数骨耜都由偶蹄类哺乳动物的肩胛骨制成（大都为牛的肩胛骨），用绳索或藤条捆绑在耒柄上使用，其形制与石铲相似，而不同于锄头，古籍中有耒耕之称，骨耜便正是用来翻土的农具。因为骨耜是专门挖泥的，故而南方俗称泥铲。有的考古工作者曾对骨耜的使用做过模拟试验，与现代铁铲为对照，不论在农田、草地、沼泽地翻土，骨耜都持久耐用，使用的效果和铁铲不相上下，而且操作更省力。还有河姆渡遗址出土的大量水牛遗骨，说明当时饲养的水牛数量很多，推测已经出现了原始的"牛踩田"，也就是所谓的"踏耕"与"蹄耕"，驱使多头水牛在泡水的田里踩烂泥块，便于播种。古代有"舜葬苍梧，象为之耕；禹葬会稽，鸟为之佃"的传说，王充《论衡》认为这是苍梧多象和会稽多鸟的缘故，"象自蹈土，鸟自食萍，土蹶草尽，若耕田状态，壤靡泥易，人随种之，世俗则谓为舜、禹田"。[①]先民很可能由此而得到了启发，发展为利用牛力踩踏水田，以利于稻谷的播种和生长。由此可见牛踩田或蹄耕是还没有犁耕之前的一种整地方式，这种习俗至今还残存于海南岛黎族某些偏远地区的水田作业中，云南傣族等少数民族历史上也曾用过水牛踏田。在东南亚的印度尼西亚、菲律宾、斯里兰卡、马来西亚、越南、泰国和琉球群岛等至今也仍有蹄耕分布。[②]用历史发展的眼光来看，耒耜的发明使用提高了耕作效率，7000年前生活在我国东南沿海一带的河姆渡人已经脱离了"刀耕火种"的落后状态，发展到使用成套稻作生产工具、普遍种植水稻的阶段。《易经·系辞》说神农"斫木

---

① [汉]王充著《论衡》卷三"偶会篇"与卷四"书虚篇"，见《百子全书》下册，浙江古籍出版社1998年8月第1版，第964页，第969页。参见[东汉]王充著《论衡》，上海人民出版社1974年9月第1版，第35页，第58页。

② 曾雄生《"象耕鸟耘"探论》，《自然科学史研究》1990年第1期第67~77页。参见游修龄、曾雄生著《中国稻作文化史》，上海人民出版社2010年4月第1版，第36~38页，第227~229页。

为耜，揉木为耒，耒耨之利，以教天下"；古籍中又有神农"始作耒耜，教民耕种"的记述。①这些记述虽然有很浓的传说色彩，但也透露了农具的改良使用，对耕种发挥了重要作用。原始的刀耕火种，只能是广种薄收，耜耕的发明，改进了耕播和种植方法，开始大面积耕播稻谷，无疑是一个很大的进步。也可以说，正是因为有了耒耜，才有了真正意义上的"耕"和耕播农业，南方的稻作文化也由驯化野生稻步入了大面积栽培种植的阶段。还有河姆渡遗址发现的干栏式建筑，属于百越族群的典型房屋，说明当时的先民们已完全脱离了原始的"巢居"形式，居住的这种干栏式长屋可以使用数十年之久，房子下边饲养家畜，上边住人和堆放稻谷，附近还挖有水井，可知当时已形成了比较稳定的定居生活。这与大面积种植栽培稻，显然也有着相当密切的关系。

需要指出的是，栽培稻通常都是由野生稻驯化而来的，河姆渡遗址出土了大量栽培古稻，而浙江省境内尚未发现野生稻，这是一个非常值得注意的问题。推测其中的缘故可能有几种情况，其一是相互传播，野生稻的驯化与栽培是在一个较为广阔的区域内分散进行的，在中国南方地区呈现为弧形带状分布，然后在百越族群中流行和扩散开来，长江下游的河姆渡文化所在地区也就成了栽培稻的重要种植地。其二是古籍中记载浙江也曾有野生稻，《三国志·吴书》中就有黄龙三年"由拳野稻自生，改为禾兴县"的记载，赤乌五年又"改禾兴为嘉兴"。②由拳是秦始皇时候的古县名，三国时由于战乱饥荒，吴主孙权因为当地发现了野稻自生而感到高兴，将其改为了禾兴县，不久又改为了嘉兴县。这里自古就是盛产稻米之区，从古籍记载可知是曾有野稻存在的，后来由于人口的增多与地理环境的改变，才很可能导致了野生稻的消失。将考

---

① [东汉]应劭撰，吴树平校释《风俗通义校释》，天津人民出版社1980年9月第1版，第11页。参见《风俗通义》卷一，见《百子全书》下册，浙江古籍出版社1998年8月第1版，第1077页。

② [晋]陈寿撰《三国志》卷四十七"吴书·吴主传第二"，中华书局校点本第5册，1959年12月第1版，第1136页，第1145页。

古资料与文献记载联系起来看，足以说明长江下游的浙江等地也是中国栽培稻起源地之一。

江苏省苏州市阳澄湖畔的草鞋山遗址，发现了距今六千多年前的水田遗迹，对揭示长江下游的栽培稻种植也是非常重要的考古资料。该遗址范围南

苏州草鞋山遗址马家浜文化时期的水田遗迹

北长约800米，总面积接近45万平方米。考古工作者经过四期发掘，发现了马家浜文化时期二种不同形态的水田结构，一种是以水井为水源的类型，另一种是以水塘为水源的类型。这两种类型的水田，真实地反映了原始稻作文化的基本面貌。相比较而言，以水塘为水源的类型，比水井为水源的类型进步，它既可通过水口供水，又可排水。在史前时期人类征服自然的能力还相当有限的情况下，这种挖塘辟田的方法无疑是一大进步。考古工作者还对这里的古稻形态进行了分析，发现草鞋山遗址周围先民栽培的水稻属于粳稻，但与现代粳稻不同，尤其是纵长较现代粳稻为大。在水田遗址范围内，还出土了大量陶片，可辨器型有高领罐等，是当时主要的盛水容器，应与先民汲水灌溉稻田有关。研究者认为，从马家浜文化的水田结构可知，水井的起源是原始生产力发展到一定程度的产物。水井的使用，使人们摒弃江河之水源向纵深开阔的地方开辟农田，从而促使了部落在一定的地域范围内稳固地定居生活。正是由于这些星罗棋布的古井群，带来了局部用水的便利，从而支持和促进了原始村落与稻作文化的发育。[①]

---

① 邹厚本主编《江苏考古五十年》，南京出版社2000年10月第1版，第96~103页。参见邹厚本、谷建祥等《江苏草鞋山马家浜文化水田的发现》，严文明、安田喜宪主编《稻作陶器和都市的起源》，文物出版社2000年11月第1版，第97~113页。

有学者将太湖及杭州湾地区原始稻作农业遗址做了综合审视，从时间顺序上看，距今7000年的原始稻作农业遗存主要是浙江桐乡罗家角遗址和余姚河姆渡遗址。桐乡罗家角遗址位于杭嘉湖平原中部，面积约12万平方米，稻作遗存显示了籼稻、粳稻的共存现象，出土的陶片中发现了稻谷碎屑，可知当时人们曾将稻壳用作陶器泥料的羼和料，农具也有骨耜与石斧、石锛、石刀之类，饲养的家畜有狗、猪、牛，居住的房屋已有以木构为主干的建筑了，这些表明了稻作农业已经在当时兴起并得到了初步发展。比这两处遗址的时间更早的是浙江萧山跨湖桥遗址，也出土了稻谷颗粒，其年代距今8000~7000多年，出土的农具有石斧、骨耜等，发现陶器种类较多，伴随有植物果皮与狩猎用具等，反映了当时采集、狩猎与社会生活较为密切，原始稻作已经出现却比较落后。结合到周边区域诸多古遗址的考古发现，可知太湖及杭州湾地区在距今7000年前后已存在着原始稻作农业，其最基本的特征是：有稻作遗存、有家畜、有农工具、有聚落房屋建筑，但那时的稻作农业发展水平还是较为低下的。

在湖南洞庭湖西边的澧县彭头山遗址，也发现了很多红烧土里面有稻谷壳，而且彭头山遗址出土的陶器里面也掺着稻壳，研究发现它们也是栽培稻，不是野生稻。彭头山遗址的年代是公元前5000年到公元前7000年，要比河姆渡遗址早一两千年。在湖南茶陵县也发现了距今6500多年的古稻遗址，茶陵地处湘江中游，介于南岭与洞庭湖之间，现在尚存普通野生稻自然种群，有学者认为这里是炎帝曾经活动和归宿之地，应属中国栽培水稻起源地的范围。[1]鉴于其他地区还发现了年代更早的古稻遗存，如江西万年仙人洞与吊桶环、湖南道县玉蟾岩遗址也发现了古栽培稻与野生稻遗存。有学者因此认为栽培稻应起源于中国南方腹心地带，之后形成了"中心起源"与"边缘发展"的情形，使得原始稻

---

① 张文绪、席道合《茶陵独岭坳遗址红烧土中稻谷印痕的研究》，裴安平、张文绪著《史前稻作研究文集》，科学出版社2009年5月第1版，第99页。

作农业在两湖平原与钱塘江流域率先得到发展，并逐步向淮河流域推进。[①]这确实是很有见地的一种观点，但学术界对此也有不同的看法和较多的争议。还有学者认为，长江中游发现有稻作遗存的新石器早期遗址，不仅有彭头山遗址，在皂市下层文化早期遗址也发现有丰富的稻谷遗存，年代距今7000年~8000年；大溪文化的居民也是以稻作农业为主，在房屋建筑遗迹的红烧土块中经常发现稻壳印痕；这些都是鄂西、湘西北乃至整个长江中游地区农业本土起源的物证。据统计目前在长江中游地区发现属于史前不同年代的稻作遗存有40处，所以认为中国稻作起源地在长江中游的鄂西、湘西北地区。[②]这也是在中国稻作起源研究方面颇有见地的一家之言。

考古发现新石器时期的古稻遗址，经测定年代在万年以上的主要有三处：湖南道县玉蟾岩遗址、江西万年仙人洞和吊桶环遗址。湖南道县玉蟾岩遗址的年代经测定为距今12000多年，出土的稻谷壳外稃无芒，完全不同与普通野稻，表明已具有栽培稻的性质，而其稻壳粒长又与普通野生稻相似，粒宽介于籼粳之间。根据这些特征显示的迹象可以推定，玉蟾岩遗址出土古稻是一种兼有野、籼、粳综合特征的从普通野生稻向栽培稻初期演化的最原始的古栽培稻类型，考古工作者将其定名为"玉蟾岩古栽培稻"。[③]江西万年仙人洞和吊桶环两个遗址时间还要略早一点，属于旧石器末至新石器早中期。那是公元前1万多年以前的

---

① 朱乃诚《中国新石器时代早期文化遗存的新发现和新思考》，《东南文化》1999年第3期。参见朱乃诚《中国农作物栽培的起源和原始农业的兴起》，《农业考古》2001年第3期。参见朱乃诚《太湖及杭州湾地区原始稻作农业起源初探》，《中国史前考古学研究》（祝贺石兴邦先生考古半世纪暨八秩华诞文集），三秦出版社2003年11月第1版，第250~259页。

② 卫斯《关于中国稻作起源地问题的再探讨——兼论中国稻作起源于长江中游说》，原载《史学汇刊》(台湾)第17期1995年11月；又刊于《中国农史》1996年第3期。

③ 袁家荣《湖南道县玉蟾岩1万年以前的稻谷和陶器》，严文明、安田喜宪主编《稻作、陶器和都市的起源》，文物出版社2000年11月第1版，第31~41页。参见张文绪、袁家荣《湖南道县玉蟾岩古栽培稻的初步研究》，裴安平、张文绪《史前古稻作研究文集》，科学出版社2009年5月第1版，第95页。

遗址，而且是洞穴遗址，虽然没有发掘到稻谷的遗存，却发现了稻谷的植物硅酸体，也称之为植硅石。在仙人洞与吊桶环采集的植物硅石中，鉴别出了一定数量的野生稻和栽培稻形态的植硅石，在"约相当于新石器时代中期的层位中，栽培稻硅石的数量也达55%以上，表明稻作农业已有了相当程度的发展"。①

　　湖南道县玉蟾岩遗址、江西万年仙人洞与吊桶环遗址的古稻发现，将中国的稻作起源提前到了距今12000年甚至更早的时期，是令人兴奋的好事情。有人因此将这几处发现的古稻遗存定性为中国稻作的最早起源地，但也有学者提出了质疑，譬如为什么不见相应的生产工具和生活用品的发现？为什么只见硅石而不见碳化稻谷？认为其中还有不少值得思考的问题。游修龄先生就指出，单纯按年代先后排序，判断稻作起源地，是不足为凭的，过去曾因河姆渡遗址发现了七千年前的古稻而将长江下游视为中国稻作起源地，后来在湖南澧县彭头山发现了年代更早的古稻，又修改为长江中下游是中国水稻的起源中心了，如此拿年代先后"排队"，显然是把复杂的问题简单化了。认为总的来看，这些诸多遗址出土的古稻反映了一个明显的规律，即长江中下游是迄今为止代表两个平行的最早稻作起源地区，它们分别向北方和南方传播稻作，通过长江中游把水稻引向北方黄河流域的河南、陕西一带；通过长江下游把水稻引向黄河下游的山东，淮河下游的苏北、皖北一带；同时也向东南沿海、台湾和西南传播。②游修龄先生的分析，综合了长江中下游地区考古发现的诸多稻作资料进行了学术思考，确实是比较客观的也是很有见地的一个看法。裴安平先生也认为，这些考古发现其实意味着无论长江中下游都应该是中国最早的稻作农业区，认为"与其将长江流域当作稻作农业的起源地，不如将其看作是稻作农业的早期发达区

① 张弛《江西万年早期陶器和稻属植硅石遗存》，严文明、安田喜宪主编《稻作、陶器和都市的起源》，文物出版社2000年出版，第43~49页。
② 游修龄、曾雄生著《中国稻作文化史》，上海人民出版社2010年4月第1版，第29~32页。

域。即使认为这些区域就是某种意义的'中心'，那么在中国也不止一个或两个，而是更多。而且，所有的中心，可能都有自己独特的发展经历"。①

总的来说，长江中下游地区相继发现了较多的古稻遗存，为我们探讨中国稻作的起源提供了宝贵的出土资料。因为考古发掘不可能全面铺开，通常有很大的局限性，古遗址的发现也有一定的偶然性，所以迄今为止我们发现的古稻遗存资料还是相对有限的。但这些出土资料，已经充分表明了中国稻作的起源应该是多源的，或者说是分散起源的，同时也是相互交流传播的。中国稻作农业的分散起源与多源性，这和中国野生稻广泛的分布范围，和南方百越族群散居在相当广阔的区域内，以及原始众多土著部族在漫长的历史发展过程中不断迁徙融合繁衍，显然都有密切的关系。中国稻作农业的起源与传播，在南方地区有一个较为漫长的发展过程，不仅使两湖平原、太湖及杭州湾地区的原始稻作农业率先发展起来，而且对淮河流域和黄河流域以及其他地区也产生了积极的影响。

三、稻谷在其他地区的栽培与传播

黄河流域中下游地区的稻谷种植，也在新石器时代就出现了。据相关记载，1921年安特生于河南渑池县仰韶村发现了新石器时代的彩陶，在陶片上就有稻壳印痕，有学者研究认为是栽培稻种。②在殷商时期的甲骨文中，也出现了"禾""秜"、带水的"黍"等与稻有关的字。有学者认为，"秜"指野生稻，带水之黍即稻，而南方口语则通常将稻称为禾谷的。还有学者认为，其实甲骨文中已出现了"稻"字，虽

---

① 裴安平著《农业、文化、社会——史前考古文集》，科学出版社2006年3月第1版，第49页。

② 李璠《起源于中国的栽培植物及其原始农业文明》，《亚洲文明》集刊第三辑，安徽教育出版社1995年9月第1版，第32页。

然对释做稻词的甲骨文目前尚有争议，但殷商时期黄河流域的中下游一些地方已开始种植栽培稻则是没有疑义的。[1]到了西周时期，"稻"字已经在青铜礼器的铭文中屡屡出现了，例如叔家父匜、史兓匜、曾伯簠、陈公子甗等彝铭中都有稻字。有认为甲骨文字形以稉为稻字，金文稻则象获稻在臼中将舂之形。[2]

从文献古籍中看，《诗经·豳风·七月》已有"十月获稻""十月纳禾稼"的记载，《诗经·小雅·白华》又说"滮池北流，浸彼稻田"。[3]《周礼·地官·稻人》有"稻人，掌稼下地，以潴畜水，以防止水；以沟荡水，以遂均水；以列舍水，以浍写水，以涉扬，其芟，作田"的详细规定，郑玄注曰："以水泽之地种谷也，谓之稼；下田种稻麦，故云稼下地。"[4]这些都是中原地区的文献记载，说明当时对水稻种植与水利灌溉已有相当成熟的管理经验了。先秦时期的北方地区，不仅种植水稻，还种植陆稻。在《礼记·内则》中记述当时的食物种类，吃的饭有"黍、稷、稻、粱、白黍、黄粱、稰穛"等，膳食有牛羊猪鱼兔之类；又说"煎醢加于陆稻上，沃之以膏，曰淳煎"，[5]把煎醢浇在陆稻上食用视为珍惜膳食之一，说明了陆稻的味美和稀有。陆稻又称为陵稻或旱稻，《管子·地员篇》就说根据不同的田地情况，在有些旱地可以"其种陵稻"。[6]汉代《氾胜之书》说："三月种秔稻，四

---

① 游修龄《稻作史论集》，中国农业科技出版社1993年出版，第202~207页。参见李昆声著《云南考古学论集》，云南人民出版社1998年5月第1版，第121~122页。

② 方述鑫、林小安、常正光、彭裕商编著《甲骨金文字典》，巴蜀书社1993年11月第1版，第522~523页，第529页。

③ 《毛诗正义》，[清]阮元校刻《十三经注疏》上册，中华书局影印出版，1980年9月第1版，第391页，第496页。

④ 《周礼注疏》，[清]阮元校刻《十三经注疏》上册，中华书局影印出版，1980年9月第1版，第746页。

⑤ 《礼记正义》，[清]阮元校刻《十三经注疏》下册，中华书局影印出版，1980年9月第1版，第1463页，第1468页。

⑥ [周]管仲撰，[唐]房玄龄注《管子》卷十九"地员"，见《二十二子》，上海古籍出版社1986年3月第1版，第165页。

月种秫稻。"据崔豹《古今注》解释："稻之黏者为黍，亦谓秫为黍；禾之黏者为黍，亦谓之稃，亦曰黄黍。"①《尔雅》中有"秫，稻"的记载，②《说文》也解释"稻，秫也"，"秫，稻也"；又说"稬，沛国谓稻曰稬"，"稴，稻不黏者"，"秔，稻属"，"秕，稻今年落，来年自生，谓之秕"。③可见汉代之前北方地区就已有了栽培稻的多种品类，所以稻也就有了多种称谓。这里说的北方地区，主要包括淮河流域、黄河中下游一些地区。有学者认为，北方种植糯稻的历史颇为悠久，殷商时期的甲骨文称为秫，春秋时期称为稃。《诗经·周颂·丰年》中说："丰年多黍多稃"，"为酒为醴"，说的就是丰收之后，拿收获的黍与稃酿制酒（黄酒）与醴（甜酒）。从栽培稻北传的路线看，淮河流域是古代东南沿海稻谷向山东传播的中间地带，其种植稻谷的历史当早于山东的龙山文化，很可能在江北青莲岗文化时期就已有稻作了。④

考古发掘揭示，约四千年前的山东龙山文化遗址出土了碳化稻谷的遗存。在河南郑州大河村、河南淅川下王岗、河南淅川黄楝树等地也都出土有古稻。在陕西渭河南岸的华县也发现了类似稻谷的痕迹。到了战国秦汉时期，郑国渠、漳水渠的修建，引用泥沙河水进行灌溉以改良盐碱地，对北方种植水稻也起到了较好的促进作用。⑤北方利用低洼之地，或是人工淤田，来种植栽培稻，从先秦开始，一直到唐宋元明时期

① [晋]崔豹撰《古今注》，见《百子全书》下册，浙江古籍出版社1998年8月第1版，第1104页。

② 《尔雅注疏》卷八"释草第十三"，[清]阮元校刻《十三经注疏》下册，中华书局影印出版，1980年9月第1版，第2627页。

③ [汉]许慎撰，[清]段玉裁注《说文解字注》，上海古籍出版社1988年2月第2版，第322~323页。

④ 游修龄、曾雄生著《中国稻作文化史》，上海人民出版社2010年4月第1版，第59页。

⑤ 《农业考古》1982年第2期第49页"农史通信"。参见李昆声著《云南考古学论集》，云南人民出版社1998年5月第1版，第123页，第136页注释。参见游修龄、曾雄生著《中国稻作文化史，上海人民出版社2010年4月第1版》，第367页，第189页。

仍在使用，可谓源远流长。但栽培稻在中原和北方地区的种植，相对来说还是有限的，并未大面积生产。从历史客观环境来看，由于黄河流域的气候变化，几千年以来一直向着干旱化发展，雨水减少，河流湖泊水量萎缩，水稻的种植面积也随之而不断缩小，于是旱地的小麦种植便占据了主导地位。到了唐代，中原王朝需要的稻米已经主要是靠漕运从南方征调了。尽管水稻和陆稻等品种在黄河流域北方地区的种植规模有限，但稻始终是中原五谷之一，也是最受各阶层欢迎的主要食物之一。

巴蜀地区种植稻谷的历史也非常悠久。在中国考古史上，四川广汉三星堆遗址、成都金沙遗址、成都商业街船棺葬等，都是众所周知的重大考古发现，成都平原上还发现了新津宝墩古城等约十座新石器时代的古城遗址，充分揭示了古蜀文明的源远流长和灿烂辉煌。学者们由此认为，长江与黄河都是中华文明的摇篮，长江上游是中华文明的重要发源地之一，已是不争的事实。三星堆与金沙遗址出土的大量珍贵文物，不仅展现了古蜀文明的辉煌，也说明了当时社会生活的繁荣，而这些一定是要依靠发达的经济状况作为基础的。古蜀能够成为夏商周时期长江上游的文明中心，与大量种植栽培稻很可能有着密切的关系，古蜀的稻作农业很可能在当时已居于领先地位，从而为社会的发展与文化的繁华提供了充裕的保障。灿烂的古蜀文明曾对周边区域产生过积极的影响，与中原文明很早就有了文化交流，与西南夷地区的经济往来也非常活跃。显而易见，在中国稻作文化的起源和发展史上，古蜀也是一个非常重要的地区，无论是在栽培稻的大量种植，或是促使稻作由南向北传播方面，都曾发挥了特殊的作用。从地理环境看，由于四川水多地湿，气候温暖，自古就是一个非常适合稻谷种植的地方。虽然我们在四川境内尚未发现古稻遗存，但在传世文献中却有最早关于稻谷的记载了。《山海经·海内经》说"西南黑水之间，有都广之野，后稷葬焉。爰有膏菽、膏稻、膏黍、膏稷，百谷自生，冬夏播琴"，都广之野就是指成都平原，膏是肥沃与味美之意，可知这里很早就生产优良稻谷了。《山海经·西山经》还记述了当时的"神祠礼"，要"糈以稻米，白菅为

新都出土舂米画像砖　　　　　　邛崃出土舂米画像砖

席"，①说明了稻米不仅满足人们的日常之需，还用来敬献神灵，是祭祀等重大活动中的珍贵祭品。这也是古蜀稻作文化很重要的一个特点，对长江流域和南方地区曾产生过广泛的影响。

　　据蒙文通先生考证，成书于春秋战国时期的《山海经》中有很多篇章为蜀人所撰写："我认为《海内经》这部分可能是出于古蜀国的作品。"②记述的古蜀国境内的事情应该是真实可信的。从史书与地方志的记述看，战国时期秦惠王派军攻取巴蜀之后，很短的时间就征用了众多的兵员，筹集了大量的军粮与军需物资，《华阳国志·蜀志》说："司马错率巴蜀众十万，大舶船万艘，米六百万斛，浮江伐楚。"③足见蜀地生产稻米的数量是非常可观的。蒙文通先生说："可知在李冰守蜀开二江灌溉之前，蜀已大量产米。""在昭王二十七年蜀已能输六百万斛米出去，可见产量相当丰富。"④如此庞大的米产量，也足以说明古蜀国生产水稻有着悠久的历史和可观的规模。这些关于古蜀盛产稻谷的文献记载，考古材料已经给予了充分印证，新石器时期的成都平

---

① 　袁珂校注《山海经校注》（增补修订本），巴蜀书社1993年4月第1版，第505页，第79页。

② 　蒙文通《巴蜀古史论述》，四川人民出版社1981年8月第1版，第168页。又见《蒙文通文集》第二卷《古族甄微》，巴蜀书社1993年4月第1版，第53页。

③ 　[晋]常璩撰，刘琳校注《华阳国志校注》（修订版），成都时代出版社2007年6月第1版，第99页。

④ 　蒙文通《巴蜀古史论述》，四川人民出版社1981年8月第1版，第64页。又见《蒙文通文集》第二卷《古族甄微》，巴蜀书社1993年4月第1版，第228页。

原已经出现了宝墩文化等很多座古城，商周时期已经形成了三星堆遗址和金沙遗址为代表的王城和大型邑聚，都证明了当时稻作农业和工商业的繁荣兴旺。

在秦汉之际，刘邦与项羽逐鹿中原的过程中，蜀地生产的稻米也为刘邦最终大获全胜提供了充裕的物资保障。司马迁《史记·萧相国世家》与班固《汉书·萧何传》中对此都有记载，《华阳国志·蜀志》也记述："汉祖自汉中出三秦伐楚，萧何发蜀、汉米万船而给助军粮，收其精锐以补伤疾。"[1]《汉书·高帝纪》还说楚汉战争过程中曾发生过大饥荒，"关中大饥，米斛万钱，人相食。令民就食蜀汉"。[2]因为有蜀汉提供的稻米保障，所以才渡过了难关。概而言之，秦朝依靠巴蜀的富饶而统一了全国，刘邦利用巴蜀的人力物力战胜了项羽，都是仰仗蜀地盛产稻米而开创了丰功伟业。

有学者认为，古稻从南方传入北方大致有两条路线，一路从西南经华中和华东北上进入长江流域；一路从云南四川北上进入黄河流域，认为这两条传播路线可以从考古发掘和古代交通得到印证，[3]确实是很有见地的看法。古稻不仅传到了北方，同时也向沿海和其他地区传播，传入了我国的海南、台湾，传入了越南、老挝、缅甸与泰国等地，并进而传播到了东南亚各国，传播到了朝鲜、韩国与日本。

四、稻作文化中的崇尚与影响

中国自上古以来，便是一个多民族融合的国家，有着丰富多样的地域文化。其中最为显著的主要是南北文化的不同特点，黄河流域和北

---

① [晋]常璩撰，刘琳校注《华阳国志校注》（修订版），成都时代出版社2007年6月第1版，第109页。

② [东汉]班固撰《汉书》卷一"高帝纪"，中华书局校点本第1册，1962年6月第1版，第38页。

③ 游修龄、曾雄生著《中国稻作文化史》，上海人民出版社2010年4月第1版，第48页。

方地区主要是旱作农业，长江流域和南方地区是稻作农业为主，由于生产方式的不同，也导致了不同族群社会生活的差异，并因此在意识形态、思想观念、神话传说、宗教崇尚、民俗民风等方面，都形成了不同的特色。

譬如神话传说方面，中原黄河流域和北方地区崇尚的主神是黄帝，长江流域和南方地区崇尚的主神是帝俊。在中国的传世文献中，代表中原文化传统的一些古籍如《竹书纪年》《世本》，以及后来的《大戴礼记·五帝德》《史记·五帝本纪》《帝王世纪》等，都是以黄帝作为传说中心的。而代表南方文化传统的《山海经》中关于帝俊的记载，则构成了一个帝俊神话传说的体系。《山海经》中记述说，帝俊有多位妻子，最著名的三位妻子分别是羲和、常羲、娥皇。帝俊与羲和生十日，与常羲生十二月，同娥皇生三身之国；此外，帝俊还有许多后裔，例如《大荒东经》中就记述有"帝俊生中容""帝俊生帝鸿""帝俊生黑齿"，《大荒南经》记述有"帝俊生季厘"，《大荒西经》记述有"帝俊生后稷"，《海内经》记述有"帝俊生禹号""帝俊生晏龙""帝俊有子八人，是始为歌舞"等等。由此可见帝俊的身份如同希腊神话中的宙斯一样，妻室与后裔众多，堪称是世界东方的天帝。特别值得注意的是，《山海经·大荒西经》中说"帝俊生后稷，稷降以百谷"，后稷是各族心目中播种五谷的农神，而帝俊是后稷之父，可见帝俊与稻作文化的起源是有着密切关系的。又比如在宗教崇尚方面，长江流域和南方地区的崇日意识特别强烈，广泛流传着十日神话传说，而帝俊是十日之父，崇日意识其实也是和稻作文化紧密相关的。

长江流域和南方地区的稻作文化内涵极其丰富，其中最具代表性的便是对龙的崇拜了。上古时期，中国各个族群都流行对动物的崇尚，比如有的崇虎，有的崇鸟，有的崇鱼，有的崇熊，有的崇象，有的崇蛇，还有的部落或氏族则以其他动物作为族徽或标识。这些动物，有的与狩猎或捕鱼有关，有的与居住生存环境（山林、平原或江湖沼泽）相关，还有的则与农业有着极为密切的关系。在古人的想象中，龙是司理雨水的神虫，所以与南方水稻的播种栽培关系最为密切的就是龙了。汉代许慎《说文》曰："龙，鳞虫之长，能幽能明，能细能巨，能短能长，春分而登天，秋分而潜渊。"[①]说的就是春天稻谷播种之时龙要登天降雨，到秋天稻谷丰收之后龙才潜渊冬眠。在先民的心目中，龙是由多种动物特征拼凑起来的一个神奇角色，其主要特征则是各种水族为主体的，如扬子鳄、蛇、龟、鱼等，都是长江流域和南方地区的动物，还有象鼻、牛耳、鹿角、马鬃、虎掌、鹰爪等也是南方常见动物的特征。而将这些诸多动物特征组合在一起，不仅说明了上古不同族群的融合，也进一步塑造和增强了龙的神奇性质。后来随着南北文化的交流融合，龙的影响不断扩大，也就成为了长江流域和黄河流域炎黄各族的共同崇拜象征。在一定意义上，也可以说龙的崇拜是随着稻作文化由南而北的传播而形成的，并在传播和流传中赋予了更为丰富的内涵，成为了中华民族文化与民俗中的经典，受到了历代统治者与各个阶层的尊崇。

考古发现揭示，在河南濮阳西水坡遗址已有蚌塑龙，由白色的蚌壳精心摆塑而成，龙头如兽，长吻与鳄颇为相似，颈部弯曲，作昂首爬行状，整个形态与后世龙极为接近。[②]有学者经过科学测试后认为，蚌塑龙具有明显的鳄类特征，应是南方先民崇拜观念的产物。[③]张光直先生认为，濮阳蚌塑龙表现的是人

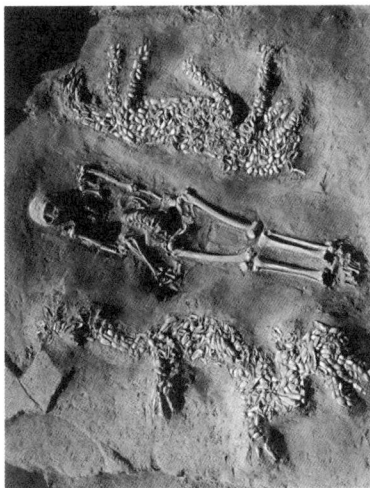

河南濮阳蚌塑龙遗迹

① [汉]许慎撰，[清]段玉裁注《说文解字注》，上海古籍出版社1988年2月第2版，第582页。
② 濮阳市文物管理委员会等《河南濮阳西水坡遗址发掘简报》，《文物》1988年第3期。
③ 刘志雄、杨静荣著《龙与中国文化》，人民出版社1992年11月第1版，第26~33页。

兽母题中的一种艺术形象，乃是仰韶文化社会中巫师使用的上天入地的三跻之一。①在四川广汉三星堆出土的青铜神树上，则塑造有一条青铜龙，攀缘在神树上，尾在上头朝下，仿佛自天而降，也充分显示了沟通天地的神奇含义。《山海经》等古籍中记述有乘龙而行的众神，能自由往来于天上人间，相当于殷商时期的三星堆青铜神树上的神龙便生动地体现了这个寓意。值得注意的是，《山海经》中多处提到了龙与蛇，《山海经·海内经》就说黑水青水之间的若木附近"有灵山，有赤蛇在木上"，《山海经·海内南经》也说"有木，其状如牛，引之有皮，若缨、黄蛇"，②所说的赤蛇与黄蛇显然就是神龙的写照了。位于长江上游的三星堆遗址，便同时出土有青铜神龙与青铜蛇，与《山海经》中的记述可以相互印证，我们由此可知神龙与蛇的密切关系可谓由来已久，龙的形态就是由蛇转化而来的。

《山海经》中的人身龙首神、人身而龙首的神计蒙、龙身而人头的雷神

三星堆出土有铜蛇，成都金沙遗址出土有多件石盘蛇，云南出土的滇文化青铜器上也常有蛇的形象，这是一个非常值得注意的现象，

---

① 张光直《濮阳三跻与中国古代美术上的人兽母题》，《文物》1988年第11期第36~39页。参见张光直著《中国青铜时代》，生活·读书·新知三联书店1999年9月第1版，第318~325页。

② 袁珂校注《山海经校注》（增补修订本），巴蜀书社1993年4月第1版，第508页，第329页。

很可能与当时昌盛的稻作农业有关。[①]蛇是世界各地较为多见的爬行动物，在气候温暖、水源丰富的南方稻作地区尤为常见，《山海经·海外东经》等就有"食稻啖蛇""食稻使蛇"等记述，《山海经·北山经》还有"其神皆人面蛇身"等说法，这些记述中既有常见之蛇，也有神化了的或作为图腾象征的蛇。有学者认为，长江流域稻作地带的先民们自古就存在蛇崇拜，这一古老的现象可能远早于龙在南方地区的出现。如何星亮先生就认为："龙是蛇图腾的神化，是在蛇的基形上形成的。"[②]日本学者安田喜宪先生也认为："长江流域自远古时就存在蛇崇拜，由此产生了伏羲和女娲的神话。伏羲和女娲为人头蛇身。在苗族神话中，伏羲和女娲结婚，诞生了各个民族。"并说："日本最强有力的祖神也是蛇。把蛇作为神来崇拜的信仰在8000年前的绳文时代就已存在。"[③]古代先民对蛇的敬畏和崇奉，与蛇的一些自然属性可能有较大的关系。譬如蛇有很强的生存能力，蛇能通过蜕皮而获得生命的再生，蛇的繁殖能力也很强等等，两蛇交媾的时间往往很长。先民很可能正是由此而联想到了子孙的繁衍和五谷的丰登。伏羲女娲蛇身交缠在一起便体现了交媾繁衍的寓意，人面蛇身也就成了人类祖神的象征。其次是蛇的脱壳化身与蜿蜒游动的形态常给先民以神秘的联想，往往将天空中的闪电、虹霓、风云雨水与蛇联系在一起，如南方客家人就有将闪电称为"火蛇"的遗俗。对蛇的敬畏崇拜在世界上其他古老文明区域也是一种常见的现象，比如古埃及、古代美索不达米亚、古印度等地都流传有蛇的神话传说和对蛇神的崇拜信仰。比较而言，中国古代对蛇的崇拜的最大的特点就是对蛇的神化，崇尚的极致便是将蛇演变成了龙。"随着时

① 参见黄剑华著《古蜀金沙——金沙遗址与古蜀文明探析》，巴蜀书社2003年11月第1版，第294~299页。

② 何星亮著《中国图腾文化》，中国社会科学出版社1992年11月第1版，第383页。

③ 〔日〕安田喜宪《龙的文明史》(蔡敦达译)，〔日〕安田喜宪《日中携手，创造美丽的地球家园》(吴明泽)，载《神话祭祀与长江文明》，文物出版社2001年3月第1版，第17页，第271页。

《山海经》中乘两龙的东方句芒、南方祝融、西方蓐收

间的推移，尽管龙的地位大有'后来居上'之势，但是蛇仍然不失为一种令人敬畏的神物"。①例如《山海经》中既有许多"乘龙"之说，又有大量"践蛇"的记述，反映的便是龙蛇信仰并存的现象。古蜀青铜文化中就有龙和蛇，滇文化中也有蛇，都和稻作文化有着极其密切的关系。

长江流域和南方地区的稻作文化，还直接影响到了很多民俗的形成。比如端午节，就是南方很多地区的一个重要习俗，其主要内容是包粽子、饮雄黄酒、挂艾叶、赛龙舟、祭祀五谷神和祭祀祖先。关于粽子与龙舟，起源很早，最流行的传说是纪念屈原，其实这个民俗中的关键要素粽子与龙舟都和稻作文化有关。晋朝周处《风土记》有关于粽子的记载，说南方民间在端午节和夏至节之前，常会提前一天"以菰叶裹粘米"，煮熟后在过节时啖之，称为"糉"（粽）或"角黍"；此书已佚，《齐民要术》有注引，《太平御览》卷三一也有引用。所谓粘米，就是糯米。六朝时宗懔《荆楚岁时记》说："夏至节日食粽，周处谓为角黍，人并以新竹为筒粽。"又说："五月五日竞渡，俗为屈原投汨罗日，伤其死，故并命舟楫以拯之。"又据邯郸淳《曹娥碑》所云："五月五日，时迎伍君逆涛而上，为水所淹。斯又东吴之俗，事在子胥，不

---

① 芮传明、余太山著《中西纹饰比较》，上海古籍出版社1995年11月第1版，第198页。

关屈平也。《越地传》云起于越王勾践，不可详矣。"①可见龙舟的由来，先秦就已有之，并且有几种说法，而在长江中游地区纪念屈原的传说影响最大，在东汉至魏晋六朝时期已被民众所认可。正如《续齐谐记》所说："屈原五月五日投汨罗而死，楚人哀之，每至此日，竹筒贮米投水祭之。汉建武年长沙欧回见人自称三闾大夫，谓回曰，尝见祭，甚善，但常年所患蛟龙所窃，今若有惠，可以练树叶塞其上，以五彩丝约之，此二物蛟龙所惮也。回依言。后乃复见感之。今人五日作糉子带五色丝及练叶，皆是汨罗之遗风也。"②在南方稻作文化地区，端午节迄今仍是影响很大的民俗节日。

《山海经》中左右手操蛇的洞庭怪神　　　　《山海经》中的有翼应龙

在南方地区的传统民俗中，还有很多对龙的娱乐崇尚，譬如舞龙灯，丰富多样的各种形式近百种之多（如草龙、水龙、火龙、布龙、纸龙、花龙、醉龙、竹叶龙、荷花龙、板凳龙、扁担龙、滚地龙、焰火龙等）。各地舞龙灯的民俗，因为地域和民族的不同而多姿多彩、各有特点，但主题内涵则大同小异，都和稻作文化有着千丝万缕的密切关系。以龙舟、龙灯为代表的民间节庆活动，不仅表现了古人的信仰崇尚，具有敬神、娱神的目的与寓意，希望天人合一风调雨顺，同时也企盼国泰

① 谭麟《荆楚岁时记译注》，湖北人民出版社1985年2月第1版，第100页，第92页。
② [宋]李昉等撰《太平御览》卷三一，第1册，中华书局影印出版，1960年2月第1版，第146页。

民安繁荣富裕，既活跃了古代人们的社会生活，也增添了各族民众的欢乐与团聚。这些民俗都具有较浓的人文特点，将传说与民俗融合在了一起，弘扬了美好的愿望与正能量，代代相传，充满活力，已成为重要的非遗传承。

在饮食习俗方面，有些地方喜欢以糯米为主食的方式，也是稻作文化中的一个重要特点。糯米具有软滑与糯性，食用的口感很好，还适合酿酒，所以自古就受到了人们的喜爱。糯稻是原始驯化种植栽培稻过程中逐渐形成的一种稻谷，也可以说是原始种稻者对食味偏好经过选择培育所取得的成果。从文献记载来看，这种对糯稻的喜欢，起始甚早，不仅在长江流域和南方地区非常流行，古代黄河流域栽培的也大都是糯稻。之后随着南北的文化交流与少数民族的迁徙活动，使得这种源远流长的饮食喜好逐渐成为了分布很广的一种习俗，有学者称之为糯稻饮食文化圈。中国云南的傣族和广西的苗族，都非常喜欢吃糯米。南方的其他少数民族，也大都有好食糯米的喜好。一些亚洲地区，也有以糯米为主食的习俗，其分布范围包括老挝、泰国北部、缅甸的掸邦、印度阿萨姆东部等地区。这些地方，也都是糯稻栽培区。现在世界上大部分地区的饭食都是非糯的籼米和粳米，但喜欢糯米的习俗依然在很多地方（特别是栽培稻历史悠久的地方）保留着。

自从秦汉时期发明使用石磨之后，还有把稻米磨成粉，加工成米粉、米线或粉干而食用的，也发展成为一种很重要的习俗。这种磨米为粉的食用习俗，各地的种类方法甚多，在南方尤其流行，《齐民要术》中对此就有记述。由于各地方言不同，称呼也各有差别，如江苏、浙江、江西、福建、广西等省都称粉干，湖南、湖北、贵州、云南、四川、两广等省称米线，这同古代百越族群与荆蛮土著的迁徙分布可能有着渊源关系。随着历史的发展演变，其吃法也变得更为讲究了，云南的过桥米线就是一个很典型的例子，还有浙江东阳一带的粉干、广东的河粉、江西东部的米缆，都很有名。将稻米磨粉后加工成年糕以及各类糕点，也是非常重要的一个民俗，在南方各地都很流行，其形式多样，可谓琳琅满目。此外，稻米与酿酒也有密切关系，用糯米酿造甜酒和黄酒的历史非常悠久，《诗经》中已有"为酒为醴"的记述了，先秦以后一直盛行不衰。因为有了酒，所以又有了历朝历代的酒文化。《吕氏春秋·顺民》记述了越王"有酒，流之江，与民同之"的投醪之事。[①]东晋时有王羲之与诗友们相聚兰亭、曲水流觞、饮酒赋诗、挥毫书写了著名《兰亭序》的逸闻。唐代有醉中八仙和李白斗酒诗百篇的故事，都是中国酒文化史上的千古佳话。

总而言之，在世界东方的衣食住行中，由稻米而衍生的饮食习惯和民俗民风是极其丰富多样的。以上所述，都是稻作文化中的重要内容，由古至今堪称绚丽多彩。稻作文化不仅涉及了人们的精神崇尚，也从很多方面丰富了古今的社会生活。

五、归纳与小结

通过以上论述，关于稻谷起源与栽培分布状况，大致可以做如下归纳：

（一）中国野生稻的分布状况，范围相当广泛。从中国的植物资源科学调查情况看，野生稻在中国的分布范围是比较广阔的，在长江流域、西江流域、云贵高原、南方很多地区都发现有野生稻。据有的自然科学家经过野外调查后介绍，不论多年生野生稻或者一年生野生稻在中国都有分布，如在云南思茅等地分布有多年生普通野生稻、药用野生稻、疣粒野生稻和一年生野生稻；在四川分布有多年生假稻；在湖南茶陵、江永分布有多年生普通野生稻；在江西东乡、贵溪分布有多年生野生稻；在安徽巢湖分布有深水野生稻；在广东博罗等地分布有多年生普通野生稻和一年生野生稻；在广西桂林等地分布有多年生普通野生稻和

① [秦]吕不韦撰《吕氏春秋》第九卷"顺民"，见《二十二子》，上海古籍出版社1986年3月第1版，第654页。参见《吕氏春秋校释》第2册，陈奇猷校释，学林出版社1984年4月初版，第479页。

药用野生稻；在福建漳浦等地分布有多年生普通野生稻；在海南也分布有多年生普通野生稻、药用野生稻、疣粒野生稻；此外在新疆新源分布秕壳草，在西藏察隅等地分布有一年生野生稻等等。[①]正是这种广阔的分布范围，为先民们将野生稻驯化成为栽培稻谷提供了丰富的资源。也正是由于普通野生稻分布的广泛性，以及各地原始时期先民采集食用的普遍性，从而促使了栽培稻的分散起源，形成了人工栽培稻起源的多源性。

（二）从考古发现看，先民们驯化野生稻到人工栽培稻谷在中国起源很早，而且有一个较为漫长的演变过程。这个过程很可能在一万年前就开始了，可能延续了一两千年甚至更久才逐渐形成了适合栽培的稻种。在距今七千年至五千年的新石器时期，人工栽培的稻谷已经成为原始农业中的主要农作物，并在较为宽广的范围内进行了种植，收获的稻米成为重要的粮食来源。由于野生稻的驯化与人工栽培稻的分布范围较为广阔，因而出现了起源于长江上游与起源于长江中下游的几种说法。云南地区是目前野生稻分布最为丰富集中的地方，也是栽培稻品系最为发达的地区，并出土了新石器时代的古稻遗存。长江下游河姆渡遗址出土的大量古稻遗存，在时间上比云南出土的古稻要早。还有长江中游江西等地发现的古稻，时间则更早。学者们关于古稻起源的这些论述与看法，各有依据，可谓仁者见仁智者见智。其实中国南方地区人工栽培稻的起源显然是多源的，应该是分散进行和非中心的，只要具备一定的条件，就可以在不同时间与不同地点由野生稻驯化而来。在云南、广西、广东、浙江、湖南、江西等地的考古发现中，都出土了古稻遗存，年代跨度相当悠久，就说明了栽培稻谷起源的多源性。因为迄今为止的考古资料还相当有限，还有许多地方很可能也有遗存，尚待我们继续发现，所以有学者认为"根据多源性起源，就不必拘泥于各地的稻作起源孰早

①　李璠《起源于中国的栽培植物及其原始农业文明》，《亚洲文明》第三辑，安徽教育出版社1995年9月第1版，第33页。

孰迟"，①确实是一个比较客观的看法。还有学者认为，在驯化野生稻成为人工栽培稻这个较为漫长的过程中，正因为是分散进行的和多源的，同时也很可能有着相互的交流和传播，从而形成了多种人工栽培稻，其种类主要有籼稻、粳稻等。籼稻可能是由普通野生稻直接驯化演变而来的，粳稻则是在不同条件下而形成的变异型。但最近也有作物学家的研究证明，普通野生稻本身就存在着偏粳型和偏籼型两种，籼稻和粳稻皆直接来源于上述两种类型，而并非是人类先驯化出籼稻，再由籼稻培育出粳稻来。②这也说明了栽培稻的起源应该是多源的，而且是相互传播和相互引进的。在经过了多年的交流与栽培种植之后，才形成了各地栽培稻品类的多样化，以及各地种植的栽培稻品类并不完全一致的情形。

（三）中国稻谷的起源，呈现出一个较为广阔的弧形带状分布的情形，这不仅与野生稻的分布资源有关，也与百越族群的栖息繁衍活动区域密切相关，透露了百越族群很可能就是最早驯化野生稻的先民。有学者曾指出：亚洲栽培稻起源分布于从中国浙江、福建、江西、湖南、台湾、广东、广西、云南到中南半岛越南北部、缅甸北部（主要是掸邦）、老挝北部、印度阿萨姆这一广阔的弧形地带，而这些地方都是古代百越族群的居住活动范围。由此可知，正是百越族群的某些部落首先将野生稻驯化成了栽培稻，然后在同一族系的不同部落中传播开来，所以这一广阔弧形地带的栽培稻普遍有着悠久的历史和较为广泛的分布。③值得重视的是，巴蜀与西南夷地区也是长江上游的稻谷栽培区。百越与西南夷在文化上虽然各有特色，却又有较多的共性，最为显著的就是稻作文化了。这个广阔区域内的诸多民族都种植稻谷，衣食住行都与稻作文化有着千丝万缕的联系。特别是巴蜀地区生产的稻谷，数量极

---

① 游修龄、曾雄生著《中国稻作文化史》，上海人民出版社2010年4月第1版，第60页。

② 邹厚本主编《江苏考古五十年》，南京出版社2000年10月第1版，第97页。

③ 李昆声《亚洲稻作文化的起源》，李昆声著《云南考古学论集》，云南人民出版社1998年5月第1版，第135页。

其丰富，在战国时期已是著名的富饶地区。秦惠王兼并巴蜀后，获取了丰富的稻米粮食来源，使蜀地成了秦国的重要粮仓，从而为后来秦始皇统一全国奠定了基础。

（四）人工栽培稻谷的传播，也是非常值得重视的事情。栽培稻的传播与扩散，从上古时期就开始了，不仅在百越族群中普遍种植，而且逐渐传向了更加广阔的范围。由于传播扩大了栽种的区域，从而促进了农业的发展和人口的繁衍，意义十分重大。大约在新石器时代晚期，黄河流域的中下游地区也开始栽种稻谷。自从先秦以来，稻谷在北方由于气候和水利灌溉条件的限制，种植的面积虽然有限，却也是深受重视的五谷之一。根据学者们的研究，古稻从南方传入北方大致有两条路线，一路从西南经华中和华东北上进入淮河流域和黄河下游地区，一路从云南经四川北上进入汉水流域和黄河中游地区。古稻不仅传到了北方，同时也向沿海和其他地区传播，传入了我国的海南、台湾。起源于中国的人工栽培稻谷，也传入了越南、老挝、缅甸与泰国等地，并传播到了东南亚与南亚各国，传播到了朝鲜韩国与日本，还传播到了世界其他地方。

（五）长江流域、西江流域、巴蜀滇越地区是中国稻谷的主要栽培与生产区域，也是栽培稻起源之后的早期种植发达区域，由此而形成了富有南方地域特色的稻作文化。从神话传说、民俗崇尚到审美意识都显示出鲜明的南方特色。在青铜器的铸造方面，就有比较独特的展现，例如四川三星堆和金沙遗址出土的青铜器，云南出土的滇文化青铜器，以人物和动物为主体，就与黄河流域中原地区以青铜礼器为主体的青铜文化不同。又由于南方地区广阔，民族众多，所以在民俗民风方面又具有绚丽多彩的特点。有学者认为，谷物栽培在丰富了人们食物来源的同时，也培育了人们积累财富的观念，加强了人们对土地的依赖，希望自然界风调雨顺，企盼每年都能五谷丰登，于是太阳神崇拜、地母崇拜、生殖崇拜等等巫术活动很快发展起来。在我国西南一些少数民族地区，稻作及有关谷类作物生产全过程的每一个环节，就有形形色色的祭祀和巫术活动。[①]中国稻作文化中的内涵极其丰富，其中最具代表性的便是对龙的崇拜了。在先民的心目中，龙是由多种动物特征拼凑起来的一个神奇角色，其主要特征则是以各种水族动物为主体的，在一定意义上，也可以说龙的崇拜是随着稻作文化由南而北的传播而形成的，并在传播和流传中赋予了更为丰富的内涵，后来随着南北文化的交流融合，龙的影响不断扩大，也就成为了长江流域和黄河流域炎黄各族的共同崇拜象征。长江流域和南方地区的稻作文化，还直接影响到了很多民俗的形成。比如元宵节舞龙灯，端午节吃粽子、赛龙舟等，都是很重要的传统民俗，代代相传，充满活力，已成为重要的非遗传承。在饭食习俗方面，有些地方喜欢以糯米为主食的方式，也是稻作文化中的一个重要特点。这种源远流长的饮食喜好逐渐成为了分布很广的一种习俗，有学者称之为糯稻饮食文化圈。用糯米酿造甜酒和黄酒的历史也非常悠久，自先秦以来盛行不衰。因为有了酒，所以又有了历朝历代的酒文化，留下了许多脍炙人口的故事，成了中国酒文化史上的千古佳话。

（六）概而论之，中国的稻作文化源远流长，绚丽多彩，具有浓郁的文化底蕴与民族特色，是中华文明的重要组成部分。起源于中国南方地区的稻作文化，对东南亚各国、对朝韩与日本，以及世界上其他栽种稻谷的国家，都产生了深远的影响，在世界文明发展史上谱写了重要的篇章。我们对骆越农耕与稻作文化进行研究，深入探讨中国稻作文化的起源与传播发展，显然是很有意义的事情。

说明：这是作者参与国家社科基金项目特别委托项目15@ZH001《骆越文化的考古研究》著述撰写中的阶段性成果。

——此文发表于江西科技师范大学《地方文化研究》2016年第4期，第40~57页。

---

① 牟永杭《稻作农业与中华文明—贺兴邦老师八十寿辰》，《中国史前考古学研究》（祝贺石兴邦先生考古半世纪暨八秩华诞文集），三秦出版社2003年11月第1版，第275页。

略论早期佛教图像的传播

一、关于佛教的诞生和传播

佛教起源于印度，其创立时间大约在公元前6世纪。佛教的创始人本名悉达多，因父为释迦族，成道后被尊称为释迦牟尼，意为"释迦族的圣人"，并被尊称为佛陀（觉者）、世尊、释尊等。《印度简史》说："关于释迦牟尼佛生活的简单事实，现在已很确定。他生于公元前623年，是释迦族首领净饭王的儿子。他生于岚毗尼园中的旧传说，由于发现公元前250年阿育王所建立的纪念柱已经得到证实，柱上有铭文'释迦牟尼佛生于此'。"[①]

其实有关释迦牟尼的生年，由于古印度典籍没有明确记载，因此说法不一。各国所传和学者研究，一般都是从佛教本身的史籍去考证，并从卒年推算的，因而有数十种说法，最早一说和最晚一说在年代上差距很大（达数百年）。最典型的主要有三种说法：如印度、斯里兰卡、缅甸、泰国、老挝、柬埔寨等南传佛教国家一般认为释迦牟尼生于

[①] [印度]潘尼迦著《印度简史》，吴之椿、欧阳采薇合译，三联书店1957年第1版，第28页。

公元前624年、卒于公元前544年，并以此为依据在1956年举行了纪念释迦牟尼涅槃2500周年的盛大活动；其次是西方学者根据佛教南传史料，对佛灭年代有公元前489、487、486、484、483、482、478、477诸说，日本学者则根据佛教北传史料，从阿育王即位年代公元前271年上溯116年，推算出释迦牟尼为公元前466年生、386年卒，或认为阿育王即位年代为公元前286年，因而推定佛陀的生卒年为公元前463~前383年；中国近代学者依据南齐僧伽跋陀罗所译《善见律毗婆沙》相传的"众圣点记"（从释迦牟尼逝世的当年开始，在书后记下一点，以后每年添加一点），至南齐永明七年（489）共计得975点，由此上推则释迦牟尼生于公元前565年，卒于公元前486年，大体上与中国春秋战国时期的孔子同代，而比孔子早逝七年。中国学者的研究结论，后来也为日本、印度等国的学者所采用。[①]

　　释迦牟尼成道以后，为了使他的思想学说被世人所理解和接受，开始了长达45年的传教活动，收了很多学生弟子，他的很多亲属也都跟随他皈依了佛教。释迦牟尼传教的区域，主要是恒河流域的中印度，随着信徒的增多，建立了佛教的组织僧伽（僧团），开始只收男弟子（比丘），以后也接纳女弟子（比丘尼）。僧团为了适应雨季安居和集会的需要，而建立了僧院，又陆续制定了戒律。释迦牟尼逝世后，遗体火化，其遗骨（舍利）被信徒们分到各处建舍利塔供养。释迦牟尼及其直传弟子所宣扬的佛教，称为根本佛教，后来在印度几经过演变，出现了不同的部派。如佛灭后约100年，佛教分为上座部、大众部两大派，此后又形成了小乘佛教与大乘佛教两大系统。随着佛教的传播，在部派佛教中形成了对教祖的崇拜，将佛陀描写成了神通广大、威力无穷、大智大慧者，出现了专门记载释迦牟尼"本生"故事和思想学说的经典，并创造出释迦牟尼的各种形象，以供信众们顶礼膜拜。

---

①　《中国大百科全书·宗教》，中国大百科全书出版社1988年1月第1版，第368页，第117页。

印度早期佛像有犍陀罗（Gandhāra）和秣菟罗（Mathurā）两大艺术流派，犍陀罗佛教艺术汲取了古希腊、古罗马雕刻艺术的影响，而秣菟罗佛教艺术则更多地继承了印度本土的雕刻风格。孔雀王朝时期，阿育王奉佛教为国教，广建佛塔，刻敕令和教谕与摩崖和石柱，并派僧人到周围国家传教，东至缅甸，南至斯里兰卡，西到叙利亚、埃及等地，使佛教遍传南亚次大陆与中亚等地区，并逐渐成为世界性宗教。按照学者们以往的研究，佛教从印度向亚洲各地传播，大致有两条路线：南向最先传入斯里兰卡，又由斯里兰卡传入缅甸、泰国、柬埔寨、老挝等国；北传经帕米尔高原传入中国，再由中国传入朝鲜、日本、越南等国。

二、关于佛教何时传入中国的几种意见与讨论

关于佛教传入中国的时间，学术界有多种看法，见解不一。归纳起来，主要有以下几种意见：

（一）认为佛教传入中国是在东汉明帝时。其依据是《四十二章经》《牟子理惑论》等书曾记载汉明帝夜梦金人，然后遣使求法，所以学者们认为这是佛教始传中国的时间。《牟子理惑论》通称《牟子》，"理惑"之名见于书的自序，传为东汉末章帝时的太尉牟融所著，文中说："昔孝明皇帝梦见神人，身有日光，飞在殿前，欣然悦之。明日博问群臣：'此为何人？'有通人傅毅曰：'臣闻天竺有得道者，号之曰佛。飞行虚空，身有日光。殆将其神也？'于是上悟。遣使者张骞、羽林郎中秦景、博士弟子王遵等十二人，于大月支写佛经四十二章，藏在兰台石室第十四间。时于洛阳城西雍门外起佛寺，于其壁画千乘万骑，绕塔三匝。又于南宫清凉台，及开阳城门上作佛像。明帝存时，预修造寿陵，陵曰显节，亦于其上作佛图像。时国丰民宁，远夷慕义，学者由

此而滋。"①

但也有人认为此书是后人伪托牟融之名而作,梁启超作《牟子理惑论辨伪》就否定牟子真有其人。但仍有持肯定意见的,如胡适、余嘉锡、汤用彤等就认为此书是真的。"总之,《牟子》的真伪至今尚无定论",而伪托的可能性较大。②

在《后汉书》中,对此亦有记载,如《后汉书·光武十王列传》记载有楚王刘英奉佛之事:"英少时好游侠,交通宾客,晚节更喜黄老,学习浮屠斋戒祭祀。"当时汉明帝诏令天下死罪皆入缣赎,楚王刘英也使人奉黄缣白纨三十匹以赎愆罪。汉明帝说:"楚王诵黄老之微言,尚浮屠之仁祠,絜斋三月,与神为誓,何嫌何疑,当有悔吝?其还赎,以助伊蒲塞桑门之盛馔。"认为楚王刘英相信黄老、浮屠,没有什么过错,于是将黄缣白纨退回给他作布施之用。注释引袁宏《汉纪》说:"浮屠,佛也,西域天竺国有佛道焉……初,明帝梦见金人长大,项有日月光,以问群臣。或曰'西方有神,其名曰佛。陛下所梦,得无是乎?'于是遣使天竺,问其道术而图其形像焉。"文中的"伊蒲塞"即"优婆塞","桑门"即"沙门",翻译不同,都是佛教用语。有人认为刘英奉佛在时间上比汉明帝求法还要早一些,但从汉明帝的诏令答复看,应先有汉明帝遣使求法,刘英不过是王公贵人中的最先奉佛者而已。《资治通鉴》卷四十五对此就有记述:"初,(汉明)帝闻西域有神,其名曰佛,因遣使之天竺求其道,得其书及沙门以来。其书大抵以虚无为宗,贵慈悲不杀;以为人死,精神不灭,随复受形;生时所行善恶,皆有报应,故所贵修炼精神,以至为佛。善为宏阔胜大之言,以劝诱愚俗。精于其道者,号曰沙门。于是中国始传其术,图其形象,而王

① [汉]太尉牟融撰《牟子》,见《百子全书》下册,浙江古籍出版社1998年8月第1版,第1098页。
② 吕澂著《中国佛学源流略讲》,中华书局1979年8月第1版,第25页。

公贵人，独楚王英最先好之。"①

《后汉书·西域传》也说"天竺国一名身毒，在月氏之东南数千里。俗与月氏同，而卑湿暑热。其国临大水。乘象而战。其人弱于月氏，修浮屠道，不杀伐，遂以成俗"。又说："世传明帝梦见金人，长大，顶有光明，以问群臣。或曰：'西方有神，名曰佛，其形长丈六尺而黄金色。'帝于是遣使天竺问佛道法，遂于中国图画形像焉。楚王英始信其术，中国因此颇有奉其道者。后桓帝好神，数祀浮屠、老子，百姓稍有奉者，后遂转盛。"②

《后汉书》中所述汉明帝诏报楚王刘英，应该是实有其事，绝非虚构，对《牟子理惑论》中的说法也是一个较好的印证。此外《搜神记》有汉明帝时"西域使人献火浣布袈裟"的记述，③也是一个旁证。可见在汉明帝时确实已经有佛教信仰传入中国了。也有学者分析认为，傅奕能明确说金人是佛，可见民间早已存在佛教信仰，说明东汉明帝时代不是佛教传入中国的最早记录。值得注意的是，从《后汉书》中的记述分析，首先传来中国的不是佛经，而是佛像。所谓"金人"，指的就是佛像。这里还应该提到的是，东晋袁宏（公元328~376年）所著《后汉纪》与东晋刘宋时期范晔所著《后汉书》中的这几处记述，是学界比较熟悉并经常被引用的史料，有学者认为他们所处的东晋与南朝时期佛教在中国传播已广，书中所记很多都反映了他们所处时代的情况，而并非是佛初传时的情形。④可见对佛教究竟何时传入中国，还应作更多的分析研究。

（二）认为佛教在西汉时期就已传入中国，如《三国志·魏书》

---

① [南朝·宋]范晔撰《后汉书》卷四十二"光武十王列传"，中华书局校点本第5册，1965年5月第1版，第1428~1429页。[宋]司马光编著《资治通鉴》卷四十五，中华书局校点本第4册，1956年6月第1版，第1447页。

② [南朝·宋]范晔撰《后汉书》卷八十八"西域传"，中华书局校点本第10册，1965年5月第1版，第2921~2922页。

③ [晋]干宝撰，汪绍楹校注《搜神记》卷四，中华书局1979年9月第1版，第166页。

④ 吕澂著《中国佛学源流略讲》，中华书局1979年8月第1版，第15页。

裴松之注引鱼豢《魏略·西戎传》就有"昔汉哀帝元寿元年，博士弟子景卢受大月氏王使伊存口受浮屠经"的记载。①意思是说，西汉哀帝元寿元年（前2），大月氏使者伊存来到中国，将佛经口授给了博士弟子景卢。有学者认为这就是佛教传入中国的开始。这个史料后来也经常被其他古籍引用，如《世说新语·文学篇》刘孝标注就引用了这一说法，但文字略有出入，为"博士弟子景虑"而非"景卢"。刘孝标还列举了刘向《列仙传》中"得仙者百四十六人，其七十四人已在佛经"的说法，认为"如此，即汉成、哀之间，已有经矣"。②

一些学者据此认为佛教传入应在哀帝时。但也有学者认为，《魏略·西戎传》所述仍有较大的疑问，因为根据现代对西域历史的研究，贵霜王朝前二代是不信佛教的，而大月氏又在贵霜王朝之前，当时是否佛教流传尚需探讨，尤其是授经者为大使身份，就更值得研究了。③

此外南朝刘宋时期的宗炳《明佛论》说："东方朔对汉武劫烧之说。"好像汉武帝时代（公元前140~前87年）已经知道和佛教有关的劫灰说。又据北齐魏收《魏书·释老志》引《汉武故事》说，汉武帝于元狩中遣霍去病讨匈奴，获得休屠王的金人，帝以为大神，列于甘泉宫，烧香礼拜，为佛道流通之渐。《魏书·释老志》又说，张骞使大夏还，就已经知道其旁有身毒国，一名天竺，始闻有浮屠之教。但这些记述并不可信，"以上诸说，基本上是以佛教初传于汉代为主；但除伊存授经一说外，大多数由于和道教对抗，互竞教化的先后，遂乃将佛教东传的年代愈推愈远，所有引据大都是虚构和臆测的"。④

① [晋]陈寿撰《三国志·魏书》卷三十"乌丸鲜卑东夷传"，裴松之注引鱼豢《魏略·西戎传》，中华书局校点本第3册，1959年12月第1版，第859页。
② [南朝·宋]刘义庆原著，余嘉锡撰《世说新语笺疏》，中华书局1983年8月第1版，第214页。
③ 吕澂著《中国佛学源流略讲》，中华书局1979年8月第1版，第19页。
④ 中国佛教协会编《中国佛教》第1册，东方出版中心1980年4月第1版，第3~4页。魏收的说法，参见[宋]司马光编著《资治通鉴》卷四十五，中华书局校点本第4册，1956年6月第1版，第1447页。

（三）有学者认为佛教最早传入中国的时间应在秦代。司马迁《史记·秦始皇本纪》有一段记载："三十三年，发诸尝逋亡人、赘婿、贾人略取陆梁地，为桂林、象郡、南海，以适遣戍。西北斥逐匈奴。自榆中并河以东，属之阴山，以为[四]十四县，城河上为塞。又使蒙恬渡河取高阙、[阳]山、北假中，筑亭障以逐戎人。徙谪，实之初县。禁不得祠。明星出西方。"①

据有的学者研究，"禁不得祠"是一条很重要的史料，"不得"当为佛陀之音译，不得祠即佛祠也就是佛寺。《史记》所述"不得祠应是初期来华，奉祀佛陀及佛教徒入住之地在秦代之称谓"；通过秦始皇颁发的这个禁令，"可见当日佛祠之普及程度，这种普及必然带来一定的社会问题，促使秦始皇做出禁佛这一重大决定"，"这个禁令是否有毁祠、驱逐僧人等具体内容现已无从知晓。但秦始皇严刑峻法，令行禁止，其造成的后果是明显的。从统一秦到西汉末二百年间几乎不见佛教东传的信息，到了汉哀帝时才有东传记载"。并分析说，南亚佛教东传是在古印度阿育王时代，阿育王于公元前366年统一五天竺后，将恒河流域的佛教奉为国教，并把佛的舍利分为八万四千份送往世界五大洲供养，以此弘扬佛法，到秦始皇三十三年（前214）佛教在咸阳地区奉祀，其间相距152年，这是完全有可能的，由此可知"秦始皇是中国历史上第一位禁佛的皇帝"。②

其实学术界很早就有人注意到了这条史料，汤用彤先生说较早谓"不得"为"佛陀"之对音、所禁乃佛祠的，可能是日本的藤田丰八；但"不得"为虚字非实字，怎能指为佛陀？因而有人认为《史记·秦始皇本纪》说的是"禁不得祠明星"，如《汉书·地理志》载陈仓就有上公明星祠，明星也就是长庚星或太白星，古代天官书通常认为太白主兵事，故秦人禁民间私祀。"由此言之，禁不得祠，实与佛教无关也"。

---

① [汉]司马迁撰《史记》卷六"秦始皇本纪"，中华书局校点本第1册，1959年9月第1版，第253页。

② 韩伟《秦始皇时代佛教已传入中国考》，《文博》2009年第2期第18~19页。

另外根据隋代费长房《历代三宝记》以及《广弘明集》卷十一载唐代法琳上书驳傅奕说："始皇之时，有外国沙门释利防等一十八贤者，赍持佛经来化始皇。始皇弗从，乃囚防等。夜有金刚丈六人来，破狱出之。始皇惊怖，稽首谢焉。"梁启超认为此说可信，因为阿育王派遣宣教师256人于各地传播佛教，或有人于秦始皇时到了中国。但汤用彤先生认为此事："实不可信，其言出道安朱士行录云云，乃为佛徒伪造。"①

季羡林先生也指出，日本学者藤田丰八引《史记·秦始皇本纪》里的"禁不得祠明星出西方"，将这段记载解释为"'不得'就是梵文Buddha（一般音译为'佛陀'）的音译"，认为"这句话的意思是秦始皇禁佛陀的庙，或者对佛陀的祭祀。结论是印度佛教在秦始皇（公元前246–前209年）时代已经传入中国。这当然只能算是一个笑话"。②

（四）认为佛教传入的时间更早，如《周书异记》说："周昭王即位二十四年甲寅，岁四月八日，江河泉池，忽然泛涨，井水并皆溢出，宫殿人舍，山川大地，咸悉震动。其夜五色光气入贯太微，遍于西方，尽作青红色。周昭王问太史苏由曰：'是何祥也？'苏由对曰：'有大圣人生于西方，故现此瑞……一千年外，声教被及此土。'"唐法琳《对傅奕废佛僧事》中便引据了此说，北齐僧统法上也曾沿此说以答高丽使者，后来更为一般佛徒所习用。③

有学者认为《周书异记》成书很晚，这段记述中错误很多，如周昭王殂于昭王十六年（前978）后，周穆王于公元前976年即天子位，可知周昭王并无二十四年之纪年。其次，现在公认释迦牟尼诞生于公元前565年，佛诞之年为周灵王七年，比周昭王驾崩之年代晚了413年，可见

① 汤用彤著《汉魏两晋南北朝佛教史》上册，中华书局1955年9月第1版，第7~8页。
② 季羡林著《中印文化交流史》，新华出版社1991年12月第1版，第24页。
③ 中国佛教协会编《中国佛教》第1册，东方出版中心1980年4月第1版，第4页。参见汤用彤著《汉魏两晋南北朝佛教史》上册，中华书局1955年9月第1版，第3页。

纯属附会之说。①

　　但也有学者坚持认为佛教远在汉代之前就已传入中国。沈福伟《中西文化交流史》中就认为，印度佛教创立不久，信息就已传到中国。《山海经·大荒西经》中记述有灵山，是巫咸、巫即等十巫"从此升降，百药爱在"的地方，认为灵山在印度摩揭陀国都王舍城东北灵鹫峰，十巫是中国南方楚国人最早记下的佛陀十大弟子，巫咸是佛陀大弟子阿难的译名，巫即是目犍连，后来《海外西经》将灵山改称巫咸国。②

　　此外还有一些不同的记载和认识，限于篇幅不再赘述。

三、关于佛教传入中国的缘由与影响

　　关于佛教传入中国的时间，虽然有诸多说法，迄今仍有争议尚无定论，但在东汉时期佛教已经传入中国，应该是没有什么疑问的。任继愈先生就认为，虽然佛教传入中国有不同的记载，"但是我们从当时整个佛教传布的形势，中国和当时西域诸国的交通，以及当时佛教传播的状况，可以断定佛教思想大量传入中国在公元六七十年之间是不成问题的，开始传入当在东汉初年"。③

　　从文献史料看，对此已有了比较明确的记载。如《后汉书·西域传》说："汉自楚英始盛斋戒之祀，桓帝又修华盖之饰。"④《后汉书·襄楷传》记述，汉桓帝延熹九年（166）襄楷上书也有"又闻宫中立黄老、浮屠之祠"等语。⑤这些记载说明汉桓帝奉佛是确有其事的，

---

① 韩伟《秦始皇时代佛教已传入中国考》，《文博》2009年第2期第18页。

② 沈福伟著《中西文化交流史》，上海人民出版社2006年7月第1版，第73页。

③ 任继愈著《汉唐佛教思想论集》，人民出版社1973年4月第1版，第4页。

④ [南朝·宋]范晔撰《后汉书》卷八十八"西域传"，中华书局校点本第10册，1965年5月第1版，第2932页。

⑤ [南朝·宋]范晔撰《后汉书》卷三十下"襄楷传"，中华书局校点本第4册，1965年5月第1版，第1082页。

既然最高统治者都奉佛，很自然在全国倡导了一种奉佛之风。

正如《后汉书·西域传》所说："后桓帝好神，数祀浮屠、老子，百姓稍有奉者，后遂转盛。"最显著的一个例子是汉献帝时陶谦为徐州牧，其部下笮融就曾大肆修筑佛寺建造佛像，《三国志·吴书·刘繇传》说："笮融者，丹阳人，初聚众数百，往依徐州牧陶谦。谦使督广陵、彭城运漕，遂放纵擅杀，坐断三郡委输以自入。乃大起浮屠祠，以铜为人，黄金涂身，衣以锦采，垂铜盘九重，下为重楼阁道，可容三千人，悉课读佛经，令界内及旁郡人有好佛者听受道，复其他役以招致之，由此远近前后至者五千余人。每浴佛，多设酒饭，布席于路，经数十里，民人来观及就食者且万人，费以巨亿计。"①

据有的学者研究，笮融筑造佛像的年代大约是汉献帝初平三年四月（192年）至初平四年（193年）之间。②笮融大规模地建造佛像，而且极其铺张地操办浴佛活动，在当时的历史状况下，属于比较典型也是比较特殊的一个例证。但也揭示了佛教的传播程度，已经在中原和江淮等很多地方产生了影响，同时也说明了对佛教的信奉正呈现出一种盛行之势。

佛教在东汉时期传入中国，并从宫廷到民间开始在全国流行，有两个非常重要的原因。其一是中华民族自古以来对宗教信仰的宽容，不管是本土的宗教，还是外来的宗教，都一视同仁无分轩轾，各民族的不同信仰都能够和平相处，这一传统在汉代表现得尤其充分。其二是汉代的开放，大力加强中西方文化的交流往来，对外来的新鲜事物常持欢迎态度而绝不排斥。正是这种博大宽容的民族襟怀与开放活跃的时代精神，为佛教的传入提供了绝好的环境与机会，使佛教在中国得以广泛传播，其影响不断扩大，浸入到了中国思想文化与社会生活的各个方面。

值得注意的是，东汉时期佛教传入中国，起初在皇族与上层贵族

① ［晋］陈寿撰《三国志·吴书》卷四十九"刘繇传"，中华书局校点本第5册，1959年12月第1版，第1185页。

② 何志国著《汉魏时期摇钱树初步研究》，科学出版社2007年10月第1版，第217页。

阶层少数人物中产生了影响，当时对佛教的认识并不是作为一种宗教信仰来信奉，而是认为佛教同中国黄老之术差不多，将信奉佛教同求仙企盼长生不死并列，认为造祠奉祀也可以祈福永命。如《牟子理惑论》说佛能飞行虚空、能隐能彰、不死不伤，这同汉代方士们宣扬的神仙道术主张炼形炼神、白日飞升、长生不死的说法非常相似，并不符合印度佛教的本来意义。《后汉书》说楚王刘英"诵黄老之微言，尚浮屠之仁祠"，襄楷上书说"闻宫中立黄老、浮屠之祠"，也都是将佛教同黄老并列。可见汉代人当时还不完全了解佛教理论，基本上是用中国黄老之学和汉代道术思想在理解和对待佛教。"将佛陀视若仙人，这是当时宗教信仰的一个总的特点"。①

东汉时期民间已经在建造佛像，但对佛像的理解也同样是同求仙意识混淆在一起的。这也正是汉代画像中西王母的形象甚为常见，始终占据主神地位，而佛像不仅数量较少还处于配角地位，其根本原因便是由于在思想领域占据主导地位的求仙意识所决定的。

到了东汉末年和魏晋时期，随着佛教图像的广为传播和佛经的传入流行，佛教才真正成为一种重要的宗教信仰，对佛教的信奉这才随之而发生了极大的变化。不仅佛教信徒日众，而且大量修筑佛寺建造佛像，其辉煌奢丽的状况已远远超出了对西王母的信奉。"南朝四百八十寺，多少楼台烟雨中"，便是这种状况的生动写照。

四、关于早期佛教图像传入中国的路线

佛教传入中国的路线，根据考古发现并参照文献记载来看，主要有两条：一是汉武帝时开通的连接中原与西域、中亚各国的沙漠绿洲丝绸之路；二是由蜀入滇经过西南夷地区通向印度和南亚地区的西南商道，亦称南方丝绸之路，或简称西南丝路。众所周知，中国很早就和周

---

① 阮荣春著《佛教南传之路》，湖南美术出版社2000年12月第1版，第34页。

边其他国家有了交流往来。汉武帝派遣张骞出使西域开通沙漠丝路，张骞在大夏（今阿富汗北部一带）曾见到了邛杖与蜀布，这些货物是从蜀地运到身毒（印度）然后再贩运到中亚的，由此可知西南丝路早在沙漠丝路开通之前就已存在并发挥着贸易通商与文化交流的作用了。正如方国瑜先生《中国西南历史地理考释》中所述："中、印两国文化发达甚早，已在远古声闻相通为意中事。最早中、印往还经过西南夷的交通线，各家所说是一致的，至于取道南海及西域，则为汉武帝以后之事。"①

关于这条西南古商道，司马迁在《史记·西南夷列传》中就说："秦时常頞略通五尺道，诸此国颇置吏焉。十余岁，秦灭。及汉兴，皆弃此国而开蜀故徼。巴蜀民或窃出商贾，取其筰马、僰僮、髦牛，以此巴蜀殷富。"又记述在汉武帝建元六年（前135，张骞尚在出使期间），唐蒙被派往南越执行平定使命，"南越食蒙蜀枸酱，蒙问所从来，曰：道西北牂柯，牂柯江广数里，出番禺城下"。汉武帝元狩元年（前122）张骞出使西域回到长安，向汉武帝讲述了在"大夏时见蜀布、邛竹杖，使问所从来，曰'从东南身毒国，可数千里，得蜀贾人市'。或闻邛西可二千里有身毒国。骞因盛言大夏在汉西南，慕中国，患匈奴隔其道，诚通蜀，身毒国道便近，有利无害。于是天子乃令王然于、柏始昌、吕越人等，使间出西夷西，指求身毒国"。②

张骞与唐蒙报告的这些信息促使汉武帝作出了经营西南夷的决定，以便掌控这条西南古商道，开辟新的通商路线。在以后的一段时期内，雄才大略的汉武帝采取了很多措施，并取得了明显的成效。如拜司马相如为中郎将，建节往使，"略定西夷，邛、筰、冉、駹、斯榆之君皆请为内臣。除边关，关益斥，西至沫、若水，南至牂柯为徼，通零关

---

① 方国瑜著《中国西南历史地理考释》，中华书局1987年10月第1版，第7页。
② [汉]司马迁著《史记·西南夷列传》，中华书局校点本第9册，1959年9月第1版，第2993~2996页。

黄剑华卷

483

道，桥孙水以通邛都"等。^①《汉书·西南夷两粤朝鲜传》说汉武帝派遣的"王然于、柏始昌、吕越人等十余辈间出西夷西，指求身毒国。至滇，滇王当羌乃留为求道。四岁余，皆闭昆明，莫能通"。^②汉武帝虽然未能如愿打通商道，却加强了对西南地区的经略和管理。当时川滇道已经打通，但滇缅道仍控制在西南少数部族的手中。到东汉时期，在明帝永平年间，哀牢人内附，东汉政府设置了永昌郡，这条古老的西南丝路才终于由地方官府掌控并全线贯通了。

东汉在云南西部设置永昌郡后，随着西南丝路这条国际商道的全线畅通，客观上促进了中国同世界的经济文化交流，有许多外国使者便是通过这条路线进入中国内地前往京城洛阳朝贡的。使者有来自缅甸也有来自罗马的，史籍中这方面的记载颇多。英国历史学家霍尔说："公元97年，从罗马帝国东部前来永昌的使节曾沿着这条路线旅行。"^③罗

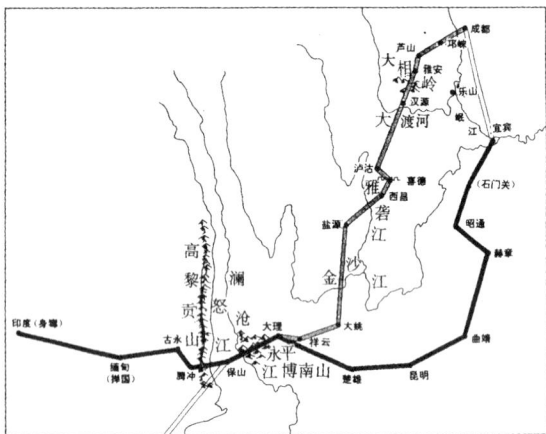

西南丝路示意图

---

① [汉]司马迁著《史记·司马相如列传》，中华书局校点本第9册，1959年9月第1版，第3046~3047页。

② [东汉]班固撰《汉书·西南夷两粤朝鲜传》，中华书局校点本第11册，1962年6月第1版，第3841页。

③ [英]霍尔著《东南亚史》上册（中山大学东南亚历史所译），商务印书馆1982年出版，第45页。参见江玉祥主编《古代西南丝绸之路研究》第二辑，四川大学出版社1995年12月第1版，第13~14页，第59~60页。

马等国的杂技艺人也随着庞大的使团来到了中国，作杂技艺术和幻术表演。《后汉书》卷八十六记述："永宁元年(120)，掸国王雍由调复遣使者诣阙朝贺，献乐及幻人，能变化吐火，自支解，易牛马头，又善跳丸，数乃至千。自言我海西人。海西即大秦也，掸国西南通大秦。"①大秦就是罗马。掸国大概在缅甸东北部一带。据《魏略·西戎传》记述，大秦"俗多奇幻，口中出火，自缚自解，跳十二丸巧妙"，可知罗马的杂技幻术是很有特色的。大秦"又有水道通益州、永昌，故永昌出异物。前世但论有水道，不知有陆道，今其略如此"，②说明了罗马与蜀滇在经济文化交流方面的密切关系。在交往路线上，从史料记载透露的信息看，罗马人很可能是先由海道至缅甸，然后由西南丝路进入云南和四川，再前往中原的。来自罗马、中亚与西亚的杂技艺人和魔术师们，在西南丝路沿途肯定做过多次表演，在繁华的成都可能有过较长时间的停留。四川地区出土的一些东汉杂技画像砖上，便留下了他们的精彩表演画面。成都市郊出土的一方汉代"杂技饮宴图"画像砖，中间的一位"幻人"，便是外国魔术师表演吐火的造型。新都收集到的汉代"驼舞"画像砖，也是外来表演的生动写照。③此外画像中的跳丸、在叠案上作倒立表演，也带有外来艺术表演的特色。《邺中记》有"安息五案"的记述，说明这种表演可能来自伊朗等处。外国艺人表演吐火等幻术的画像，在山东、江苏、河南等地也有发现，比如河南新野汉墓出土画像砖上高鼻长须尖帽长靴的幻人，④不论其画面风格或人物形象，都是典型的外来艺术表演。

---

① [南朝·宋]范晔撰《后汉书·南蛮西南夷列传》，中华书局校点本第10册，1965年5月第1版，第2851页。

② [晋]陈寿撰《三国志·魏书》，中华书局校点本第3册，1959年12月第1版，第860~861页。

③ 高文编《四川汉代画像砖》图四三，图四八，上海人民美术出版社1987年2月第1版。

④ 《中国画像砖全集·河南画像砖》图九九，四川出版集团·四川美术出版社2006年1月第1版。

值得特别注意的是，早期的佛教图像也在东汉时期传入了中国，而且传入的途径和西南丝路有着非常密切的关系。我们知道，佛教传入中国可能有两条不同的传播途径，一是佛教图像的传入，包括佛像、浮屠寺庙建筑、佛塔等；二是佛经的传入与翻译。从传入时间看，虽然《魏略·西戎传》有"昔汉哀帝元寿元年，博士弟子景卢受大月氏王使伊存口受浮屠经"的记述，但当时认为"浮屠所载与中国老子经相出入，盖以为老子西出关，过西域之天竺，教胡。浮屠属弟子别号，合有二十九，不能详载，故略之如此"。[①]这说明当时并不了解佛经的教义，而口授之后记录与翻译也有一个较为漫长的过程，所以佛经的传入与传播应该要晚得多。而实际情形是，早期佛教图像在中国的传播应比佛经早。文献记载说汉明帝梦见所谓"金人"，指的就是佛像。考古资料也告诉我们，早期佛像的传入显然应在佛经的传入与翻译之前。也就是说，佛教传入中国，首先传播的是佛教图像，其后才是佛经的传播。学术界以往对此并未深究，随着考古资料发现的增多和研究的深入，我们对此才有了越来越清晰的认识。如何志国教授在《汉魏摇钱树初步研究》中就有比较透彻的论述，认为汉晋佛像的传播方式与文献记载的译经系统不同，"在民间，佛像的传播无疑先于教义"，也可以说早期佛教传入的主要手段就是借助图像并以图像为开路先锋而传播的。如"胡僧'设像行道'及其变通的方法传播佛教，采用的是迂回曲折、直观形象的浅显方式吸引好奇者，它与采用传授佛经这种既深奥，又与中国传统观念相悖的佛教教义的传播方式不同，它增加了人们对佛教的感性认识，受众之广，即使人们视佛为神也不介意，这使得汉晋佛教利用民间的敬神意识在广阔的民间悄悄地留下了印记"。[②]

我们在前面曾简略地提到关于佛像的起源和风格，这里不妨再做一些叙述。释迦牟尼在世时，并没有他的造像，释迦牟尼成道与涅槃后

---

① ［晋］陈寿撰《三国志·魏书》，中华书局校点本第3册，1959年12月第1版，第859~860页。

② 何志国著《汉魏摇钱树初步研究》，科学出版社2007年10月第1版，第246~247页。

有几百年也没有他的造像。后来在贵霜王朝统治中心地区的秣菟罗和犍陀罗，出现了佛的造像，有学者将秣菟罗和犍陀罗称之为佛像艺术的两大造像源点。他们在造像风格上属于两种类型，具有较为明显的不同特点。秣菟罗位于中印度，秣菟罗佛像艺术有着较浓的印度本土雕刻风格。而位于印度西北的犍陀罗，则较多地接受了来自西腊与罗马的影响，并由此而形成了鲜明的犍陀罗美术风格，西方学者对犍陀罗美术的产生和影响，曾作过较多的研究，通常认为西北丝路上的早期石窟佛像就是受到犍陀罗美术的影响而雕造的。而有学者则提出了新的不同看法，如阮荣春教授通过对中国出土实物的深入研究，就认为："近年于南方出土的大量佛教遗物从时代上表明，佛像在中国的最早兴起，并不在西北丝路，从风格上看，也不属犍陀罗系统，中国佛像的产生与犍陀罗的关系极小。而就中国整个造像的风格而言，犍陀罗的影响也难说占主导地位。事实是，促使中国佛像产生的是秣菟罗，且在三国、两晋间已将中国的佛教艺术掀起了小小的高潮。秣菟罗在中印度，传入中国，则由中国的南方而向东，与稍后兴起于西北的系统并行向东发展（故我们称秣菟罗向东发展的这条南方传播系统为'南传系统'）。在时间与速度上，南传系统遥遥领先，不仅早于中国北方，且在三国时期即将佛教艺术的图像送达东邻日本。"并进一步指出："佛教艺术自产生那天起，就有两大系统的存在，在印度是秣菟罗与犍陀罗，在中国是长江流域与黄河流域（包括西北）。这两大流域是印度两大类型的继续与发展，其特点一如印度，外来风格逐步淡化，最后以继承民族传统的南传系统而统一。"①这确实是很有见地的一种观点，从文献记载到考古发现都有比较充分的依据，因而得到了较多学者的赞同。

---

① 阮荣春著《佛教南传之路》前言，湖南美术出版社2000年12月第1版，第7页。

五、关于考古发现的南传早期佛教图像

从四川出土的早期佛教造像看，印度佛教中的佛像崇拜很可能最早就是西南丝路传入中国的，并由蜀地而向长江流域其他地区传播。现在就让我们列举一些四川与周边地区考古发现的早期佛教图像，可以加深我们对早期佛像传入与传播的了解。

1941年彭山东汉崖墓出土了一件陶质摇钱树座，底部为双龙衔璧图像，身部采用浮雕手法，塑造了"一佛二胁侍"人物造型，陶座现藏于南京博物院。该摇钱树座出土于门楣上有石刻的双室墓M166中，其时代推断"彭山有门楣石刻的崖墓时代当为东汉中晚期"。这是发现比较早的一件重要文物，当时参加考古发掘的有李济、冯汉骥、吴金鼎、夏鼐、曾昭燏等人，都是中国著名的考古专家。学者们一致认为这是真正的佛像，认为这件"M166所出的佛像插座，对佛教的传播以及佛教在我国的开始年限提供了一些实物依据"。[①]俞伟超先生通过研究，就认为其"中为释迦像，两侧为迦叶、阿难或大势至菩萨和观世音菩萨像"；更强调指出："这件东西非常重要，因为它不仅把一佛二弟子或二菩萨像在我国出现的时间上推到东汉后期，而且可表明那时的佛教礼拜曾和古老的社祀活动结合在一起。"[②]

在乐山麻浩和柿子湾两座东汉崖墓中后室的门额位置上，也发现了三尊坐佛像，皆采用浮雕技法刻成，形象逼真。麻浩崖墓坐佛像高37厘米，头部后有圆形项光，结跏趺坐，手作施无畏印，其形态一望而知是明显模仿外来佛教造像风格。[③]柿子湾崖墓带有项光的坐佛像，虽已

---

① 南京博物院编《四川彭山汉代崖墓》，文物出版社1991年7月第1版，第36~37页图44，彩图1，时代推断见第6页、第97页、第100页。

② 俞伟超著《先秦两汉考古学论集》，文物出版社1985年6月第1版，第166页。

③ 唐长寿著《乐山崖墓和彭山崖墓》图版15，成都电子科技大学出版社1993年8月第1版，第72~73页。

彭山崖墓出土摇钱树座"一佛二胁侍"人物　　　乐山麻浩崖墓坐佛图

残渤，但仍可看出原貌，与麻浩崖墓坐佛像完全相同。在彭山一座东汉崖墓的门柱内侧，也发现了雕刻的带项光佛像两尊，以及凿雕在墓壁上的小佛像甚多。①

　　乐山麻浩和柿子湾汉代崖墓发现的这几尊坐佛像，与1941年于彭山汉墓出土摇钱树座上的陶塑佛像，都是高肉髻，通肩衣，右手施无畏印，造像风格相近。彭山摇钱树座佛像是东汉后期遗物，也是我国迄今发现的最早的陶塑佛像。乐山麻浩和柿子湾崖墓佛像，显然也是东汉后期所雕造。有学者认为柿子湾造像肉髻更高些，风化程度也严重些，在时代上或早于麻浩。②

　　除了崖墓上发现的佛教造像，四川境内出土的摇钱树座和摇钱树干上也发现有佛教造像。1989年11月绵阳市郊何家山一号崖墓出土了一株摇钱树，在高达70多厘米的青铜摇钱树干上，等距离地分别铸有五尊佛像，各高6.5厘米，造型相同，都着通肩衣，头顶有大髻，头后有椭横圆形环犹如项光，双眼微合，两耳较大，上唇有髭，右手竖掌施无畏印，双腿盘屈呈结跏趺坐姿，佛像与树干融为一体，接近圆雕。③其束

①　江玉祥主编《古代西南丝绸之路研究》第二辑，四川大学出版社1995年12月第1版，第55页。

②　阮荣春著《佛教南传之路》，湖南美术出版社2000年12月第1版，第21页。

③　何志国著《汉魏时期摇钱树初步研究》，科学出版社2007年10月第1版，第43~45页。参见绵阳博物馆 何志国《四川绵阳何家山1号东汉崖墓清理简报》，《文物》1991年第3期第5~6页。

绵阳双碑汉墓出土摇钱树干上的佛像　　　　四川安县出土摇钱树干佛像

发式肉髻与彭山摇钱树座佛像有别，但衣着姿态相同。据此分析，其时代可能要略晚于彭山，可能为东汉末或蜀汉时期所造，学者们对此尚有争议。值得注意的是摇钱树叶上有仙人造像，表现了当时视佛为神、将佛像与求仙混为一体的早期佛神崇尚模式，所以推测其时间不会晚于东汉末。

　　类似的摇钱树干佛像在四川、重庆、陕西很多地方都有发现，尤其以四川地区为多。如1998年在四川绵阳双碑白虎嘴发现崖墓30余座，其中M19和M49出土有摇钱树干佛像四尊，其造像形态与四川绵阳何家山一号崖墓摇钱树座佛像大致相似。四川安县崖墓出土的一件摇钱树干

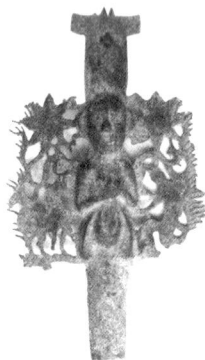

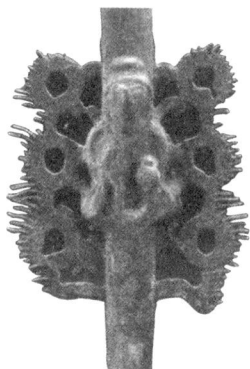

四川梓潼出土摇钱树　　忠县涂井崖墓M5出土摇　　英国私人收藏四川汉
干上的佛像　　　　　　钱树干上的佛像　　　　墓出土摇钱树干佛像

上也铸有形态相似的佛像，摇钱树枝叶上也铸有佛像。1970年在四川梓潼县宏仁羊头山出土摇钱树干上有圆雕裸体佛像，两侧有侧跪人像与侧立之马，其上各有八瓣盛开的莲花，有学者经过仔细观察和研究认为，其组合的形式可能表现了释迦太子出家和成道的经变故事。①重庆国友博物馆收藏有一件四川三台县出土的摇钱树，树干上铸有六尊佛像，其体量形态与绵阳何家山一号东汉崖墓出土摇钱树干佛像非常相似。1981年在重庆市忠县崖墓M5和M14出土有保存较好的摇钱树，其中M5摇钱树由六节树干组成，铸佛像六尊；M14摇钱树有树干三节，铸佛像三尊；这两座墓由于出土蜀汉钱币，年代被定为三国蜀汉时期。2001年宝鸡考古队在重庆市丰都县发掘的一座东汉延光四年砖室墓中，出土了一件摇钱树干也铸有佛像，虽然佛像下半身已残，但仍可辨认出其清晰的佛像特征，为高肉髻，圆领，袒右肩，右手施无畏印。陕西汉中出土的摇钱树干上亦发现有佛像五尊，陕西城固出土的摇钱树枝叶上也发现有佛像，其形态同安县的在尺寸与图案外形几乎完全相同。还有日本人收藏的摇钱树干佛像，也与安县文管所收藏的摇钱树干佛像非常相似。还有英国人收藏的一尊摇钱树干佛像，据称是1920年于四川汉墓中出土的，该像保存完好，佛头后有椭圆形项光，头顶有高肉髻，双眼微合，穿圆领衣，右手施无畏印，结跏趺坐，形态与绵阳何家山一号东汉崖墓出土摇钱树佛像如出一辙。②

泸州出土的一件东汉陶灯台，也有佛像。这件佛像陶灯台高35.2厘米，底宽9厘米，肩宽9.6厘米，泥质红陶，模制，中空，1987年出土于泸州能源大楼基建工地。灯台造型为汉代流行的枝形灯样式，灯座为一结跏趺坐佛像，额头发髻螺状，脑后发髻竖平行状，面部双目深邃，眉间饰白毫相，颧骨高突，面带微笑，着通肩衣，双手握于身前，双手

---

① 何志国《四川梓潼汉末摇钱树小记——兼考梓潼摇钱树佛像》，《中原文物》2006年第3期。

② 以上参见何志国著《汉魏时期摇钱树初步研究》，科学出版社2007年10月第1版，第49~50页，第59~60页，第64~68页，第192~218页。

之间的衣服呈"U"形，背后三道弧形衣纹，结跏趺坐于梯形高台上，高台正中装饰一朵盛开的莲花，佛像头顶及肩部分出三个枝杈，高举三个灯盘。四川地区以往出土的位于画像石或摇钱树上的早期佛像遗物，均为线刻或浮雕的二维图像。文物考古工作者认为，这件灯台上的佛像，是三维形态的早期佛教图像，对于早期佛像研究具有重要意义。①

四川什邡东汉画像砖上的佛塔图

四川地区除了发现有较多的早期佛教造像，还发现有佛塔画像。1986年6月四川省博物馆派人在什邡皂角乡白果村征集文物时，在一座东汉墓的废墟上采集到了中间为佛塔两边为菩提树图案的画像砖，这是迄今发现佛教传入我国后以画像形式保存下来的最早的佛塔实物。②

在宜宾黄塔山东汉崖墓中曾出土了一尊坐在青狮上的佛像。在西昌邛海边东汉砖室墓中，还发现了用朱砂写的梵文符号。在芦山县东汉石刻艺术博物馆藏有一件当地出土的隆鼻长髯的古印度小铜座神像。③

四川芦山樊敏阙檐下有浮雕图。据《中国画像石全集》第7册说明文字介绍：图位于阙顶檐下，画面中左边为一大象，象身披衣物，后有

四川芦山樊敏阙檐下浮雕图

---

① 这件佛像陶灯台现藏于泸州市博物馆。参见邹西丹《泸州市博物馆藏东汉陶佛像灯台略考》，《四川文物》2013年第2期第63~65页，图版肆。

② 《四川文物》1987年第4期第62页。此图又见《中国画像砖全集·四川汉画像砖》图二〇一，四川出版集团·四川美术出版社2006年1月第1版。

③ 邓廷良著《丝路文化·西南卷》，浙江人民出版社1995年12月第1版，第137~138页。

一人。象前有四人，与象一起表演象戏。树下端坐三人，正在观看表演。树右数人，也为表演节目。①邓少琴先生曾认为这是"哀牢夷九隆氏生十子图"，其文献依据为《后汉书·南蛮西南夷列传》，《华阳国志》卷四所载大致相同。《巴蜀汉代画像集》定名为象戏、象舞。唐长寿先生认为该图描绘的是两个不同题材，以大树为中心的五人应是"仙界宴饮图"，右边为汉代蜀地常见的"玃盗女"图。②另有学者通过研究认为，此图描绘的内容当为须大拏太子本生故事。据碑文记载，樊敏为庐山县樊家祠人，生于汉安帝永宁元年（120），卒于汉献帝建安八年（203），曾任永昌长史，后表授为巴郡太守，旋归乡养病，授以助养都尉等。当时永昌是西南丝路印度与蜀地往来交通必经之地，早期佛教图像就是经由这条交通线传播进来的。担任过永昌长史的樊敏阙上刻画佛教故事图像，也就是情理中事了。我们也由此可知，当时由西南丝路传入的不仅有早期佛教图像，还有佛本生故事。因为佛本生故事有生动的人物形象和曲折的故事情节，所以比单个静态的佛教造像传播得可能更快也更为广泛一些。汉代画像石上的须大拏故事，便是对佛本生故事传播过程中一种画像形式的实录。③仔细观察图像内容，这确实是很有见地的一种分析看法。

　　上面列举的这些出土实物资料，无可争议地说明了佛教在东汉中后期已传入四川并在民间广泛流传。

---

① 　《中国美术分类全集·中国画像石全集》第7册图九〇，山东美术出版社、河南美术出版社2000年6月第1版。

② 　唐长寿《汉画"玃盗女"图补说——芦山范敏阙"龙生十子"图辨误》，《四川文物》2009年第2期第51页。

③ 　魏翔、陈洪《汉画像石中新发现的佛教故事考》，《东南文化》2010年第4期第81~83页。

六、关于北方中原地区发现的佛像与僧侣骑象图

这个时期，在北方中原地区发现的佛像实物则相对较少。比如有研究者曾注意到，山东沂南画像石墓中室石柱上南北两面刻有两个带项光的立像，与佛像有点类似。但细看其穿着形态却很像是身着普通衣服的童子，下面是肩生双翼作手印的东王公和西王母，所以大家在很长时间内都不敢确认是佛像，石墓的年代究竟是东汉晚期或魏晋的遗存也有争议。后来有学者认为"该画像是佛教初入中国内地，佛教艺术还在萌芽状态的作品"。此外还有1990年在山东邹城市郭里乡高李村一座东汉晚期墓葬出土的乐舞画像，画面中刻画了表演建鼓、乐舞的场面，在画面左上角刻画

山东沂南画像石墓中室石柱
上带项光立像线描图

了七位光头无冠拱手端坐者，杨爱国先生认为"他们身着肥大衣袍（或即僧侣袈裟），双手袖于胸前，盘腿而坐，观看乐舞"，可能与佛教有关。[1]后来的画像资料整理者也认为，这件画像"于乐舞场面中并排趺坐七位僧侣，削发，着袈裟，双手袖于胸前"。[2]但紧挨着这七位光头无冠者前面还刻画了五位头戴高冠怀抱婴儿的观看者，从画面中竭力渲染的热烈气氛来看，应是权贵与富豪阶层的生活情形，光头者是否肯定为僧侣尚存疑问。沂南画像石墓中室石柱上带项光的立像，即使为佛

---

① 杨爱国著《不为观赏的画作——汉画像石和画像砖》，四川教育出版社1998年7月第1版，第214页。

② 《中国美术分类全集·中国画像石全集》第2册图六一，序言（赖非《济宁、枣庄地区汉画像石概论》），山东美术出版社、河南美术出版社2000年6月第1版，第20页。

山东邹城出土乐舞画像

新疆尼雅遗址出土棉布
上的菩萨像

像，仅从其形态方面来作比较研究，也不能与四川汉代崖墓出土的数量众多、模仿逼真、造型成熟的佛像相比。

关于沙漠丝路上发现的早期佛教图像，1959年在新疆民丰县北部尼雅遗址一座墓葬中，发现两块白地蓝色腊缬棉布，其中一块在32厘米的方框内画有一位女性，考古工作者推测可能是一尊裸体菩萨（？）半体像，头后有项光，袒身着璎珞，手捧长形物。[1]俞伟超先生认为，这是上身赤裸手持花束的菩萨像，具有比较浓厚的希腊-犍陀罗作风。[2]但也有学者认为，棉布残片上的人物形象为女性，上身赤裸，颈间及手腕处有饰物，手持牛角状杯，身后有背光，这是中亚地区伊什塔尔女神的形象，她是一位主司生殖丰稔的女神，造型特色受到了佛教造像的影

江苏连云港市孔望山"佛像"

① 新疆维吾尔自治区博物馆《新疆民丰县大沙漠中古遗址墓葬区东汉合葬墓清理简报》，《文物》1960年第6期第11页，第5页图6。参见新疆社会科学院考古研究所编《新疆考古三十年》，新疆人民出版社1983年6月第1版，第66页。
② 俞伟超著《先秦两汉考古学论集·东汉佛教图像考》，文物出版社1985年6月第1版，第167~168页。

响。^①该墓的年代为东汉末年，时间亦晚于四川发现的佛教图像。

　　这里还应该提到，江苏连云港市孔望山摩崖造像中的一些人物，在明清地方志书中皆称其为身着古代冠裳的圣贤汉画像。1980年文博界有人提出其中似有佛教内容的雕刻，引起了学界的关注。国家文物局古文献研究室在1981年曾邀请专家学者举行了座谈会，有学者认为"它应是东汉桓灵时期的造像，是我国迄今发现的最早的佛教石刻"，甚至"认为孔望山的佛教艺术由海路传入的可能性很大"；但也有学者对孔望山造像内容是否同属一期，所谓的佛教造像在风格上却看不到西来的影响等，提出了疑问，"认为尚需进一步探讨"。^②其后有学者发表了探讨文章，并将其中的一些画像内容收入了汉画资料图册。如《中国画像石全集》第四卷图一五○称："该图为孔望山摩崖造像的全景，一○五个造像依岩面错落不一刻成。最左图像为头上作高肉髻，手施无畏印的佛像；中部刻释迦牟涅槃图；最右边刻佛传'舍身饲虎'的故事；最上边的造像为道教造像；其间还有其他内容的造像雕刻"。该卷序言中说"在老子像的周围，刻有由五十七个人物像组成的'涅槃图''舍身饲虎图'、有背光的佛陀像和许多深目高鼻的胡人像，显然，这是典型的佛教内容造像。从道教和佛教两种人物像的大小和位置安排看，道教造像明显处于主导地位，所有佛教内容造像都是围绕着老子像来设计和安排的。这是我国唯一一处汉代佛道教造像群。自80年代初期内容被公布以来，已引起了国内外史学界、宗教界和艺术界的广泛关注。这处造像群的出现，与当时的黄老、佛陀并祀之风有着直接的关系。"^③有学者指出："孔望山摩崖佛教造像，具有浓郁的地方风格和时代特点。它既不同于后世佛教造像所表现的技法与风格，也有别于东

①　丛德新著《消失的古城——楼兰王国之谜》，四川教育出版社1996年9月第1版，第115~116页。
②　《文物》1981年第7期第20页，以及此期刊登的调查报告与数篇探讨文章。
③　信立祥《苏、皖、浙地区汉画像石综述》，《中国画像石全集》第4册序言，图一五○，山东美术出版社、河南美术出版社2000年6月第1版，第10~11页。

汉墓中所发现的佛教雕像和图像"，"主要以佛传中常用的佛涅槃、说法等与弟子、信士、供养人等组合的佛本行故事为题材，由于摩崖造像比较古朴，也因自然风化及人为的损伤，有些雕像很难辨别它的内容。""推断其下限年代，不至晚于东汉末。"①细观孔望山摩崖造像，有两个明显问题，一是造像内容，二是年代。其中所谓的立佛像、坐佛像，佛的特征并不明显，是否真的为佛像尚可探讨。关于年代，张道陵东汉末创立道教，其孙张鲁在汉中行五斗米教，至于道教造像的出现其实是东汉以后的事情。东汉画像中的佛像大都与西王母一起出现，未见有道教画像，东汉晚期已有佛本生故事的传入，但佛涅槃与供养人等造像应该是佛教盛传以后才出现的。显而易见，如果孔望山摩崖造像是以道教为主、佛道并列的造像，那其年代就应该是东汉以后才合理。简而言之，关于孔望山佛像，目前的一些推测与看法疑问颇多，特别是对造像年代的判断，还须做更多的研究。

关于中原和北方地区发现的早期佛教图像，有些学者还注意到了山东河南等地出土画像石上的骑象图。譬如河南唐河郁平大尹墓出土的新莽天凤五年冯君孺人墓北阁室北壁画像，画面上刻一长鼻卷曲缓缓而行的大象，象背乘坐二人，一人在前背向而坐，手握杆状物；另一人在后，头戴冠，鼻高大，以臂托头，两腿上翘，悠然仰卧。②有学者认为，从画面人物特征分析，前者坐姿双足交叠作"结跏趺坐"状，头顶隆起如"肉髻"，具有佛像特征，后者为胡人形象。③这当然只是一种推测，问题是，如果骑乘在象背上的前者为佛像，那就不应手握杆状物，后者也应为僧侣而不应是漫不经心的，悠然卧躺状才比较恰当。类似的骑象图，在徐州新发现的画像石上也有，如第四石画面第二格就刻

①　步连生《孔望山东汉崖墓佛教造像初辨》，《文物》1982年第9期第61~65页。
②　《中国画像石全集》第6册图四二，山东美术出版社、河南美术出版社2000年6月第1版。王建中、闪修山著《南阳两汉画像石》图84称此是唐河县湖阳辛店出土，文物出版社1990年6月第1版。
③　郑红莉《汉画像石"驯象图"试考》，《考古与文物》2010年第5期第61页。

一行走的大象，一人翘足悠然仰躺于象背，象首坐一象奴，手持弯钩，正驱象而行。[①]画面中坐于象首的，明确无误应是象奴。由此可见，河南唐河新莽天凤五年冯君孺人墓出土的骑象图，与徐州新发现的骑象图如出一辙，坐于象首的也是象奴而并非佛像，内容显然与佛教无涉。

与佛教图像有关的骑象图，还有山东济宁市喻屯镇城南张出土的一件东汉晚期画像石，画面第一层为羽人跪饲凤鸟图。画面第二层刻画一头大象，背乘五人，皆端坐如佛教造像。象头部还乘坐了一位驭象者，象鼻前有一人半裸舞蹈。画面第三层刻铺首衔环与开明兽，第四层

山东济宁市喻屯镇城南张出土的乘象图

山东滕县出土配有鞍具的六牙白象图

---

　　① 杨孝军、郝利荣《徐州新发现的汉画像石》，《文物》2007年第2期82页图五。

刻飞龙与拥彗执戟之史。①有学者认为，第二层画面中的背乘六人皆光头，着交领衫，正面端坐，面部方圆，似为僧侣形象。象首蹲坐的驭象者和象鼻前的舞蹈者，皆高鼻尖帽为胡人形象。

类似的骑象图，还有山东滕州市龙阳店镇附近出土的一件东汉晚期画像石，画面上部也刻画了五人骑大象，象为四牙，四人端坐象背，一人在象头部作攀爬状，头顶圆凸。在象的尾部还刻画了一人正跃上另一头四牙象的头部，象的下面，画面下部还刻画了各种怪兽。②

有学者根据相关资料介绍，山东滕县曾出土一件东汉章帝时期画像石，刻画了两头配有鞍具的六牙白象。前象骑者因画面残缺而较模糊，后象所载三人，靠近象头的一人手执弯钩作驯象状。③。此图比较典型的是象有六牙，并配有鞍具，但乘象者的形态比较模糊，无法判断身份。所以研究者只能根据六牙白象与佛教的关系，来对画面内容与乘象者的身份加以推论。

徐州汉画像石馆也藏有一件"骑象图"画像石，在该馆编著的《徐州汉画像石》图录中对其内容作了解释，认为"画面中，五个僧侣骑在大象背上，画面的上方祥云缭绕，行龙漫舞。大象曾是佛国的象征物，《修行本起经·菩萨降身品第二》记载六

徐州汉画像石馆藏骑象图
（局部）

① 《中国画像石全集》第2册图一一，山东美术出版社、河南美术出版社2000年6月第1版。参见济宁县文化馆夏忠润《山东济宁县发现一组汉画像石》，《文物》1983年第5期第21页，第23页图二。
② 《中国画像石全集》第2册图一六二，山东美术出版社、河南美术出版社2000年6月第1版。
③ 傅惜华《汉代画像全集初编》，巴黎大学北京汉学研究所，1950：88。参见郑红莉《汉画像石"驯象图"试考》，《考古与文物》2010年第5期第61页图一。参见俞玮超《东汉佛教图像考》，《文物》1980年第5期第74页图三，第77页注11。

牙白象为佛的化身。徐州是汉代佛教流行的地区，此图似与佛教题材有关"。①编著者也是根据六牙白象与佛教的关系，来推测此图可能与佛教内容有关。但仔细观赏这件画像，此图中的大象并非六牙，骑在大象背上的五人头戴巾帻或冠帽，身穿袍服，腰间系带，似有佩戴物，并非光头僧侣像。在画面的上部，还刻画了众多怪兽。从整幅画面内容来看，因为骑象者并非僧侣，所以其解释与推测就显得有点牵强了。

有学者还将汉代画像中的一些"驯象图"也与佛教联系在一起，如陕西神木大保当出土的一件东汉墓门楣画像石，画面中部就刻有驯象图，并加以涂彩。按照考古工作者对这件画像石内容的解释，画面中的"大象面左静立，长鼻下垂，以阴线刻竖条表示其肌肉。象全身涂白彩，长鼻、嘴、眼眶涂红彩，头饰橘黄彩。象前立一象奴，戴圆顶胡帽，着左衽袍，腰束带，左手持钩指向象头。象奴五官以墨线绘出，唇涂红彩，衣施褐彩，帽及腰带边缘描蓝彩"。其左为天马图，右为骑射图。②韩伟先生将其称为"钢钩驯象"图，认为"这个题材可能属于舞乐百戏中的象舞，据《汉书·西域传》，象舞习见于印度、克什米尔和古西域地区，它的传入和佛教每年一度的'行象'活动（就是以大象载驮着佛像，沿街串庙，向人们展出佛像）有关"。③还有学者提及，因为佛经中有白象与佛降生故事有关，以及菩萨化乘白象来就母胎等说法，所以认为"大保当M24画像石中的大象涂以白彩，亦合于佛教典籍中的相关记载"。④需要指出的是，大保当这件画像石涂绘的五彩缤纷，从视觉效果看，突出的并非是白彩，红彩更为抢眼，而红彩（涂

① 徐州汉画像石艺术馆编著、武利华主编《徐州汉画像石》图八〇，线装书局2002年9月第2版。

② 《中国画像石全集》第5册图二二四，山东美术出版社、河南美术出版社2000年6月第1版。

③ 韩伟、王炜林《浅议神木大保当新发现的汉画像石墓》，陕西省考古研究所编《陕西神木大保当汉彩绘画像石》图一三二、图一三三，重庆出版社2000年1月第1版，第3页，第147~148页。

④ 郑红莉《汉画像石"驯象图"试考》，《考古与文物》2010年第5期第62页。

朱）表达的通常都是驱邪之意。从画面内容来看，画面两侧为日中金乌与月中蟾蜍，画面中还有飞驰的天马与骑马射猎的情景，周围祥云环绕，画面中的天马、驯象，皆属于瑞兽，整幅画像所要表达的显然是对祥瑞的崇尚。至于驯象与佛经故事的关系，那是东汉以后才在中原地区逐渐流行的事情，显然并非是此图表达的主题。

我们知道，古代中国也是产象之地，早在商周时期的黄河流域和长江流域就有象群活动，文献对此就有较多记载，考古发现也有很好的揭示和印证。在《吕氏春秋·古乐篇》中有"商人服象，为虐于东夷，周公遂以师逐之，至于江南"的记述。《左传》定公四年记载说，楚昭王在长江中游与吴王阖庐的人马作战失利，逃避吴国军队追击时，曾将火炬系于象尾，使部下"执燧象以奔吴师"，才得脱险。这说明楚国驯养有大象，危急时候才能驱象作战，利用象的猛悍，冲击吴军，取得奇效。在《国语·楚语》中有"巴浦之犀、牦、兕、象，其可尽乎"的记述，也透露了长江中游曾是多象之地。《山海经·中山经》说"岷山，江水出焉……其兽多犀、象"；《华阳国志·蜀志》也提到"蜀之为国，肇于人皇……其宝则有璧玉……犀、象"；可知古代的江淮流域和四川盆地都曾是产象之地。从考古资料看，殷墟曾先后发现过两座象坑，一座坑内埋有一头幼象和一个象奴，[①]另一座坑内埋有一头幼象和一只猪。[②]1986年夏秋之际在成都平原的腹心地带广汉三星堆也曾出土有相当数量的象牙，其中一号坑出土象牙13根，二号坑出土象牙67根，一般长80~100米左右，经鉴定这些象牙均属于亚洲象种。在成都金沙遗址也出土了大量的象牙，数目比三星堆更为庞大。经学者们研究，这些

---

① 胡厚宣《殷墟发掘》，学习生活出版社1955年5月第1版，第89页。
② 王宇信、杨宝成《殷墟象坑和"殷人服象"的再探讨》，《甲骨探史录》，三联书店1982年出版，第467页。参见《安阳武官村北地商代祭祀坑的发掘》，《考古》1987年第12期。

象牙显然都是本地所产，而并非来自异域。①两汉时期中原与蜀地仍然有象，因而汉代画像上常见有对象的描绘，应该是情理中事。以后随着人口的增长与自然环境以及气候的变化，象群才逐渐南迁。

汉代有着非常强烈的辟邪求吉、崇尚祥瑞的传统，所以汉代画像中常常有对众多祥禽瑞兽的描绘，如四灵、凤鸟、仙鹿、天马、吉羊、驯象、狮子、有翼兽、仙界的九尾狐三青鸟玉兔蟾蜍等，都是汉画中的常见之物。象因为同吉祥谐音，又由于商周以来华夏地区的人们就非常熟悉和喜爱象这种大型动物，所以象被视为瑞兽而频繁地出现在画像上。显而易见，很多汉代画像中描绘驯象的画面，被赋予的主要是祥瑞的寓意。这与汉代的丧葬观念也有很大的关系，强烈的求仙意识与辟邪求吉传统，在两汉时期的墓葬装饰中始终占据着主导地位。早期佛教图像与佛本生故事在东汉中后期已经开始传入，但对汉代墓葬画像的影响，在北方与中原地区并不明显。正如有的学者所论述的："佛教转世轮回的理论与中国传统的丧葬观念有着本质上的差别，佛教艺术题材从整体上说，很难全面地影响墓葬装饰""至于象和莲花是否可以判定为'带有佛教色彩'，还值得讨论"②。

关于驯象，我们还应提到《汉书·武帝纪》的记述，元狩二年"南越献驯象"，应劭曰："驯者，教能拜起周章，从人意也。"③还有王充《论衡·物势篇》所说："长仞之象，越僮所钩。"文献表明，西汉宫中已有驯象娱乐。当然，汉代的驯象者也不一定都是越僮，也有胡人。汉代画像中的"驯象图"，画面上大多有一位高鼻深目之人，手持弯钩，或站于象首或立于象尾，或骑于象背，常作驯象或驱象而行

① 黄剑华著《古蜀金沙——金沙遗址与古蜀文明探析》第242~263页，巴蜀书社2003年11月第1版。参见黄剑华《金沙遗址出土象牙的由来》，刊于《成都理工大学学报》2004年第3期。

② 郑岩著《魏晋南北朝壁画墓研究》，文物出版社2002年12月第1版，第167~168页。

③ [东汉]班固撰《汉书》卷六"武帝纪"，中华书局校点本第1册，1962年6月第1版，第176页。

状。汉代在关中和中原等地已有胡人居住，所以汉代画像中常见有胡人形象。胡人中有胡商，也有胡奴，还有表演杂技与歌舞者。由此可知，驯象的胡人不过是象奴而已，不一定与佛教有关。

《洛阳迦蓝记》有"作六牙白象负释迦在虚空中，庄严佛事……象停之处，观者如堵"的记述，[①]但说的是北魏时期洛阳的佛事活动，距东汉已久，佛教的传播已发生极大的变化。因为北魏时期佛教已呈盛传之势，所以白象或驯象和佛教本生故事的关系，已为大家所熟悉，文献才有了明确的记载。但在东汉时期则未必，汉代画像中的驯象图仍属于瑞兽的范畴，以驯象来比喻或宣扬佛教的含义是比较模糊的。

当然，东汉时期随着南传早期佛教图像的传播，在四川地区已有将驯象与佛像同时出现在摇钱树上的情形。譬如四川绵阳何家山1号东汉墓出土摇钱树干上有佛像，2号东汉墓出土摇钱树枝叶上有大象与象奴图，大象长鼻卷曲背置二壶，象奴高鼻赤脚，裸露上身，只穿短裤，双手持长钩，作驱象而行状。[②]其中似乎就透露了驯象与佛像的某些联系，其可能性也是显而易见的。但这种联系，在同时期的北方和中原地区则相对较弱，因为与驯象出现在同一画面中的多为瑞兽与西王母，而不见有造型明确的佛像。内蒙古和林格尔东汉晚期墓葬壁画有骑象图，右上角墨书榜题"仙人骑白象"，也是与西王母、东王公、四灵（青龙、白虎、朱雀、玄武）以及狴犴、麒麟等瑞兽绘在同一墓室内，有人认为骑象者很像是头部已残泐的佛或菩萨像[③]，但榜题说得很清楚，是"仙人"而不是佛。

一些中原地区东汉画像石上的骑象图，有人认为骑乘者为佛像或僧侣，由于图像内容方面的疑问，尚不能像四川发现的早期佛教图像

---

① [北魏]杨衒之撰、范祥雍校注《洛阳迦蓝记校注》，上海古籍出版社1978年12月新1版，第43页。

② 何志国著《汉魏摇钱树初步研究》，科学出版社2007年10月第1版，第46~47页，图2-48。

③ 俞伟超《东汉佛教图像考》，《文物》1980年第5期第68页。

那样对其做出清晰而准确的判断。

陕西安康市张滩镇奠安村出土有一件南朝时期佛像画像砖，佛有背光，穿窄袖衫，双足跣立于莲座上。从其头部形态看，颇有受来自乐山崖墓早期佛像造型风格的影响。还有湖北襄阳城西贾家冲出土的一件小佛像画像砖，也是南朝时期遗存，画面中一尊小佛像结跏趺坐于莲座上，头顶有肉髻，头后有桃形项光，身穿宽袖衫，双手合十于胸前。[①]这两件画像砖上的早期佛像，其造型形态都清晰准确，生动地反映了佛教在这些地区的流行，但其时间已经是南朝的事情了。

陕西安康出土南朝佛像画像砖

湖北襄阳出土南朝佛像画像砖

东汉之后，随着佛教传播日益广泛，佛教图像的流传方式也更加丰富多样大为普及，一些佛像还出现在了瓦当上。我们知道，瓦当出现较早，可上溯至西周时期，春秋时已成为广泛使用的建筑装饰构件，战国至秦汉是其发展的鼎盛时期。瓦当上的图像纹饰，通常有着较为鲜明的时代特征，虽然小巧简朴，却透露出丰富的内涵，无论从审美或研究的角度来看都具有重要的价值。例如北方地区发现的魏晋南北朝时期瓦当上的两件佛像，[②]从造型风格看，和乐山麻浩崖墓以及四川境内出土摇钱树座上的佛像就有明显的相似处，但头光和莲座刻画更为细致。这也正说明了佛教的传播，礼佛之风已经渗入到了大众生活的许多层面，从早期的南传崖墓装饰佛像与埋入地下的摇钱树座上佛像，而发展成为

---

① 《中国画像砖全集·全国其他地区画像砖》图六七，图一四一，四川美术出版社2006年1月第1版，文字说明第32页，第61页。
② 王锐、麻元彬《瓦当佛韵》，《四川文物》2008年第5期第36~37页，图1、图2。

北方地区魏晋南北朝时期瓦当上的佛像

更为大众化的崇尚，佛像瓦当正是在这种背景下应运而生的。在长江中下游地区三国西晋时期的青瓷堆塑罐上，也出现了佛教造像，"折射出的则是佛教在汉地流行规模不断扩大的客观事实"。①

通过上面这些例证，可知早期佛教图像从印度传入四川的时间显然早于北方。四川早期佛教图像可能是从印度经缅甸、云南由西南丝路传入蜀地的。从四川早期佛教图像出土地点看，主要分布在西南丝路干道上，而且呈现出由北方向长江中游传播的趋势，这便是一个极好的说明。邓少琴先生就指出：以往"对于佛教传入，后世所知，仅指北传南传，北通经西域以至中原，南传由海道以入吴楚，尚未提出西南一道，由掸国（今缅甸）以入蜀郡"，其实至迟在汉明帝永平十二年（69）哀牢王遣子内附之后，当时商贾往来，已有身毒之族携带蚌珠、珊瑚之类海产贩运其地，由于远涉崇山峻岭，而又有瘴气之厄，"不能不带有佛教之迷信，作为护符，以此辗转相习，经昆明、滇池，而至于蜀郡之西南"，史籍记述和文物遗存透露的信息，就足以"说明在东汉安帝、桓帝之世，四川地区，为佛教初期之传入，是由西南商道，随商人信仰而

① 沈一萍《三国西晋青瓷堆塑罐的属性概述》，《东方博物》第30辑，浙江大学出版社2009年3月第1版，第69页。

来"。①佛教后来对中国文化产生了深刻的影响，西南丝路在传播方面所起的重要作用，是不应忽略和忘记的。

七、早期佛教图像传播的影响和意义

综上所述，关于早期佛教图像传入中国的时间、路线、传播情形，以及影响和意义，大致可以做如下归纳：

（一）佛教起源于印度，在佛陀成道涅槃后并没有他的造像。大约几百年后，在贵霜王朝统治中心地区的秣菟罗和犍陀罗，才出现了佛的造像。学者将秣菟罗和犍陀罗称之为佛像艺术的两大造像源点，早期佛像因之而形成了犍陀罗（Gandhāra）和秣菟罗（Mathurā）两大艺术流派。由南传进入中国的主要是秣菟罗佛像艺术，在时间与速度上，南传系统遥遥领先，并对后来中国佛像的流行产生了深远影响。

（二）佛教传入中国的时间有多种说法，迄今仍有争议。但至迟在东汉时期中国已出现佛教图像的传播，并从宫廷到民间开始在全国流行。探究其缘由，有两个非常重要的原因。其一是中华民族自古以来对宗教信仰的宽容，不管是本土的宗教，还是外来的宗教，都一视同仁无分轩轾，各民族的不同信仰都能够和平相处，这一传统在汉代表现的尤其充分。其二是汉代的开放，大力加强中西方文化的交流往来，对外来的新鲜事物常持欢迎态度而绝不排斥。正是这种博大宽容的民族襟怀与开放活跃的时代精神，为佛教的传入提供了绝好的环境与机会。

（三）佛教传入中国的路线主要有两条：一是汉武帝时开通的连接中原与西域、中亚各国的沙漠绿洲丝绸之路；二是由蜀入滇经过西南夷地区通向印度和南亚地区的西南商道，亦称南方丝绸之路，或简称西南丝路。早期佛教图像就是通过西南丝路传入四川地区，并由蜀地逐渐

---

① 重庆中国三峡博物馆、重庆博物馆编《邓少琴遗文辑存》，西南师范大学出版社2011年10月第1版，第196~197页。

向周边其他地区传播的。

（四）佛教的传入方式，主要有两种，一是早期佛教图像的传播，二是佛经的传入与翻译。虽然史料有汉哀帝时"口受浮屠经"的记述，但根据考古资料的揭示，早期佛教图像的传播，应早于佛经的传入和翻译。东汉时期对佛像的理解是同求仙意识混淆在一起的，将佛当神来崇奉，也说明当时尚不了解佛经教义。到东汉末魏晋时期，随着佛经教义的流传，佛教才逐渐成为一种真正意义上的宗教信仰。

（五）从考古发现看，四川地区发现的崖墓石刻佛像，以及出土摇钱树座与树干上的佛像，数量很多，从为我们了解早期佛教图像的传播提供了丰富的实物资料。相比较而言，中原地区发现的早期佛像则较少，时间也相对稍晚，也说明了早期佛教图像从印度传入四川的时间显然早于北方。四川早期佛教图像的出土地点，主要分布在西南丝路干道上，而且呈现出向北方向长江中游传播的趋势。

（六）显而易见，早期佛教图像的传播，为佛教在中国的流行发挥了极其重要的作用。佛教后来对中国文化产生了深刻的影响，西南丝路在传播方面所起的重要作用，是不应忽略和忘记的。

总而言之，随着佛教图像的传播，以及佛典的翻译与佛教的流行，对中国的很多方面都产生了影响，从思想意识、宗教信仰，到社会风俗习惯，都受到了佛教的浸染。汉语里也出现了很多有关佛教的借词，特别是佛典中的譬喻文艺和传说故事，对中国的文学和史学也都产生了较大的影响。比如魏晋时期诗文中的譬喻手法，传奇志怪小说中的有关故事，史书中对历代皇帝各具异相的表述，都可以看到对佛典说法的借用。在美术方面，佛教对中国的影响也非常大，从绘画、雕塑，到寺庙建筑，都出现了大量与佛教有关的内容，并且占据着越来越重要的地位。

正如季羡林先生所说"佛教传入中国，是东方文化史上，甚至世界文化史上的一件大事，其意义无论怎样评价，也是不会过高的。佛教不但影响了中国文化的发展，而且由中国传入朝鲜和日本，也影响了那里的文化发展，以及社会风俗习惯。佛教至今还是东方千百万人所崇信的宗教，如果没有佛教的输入，东方以及东南亚、南亚国家今天的文化是什么样子，社会风俗习惯是什么样子，简直无法想象"。①

此文刊载于《中原文物》2014年第1期第48~56页（对原文有删节）。全文录用于《吴越佛教》第八卷第421~438页，九州出版社2013年7月第1版。

① 季羡林著《中印文化交流史》，新华出版社1991年12月第1版，第23~24页。

汉唐时期的西行取经与佛典汉译

一、丝路的开通与佛经的传入

汉朝和唐朝在中国古代称为汉唐盛世，经济繁荣，文化灿烂，国力昌盛，是世界东方的泱泱大国。汉唐的鼎盛时期，人文璀璨，盛极一时，以发达而活跃的盛世气象彪炳于世，中外文化交流也非常活跃，其中最重要的一项内容就是佛教的传播与佛经的翻译，在中外文化交流史上留下了珍贵的记忆，在人类文明发展史上也谱写了重要的篇章。

汉武帝是西汉前期一位雄才大略的伟大人物，在位期间最重要的一个作为，就是抗击匈奴，开通了丝绸之路。作为中国和西域诸国之间最早的一条交往和通商之路，丝绸之路很快发展成了一条横贯欧亚大陆的文化经济通道。来自中原王朝的影响，对西域诸国的政治、经济、文化形成了意义深远的浸润和融合。来自中亚、西亚与南亚的交流，也对中原和内地产生了重要影响。随着丝路的畅通，东西文化交流的频繁，中国的丝绸和华夏文明大量西传，来自异域的物产和宗教也进入了中国。其中广为传播，影响最大的就是佛教了。

佛教于公元前6至5世纪发祥于北印度，为释迦牟尼所创立，其生存时代大约与中国的孔子相当。佛教起初规模较小，后经印度阿育王、迦腻色迦王提倡，逐渐扩大，流布于中亚、南亚和东方各国。佛教大概于东汉明帝时期(58~76)传入中国，也有认为佛教东传中土可能在汉明帝之前就开始了。这种传播经过数百年的延续，到了晋代，遂成为影响最大的宗教。诚如季羡林先生所说：

敦煌壁画《张骞出使西域图》

"佛教传入中国，是东方文化史上，甚至世界文化史上的一件大事，其意义无论怎样评价，也是不会过高的。佛教不但影响了中国文化的发展，而且由中国传入朝鲜和日本，也影响了那里的文化发展，以及社会风俗习惯。佛教至今还是东方千百万人所崇信的宗教。如果没有佛教的输入，东方以及东南亚、南亚国家今天的文化是什么样子，社会风俗习惯是什么样子，简直无法想象。"①在世界文明发展史上，印度河和恒河孕育出了印度文化，黄河和长江孕育出了华夏文化，丝路的开通促进了中外文化的交流，而佛教的广泛传播则是华夏文化与印度文化交流中最重要的大事。

佛经传入华夏和最初的翻译，据史籍记载，东汉时期就开始了。《牟子》说东汉明帝梦见"梦见神人，身有日光，飞在殿前，欣然悦之。明日博问群臣：'此为何人？'有通人傅毅曰：'臣闻天竺有得道者，号之曰佛。飞行虚空，身有日光。殆将其神也？'于是上悟。遣使者张骞、羽林郎中秦景、博士弟子王遵等十二人，于大月氏写佛经四十二章，藏在兰台石室第十四间。时于洛阳城西雍门外起佛寺……

---

① 季羡林著《中印文化交流史》，新华出版社1991年12月第1版，第23~24页。

学者由此而滋"。①也有认为，佛经的传入可能更早，如《三国志·魏书》裴松之注引鱼豢《魏略·西戎传》就有"昔汉哀帝元寿元年，博士弟子景卢受大月氏王使伊存口受浮屠经"的记载。②意思是说，西汉哀帝元寿元年（前2），大月氏使者伊存来到中国，将佛经口授给了博士弟子景卢。有学者认为这就是佛教传入中国的开始。这个史料后来也经常被其他古籍引用，如《世说新语·文学篇》刘孝标注就引用了这一说法，但文字略有出入，为"博士弟子景虑"而非"景卢"。刘孝标还列举了刘向《列仙传》中"得仙者百四十六人，其七十四人已在佛经"的说法，认为"如此，即汉成、哀之间，已有经矣"。③一些学者据此认为佛教传入应在汉哀帝时。但也有学者认为，《魏略·西戎传》所述仍有较大的疑问，因为根据现代对西域历史的研究，贵霜王朝前二代是不信佛教的，而大月氏又在贵霜王朝之前，当时是否佛教流传尚需探讨；尤其是授经者为大使身份，就更值得研究了。④正因为有这些疑问，所以学界通常认为，佛经于东汉明帝时候传入中土是比较可信的。《资治通鉴》卷四十五对此也有比较明确的记述："初，（汉明）帝闻西域有神，其名曰佛，因遣使之天竺求其道，得其书及沙门以来。其书大抵以虚无为宗，贵慈悲不杀；以为人死，精神不灭，随复受形；生时所行善恶，皆有报应，故所贵修炼精神，以至为佛。善为宏阔胜大之言，以劝诱愚俗。精于其道者，号曰沙门。于是中国始传其术，图其形象。"⑤文中所说"始传其术"，就是指佛经的传入，是从汉明帝时候开始的。

---

① [汉]太尉牟融撰《牟子》，见《百子全书》下册，浙江古籍出版社1998年8月第1版，第1098页。

② [晋]陈寿撰《三国志·魏书》卷三十"乌丸鲜卑东夷传"裴松之注引鱼豢《魏略·西戎传》，中华书局校点本第3册，1959年12月第1版，第859页。

③ [南朝·宋]刘义庆原著，余嘉锡撰《世说新语笺疏》，中华书局1983年8月第1版，第214页。

④ 吕澂著《中国佛学源流略讲》，中华书局1979年8月第1版，第19页。

⑤ [宋]司马光编著《资治通鉴》卷四十五，中华书局校点本第4册，1956年6月第1版，第1447页。

同时也说明，随着佛经的传入和翻译，华夏信众对佛教的宗旨与理论，开始有了逐渐深入的了解。加上佛像的流传，这对推广佛教的传播，显然发挥了重要的作用。

东汉明帝的时候传入的佛经只有四十二章，藏在兰台石室，在修建佛寺的同时，也开始了佛经的汉译。四十二章经包含有四十二篇较短的经文，一般认为是最早的汉译佛经。从史料记载来看，参与此事的不仅有汉朝派遣抄写经文的使者，还有外来的胡僧，如《冥祥记》就有"初使者蔡愔将西域迦叶摩腾等斋优填王书释迦佛像"的记述。汤用彤先生认为，这段记述可能是抄集而成的，说"摩腾译经"虽有疑问，却"构成后世公认求法之史实"。^①梁朝释慧皎撰著的《高僧传》也记载，随同蔡愔来华的有摩腾与竺法兰，"竺法兰，亦中天竺人，自言诵经论数万章，为天竺学者之师。时蔡愔既至陂国，兰与摩腾共契游化，遂相随而来。会陂学徒留礙，兰乃间行而至。既达洛阳，与腾同止，少时便善汉言。愔于西域获经，即为翻译《十地断结》《佛本生》《法海藏》《佛本行》《四十二章》等五部。移都寇乱，四部失本，不传江左。唯《四十二章经》今见在，可二千余言。汉地见存诸经，唯此为始也"。^②此外，从其他史料记载来看，关于《四十二章经》的翻译流传有多种说法，流传后世的译经也有多种版本，^③可知当时参与佛经翻译的，除了来华的胡僧，也有协助胡僧译经的华人助手。其后随着胡僧带入华夏的佛经逐渐多起来，参与佛经翻译的胡僧与助手也随之增多了，其中有华夏最初信仰和皈依佛教者，以及很可能还有懂得几种语言的博学之人，所以《牟子》说"学者由此而滋"，应该是当时比较真实的

---

① 汤用彤著《汉魏两晋南北朝佛教史》上册，中华书局1955年9月第1版，第27~28页。

② [梁]释慧皎撰，汤用彤校注，汤一玄整理《高僧传》，中华书局1992年10月第1版，第3页。

③ 隆莲《四十二章经》，中国佛教协会编《中国佛教》第4册，东方出版中心1989年5月第1版，第3~8页。

情形。当时佛经的翻译，主要采取了意译与音译相结合的办法，用今天的眼光来看，有些翻译并不一定准确，但在当时却难能可贵，开启了佛典汉译的先河。其中有很多音译与意译结合的范例，增添了汉语的词汇量，对成语、称谓、崇尚、民俗、文学、艺术，以及宗教信仰等很多方面都产生了深远的影响。

《后汉书·光武十王列传》记载有楚王刘英奉佛之事，说"英少时好游侠，交通宾客，晚节更喜黄老，学习浮屠斋戒祭祀"。当时汉明帝诏令天下死罪皆入缣赎，楚王刘英也使人奉黄缣白纨三十匹以赎愆罪。汉明帝说："楚王诵黄老之微言，尚浮屠之仁祠，絜斋三月，与神为誓，何嫌何疑，当有悔吝？其还赎，以助伊蒲塞桑门之盛馔。" 注释引袁宏《汉纪》说："浮屠，佛也，西域天竺国有佛道焉。佛者，汉言觉也，将以觉悟群生也。其教以修善慈心为主，不杀生，专务清静。其精者为沙门。沙门，汉言息也，盖息意去欲而归于无为。……初，明帝梦见金人长大，项有日月光，以问群臣。或曰'西方有神，其名曰佛。陛下所梦，得无是乎？'于是遣使天竺，问其道术而图其形像焉。"这段记载中就涉及了一些佛典中的称谓与汉译，《后汉书》中汉明帝说的 "伊蒲塞"即"优婆塞"，注释说"中华翻为近住，言受戒行堪近僧住也"； "桑门"即"沙门"。[①]古今翻译不同，都是佛教用语。袁宏《汉纪》中透露，当时汉朝称佛曰"觉"，称沙门曰"息"，还有称佛为"浮屠"。而在《三国志·魏书》裴松之注引鱼豢《魏略·西戎传》则称"浮屠，太子也"，又称佛经为《浮屠经》，说"《浮屠》所载临蒲塞、桑门、伯闻、疏问、白疏闲、比丘、晨门，皆弟子号也"。[②]这里所说的"临蒲塞"，也即"优婆塞"之意。又据《魏书·释老志》记述，汉明帝遣使天竺，取得佛经四十二章回来后，

---

① [南朝·宋]范晔撰《后汉书》卷四十二"光武十王列传"，中华书局校点本第5册，1965年5月第1版，第1428~1429页。

② [晋]陈寿撰《三国志·魏书》卷三十"乌丸鲜卑东夷传"裴松之注引鱼豢《魏略·西戎传》，中华书局校点本第3册，1959年12月第1版，第859页。

才了解到"浮屠正号曰佛陀，佛陀与浮屠声相近，皆西方言，其来转为二音。华言译之则谓净觉，言灭秽成明，道为圣悟"。可见当时对佛典用语曾有不同的翻译。有的是直接音译，因口音不同而出现了不同的译法，有的则掺入了翻译者的意解。也有的属于直译，借用了中国古典文献中的词汇与术语，而且几种情形常常并存为之。

从史籍记载透露的信息看，东汉时期对佛经的翻译尚属于初创阶段。当时传入的佛经数量不多，一是汉朝派遣使者抄录的佛经，二是来华胡僧能够背诵的及随身携带的经卷，数量都很有限。所以翻译也都是小规模的，从事佛经翻译可能只是少数几个人的事情。这种情形一直延续到了魏晋时期才有了较大的改变，魏明帝时，起初不懂佛教，外国沙门向其显示佛舍利灵异，深为叹服。"后有天竺沙门昙柯迦罗入洛，宣译戒律，中国戒律之始也。自洛中构白马寺，盛饰佛图，画迹甚妙，为四方式。凡宫塔制度，犹依天竺旧状而重构之，从一级至三、五、七、九。世人相承，谓之'浮图'，或云'佛图'。晋世，洛中佛图有四十二所矣"。"晋元康中，有胡沙门支恭明译佛经《维摩》《法华》、三《本起》等。微言隐义，未之能究。后有沙门常山卫道安性聪敏，日诵经万余言，研求幽旨"。[①]通过这段记述可知，这个时期不仅佛教建筑增多了，翻译的佛经数量也大为增加，而且出现了道安这样的名僧。道安积极从事注疏、整理佛经，纂辑经录，开辟了中国佛经注疏的新起点，是中国早期佛教史上具有广泛影响的东晋佛学大师。

随着佛教传播的日益广泛，由于统治阶层对佛教的重视，在官方的扶持下，参加佛典汉译的人员不断增多，其规格也逐渐提升，出现了专门的译场。到了南北朝时期，佛教已形成盛传之势，统治者对译经更加重视，佛典汉译也就成了一件国家大事。南朝各代的皇帝、亲王、大臣都崇信佛教，并大力提倡佛教，使得佛教在南方地区大为发展。这不

---

① [北齐]魏收撰《魏书》卷一百一十四"释老志"，中华书局校点本第8册，1974年6月第1版，第3025~3026页，第3029页。

仅吸引了北方的胡僧纷纷南下，许多外国僧人也跟着长途贸易的商人从海路搭乘船舶东来，参与了当时的译经弘法活动。南北朝时期，皇室不仅拨付专门的款项来支持这项事情，甚至还修建专门的馆阁作为译场，交给主持译经的高僧使用，以确保佛经翻译活动的顺利进行。譬如十六国时期后秦国王姚兴为鸠摩罗什建立了规模宏大的译场，配备了数量庞大的人员，来支持罗什的译经。到了隋朝，隋炀帝在洛阳设置了专门的翻译馆，作为翻译佛经的专门译场。唐朝贞观年间，玄奘从印度取经归来，唐太宗给予了极高的礼遇，为玄奘于大慈恩寺设立了译经院。这些都是比较典型的例证，说明了佛典汉译的规格，从早期至此已经发生了很大的变化。统治者的这些做法，不仅提升了佛典汉译的地位，使翻译佛经获得了制度性的保障，也促使了佛教的进一步传播，使中国佛教理论更为丰富，佛教中的宗派也由此而兴旺发展。

二、早期来华胡僧的译经传教

佛教传入中土之初，人们对佛教的了解有限，通常是将佛教和中国先秦以来的黄老之术联系在一起的。人们对佛教的信仰，起初也是和鬼神祭祀、求仙活动等联系在一起的。正如汤用彤先生所述："自楚王英至桓帝，约一百年，始终以黄老浮屠并称，其时佛教之性质可推想也。考尹存授经，明帝求法以后，佛教寂然无所闻见。然则其时，仅为方术之一，流行民间，独与异族有接触，如博士弟子景卢。及好奇之士，如楚王英襄楷。乃有称述。其本来面目，原未显著。当世人不过知其为夷狄之法，且视为道术之支流。"佛教"来华之后，自己有经典，惟翻译甚少，又与道流牵合附益，遂不显其真面目。故襄楷引佛经，而以黄老并谈也。及至桓灵之世，安清支谶等，相继来华，出经较多，释迦之教，乃有所据。"①

由此可知，自汉末以来随着佛经的翻译不断增多，才使华夏的佛教信众逐渐明白了佛法的宗旨与教义。在一定意义上也可以说，正是佛经的大量翻译，以及佛教图像的广泛流传，才促使和扩大了佛教的影响，在汉魏之后的两晋南北朝时期形成了盛传之势。《魏书·释老志》说："及开西域，遣张骞使大夏还，传其旁有身毒国，一名天竺，始闻有浮屠之教。"又说汉明帝"遣郎中蔡愔、博士弟子秦景等使于天竺，写浮屠遗范。愔仍与沙门摄摩腾、竺法兰东还洛阳。中国有沙门跪拜之法，自此始也。愔又得佛经四十二章及释迦立像，明帝令画工图佛像，置清凉台及显节陵上，经缄于兰台石室……凡其经旨，大抵言生生之类，皆因行业而起。有过去、当今、未来，历三世，识神常不灭。凡为善恶，必有报应。渐积胜业，陶冶粗鄙，经无数形，澡练神明，乃致无生而得佛道"。②正是通过佛经的翻译，才使佛法日渐明朗，可见佛典汉译的作用是非常重要的。在佛教东传的早期译经与传教活动中，来华胡僧起到了非常重要的作用。早年在中国传译佛经者，除了少数来自天竺的僧人，还有很多为安息、康居、于阗、龟兹等国家的胡僧。从汉末到魏晋南北朝，其中最著名的代表，如安世高、支谶、支谦、康僧会、竺法护、鸠摩罗什等，都在佛教翻译方面做出了重大贡献。从发展的角度看，早期来华胡僧的译经传教活动，大致可以分为几个阶段：首先是安世高、支谶在佛典汉译方面的开创；其次是支谦、康僧会、竺法护等人对译经的拓展；再者便是鸠摩罗什对重译佛经的贡献。后面我们就按译经传教活动几个阶段的发展顺序，来分而叙之。

安世高（本名清），原是安息国的太子，国王去世，继承王位，由于厌烦政治看破红尘，不久就将王位让给叔父，抛弃了荣华富贵，从

① 汤用彤著《汉魏两晋南北朝佛教史》上册，中华书局1955年9月第1版，第57页，第61页。

② [北齐]魏收撰《魏书》卷一百一十四"释老志"，中华书局校点本第8册，1974年6月第1版，第3026页。

此出家修道。安世高在佛门修行禅定，梁朝慧皎《高僧传》说他"博晓经藏，尤精阿毗昙学，讽持禅经，略尽其妙"。随后游化西域各地，弘传佛法，在汉桓帝建和初年（147）辗转来到东汉首都洛阳，不久便通晓了汉语，开始在内地译经传教。因为安世高出身王族，所以西域来华的人都称他为"安侯"。安世高在洛阳二十多年，后因汉末中原动荡，安世高避祸江南，曾到过江西、广州等地游化，在华一共生活了三十余年，晚年卒于会稽。安世高来华后，主要致力于佛经翻译和宣扬佛法活动，为早期佛典汉译做出了极大的贡献。据记载，安世高于汉桓帝建和二年（148）至汉灵帝建宁中（168~171）的二十余年之间，翻译的佛经有三十余部，百余万言。梁朝慧皎《高僧传》说安世高在汉地所翻译的佛教经论共有三十九部。梁朝僧祐在《出三藏记集》卷二中载安世高在中国一共翻译了佛典三十四部，凡四十卷。隋代费长房《历代三宝记》则说安世高的译经多达一百七十六种之多，后来唐朝智昇《开元释教录》中则订正安世高的译经为九十五部，凡一百一十五卷。比较权威的记录，是晋代释道安编纂的《众经目录》列举所见过的安世高译本，共有三十五部，四十一卷。其后历经散失，现存二十二部，二十六卷。尽管文献所载安世高翻译的佛典，在数目上颇有出入，但他作为早期的佛典传译者，实在是功绩卓然的。当时在东汉首都洛阳译经的还有其他安息人，而安世高是其中影响最大的佛学界巨擘。

安世高翻译的佛经，主要有《安般守意经》《阴持入经》《阿毗昙五法四谛》《十二因缘经》《八正道经》《禅行法想经》《修行道地经》《人本欲生经》《大十二门经》《小十二门经》《五法经》《七法经》《五十校计经》等，还撰述有《四谛经》《十四意经》《阿毗昙九十八结经》等。安世高所译之佛经，在思想体系上多属小乘佛教，讲述的是小乘佛教十八部中"上座部"系统"说一切有部"的理论，重点是小乘的"阿毗昙"和"禅"，简称"禅数"之学，并且是用说一切有部的说法作解释的，大都是指导人们修习禅法的佛经。道安说安世高"专务禅观"，"善开禅数"，在弘扬禅法上贡献很大，并非过誉。安世高通过译经弘扬阿毗昙学和禅定理论，他的译经也确实以禅数最为完备。佛教史上通常所谓"禅数"之学，"禅"即禅定之义，"数"就是指以"四谛""五阴""十二缘"等解释佛教基本教义的"事数"，从佛典的文义上属于"阿毗昙"的范畴。"阿毗昙"是梵文音译，是论部的总称。早期的阿毗昙主要是"说一切有部"的佛经，这一部派在修行方面特别重视"禅观"。因为它能够使人们明了佛教的义理，故又称之为"慧"。因为印度佛教习惯用事类分析来综合解释法义，词汇前往往带有数词，称之为"法数""名数"或"事数"，可知"禅数"其实就是对禅法之法义，采用"名数"的方式加以阐述的一种学说。

安世高翻译佛经的方式，一是口译，二是笔译。安世高的亲传弟子严佛调在《沙弥十慧章句序》中就说：凡其所出，数百万言，或以口解，或以文传。口译是由安世高宣讲佛经，口述解释，同时由他人执笔成书，类似于讲义体裁，以意译为主，比如《十二因缘经》又称为《安侯口解》，便属于这一类。由此可知，安世高采用口译方式翻译佛经时，当有弟子或汉人助手协助进行，由此而组成了译经班子。其实这也是安世高一边译经，一边聚徒开讲、传授佛经的过程。但安世高的很多翻译仍以笔译为主，而笔译主要是直译经文，很多佛经都是他亲自笔译出来的。因为安世高通晓汉语、博览群书，文化修养深厚，所以翻译的佛经，能将原本意义比较正确地传达出来，条理清楚，措辞恰当，质量较高。后来的释道安、释慧皎等著述中，对安世高的译经都给予了很高的评价。梁朝慧皎《高僧传》称赞安世高翻译的佛典，"义理明析，文字允正，辩而不华，质而不野"；又说"天竺国自称书为天书，语为天语，言训诡蹇，与汉殊异，先后传译，多致谬滥，唯高所出，为群译之首"。①安世高翻译的佛经数量很多，又流畅易懂，给当时初学佛教的人带来了极大的方便，佛教徒可以通过这些译典加深对佛教的理解，所以这些译经流传颇广，备受重视。安世高虽然不是第一个来华翻译佛经

① [梁]释慧皎撰《高僧传》，汤用彤校注，汤一玄整理，中华书局1992年，第6页。

的胡僧，之前已有摩腾与竺法兰等人的译经活动，但安世高却是早期佛经翻译者中水平最高的翻译家，通过他的佛典汉译，较为系统地介绍了小乘佛教中的"禅观""禅数"与禅法修行理论，成为了中国小乘禅法的奠基人。也可以说从安世高开始，中国才有了佛学，所以著名佛教学者吕澂先生推崇安世高为"佛经汉译的创始人"。[①]安世高的门徒很多，在民间也影响很大，除了译经传道，还通过异术激发群众对佛教的敬信皈依，对汉末佛教的迅速传播起了很大的作用。三国时的著名康居僧人康僧会，曾向安世高的门人学习佛典，成了安世高的再传弟子。[②]东晋的名僧道安曾为安清翻译的《安般守意经》《阴持入经》《人本欲生经》等佛典作注。这些都充分说明，安世高的翻译在佛教史上产生了重大而深远的影响。

支谶，亦名支楼迦谶，原是月支人，大约在汉桓帝末年经西域来到洛阳，是继安世高之后来华译经传教的又一位著名胡僧。支谶通晓汉语，学问广博，他于汉灵帝光和至中平年间（178~189），在洛阳翻译了大量佛教经典。据梁朝僧祐《出三藏记集》卷二收有支谶大师所译佛经之目录，共三十部，二十七卷。晋代道安《众经目录》中所述见到的支谶译经有十多种，其中主要有《般若道行经》十卷、《般若三昧经》二卷、《首楞严经》二卷，以及《阿阇世王经》《宝积经》《兜沙经》《问署经》《阿閦佛国经》《内藏百宝经》等。支谶翻译的这些佛经，基本上都属于大乘佛教经典，所以吕澂先生认为支谶译经，是大乘典籍在汉土翻译的开端。[③]也可以说，支谶是来华胡僧中致力于翻译和传播大乘佛教的创始者。支谶除了独自翻译佛经外，有时还和早来的竺朔佛（或称竺佛朔）合作翻译，比如影响最大的《般若道行经》和《般若三

---

① 吕澂《安世高》，中国佛教协会编《中国佛教》第2册，东方出版中心1982年8月第1版，第3~5页。

② 刘迎胜著《丝路文化·草原卷》，浙江人民出版社1995年11月第1版，第72~73页。

③ 吕澂《支娄迦谶》，中国佛教协会编《中国佛教》第2册，东方出版中心1982年8月第1版，第6~8页。

昧经》就是两人共同翻译的。《般若经》本是印度佛教中一个学派所收集的一部大丛书，传入中国后，因而有许多不同的译本。支谶在翻译佛经的过程中，还借鉴了先前安世高的经验，在遣词造句方面比较流畅，能尽量保全原意，并采用了较多音译的方式，其译文具有质胜于文的特点。但其译经中有些佛学名词或术语的译法，仍有晦涩、欠通之处，例如将"如性"译为"本无"，"灭谛"译为"尼谛"，"无我"译为"非十"等等。这种情形，在早期的佛典汉译中难以避免，属于较为常见的问题。从支谶译经的内容看，其中《般若道行经》与《般若三味经》等都是般若学的骨干，《兜沙经》属于大部《华严》的序品，由此可知印度的大乘经典向境、行、果几方面平均发展的情形。《阿阇世王经》《问署经》《内藏百宝经》《首楞严经》，则介绍了以文殊为中心而发挥"文殊般若"的法界平等思想，透露了文殊对于大乘传播的重要关系。这些都是首次传译到中国的佛典，对当时的信众影响很大。

支谶很有学问，对中国的老庄思想也很了解，这在他的译经中也较为明显地表现了出来。他在译文中将"波罗蜜行"译为"道行"，就是显著的例子，这也显示了支谶借用道教思想来传播般若经的用意。支谶翻译的《般若道行经》（又称《道行般若品》《道行般若经》），在叙述"缘起性空"时，既把"性空"当作终极的真理，又把"缘起"当作"性空"的表现，就与中国老庄思想相通，颇具中国的老庄与玄学思想的特色。之后随着魏晋时期玄学清谈之风的流行，正是支谶的这些译经，促使产生了般若学派中的"六家七宗"。[①]后来大乘佛教"般若"学说不但为统治者所接受，而且深入到了平民中间，成为魏晋南北朝时的显学。支谶这些佛典的翻译和传播，推动了我国四至五世纪的佛教大乘化，同时对于中国佛教中净土信仰的建立，也奠定了基础。这些都是支谶在佛典汉译方面做出的贡献，在中国佛教史上可谓影响深远。

---

　① 任继愈著《汉唐佛教思想论集》，人民出版社1973年4月第1版，第33页。

三、魏晋时期的佛典汉译

魏晋时期佛教在中国的传播日渐广泛，佛典汉译方面也进入了一个新的阶段。

支谦是三国时期的著名翻译家，也是继安世高、支谶之后的又一位译经大师。据记载，支谦名越，号恭明，为月支后裔，自幼学习梵书，并精通汉文。支谦曾受业于支谶门人支亮，深通梵典，有"天下博知，不出三支"之谓。梁朝慧皎《高僧传》说支谦："博览经籍，莫不精究，世间技艺，多所综习，遍学异书，通六国语。其为人细长黑瘦，眼多白而睛黄，时人为之语曰：'支朗眼中黄，形躯虽细是智囊。'"①可见支谦聪明超众，是一位博学多才之人。支谦很早就研习佛经，对先前那些义理隐晦的译本很不满意，因而产生了重译佛经的想法。汉末中原兵乱，支谦随族人南渡，移居东吴，由此开始了对佛经的重译与订正。从吴国黄武元年到建兴中（223~252）约三十年间，支谦搜集了各种佛典原本与译本，进行了重译、补译、订正。支谦的译述相当丰富，晋代道安《众经目录》中记述的有三十部，梁朝慧皎《高僧传》说有四十九部，隋代费长房《历代三宝记》则记有一百二十九部（其中很多可能是传抄的异本），而据吕澂先生考证，支谦的译经留存后世的大概有二十九部，主要有《阿弥陀经》（又称《无量寿经》）、《维摩诘经》《了本生死经》《菩萨本业经》《慧印三昧经》《大般泥洹经》《瑞应本起经》等。支谦还依照《无量寿经》《中本起经》，用赞颂歌咏的方式，创作了《赞菩萨连句梵呗》三契，这对赞呗艺术的发展有相当影响。②支谦做的又一件很重要的事情，是对先前支谶翻译的

---

① [梁]释慧皎撰《高僧传》，汤用彤校注，汤一玄整理，中华书局1992年10月第1版，第15页。
② 吕澂《支谦》，中国佛教协会编《中国佛教》第2册，东方出版中心1982年8月第1版，第9~11页。

《道行般若经》《首楞严三昧经》等重要佛典进行了重译。支谦还和当时的印度僧人竺将炎等人合作翻译了一些经典，如《法句经》《佛医经》等，就是合作译本。支谦还对有些佛经译本作了对勘，并加以注释，例如他曾将有关大乘佛教陀罗尼门修行的要籍《无量门微密持经》和两种旧译本对勘，区别本末，分章断句，上下排列，首创了会译的体裁。支谦对亲自翻译的一些佛经，有时也会加以自注，例如他翻译的《大明度无极经》首卷，就采用了自注。这种做法有助于克服翻译中的局限，通过校正和做一些必要的解释，而使原本的意义洞然明白，所以对后来的佛经翻译产生了很大影响。后来支敏度、竺法护和道安等人翻译的一些重要佛经，也都取法于此，采用了会译的方法。

支谦翻译佛经的另一个重要特点，就是纠正了过去译文尚质的偏向，主张尚文尚质应该调和，译文应该文理通顺，从而畅达经意，使人明白易解。支谦因为兼通汉语和梵文，并通晓中亚和西域诸国的语言与文化，这对他的译经无疑提供了很大的方便。在语言的运用上，支谦不仅熟练掌握了中土传统文献中的书面词语，充分汲取了东汉以来传译佛经中的常用词汇，还较多地采用了当时的口语词汇。支谦非常注意所译佛经对汉语以及汉文化的适应性，以符合中国民众的语言与思维习惯，尽力使之适合中国人的接受度。对梵本中的过于繁复之处，支谦也尽量删除而各取省便，并竭力减少音译到最低程度。所以支谦的译经，流畅而又生动，深受信众欢迎。支敏度称赞支谦翻译的文体"属辞析理，文而不越，约而义显，真可谓深入者也"，给予了很高的评价。但也有些拘泥形式的学人，认为支谦不应过度删简梵本，对支谦的译经中有时连应存原音的陀罗尼也意译了，不免有些反感。道安就说过支谦是"斫凿之巧者"，担心"巧则巧矣，惧窍成而混沌终矣"。这也是站的角度不同，故而看法也不同，可谓见仁见智。而从佛典汉译发展的历程来看，由质趋文，其实乃是必然的趋势。支谦翻译的佛经风格，取代和改进了先前纯粹的"质"译，倡导了"文""质"结合的译风，确实是难能可贵。支谦在佛典汉译方面的创新贡献，适应了佛教汉化进程的需要，不仅对当时的佛教传播起到了促进作用，而且对后来的佛经翻译也具有重要的启示意义。譬如后来鸠摩罗什重新翻译《维摩诘经》时，就汲取和采用了支谦的翻译风格，很多地方都沿袭了支谦的译文，述而不改，足见支谦译风已远为罗什的先驱。所以吕澂先生说："支谦开风气之先，是不能否认的。"又说支谦在佛经翻译方面的"订旧"与"译新"，一方面订正旧译，一方面进行新的翻译，这为中国后来大乘学说的发展，打下了坚实的基础。"所以支谦等所发展的学说，对后来大乘在内地的传播做了最好的准备工作。也可以说，这才是真正佛学学说的萌芽。"①支谦的翻译风格，从叙述方式到佛教故事的传播，对当时以及后来的文学也有一定的影响，支谦的贡献确实是多方面的。

康僧会是三国时期的又一位著名胡僧，在整理注释佛经和翻译佛典方面做出了很大的贡献。据记载，康僧会祖籍为康居人，世居天竺，他的父亲因经商而移居于交趾。康僧会十多岁的时候，父母双亡，他在守孝期满之后，便出家为僧。康僧会不仅精通佛典，而且"天文图纬，多所贯涉"。康僧会在赤乌十年(248)来到建业，供奉佛像，弘扬佛法。因为舍利之感应，受到孙权的信敬，为他建佛塔，造佛寺，据说这是吴国最早建立的佛寺，所以名为建初寺，建佛寺的地方叫做佛陀里，江左的佛法从此而兴旺起来。汤用彤先生说，三国时佛教之重镇，北为洛阳，南为建业；北之巨子昙柯迦罗，南之领袖康僧会，对最初佛教势力之推广都发挥了作用。②三国时期江南佛教的盛传与译经的活跃，与康僧会、支谦等名僧的译经弘法是分不开的。康僧会住在建初寺，翻译了许多佛教经书，如《吴品》（亦谓《小品般若》）、《六度集经》二部14卷，以及《阿难念弥》《镜面王》《察微王》《梵皇经》《杂譬喻》等。康僧会深入研习过安世高的译经，注释了《安般守意经》《法镜经》《道树经》三经，并为作序。安世高译经的影响主要在

①　吕澂著《中国佛学源流略讲》，中华书局1979年8月第1版，第30页。
②　汤用彤著《汉魏两晋南北朝佛教史》上册，中华书局1955年9月第1版，第124页，第54页。

小乘禅法，康僧会则对禅法做了进一步的推广和弘扬。康僧会在《安般守意经序》文中对数、随、止、观、还、净六妙门，解释得既深且透，就清楚地说明了他对禅观的重视和修禅的体会，对后世修习禅观者具有很大的影响。康僧会还是中国佛教史上最早有佛、道、儒三家思想的僧人，这一点在他所注释的佛经上就有较多的透露。在他翻译的《六度集经》中，就颇援引中国理论，具有文辞典雅的特点。在其他般若波罗蜜经前也均有短引，并非译自胡本，都是康僧会的自述。康僧会于晋太康元年（280）在建初寺无疾而终。后人评价康僧会，多认为他的佛学撰著（释经），比其译经影响更大。汤用彤先生对支谦与康僧会二人做过分析，认为："支谦康僧会系出西域，而生于中土，深受汉化，译经尚文雅，遂常掇拾中华名辞与理论，羼入译本。故其学均非纯粹西域之佛教也。"这是两人的共同之处，而二人的区别也是很明显的："安世高康僧会之学说，主养生成神。支谶支谦之学说，主神与道合。前者与道教相近，上承汉代之佛教。而后者与玄学同流，两晋以还所流行之佛学，则上接二支。明乎此，则佛教在中国之玄学化，始于此时实无疑也。"①通过这个分析，我们可以较为透彻地了解早期佛典汉译的特点，从安世高、支谶，到康僧会、支谦，都有明显的继承关系，在译经内容和形式方面都各有侧重，对推进佛教小乘学说与大乘学说的传播，都发挥了重要的作用。

在安世高、支谶、支谦、康僧会之后，最重要的佛经翻译家，南方有道安，北方有竺法护等人。当时西晋的佛教活动，主要以洛阳和长安为两大中心。其中洛阳就有佛寺四十二所，北魏杨衒之《洛阳伽蓝记·序》与《魏书·释老志》中对此都有记载。《洛阳伽蓝记·序》中说："晋永嘉唯有寺四十二所。逮皇魏受图，光宅嵩洛，笃信弥繁，法教逾盛。王侯贵臣，弃象马如脱屣，庶士豪家，舍资财若遗迹。于是

---

① 汤用彤著《汉魏两晋南北朝佛教史》上册，中华书局1955年9月第1版，第138~139页。

昭提栉比，宝塔骈罗。"①由此可见当时佛教的兴盛情形。当时大小乘佛教并行，而大乘佛教般若学更为流行。除了支谶所译的《道行般若经》，来华胡僧竺法护、竺叔兰等还在汉人助手的协助下，翻译了《大品般若经》《光赞般若经》《放光般若经》等。还有一些胡僧通过抄写、读诵、宣讲等方式，以扩大这些佛典汉译的影响。此时还出现了许多汉文注疏之作，与翻译后的佛经同时流行于世。

竺法护是祖籍月支（即大月氏）人，世居敦煌，幼年出家，拜印度高僧竺高座为师，原来以支为姓，后从师姓竺。竺法护博学多识，随师游历西域，通晓诸国语言，搜集了大量梵文典籍，后携带回到中土，由敦煌来到长安，立寺修行，开始译经弘法。从晋武帝泰始二年到晋怀帝永嘉二年（266~308）七十八岁去世，他从事佛典汉译长达四十多年，跟他从学的弟子有千余人，声名远扬，影响很大。竺法护译经很多，据东晋道安《综理众经目录》与梁僧祐《出三藏记集》等记载有一百五十多部，有些散失了，留存的有九十多部。竺法护的译经种类繁多，有《般若》经类、《华严》经类、《宝积》经类、《大集》经类、《涅槃》经类、《法华》经类，以及大乘经集类、大乘律类、本生经类、西方撰述类等。其中最重要的译经，除了《光赞般若经》，还有《正法华经》。《法华经》是大乘佛教早期重要经典之一，对中国佛教影响极大，而《正法华经》则是现存三个《法华经》译本中最早的全译本。此经把大乘佛教的佛身理论形象化，主张人人可以成佛，并塑造了光世音（即观世音）菩萨的形象，在信众中大受欢迎，流行甚广。他在翻译佛教的时候，采取了口述与笔录相结合的方式，由竺法护手持胡本亲自翻译口授，旁边有许多汉人助手笔受录写，然后再由天竺沙门和龟兹居士多人参与校对核实。竺法护的译经助手有聂承远、聂道真父子，还有陈士伦、孙伯虎、虞世雅等，据任继愈先生研究，这些译经助手可

---

① [北魏]杨衒之撰、范祥雍校注《洛阳伽蓝记校注》，上海古籍出版社1978年12月新1版，第1页。参见[北齐]魏收撰《魏书》卷一百一十四"释老志"，中华书局校点本第8册，1974年6月第1版，第3026页。

能都是精通中国传统文化的汉族知识分子，由此而形成了一个译经班子。因为有多人协助，所以译经的效率与质量都是比较高的。正因为竺法护译经多，推进了佛教向社会的普及，故被当时的信徒誉为"敦煌菩萨"。①

竺法护的译风，忠实于原本而不厌详尽，有"辞质胜文"的特点。但这与以前翻译者的"朴拙"之"质"不同，竺法护是在理解原文、融会贯通的基础上，尽量使译文接近原本，而不随意删略原文，所谓"不厌其详，事事周密"，保存了原来的结构，使人对般若等佛典经义有更真切而透彻的了解。竺法护的这种译经特点，承前启后，道安等人都深为赞赏，对后来很多从事佛典汉译者都有启发作用。竺法护的译经包括了大乘佛学的主要部分，道安称赞说："夫诸方等无生诸三昧经类多此公（法护）所出。"僧祐赞誉说："经法所以广流中华者，护之力也。"吕澂先生认为："这些赞誉，反映出他的翻译所取得的成绩，也反映出他的译籍对后世确实发生了很大的影响。"又说竺法护的译本"种类繁多，几乎具备了当时西域流行的要籍，这就为大乘佛教在中国的弘传打开了广阔的局面"。②竺法护对佛经翻译中的校订工作也极为重视，经常向门徒"口校诂训，讲出深义"，也开了佛典汉译的新风，对后世产生了积极的影响。

四、鸠摩罗什的重译佛经

在来华胡僧之后，对佛典汉译做出卓越贡献的又一位著名人物，就是鸠摩罗什了。据记载，鸠摩罗什（344—413)，生于西域龟兹国(今

---

① 任继愈主编《中国佛教史》第二卷，中国社会科学出版社1985年11月第1版，第35页。

② 吕澂著《中国佛学源流略讲》，中华书局1979年8月第1版，第38页。参见吕澂《竺法护》，中国佛教协会编《中国佛教》第2册，东方出版中心1982年8月第1版，第14~16页。

我国新疆库车一带）。他的祖先是婆罗门贵族，在印度世袭国相高位。祖父达多，名重于国。到父亲鸠摩罗炎，放弃相位，皈依佛门，东渡葱岭(今帕米尔高原)，来到西域，被龟兹王迎请为国师。龟兹王有妹耆婆，是位才女，钟情于鸠摩罗炎，龟兹王便令二人结婚，生下鸠摩罗什和弗沙提婆兄弟二人。鸠摩罗什的汉语之意是童寿，七岁时随母亲一起出家，开始学习阿毗昙，并随母亲前往罽宾师从高僧大德，后又到各地参学。当时西域的佛教非常盛行，年轻的罗什博学多才，初学小乘，后遍习大乘，精通佛典，尤善般若，并通晓汉语梵文以及西域诸国文字，备受瞩目和赞叹。当时在长安翻译佛经的高僧道安，也久闻罗什的佛学造诣和大名，曾向前秦君王苻坚推荐罗什。《魏书·释老志》对此有一段记载："道安后入苻坚，坚素钦德问，既见，宗以师礼。时西域有胡沙门鸠摩罗什，思通法门，道安思与讲释，每劝坚致罗什。什也承安令问，谓之东方圣人，或时遥拜致敬。道安卒后二十余载而罗什至长安，恨不及安，以为深慨。道安所正经义，与罗什译出，符会如一，初无乖舛。于是法旨大著中原。"[①]道安是东晋的佛学大师，是当时影响很大的一代高僧，在世的时候主要活动于华北地区，约当河北、山西、河南一带地方，道安在河北恒山建寺传法时，已形成了以他为核心的僧团，南下襄阳弘法传教时有弟子四百余人，后被苻坚接到长安，有僧众数千人，居于前秦佛教领袖的地位。苻坚很重视道安的建议，因此而派兵征服龟兹，想把罗什接到长安，但因后来亡国，使鸠摩罗什在后凉滞留达16年之久。到后秦姚兴执政的时候，才把鸠摩罗什接到了长安。罗什于弘始三年（401）五十八岁时到长安，于弘始十五年（413）七十岁时圆寂于长安大寺，十余年间致力于佛典汉译，翻译了大量的佛经，据梁朝僧祐《出三藏记集》记述有35部，294卷之多。在长安苻秦时代，已为高僧道安创立了译场，到罗什入关之后，姚兴对罗什的译经给予了更高

① [北齐]魏收撰《魏书》卷一百一十四"释老志"，中华书局校点本第8册，1974年6月第1版，第3029页。

的支持，进一步扩大了译场的规模，不仅在经费上给予了充裕的保障，还调集了大量僧侣人才，协助罗什译经。"是时，鸠摩罗什为姚兴所敬，于长安草堂寺集义学八百人，重译经本"。[①]其中有很多是罗什的弟子，还有其他很多名僧也参与了佛经翻译，由此而形成了以鸠摩罗什为核心的后秦长安僧团。中国有史以来的译经活动，此时达到了一个新的高度。

罗什组织翻译的佛经，主要有《大庄严论经》《维摩诘所说经》《妙法莲华经》《金刚经》《小品般若波罗蜜经》，以及《大智度论》《中论》《阿弥陀经》《成实论》《首楞严三昧经》等。罗什在佛学方面的造诣非常高深，他翻译的佛经很多都是大乘学说中的经典，系统介绍了大乘中观派的思想体系，所弘扬的主要是根据般若经类而建立的龙树一系的大乘学说。罗什的译经中，很多是对已有的佛经进行了重译，譬如他现存的译籍中属于大乘的佛经有二十一种，其中十三种是重译。重译的佛经中最有代表性的是大小品般若，之前已有多种旧译，但是人们对于般若的思想，始终不得彻底理解，通过罗什的新译与订正，使旧译的不正确引起的疑难之处都得到了解决。罗什的重译，充分体现了龙树对佛经所作解释的精神，譬如般若的精神在于以假成空、由假显空，通过对"三假"（法假、受假、名假）的论述解释，对性空的般若也就有了透彻的了解。又比如罗什译经中的《大智度论》是《摩诃般若波罗蜜经》的释论，又称为《摩诃般若释论》，包括《摩诃般若波罗蜜经》全文三十多万字，鸠摩罗什对《摩诃般若波罗蜜经》的解释六十多万字，共一百多万字，几乎对佛教全部关键名词都给出了详细、深入浅出的解释，堪称佛经入门级必读经典。还有鸠摩罗什重译的《维摩诘经》，也比先前多个汉译本更为流畅准确，对《维摩诘经》所宣扬的"出家在家不二"的"游戏神通"思想做了更为透彻的论说，更能彰显

---

① ［北齐]魏收撰《魏书》卷一百一十四"释老志"，中华书局校点本第8册，1974年6月第1版，第3031页。

克孜尔千佛洞前的鸠摩罗什塑像

佛法深入人心，因而也成为了最流行的译本。鸠摩罗什重新翻译订正的这些佛经，适应了信众的需要，因而深受欢迎。鸠摩罗什的译经风格，以意译为主，既忠于原文，典雅质朴，又注意修辞，圆通流畅，很有文采，给人耳目一新之感。鸠摩罗什的译经中当然也有不足，譬如对方言就显得隔膜，对汉语的含蕴处也不甚了解，但这些都瑕不掩瑜。更重要的是，鸠摩罗什的译经纠正了几百年来他人译经之误，故而成为后世流传最广的佛教经典。梁朝僧祐《出三藏记集》称赞罗什的翻译说："逮乎罗什法师，俊神金照，秦僧融肇，慧机水镜，故能表发挥翰，克明经奥，大乘微言，于斯炳焕。"吕澂先生也认为，罗什的译经："从翻译的质量言，不论技巧和内容的正确程度方面，都是中国翻译史上前所未有的，可以说开辟了中国译经史上的一个新纪元。"[①]

罗什的译经，通常是和讲经同时进行的。这与罗什的门人弟子众多，也有很大的关系。史载罗什门人号称三千，著名的弟子有竺道生、僧肇、僧睿、道融、昙影等，后世有什门四杰、八俊、十哲之称。[②]当时沙门学子云集长安，多趋于罗什门下，所以罗什译经的过程，实际上也是讲经、讨论、释疑的过程。这就使得译场变成了学府，译主变成了

---

① 吕澂著《中国佛学源流略讲》，中华书局1979年8月第1版，第88页。
② 游侠《鸠摩罗什》，中国佛教协会编《中国佛教》第2册，东方出版中心1982年8月第1版，第37~43页。

导师。据僧睿《大品经序》记载："鸠摩罗什法师，手执胡本，口宣秦言，两释异音，文辩交旨。"当时参加翻译工作的僧众人数，实在难以统计，如慧观《法华宗要略》说：罗什在"秦弘始八年（406）夏，于长安大寺，集四方义学沙门，二千余人更出斯经，与众详究"。罗什作为译主，不仅要译经，而且还要向前来听新出经的信众阐述经中的蕴奥，发挥其中的精微，这充分说明了罗什学识的渊博，同时也开启了佛典汉译的新风。任继愈先生认为，当时参与鸠摩罗什译经的弟子达五百人或八百人，从他受学、听法的弟子多至二三千人。他们后来分布于大江南北，对南北朝时期中国佛教学派的形成有着直接的影响。[①]罗什在佛典汉译方面有许多创新之举，为之做出了杰出的贡献，有力地推进了大乘佛教在中国的传播。罗什的又一个重要贡献，是"在翻译组织方面，鸠摩罗什开辟了一个新的时代"。[②]罗什利用个人的巨大影响，促使了官办译场制度的建立，使佛典汉译由此而正式成为国家的宗教文化事业。罗什在这几个方面的贡献，对后世都产生了深远影响。

五、高僧法显的天竺求法

中国高僧对佛法的追求，并不满足于胡僧带来的一些佛经。因为早期传入中国的佛经，主要是"胡本"而并非梵文原本。在印度阿育王弘传佛教的时候，曾派人到各地传经弘法，佛教在传入内地之前，先传入了中亚与西域。西域各国都有各自通行的语言文字，传入西域的佛经梵文原本，经过西域文字的转写或通过转译将梵文译成了西域文本，这些本子通称为"胡本"，从而流行于西域各国。之后来华胡僧带到中土的佛经文本，主要就是这些"胡本"。早期的佛典汉译，也大都是通过

[①] 任继愈主编《中国佛教史》第二卷，中国社会科学出版社1985年11月第1版，第293页。

[②] 季羡林《玄奘与〈大唐西域记〉》，[唐]玄奘、辩机原著，季羡林等校注《大唐西域记校注》，中华书局1985年2月第1版，第9页。

和使用这些"胡本"翻译的。正如季羡林先生所说:"初期的译经者差不多都是从中亚一带来华的高僧,后来也逐渐有了从印度直接来的。到印度去留学的中国和尚最初是没有的。最早译过来的佛经不是直接根据梵文或巴利文,而是经过中亚和新疆一带今天已经不存在的许多古代语言转译过来的,比如焉耆语(吐火罗语A)和龟兹语(吐火罗语B)等等都是。"①当时西域地处诸大国之间,东有中国,西有波斯(伊朗),南有印度,北有匈奴,政治区域和局势很不稳定,经常发生变化。在这种时代背景与客观条件下,经过胡僧转写或转译而流行于西域各国的佛经"胡本",也难免不受到影响,流布有不同的译本,常有这样那样的不足。特别是在文字的转换中,自然会有些改动,再经过译者因学说师承不同做些变改,所以吕澂先生就指出:"西域佛学,不能说与印度的完全一样。"②此外,印度佛教经典有广本与略本的存在,前者冗长后者简洁,由此造成胡僧带到华夏的佛教经典并不完全一致。又由于早期通过传入内地的"胡本"所翻译的一些佛经过于简略和朴拙,好多义理难得彻底了解,中国内地的高僧们正是有感于此,因而产生了亲自前往天竺取经求法的愿望。

譬如曹魏时代的洛阳人朱士行,"可能是中国第一个正式出家受戒的和尚",③就有感于支谶译经《道行般若经》的传译删略颇多、脉络模糊、使人理解不透,而发愿寻找原本来弥补这一缺憾。朱士行于甘露五年(260)从长安西行,辗转来到了于阗,果然得到了《放光般若经》的梵文原本,后由他的弟子弗如檀于太康三年(282)将梵本送回洛阳。又过了十年,才由竺叔兰等人将梵本翻译出来。而朱士行则终

① 季羡林《玄奘与〈大唐西域记〉》,[唐]玄奘、辩机原著,季羡林等校注《大唐西域记校注》,中华书局1985年2月第1版,第2页。
② 吕澂著《中国佛学源流略讲》,中华书局1979年8月第1版,第37页,第40页。
③ 吕澂著《中国佛学源流略讲》,中华书局1979年8月第1版,第34页。

生留在西域，八十多岁病故于此。①朱士行虽然只到达了当时的西域于
阗，并未能够前往天竺，并且只获得了《放光般若经》一种梵本，却揭
开了中国高僧西行求法的序幕。

　　东晋的法显也是立志于西行求法，并努力将愿望付之于实践的
一位中国高僧。法显的西行，虽然在朱士行之后，却比朱士行走得更
远，沿着丝路经过西域诸国，亲自到达了天竺。法显出生于平阳郡武
阳(今山西临汾，也有说他是上党郡襄垣人)一个龚姓家庭，其生年大概
是晋咸康八年（342），因常生病送入空门以求长寿，"三岁便度为沙
弥"。法显自小就出家了，二十岁接受大戒，深入学习过佛经，对佛教
怀有虔诚的信仰。他生活的时代，佛教传播已相当广泛，各地寺庙众
多，僧尼大增，佛教的翻译已赶不上佛教发展的需要，特别是戒律经典
十分缺乏。法显在研习佛经的过程中，发现了早期佛典汉译中的很多不
足，便萌生了西行求法的念头。当时佛经在中土的翻译和传播，主要是
被动接受的方式，如法显之前的中国高僧道安、慧远等人都是通过接受
东传的佛经而宣讲弘扬佛法的。而早期来华胡僧带来的佛经数量也并非
很多，翻译传授的佛经又主要是"胡本"。法显与他们不同，不甘心被
动接受，也不满足于"胡本"的翻译，要亲自走到天竺去拿佛经原本。
当然，法显并不是西行求法的第一个倡导者，在他以前就已经有一些由
中原等地远走西域的中国僧人，做了亲身前往佛教诞生地求法取经的尝
试。但他们在经历了艰苦卓绝的努力之后却大都没有达到目的地，而法
显才是第一个真正抵达天竺的中国高僧，在中国佛教史上揭开了新的一
页。

　　法显于晋安帝隆安三年（399）从长安出发，开始了不平凡的西
行。与他同行的，还有慧景、道整、慧应、慧嵬四人。在这些同伴中，
法显是年龄最大的，已年近六十。他们跋山涉水，沿河西走廊向西，到

---

① 　吕澂《朱士行》，中国佛教协会编《中国佛教》第2册，东方出版中心1982年8月第
1版，第12~13页。

乾归国(今甘肃兰州外)，在寺庙里作了几个月的休整，称为"夏坐"。然后继续西行，于第二年到达张掖，在这里的寺院里作了第二次"夏坐"。他们在张掖遇见了宝云、智严、慧简、僧绍、僧景等五名僧人，自愿加入了法显的西行队伍，于是结伴而行。随后他们便途经敦煌，得到了敦煌太守李浩的供给，然后便西出阳关，穿越白龙堆沙漠，进入了行程中最为艰难的跋涉。这里气候干燥，沙尘飞扬，有时大风骤起，会形成铺天盖地的沙浪，将行人埋没。而且四顾茫然，常常会迷失方向。他们只能"视日以准东西，人骨以标行路"。经过十七个昼夜舍死忘生的跋涉，终于望见了绿洲，来到了罗布泊西南的鄯善国。他们略作停留，又向西北沿塔里木河到达焉耆，进入丝路北道。当时这里盛行小乘佛教，而法显一行属于大乘教，因而在这里备受冷落。智严、慧简、慧嵬三人由此而折返了高昌，去筹措行资。法显等七人则继续坚持西行，在前秦皇族苻公孙的资助下，他们又折向西南，横穿塔克拉玛干大沙漠，沿克里雅河谷向西南而行。他们在气候恶劣的大戈壁里历尽艰辛，走了三十多天，来到了丝路南道上的著名绿洲于阗国(今新疆和田)。慧景、道整等人先走，法显等人在于阗停留了数月，观看了当地四月一日至十四日的佛教行像盛会，这才继续西行，经子合国(今新疆叶城)，然后进入地势高峻的葱岭地带(帕米尔高原)。

法显一行越过葱岭后，来到了北天竺，和先行到达的慧景、道整会合了。同伴中有的已半途折回或病亡，只有法显、慧景和道整三人继续南行。在翻越小雪山(阿富汗苏纳曼山)时，风暴骤起，天寒地冻，慧景经不住高山严寒袭击，口吐白沫而死。法显在悲恸中顶风冒雪，奋力前进，终于越过了海拔5200多米高的小雪山，渡过辛头河(印度河上游)，到达了恒河流域的中天竺。这里是佛教圣迹荟萃之地，佛事昌盛，名胜众多。法显在这里逗留，遍访各处古迹名胜，先后到过毗荼(今印度旁遮普)、摩头罗国(今印度马土腊)、僧伽施国、沙祇大国、拘萨罗舍卫城、迦维罗卫城(今尼泊尔境内)、蓝莫国、拘夷那竭城、毗舍离国、王舍城、灵鹫峰、伽耶城、摩竭提国巴连弗邑等处。其中舍卫城(今印度巴赖奇附近)是有名的佛教圣地,相传释迦牟尼曾在这里居住说法。巴连弗邑(今印度巴特那)是印度阿育王的故都,孔雀王朝的发祥地,佛教极盛,有当时印度最大的佛教寺院,为佛学的最高学府。法显在这里住了三年,学会了梵文,抄写了许多佛经,其中有经律论六部,正是法显求法夙愿中最想获得的,得此而大为高兴。法显西行求法的最后一位同伴道整,迷恋于此,便留在了天竺佛教的中心。法显并没有中断自己的行程,继续独自周游,来到了恒河三角洲佛教盛行的多摩梨帝国(今印度泰姆鲁克),在这里又住了两年,继续抄写经文,绘画佛像。之后,法显随商船出海,渡过孟加拉湾,到达狮子国(今斯里兰卡),在王城的无畏山精舍(寺院)里又住了两年,获得了许多佛教经典。至此,法显出国已经十二年了。有次在寺院里玉佛前看见一柄中国的白绢扇,身在异乡的法显,怀念故国之情油然而生,热泪纵横,决心由海路返回祖国。

晋安帝义熙七年 (411)秋,法显乘大商船从狮子国启程东返。海上遇到风暴,漂流多日,到了爪哇岛上的耶婆提国。上岸后等候了数月,遇到去广州的大商船,便搭乘此船,继续航海北上。途中又遇大风暴雨,水尽粮绝,历尽险难,迷失方向的商船漂流到了中国的山东半岛,在青州长广郡牢山(今山东青岛崂山,或认为在即墨县境)靠岸。青州太守李嶷得知后,特地到海边迎接法显,盛情款待,在郡城住了一冬一夏。法显于义熙九年 (413)秋间,由陆路经彭城(今江苏徐州)南下,到达

青岛崂山的法显登陆塑像

法显画像

东晋的都城建康(今江苏南京)。法显带回的梵文佛教经典很多，其中有他在天竺抄得最完备的《摩诃僧祇众律》、《萨婆多众钞律》（即《十诵律》）约七千偈、《杂阿毗昙心》约六千偈、《方等般泥洹经》约五千偈，以及《摩诃僧祇阿毗昙》等，有他在狮子国（斯里兰卡）抄得的《弥沙塞律》，以及《长阿含》《杂阿含》《杂藏经》等佛典。法显住在建康道场寺，会同宝云等人着手翻译这些佛经，数年间致力于此，大概译经六部六十三卷，达一百多万言。法显因为亲临天竺实地，在佛教发祥之地学习生活了多年，对梵文语言与佛法教义有了更多和更为系统透彻的了解，"海归"之后，精心译经，所以翻译的佛经质量较高。法显西行求法的初衷，原在寻求佛教戒律，随着他带回的这些佛经的翻译和传播，对中国佛教中诫律的完善，发挥了相当重要的作用。法显在晚年还撰写了《佛国记》(又称作《法显传》《历游天竺记传》)一书，记叙了西行求法在异域长达十四年的经历。法显八十六岁时，在荆州辛寺去世。①

　　法显的西行求法，在中国佛教史上和中外文化交流史上都具有非常重要的意义。他既是高僧，又是一位了不起的旅行家。他在年近花甲的时候，不畏艰险，万里西行，穿过浩瀚沙漠，翻越葱岭雪山，他的坚韧不拔和百折不挠，所体现出的是一种多么感人的精神和信念。他所记载的亲身经历见闻，对我们了解西域文明古国的风土人情和佛教在西域的传播，以及印度和斯里兰卡等国的佛教情形，至今仍是不可多得的珍贵资料。②法显的著述，近代已有英、法文等译本，备受各国学者所重视。

---

① 汤用彤著《汉魏两晋南北朝佛教史》，上册，中华书局1955年9月第1版，第380~385页。参见沈福伟著《中西文化交流史》，上海人民出版社1985年12月第1版，第90~91页。参见游侠《法显》，中国佛教协会编《中国佛教》第2册，东方出版中心1982年8月第1版，第44~47页。

② 刘迎胜著《丝路文化·海上卷》，浙江人民出版社1995年11月第1版，第34~35页。

六、唐僧玄奘的西行取经

唐朝是我国历史上继汉朝之后的又一个盛世。中西文化交流呈现出空前开放和高度繁荣的局面。丝路上商旅往来不绝于道，中国和西域诸国以及中亚、南亚、西亚的友好交往蔚然成风。季羡林先生就认为，在"中印交通史上，唐初是交通最频繁、来往最密切的时代。上承先秦、汉、魏、南北朝、隋的古老传统，下启中晚唐、宋、元、明的继承和发展。称之为中印交通史上的高峰，是完全当之无愧的"。[①]继法显西行与海归之后，前往天竺取经求法的跋涉者不断增多，唐太宗贞观年间的高僧玄奘（600~664），便是一位富有传奇色彩和令人钦佩的代表。

据《大慈恩寺三藏法师传》等记载，玄奘于隋文帝开皇二十年（600）出生在河南缑氏县(故居在今河南省偃师县陈河村)的一个官宦家庭，俗姓陈，本名袆。他的曾祖和祖父都曾做过官，父亲陈惠潜心儒学，未入仕途。玄奘自幼受父兄影响，聪明好学。少年时代因家境困难，随二兄长捷法师住在洛阳净土寺，学习佛经，十一岁就已熟读了《法华经》《维摩诘经》等佛学经典，十三岁时在洛阳剃度出家，听从景法师讲《涅槃》，跟随严法师学《摄论》。隋末兵乱饥荒，玄奘和二兄前往长安，又因避战乱入蜀，同往成都。玄奘在成都数年，饱读佛经，并四处游学，遍访名师，很快就成为一位对佛学有极深造诣的年轻高僧。玄奘后来乘船经三峡到了荆州，然后又北上，到了长安。玄奘随着佛学方面知识的日益广博，对佛教典籍中的疑问也就越多。他发现有些是翻译上的问题，有些则可能是原本不全的原因。玄奘因此打算亲赴西域，萌发了前往佛教发祥地印度学习考察的决心，希望由此来澄清疑

---

① 季羡林《玄奘与〈大唐西域记〉》，[唐]玄奘、辩机原著，季羡林等校注《大唐西域记校注》，中华书局1985年2月第1版，第89页。

惑，以求会通一切。

唐朝初期，出国之禁很严。玄奘正式向朝廷表请赴印度取经，没有获得许可，但玄奘并不想因此放弃自己西行的决心，仍做了很多准备。到了唐太宗贞观三年（629），由于北方连遭灾荒，朝廷准许民众与僧人四出就食。玄奘利用了这个机会，由此而开始了他非凡的西域之行。他从西安出发，沿着渭河流域经陇西天水到达兰州，然后继续沿河西走廊西行，到达凉州(今甘肃武威县)。凉州是东西交通要道上的重镇，经过这里的西域商队络绎不绝。玄奘于此停留一个多月，登坛讲授佛经，在当时影响很大，声名远播，西行求法的消息传遍了西域诸国。那时唐朝初立，面临着突厥入侵的威胁，对关塞要津控制很严，不许人们擅自流动。镇守凉州的都督李大亮派人找到玄奘，不准他西行，逼令他东返长安。玄奘当然不会改变自己的决心。在当地慧威法师的安排下，两名和尚护送他悄悄离开凉州，昼伏夜行，来到瓜州(今甘肃安西县东，唐初所建治所在双塔堡南的锁阳城废址一带)。玄奘在这里打听西行的路线，得知从瓜州往西域有南北两道。南道由敦煌经鄯善(今新疆若羌)、于阗(今新疆和田)、莎车(今新疆莎车)，西逾葱岭而入中亚。北道由瓜州西出玉门关，经伊吾(今新疆哈密)、高昌(今新疆吐鲁番)、龟兹(今新疆库车)，至疏勒(今新疆喀什)度葱岭进入帕米尔高原，往西南可至罽宾(克什米尔)，往南就是天竺(印度)了。当时商旅大都走北道，玄奘也决定由北道西行。恰在这时，凉州捉拿玄奘的牒文到了玉门关，为玄奘的西行增添了意想不到的困难。

玄奘面临着重重阻碍，仍矢志西行。庆幸的是，玄奘得到了州吏李昌的热心帮助，买了一匹马，请一位名叫石盘陀的年轻胡人带路，于夜晚绕过玉门关(唐代玉门关在今安西双塔堡的葫芦河边)，在离关口上方十里的地方渡过了葫芦河。从这里西去便是沙漠，玄奘孤身西行，没有向导，只有随着白骨和驼马粪便之类的踪迹，来识别前进的方向，走了八十多里，看到了玉门关外的第一座烽火台。沿途的烽火台都是选择沙漠中的绿洲和有水源的地方修建的。玄奘怕被发现，躲到晚上到烽火台旁的水源处用皮袋取水，还是被守兵发现了。校尉玉祥得知玄奘的来历后，心生崇敬，留玄奘住了一夜，为玄奘备足了水和干粮，送出十里以外，指点路径，要他直接去第四烽火台见同宗王伯陇，取得帮助。玄奘跋涉西行，到了第四烽火台，果然受到校尉王伯陇很好的款待。临行时送玄奘水袋干粮和马匹，嘱他绕过第五烽火台，因守台校尉性情粗暴，恐有意外，途中可在野马泉取水，继续西行。玄奘辞谢后，又踏上了征途。

这是玄奘西行途中最艰险的一段路程了。玄奘由此往西，便进入了莫贺延碛，在一望无边的沙漠中走了一百多里，迷失了方向，没有找到野马泉，连盛水的皮囊也失手打翻了，失去了仅剩的一点饮水，由此而陷入了绝境。又遇到旋风突起，沙尘弥漫，呼吸都困难，更莫说行走了。玄奘在如此险恶的境况下，仍毫不畏缩，坚持西行，走了四夜五天，滴水未进，最后人和马都精疲力竭倒在沙漠上。第五天夜半，一阵凉风将玄奘吹醒，起来坚持行走，终于在十里外找到了一

唐玄奘西行取经图

处泉水，走进了绿洲，这才脱离了险厄，得以死里逃生。玄奘又走了两天，到了伊吾(今新疆哈密)。

玄奘沿丝路北道继续西行，来到高昌(今新疆吐鲁番)，受到高昌国王曲文泰的盛情接待。曲文泰久仰玄奘盛名，对玄奘敬礼备至，希望玄奘长期留在高昌。玄奘度过夏坐后，准备启程，曲文泰苦留不住，便厚赠玄奘金银衣物，足够玄奘往返二十年所用，又剃度了四名小和尚作为随伴，备马三十匹，派二十五人相随，并作书二十四封，给沿途诸国。还遣使陪同玄奘去见西突厥叶护可汗，以取得对玄奘去天竺沿途通行的支持。玄奘对此深为感动。

玄奘一行离开高昌后，经阿耆尼(今新疆焉耆)、屈支(今新疆库车)等国，往西翻越凌山(天山天脉的腾格里山穆素尔岭，又名冰达坂)，山

势险峻，气候严寒，白天悬釜而炊，夜里席冰而卧。这样走了七天，一些随从有的畏难逃回，有的冻死在途中，马匹也死了很多。玄奘过了这段险境，沿着热海(今吉尔吉斯斯坦伊塞克湖)向西北行走，到达素叶城(即碎叶城，今吉尔吉斯斯坦马克附近)，与正在这里打猎的叶护可汗相见。由于麹文泰的关系，叶护可汗很高兴地派出了陪送玄奘的使者。

玄奘后面的旅途就比较顺利了，一路畅通无阻，经过西域诸国，渡越帕米尔高原，过铁门关，进入吐火罗国境(今阿富汗北境)，继续南下，途中翻越了大雪山与黑岭，到达巴基斯坦和北印度。古代印度在地理上分为东西南北中五部。玄奘从此遍游五印度，每到一处便访问高僧，讨论佛学，登坛讲经。玄奘后来在摩揭陀国王舍城那烂陀寺住了五年，拜住持诚贤为师。壮丽宏大的那烂陀寺是印度的佛教圣地，也是当时印度的佛教中心和最高学府，寺内长住的僧侣两万多人，佛学大师荟萃，住持诚贤是当时的印度佛学泰斗，玄奘在这里学习钻研佛学，前后听戒贤讲《瑜伽师地论》《顺正理论》及《显扬圣教论》《对法论》《集量论》《中论》《百论》以及因明、声明等学，同时又兼学各种婆罗门书。玄奘博学多才，备受优遇，被选为通晓三藏的十德之一（即精通五十部经书的十名高僧之一），后升至该寺副主讲。玄奘在这里享受到很高的待遇，出入可以乘象。玄奘在印度的时候，还到过各处访师参学，后来又重返那烂陀寺。经过多年游学，玄奘声名日隆，在印度五年一度的"无遮大会"上，玄奘以高深的佛学造诣，得到了大乘和小乘佛教徒的一致推崇，给以"大乘天"和"解脱天"的尊称。玄奘西行求法十五年，至此已四十二岁了，学业有成，决定启程回国。印度戒日王和鸠摩罗王等对他再三挽留，玄奘动身那天，万人空巷，倾城相送。

玄奘就这样满载荣誉和友谊，踏上了归国的路程。他仍取陆路，渡雪山，越葱岭，到达于阗，上表唐太宗，陈述了自己"冒越宪章，私往天竺"访学的缘由。唐太宗得表大喜，立即降敕迎劳。唐太宗贞观十九年（645）正月，玄奘回到长安，受到朝野僧俗热烈欢迎，史载当时"道俗奔迎，倾都罢市"，可谓盛况空前。玄奘从印度带回了佛经六百五十七部，以及佛舍利150颗和佛像7尊等。唐太宗给予玄奘极高的礼遇，曾先后多次接见玄奘，询问游历见闻，对玄奘的才识十分器重，劝玄奘还俗从政。玄奘当然不会动摇献身佛学的决心，对此力辞。唐太宗便留玄奘在长安弘福寺译经，所需的所有费用都由朝廷供给，并召集了各地名僧二十多人作为玄奘译经的助手，分别担任了笔受、证文、缀辑、录文、证义、正字、证梵语、定字伪等职务，除了和尚以外，还有官员参加监阅，由此而组织了一个译场。玄奘当年就译出了《大菩萨藏经》《显扬圣教论》等佛经，次年撰写完成了《大唐西域记》，于贞观二十二年（648）译出了《瑜伽师地论》一百卷的大部，请唐太宗为新译诸经做了总序（即《大唐三藏圣教序》）。这是有史以来，中国最高统治者第一次为译经作序。玄奘当年还译出了《能断金刚般若波罗蜜多经》等。唐太宗对玄奘的译经非常支持，于北阙建造了弘法院，专供译经使用，又于东宫新建了大慈恩寺，寺内也建造了译经院，迎玄奘入住，形成了规模完备的译经场。在以后的岁月里，玄奘继续潜心从事佛经翻译，相继译出了《大般若经》《心经》《解深密经》《成唯识论》等重要佛典，并主持讲解佛学，直至唐高宗麟德元年（664）去世。在长达十九年的翻译中，共译出佛经七十五部，总计一千三百三十五卷。①

玄奘的译典著作，纲举目张，种类丰富，较为全面地反映了公元5世纪以后印度佛学的全貌。当时印度以那烂陀寺为代表的佛学，分为因明、对法、戒律、中观、瑜伽五科。玄奘将这五个方面的佛学经典差不多都翻译了出来，将印度那烂陀寺最盛时期所传承的佛学精华，基本上都翻译传播到了中土。玄奘在译经方面最重要的贡献，主要有三个方面：一是传播发展了因明学，译出了《因明入正理论》等佛典，从论议基础上树立了佛家逻辑轨范，并对因明辩论、论证的性质作了精细的发

① 游侠《玄奘》，中国佛教协会编《中国佛教》第2册，东方出版中心1982年8月第1版，第125页。

挥。二是创立弘扬了唯识论，提出了"唯识所变"的理论主张，由此而开创了中国佛教中的法相唯识宗。三是传播了印度佛学中的五种姓说，对以诫贤为代表的五种姓说（即把一切众生划分为声闻种姓、缘觉种姓、如来种姓、不定种姓、无种姓，认为根据人的先天素质可以决定修道的结果），参照汇集了印度其他诸家的学说，进而对五种姓说作了更为系统深入的阐述。

玄奘的译经，在翻译方式上，与先前有所不同，多用直译，世称"新译"。譬如《大般若经》，此经梵本计二十万颂，卷帙浩繁，门徒每请删节，玄奘态度谨严，坚持不删一字，历经多年终于译完了这部多达600卷的巨著。早期的佛经翻译大都依据"胡本"，后来随着中国高僧的西行求法和来华胡僧的增多，带到中土的梵本佛典逐渐多了起来。但梵文本身是雅语，所以翻译的难度很大。又因为语言的变化，魏晋南北朝时期所翻译的佛经到隋唐时期就难以阅读了，更别说梵文的佛经了，这就使隋唐时期一些从事佛经翻译的人很困惑。唐初的玄奘就是为了解除困惑，所以要去印度了解佛教经典本原的情况。玄奘在印度经过多年学习研读，精通了梵文，并深明佛典奥义，取经回国后，倾心致力于佛典翻译，运用他在梵文与佛学方面的高深造诣，做出了巨大的贡献。同唐朝以前的佛经翻译相比，玄奘主持的译经更为全面，也更为系统、更有计划，译文也更为准确，词句用语也更加透彻流畅，文义的贯通也更为精确，矫正了先前旧译中的许多讹谬，可谓开辟了中国译经史上的一个新纪元。玄奘的译经，对佛经翻译与理解中的一些歧义和争论，也有解惑的作用。譬如当时曾有人对《因明》《理门》二论别出新解，指议长短，经过玄奘亲自与其辩论，终于辞屈谢退。玄奘通过译经传播佛学，所弘扬的因明学、唯识论、五种姓等佛学精华，成为后来中国佛教慈恩一派的根本典据，也为其他佛教宗派所采用，在中国佛教史上产生了广泛的影响。玄奘翻译的这些佛经后来从中国传往了朝鲜半岛、越南和日本，对东南亚的佛学也产生了深远影响。

玄奘获得唐太宗的支持，在长安设立译经院，也可以称之为国立

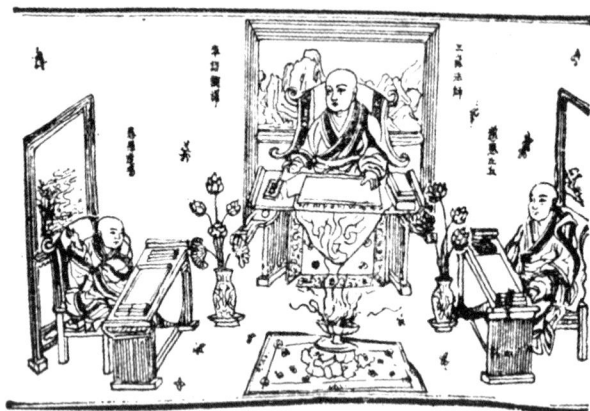

玄奘译经图

翻译院。这种官办的译场制度，在罗什译经的时代就已开创了，而在玄奘之时则达到了一个新的高度。这不仅表现在玄奘作为译主精通汉语与梵文，还表现在译场中分工的细致和认真。季羡林先生就指出，虽然玄奘译场中的参加人数可能比罗什的译场为少，但是分工的细致却超过了罗什，认为中国佛经的"翻译工作到了玄奘手中，达到了一个新的阶段"。正是由于玄奘译场中分工的细致，参与译经的助手又大都是来自全国的名僧，从而使玄奘的译经数量，成为中国高僧中的译经之最。"玄奘利用那样一个详密的、能网罗天下人才的译场组织，再加上自己惊人的努力与精力，从贞观十九年二月元日至龙朔三年十月，十九年间，译出了佛经七十五部，一千三百三十一卷，每年平均七十卷，而在最后四年间（显庆五年至龙朔三年），每年平均乃至一百七十卷"。"因此，无论从译经的量来看，还是从质来看，玄奘都是空前绝后的"。①吕澂先生也认为："再就翻译的文体说，玄奘也超过了各家，一般称之为新译。由于他对汉文和梵文的造诣很深，所以译文做到了既信且达。他又了解过去译家的缺点，注意改进、提高，因而译本的质量超过了各译家的水平。现在拿梵、藏文本对照看，他的译本基本上

① 季羡林《玄奘与〈大唐西域记〉》，[唐]玄奘、辩机原著，季羡林等校注《大唐西域记校注》，中华书局1985年2月第1版，第10~13页。

都正确。"①玄奘除了主持佛典汉译，还奉敕将《老子》等中国经典译作梵文，传于印度。玄奘还亲自撰著了《会宗论》《制恶见论》等佛学著作（已佚）。更值得称道的是玄奘口述由辩机笔受完成的《大唐西域记》，书中详细而真实地记录了玄奘西行取经所经过的城邦、地区、国家的情况，内容包括这些地方的幅员大小、地理形势、农业、商业、风俗、文艺、语言、文字、货币、国王、宗教等等。此书传世版本很多，后来被译成多种文字，在世界广为传播，至今仍是研究古代中亚、南亚地区的宗教、历史、地理的重要文献。

玄奘在译经的过程中，也进行讲经授业，所以译场中的僧人也都成了他的弟子和门人。玄奘的门下有很多高足，有的后来成了开宗立派的高僧，譬如玄奘的弟子窥基创立了慈恩宗，被后世称为慈恩大师；玄奘的日本弟子道昭、智通等人将慈恩宗传到了日本，成立了法相宗；玄奘的弟子圆测是新罗人，后来成了新罗学人的领袖。②正是由于玄奘在佛学方面的高深造诣，以及译经方面的巨大影响，门下人才济济，很多外国的僧人也都风闻前来求学，使得初唐时期的长安因之而成为了世界佛学中心。③

概而言之，玄奘的西行取经，克服了种种艰难险阻，在十余年间行走了五万余里，游历了一百多个国家，称得上是一个最了不起的旅行家，在世界古代历史上也是罕见的。在玄奘富有传奇色彩的经历中，特别是沙漠丝路上百折不挠、舍身求法的跋涉，一直激励着后人。后来的丝路考古学家们，在追寻那些湮没在沙漠中的西域文明古国时，都会油然地联想到玄奘。这一切，都充分说明了玄奘在历史上——特别是在中

① 吕澂著《中国佛学源流略讲》，中华书局1979年8月第1版，第185页。
② 游侠《玄奘》，中国佛教协会编《中国佛教》第2册，东方出版中心1982年8月第1版，第127页。参见吕澂著《中国佛学源流略讲》，中华书局1979年8月第1版，第186~187页。参见高观如《中日佛教关系》、《中朝佛教关系》，中国佛教协会编《中国佛教》第1册，东方出版中心1982年8月第1版，第186页，第202页。
③ 黄新亚著《丝路文化·沙漠卷》，浙江人民出版社1995年12月第1版，第109页。

西交流史上深远的影响。玄奘前往印度的访学和回国后坚持不懈的译经，更是开启了佛教史上一个新的纪元。尤其重要的是，玄奘的一生体现了一种伟大的精神，堪称是中华民族的骄傲，直到现在还受到世界人民的广泛尊崇。

七、汉唐时期佛典汉译的贡献与影响

通过前面的论述，现在让我们对汉唐时期佛典汉译的情形做一些归纳和总结。

（一）早期的佛典汉译与编辑注释

佛经翻译不仅是早期中国佛学的重要特征，而且是早期中国佛学形成的重要机制。从汉末安世高、支谶的译经传教开始，到魏晋南北朝时期的支谦、康僧会、竺法护、鸠摩罗什等人的佛典汉译，无数的高僧大德为此而共同努力，在数百年间进行了持续不断的佛经翻译活动，将大量的佛教经典传入了中土，使小乘佛教与大乘佛教中的各种理论学说开始在中国广为传播。特别是支谶与罗什的译经，作用尤为显著。支谶对大乘佛教经典般若学的翻译传播，与中国老庄思想相通，随着魏晋时期玄学清谈之风的流行，促使产生了般若学派中的"六家七宗"，使"般若"学说不但为统治者所接受，而且深入到了平民中间，成为魏晋南北朝时的显学。罗什的译经有许多创新之举，不仅系统介绍和传译阐发了大乘中观派的思想体系，而且通过对大量佛经的新译与订正，使旧译的不正确引起的疑难之处大都得到了解决，在佛典汉译方面做出了杰出的贡献，有力地推进了大乘佛教在中国的传播。支谶与罗什等人的作为，不但惠泽当时，而且影响深远，促使了六朝中国佛学的繁兴，还波及了隋唐佛教宗派的形成，对佛学中国化起到了重要的作用。由此可知，在早期的佛经翻译中，来华胡僧确实发挥了非常重要的作用。早期佛教理论在中国信众中的流传，与来华胡僧的努力作为是分不开的。

544

我们同时也不应忽略中国高僧在佛典汉译方面做出的贡献，譬如东晋的佛学大师道安，就在佛经的翻译整理注疏方面，取得了很大的成绩。当时传入和翻译的佛教典籍和各种手抄经本日益繁多，有些同一内容的佛经出现了几种不同题目的译本（"异译"），有些佛经已不知译者（"失译"）和译出年代，此时还出现了不少中国人编撰的"伪经"。①针对这种状况，道安开始整理佛经，积极从事注疏，并纂辑经录，开辟了中国佛经注疏的新起点。道安在整理佛经的过程中，还提出了一些很有创见的论述，譬如道安在《摩诃钵罗若波罗蜜经抄序》提出"五失本三不易论"（见《出三藏记集》卷八），就很有道理，对佛经的翻译、解读与整理具有指导意义。在我国的佛典汉译发展史上，道安在佛学方面的贡献，为信众们了解和把握印度佛教理论提供了方便，也有力地推进了译经事业的发展，标志着单纯从事翻译、只顾咽吞的阶段已经结束，由此而开始了对佛学消化融合的新阶段。

　　早期的佛典汉译发展到了南北朝时期，除了大量佛经的传入与翻译，还出现了编辑经典的情形。这种对佛教经典进行编辑的情形，其实早在印度本土就已存在，很多佛典就是后人借历史上佛陀的"金口"编撰而成的，譬如印度大乘佛教的传播历史，某种意义上说就是经典编撰的历史。中国南北朝时期对传入佛典的编辑，也是佛教在中国盛传的必然，属于佛教发展过程中的一条规律。其中比较典型的例证，是罗什对许多佛经的重译，就参照先前的诸种译本并加以有效的活用。罗什在翻译《维摩经》时，就参考了先前支谦所译的《维摩经》，并做了必要的修改和增删。罗什重译的《法华经》，也是这样。又如东晋佛陀跋陀罗译《华严经》，其中的《十地品》就袭用了之前罗什的《十住经》。这些译经，都属于编辑本。编辑经典的情形，在后来的佛典翻译整理中也一直被延续着，有些还使用"撰述""撰集""抄集""抄撮""略

① 　任继愈主编《中国佛教史》第二卷，中国社会科学出版社1985年11月第1版，第150页，第170页。

撮""整理"等做了说明。例如梁朝僧祐《出三藏记集》中就使用了不少类似的标明，便是一个很好的例证。总之，佛经的翻译在东晋道安与后秦罗什的时代达到了高峰。此后，大规模的译经活动开始减弱，而代替译经的编撰活动开始活跃，相继出现了大量的抄经，一些编撰的佛书也开始陆续问世。

（二）译场的出现和翻译机制的演进

佛经传入中国后，最初可能是由私人合作的方式来翻译的，随后便出现了早期的译场。其机制主要由主持译经的来华胡僧、协助翻译的佛门弟子和华人助手，以及其他成员构成。早期译场的译经程序，已有一定的分工与步骤：先由通晓胡汉两种文字的译主用外文读出原经，再口译为汉语。接着由一至数名充当"笔受"的弟子一一记录下来，然后再对记录的译文加以校订。如果译主为不甚通晓汉语的胡僧，那就需要增设通晓梵语与汉语的翻译人员，称之为"度语"。关于"度语"一职，设立颇早，据梁朝慧皎《高僧传》卷一"支谶传"记述，"时有天竺沙门竺佛朔，亦以汉灵之时，齎《道行经》来适洛阳，即转梵为汉。译人时滞，虽有失旨，然弃文存质，深得经意。朔又于光和二年（179）于洛阳出《般若三昧》，谶为传言，河南洛阳孟福、张莲笔受"。[①]这里说的"传言"，也就是翻译之意，实际上就是后来常说的"度语"。在有些文献中，也有将口头翻译人员称为"舌人"的。

早期的佛经翻译机制，至鸠摩罗什的时候有了很大的演进。此时正式建立了官办性质的译经场，并形成了制度。后秦君主姚兴向罗什提供了逍遥园、长安大寺作为主要译经场所，使佛家译经正式成为了国家的宗教文化事业，由国家提供资金，并组织人力，以充分保障译经的顺利进行。后秦还创立了僧尼管理机构，这一做法后来也被北魏和隋唐所

---

① [梁]释慧皎撰，汤用彤校注，汤一玄整理《高僧传》，中华书局1992年10月第1版，第10页。

延续，形成了比较完备的僧官制度。

　　到了唐朝，译场的机制又有了很大的发展，由于唐太宗对玄奘译经的大力支持，在长安正式设立了译经院，也称之为国立翻译院。这种官办的译场制度，在罗什译经的时代就已开创了，而在玄奘之时则达到了一个新的高度。这不仅表现在玄奘作为译主精通汉语与梵文，还表现在译场中分工的细致和认真。据《宋高僧传》卷三和《佛祖统记》卷四十三等记载，唐代译经的组织构成，大概可以分为十部，分别为：译主、证梵本、证义、笔受、度语、润文、证字、梵呗、校勘、监护大臣。其中译主为译场的主持人，是翻译佛经的核心人物，通常坐于译场中间正位，主要是宣读梵语佛经原文，以前大都为印度、西域来华的胡僧，之后有了取经回来的汉籍高僧。证梵本，又称证文，译经时常坐在译主的右面，听译主高声诵读梵文，以检验诵读中有无差误，检查所译的经文是否跟梵文原文一致。证义，又称证梵义，是核查所译佛经中的宗教义理是否正确，译经时通常坐在译主的左面，此职因事关重大，一般要由多人来担任。笔受，又称执笔，是将佛经由梵文转写成汉语文本，是指笔译的工作。度语，又称书字，亦称译语或传语等，早期佛经翻译因为译主不甚懂汉语，所宣讲的梵文佛经，通常要由"舌人"协助口译的，到了玄奘时代，已不必如此，因而度语也就改为了参译，又称证译，主要是参核汉梵两种文字，使之完全相合，避免发生语意上的错误。润文，主要负责对翻译后佛经汉语文本进行加工润色。证字，主要是负责翻译佛经中使用汉语里的生僻字、异体字的甄选。梵呗，是指诵经，常用这种方式检验新译佛经是否顺口顺耳，同时也是在译经开始前后的佛教仪式，以此来整肃译场人员的仪表和内心，是译经中不可缺少的一项内容。校勘，是从文字的角度对翻译的佛经进行校对勘误。监护大臣，常由皇帝钦命大臣担任，负责监阅译经，但对译经通常并不过问，朝廷设立这个名誉职务，主要是表示官方对佛典汉译工作的支持。由此可见，唐代的译场机制很显然是更加完备了。另一个非常重要的地方，因为玄奘本人精通梵、汉两种文字，而且深明佛典奥义，所以他不再像以前的来华胡僧那样必须依赖中国助手的协作翻译才能进行，加上朝廷调集了全国很多佛门俊才，由玄奘统一安排，分工合作，协助译经，制度更加严密，效率大为提高。这使得玄奘的译场，跟他之前罗什等人主持的译场相比，具有了本质的不同。玄奘主持翻译的佛典也就更加畅达准确，译文做到了既信且达，并通过译经大力弘扬了因明学、唯识论、五种姓等佛学精华，为中国的佛学发展做出了卓越的贡献。

（三）早期佛典汉译中的文质之争

在佛经翻译的发展历史上，曾发生过意译与直译之争，或称为"文质之争"。关于佛经应该直译还是意译的问题，自汉魏三国两晋南北朝以来的历代高僧对此多有讨论，譬如道安、支谦、罗什、僧肇、慧远等高僧都各有高见。早期的佛经翻译者，安世高比较重视意译，而支谶则是直译派的代表。其中还涉及了音译的使用，佛典中有许多表示思想概念的专有名词，在翻译时往往要用音译法。直译派与意译派对此都不能避免，但相比而言，直译派更倾向于用音译，意译派则较少用音译。比较典型的，如"三国时支谦康僧会译经，力求文雅，专主意译，并排斥采用胡音。故译般若波罗密为明度，须菩提为善业。甚至咒语，亦不用音译。但自晋以后，译经多主直译，先求信达，再事文雅"。道安就是大力提倡直译的，故而有"五失""三不易"之训。[①]

所谓的意译与直译之争，以及"文质之争"，并不仅仅是翻译技巧与译文形态的争论，更主要的还是关于佛经内容如何翻译才能达到最佳效果，早期从事佛经翻译的高僧们对此曾有不同的认识与尝试。翻译过程中文与质的关系，实际上也是形式与内容的关系问题。对于如何传达佛经内容，究竟是照译原文，还是翻译时尽量使文辞更为雅驯、通俗、流畅才好，历代从事佛经翻译的高僧们大致有三种意见：一是主张

① 汤用彤著《汉魏两晋南北朝佛教史》上册，中华书局1955年9月第1版，第408~410页。

直译（偏于质），二是主张意译（偏于文），三是折衷（主张文质相兼）。但客观上看，佛经翻译基本上是由质趋文的。早期来华胡僧不通汉语，要通过汉人助手的协助来译经，故而译文常有这样那样的不足，在词义上难以畅达。譬如三国时期在吴地译经的天竺僧人维祇难和竺律炎（或云竺将炎），因为"未善汉言"，所以译文内容"颇有不尽"之处，只能"辞近朴质"。①到了两晋南北朝时期，从事佛经翻译的高僧们大都熟悉梵文和汉语，有的博学多才，文化素养很高，语言障碍越来越少，译文也就更加通畅华美。另一方面，由于统治者对译经的重视，一些文人也参与了译经，当时译经的高僧也受到时代风气的影响，把中国的学风、文风带入了翻译领域，为佛典汉译注入了活力。而佛典汉译后的传播，也为中国的文化、语言、文学等方面都增添了新的因素。

还有关于译文语言风格方面的问题，究竟是应该文丽还是保持质朴，实际上也有过持续不断的争论。从汉末开始，其间历经三国、两晋、南北朝，直到唐朝，很多高僧都用亲身的译经实践，展现了一个从不同尝试到力求完善的发展过程，其总的趋势也是由粗拙朝着更加畅达、准确、华美方面发展的。最有代表性的，是安世高和支谶开启了早期对译经不同风格的尝试与追求，罗什的重译佛经则使"文质之争"进入了新的阶段，中间经历了较长时期对"文以明道"的探索、追求与发展，到玄奘时候进行了数量庞大而又系统全面的"新译"，从而达到了更加成熟与完备的境界。在一定意义上也可以说，"文以明道"就是佛典汉译中的一个翻译传统的内核，近代严复提出的"信、达、雅"翻译标准，其实就源自我国古代这一翻译传统。

---

① [梁]释慧皎撰，汤用彤校注，汤一玄整理《高僧传》，中华书局1992年10月第1版，第22页。

（四）汉唐时期译经与讲经的关系

译经与讲经的关系，也是佛典汉译过程中一个比较重要的特点。早期的译经，通常是和讲经结合进行的。最为典型的，就是鸠摩罗什翻译佛经的时候，集中了大量的佛门弟子，其中有译经助手数百人，有听经传法的门下弟子数千人，形成了译经与讲经同步进行的宏大场面。这种译、讲同施的方式，继承了印度讲经法会的传统，对早期传播佛教、弘扬佛法是大有益处的。在译经与讲经的过程中，法师通过问答辩论，可以引导听众进一步了解经义。同步讲经的另一个最大好处，是对培养门下高足发挥了很重要的作用，对佛门弟子继承译经衣钵和日后讲经弘法都是一个很好的锻炼。这种译经与讲经同时进行的情形，到了隋唐时期，才发生了根本性的改变。译经和讲经由此分开，不再结合同时进行。

从一定意义上说，译经与讲经两者之间的关系，也可以作为我国古代译场发展演进史上的一个分界线。我国古代佛典译场的性质与操作方式，可以大抵以隋为界，分为前后两期：前期是译经与讲经同时进行的，这种形式少则几十人或上百人，多则几千人，并且在场的任何人都可以跟主持译经的译主进行辩论。如果从译经的角度来看，早期译场由于组织松散、混乱，这种译、讲同施的形式对译经自身的帮助其实并不大，有时甚至会添乱。到了后期，从唐朝开始，因为译、讲同施的方法已经过时，佛教的话语系统已正式形成，不需要过多的讨论与解释了，所以译经与讲经便分了家。这与唐朝政府对佛典汉译的高度重视，以及当时译经事业的自身发展规律，也都具有较为密切的关系。由译、讲同施的动辄千人的大译场，由此而演进到了由少数专家组成的小译场，而讲经则分离出去另外进行，"译场"从此名副其实地真正成为了专事翻译的场所。这种经过精简后的小译场，颇类似于近代的研究所与编译馆，可以避免许多无谓的干扰，从而使得整个译经工作分工更加严格，组织更为周全，制度更为严密，译经的效率自然也就更为紧凑和高效。

显而易见，这是译场发展的一种进步，对提高译经的质量大有好处，也为唐代的佛典汉译事业发挥了很重要的作用。

（五）历代高僧西行求法的重要意义

印度佛教经典有广本与略本的存在，在印度佛教中喜好略本的倾向，与追求广本的倾向是同时并存的。广本是尽可能详细地将一切方面都详尽地加以论述，略本是运用尽可能少的文字简洁地阐述，前者冗长后者简洁，二者有着明显的区别，由此造成胡僧带到华夏的佛教经典并不完全一致。又由于早期传入中国的佛经，主要是"胡本"而并非梵文原本，这些经过胡僧转写或转译而流行于西域各国的佛经"胡本"，常有这样那样的不足。由早期来华胡僧带来的一些"胡本"，通过与汉人助手协作转译成了汉文佛经，大都过于简略和朴拙，文意不够畅达，好多义理难得彻底了解。

中国内地的高僧们正是有感于此，因而产生了亲自前往天竺取经求法的愿望。朱士行、法显、玄奘，以及义净等人，便是是我国汉唐时期西行求法的代表人物，他们不仅在中国佛学发展史上功绩卓著，也是中印文化交流的重要使者。其中最杰出的西行求法者，首推法显，在年近花甲之时万里西行，历尽艰辛，遍游天竺诸国，抄写了大量佛典经文，然后"海归"回国，精心译经，对中国佛教中戒律的完善，发挥了相当重要的作用。其次是玄奘，堪称是西行取经的集大成者，他在印度那烂陀寺等处留学多年，获得了极高的声誉，从印度带回了佛经六百五十七部，在之后长达十九年的翻译中，共译出佛经七十五部，总计一千三百三十五卷，为弘扬佛学做出了卓越的贡献。法显和玄奘还分别撰写了《佛国记》《大唐西域记》等游历印度的著述，成为后世研究西域、中亚、南亚地区宗教和历史文化的重要典籍。这里还应该说一下唐朝的名僧义净，他继承法显、玄奘西行求法的高风，从海路前往印度留学取经，前后长达二十多年，带回了大量的梵本佛典（约有四百部），回国后用十二年的时间译出了佛经五十六部总计二三〇卷（如果加上义净在印度留学时候的译经，数量就更多了），在佛典汉译方面多有创新，译作达到了很高的水平，并撰写了《南海寄归内法传》《大唐西域求法高僧传》等著述，分别记述了中国僧人取道南海或通过吐蕃道前往印度求法的情形。义净还将印度拼音法首度传到中国，编有《梵语千字文》一书，是中国第一部梵文字典。义净的海路取经与佛学方面的杰出贡献，也同样备受后世赞誉。

法显和玄奘为代表的西行求法，既是中国佛教发展的必然，也是中国佛学史上具有里程碑意义的典范。他们作为我国汉唐时期高僧大德的杰出代表，为了探求佛教奥义的完美，翻山越岭，横穿亚洲大陆，克服了许多难以想象的困难，这才到达了佛教的发祥地，又经过多年留学，终于功德圆满，凯旋而归。他们的求法取经，并不仅仅表现了对佛学的执着，更重要的是展示了一种对真理与新知的不倦追求，体现了一种为了实现理想而坚韧不拔、排除万难的伟大精神，实为千古的楷模。中国佛学正因为有了法显和玄奘这样的杰出高僧，才使佛典汉译进入了新的境界，开辟了中国译经史上的新纪元。唐朝时期的长安，也正是由于玄奘的伟大影响，吸引了日本和韩国的僧侣也纷纷投到玄奘门下，使长安成为了当时世界佛教的中心，对后世的佛教发展产生了深远影响。

（六）汉唐以来佛典汉译的重要作用与深远影响

汉唐以来的佛典汉译，不仅弘扬了佛法，促使了佛教在中国的盛传，使佛教成了中国影响最大的宗教信仰，同时也对中国的文化、艺术、思想、学术、习俗，以及文学、诗歌、文体、语言、词汇、音韵等各个方面都产生了广泛的影响。最为显著的，主要有以下几个方面：

1. 佛教故事的传播与影响。随着佛教经典的大量传入，佛教中的本事、本生故事也逐渐为中国广大民众所熟悉。由于佛教的广泛传播，各地的佛教信众不断增多，佛教故事的影响也日渐扩大，深入到了社会各阶层，由此形成了中国民俗信仰的佛教节日与礼数，其中的观音信仰、弥陀信仰、四月浴佛、腊八礼佛等节日与仪式礼数，在中国几乎家喻户晓，而且融入了社会生活，为传统民俗增添了新的内容。佛教故事广泛传播的另一个重要作用，是对中国文人的著述作品产生了显著影响。譬如六朝的志怪小说，就很明显受到了外来文化的刺激，对佛教故事从形式到内容，都有较多的接受。从其文体与内容上看，其中既有对佛教故事基本结构的袭用，又有借用佛教故事的部分情节，掺入到了中国的故事中去，或者将一些印度故事类型移植过来，创作出了新的中国故事。后来的唐代传奇文学，也显而易见接受了外来文化与佛教故事方面的影响。

2. 佛典汉译在文体上的影响。中国的传统文体，自从佛教典籍大量传入后，便受到了较多的影响，增添了新的体裁与表现方式，在内容方面也出现了许多新的特色。比如偈颂，有的采用了绝句的方式，以通俗易懂的方式叙述某个深邃的禅理，不单纯在佛门流行，也为许多文人所喜好和使用。又比如譬喻，翻译的佛典中有很多譬喻文艺，如安世高、僧维祇等人翻译的《发句经》、《六度集经》中的《鳖喻经》、《杂阿含》中的《五阴譬喻经》、支谶翻译的《杂譬喻经》等。这些佛经中的譬喻文学，对中国士大夫的诗文产生了明显的影响。例如曹操《短歌行》"对酒当歌，人生几何？譬如朝露，去日苦多"，和康僧会翻译的《六度集经》第八十八"犹如朝露，滴在草上，日出则消，暂有不久，如是人命如朝露"，含意和用辞都相似。又譬如魏晋南北朝的史家写君王"垂手过膝"之类异相的描述，也显然是接受了佛典传说中叙述佛相的影响。[1]又比如佛典中关于因缘的影响、论议的影响等等，也潜移默化进入到了中国的传统文体之中。还有在文体叙事功能方面，思维逻辑与叙事模式的影响、神通（神变）故事或相关情节的影响，对中国传统文体的作用和由此而产生的变化，也是比较明显的。

3. 佛教词语汉化的特点和影响。将"胡本"与梵文佛典翻译成汉文佛经的时候，有大量的佛教词语，也随之而汉化了。在佛教词语的汉

---

① 沈福伟著《中西文化交流史》，上海人民出版社1985年12月第1版，第82~84页。

化方面，既有音译方式的汉化佛词，又有意译法的汉化佛词，或者音译、意译结合的汉化佛词。在佛教词语的汉化特点方面，还出现了多种书写形式记录同一个词的情形，突出了用词口语化、世俗化的倾向。在佛教词语汉化过程中，对汉语词汇的吸收，也是很重要的一个特点，其中包括了对儒家词语、道家词语，以及其他词语的吸收。而佛教词语的汉化，对汉语也产生了很显著的影响，汉语里出现了很多佛教的借词，逐渐成为汉语中的常用词汇。还有很多佛教词语成了汉语的基本词汇，丰富了汉语词义，对汉语的发展起到了积极的作用。

综上所述，汉唐以来的佛典汉译确实发挥了巨大的作用，产生了深远的影响。依照汤用彤先生转引唐代智昇《开元释教录》列举三国以来，包括曹魏、吴、西晋、东晋、苻秦、姚秦、西秦、前凉、北凉、刘宋、南齐、梁、陈、元魏、北周、北齐的译经数目，相加共计有1621部、4180卷。[①]而据有的学者统计，佛经的翻译到隋代已经成果斐然，迄至隋代，中国共译出佛典，包括大小乘经、律、论、记，共1950部、6198卷，其中包括大乘佛经617部、2076卷，小乘佛经487部、852卷，杂经380部、716卷，杂疑经172部、336卷；大乘律52部、91卷，小乘律80部、472卷，杂律27部、46卷；大乘论35部、141卷，小乘论41部、567卷，杂论51部、437卷，记20部、464卷。[②]又据其他学者统计，从东汉桓帝建和二年(148)到北宋仁宗景祐四年(1037年)译场停顿，共计889年，翻译了1333部佛教经典，共计5081卷，印度大小乘几乎所有的经律论三藏都被译成了汉文。[③]这些统计可能依据了不同的资料，统计的方式也有所不同，故而数字有明显的出入。但总体来说，汉唐以来翻译的佛经数量十分庞大，则是无可置疑的。数量如此众多的佛典汉译，不仅有早期来华胡僧的努力，也凝聚了中国历代高僧的心血，他们都为

---

① 汤用彤著《汉魏两晋南北朝佛教史》上册，中华书局1955年9月第1版，第412~413页。

② 刘迎胜著《丝路文化·海上卷》，浙江人民出版社1995年11月第1版，第47~48页。

③ 喻湘波、张瑛《浅谈鸠摩罗什的佛经翻译》，《科技经济市场》2006年第12期。

之做出了杰出而伟大的贡献。

中华民族是善于吸收外来文化的民族,汉唐盛世更是以博大的襟怀和包容中西的心态,为佛教在中国的传播提供了广阔的发展空间。在世界佛教发展史上,中国佛教是极为重要的一个环节和组成部分,代表了佛教理论的成熟和思想高峰。讲经说法是中国佛教的传统,正是因为有了历代翻译的众多佛教文本,佛学的讲解者才有所依据,同时也为讲解中的发挥提供了空间。佛教在中国的盛传,经历了长期的发展,其中与汉唐以来佛典汉译的重要作用也是分不开的。所以我们研究汉唐时期的西行取经与佛典汉译,探讨其由来与特点,评述其作用与影响,在学术上确实是很有意义的一件事情。

——此文刊载于江西科技师范大学《地方文化研究》2015年第3期(总第15期)第9~29页。

论著目录

《石达开》，军事科学出版社1990年8月第1版，2000年1月第3次印刷。军事科学出版社2008年1月再版。

《古老的清玩——金石碑刻》，四川人民出版社1995年12月第1版。1997年4月再版。（丛书获四川省社科联优秀科研成果奖）。

《古老的清玩——金石碑刻》（中国风雅文化精选丛书），台湾双笛国际事务有限公司出版部1998年2月第1版。

《天门》，四川人民出版社2001年8月第1版。

《古蜀的辉煌——三星堆文化与古蜀文明的遐想》（北大国学研究丛刊之十五"三星堆文明丛书"之一），巴蜀书社2002年2月第1版。

《丝路上的文明古国》，四川人民出版社2002年元月第1版。

《丝路上的文明古国》，台湾世潮出版有限公司2003年2月第1版。

《三星堆——震惊天下的东方文明》，四川人民出版社2002年1月第1版第1次印刷，2002年4月第2次印刷。

《三星堆》，于2002年翻译成韩文，韩国2003年5月出版。

《金沙遗址——古蜀文化考古新发现》，四川人民出版社2003年8月第1版。

《古蜀金沙——金沙遗址与古蜀文明探析》，巴蜀书社2003年11

月第1版。（荣获四川省2003年优秀图书奖）。

《金沙考古——太阳神鸟再现》，成都时代出版社2005年10月第1版。

《文宗在蜀》，成都时代出版社2009年5月第1版。

《古老的清玩——金石碑刻》，北京出版集团公司·文津出版社2013年4月第1版。（这部拙著修订并配图之后，再版发行）。

《〈华阳国志〉故事新解》，四川人民出版社2014年2月第1版。

《西域丝路文明》，成都时代出版社2016年2月第1版。

《从三星堆到金沙——中华文明的惊世发现》，彩印平装本，中华书局2021年8月第1版，2023年元月第3次印刷。（荣获中华书局2021年度读者喜欢的"大众人文类"十佳图书。）

《古蜀三星堆》，四川文艺出版社2021年11月第1版。

《金沙考古——太阳神鸟再现》，彩印平装本，成都时代出版社2016年1月第2版。2022年1月第3次印刷。（调整了版面与图片。）

《探寻古蜀国：从三星堆看中华文明》，中国出版集团·研究出版社2022年3月第1版。（荣登中国出版集团好书榜2022年第三期。）

《古蜀金沙》，四川文艺出版社2022年4月第1版。

《常璩传》，天地出版社2022年10月第1版。

《古蜀神话研究》，四川人民出版社2023年1月第1版。

《金沙考古》英文版，精装本，成都时代出版社和国外的出版社合作出版，2023年第1版。

《悲欢》，四川人民出版社2015年8月第1版。

《梦回古蜀》，"古蜀传奇"三部曲之一，成都时代出版社2021年4月第1版。

《金沙传奇》，"古蜀传奇"三部曲之二，成都时代出版社2021年4月第1版。

《五丁悲歌》，"古蜀传奇"三部曲之三，成都时代出版社2021年4月第1版。

（"古蜀传奇"三部曲，荣获第三十五届全国城市出版社优秀图书一等奖。）

以上分享一下著述目录。其他文史类文章、评论文章、文学作品等，目录暂略。

这里要特别说明一下：我历年发表的学术论文有1百多篇，中国知网上可以查阅。其中有几十篇论文被收入了各种论文集出版。历年发表的文史类文章有数百篇，发表的评论文章有数十篇。还出版了长篇小说十多部，发表中短篇文学作品几十篇。因为这部论文集对字数有规定，篇幅所限，就不详细罗列了。

后　记

　　喜欢读书和写作，从事学术研究和文学创作，一晃几十年了。

　　我觉得，写作和研究就像跑马拉松，对人生是一场持久的考验，需要体力和精神，还需要毅力和耐心。因为喜欢，就有动力。只要坚持，就有收获。

　　我崇尚真实和简朴，喜欢过简单的生活。古人常说安贫乐道，主要是一种精神状态，和现代生活似乎已经有了一定的距离感，当然是小康的日子更好。但保持平常心，超脱各种浮躁，确实很重要。说真话，在日常生活中能够持之以恒做自己喜欢的事情，勤奋耕耘，自得其乐，这本身就是一种充实，也是一种乐趣。

　　这些年，我出版了一些学术著述，发表了百余篇论文。最近要出版这部论文集，主要是便于自省，也便于学术交流。一直有朋友建议我出版论文集，这次便虚心纳谏了。收入这部论文集的二十余篇论文，就是从百余篇论文中挑选出来的。其中有对古蜀文明与天府文化的论述，有对三星堆和金沙遗址等考古发现的研究，也有对汉代画像题材的一些探讨，还有对早期佛教的传播、四川古代人文等方面的讨论。涉及的范围比较宽泛，讲述的都是自己的学术见解。

　　我对学术研究没有什么偏见，更没有任何门户之见。我强调和坚

黄剑华卷——

559

持的只有实事求是，这是要求自己从事学术研究最起码的原则和底线。在研究方法上，我喜欢多学科结合，喜欢将历史文献记载与考古资料相互印证，喜欢由表及里进行深入的探讨。在引用资料方面，我始终坚持用第一手资料，要求自己必须查阅原文，虽然这样做要花费更多的精力和时间，却可以避免出现差错。偶尔也有疏漏，通常脱稿后要放一下，要仔细阅读几遍，然后加以纠错。这种常年养成的写作习惯，未免有点过于严谨了，却常使自己受益。在引用学者的相关论述方面，我也都注明了来源与出处，以表示充分的尊重，也便于读者查阅。当然更重要的还是学术见解，我始终坚持实话实说，不同的观点可以百家争鸣，但绝不说违心话。在语言叙述方面，我比较强调流畅和清晰，尽可能深入浅出将学术观点讲清楚讲透彻，尽可能避免故作高深与晦涩。文章是要让人读的，不仅仅要和专业领域的学者们交流，还要让广大文史爱好者阅读。学术观点纵使深奥，也要让人读得懂，这样才好，我是这样想的，也这样做了。我比较追求文本的典雅，对此也很努力很认真地去做了。我把这些都如实地告诉读者，也算是我在学术研究与写作上的自我剖析与坦诚吧。

写作是很辛苦的事情，也有无穷的快乐。这些年，学术著述与论文的写作，以及文学作品长篇小说的创作，就这样长年累月使我体验着辛勤与甘苦，痛苦着，也快乐着。所谓艺无止境，这部论文集的出版，以及长篇新著的出版和几部学术著述的再版，不是句号，而是一个新的开端。我要研究和写作的题材还比较多，还需要脚踏实地，见贤思齐，继续努力。

感谢学界同仁朋友们的关心支持，也感激读者们的关爱。

愿与师友和诸君共勉。

二〇二〇年仲秋

于天府耕愚斋

编后记

时光荏苒，岁月如梭，2023年，我院迎来了70岁的生日。

《四川省文物考古研究院名家学术文集》正是为庆祝我院成立70年而精心策划的一份礼物，收录了我院老一辈杰出文物考古工作者具有代表性的学术论文，共九卷。"著述前辈的开拓，启迪来者的奋斗，赓续传承美好。"这是院领导发起出版本套文集的初衷，也是全院干部职工多年以来共同的期待。

文集筹备工作始于2022年初，从征求上级领导意见，到广泛收集我院离退休职工及离世专家家属的建议和意愿，再到组织专家论证、院学术委员会研究，最终明确了本套文集的整体定位、选文标准和著录体例。

《四川省文物考古研究院名家学术文集》编辑委员会于2022年7月成立，主要负责落实文集资料收集查证、作者方联络、出版对接等工作。或因联系不上有些曾在我院工作过的专家、专家家属，或因已经有机构为一些专家出版过个人文集，或因有些专家身体抱恙，或因部分资料年代久远、查证困难，加上编辑时间有限，还有一些曾为我院事业发展做出杰出贡献的专家的文集未能成行，前辈们的风采也未能尽善尽美地呈现，略有遗憾。但未来可期，希望在我院文物考古事业更进一步、迈上新台阶时，后辈们能不忘前辈们的辛劳和奉献，续启为前辈们出版个人文集的计划。

本文集的出版得到了四川省文化和旅游厅、四川省文物局的大力支持，同时得到了诸多专家、前辈的指导和帮助。还有巴蜀书社的编辑们，他们以高度负责的态度、高质量的要求，确保了文集出版工作的顺利推进。在此，向关心支持本文集出版的工作单位和工作人员，表示由衷的感谢。

《四川省文物考古研究院名家学术文集》编辑委员会

2023 年 10 月